GRUNDRISSE DES RECHTS

Hans Schlosser · Neuere Europäische Rechtsgeschichte

Neuere Europäische Rechtsgeschichte

Privat- und Strafrecht vom Mittelalter bis zur Moderne

von

Dr. Hans Schlosser

o. em. Professor der Rechte an der Universität Augsburg

3., überarbeitete und erweiterte Auflage 2017

C.H.BECK

www.beck.de

ISBN 978 3 406 70830 5

© 2017 Verlag C. H. Beck oHG
Wilhelmstraße 9, 80801 München
Druck und Bindung: Nomos Verlagsgesellschaft mbH & Co. KG
In den Lissen 12, D-76547 Sinzheim

Satz: Thomas Schäfer, www.schaefer-buchsatz.de
Umschlaggestaltung: Druckerei C. H. Beck Nördlingen

Gedruckt auf säurefreiem, alterungsbeständigem Papier
(hergestellt aus chlorfrei gebleichtem Zellstoff)

Vorwort zur 3. Auflage

Die rechtliche Grundordnung der Rechtsgemeinschaft Europa ist das Werk einer im späten Mittelalter entstandenen, transnational wirkenden europäischen Rechtswissenschaft. Das Studienbuch versucht, den komplexen Prozess ihrer Entstehung, Entwicklung und Wirkungen im Fokus der Spannungsverhältnisse zwischen Politik, Religion, naturwissenschaftlichem Rationalismus und der Laizität der Moderne darzustellen. Es vermittelt historisch-rechtsvergleichend Grundlagen- und Orientierungswissen im Privat- und Strafrecht. An den Knotenpunkten der Rechtsentstehung und Rechtsfortbildung wird kritisch über den Erkenntnisstand der Forschung informiert und die Bedeutung der historischen Rechtsphänomene für die Methode und Dogmatik des geltenden Rechts sichtbar gemacht.

Der Grundriss wurde überarbeitet und inhaltlich erheblich erweitert. Er richtet sich an Studierende der Rechtswissenschaft und an alle, die an einer offenen neueren Rechtsgeschichte im Bezugsrahmen Europa interessiert sind.

Augsburg/München, im Januar 2017 *Hans Schlosser*

Inhaltsübersicht

Inhaltsverzeichnis

3. Kapitel. Renaissance des römischen Rechts

4. Kapitel. Epoche der Glossatoren und Kommentatoren

5. Kapitel. Gelehrte Rechtskultur in Europa

6. Kapitel. Juristischer Humanismus in Europa

7. Kapitel. Forensische Jurisprudenz in Europa

8. Kapitel. Quellen und Lehren des Naturrechts

9. Kapitel. Recht in der Aufklärung

11. Kapitel. Rechtswissenschaft und Historismus

12. Kapitel. Kodifikation des Bürgerlichen Rechts in Deutschland

15. Kapitel. England und das Common Law

Abkürzungsverzeichnis

Literaturhinweise

1. Grundlagenliteratur (Auswahl)

Baker, John H., An Introduction to English Legal History (4th ed. 2002)
Baltl/Kocher, Österreichische Rechtsgeschichte (12. Aufl. 2011)
Bellomo, Manlio, Europäische Rechtseinheit (2005)
Birocchi, Italo, Alla ricerca dell'ordine. Fonti e cultura giuridica nell'età moderna (2002)
Caravale, Mario, Storia del diritto nell'Europa moderna e contemporanea (2012)
Carbasse, Jean-Marie, Histoire du droit pénal et de la justice criminelle (2e éd. 2010)
Carbasse, Jean-Marie, Manuel d'introduction historique au droit (4e éd. 2011)
Coing, Helmut (Hg.), Handbuch der Quellen und Literatur der neueren europäischen Privatrechtsgeschichte, 8 Bde. (1973–1988)
Coing, Helmut, Europäisches Privatrecht, 2 Bde. (1985, 1989)
Cortese, Ennio, Le grandi linee della storia giuridica medievale (2002)
David/Grasmann, Einführung in die großen Rechtssysteme der Gegenwart, bearb. v. G. Grasmann u. a. (2. Aufl. 1988)
Eisenhardt, Ulrich, Deutsche Rechtsgeschichte (6. Aufl. 2013)
Floßmann/Kalb/Neuwirth, Österreichische Privatrechtsgeschichte (7. Aufl. 2014)
Frotscher/Pieroth, Verfassungsgeschichte (15. Aufl. 2016)
Gacto, Fernández, Manual básico de historia del derecho (2013)
Grossi, Paolo, Das Recht in der europäischen Geschichte (2010)
Kroeschell, Karl, Rechtsgeschichte Deutschlands im 20. Jahrhundert (1992)
Kroeschell, Karl, Deutsche Rechtsgeschichte, 1. Bd. (13. Aufl. 2008), 2. Bd. (9. Aufl. 2008, mit A. Cordes u. K. Nehlsen-von Stryk), 3. Bd. (5. Aufl. 2008)
Hespanha, Antonio Manuel, Panorama histórico da cultura jurídica européia (2. ed. 1999)
Lange, Heinrich, Römisches Recht im Mittelalter, 1. Bd. (1997), 2. Bd. (2007, mit M. Kriechbaum)
Link, Christoph, Kirchliche Rechtsgeschichte (3. Aufl. 2017)
Lovisi, Claire, Introduction historique au droit (5e éd. 2016)
Meder, Stephan, Rechtsgeschichte (5. Aufl. 2014)
Nörr, Knut Wolfgang, Zwischen den Mühlsteinen. Eine Privatrechtsgeschichte der Weimarer Republik (1988)
Nörr, Knut Wolfgang, Die Republik der Wirtschaft (2007)
Olechowski, Thomas, Rechtsgeschichte (4. Aufl. 2016)
Padoa Schioppa, Antonio, Storia del diritto in Europa. Dal medioevo all'età contemporanea (2007)

Pahud de Mortanges, René, Schweizerische Rechtsgeschichte (2007)

Rainer, J. Michael, Das römische Recht in Europa (2012)

Rüping/Jerouschek, Grundriss der Strafrechtsgeschichte (5. Aufl. 2007)

Rüthers/Fischer/Birk, Rechtstheorie mit juristischer Methodenlehre (9. Aufl. 2016)

Schmidt, Eberhard, Einführung in die Geschichte der deutschen Strafrechtspflege (3. Aufl. 1965)

Schmoeckel, Mathias, Auf der Suche nach der verlorenen Ordnung. 2000 Jahre Recht in Europa (2005)

Schmoeckel/Maetschke, Rechtsgeschichte der Wirtschaft (2. Aufl. 2016)

Sellert/Rüping, Studien- und Quellenbuch zur Geschichte der deutschen Strafrechtspflege, 2. Bde. (1989/1994)

Senn, Marcel, Rechtsgeschichte – ein kulturhistorischer Grundriss (4. Aufl. 2007)

Stolleis, Michael, Geschichte des öffentlichen Rechts in Deutschland, 4 Bde. (1988 ff.)

Tomás y Valiente, Francisco, El derecho penal del la monarquía absoluta: siglos XVI–XVIII, (2a ed. 1992)

Vormbaum, Thomas, Einführung in die moderne Strafrechtsgeschichte (3. Aufl. 2016)

Waldstein/Rainer, Römische Rechtsgeschichte (11. Aufl. 2014)

Wesel, Uwe, Geschichte des Rechts in Europa (2010)

Wesel, Uwe, Geschichte des Rechts. Von den Frühformen bis zur Gegenwart (4. Aufl. 2014)

Wesenberg/Wesener, Neuere deutsche Privatrechtsgeschichte im Rahmen der europäischen Rechtsentwicklung (4. Aufl. 1985)

Wieacker, Franz, Privatrechtsgeschichte der Neuzeit (2. Aufl. 1967)

Willoweit, Dietmar, Deutsche Verfassungsgeschichte (7. Aufl. 2013)

Wolf, Armin, Gesetzgebung in Europa 1100–1500 (2. Aufl. 1996)

Zweigert/Kötz, Einführung in die Rechtsvergleichung auf dem Gebiete des Privatrechts (3. Aufl. 1996)

2. Kommentare, Lexika, Nachschlagewerke

Birocchi, Italo, et alii (Ed.), Dizionario biografico dei giuristi italiani (XII-XX secolo), 2 vol. (2013)

Brauneder, Wilhelm (Hg.), Juristen in Österreich (1987)

Cordes, Albrecht u. a. (Hg.), Handwörterbuch zur Deutschen Rechtgeschichte (1. Aufl. 1971 ff., 2. Aufl. 2008 ff.)

Domingo, Rafael (ed.), Juristas universales, 4 vol. (2004)

Kleinheyer/Schröder (IIg.), Deutsche und Europäische Juristen aus neun Jahrhunderten (5. Aufl. 2008)

Lexikon des Mittelalters (1980 ff.)

Olechowski/Gamauf (Hg.), Studienwörterbuch Rechtsgeschichte und Römisches Recht (3. Aufl. 2014)

Schmoeckel, Mathias u. a. (Hg.), Historisch-kritischer Kommentar zum BGB (2003 ff.)

Stolleis, Michael (Hg.), Juristen. Ein biographisches Lexikon von der Antike bis zum 20. Jahrhundert (2. Aufl. 2001)

1. Kapitel. Rechtsarchitektur Europas

I. Fundamente einer Rechtsgemeinschaft

1. Tragende Säulen

Die Rechtsarchitektur Europas entwickelte sich auf der Basis von 1
vier historischen Säulen. Die älteste und prägendste war das römische
Recht des „Corpus iuris civilis". Die Rechtssammlung entstand im
6. Jahrhundert auf Veranlassung des oströmischen Kaisers Justinian I.
und wurde Grundlage der im Mittelalter geschaffenen Rechtswissenschaft. Die Jurisprudenz in Italien, Frankreich und Spanien hatte das
römische „Ius civile" wissenschaftlich bearbeitet und im 13./14. Jahrhundert seine spätere Verbreitung in Kontinentaleuropa vorbereitet.

Den zweiten Pfeiler bildete das kirchliche Recht des „Corpus iuris 2
canonici". Das Gesetzbuch des sog. kanonischen Rechts enthielt die
Rechts- und Werteordnung der lateinischen Weltkirche. Die Texte
wurden seit dem 12./13. Jahrhundert wissenschaftlich analysiert und
zusammen mit dem römischen Recht in Europa bekannt. Die moraltheologischen, religiösen und juristischen Vorschriften galten in allen
christlichen europäischen Territorien und mit ihren transkonfessio-
nellen Inhalten auch nach der protestantisch-calvinistischen Reformation.

Die dritte Säule war das von der Wissenschaft geschaffene römisch- 3
kanonische Recht als „Ius commune". Die mittelalterliche Jurisprudenz hatte das römische „Ius civile" mit dem kirchlichen „Ius canonicum" zu einem einheitlichen System von Grundsätzen und Rechtslehren verbunden, das seit dem 13./14. Jahrhundert neben den
partikularen, landschaftlichen Rechten in Europa als universelles
Recht galt. In der Rechtsarchitektur stellte diese Rechtsordnung den
Grund- und Schlussstein dar und wurde Vorbild für eine praxisorien-
tierte, innovationsoffene Rechtswissenschaft. Deutschsprachige Quellen übersetzten „Ius commune" mit „Gemeines Recht" und verwendeten den Begriff zur Abgrenzung gegenüber dem Partikularrecht.

Den Übergang zur neuzeitlichen Rechtskultur schuf im 17./ 4
18. Jahrhundert die „Aufklärung" als europäische Bewegung prakti-

schen Handelns und politisches Programm. Dieser Pfeiler hatte entscheidend zur historisch-ideologischen Tiefenprägung des modernen profanen Rechtsdenkens und Wertesystems beigetragen. Im Zentrum stand der willensbegabte, seiner Vernunft folgende, sich selbst entfaltende Mensch, ausgezeichnet mit einer angeborenen, unveräußerlichen und unantastbaren Würde. Sie wurde unter dem Einfluss des rationalen Naturrechtsdenkens durch die Grundfreiheiten der Menschen- und Bürgerrechte garantiert und geschützt. Das von Frankreich ausgehende, beherrschende Prinzip der Laizität drängte die engen Bindungen des Rechts an Theologie und Moralphilosophie zurück. In der sich öffnenden Rechtsgemeinschaft Europa bildeten fortan die Menschenrechte das naturrechtlich legitimierte, säkulare Fundament einer rechtsstaatlichen, transnational wirkenden Zivilisation.

5   Für die wissenschaftliche Fortbildung des Privatrechts auf der Grundlage des römisch-kanonischen Rechts war seit dem späten Mittelalter die sog. „gemeine Zivilrechtswissenschaft" zuständig. Neben ihr hatte sich im 15./16. Jahrhundert für das Strafrecht die sog. „gemeine Strafrechtswissenschaft" als Abspaltung vom „Ius civile" und eigene Rechtslehre etabliert. Beide institutionell voneinander getrennten Rechtsdisziplinen wurden mit dem Inkrafttreten der nationalen Kodifikationen des Zivilrechts (19./20. Jahrhundert) und des Strafrechts (18./19. Jahrhundert) gegenstandslos. Sie waren über Jahrhunderte Garanten der Rechtssicherheit und des Rechtsfriedens.

2. Rechtseinheit

6   Römisches und kanonisches Recht als Ius commune waren die sog. „beiden Rechte" (*utrumque ius*). Sie bildeten die Hauptquellen der europäischen Rechtskultur und gehörten an allen Universitäten bis in die frühe Neuzeit zu den Grundlagenfächern eines einheitlichen Rechtsstudiums. Das römische Recht war die Kernrechtsordnung, das kanonische Recht das spirituelle Teilelement des Gemeinrechts. In der Rechtswirklichkeit waren die Anhänger der christlichen Lehre zur strikten Befolgung des kirchlichen Rechts verpflichtet. Sie wurden dazu durch detaillierte Rechtsgebote unter Androhung rigider Kirchenstrafen angehalten (Bußbücher). Bei Delikten mit religiösen Bezügen (z. B. Glaubensabfall, Häresie, Wucher) unterstanden Christen grundsätzlich der kirchlichen Strafgerichtsbarkeit. Geistliche Ge-

richte entschieden neben Fragen des kircheneigenen Vermögensrechts auch in zivilrechtlichen Rechtstreitigkeiten mit spirituellen Nebenfolgen (z. B. Ehe-, Testamentsrecht). Ein rationales, nach objektiver Tatsachenwahrheit und Gerechtigkeit suchendes Prozessrecht hatte ein in Teilen irrationales Verfahren abgelöst.

Die deutschsprachige Forschung hat für das wissenschaftlich legiti- 7 mierte, an den Rechtsschulen seit dem 13. Jahrhundert unterrichtete „utrumque ius" den Begriff „gelehrtes Recht" und für die als Richter, Advokaten oder Notare in der Praxis tätigen, akademischen Absolventen dieser Studiengänge die Bezeichnung „gelehrte Juristen" erfunden. Ihnen wurde die Qualifikation von Rechtsexperten zuerkannt. Dies unterschied sie von den hauptsächlich an weltlichen Gerichten wirkenden, nicht universitär gebildeten, „ungelehrten" Rechtspraktikern. Diese fachspezifischen Differenzierungen sind künstlich und nicht unumstritten. Sie werden vor allem vom internationalen rechtshistorischen Schrifttum zu Recht kritisiert.

3. Rechtsquellenvielfalt

In der Realität des mittelalterlichen Rechtslebens war das römisch- 8 kanonische Recht in seiner wissenschaftlichen Ausprägung als Ius commune mit den überlieferten einheimischen, partikularen Rechten (*Ius patrium, proprium*) eng verflochten. Die landschaftlichen Rechte waren in Europa lebendige Rechtsquellen und Teile der Grundordnung der spätmittelalterlichen ständischen Gesellschaften. Urquelle war stets die faktenorientierte Rechtsgewohnheit, die sich aus bestehenden Handlungsweisen, aus bewährtem Gerichtsgebrauch und Usancen gebildet und durch langjährige Übung zu einer echten Rechtsquelle verfestigt hatte. In Frankreich war das Partikularrecht aus königlichen Befehlen entstanden (*Coutumes*). In Italien wurden Gewohnheiten in kommunalen Statuten (*Statuta*) erfasst.

Die immer dichter werdende Vernetzung des Gemeinrechts mit 9 dem Partikularrecht war auch die Folge forensischer Erfahrungen. In der Praxis hatte sich gezeigt, dass für die Entscheidung bestimmter grundsätzlicher Rechtsfragen sowohl das Ius patrium wie das Ius commune Konfliktlösungsregeln bereit hielten, die in den Voraussetzungen wie in den Rechtsfolgen identisch oder zumindest vergleichbar waren. Damit bestätigte die praktische Rechtsanwendung die Existenz eines ständigen dialektischen Austauschs von Rechtsideen und Rechtsgeboten zwischen dem partikularen und dem gemeinen Recht.

II. Dialoge der Rechtskulturen

1. Migration der Ideen

10   Die Folge dieser in der forensischen Realität sichtbaren interaktiven Wechselwirkungen war ein fruchtbarer Dialog zwischen zwei unterschiedlichen Rechtskulturen. Kernländer, in denen die Lehren des römisch-kanonischen Rechts vom 13. bis zum 15. Jahrhundert zu zirkulieren begannen, waren Italien, Spanien, Portugal, Frankreich, die Niederlande, Deutschland, Polen und Ungarn. Die Ausnahme bildete das Königreich England. Dessen Führungseliten hatten sich aus politischen Gründen für eine von außen im Wesentlichen unbeeinflusste, uneingeschränkte Geltung des gewohnheitlichen „Common Law" entschieden. Auch in den südosteuropäischen Territorien im Einfluss- und Geltungsbereich der griechisch-byzantinischen Rechtskultur sowie in Teilen des Osmanischen Reichs kam im 15. bis zum 19. Jahrhundert das Rechtswesen mit dem Ius commune nicht in Berührung.

11   Die Verbreitung des gelehrten Rechts im Kulturraum Europa war ihrem Wesen nach eine großflächig wirkmächtige rechtskulturelle Migration unterschiedlicher Rechtsideen, Rechtsgrundsätze, Methoden und Wertvorstellungen. Die noch herrschende, vorwiegend deutschsprachige rechtshistorische Forschung bezeichnet das Phänomen „Rezeption" und versteht darunter einen weitgehend passiven Empfang eines wissenschaftlich entwickelten Rechts in einem ungelehrten Rechtsdenken. Häufig wird die Entgegennahme auch als gelehrte „Durchdringung" der überwiegend gewohnheitlichen Rechtspflege in den zentral- und nordeuropäischen Territorien verifiziert.

12   Das Kennzeichen des allgemein „Aufnahme des fremden Rechts" genannten Translationsprozesses soll die „Verwissenschaftlichung des deutschen Rechtswesens und seiner fachlichen Träger" gewesen sein, die eine intellektuelle Rationalisierung des gesamten obrigkeitlich bzw. staatlich geordneten gesellschaftlichen Lebens nach sich zog (F. Wieacker). Andere charakterisieren diese geistige Integration auch als „in ihrem Kern primär eine Methodenrezeption" (H. Kief-

ner), die eine gelehrte Modernisierung des Ius proprium zur Folge hatte. Nach dieser Deutung war die Rezeption keine bloße „Übernahme" von Lehr- und Rechtssätzen des römisch-kanonischen Rechts, sondern ein „bildungsgeschichtlicher Vorgang" (H. Coing), ein sozialhistorisch-soziologischer Prozess.

2. Transfer des Ius civile

Das Schrifttum unterscheidet die Rezeption in ihrem Ablauf nach 13 Phasen. Dabei unterbleibt allerdings regelmäßig der Hinweis, dass in den Untersuchungen der komplexen Prozesse fast ausnahmslos nur das römische Zivilrecht die Hauptquelle der Analysen ist. Das Erkenntnisinteresse konzentriert sich schwerpunktmäßig auf Einwirkungen des „Ius civile" auf Institutionen und Geschäftstypen des partikularen Privatrechts. Danach begann außerhalb des Ursprungslands Italien eine sog. „theoretische" oder „Frührezeption" in der zweiten Hälfte des 12. Jahrhunderts in Südfrankreich (Provence, Languedoc) und Spanien (Katalonien, Kastilien Aragón), im 13. und 14. Jahrhundert in Portugal, Nordfrankreich und in den Niederlanden. Dabei soll das kanonische Recht die entscheidende impulsgebende, gestaltende Kraft gewesen sein (H. J. Berman). Für eine sog. „praktische" oder „Vollrezeption" werden das 15. und 16. Jahrhundert als Höhepunkte reklamiert. In dieser Zeit habe das römisch-kanonische Recht vor allem das Obligationen-, Erb- und Prozessrecht, die kautelarjuristische Beurkundungspraxis (Notariat) und die weltliche forensische Rechtsanwendung unmittelbar beeinflusst.

Nach dieser Ansicht waren in Deutschland das Ziel der Vollrezep- 14 tion die Beseitigung einer allgemeinen Rechtsunsicherheit und die Herstellung des Rechtsfriedens durch eine effiziente Rechtsprechung. Die Voraussetzungen dafür hatten die Reichsreform und die Gründung des Reichskammergerichts als des höchsten Gerichtshofs des Heiligen Römischen Reichs geschaffen. Seit 1495 waren die Richter des Gerichts durch ihren Amtseid gesetzlich verpflichtet, römisches Recht anzuwenden. Dabei hatten sie allerdings auf die Besonderheiten der territorialen Rechte und die Gleichberechtigung des Ius proprium mit dem Ius commune zu achten: „nach des Reichs gemainen Rechten ... und nach Ordnungen, Statuten und Gewohnhaiten ... gleich zu richten" (Reichskammergerichtsordnung § 3). Auf diese Weise sei das allmähliche Eindringen der Rechtsbegriffe, der Dogmatik und vor allem des Prozessrechts nach römisch-kanonischem Recht in die weltliche Rechtspflege gesetzlich gefördert und legitimiert worden.

3. Transfer des Ius criminale

15   Fragen der Abhängigkeiten des ungelehrten Strafrechts von Einflüssen des „Ius criminale" römisch-kanonischer Provenienz beantwortet die Rechtsgeschichtschreibung überwiegend und regelmäßig in pauschalen Variationen der Grunderkenntnis von der Aufnahme des verwissenschaftlichten und rationalisierten Strafrechts der mittelalterlichen italienischen Juristenschulen (nach E. Schmidt, F. Wieacker). Einzeluntersuchungen zu den dogmatischen, prozesstechnischen und rechtspolitischen Folgen des Übergangs der Normativität einer historischen Strafrechtsordnung in einen anderen rechtkulturellen Zielkontext fehlen. Ursächlich für diese Mängel ist auch das fachliche Selbstverständnis der Rechtshistoriker. Die Mehrzahl versteht und präsentiert das Fach „Rechtsgeschichte" in Forschung und akademischer Lehre immer noch schwerpunktmäßig als Geschichte des Privatrechts im weiten Sinne. Das Strafrecht wurde stets als Appendix der Privatrechtsgeschichte gesehen und war nur vereinzelt bevorzugtes Objekt spezifisch rezeptionshistorischer Einzelforschungen. Auch im akademischen Lehrbetrieb ist heute die Strafrechtsgeschichte überwiegend ein Nebengebiet, das als ein Randphänomen der durch das Zivilrecht geprägten traditionellen Rechtsgeschichte behandelt wird.

16   Richten sich in den selteneren Fällen die Forschungsinteressen auf Fragen der Rezeption des Strafrechts, steht in der Regel die Strafgesetzgebung im Vordergrund der Darstellungen. Die sog. Halsgerichtsordnungen des 15./16. Jahrhunderts werden exemplarisch als wirksame Instrumente im Kampf gegen Willkür und im Dienst einer effektiven Verbrechensbekämpfung gesehen. In welchem Umfang diese Kodifikationen die ihnen zugeschriebene Eignung gerade den „rezeptiv" erworbenen Anleihen beim gelehrten „Ius criminale" verdanken, interessiert dabei eher peripher. In der Regel beschränkt sich das ältere wissenschaftliche Schrifttum bei der Untersuchung der Folgen von Einflüssen des gelehrten Strafrechts auf Einzelbefunde und ergeht sich in verallgemeinernden Deutungen. Auch gegenwärtig überwiegen immer noch Arbeiten, die in Strafgesetzen akribisch

nach Spuren einzelner gelehrter Deliktstypen, Schuldfiguren oder Prozesstechniken suchen. Sie werden gesammelt als innovative sog. „Romanisierungen" des traditionellen Strafrechts ausgegeben und zum Maßstab für den Grad vermeintlich erfolgreicher Rezeptionen erklärt. Die Fixierung der rezeptionsgeschichtlichen Forschung auf das 17 Privatrecht drängt vergleichbare kriminalrechtliche Forschungsfragen in den Hintergrund. Das Ergebnis sind dann Rekonstruktionen eines bestenfalls in Fragmenten vom gelehrten Recht umgestalteten Strafrechts. Diese verengte Fokussierung der Perspektiven identifiziert in jeder singulären, noch so vagen Annäherung des methodenfreien traditionellen Rechts an Phänomene des rationalen römisch-kanonischen Rechts bereits konkrete Erscheinungsformen einer gelungenen Rezeption. Die Folgen dieser Einbahnstraßen sind unvermeidbare Fehldiagnosen zum eigentlichen Beitrag des Ius criminale zur Entstehung eines autonomen, wissenschaftlich kontrollierten Strafrechts.

4. Kritik

Die Erklärung und Einordnung der Rezeption als epochenstiften- 18 des Phänomen der Rechtsentwicklung war bereits früh Gegenstand kritischer Erklärungsversuche. Die frühneuzeitliche Rechtslehre ging davon aus, dass in den Territorien des Heiligen Römischen Reichs nördlich der Alpen eine „theoretische" Rezeption des römischen Rechts auf der Grundlage eines kaiserlichen Gesetzesbefehls stattgefunden hatte. Kaiser *Lothar III. von Supplinburg* (1133–1137) soll bei seinem Italienfeldzug im Jahr 1135 in Amalfi eine Handschrift der Texte des römischen Corpus iuris aufgefunden und dieser Kriegsbeute durch ein besonderes kaiserliches Rezeptionsgesetz förmlich allgemeine Geltung als Reichsrecht verliehen haben.

Diesen als „Lotharische Legende" bekannten, jahrhundertelang 19 kolportierten gesetzlichen Geltungsgrund hat der an der (ehemaligen) Universität in Helmstedt lehrende Universalgelehrte *Hermann Conring* (1606–1681) als historisch unglaubwürdig in das Reich der Fabeln verwiesen. In seiner Gelegenheitsschrift „De origine iuris Germanici" (1643), der die Forschung schwärmerisch das Attribut „Gründungsbuch der deutschen Rechtsgeschichte" verleiht (M. Stolleis), hatte er überzeugend dargelegt, dass römisches Recht nur in einzelnen Beziehungen durch Praxis und einheimischen Gerichtsgebrauch mit Hilfe der an den Universitäten ausgebildeten gelehrten Juristen als Medien „rezipiert" wurde (*usu sensim receptum*). Die Vorstellung von einer gesetzlich verordneten Rezeption hatte damit ihre Grundlage verloren.

20   Die (noch) herrschende Wesenskennung der Rezeption als Schlüsselbegriff der deutschsprachigen Historiographie ist sowohl für das Zivil- wie für das Strafrecht verfehlt, da unhistorisch. Gegen die These der „Verwissenschaftlichung" spricht, dass mit diesem Begriff das komplexe Geschehen unbegrenzter Wanderungen von Recht in den typischen Abläufen und Folgen für die praktische Rechtsanwendung nur verzerrt und allenfalls in Umrissen wirklichkeitsgerecht erklärt wird. Neuere Forschungen machen auf die Deutungsunschärfen und unvermeidbare Missverständnisse als Folgen dieser „Rezeptionssemantik" aufmerksam. Sie interpretieren die Verbreitung des spätmittelalterlichen Gemeinrechts als einen „Transfer normativer Ordnungen" (M. Stolleis). Eine systemtheoretisch orientierte Richtung spricht von „nur unterschiedlichen Grenzüberschreitungen bei der Resignifikation von Rechtsnormen", die im Detail zu analysieren sind (M. T. Fögen/G. Teubner). Unausgesprochen bleibt, wie diese Detailanalysen konkret durchzuführen sind. Nach anderen Vorschlägen sollen für eine realitätsnähere rechtshistorische Bestimmung des Phänomens „Rezeption" die Erkenntnisse der neueren Kulturtransferforschung stärker nutzbar gemacht werden (Th. Duve).

21   Tatsächlich hat die historische Konfrontation zweier grundverschiedener Rechtsordnungen zu einem rechtkulturellen Dialog geführt. Im Ergebnis wurde vor allem durch die Erfahrungen mit dem gelehrten Recht in der praktischen Rechtspflege eine Evolution im Rechtsdenken in den „citra-" oder „ultramontanen" Rechtslandschaften in Gang gesetzt. Diese aus vorwiegend empirischen Gründen einsetzende, wechselseitige Kommunikation auf dem Hintergrund sozialer Praktiken war eine natürliche Reaktion der traditionellen Rechtspraxis auf ein obsolet gewordenes Altrecht und seine Techniken. Die auf Oralität, Rechtsgewohnheiten und bewährten Gerichtsgebrauch gegründete alte Ordnungswelt überwiegend agrarisch geprägter Gesellschaften hatte gegenüber der wachsenden Komplexität sich differenzierender Rechtsbeziehungen versagt. Sie musste eine unzeitgemäße Tradition durch pragmatische Erfahrungen mit einem zeitgemäßen Recht ersetzen, dessen Grundlage normlogisch wie dogmatisch ausgereifte, in ein System eingebundene schriftliche Verhaltens- und Verfahrensregeln waren. Das römisch-kanoni-

sche Recht steuerte theoretisch und kontrollierte inhaltlich diesen fruchtbaren Diskurs im Kreislauf von Maximen, Rechtsfiguren, Rechtslehren und forensischen Übungen. Damit hatte es die Vorbedingungen für eine rationale und transnationale Fortbildung des Rechts in Kontinentaleuropa geschaffen.

Die derzeitigen Erkenntnisse der Forschung zu den Voraussetzun- 22 gen und Auswirkungen der Migration bzw. Zirkulation von Rechtsideen oder des Normentransfers auf das in Europa geltende Recht und herrschende Rechtsdenken sind deshalb ergänzungsbedürftig. Die nicht nur in den älteren Untersuchungen vorherrschende Beschränkung rezeptionsgeschichtlicher Forschungen auf das Privatrecht beginnt einer Öffnung der Erkenntnisinteressen gegenüber dem Strafrecht zu weichen, das sich als Wissenschaftsdisziplin im 15./16. Jahrhundert endgültig verselbständigt hatte. Untersuchungen, die unter neuen Fragestellungen die Wirkungen der Rezeption einschließlich des mit den Folgen empirisch befassten Fachpersonals untersuchen und kritisch bewerten, bleiben allerdings weiterhin Desiderate. Eine breite grundsätzliche wissenschaftliche Debatte der Rechtsrezeption und ihrer Wirkungen auch unter stärkerer Einbeziehung der Kritik der internationalen Fachliteratur erscheint überfällig.

Schrifttum: *H. J. Berman*, Law and Revolution: The Formation of the Western Legal Tradition (1983 – dt. Übers. Recht und Revolution, 1991); *W. Sellert*, Zur Rezeption des römischen und kanonischen Rechts in Deutschland, in: Recht und Verfassung im Übergang vom Mittelalter zur Neuzeit, hgg. v. H. Boockmann u. a., I (1998), 115 ff.; *D. Willoweit*, Rezeptionen, in: Die Durchsetzung des öffentlichen Strafanspruchs, hgg. von K. Lüderssen (2002), 153 ff.: *M. T. Fögen/G. Teubner*, Rechtstransfer, in: Rg-Rechtsgeschichte 7 (2005), 38 ff.; *P. Grossi*, Das Recht in der europäischen Geschichte (2010), 151 ff.; *M. Bellomo*, Il doppio medioevo (2011), 86 ff.; *Th. Duve,* Von der Europäischen Rechtsgeschichte zu einer Rechtsgeschichte Europas in globalhistorischer Perspektive, in: Rg-Rechtsgeschichte 20 (2012), 18 ff. (49 ff.); *M. Stolleis*, Transfer normativer Ordnungen – Baumaterial für junge Nationalstaaten, in: Rg-Rechtsgeschichte 20 (2012), 72 ff.; *E. Schumann*, Rechts- und Sprachtransfer am Beispiel der volkssprachlichen Praktikerliteratur, in: Historische Rechtssprache des Deutschen, hgg. v. A. Deutsch (2013), 158 ff.; *P. Caroni*, Privatrecht im 19. Jahrhundert. Eine Spurensuche (2015), 69 ff.

2. Kapitel. Entstehung der Rechtswissenschaft im Mittelalter

I. Epochenschwelle Spätantike

1. Spätrömisches Vulgarrecht

1 Römisches und kanonisches Recht haben die rechtliche Ordnung Europas geprägt. Mitgestalterin war das geistige Erbe der Spätantike. Das in dieser Epoche des Übergangs der Antike zum frühen Mittelalter entstandene Recht hatte die Rationalisierung und Europäisierung der Rechtskultur des Kontinents entscheidend vorbereitet. Deshalb ist das Wissen um das Profil des spätantiken Rechts des niedergehenden Imperium Romanum für das Verstehen der Rechtsbildung und Entstehung der Rechtswissenschaft im Mittelalter unverzichtbar. Die Vorstellungen von Staatlichkeit und gesellschaftlicher Ordnung der auf römischem Reichsboden siedelnden germanischen Völkerverbände wurde maßgeblich durch das römische Recht als Vorbild bestimmt. Aus der Verflechtung dieses Rechtsdenkens mit dem frühmittelalterlichen Recht sind Rechtsprinzipien und Rechtsfiguren hervorgegangen, die in das spätmittelalterliche Recht Eingang gefunden und es geformt haben.

2 Das Ende des Imperium Romanum wurde von einem zunehmend progressiven Verfall der staatlichen, wirtschaftlichen und soziostrukturellen Ordnung begleitet. Es hinterließ im Westen Europas nicht nur ein politisches Vakuum. Der Untergang der antiken Kultur im Mittelmeerraum hatte auf vielen Ebenen den Verlust gesamtkultureller Wissensbestände zur Folge. Im Rechtswesen brachen Brücken zum hochentwickelten römischen Recht weg. Der anspruchsvollen Rechtsdogmatik und den Methoden der römischen Juristen waren die Adressaten abhandengekommen.

3 Das in dieser Phase einer sich verflüchtigenden, verflachenden Kultur entstandene Rechtsdenken wird von der Forschung „Vulgarrecht" genannt. Der Kunstbegriff soll eine qualitativ abgesenkte Entwicklungsstufe des römischen Rechts charakterisieren, das während des 3. und 4. Jahrhunderts nach der diokletianischen und konstantini-

schen Reichsreform als Ergänzung zu den klassizistischen Quellen
entstanden war und im Westreich galt. Die zum großen Teil auf Gewohnheiten zurückgehenden, auch für Laien verständlichen und in
Laienkreisen verwendeten vulgarrechtlichen Regeln betrafen ein-
fachste Lebenssachverhalte und wurden von der spätrömischen Kai-
sergesetzgebung übernommen.

2. Kaiserliche Gesetzgebung

Der politische, wirtschaftliche und gesamtkulturelle Zerfallspro- 4
zess des Imperium Romanum endete in der Teilung des Reichs, das
unter *Theodosius I. d. Gr.* (379–395) zum letzten Mal unter einheitlicher Regentschaft und Gesetzgebung gestanden hatte. Nach seinem
Tod wurden die Söhne Mitregenten: *Honorius* (395–423) im Westen
(Rom) und *Arcadius* (395–408) in der östlichen Hälfte (Konstantinopel). Zweigeteilt wurde auch die Gesetzgebungshoheit. Dies hatte bereits *Diocletian* (284–305) mit seiner Praxis der Vierkaiserherrschaft
(Tetrarchie) eingeleitet.

Mit der Reichsteilung wurden die Voraussetzungen für eine fort- 5
schreitende Machtkonzentration im Osten geschaffen. Der letzte Versuch einer reichseinheitlichen Gesetzgebung, die das gesamte Kaiserrecht und das überlieferte römische Juristenrecht beinhalten sollte,
stammt vom oströmischen Kaiser *Theodosius II.* (408–450). Die
Arbeiten begannen 426 mit dem sog. „Zitiergesetz", das den Rechtsansichten ausgewählter spätrömischer Juristen (Papinian, Paulus, Ul-
pian, Gaius) gesetzesgleiche Geltung vor allen übrigen Juristenschrif-
ten zuerkannt hatte. Das ehrgeizige legislative Vorhaben selbst
misslang jedoch. Vom Gesamtplan wurde lediglich der „Codex Theodosianus" fertiggestellt und 438 in Konstantinopel in Kraft gesetzt.

Der Codex beinhaltete Kaisererlasse (*constitutiones*) und ergänzte
zwei aus dem Osten des Reichs stammende, gegen Ende des 3. Jahrhunderts (292/94) entstandene Rechtssammlungen. Sie wurden nach
ihren Bearbeitern *Gregorios* „Codex Gregorianus" und *Hermogenes*
„Codex Hermogenianus" genannt. Die in Fragmenten überlieferten
Codices enthielten Konstitutionen aus der Zeit *Hadrians* (117–138)
bis zu Diocletian. Sie wurden durch kaiserliche Gesetze vervollstän-
digt, die seit der Erhebung von *Konstantin I.* (306–337) zum Augus-
tus (312) publiziert worden waren.

Der Codex Theodosianus gelangte in Abschriften auch nach Westrom. *Valentinian III.* (425–455), Mitkaiser neben Theodosius, setzte

das Gesetzbuch 439 für die westliche Reichshälfte in Kraft. Auch heute noch ist die ursprünglich für Ostrom bestimmte Sammlung eine wichtige Quelle des Verfassungs- und Verwaltungsrechts eines spätantiken Staates im Übergang zum frühmittelalterlichen Feudalstaat. Allerdings waren die häufig unklaren Texte schon zur Zeit ihrer Geltung schwer benutzbar. Deshalb wurden sie im Westen durch sog. „Interpretationen" ergänzt, die den Inhalt in vereinfachter Sprache erläuterten.

3. Migration und Landnahme

6   Gegenüber der im 4. und 5. Jahrhundert einsetzenden Migration der aus dem Osten vordrängenden Ethnien handelten die Machthaber in Ostrom politisch und mit Weitsicht. Teils wurden die Migranten entweder schon an den Außengrenzen abgewehrt und entlang der Nordgrenze nach dem Westen abgedrängt. Teils bewog sie eine geschickte Diplomatie zur Anerkennung der oströmischen Oberherrschaft als Verbündete (*foederati*), Söldner (*mercenarii*) oder Unterworfene (*dediticii*). Der Westen fungierte dabei als Auffangraum.

7   Römische Historiographen, wie *Tacitus* (55–116), bezeichneten diese Migranten, die von den Provinzen des Imperium Romanum Besitz ergriffen hatten, kollektiv als „Germani". Die Geschichtswissenschaft nennt diese „germanisch" sprechenden Kleinverbände „Völker" und deren keineswegs stets friedliches Eindringen im Westen des Reichs „Völkerwanderung". Gegenwärtig wird darunter allgemein die Landnahme des römischen Reichsbodens durch „Gruppen von Menschen, mit gemeinsamer Abstammung, Sprache und Kultur, verbunden durch Recht und Tradition" verstanden (W. Pohl). Ihre militärischen Anführer nannten sich „Herzog" (*dux*) oder „König" (*rex*), die eigene staatsähnliche „Reiche" (*regna*) gründeten. Bereits im 6. Jahrhundert standen in der westlichen Reichshälfte weite Gebiete unter der Herrschaft dieser Militäreliten.

8   Die Wirkungen dieser demographischen Veränderungen waren erheblich. Sie führten zu einem ethnischen und sozialen Ungleichgewicht zwischen dem östlichen und westlichen Reichsteil und hatten weitreichende ökonomische wie politische Folgen. Während die Auflösung des Westreichs andauerte, profitierte Ostrom von diesen Prozessen vor allem politisch.

Machtbewusst nahmen seine Herrscher für sich in Anspruch, die einzigen legitimen Nachfolger des antiken Imperium Romanum zu sein und erklärten die Fortsetzung dieses Reichs zum übergeordneten Staatsziel. In der Haupt- und Residenzstadt „Byzanz" (*Byzantion*), die Konstantin I. offiziell in „Konstantinopel" (*Constantinopolis*) umbenannt und zur „Nova Roma" erhoben hatte (330), konzentrierte sich das gesamte kulturelle, wissenschaftliche, byzantinischhöfische Leben. Hier entstand unter Kaiser Justinian I. das eigentliche politische Machtzentrum des Reichs. Mit der Einnahme der Hauptstadt durch den großen osmanischen Sultan Mehmed den Eroberer endete 1453 die Epoche des Ostreichs.

4. Germanenrechte

Die im Westteil des Imperium Romanum seit dem Ausgang des 9
4. Jahrhunderts siedelnden, staatsähnlich organisierten Ethnien lebten nach dem Ordnungsverständnis typischer Agrargesellschaften. Die landschaftlich geringfügig unterschiedlichen Regeln genügten den Bedürfnissen einer Naturalwirtschaft. Sie hatten ihren Entstehungsgrund in der Faktizität des Einzelfalles. Ihre Geltung als Gewohnheitsrecht legitimierten stereotyp wiederholte, kollektive Handlungsweisen, die durch langjährige Übung in kleinen und großen Gemeinschaften allgemeine Anerkennung gefunden hatten.

Das Monopol zur Setzung und Vollziehung dieser Rechtsgewohnheiten hatten Fürsten und regionale Obrigkeiten. Sie besaßen in ihrem Herrschaftsgebiet die Gerichtshoheit als umfassende Befugnis, Recht zu halten, Unrecht zu bestrafen und Urteile zu vollstrecken. Die neuen Herren waren die politischen Rechtsnachfolger in den vormals römischen Provinzen. Sie schufen und verwalteten Recht, indem sie bewährte Gebräuche und Übungen rechtlich konkretisierten und an neue Bedürfnisse anpassten.

Mit diesem Gewohnheitsrecht zugewanderter germanischer Völ- 10
kergruppen trat das vulgarisierte römische Recht in jeweils unterschiedlicher Dichte in Kontakt. Aus der Verflechtung beider Rechtsordnungen gingen Akte einer frühen schriftlichen Rechtsetzung hervor, in welchen ein ausschließlich mündlich überliefertes und in dieser Form praktiziertes Recht mit Grundsätzen der spätrömischen „lex scripta" verbunden war. Die Rechtsaufzeichnungen (*leges*, *edicta*) wurden zentrale Quellen der Landschaften des ehemaligen weströmischen Reichs bis Mitte des 13. Jahrhunderts, waren jedoch technisch keine „Gesetze" im modernen Sinne.

11   Von der älteren Forschung wurde die zwischen den vulgarrechtlichen und germanischen Rechten entstandene Koexistenz in Umfang und Intensität unzutreffend bewertet. Es war herrschende Ansicht, dass typisch germanische Rechtsvorstellungen in den funktionsfähigen Resten der spätantiken römischen Verwaltung und Justiz ihre zeitgemäße Fortsetzung gefunden hatten. Im Verlauf der germanischen Landnahme sei die römische Rechtsordnung schließlich durch ein angeblich reines „Germanenrecht" verdrängt worden. Diese Meinung ist wissenschaftlich nicht haltbar.

12   Tatsächlich haben germanische Stammesverbände entweder als Bündnispartner (Föderaten) oder Besatzer (Okkupanten) für ihr Rechtswesen umfängliche Anleihen beim spätrömischen Vulgarrecht genommen. Spätestens ab dem 5. Jahrhundert wurden einzelne römische Rechtsgrundsätze nach einer Überarbeitung in lateinischer Sprache in eigene, „Leges" bezeichnete Sammlungen integriert und von fachlich nur eingeschränkt vorgebildeten Laien angewendet. Von der älteren Literatur wurden diese Akte germanischer Rechtsschöpfung „Volks-" oder „Stammesrechte" bezeichnet. Heute wird sachlich-nüchterner zumeist von „Germanenrechten" oder „Leges" gesprochen.

13   Die mächtigsten der germanischen Ethnien haben größere, territorial abgegrenzte Siedlungsräume zu politisch wie organisatorisch geschlossenen Herrschaftsräumen ausgebaut. Fünf dieser bevölkerungsreichsten, staatsähnlich verfassten Gemeinschaften auf römischem Reichsboden glichen in ihren Urformen und Grundstrukturen einem Staatswesen im Rechtssinne; die Forschung bezeichnet sie deshalb „Reiche":

• Tolosanisches Reich der *Westgoten* in Südfrankreich/Aquitanien mit der Hauptstadt Toulouse (419–507).
• Toledanisches Reich der *Westgoten* in Spanien mit der Hauptstadt Toledo (507–711).
• Reich der *Ostgoten* in Italien mit der Hauptstadt Ravenna (493–553).
• Reich der *Burgunder* an Rhône und Saône (443–534).
• Reich der *Langobarden* in nahezu ganz Italien mit der Hauptstadt Pavia (572–774).

14   Das Rechtswesen dieser Völkergruppen wurde kulturell maßgeblich von der Nachbarschaft zur romanisch stämmigen Bevölkerung beeinflusst. Das Ergebnis der Koexistenz war eine gemischte Rechts-

kultur. Sie hatte Rechtssätze gewohnheitlichen, germanischen Ursprungs mit Grundsätzen des geschriebenen spätrömischen Rechts
zusammengeführt und vereinheitlicht. Hinzu kamen das Vordringen
christlicher Ideen und die Entstehung einer gemeinsamen Wertebasis.
Um für das Zusammenleben von Germanen und Romanen eine
rechtliche Grundordnung zu besitzen und gleichzeitig die eigene
Herrschaft nach Innen zu stabilisieren, hatten verschiedene Germa-
nenfürsten die Aufzeichnung dieses Mischrechts in Leges befohlen.

Die Leges galten teils für den germanischen oder romanischen Be- 15
völkerungsteil (Westgoten und Burgunder), teils für beide gemeinsam
(Ostgoten) oder nur für die Germanen (Franken). Die für die roma-
nische Bevölkerung bestimmten Regelungen trugen die amtliche
Bezeichnung „Leges Romanae". Erst im 15. Jahrhundert schuf humanistischer Sprachgebrauch für die Leges schon wegen ihrer vulgarisierten lateinischen Sprache das negative Etikett „Leges barbarorum".
Für die Humanisten waren die Germanen Barbaren (*barbari*), die das
antike Imperium Romanum zerstört hatten. Der Begriff wird noch
heute von der nicht deutschsprachigen historischen Forschung verwendet.

a) Westgoten

Im tolosanischen Westgotenreich wurden Gesetzesvorhaben reali- 16
siert, die in besonderer Weise den Gang der gesamten Rechtsentwicklung bestimmt haben. Die ältere Forschung hielt das um 460 entstandene „Edictum Theodorici regis Italiae" des Westgoten *Theoderich I.*
(† 451) für das älteste und bedeutendste Gesetzgebungswerk. Neuere
Untersuchungen haben das Edikt jedoch mit überzeugenden Argumenten als ein um 500 entstandenes Gesetz des gleichnamigen Ost-
gotenkönigs *Theoderich d. Gr.* († 526) identifiziert, der es für Ostgoten und Romanen in Italien erlassen hatte (D. Kohlhaas-Müller).

Deshalb gilt heute der um 475 entstandene „Codex Euricianus" als 17
früheste und bedeutsame westgotische Rechtssammlung in lateinischer Sprache und Schöpfung des Westgotenkönigs *Eurich* (466–
484). Sie wurde kurz vor dem Ende Westroms (476) für die in Westfrankreich siedelnden Goten erlassen. Das Gesetz, dessen Originaltext
nicht erhalten ist, wird bruchstückhaft in einer Pariser Pergament-
handschrift überliefert, deren Manuskriptseiten durch Waschen und
Schaben vom alten Text gereinigt und danach neu beschrieben worden waren (Pariser Palimpsest). Diese „Pariser Fragmente" enthielten

Bestimmungen über Kauf, Schenkung, Leihe sowie zum Ehe- und Erbrecht.

18   Eine erweiterte Bearbeitung des Codex Euricianus lag der „Lex Romana Visigothorum" zugrunde. Urheber war der Westgote *Alarich II.* (484–507), ein Sohn Eurichs. 506 hatte er befohlen, sämtliche Materien des theodosianisch-römischen Rechts zusammen mit Fragmenten aus den Codices Gregorianus und Hermogenianus zu revidieren und in einer neuen Sammlung zusammenzuführen. Das Kompendium galt für die galloromanische Bevölkerung in Westfrankreich und ist ein klassisches Zeugnis alarizianischer Romanisierungspolitik. Im Spätmittelalter wurde diese Meisterleistung juristischer Fachleute „Breviarium Alarici" (*Breviarium Alaricianum*) genannt. Diese noch vor der Gesetzgebungsinitiative Justinians (529/34) geschaffene letzte offizielle Sammlung des römischen Rechts war weit verbreitet und vor allem in Südfrankreich wichtigste Rechtsquelle der Praxis. Mit der ab dem 12./13. Jahrhundert einsetzenden Übernahme des oströmischen Corpus iuris endete die Geltung des Breviars.

19   Den Übergang vom spätantiken zum frühmittelalterlichen Recht spiegelt die Lex Romana Visigothorum auf dem Gebiet des Privatrechts exemplarisch wider. Nachdem König *Chindasvinth* (642–653) die Anwendung des Breviars in der Gerichtspraxis verboten hatte, wurde unter seiner Herrschaft eine neue Sammlung westgotischer Königsgesetze begonnen. Sein Nachfolger *Reccesvinth* (653–672) hatte sie fertig gestellt und 654 als „Liber Iudiciorum" in Kraft gesetzt.

Das später auch als „Liber Iudicum" und „Lex Visigothorum" bekannt gewordene Werk beanspruchte im spanischen Westgotenreich einheitliche Geltung und unterstellte unterschiedslos Goten wie Hispano-Romanen dem gleichen Recht. In der 1241 durch König *Fernando III.* von Kastilien und León (1230–1252) angeordneten Übersetzung blieb der Liber Iudiciorum unter der Bezeichnung „Fuero Juzgo" (*Forum Iudicum*) in der spanischen Rechtsprechung, die auf einzelne historische Rechtsgrundsätze Bezug nahm, bis in die Gegenwart präsent.

b) Burgunder, Franken

20   Im burgundischen Herrschaftsgebiet (Regionen um Lyon, Besançon, Vienne) hatte sich die um 500 entstandene „Lex Burgundionum" für die germanische Bevölkerung am Codex Theodosianus und Codex Euricianus orientiert. Als ihr Urheber gilt König *Gundobad*

(480–516). Spätere karolingische Quellen haben nach der fränkischen Eroberung das Gesetz als „Lex Gundobada" (französ. *Loi Gombette*) bezeichnet. Für die Romanen hatte Gundobad erst gegen Ende seiner Regierungszeit die „Lex Romana Burgundionum", das parallele Rechtsbuch zur „Lex Burgundionum", in Auftrag gegeben. In dem Werk waren theodosianisch-römisches Recht und spätantikes Juristenrecht mit zeitgenössischen Rechtsgewohnheiten verbunden.

Im Frankenreich galt für den Teilstamm der Salfranken (in Nord- 21 frankreich) die zwischen 507 und 511 entstandene „Lex Salica". Sie war von den westgotischen und burgundischen Leges beeinflusst und gilt als Werk des fränkischen Reichsgründers *Chlodwig I.* (481–511). Unter den bekannten Germanenrechten war sie die wohl wirkmächtigste Rechtsschöpfung. Inhaltlich überwog fränkisches Recht, ergänzt um vulgärlateinische und volkssprachliche Rechtswörter. Diese Einschübe dienten bei Gerichtsverhandlungen (*in mallobergo* – auf dem Gerichtshügel) als Übersetzungshilfen, die Sinnbezüge zwischen Begriffen in fränkischer Gerichtssprache und den lateinischen Texten der Lex herstellen sollten. Sie werden deshalb „Malbergische Glossen" genannt.

Eine revidierte Fassung des salfränkischen Rechts entstand während der Regierungszeit des Merowingerkönigs *Dagobert I.* (um 608–638/39) als „Lex Ribuaria". Das merowingische Gesetz für die in Ribuarien (im Gebiet der spätantiken Civitas Köln) siedelnden Franken hatte großen Einfluss auf die späteren westgermanischen Leges, die Kaiser *Karl d. Gr.* (747–814) auf dem Reichstag in Aachen 802/03 aufzeichnen ließ.

Karl d. Gr. konnte das Vorhaben einer schriftlichen Feststellung 22 des gesamten im Frankenreich geltenden Rechts zwar nicht vollenden. Immerhin gelang ihm auf dem Aachener Reichstag die Revision der wichtigsten Leges der Friesen, Franken, Sachsen und Thüringer (Lex Francorum Chamavorum, Lex Frisionum, Lex Saxonum, Lex Thuringorum). Zusätzlich ließ er die Texte durch normative Akte in der Rechtsform sog. „Kapitularien" ergänzen (*capitularia legibus addenda*). Diese königlichen Anordnungen regelten in einzelnen „Kapiteln" ausführlich, jedoch untechnisch Rechtsfragen der öffentlichen Verwaltung sowie die Rechtsbeziehungen zwischen der weltlichen Obrigkeit und den kirchlichen Machtträgern. Die Kapitulariengesetzgebung verlor in der Folgezeit auch wegen ihrer fehlenden Verständlichkeit im Rechtsalltag der Praxis an Bedeutung. Nur die lateinische Sprachfassung blieb Modell für künftige Rechtsaufzeichnungen.

c) Alemannen, Bayern

23   Die fränkischen und karolingischen Leges des 6. und 7. Jahrhunderts waren textlich eng verwandt mit den Rechten der Alemannen und Bayern, die politisch dem fränkischen Herrschaftsbereich angehörten. Das in zwei Fassungen überlieferte Alemannenrecht entstand als „Pactus Legis Alamannorum" im frühen 7. Jahrhundert unter *Chlotar II.* (584–629). 725 folgte die „Lex Alamannorum". Die „Lex" hatte vor allem den umfangreichen Bußenkatalog des „Pactus" übernommen, die Rechtsgebiete nach Kirchen-, Herzogs- sowie Volkssachen gegliedert und dabei die Kirche umfassend privilegiert.

Nach 740 entstand nach alemannischem Vorbild die „Lex Baiuvariorum". Sie war wohl das literarische Werk eines Klerikers aus der Zeit der Herrschaft von Herzog *Tassilo* († nach 794). Die Forschung beurteilt diese Einordnung allerdings kontrovers. Inhaltlich folgte die bayerische Lex bei vielen Bestimmungen der formalen Anordnung der Materien und den kirchenfreundlichen Tendenzen des alemannischen Gesetzes.

d) Langobarden

24   Das 643 entstandene „Edictum (Edictus) Rothari" war eine überragende legislative Leistung der Langobarden. Sie waren mit ihrem König *Alboin* (565–573) unter dem Druck der Avaren aus Pannonien über friaulische Pässe und Venetien in die Po-Ebene in die Lombardei eingefallen und hatten dort ein eigenes Königreich mit dem Zentrum Pavia errichtet (568). Das rund 70 Jahre nach dieser Invasion entstandene Edikt gilt als Meisterwerk der zeitgenössischen Gesetzgebungskunst. Der Urheber war König *Rothari* (636–652). Diese erste Aufzeichnung mündlich überlieferter langobardischer Rechtsgewohnheiten spiegelte das Rechtsdenken, die Tendenzen der Politik und Verfassung der langobardischen Gesellschaft seit der italienischen Landnahme wider.

25   Das Edikt sollte die öffentliche Ordnung und die innere Sicherheit im Reich garantieren. Mit dieser Zielsetzung bildete das Strafrecht den Hauptinhalt. Der Gesetzgeber hatte zur Abwendung der privaten Selbsthilfe in der Form der „Fehde" die Abgeltung der „Rache" durch Zahlung einer Sach- oder Geldbuße als Sühne an den Verletzten angeordnet. Mit dieser besonderen Ahndung von Unrecht beweist das Gesetz, dass im frühmittelalterlichen Strafrecht neben der privaten Fehde und Blutrache noch ein friedlicher Ausgleich in einem

förmlichen Rechtsverfahren möglich war. Das Edikt hatte dieses sog. „Kompositionensystem" (*compositio* – Beilegung) in umfangreichen Bußenkatalogen besonders eingehend geregelt.

Dass Rothari die Texte nach Befragung rechtskundiger Fachleute 26
niederschreiben ließ und das Edikt deshalb als frühes Zeugnis eines Zusammenwirkens zwischen Herrscher und approbierendem Volk zu gelten hat, ist ein Mythos. Spätere Könige, wie Grimoald, Liutprant, Ratchis und Aistulf, haben diese Gesetzgebung wiederholte Male erweitert und fortgebildet. Deren Akte der Rechtsetzung wurden in der Sammlung des „Edictum regum Langobardorum" überliefert und überdauerten die fränkische Eroberung (773). Diese langobardische Königsgesetzgebung wurde (vermutlich) im 11./12. Jahrhundert wissenschaftlich bearbeitet und in den „Liber Papiensis" (eigentl. *Liber legis Langobardorum*) aufgenommen.

5. Nachwirkungen

Die Veröffentlichungen der in verschiedenen Textfassungen über- 27
lieferten Germanenrechte begannen bereits 1530 mit der in Basel verlegten Ausgabe der Lex Romana Visigothorum durch den Humanisten *Johannes Sichardt* (1499–1552). Ihr folgte 1557 ebenfalls in Basel eine wesentlich erweiterte zweite Auflage unter dem Titel „Antiquitates Germanicae". Ihr Herausgeber war der Universalgelehrte *Basilius Johannes Herold* (1514–1567). Seit dem frühen 19. Jahrhundert besorgen Historiker als Editionsspezialisten in der Veröffentlichungsreihe der „Monumenta Germaniae Historica" (MGH) die textkritischen Publikationen der Germanenrechte.

Die neuere Forschung hat das Wesen und die Inhalte der Leges mit 28
modernen Methoden untersucht und neu bestimmt. Sie werden als Mischrecht zwischen dem spätrömisch-vulgarisierten und germanischen Rechtsdenken sowie als Ergebnis eines Akkulturationsprozesses qualifiziert. Sie waren entweder nach einer faktischen, häufig gewaltsamen Landnahme durch germanische Okkupanten oder aufgrund von Bündnissen zwischen germanischen Stammeskönigen und den einheimischen politischen Funktionseliten entstanden. Föderaten wurden Westgoten, Ostgoten und Burgunder. Friedlich oder kriegerisch hatten Alemannen, Franken, Bayern, Langobarden und Angelsachsen von Gebieten des ehemaligen Imperium Romanum Besitz ergriffen.

Bei der rechtskulturellen Integration der Germanenrechte war die Kirche nach ihrer Erhebung zur Reichskirche (Edikt „Cunctos populos" von 380) maßgebend beteiligt. Ihre Aktivitäten begannen mit der grenzüberschreitend missionierenden Verkündung des römisch-alexandrinischen Trinitätsglaubens als Staatsreligion und der zelotischen Propagierung einer christlichen Moral und Werteordnung. Christenlehren wirkten mit bei der zeitgemäßen Anpassung der intakten profanen Reste des spätrömischen Rechts- und Ämterwesens an neue Ordnungsstrukturen. Die Verbreitung einer allgemeinen Bildung durch kirchliche Einrichtungen (Dom-, Klosterschulen) hat die Akkulturation beschleunigt und verfestigt.

II. Recht der lateinischen Universalkirche

1. Dichotomie des Rechts

29   In der Kultur und Rechtswelt des Mittelalters war die lateinische Kirche allgegenwärtig. Sie verstand sich als die einzige Institution, die ihren Mitgliedern den Weg zum ewigen Seelenheil vermitteln konnte. Dazu bedurfte sie einer hierarchischen Organisation, die sich bei der Durchführung ihres göttlichen Auftrags auch auf eine eigene effiziente und umfassende Rechtsordnung stützen konnte. Alle der christlichen Religion Angehörenden unterstanden einer durchgehend juridifizierten Kirche, die Befolgung ihrer Gebote in spirituellen und weltlichen Angelegenheiten beanspruchte.

30   Die Grundlage des kirchlichen Rechts bildeten inhaltlich heterogene Quellen. Die frühen Texte waren ungeordnet, ausufernd. Sie entstammten der Bibel, Schriften der Kirchenväter (Patristik), Entscheidungen, Erlässen von Päpsten und Bischöfen, Beschlüssen von Konzilien oder Synoden. Häufig standen Vorschriften mit rein pastoralen Zielen in Widerspruch zu Normen mit rechtlichen Ordnungsfunktionen. Nicht selten widersprachen sich die Anordnungen gegenseitig. Kirchliche Anweisungen konkurrierten oder kollidierten mit dem weltlichen Recht. Eine radikale Gesamtreform war unabweislich geworden.

31   Die Theologen begannen mit dem Sichten und Ordnen des unsystematisch überlieferten Materials. Die Texte wurden analysiert, strukturiert und nach dem unveränderbaren, unmittelbar heilsbringenden,

heilsvermittelnden Recht Gottes sowie den durch Menschen gesetzten, innerkirchlich veränderbaren Vorschriften unterschieden, die
der Heilserlangung nur nützten. Fragen des Verhältnisses zwischen
dem ewigen göttlichen und dem natürlichen weltlichen Recht beantwortete philosophisch eingehend und richtungweisend erst Anfang
des 12. Jahrhunderts *Ivo von Chartres* (um 1046–1116), gelehrter Bischof und Jurist. Er unterschied beim kirchlichen Recht zwei Ebenen.
Die oberste hatte er dem „ius divinum" vorbehalten, das unmittelbar
zum göttlichen Gesetzgeber führte. Der zweiten Ebene war das „ius
humanum" zugeordnet. Es wurde von kirchlichen Autoritäten erlassen und konnte nur durch sie abgeändert werden. Diese Zweiteilung
ist auch noch heute Grundlage des Verständnisses von Recht in der
römisch-katholischen Kirche.

Ivos Dichotomie führte Theologen und Juristen bei der näheren
Konturierung des „ius humanum" zu einem weiteren prinzipiellen
Problem. Beide stellten die Frage nach den theoretischen Grundbedingungen einer Rechtsetzung und gaben die Antworten darauf in einer allgemeinen, rationalen Lehre von der Gesetzgebung. Ihr legten
sie die Grundsätze zugrunde, die bereits *Aristoteles* (384–322
v. Chr.), der Schüler von Platon an der berühmten Akademie in
Athen, in der – in das Lateinische übersetzten und rezipierten –
Schrift „Politica" formuliert hatte.

2. Religion und Philosophie

Die Werke von Platon und Aristoteles wurden dem lateinischen **32**
Westen Europas in lateinischen, hebräischen, arabischen Übersetzungen und Kommentierungen bekannt, deren wachsende Verbreitung
seit 1150 überliefert ist. Bedeutende Vermittler waren der weströmi-
sche Philosoph *Boethius* († 524/26), „der gelehrteste Mann seiner
Zeit" (J. Fried), sowie die aufklärerisch wirkenden arabischen Philosophen *Avicenna* (Ibn Sina, Buchara/Persien, † 1037) und *Averroes*
(Ibn Ruschd, Córdoba/Spanien, † 1198) aus dem islamischen Kulturraum. In der Konfrontation der christlich-abendländischen Philosophie mit den großen platonischen und aristotelischen Schriften trat
die Spannung zwischen dem (religiös-theologischen) Denken aus
dem Glauben und dem (profan-philosophischen) Denken aus der
Vernunft deutlich zutage.

Vor allem Averroes hat in seinem Aristoteles-Kommentar (in fran- **32a**
zösischer Übersetzung) im 13./14. Jahrhundert das aristotelische

Konzept des rationalen Wissens aus übergeordneten Prinzipien mit einem frühen religiösen islamischen Rationalismus kritisch-aufklärerisch verglichen und mit den aufgezeigten wechselseitigen Berührungen zwischen Philosophie und Religion der christlichen „wahren" Philosophie vermittelt (*vera philosophia*). Diese „Averroismus" genannte philosophische Bewegung war eine Provokation der traditionellen Scholastik. Der „Averroistenstreit" hatte vor allem an der Artistenfakultät der Universität Paris große intellektuelle Unruhe verursacht (1250) und über Frankreich hinaus (Italien) eine philosophische Grundsatzdiskussion über Wahrheit aus Glauben einerseits und wissenschaftliche Rationalität andererseits ausgelöst („doppelte Wahrheit").

3. Wissenschaftslehre der Scholastik

33   Grundlage der aristotelischen Philosophie, wie sie mittelalterliche Theologen verstanden und lehrten, war die „Scholastik" (latein. *scholasticus* – die Schule betreffend) als eine Art Magd im Dienst der Theologie (*ancilla theologiae*). Als in der Schule gepflegte Wissenschaft und spezifische Denkform hatte sie sich im Aufwind des aufgekommenen allgemeinen Strebens nach Rationalität und auf der Basis der aristotelischen Logik im 12./13. Jahrhundert entwickelt. Charakteristisch für ihre Methode war das problemorientierte, deduktive, dialektische Denken.

Die aristotelische Dialektik hatte sich der Theologie bemächtigt. Nach *Anselm von Canterbury* (1033–1109), Erzbischof und Primas der Kirche von England, galt das scholastische Hauptinteresse den in biblischen Schriften überlieferten unzweifelhaften Glaubenswahrheiten (*fides*). Sie lagen als geoffenbarte Heilsgewissheiten bereits vor und sollten in den Texten erkannt, ausgelegt und in ihrem Wahrheitsanspruch zur Geltung gebracht werden (*fides quaerens intellectum* – Glaube, der nach Verstehen verlangt). Die Scholastik als wissenschaftliches Lehrsystem hatte dabei die Aufgabe, ausgehend vom Denken aus Glauben die Brücke zu Einsicht und wissenschaftlichem Wissen zu bilden.

34   Bei der Diskussion von Sachproblemen löste sich scholastisches Denken von der metaphysisch-theologischen Textauslegung, die der rein religiösen Meditation und der Kontemplation diente. Die streng begrifflich-dialektische Interpretation der theologischen Schriften

durch erläuternde sog. „Exegesen" begann ab dem 13. Jahrhundert der neuen Denkweise der Hochscholastik zu weichen. Deren Wesensmerkmal war ein auf die Vernunft gestütztes Vorgehen. Einander widersprechende Texte sollten rational harmonisiert werden. Ausgangspunkte jeder wissenschaftlichen Diskussion und Interpretation waren Zweifelsfragen, die in der bevorzugten Lehrform der „lectio – quaestio – disputatio" methodisch auf Logik gestützt und zusätzlich mit der Lehrautorität angesehener Philosophen und Theologen begründet waren. Die Gelehrten galten als Verkörperungen der „Vernunft" schlechthin (*auctoritas magistrorum*). Zentren der Scholastik wurden die Hohen Schulen, die späteren Universitäten.

4. Scholastik und Jurisprudenz

Auch die Jurisprudenz folgte bei der Auslegung von Rechts- 35 normen und der Entscheidung strittiger Rechtsfragen methodisch schulscholastischen Grundformen des Denkens. Die Lösung des Rechtsproblems wurde stets auf der Grundlage eines autoritär vorgegebenen Textes begonnen (*auctoritas*), durch kritische Infragestellung der Rechtsmeinungen überprüft und das Ergebnis durch logisches Schließen gefunden. Bei diesem Denkvorgang (*Syllogismus*) vertrauten und folgten Juristen den Vernunftgründen (*ratio*). In dieser Verbindung von „auctoritas" und „ratio" traf sich der exegetisch-dialektische Diskurs der theologisch orientierten Schulscholastik mit der methodischen Rationalität der Jurisprudenz.

Durch die Bereitstellung von vernünftigen Regeln für die juristische Methode der Interpretation und Applikation von Normen emanzipierte sich scholastisches Problemdenken und Argumentieren schließlich von der Theologie und wurde dominante wissenschaftliche Methode der profanen Jurisprudenz. Von der dadurch entstandenen Nähe zur Autoritätshörigkeit und Moraltheologie konnten sich die Juristen erst unter dem Einfluss des Vernunftrechts der Aufklärung vollständig lösen.

5. Kanonisches Recht

a) Zentralität des Ius romanum

Von den beiden Grundsäulen der europäischen Rechtsarchitektur 36 hatte das kanonische Recht (*canon* – lat. Regel) den entscheidenden

Anteil an der „Rezeption" genannten Verbreitung des Ius commune über den gesamten Kontinent. Römisches Recht war Grundlage des kirchlichen Rechts und als maßgebendes Ordnungsprinzip bereits in der frühen Kirche allgemein anerkannt (Parömie *ecclesia vivit iure romano*). Es hatte die Entwicklung der lateinischen Kirche zu einer Organisation mit einer hierarchischen Verfassung gefördert und den Prozess der Wandlung einer religiösen Bekenntnisgemeinschaft zur universalen Rechtskirche entscheidend gefördert. Aufgrund dieser Zentralität und Wirkkraft des Ius romanum wurde das kanonische Recht zum eigentlichen Nucleus bei der Bildung eines in unterschiedlichen Manifestationen und Variationen in Europa geltenden Rechts. In dieser Verbindung schufen kirchliches und römisches Recht die Grundlagen der Rechtswissenschaft, die „im Mittelalter", einer eminent schöpferischen Zeitepoche des „Aufbruchs und des Fortschreitens zur Moderne" (J. Fried), entstanden war.

b) Verrechtlichung

36a   Die Verrechtlichung der Kirche mit europaweiten Auswirkungen begann mit Papst *Gregor VII.* (1073–1085), dem Begründer des römischen Zentralismus. 1075 hatte er in dem „Dictatus Papae" den unbedingten Vorrang der päpstlichen Herrschaft gegenüber der weltlichen Gewalt beansprucht und für sein Amt das Monopol zur höchsten Rechtsprechung und Gesetzgebung innerhalb der Kirche gefordert. Damit wurden Reformen in Gang gesetzt, mit denen auch die traumatische Lösung der griechisch-orthodoxen (Byzanz) von der lateinischen Kirche (Rom) im Großen Schisma von 1054 überwunden und vor allem eine umfassende Reorganisierung und prophylaktische Disziplinierung des Klerus im Westen durchgesetzt werden sollte. Der Papst war erfolgreich. Seine legislativen Reformen erreichten im 12. und 13. Jahrhundert vorläufige Höhepunkte in der vollkommenen Verrechtlichung der römischen Kirche und ihrer pastoralen Aufgaben.

c) Decretum Gratiani

37   Die kirchliche Rechtsordnung wurde Vorbild für die Rechtskultur in Europa. Fachlich überragende Juristenpäpste haben die Entwicklung durch eigene Bearbeitungen des kanonischen Rechts entscheidend geprägt und gefördert. Die Forschung bezeichnet das 12. und 13. Jahrhundert deshalb als „Epoche des klassischen kanonischen

Rechts". Diese Zeit ist untrennbar mit der Persönlichkeit des Mönchs *Gratianus* (Graziano, † um 1150) verbunden. Er hatte um 1140/42 in Bologna eine umfangreiche Sammlung früher kirchlicher Quellen und römischer Rechtstexte als Privatarbeit publiziert und damit den Grundstein für die Entstehung einer kirchlichen Rechtswissenschaft (*Kanonistik*) gelegt. Nach neueren Forschungen ist Legende, dass der später zum „Vater der Kanonistik" Erhobene dem Eremiten-Orden der Kamaldulenser angehörte und Magister der Theologie im Kloster St. Felix und Nabor in Bologna war. Sehr wahrscheinlich hatte er als Theologe in Bologna eine juristische Lehrtätigkeit ausgeübt.

Das Lebenswerk Gratians wurde unter der Bezeichnung „Decretum Gratiani" Grundlage der entstehenden Kirchenrechtswissenschaft. Der Autor schöpfte aus Manuskripten und älteren Rechtssammlungen (*collectiones*), wie z. B. aus den Werken der Bischöfe *Isidor von Sevilla* († 636) und *Ivo von Chartres* († 1116). Er berücksichtigte in Auszügen Beschlüsse der Provinzial- und ökumenischen Konzilien, Papstbriefe und patristische Schriften lateinischer und griechischer Kirchenväter sowie tendenziöse Rechtssammlungen einer hochkirchlichen Reformbewegung. Deren Verfasser hatten sich gegen Eingriffe weltlicher Obrigkeiten in kirchliche Verhältnisse und Zustände des Westreiches gewendet. Dieser Reformliteratur gehörten die sog. „Pseudoisidorischen Dekretalen" an. Sie wurden einem Mönch Benedictus Levita († 847) aus Mainz und einem Isidorus Mercator als Autoren zugeschrieben und erst von den Humanisten als Fälschungen entlarvt (u. a. von Nicolaus von Cues, † 1464).

Für das Profil des Dekrets charakteristisch ist die Verbindung von Kanonistik und Theologie. Neben speziell juristischen Fragen werden auch ethische und moraltheologische Probleme behandelt. Das Dekret besitzt klare Strukturen und hat den Stoff systematisch nach Rechtsmaterien in zwei Abschnitte gegliedert. Die „Distinctiones" des ersten Teils enthalten generelle Rechtsregeln. Die „Causae" des zweiten Teils behandeln Rechtsfragen, die in (fiktiven) Rechtsfällen (*Quaestiones*) exemplarisch erörtert werden. Ziel dieser Art der Darstellung war, mit Hilfe der scholastisch-dialektischen Methode Widersprüche (*discordantiae*) der aus unterschiedlichen Zeiten stammenden Rechtssätze (*canones*) zu harmonisieren und Rechtskontroversen durch eigene Kommentierungen in einer Synthese zu bereinigen (*Dicta Gratiani*). Dies erklärt auch den ursprünglichen Namen des Werks: „Concordia discordantium canonum".

40   Das Dekret war kein offizielles Gesetzbuch der Kirche, erlangte aber durch allgemeine Akzeptanz gesetzesgleiche Autorität. Im Rechtsunterricht gehörte die private Quellensammlung zur Grundlagenliteratur sowohl als Kodifikation wie als Lehrbuch. Geregelt wurde das Standesrecht für Kleriker, das Strafrecht, Eherecht und Verfahrensrecht in einer zeitgemäßen Systematik. Als Basis des kirchlichen Rechts hat es die Entwicklung der Kanonistik zu einem autonomen Wissenschaftszweig neben der Theologie in ganz Europa gefördert. Erste Zeugnisse seiner Rezeption in Deutschland finden sich bereits um 1160 in Hildesheim und 1170 an der kanonistischen Rechtsschule in Köln.

41   Die wissenschaftlich umfassende Erschließung des Dekrets besorgte eine eigene Fachrichtung innerhalb der Kanonistik. Die sog. Dekretisten beschränkten sich anfangs auf das Schließen von Textlücken des Dekrets durch Heranziehung vorgratianischer Autoren, wie z. B. der Bischöfe *Ivo von Chartres*, *Burchard von Worms* († 1025) und *Anselm von Lucca* († 1086). Die vorgenommenen Zusätze wurden „paleae" genannt. Der „bizarre Name" (E. Cortese) geht wahrscheinlich auf Gratians Schüler *Paucapalea* (um 1148) zurück. Von ihm stammten nicht nur die Einteilung des Dekrets, sondern auch die meisten Paleae.

42   Später entwickelten die Dekretisten für den Rechtsunterricht sog. „Brocarda" (*brocardo*, *brocardico*) als allgemein gefasste Argumente (*generalia*), die in der Vorlesung zur Lösung von Rechtsfragen verwendet wurden. Zu dekretistischen Arbeiten gehörten auch fortlaufende Glossierungen der Texte, die Vernetzung von „canones" durch Querverweise und die Zusammenfassung der Ergebnisse in Summen (*summae*). Diese Werke können mit Hilfe der (seit 1160 verwendeten) Siglen bestimmten Autoren zugeordnet werden.

Zu den bedeutendsten Dekretisten gehörten der in Bologna wirkende Kanonist *Magister Rolandus* (um 1150), der Bischof von Sorrento *Rufinus* († 1192), sein Schüler in Bologna und späterer Bischof von Tournai *Stephanus Tornacensis* († 1203) sowie *Huguccio* von Pisa (Uguccione da Pisa, † 1210), später Bischof von Ferrara. Die 1216 veröffentliche Summe zum Dekret von *Johannes Teutonicus* (Giovanni Teutonico, † 1245/46), Professor in Bologna und später Domherr in Halberstadt, überzeugte durch Genauigkeit und Qualität. Sie diente wissenschaftlichen Arbeiten der Kanonisten als maßgebliche „Glossa ordinaria" und trat später in dieser Funktion neben vergleichbare Gesamtdarstellungen der weltlichen Juristen (Accursius, † 1263).

d) Liber Extra

Die zunehmende Verrechtlichung der Kirche sowie die Konsolidie- **43** rung der kanonischen und weltlichen (legistischen) Rechtswissenschaft waren ursächlich für eine umfassende Rechtsetzung. Seit dem Pontifikat der Juristenpäpste *Alexander III.* (1159–1181) und *Innozenz III.* (1198–1216) wuchs die Zahl der Entscheidungen strittiger Rechtsfragen oder anhängiger Streitsachen durch päpstliche Antwortschreiben in der Form sog. „Dekretalen" (*epistulae, letterae decretales*). Sie waren neben den Konzilien die Hauptquellen kirchlicher Rechtsbildung.

Anfangs wurden Dekretalen den Manuskripten des Dekrets beige- **44** fügt und erst später in eigenen Sammlungen erfasst. Von diesen erschienen zwischen 1188 und 1226 fünf Reihen, die von der Forschung als „Quinque Compilationes Antiquae" bezeichnet werden. Erstmals fand um 1187 bis 1192 eine Dekretalensammlung sowohl in der Wissenschaft wie im Unterricht allgemeine Anerkennung. Ihr Herausgeber war *Bernhard von Pavia* († 1213), Professor für kanonisches Recht in Bologna und zuletzt Bischof von Pavia. Er gliederte das 1188 bis 1191 entstandene „Breviarium extravagantium" nach Schwerpunkten: Träger der Gerichtsbarkeit, Prozess und Gerichtsverfassung, Standesrecht für den Klerus, Eherecht und kirchliches Strafrecht. Mit Hilfe der Kurzformel „iudex, iudicium, clerus, connubium, crimen" sollten Benutzer die Texte schneller finden und anwenden.

Die „Compilationes Antiquae" waren ihrem Wesen und den Funk- **45** tionen nach weitgehend ungeordnete Vorarbeiten zu einer später begonnenen systematischen Erfassung und Formung des kirchlichen Rechts. Papst *Gregor IX.* (1227–1241) plante eine offizielle Dekretalensammlung und beauftragte 1230 den spanischen Dominikaner *Raymundus de Penyafort* (um 1180–1275), Professor für kanonisches Recht, mit der Revision des vorhandenen Rechts. Unter seiner redaktionellen Leitung wurden die an Widersprüchen reichen, unsystematischen und ausufernden Quellen der „Quinque Compilationes" sowie eigene päpstliche Dekretalen und Konstitutionen systematisch bearbeitet und inhaltlich verändert.

Die neue Rechtssammlung mit dem offiziellen Namen „Decretales **46** Gregorii IX" war 1234 vollendet. Sie wurde mit der Bulle „Rex pacificus" als Gesetz förmlich in Kraft gesetzt (*Promulgation*) und durch Übersendung an die Universitäten Bologna und Paris publiziert. Damit hatten alle früheren Sammlungen, mit Ausnahme des gratianischen Dekrets, ihre Geltung verloren. In das Gesetzbuch nicht aufgenommene Rechtstexte durften nicht mehr berücksichtigt werden, es sei denn, der Papst hatte dazu eine spezielle Erlaubnis erteilt (*Exklusivitätsprinzip*). Die Gesetzgebung wurde allgemein „Liber Extravagantium" genannt und abgekürzt „Liber Extra" zitiert. Damit war (wörtlich) zum Ausdruck gebracht, dass der Liber päpstliche Dekretalen und Konstitutionen enthielt, die das Dekret ergänzten (*decretales extra Decretum Gratiani vagantes*).

Der Liber regelte – gemäß dem Merkvers zum Breviar von Bernhard von Pavia – Gerichtsverfassung, Prozessrecht, kirchliches Ämterwesen, Eherecht und Strafrecht in fünf Büchern. Erstmals wurden strafrechtliche Bestimmungen in einem eigenen, fünften Buch erfasst. Die Vorstellung vom Strafrecht als eigenes und verselbständigtes Rechtsgebiet innerhalb des kanonischen Rechts hatte sich durchgesetzt. Der Liber Extra wurde zentrale Quelle des kirchlichen Strafrechts.

47   Die päpstliche Gesetzgebung hatte mit dem Liber Extra „die höchste Stufe in der Kodifikation des mittelalterlichen kirchlichen Strafrechts erreicht" (L. Kéry). Mit seiner Publikation an beiden europäischen Zentren der Hochschulbildung begann eine Blütezeit der Kanonistik. Die Wissenschaft bearbeitete mit dem Instrument der erläuternden Glossierungen die Texte und machte durch Kommentierungen auf die Bedeutung der Gesetzgebung für die gelehrte Welt und Praxis aufmerksam.

Herausragende Vertreter dieser Arbeiten waren *Sinibaldus Fliscus* (Sinibaldo dei Fieschi), der spätere Papst *Innozenz IV.* (1243–1254), und *Henricus de Segusio* (Enrico da Susa), Kardinalerzbischof von Ostia, genannt *Hostiensis* (um 1200–1271). Dessen „Summa aurea" (1253) ist Zeugnis für einen weiteren wissenschaftlichen Höhepunkt der mittelalterlichen Kanonistik.

e) Liber Sextus und Clementinae

48   Die nachgregorianische Entwicklung des kirchlichen Rechts war im Wesentlichen das Werk des Papstes *Bonifaz VIII.* (1294–1303). Wie kein anderer Pontifex vor ihm verkörperte und praktizierte er in verstörender Weise den Widerspruch zwischen dem pastoral-geistlichen Auftrag seines Amtes und den politischen Zielen des Papsttums als mittelalterliche Universalmacht. Politisch sind seine Leistun-

gen höchst umstritten. Der Häresie und Simonie (Ämterkauf) verdächtigt und verstrickt in die Machtkämpfe zwischen den mächtigen römischen Familien der *Orsini* und *Colonna*, bleibt als negatives Hauptbeispiel der blinden Machtpolitik des *Caetani*-Papstes die Bulle „Unam sanctam" (1302). Mit ihr hatte er rigoros und bedingungslos den hierokratisch-politischen Anspruch auf den totalen Gehorsam der gesamten Welt und ihrer Menschen gegenüber dem Papsttum gefordert. Seiner Überzeugung nach führten herrschaftspolitisch die Kirche das geistliche und der Kaiser das weltliche „Schwert" für den Papst (Zwei-Schwerter-Lehre).

Dass er mit dieser Unterwerfungsstrategie auf den erbitterten Widerstand des französischen Königs *Philipps IV. d. Schönen* (le Bel, 1285–1314) gestoßen war und folgenreiche Auseinandersetzungen provoziert hatte, zählt zu den verhängnisvollen kirchenpolitischen Entscheidungen seines Pontifikats. Der Krieg mit dem König als dem Baumeister des ersten modernen, souveränen Staatswesens in Kontinentaleuropa endete nach dem Tod des Papstes mit einem enormen Zuwachs an Einfluss des französischen Königtums auf die römische Kurie. Dies führte schließlich 1309 zur Verlegung des Papstsitzes von Rom nach Avignon und zum Beginn der sog. „babylonischen Gefangenschaft der Kirche" (bis 1378).

Bleibende Anerkennung erwarb sich Bonifaz VIII. dagegen auf **49** dem Gebiet der Gesetzgebung. Schon bei der Begründung der Grundthesen im Streit mit Philipp benutzte er die Theorie vom Gesetz und von der Gesetzgebung in der Gestalt, die ihr der Philosoph der Hochscholastik und Theologe *Thomas von Aquino* (1224/25–1274) verliehen hatte und die für das gesamte Mittelalter vorbildlich wurde. Der Papst, selbst angesehener und namhafter Kanonist, legitimierte mit juristischen Argumenten den Anspruch auf die universale Zuständigkeit seiner Gesetzgebung.

Inhaltlich und in den Folgen außerordentlich weitreichend wirkte die Macht des päpstlichen Gesetzgebers bereits bei der Reform des Dekretalenrechts. Auf seine Veranlassung hatte eine Dreierkommission eine neue Rechtssammlung erarbeitet. Sie erhielt den Titel „Liber Sextus" und wurde 1298 mit der Bulle „Sacrosanctae" promulgiert. Der Liber war jedoch nicht als bloßer Anhang zu den fünf Büchern des gregorianischen Liber Extra bestimmt, sondern präsentierte sich als eigene, authentische Kodifikation.

Die Sammlung berücksichtigte und bereinigte neue Dekretalen, die zwischen 1245 und 1280 von den Päpsten *Innozenz IV.* (1243–1254),

Gregor X. (1271–1276) und *Nikolaus III.* (1277–1280) erlassen worden waren, sowie Konzilsbeschlüsse. Die Promulgationsbulle hatte eine moderne Gesetzgebungslehre verkündet. Nach ihr war der Papst als oberster Gesetzgeber zur Schaffung neuen Rechts befugt. Es sollte an die Stelle der alten, obsolet gewordenen Normen treten. Damit wurde eine alte Vorstellung endgültig gegenstandslos, nach der sich die Gesetzgebung hauptsächlich in der Protokollierung eines verbesserten Rechtszustandes erschöpfte.

Die maßgebende Kommentierung des Liber Sextus stammte von dem Dekretalisten *Johannes Andreae* (Giovanni d'Andrea, um 1270–1348), Professor für kanonisches Recht in Bologna und Freund des Dichters Francesco Petrarca († 1374). Die systematischen wie kritischen „Commentaria in libros decretalium" dieses bedeutendsten Kanonisten des 14. Jahrhunderts standen am Beginn einer neuen Ära kirchlicher Rechtsentwicklung. Mit Johannes Andreae ging das klassische Zeitalter des kanonischen Rechts zu Ende (P. Landau).

50   Die Epoche der Dekretalengesetzgebung endete mit einer Rechtssammlung, deren Urheber *Clemens V.* (1305–1314), ein Franzose und der Erste der in Avignon residierenden Päpste war. Die „Constitutiones Clementis V" zur Kirchenreform wurden 1312 vom südostfranzösischen Konzil von Vienne und 1314 vom Kardinalskollegium gebilligt. Da der Papst kurz vor der geplanten Promulgation starb, hatte erst 1317 sein Nachfolger *Johannes XXII.* (1316–1334) die redigierten, allgemein „Clementinae" genannten Dekretalen in Kraft gesetzt. Von Johannes Andreae wurde auch diese letzte päpstliche Gesetzgebung in der berühmten „Glossa ordinaria" wissenschaftlich kommentiert und ergänzt (sog. *Apostillae*).

f) Extravaganten und Corpus iuris canonici

51   Nichtamtliche, private Dekretalensammlungen, die während und nach dem Pontifikat Johannes XXII. erschienen waren, wurden um 1500 durch den Pariser Kanonisten *Jean Chappuis* als „Extravagantes Johannis Papae XXII et Extravagantes communes" aus dem 14. bis 15. Jahrhundert den offiziellen Teilen der päpstlichen Gesetzbücher angegliedert. Die heterogenen Texte folgten nicht mehr der üblich gewordenen Einteilung in fünf Bücher, sondern wurden nach Titeln und Kapiteln gegliedert.

52   Papst *Pius V.* (1566–1572) hatte 1566 eine Kommission mit der Revision aller offiziellen Texte der Gesetzbücher mit Einschluss der Glosse beauftragt. Das Ergebnis der Arbeiten der „Correctores Ro-

mani" war die „Editio Romana" genannte Ausgabe, die 1582 von Papst *Gregor XIII.* (1572–1585) promulgiert wurde. Dieses Gesetzbuch des mittelalterlichen kanonischen Rechts war keine durchgehend systematisch kohärente Kodifikation, sondern nur formal ein einheitlicher Kodex. Die Bezeichnung „Corpus iuris canonici" hatten bereits im 13. Jahrhundert die Kanonisten für die selbständigen Teile der päpstlichen Rechtsetzung gebraucht. Der Titel wurde amtlich erst seit 1580 verwendet. 1918 ersetzte der „Codex iuris canonici" das historische Corpus iuris canonici. Das Gesetzbuch wurde 1983 von dem gegenwärtig geltenden „Codex iuris canonici" abgelöst.

III. Römisches Recht – die Kernrechtsordnung Europas

1. Rechtsrenaissance in Ostrom

Das Ius romanum war Grundlage des kirchlichen Rechts und bil- **53** dete die Kernrechtsordnung der mittelalterlichen Rechtswissenschaft. Römisches Recht wurde in der im 6. Jahrhundert entstandenen, (später) „Corpus iuris" genannten Rechtssammlung überliefert. Die Entscheidung für ihre Erstellung wurde in der Metropole des Ostreichs getroffen, das auf der verfassungsrechtlichen Identität mit dem Westreich gegründet war und die Tradition des niedergegangenen Imperium Romanum als Weltmacht fortsetzen sollte. Initiator des Quellenwerks war Kaiser *Justinian I.* (527–565), Sohn eines illyrischen Bauern und hochbegabter Machtpolitiker.

Diese strukturell wie materiell einer Kodifikation ähnliche Rechts- **54** sammlung war zentrales Element eines umfassenden, ambitiösen staatlichen Reformprogramms. Justinian wollte ein hellenistisches, christlich geprägtes oströmisches Weltreich errichten. Das römische Recht, dessen hochentwickelte Regelungstechnik und Dogmatik in Westrom bereits weitgehend in Vergessenheit geraten waren, sollte in der östlichen Reichshälfte neu entstehen und das Fundament der politischen und zivilen Herrschaftsordnung bilden.

Für diese umfassende Rechtserneuerung bestanden in Ostrom auf **55** der Ebene der fachlichen Ausbildung bereits günstige Vorbedingungen. Im Gegensatz zum Westen bereiteten hier Rechtsschulen die Juristen auf ihre beruflichen Tätigkeiten vor. Während des 5. Jahrhunderts gab es Lehranstalten in Alexandria (Ägypten), Athen, Antiochia (antikes Syrien) und Caesarea (Kleinasien). Zu den ältesten und berühmtesten zählte die Schule in Berytos (Beirut, Syrien). Sie wurde zwischen 414 und 425 gegründet und stand im Schatten des hohen Ansehens der Schule in Konstantinopel. Justinian hatte Berytos wunderschön genannt und als Nährmutter der Rechte gepriesen (*pulcherrima civitas et legum nutrix*). Für beide Zentren der Juristenausbildung ist ein anspruchsvoller Rechtsunterricht nach den Lehren der alexandrinischen Philosophie, einer Vorläuferin der Scholastik, und nach einem festen, in Jahreskurse gegliederten Studienplan überliefert.

2. Justinianisches Corpus iuris

a) Rechtsreformen

56   Bereits ein Jahr nach der Regierungsübernahme (528) hatte Justinian im Interesse der Reichseinheit mit der Herstellung der Rechtseinheit begonnen. Die Neuordnung des Rechtswesens drohte an dem sog. „Nika-Aufstand" (nach dem griechischen Kampfruf *Nika!* – *Siege!*) zu scheitern, mit dem unzufriedene Teile der Bevölkerung der Hauptstadt gegen die mit den Reformen verbundenen wirtschaftlichen Lasten gewaltsam protestierten. Den Kaiser bewahrten allein energische, politisch kluge Interventionen seiner Ehefrau Theodora vor einer Katastrophe.

57   Die Gesetzgebungsarbeiten leitete der Jurist *Tribonianus* († um 541), auch als Planer und Organisator die treibende Kraft des Unternehmens. Er hatte seine Laufbahn als Vorstand der kaiserlichen Zentralkanzleien (*magister officiorum*) begonnen und war zum Leiter des Justizressorts (*quaestor sacri palatii*) – nach modernem Verständnis Justizminister – avanciert. Die von Justinian berufene Kommission bestand aus einer Gruppe von Juristen, unter ihnen hohe Beamte der Ministerialbürokratie, rechtsgelehrte Anwälte (*iurisperiti*) und Professoren (*antecessores*) der führenden staatlichen Rechtsschulen in Berytos (*Dorotheos, Anatolios*) und Konstantinopel (*Theophilos, Kratinos*).

58   Die Arbeiten gestalteten sich schwierig. Das Material bestand aus einer riesigen Masse heterogener Rechtsquellen (*massae*). Kaisererlasse (*constitutiones*) und Rechtstexte der klassischen römischen Juristen, die in zeitgenössischen Sammlungen überliefert waren, wurden

mit ihren nachklassischen Ergänzungen exzerpiert, durch Zusätze bzw. Einschübe ergänzt (*interpolationes*) und neu geordnet. Die zwischen 529 und 534 redigierte, in drei Teilstücken publizierte offizielle Rechtssammlung war deshalb keine das gesamte Rechtswesen lückenlos erfassende „Kodifikation", auch wenn diese Bezeichnung dafür üblich geworden ist. Sachnäher wäre die Kennzeichnung „Kompilation" (latein. *compilare* – ausbeuten) als geordnete Zusammenstellung inhaltlich ausgewählter Rechtstexte (*iura*) und Gesetze (*leges*).

b) Codex

Die Kommission hatte den Auftrag, das aus der kaiserlichen Rechtsetzung stammende, zum großen Teil bereits im Codex Theodosianus enthaltene Recht durch einen zeitgemäßen Codex zu ersetzen, um auch die Einheit des Reichs zu festigen. Zu diesem Zweck wurden die Codices Gregorianus und Hermogenianus als Vorarbeiten herangezogen, die Texte umgearbeitet und widersprüchliche Regelungen bereinigt. Der Ersatz des theodosianischen Gesetzbuchs erhielt nach dem Willen des Kaisers den Titel „Novus Iustinianus Codex". **59**

Die Kompilation enthielt Kaisergesetze (*constitutiones*) seit Hadrian und bestand aus 12 Büchern: Kirchen-, Staats- und Verfahrensrecht (Buch 1), Privatrecht (Buch 2–8), Strafrecht (Buch 9) sowie Verwaltungsrecht (Buch 10–12). Sie wurde erstmals 529 durch die „Constitutio Summa" mit Gesetzeskraft veröffentlicht, galt aber nur fünf Jahre. 534 lag bereits der „Codex repetitae praelectionis" vor. In dieser Neuausgabe ist der Codex Iustinianus überliefert.

c) Digesta

Nach der Inkraftsetzung des Codex wurde 530 die umfassende Rechtserneuerung fortgesetzt. Justinian hatte befohlen, die Gesetze des Codex durch eine umfangreiche Sammlung ausgewählter Rechtstexte bzw. Rechtssätze zu ergänzen. Bereits 533 wurden 50 Bücher durch die „Constitutio Tanta" förmlich in Kraft gesetzt. Dieser wichtigste Teil der justinianischen Rechtsreformen war unter dem Titel „Digesta" (latein. *Zusammengestelltes*) oder „Pandectae" (griech. *Allumfassendes*) ein gigantisches Mosaik exzerpierter Rechtstexte. Sie bestanden aus Entscheidungssammlungen, Gutachten, Kommentaren, Lehrschriften oder Monographien klassischer und nachklassischer römischer Juristen aus der Zeit von etwa 100 v. Chr. bis 250 n. Chr.. Die Digesten enthielten keine Normbefehle nach modernem **60**

Verständnis von Rechtsnormen, waren vielmehr eine aus kasuistischen Lehrbeispielen und Problemanalysen bestehende umfassende Fallsammlung. Typisch für die Regelungstechnik war die Wiedergabe von Textfragmenten aus der Fachliteratur, die nach Rechtsgebieten geordnet waren.

61   Inhaltlich überwogen in der Kompilation Regelungen des Privatrechts (Buch 2–46), gefolgt vom Verfahrens- und Verwaltungsrecht sowie vom Strafrecht, das in zwei sog. „schrecklichen Büchern" erfasst wurde (Buch 47 und 48, *libri terribiles*). Die einzelnen Textfragmente wurden von der Kommission unter dem Vorsitz von Tribonian den Anforderungen des Rechtsverkehrs durch ergänzende „Interpolationen" angeglichen, häufig ohne dies im Text kenntlich zu machen.

d) Institutiones

62   Noch vor Vollendung der Arbeiten an den Digesten hielt es Justinian für angebracht, mit den legislativen Reformen auch die Juristenausbildung neu zu ordnen. Deshalb befahl er, ein Lehrbuch des römischen Rechts für Studienanfänger an den Rechtsschulen zu verfassen, in dem nach seinen Weisungen das juristische Grundwissen dargestellt war. Unter der Leitung von Tribonian wurden jeweils zwei von vier Büchern von den Professoren Theophilos aus Konstantinopel und Dorotheos aus Berytos fertig gestellt. Sie erhielten den Titel „Institutiones" – im Sinne von „Rechtliche Einrichtungen". Die Verantwortung für die Arbeiten übernahm Justinian, der an der Entscheidung grundsätzlicher Rechtsfragen wiederholt beratend mitgewirkt hatte.

63   Das neue Lehrbuch bestand vorwiegend aus den „Institutiones", einem zu seiner Zeit gesuchten und weit verbreiteten Elementarlehrbuch des spätrömischen Rechtslehrers *Gaius* (um 120–180). Die justinianischen Redaktoren haben knapp die Hälfte seiner Texte übernommen. Die von Gaius stammende systematische Anordnung der Rechtsquellen hat über die justinianischen Institutionen in die meisten europäischen Privatrechtsordnungen Eingang gefunden. Nach dem sog. „gaianischen Institutionensystem" wurden die in den vier Büchern behandelten Rechtsmaterien in drei große Sachgruppen eingeteilt und dem Menschen als Rechtssubjekt im Mittelpunkt der Rechtsordnung zugeordnet: (1) „personae" – Personen-, Familienrecht, (2) „res" – Recht der Vermögensgegenstände, d. h. der körperlichen (*corporales*) und unkörperlichen (*incorporales*) Sachen, Erb-

rechte, Schuldverhältnisse, (3) „actiones" – Klagrechte, Rechtsgeschäfte.

Neben den gaianischen Institutionen haben die Redaktoren auch **64** jüngere juristische Hand- und Lehrbücher berücksichtigt, so z. B. die von *Domitius Ulpianus* (um 170–223), *Iulius Paulus* (1. Hälfte d. 3. Jh.), *Florentinus* (3. Jh.) und von *Marcianus* (um 230). Auch wurde eine Vielzahl klassischer oder nachklassischer Textfragmente aus den Digesten übernommen. Die Institutionen wurden 533 durch die „Constitutio Imperatoriam" mit Gesetzeskraft versehen und publiziert. Damit war das justinianische Schulhandbuch gleichzeitig ein Reichsgesetz geworden, eine Besonderheit in der Geschichte der europäischen Gesetzgebung.

Justinian erließ 533 mit der „Constitutio Omnem" eine Studien- **65** ordnung für eine fünf Jahre dauernde Ausbildung der Juristen an den staatlichen Rechtsschulen in Berytos, Konstantinopel und Rom. „Verfälschter" Unterricht an den weniger angesehenen Schulen in Caesarea und Alexandria, für den Justinian umherziehende, unfähige Lehrer verantwortlich machte, wurde ausdrücklich verboten. Recht durfte ausschließlich auf der Grundlage der Digesten und des Codex an den drei privilegierten Rechtsschulen des Reichs gelehrt und studiert werden.

e) Novellae constitutiones und Corpus iuris

In der „Constitutio Cordi Nobis" von 534, mit der der revidierte **66** Codex promulgiert worden war, hatte Justinian weitere Reformgesetze angekündigt. Sie sollten nach seinem Willen als „Novellae constitutiones" und offizieller vierter Teil des Gesamtwerks erscheinen. Dazu kam es jedoch nicht mehr. Die zwischen 535 und 540 erlassenen Nachtragsgesetze haben Privatpersonen gesammelt. Sie sind als „Leges Novellae" (oder kurz *Novellae*) in drei Sammlungen überliefert. Von ihnen war die sog. Griechische Novellensammlung mit 150 Novellen nur im Osten in griechischer Sprache im Umlauf. Die „Epitome Juliani" (benannt nach *Julian*, einem Rechtslehrer in Konstantinopel) mit 122 Novellen und das sog. „Authenticum" mit 134 Novellen waren im Westen in lateinischer Bearbeitung verbreitet.

Der Begriff „Corpus iuris" kam bereits im justinianischen Codex **67** im Sinne von „Inbegriff des Rechts" vor (5.13.1 pr.). Seit dem 12. Jahrhundert trug die Kodifikation des gesamten justinianischen Rechts die Bezeichnung „Corpus iuris". Seit dem 13. Jahrhundert wurde sie auch „Corpus iuris civilis" genannt.

3. Corpus iuris in Byzanz

68   Das Corpus iuris war eine bewusst klassizistische Restauration des antiken römischen, überwiegend klassischen Juristenrechts. Es galt in der oströmischen Reichshälfte, ohne jedoch die Jurisprudenz zu einer neuen Hochblüte zu führen. Die hatte Justinian mit Hilfe der kaiserlichen Rechtschulen in Konstantinopel und Berytos eigentlich angestrebt. Die mit Langzeitwirkung versehenen Reformen belasteten und behinderten zudem die auf die Rückeroberung des Westens abzielende kostspielige und ruinöse Expansionspolitik des Kaisers.

Nach dem griechisch-gotischen Krieg (535/53), in dem der oströmische Feldherr Belisarios († 565) die Ostgoten unter Totila († 552) endgültig besiegt hatte, stand nahezu die ganze italienische Halbinsel wieder unter der Herrschaft von Ostrom. Die Folgen der Nachkriegszeit äußerten sich auch in Unruhen und gewaltsamen Veränderungen an den Reichsgrenzen (Langobarden, Slawen, Perser). Diese Wirren haben das innen- und außenpolitische Ende der Ära Justinians begleitet und dauerten unter seinen Nachfolgern an. In der Regierungszeit der byzantinischen Kaiser der syrischen Dynastie *Leon III. d. Isaurier* (717–741) und *Konstantin V.* (741–775) erreichten sie im Streit um die Verehrung religiöser Bilder oder Denkmäler einen vorläufigen Höhepunkt (*Ikonoklasmus* – wörtl. Bildzerstörung). Einen neuen politischen und kulturellen Aufschwung auf allen Ebenen des Staates und der Gesellschaft brachten *Basileios I.* (867–886), der Begründer der Makedonischen Kaiserdynastie, und sein Sohn *Leon VI. d. Weise* (886–912).

69   Basileios I. plante, das gesamte alte Recht zu bereinigen und neu zu ordnen. Das justinianische Corpus iuris war inzwischen in der Rechtspflege nur eingeschränkt anwendbar. Die Angleichung des Gesetzbuchs an die byzantinische Gerichtspraxis und an die griechische Reichssprache war notwendig geworden. 907 wurden unter Leon VI. obsolete Rechtsnormen entfernt, die lateinischen Texte in griechischer Übersetzung vereinfacht und als sog. „Basiliken", d. h. Kaiserliche Bücher publiziert (insgesamt 60). Sehr wahrscheinlich stand dabei auch die Aktualisierung des Handelsrechts für Kaufleute als bestimmendes Motiv im Vordergrund.

70   Die Folge der umfassenden Reformen war eine wissenschaftliche Blütezeit der Jurisprudenz im Osten. Sog. „Scholien" als Randglossen und Texterläuterungen dienten der authentischen Interpretation

der Basiliken. Sie galten nicht als Verstöße gegen das justinianische Auslegungs- und Kommentierungsverbot. Erlaubt waren selbständige Anmerkungen zu den Rechtstexten durch kurze Inhaltsangaben (*indices*) und Hinweise auf Parallelstellen (*paratitla*). Üblich wurde auch die Form des sog. *Katenen-* oder *Kettenkommentars*. Er sollte durch fortlaufende Erklärungen von Exzerpten aus vor- und nachjustinianischen Texten die Verwendung der Basiliken für die Praxis erleichtern. Vermutlich waren die Katenen eines unbekannt gebliebenen Autors, den bereits die Byzantiner *Anonymos* genannt hatten, das Vorbild dieser juristischen Literaturgattung.

Noch vor dem Untergang des Byzantinischen Reichs (1453) **71** brachte 1204 der 4. Kreuzzug eine entscheidende politische Wende. Konstantinopel wurde durch die westlichen Kreuzfahrer (*Franken*) unter Führung der Venezianer eingenommen und geplündert. Davon hat sich die Metropole nicht wieder erholt. Ostrom war auf das Niveau einer zweitrangigen politischen Macht abgesunken. Aus der Folgezeit sind nur wenige juristisch bedeutsame Werke als Kurzfassungen neubearbeiteter Basiliken für die Praxis überliefert. Das bekannteste ist der „Hexabiblos" (*Sechs Bücher*) aus dem Jahr 1345 von *Konstantinos Harmenopoulos* (1320–1383), einem hohen Verwaltungsbeamten und obersten Richter in Thessaloniki. Mit der Einteilung des weltlichen griechisch-römischen Rechts hatte er das später reguläre fünfteilige Gliederungsschema für das Zivilrecht gewissermaßen vorweggenommen.

In der Zeit der osmanischen Herrschaft wurde der Hexabiblos von den kirchlichen griechischen Gerichten verwendet. Nach der Befreiung erklärte ihn die Nationalversammlung 1828 zum Gesetzbuch des neuen Staates Griechenland, das bis zum Inkrafttreten des Zivilgesetzbuchs 1946 galt.

4. Corpus iuris in Westrom

Während Justinian das Reich im Osten durch Reformen erneuert **72** hatte, stand im Westen Italien unter der Herrschaft der Ostgoten und wurde nach dem Tod von Theoderich d. Gr. (526) von Unruhen erschüttert. Das Corpus iuris war auf der Halbinsel in einem eindeutig schwer bestimmbaren Umfang bekannt. Eine Erklärung dafür bietet die politische Geschichte.

Für Justinian hatte sich erst nach dem erfolgreichen Gotenkrieg und der Rückeroberung Italiens rechtspolitisch die Möglichkeit geboten, das Corpus iuris auch in der westlichen Reichshälfte einzuführen. Dies gelang mit Hilfe der römischen Kirche, der größten Grundeigentümerin, und lag auch in deren ureigenen, auch wirtschaftspolitischen Interessen. Als Vermittler bei diesem Rechtstransfer wurde Papst *Vigilius* (537–555) tätig. Dessen nicht immer geradlinig verlaufene Karriere hatte am Hof von Konstantinopel begonnen. Vigilius war persönlich wie politisch von Justinian vollkommen abhängig. Unterwürfig bat er deshalb förmlich den Kaiser um die Einführung des Corpus iuris in Italien. Ebenso willfährig entsprach Justinian der Bitte und setzte 554 durch den kaiserlichen Erlass der „Sanctio pragmatica pro petitione Vigilii" den Codex, die Digesten und Institutionen in Kraft.

73   Den italienischen Geltungsbereich des Corpus iuris im Einzelnen bestimmte weiterhin die politische Geschichte der Halbinsel. Als 568 Nord- und Mittelitalien an die Langobarden gefallen waren, gehörten zum byzantinische Herrschaftsbereich nur kleinere Gebiete, wie die Region Istrien, das Exarchat Ravenna (ehemaliger Sitz des byzantinischen Provinzstatthalters), die Dukate (Zuständigkeitsgebiete eines *Dux* – Herzogs) von Rom und Neapel sowie Apulien, Kalabrien und Sizilien mit einer häufig Griechisch sprechenden Bevölkerung. Lediglich in diesen Territorien galt das justinianische Recht in seinem ursprünglichen Umfang fort. Nennenswerte Wirkungen auf die Rechtskultur des Westens hatte dieser Transfer allerdings vorerst noch nicht.

74   Auch nach der offiziellen Inkraftsetzung des Corpus iuris blieb im Westen der Codex Theodosianus in Geltung. In welchem Umgang daneben justinianisches Recht tatsächlich angewendet wurde, ist unbekannt. Sichere Zeugnisse dafür fehlen. Den spärlich überlieferten Belegen ist zu entnehmen, dass offensichtlich einzelne Textstellen aus dem Codex, den Institutionen sowie aus den lateinischen Novellen in der Gestalt der Epitome Juliani bekannt waren.

Hinweise zu den inhaltlich bedeutsamen Digesten fehlen; sie galten lange Zeit als unauffindbar. Es ist fraglich, ob bis zum Beginn des 7. Jahrhunderts Abschriften überhaupt in Umlauf waren. Eine Notiz über eine offenbar doch bestehende Kenntnis ist aus dem Jahr 603, nur 50 Jahre nach der Sanctio pragmatica überliefert. Papst *Gregor I. d. Gr.* (590–604) hatte in einem Brief Instruktionen für die Schlichtung eines Streits gegeben und sich zur juristischen Begründung auf einige Textstellen aus den Digesten berufen. Diese Fragmente haben in Verbindung mit einem vereinzelt nachweisbaren Elementarunterricht im römischen Recht sehr wahrscheinlich in der zweiten Hälfte des 11. Jahrhunderts die Wiederentdeckung der justinianischen Gesetzgebung vorbereitet und gefördert.

5. Fränkisch-langobardisches Recht

Das „Regnum Langobardorum" in Oberitalien stand 774 nach der   75
Eroberung durch Karl d. Gr. unter fränkischer Oberhoheit. Nach dem Ende der Karolingerherrschaft wurde es 886 unter Kaiser *Otto I. d. Gr.* (951–973) als „Regnum Italiae" dem Reich angeschlossen. Von den im 6. Jahrhundert errichteten langobardischen Herzogtümern erhielt nur das größte, der Dukat von Benevento unter dem Fürsten *Arichis II.* (758–787) die volle politische Selbständigkeit.

Die in rund zwei Jahrhunderten im Langobardenreich entwickel-   76
ten Verfassungsstrukturen einschließlich der typischen Rechts- und Sozialordnung haben die Geschichte von Italien im Mittelalter beeinflusst und geformt. Das neue Jahrtausend begann in Mittel- und Südeuropa mit einer kulturellen Blüte. Ihre Hauptträger waren Schulen, die auf das Studium der Bibel und auf die Interpretation religiöser Schriften vorbereiteten. Gegenstand des Elementarunterrichts waren auch Grundregeln des rechtsgeschäftlichen Verkehrs. Aus diesen Bildungseinrichtungen sind später Stätten der Pflege des fränkisch-langobardischen Rechts hervorgegangen. Zentrum wurde die alte langobardische Königsresidenz und spätere karolingische Königspfalz Pavia. Keimzelle war eine wahrscheinlich schon im 11. Jahrhundert aktive sog. Artistenschule. An ihr wurde neben den Fächern Grammatik, Rhetorik und Dialektik/Logik vermutlich auch Recht gelehrt. Das praktische Ziel war die Ausbildung von Juristen zu Richtern und Verwaltungsbeamten.

Hauptquellen der fränkisch-langobardischen Rechtsordnung wa-   77
ren der möglicherweise zu Studienzwecken chronologisch angeordnete „Liber Papiensis" sowie eine Systematisierung der darin enthaltenen Texte. Die „Lex Langobarda" (volkssprachlich *Lombarda*) genannte Sammlung war seit Mitte des 12. Jahrhunderts in Umlauf. Sie folgte in der Gliederung der Legalordnung des justinianischen Codex und bestand aus zwei nichtoffiziellen, für die Praxis bestimmten Teilsammlungen. Die erste war das „Edictum regum Langobardorum" als Zusammenfassung der königlichen Erlasse aus der Zeit von 643 bis 755. Den zweiten Teil bildete das „Capitulare Italicum", eine

Sammlung von Kapitularien aus der Zeit der Karolinger (seit 774), der später Edikte der Ottonen und der sächsischen Kaiser angefügt wurden. Nach 1070 entstand ein systematischer Kommentar. Die „Expositio ad Librum Papiensem" nahm auf den in Italien bereits bekannten justinianischen Codex und die Novellensammlung der Epitome Juliani Bezug. Nach ihr besaß das römische Recht die Qualität einer „lex omnium universalis".

78   Ob der Liber Papiensis das Werk einer bereits im 11./12. Jahrhundert in Pavia aktiven eigenen Rechtsschule war, wird von der Forschung kontrovers diskutiert. Unbeantwortet bleibt deshalb auch die Frage, ob und in welchem Umfang die später führenden Juristen in Bologna (Glossatoren) von der in Pavia entstandenen Rechtsliteratur beeinflusst waren. Ähnlichkeiten in der Methode erläuternder Glossierungen der Texte lassen sich zwar belegen, gesicherte Zeugnisse unmittelbarer Kontakte sind sie allerdings nicht.

IV. Aufzeichnungen des Gewohnheitsrechts

1. Gewohnheit in Schriftform

79   Gewohnheitsrecht genügte bis Mitte des 13. Jahrhunderts den rechts- und ordnungspolitischen Anforderungen einer feudalen Agrargesellschaft. Dies änderte sich mit dem Wandel der sozioökonomischen Rahmenbedingungen. Die Gewohnheit verlor ihre Funktionen als Garant juristischer Ordnung und Lenkung. Eine arbeitsteilig produzierende, sich zunehmend differenzierende Gesellschaft entdeckte neben dem direkten Austausch von Waren den Wettbewerb und die Märkte als Orte eines überregionalen Wirtschaftens auch mit Fernhandelsgütern. Für ein derart neu ökonomisiertes Gemeinwesen musste die politische Führung Ordnungsmittel bereitstellen, die als Gesetze und Rechtsnormen von Rechtspraktikern korrekt interpretiert und differenzierend angewendet werden konnten.

Um dieses Instrumentarium mit maximaler Effizienz nutzen zu können, mussten die mündlich und ungeordnet überlieferten Rechtsgewohnheiten in Schriftform und systematisiert in authentischen Sammlungen zur Verfügung stehen (consuetudo in scriptis redacta). Zu diesen Zwecken hatten Privatpersonen oder beauftragte Amtsträger die Gewohnheiten durch Befragung Rechtskundiger feststellen und die Ergebnisse in Gerichtsbüchern erfassen lassen. Diese verkörperten die „lex scripta", die etwas dokumentierte, was die „lex non scripta" bereits enthielt (P. Grossi). Sammelwerke des Gewohnheitsrechts waren seit Anfang des 13. Jahrhunderts in ganz West-, Süd-, Mittel- und Nordeuropa verbreitet.

a) Reichsterritorien nördlich der Alpen

In einigen deutschsprachigen Landschaften des Reichs wurden Gewohnheiten, Usancen und Gerichtsgebräuche in sog. „Rechtsbüchern" oder „Rechtsspiegeln" (*speculum iuris*) zum Teil bebildert aufgezeichnet. Der Betrachter einfach verständlicher Abbildungen symbolhafter Rechtshandlungen und Rechtsfiguren sollte über die praxiswichtigen Grundvoraussetzungen der wichtigsten Rechtsgeschäfte des Alltags visuell informiert werden und dabei das geltende Recht wie in einem Spiegel erkennen. Die Sammlungen wurden im 13. und noch im 16. Jahrhundert auch „Kaiserrecht" bezeichnet, um damit auf die erfolgte Autorisierung der Rechtsaufzeichnung durch den obersten Gesetzgeber hinzuweisen.

In der Gruppe der Rechtsspiegel war im deutschen Sprachraum der „Sachsenspiegel" die wohl bedeutendste und am weitesten verbreitete Dokumentation. Zwischen 1220 und 1227 als Privataufzeichnung zunächst in deutscher Sprache entstanden, wurde der Spiegel später in das Lateinische übersetzt und erfasste das gesamte in Sachsen gewohnheitlich geltende Landrecht sowie das Feudalrecht des Reichs. Oberflächlich wurde auch römisch-kanonisches Recht berücksichtigt. Autor des hohes Ansehen genießenden, in seiner Bedeutung nicht selten national und lokalpatriotisch überzeichneten Rechtsbuchs war der ostsächsische Ritter *Eike von Repgow* (um 1180–nach 1233). Der häufig einem Gesetz gleichgestellte Spiegel galt in einem Gebiet zwischen Rhein und Dnjepr (Russland/Ukraine).

Vermutlich in Augsburg verfassten schon um 1268/72, nach älterer Ansicht um 1274/75 unbekannte Kleriker (Franziskaner) das „Kayserlich Rechtsbuch" oder „Kaiserrecht", das seit dem 17. Jahrhundert „Schwabenspiegel" genannt wurde und zahlreiche Anleihen beim spätrömischen sowie kanonischen Recht enthielt. Die eigentliche Grundlage des Land- und Lehenrechtsbuchs war der Sachsenspiegel. Das Verbreitungsgebiet der keinesfalls nur aus schwäbischen Rechtssätzen bestehenden Sammlung reichte von Süd-, Westdeutschland, der Schweiz bis Mähren und Schlesien.

83   In der Markgrafschaft Meißen entstand zwischen 1357 und 1387 für den städtischen Bereich das „Meißener Rechtsbuch nach Distinktionen". Es war vermutlich eine Privataufzeichnung, in Kapitel und Distinktionen (Unterscheidungen) gegliedert und diente zahlreichen nord- und mitteldeutschen Städten als Vorbild ihrer Stadtrechte. Die Verbreitung reichte bis nach Preußen, Böhmen und Mähren. Der Verfasser ist unbekannt.

84   Für sein Stammland Oberbayern mit Städten und Märkten (vor allem für die Residenzstadt München) befahl der römisch-deutsche Kaiser *Ludwig d. Bayer* (1314–1347), die vor Gerichten, Städten und Märkten geltenden Rechte zu sammeln, sie zu ordnen und in einem für die Praxis bestimmten Rechtsbuch zusammenzuführen. Das 1335/46 fertig gestellte Werk wird allgemein „Oberbayerisches Landrecht" genannt und war gesetzgebungstechnisch relativ anspruchsvoll. Es wurde über Oberbayern hinaus in weiteren Gebieten Süddeutschlands und in Tirol teilweise bis Anfang des 19. Jahrhunderts von den Gerichten angewendet und in Urteilsgründen ausdrücklich als „das puoch" zitiert. Anleihen beim römischen Recht sind vereinzelt nachweisbar.

b) Sizilien

85   In Sizilien entstand Anfang des 13. Jahrhunderts ein Gesetzbuch, das zu den kodifikatorischen Spitzenwerken zählt, die während des Mittelalters in Europa geschaffen worden waren. 1231 wurden für das Königreich Sizilien die „Constitutiones regni utriusque Siciliae" verkündet, die seit dem 19. Jahrhundert auch „Liber Augustalis" genannt werden. Der Liber geht auf die Initiative des römisch-deutschen Kaisers und Königs von Sizilien *Friedrichs II.* (1215–1250) zurück. Der Staufer hatte mit diesem Gesetzbuch das Ideal einer zentralen staatlichen Gesetzgebung und eines Rechtskönigtums verwirklicht.

86   Das Gesetz wurde durch eine Kommission höchster königlicher Ratgeber und Richter vorbereitet. Unter ihnen war der Jurist *Petrus de Vinea* († 1249), ein Vertrauter Friedrichs II., der später vom Kaiser des Hochverrats bezichtigt wurde und unter rätselhaften Umständen starb. Die Arbeiten zum Liber Augustalis beruhten auf rechtlichen Vorerhebungen betreffend gewohnheitliche Regeln, die Rechtskundige durch Befragungen im „Regnum Siciliae" ermittelt hatten. Unter der Bezeichnung „Konstitutionen von Melfi" erinnerte das aus drei

Büchern bestehende Gesetzbuch an die süditalienische Stadt Melfi (Basilicata). Dort hatte Friedrich II. einen Hoftag abgehalten, auf dem die Endfassung beraten und als Manifestation der kaiserlichen Machtfülle verabschiedet worden war.

Der Liber Augustalis schöpfte vorwiegend aus dem justinianischen **87** Corpus iuris und aus älteren Rechtsvorschriften (*Assisae – Constitutiones regiae*) der normannischen Könige Roger II. († 1154) und Wilhelm II. († 1189). Im Mittelpunkt standen das Prozess-, Straf- und Verwaltungsrecht, gefolgt vom Privat- und Lehensrecht. Das Gesetz war der erste Versuch einer umfassenden staatlichen Normierung im Sinne eines aufgeklärten Absolutismus, den Friedrich II. verkörpert und in einem zentralistischen Beamtenstaat realisiert hatte. In Teilen galt der Liber in Neapel und in Sizilien noch bis Anfang des 19. Jahrhunderts fort.

c) Frankreich

In Frankreich entstand um 1200/20 der lateinisch verfasste und **88** später ins Französische übersetzte „Très ancien coutumier de Normandie". Diese erste private Aufzeichnung der Rechtsgewohnheiten (*coutume – consuetudo*) war für die Praxis bestimmt. Auf die sog. „livres de pratique" folgte um 1260 der seiner Qualität nach eher schlichte „Livre de Jostice et de Plet", in dem Gewohnheiten der historischen Provinz Orléanais gesammelt waren.

Zwischen 1280 und 1288 hatte der Jurist und Richter (Bailli) *Philippe de Beaumanoir* (1252/54–1296) in den „Coutumes de la comté **89** de Clermont-en-Beauvaisis" das lokale Gewohnheitsrecht des Beauvaisis aufgezeichnet. Das Buch war ein Meisterwerk der Coutumes-Literatur. Beaumanoir versuchte erstmals, die gesammelten Rechte inhaltlich zu analysieren, zu kommentieren und ihre sachliche Nähe zum römischen Recht zu bestimmen.

Um 1390 besorgte der königliche Justizjurist *Jean le Boutillier* (um **90** 1340–1395) eine Sammlung des nordfranzösischen Gewohnheitsrechts. Die als Handbuch in der Gerichtspraxis weit verbreitete „Somme rural" hatte ihre Schwerpunkte im Prozessrecht, das nach den Regeln des römisch-kanonischen Rechts angewendet werden sollte.

Die Epoche der Rechtsgewohnheiten in Schriftform endete in **91** Frankreich um 1388 mit dem „Grand coutumier de France" des Richters *Jacques d'Ableiges* (1340–1402) von Evreux. Das Buch war weit verbreitet, ist aber nach dem Urteil der modernen französischen Rechtsgeschichtsforschung eine „mittelmäßige und sehr wirre Kompilation" (P. Ourliac).

d) Spanien, Portugal

92   Die iberische Halbinsel bestand nach der arabisch-maurischen Invasion (Gibraltar) acht Jahrhunderte aus zwei politisch wie rechtlich getrennten Herrschaftsgebieten: dem christlichen Spanien und dem moslemischen Al-Andalus (711–1492). In den christlichen Landesteilen begannen Aufzeichnungen von Rechtsgewohnheiten (*usatici, usatges, costums*) während des 12. und 13. Jahrhunderts. Die Sammlungen wurden allgemein „fueros" bezeichnet (von lat. *forum* – Marktplatz, Gericht). Die bekanntesten waren die Fueros für die Territorien Aragón (Jaca, Zaragoza) und Navarra, für die Königreiche León und Kastilien (Sepúlveda, Cuenca).

In Kastilien gingen Versuche, die heterogenen landschaftlichen und städtischen Fueros zu vereinheitlichen, auf *Alfons X. d. Weisen* (el Sabio, 1252–1284) zurück. Zwischen 1252 und 1258 entstanden die „Fuero Real" und die „Espéculo" genannten Musterkompilationen. Diese unifikatorischen kastilischen Rechtstexte waren Vorläufer der zwischen 1256 und 1265 fertiggestellten „Siete Partidas" (*Libro de las Siete Partidas*).

Das aus sieben Teilen bestehende, inhaltlich wie technisch überragende volkssprachliche Gesetzeswerk war die Arbeit anonym gebliebener Autoren und sollte die regionalen Fueros ablösen. Es wurde mehrfach revidiert (1272, 1290) und erst unter *Alfons XI.* (1311–1350) als subsidiäres Recht offiziell in Kraft gesetzt (1348). Die Hauptquellen der Kodifikation waren neben dem kastilischen „Fuero Cuenca" vorwiegend römisch-kanonisches Recht. Seinem Charakter nach war das Gesetz eine umfassende Rechtserneuerung mit enzyklopädischem Charakter und zentrales Medium der Rezeption des Ius commune. Es bestand aus Prinzipien und Rechtssätzen, die juristischen, religiösen, philosophischen, moralischen Werken und der orientalischen Literatur entstammten. Die Rechtspraxis vermisste in den Siete Partidas originär kastilische Rechte und begegnete dem Werk mit Zurückhaltung.

93   In vergleichbaren Abläufen erfolgten die Übergänge vom gewohnheitlichen zum verschriftlichten Recht im seit 1143 selbständigen Königreich Portugal. Erste Kenntnisse vom römisch-kanonischen Recht bezeugt die Rechtsetzung unter König *Alfons II.* (1185–1223) gegen

Ende des 12. Jahrhunderts. Königliche Ordonnanzen hatten den Landschaften und Städten (Santarém, Lissabon, 1179) Rechtsaufzeichnungen ihrer Gewohnheiten (*foro, foral*) erlaubt. Dabei fanden der „foro" von Coimbra sowie der von Ávila als Vorlagen Verwendung. Zu einer umfassenderen Rezeption des Ius commune haben im 13. und 14. Jahrhundert erst der Rechtsunterricht an der Universität Lissabon (1288/90) und die volkssprachlichen Übersetzungen der kastilischen Rechtstexte (*Siete Partidas*) beigetragen. Dadurch wurden die praktischen Erfahrungen mit dem römisch-kanonischen Recht als subsidiäres Recht intensiviert und verfestigt. Diese Phase der nach König *Alfons V.* (1432–1481) benannten „alfonsinischen Gesetzgebung" wurde unter König *Manuel I.* (1468–1521) mit Sammlungen, Verbesserungen und Erweiterungen der alten Gesetze fortgesetzt (1521).

e) Nordische Reiche

Seit 1200 war das Königtum der nordischen Monarchien Dänemark, Norwegen und Schweden bestrebt, städtische und ländliche Rechtsgewohnheiten in offiziellen Dokumentationen zu erfassen (*logbok-lagbok*). Mit ihrer Hilfe sollte auch die Herrschaft gestärkt und gegenüber den Adelsinteressen politisch gesichert werden. Zu den ersten schriftlichen Sammlungen der Provinzial- und Landschaftsrechte gehörten in Dänemark das zwischen 1200 und 1216 entstandene „Skanske Lov", das Erzbischof *Anders Sunesen* von Lund (1201–1224) lateinisch glossiert (*Liber legis Scaniae*), ferner das „Jyske Lov" von 1241 für die Landschaft Jütland, das König *Waldemar II.* (1202–1241) erlassen hatte. Das Jütische Recht galt bis 1683 und im Herzogtum Schleswig bis 1900. In Norwegen veranlasste König *Magnus VI. Hakonsson* (genannt *Lagabötar* – Gesetzesverbesserer, 1263–1280) 1274/76 die Aufzeichnung des Landslag (Landrecht). In Schweden folgten um 1350 das Landslag und Stadslag (Stadtrecht) des Königs *Magnus VII. Eriksson* (1319–1363) sowie 1442 die revidierte Fassung des Landslag von König *Christoffer III.* (1440–1448). Sie wurden erst durch das schwedische Reichsrecht von 1734 offiziell abgelöst.

94

2. Gewohnheit als Recht

Nach mittelalterlichem Verständnis war Gewohnheit ein Faktum, das die Gerechtigkeits- und Rechtsvorstellungen einer Gesellschaft

95

wirklichkeitsgenau widerspiegelte. Als Quelle des Rechtsverbindlichen galt sie für alle Mitglieder der Gemeinschaft und diente als Richtschnur des Handelns. Im Zentrum gewohnheitlicher Regelungen stand der Mensch, wie ihn Geburt, Herkommen, sozialer Stand und Religion in seinem jeweiligen Lebensbereich definierten.

Gewohnheit wurde durch ein kollektives Bewusstsein einer Gemeinschaft von der Notwendigkeit der Existenz fester Rechtsgrundsätze und Regeln in Recht transformiert. Voraussetzung dafür war, dass eine lange Zeit hindurch (*tempus*) ungestört praktizierte und bewährte Übung lokaler Gebräuche (*usus*) als bindender Rechtssatz allgemein anerkannt worden war (*communis opinio iuris*). Nach Rechtsgewohnheiten wurden Rechtsstreitigkeiten innerhalb der Gesellschaft entschieden und Unrechtshandlungen bestraft. Gewohnheit und Herkommen stellten dafür Kriterien und Maßstäbe bereit, die als Land-, Stadt- oder Feudalrechte den Rechtsfrieden innerhalb einer ständischen Gemeinschaft sicherten und garantierten.

96   Diesem Gewohnheitsrecht fehlten feste Begriffe, einheitliche Rechtsfiguren, systemähnliche Strukturen und Methoden. Gewohnheit entfaltete ihre eigentlichen rechtlichen Wirkungen im Prozess. Das Urteil des Gerichts über einen privaten Interessenkonflikt oder ein individuelles strafwürdiges Verhalten war auch eine der Öffentlichkeit verkündete Proklamation der Obrigkeit, was generell als Recht galt und im konkreten Fall verbindlich war.

Für diese Entscheidung war entweder ein Kollegium, bestehend aus Richter und Beisitzern (Schöffen, Assessoren), oder ein Einzelrichter zuständig. Die Mitglieder des Kollegialgerichts wurden mit getrennten Funktionen tätig. In der Regel war der Richter ausschließlich Leiter der Sitzung, der die Einhaltung der Verfahrensregeln überwachte und das Endurteil verkündete. Zur Findung des im Einzelfall gewohnheitlich geltenden Rechts waren grundsätzlich nur die Beisitzer befugt. Erst das kanonische Recht hatte den Typus des allein entscheidenden Einzelrichters geschaffen, der seit Ausgang des 15. Jahrhunderts immer häufiger auch in der weltlichen Gerichtsbarkeit nachzuweisen ist. Für das Abrufen des Gewohnheitsrechts aus dem Vorrat allgemeiner Rechtsüberzeugungen in das konkrete Prozessgeschehen waren Praktikerjuristen im Rang angesehener „Rechtshonoratioren" zuständig.

3. Personalität und Territorialität des Rechts

Das frühmittelalterliche, vor allem germanische Recht war als Ord- **97** nung einer sesshaft gewordenen Agrargesellschaft ursprünglich personales Recht. Die Angehörigen von Stämmen lebten und wurden nach dem Recht ihrer familiären Verbände beurteilt. Der Einzelne war in das Recht seiner Gemeinschaft hineingeboren. Grund der Rechtsgeltung war die mitgliedschaftliche Zugehörigkeit von Personen zu einer Klein- oder Großgruppe. Abstammung, Wohnsitz und Aufenthalt bildeten die rechtlich maßgebenden Anknüpfungen. Das Heimatrecht galt als Personalstatut für diese Menschen, unabhängig ob sie sich innerhalb oder außerhalb der Stammes- oder Wohnsitzgrenzen aufhielten (*Personalitätsprinzip*).

Nach neueren Forschungen galt dieser Vorrang der Personalität nicht für Spanien und Frankreich. Für das Heilige Römische Reich erinnerte noch die Goldene Bulle von 1356 an den Primat der personalen Rechtsgeltung. Bei der Einteilung des Reichs unterschied sie nach den Rechtsgebieten der beiden wichtigsten Stämme der Franken und Sachsen (*terra iuris Franconici – Saxonici*, cap. V 1).

Der Personalitätsgrundsatz unterlag dem gesellschaftlichen Wan- **98** del. Hauptursachen waren die seit dem 12. Jahrhundert zunehmende allgemeine Mobilität, eine Städtegründungswelle, wachsender grenzübersteigender Handelsverkehr sowie die beginnende stärkere Differenzierung der Gesellschaft. Stammesrechte begannen sich lokal, regional oder territorial festzusetzen. Aus personalen Rechten wurden Landrechte. Die rechtlichen Ordnungsvorstellungen der innerhalb der territorialen Grenzen lebenden Personengruppen und Gemeinschaften waren auf ein bestimmtes Gebiet konzentriert. Das Recht galt für alle Bewohner eines räumlich umgrenzten Herrschaftsraumes (Territorium, Provinz, Stadt, Grundherrschaft, Dorf). Die Abstammung (*ius sanguinis*) verlor ihre Bedeutung als Anknüpfung. Sie wurde von der Territorialisierung des Rechts (*ius soli*) abgelöst.

Der Strukturwandel hatte die alten Stammesverbände aufgelöst. Aus personalem Stammes- und Heimatrecht wurde Land- und Territorialrecht (*ius provinciae*). Jedes Territorium besaß eigene, für sämtliche Herrschaft- und Lebenskreise geltende gewohnheitliche Regeln (*consuetudo terrae, regionis, loci*). Ihnen waren alle Personen, Sachen und Rechtsverhältnisse unterworfen, die zu diesen Regionen bzw. Territorien örtlich in gewissen Beziehungen standen (*Territorialitätsprinzip*).

Schrifttum: *E. J. H. Schrage,* Utrumque ius. Eine Einführung in das Studium der Quellen des mittelalterlichen gelehrten Rechts (1992); *A. Gouron,* Droit et coutume en France aux XIIe et XIIIe siècles (1993); *ders.,* Juristes et droits savants: Bologna et la France médiévale (2000); *J. Gaudemet,* Église e cité. Histoire du droit canonique (1994); *D. Kohlhaas-Müller,* Untersuchungen zur Rechtsstellung Theoderichs d. Gr. (1995); *H. Scholler* (Hg.), Die Bedeutung des kanonischen Rechts für die Entwicklung einheitlicher Rechtsprinzipien (1996); *H. Lange,* Römisches Recht im Mittelalter, I (1997), II (2007); *A. Winroth,* The making of Gratian's Decretum (2000); *ders.,* Where Gratian Slept: The Life and Death of the Father of Canon Law, SZKan 99 (2013), 105 ff.; *C. Azzara,* L'Italia dei barbari (2002); *W. Pohl,* Die Völkerwanderung (2. Aufl. 2005); *G. Dilcher/E. M. Distler* (Hg.), Leges, Gentes, Regna. Zur Rolle von germanischen Rechtsgewohnheiten (2006); *L. Kéry,* Gottesfurcht und irdische Strafe (2006); *P. Landau,* Die Kölner Kanonistik des 12. Jahrhunderts (2008).

3. Kapitel. Renaissance des römischen Rechts

I. Juristische Jahrhunderte

1. Paradigmenwechsel

Das römische Recht war eine der Wurzeln, aus welchen sich in Europa das Recht und seine Wissenschaft entwickelt hatten. In vereinfachten, vulgarisierten Denk- und Rechtsformen wirkte justinianisches Recht in den germanischen Volksrechten fort und diente in überwiegend agrarischen Gesellschaften dem Aufbau des Rechtswesens. Während des 12. und 13. Jahrhunderts wurde das im Corpus iuris überlieferte Recht zu einer Wissenschaftsdisziplin. Diese von der Forschung als „juristische Jahrhunderte" bezeichnete Entwicklungsphase war eine „Sattelzeit" in der europäischen Rechtsgeschichte. Sie hatte die Wirkungen eines Paradigmenwechsels.

Der Prozess der Verwissenschaftlichung begann mit der Transformation einer vorwiegend empirischen Rechtskunde als „Rechtsklugheit" (*iuris prudentia*) zu einer rationalen „Rechtswissenschaft" (*iuris scientia*). Der konkrete Anlass war die Wiederentdeckung des justinianischen Codex, der Institutionen und Novellen in der zweiten Hälfte des 11. Jahrhunderts durch die Rechtspraxis. Sie endete inhaltlich im 12. und 13. Jahrhundert mit der Auffindung der Digesten. Damit waren die Grundvoraussetzungen für eine vollständige Rekonstruktion und wissenschaftliche Erschließung des Corpus iuris gegeben.

Die Wiederherstellung der Originalquellen des justinianischen Gesamtwerks erklärt allein noch nicht die europaweiten Folgen dieses Geschehens. Die moderne Forschung registriert deshalb diese – nach Justinian – sog. „zweite Geburtsstunde" des römischen Rechts als Zwischenstufe in einem nachfolgenden Entwicklungsprozess. Im Gegensatz zu älteren Untersuchungen analysiert und bewertet sie seine Wirkungsgeschichte differenzierter.

2. Fragmente und Legenden

Vom Corpus iuris, das der Justinian ergebene Papst Vigilius I. 554 durch die „Sanctio pragmatica" im Westen in Kraft gesetzt hatte, waren in Ostrom entstandene Abschriften in Italien nachweislich bis zum 10. Jahrhundert im Umlauf. Ob sich die durch diese Kopien vermittelten Kenntnisse auf alle Teile und Texte der Kompilation bezogen hatten, ist eindeutig nicht feststellbar. Abgesehen von der Notiz über die Verwendung singulärer Digestenstellen durch Papst Gregor d. Gr. von 603 sind erst aus dem 9. Jahrhundert stammende Pergamentabschriften von Erläuterungen zum Codex (*Summa Perusina* in Perugia) und Glossierungen zu den Institutionen (*Glossa Torinese* in Turin) überliefert.

4   Nachrichten über die Kenntnis der vollständigen Texte der Digesten fehlen. Vage Hinweise finden sich zu Ausgang des 11. Jahrhunderts. Sie enthalten kurze Bezugnahmen auf einzelne Textfragmente. Die Forschung hat als frühestes Zeugnis gesicherter Digestenkenntnisse eine toskanische Gerichtsurkunde aus dem Jahr 1076 ermittelt. Sie soll belegen, dass die Texte offenbar studiert und auf ihre praktische Relevanz für die Entscheidung aktueller Streitfälle überprüft worden waren. Es kann davon ausgegangen werden, dass dieses forensische Interesse für die Digesten kein Einzelfall war.

5   Die Historiographie knüpft bei Versuchen, die tatsächlichen Gründe für die Auffindung der Digesten zu ermitteln, an einschlägige Überlieferungen selbst legendären Charakters an. Eine Geschichte dieser Provenienz beschreibt besonders anschaulich die zu einem Mythos stilisierte Geburtsstunde. Danach soll der vollständige Text in mehreren Handschriften in Umlauf gewesen sein. Diese Kopien waren entweder während der Regierungszeit Justinians in Konstantinopel entstanden oder wurden im 6. Jahrhundert in Ravenna bzw. zu Anfang des 7. Jahrhunderts in Süditalien gefertigt. Nach einem (zweifelhaften) Bericht aus dem 13. Jahrhundert soll ein Exemplar davon die Stadt Pisa um 1060 als Kriegsbeute bei der gewaltsamen Einnahme der aus dem Byzantinischen Reich hervorgegangenen Seerepublik Amalfi in ihren Besitz gebracht haben.

6   Die Nachricht von der Existenz der als „littera Pisana" allgemein bekannt gewordenen Digestenhandschrift verbreitete sich im Westen Europas. Eine Abschrift der Pisana, die vermutlich im Kloster Montecassino um 1070 entstanden war, gelangte auch nach Bologna. Dort wurde sie gegen Ende des 11. Jahrhunderts von Juristen kritisch untersucht und wissenschaftlich bearbeitet. Dieses Exemplar war – wahrscheinlich nach weiteren, nicht mehr vorhandenen Korrekturen – unter der Bezeichnung „littera Bononiensis" oder „Vulgata" (sog. Digestenvulgata) der Archetypus aller Digestenhandschriften, die an

den mittelalterlichen europäischen Rechtsschulen und Universitäten zu Forschungs- wie Unterrichtszwecken benutzt wurden.

Im 15. Jahrhundert wechselte die Pisana erneut ihren Besitzer. 7 Nach der Eroberung der Stadt Pisa durch die Florentiner (Oktober 1406) kam die Handschrift (vor 1419/20) nach Florenz und wurde als „littera Florentina" oder „Codex Florentinus" bekannt. Für die Juristen besaß die Florentina den Nimbus einer säkularen heiligen Schrift, eines irdischen Evangelienbuchs. Aber auch gelehrte Philologen und Humanisten, wie z. B. Filippo Beroaldo il Vecchio († 1505) oder Angelo Poliziano († 1494), interessierten sich intensiv für die Handschrift.

II. Rechtskundelehre

1. Anfänge

Im Fokus der Erkenntnisinteressen der internationalen rechtshisto- 8 rischen Forschung stand lange die Entstehungs- und Wirkungsgeschichte der Rechtsschule in Bologna, deren Gründungsdaten nicht überliefert sind (1088?). Auf diese Weise konnte sich als herrschende Meinung verfestigen, europäisches Recht und Rechtsdenken sei entscheidend durch die in Bologna tätigen berühmten Rechtslehrer, die sog. „Glossatoren" geformt worden.

Diese Einsicht übergeht damit allerdings, dass es in der Stadtkommune bereits vor der Ära der Glossatoren einen elementaren mündlichen Rechtsunterricht auf der Basis des justinianischen Codex und der Institutionen gegeben hatte und dass vergleichbare Rechtsunterweisungen neben Bologna auch schon an kleineren, überwiegend privaten Unterrichtsstätten erteilt worden waren. Viele der später an Universitäten zu Koryphäen der Wissenschaft aufgestiegenen Dozenten hatten juristische Grundkenntnisse an solchen, von der Obrigkeit geduldeten Schulen erworben. Einige von ihnen waren – in der Regel nach akademischer Lehr- und Forschungstätigkeit in Italien, Spanien oder Frankreich – als Professoren nach Bologna zurückgekehrt, um hier ihre Karriere fortzusetzen, zu krönen und den Ruf der Rechtsschule als internationales Zentrum der Jurisprudenz zu mehren.

Solche vor der Glanzzeit und im Schatten von Bologna bestehen- 9 den juristischen Lehranstalten besaß Italien in Ravenna, Piacenza,

Mantova und Modena, Frankreich in Orléans und Montpellier und England in Oxford. Die in diesen Städten schon Ende des 11. Jahrhunderts tätigen Dozenten haben an der Rationalisierung und Internationalisierung der Rechtsstudien ebenso großen Anteil, wie die später in den juristischen Jahrhunderten als Leuchten der Wissenschaft europaweit angesehenen Gelehrten in Bologna.

2. Erwartungen der Wirtschaft

10   Die hochqualifizierten Juristen konnten Forschung und Lehre optimal an Rechtschulen in Stadtkommunen betreiben, in denen neben äußeren ausbildungsspezifischen vor allem die ökonomischen Rahmenbedingungen besonders günstig waren. Zu letzteren zählte als wichtigster Faktor eine prosperierende Wirtschaft. Ihr Kennzeichen war eine enorme Intensivierung der Geldwirtschaft als Folge einer Hochkonjunktur vor allem im Fernhandel mit den mitteleuropäischen Territorien, mit Süditalien und der Levante. Dies erhöhte in den neu entstandenen oberitalienischen Wirtschaftszentren Genua, Mailand, Florenz, Siena und Bologna den Leistungsdruck auf die dort tätigen Juristen. Sie waren durch äußere Umstände gezwungen, für die Pflege intensiver Wirtschaftskontakte und für eine reibungslose Abwicklung auch grenzüberschreitender Handelsgeschäfte ein einheitliches und effizientes, für die Kaufleute als Rechtsgemeinschaft (*societas mercatorum*) geltendes Sonderrecht zu entwickeln, dessen Rechtssätze und überwiegend gewohnheitliche Handelsbräuche als „lex mercatoria" transnationale Anerkennung und Geltung besaßen.

11   Der wirtschaftliche Aufstieg von Süd- und Westeuropa war auch eine Folge der besonderen demographischen Entwicklung, die als weitere impulsgebende Bedingung wirkte. Im Süden hatte sich vom 11. bis zum 14. Jahrhundert die Bevölkerung verdoppelt, im Westen sogar verdreifacht. Damit waren aber auch die soziostrukturellen Probleme und die Notwendigkeit der Herstellung einer umfassenden Ordnung in geregelten Lebens- und Rechtsformen gewachsen. Der demographischen und sozialpolitischen Notlage wurde mit der Gründung neuer städtischer oder stadtähnlicher Kommunen begegnet, deren weitgehend einheitliche Statutarrechte den Frieden und die Rechtsicherheit garantierten. In Frankreich und Italien entstanden die neuen Siedlungen bevorzugt an den Knotenpunkten nationaler sowie internationaler Handelsrouten.

3. Artistenschule

Bologna konnte auch dank dieser Rahmenbedingungen seine Aus- 12
nahme- und Exzellenzstellung auf dem Gebiet der Bildung und Wissenschaft erwerben. Die Rechtsschule wurde im 12. und 13. Jahrhundert intellektuelle Wegbereiterin in einem evolutionären Prozess, dessen leitende Ziele die Fortentwicklung der Jurisprudenz und Optimierung der Ausbildung der Juristen waren. Die Stadt als Wirtschaftszentrum an einer internationalen Handelsstraße besaß eine sog. Artistenschule.

An dieser seit dem 14. Jahrhundert als „propädeutische" Vorstufe zur Universität aktiven Lehranstalt wurde ein Elementarunterricht in den sog. „Sieben Freien Künsten" erteilt (*septem artes liberales*). Dieses Lehrsystem einer gehobenen Bildung hatte seinen Ursprung in den „Artes liberales" der antiken Philosophie. Reste davon haben sich nach der Völkerwanderung erhalten und wurden vor allem durch das karolingische Bildungswesen an den Hof-, Kathedral- und Klosterschulen umgeformt. Nach den Vorgaben dieser Lehrordnung führten die Wege zu einer allgemeinen höheren, im zeitgenössischen Sinne enzyklopädischen Bildung über das Studium in vier Schulfächern als „Quadrivium" (Vierweg), die Kenntnisse in Geometrie, Arithmetik, Astrologie/Astronomie und Musik/Harmonie vermittelten.

Der Erwerb von Rechtskenntnissen erfolgte dagegen im sog. „Tri- 13
vium" (Dreiweg) mit dem Fächerkanon Grammatik, Rhetorik und Dialektik bzw. Logik. Nach dem Verständnis und der Systematik der Artes liberales war Recht (*ius*) in der Artistenschule kein besonderes Fachgebiet mit eigenen Strukturen und Inhalten. Als Gegenstand der Schullehre befand es sich in einer Grauzone und war gegenüber der Logik sowie der alles umspannenden Ethik noch nicht deutlich abgegrenzt. Erst mit der Konzentrierung der Arbeiten und des Unterrichts auf die justinianischen und kirchlichen Quellen wurde die Jurisprudenz eine autonome Disziplin in der universitären Artistenfakultät, neben der sich die Theologie und Medizin als „höhere Fakultäten" etablierten und später verselbständigten.

4. Notariatskunst

Im alltäglichen Rechtsleben war noch im 12. Jahrhundert aus- 14
schließlich der Notar zuständiger Ratgeber, der die einfachen Rechts-

handlungen für die Parteien erledigte. Dafür musste er durch Fachkenntnisse qualifiziert sein, die ohne eine wissenschaftliche Ausbildung entweder praktisch erworben oder in besonderen Lehrgängen an Schulen erlernt wurden. Dieses berufliche Tätigkeitsprofil veränderte sich mit der Konstituierung des „Ius" als ordentliches Lehrfach im Trivium.

Fortan wurde der Erwerb von Fachwissen Schwerpunkt des Rechtsunterrichts. Das Studium befähigte Notare, Briefe und Urkunden mit rechtlichem Inhalt stilsicher und juristisch korrekt abzufassen, um spätere mögliche förmliche oder inhaltliche Beanstandungen zu vermeiden. Der Erledigung dieser Aufgaben diente die Ausbildung in der „Ars dictandi, dictaminis", die aus der Rhetorik des Trivium hervorgegangen war. Diese Kunst des Verfassens von Texten und Urkunden nach festen Stilregeln hatte die Rhetorik zurückgedrängt und wurde eigenes Lehrfach – später Pflichtfach – sowohl für städtische Amtsträger wie für Advokaten. Sie war stets mit der Vermittlung elementarer Rechtskenntnisse verbunden.

15   Mit der fortschreitenden Differenzierung der Lebensverhältnisse wurden auch eine Spezialisierung und Verfeinerung der bisher in der Praxis verwendeten Techniken und rechtlichen Instrumentarien unumgänglich. Mit Hilfe der Ars dictandi konnten die Rechtsgeschäfte des arbeitsteiligen Handels- und Rechtsverkehrs nicht mehr abgewickelt werden. Deshalb wurde aus der einfachen Schreiblehre die „Ars notariae", eine Kunst der Beurkundung von Rechtsakten und ein neues Schulfach.

Bologna hatte im 13. Jahrhundert eine eigene Notariatsschule. An ihr konnten Studierende die Techniken der Protokollierung und inhaltlichen Gestaltung von Verträgen, Testamenten und Klageschriften erlernen. Die Notariatskunst vermittelte zusätzlich zur Formularkunde profunde fachjuristische Kenntnisse, die Notare auch für eine anwaltliche Rechtsberatung qualifizierten. Diese sog. Kautelarjurisprudenz bestand in einer vorsorglichen juristischen Aufklärung und in der Sicherung der unterschiedlichsten Interessen der Parteien bei der rechtlichen Gestaltung der Rechtsgeschäfte.

16   Mit der wachsenden Bedeutung des römisch-kanonischen Rechts für die Beurkundungs- und Rechtsberatungspraxis wurde eine intensive Ausbildung in der Dogmatik des römischen Rechts und in den Techniken des vom kirchlichen Recht entwickelten Prozessrechts notwendig. Zur Basisliteratur gehörten dabei besondere juristische Formelbücher (*formulae*). Als Praxishilfen erleichterten sie dem

Rechtsanwender das Procedere bei privaten wie amtlichen Geschäften und dienten in diesen Funktionen ihrer Vereinheitlichung. Für zusätzliche Rechtssicherheit dieser Art sollten in notariellen Urkunden insbesondere formelhafte juristische Verzichtserklärungen sorgen. Mit sog. „Renuntiationsklauseln" (*renuntiare* – Abstand nehmen) wollten die am Vertragsschluss beteiligten Parteien ihren Vereinbarungen eine höhere Bestandskraft verleihen. Stereotyp und förmlich versicherten sie, von einer nachträglichen, rechtlich eventuell möglichen Geltendmachung von Einreden und Rechtsbehelfen des römisch-kanonischen Rechts (*exceptiones*) gegen das getätigte Rechtsgeschäft abzusehen.

III. Rechtsschule in Bologna

1. Verklärte Gründer

An der Universität Bologna ist ein voll institutionalisiertes Rechtsstudium erst seit Mitte des 13. Jahrhunderts nachweisbar. Die ersten Statuten zur Organisation und zum Lehrbetrieb an der Hohen Schule stammen aus dem Jahr 1252. Sie bezeugen das Bestehen fester Verfassungsstrukturen und einen regulären Rechtsunterricht durch weltliche Lehrkräfte. 17

Bis zum Ende des 12. Jahrhunderts fanden Unterweisungen im justinianischen Codex, in den Institutionen und Novellen (Epitome Juliani) ausschließlich auf privater und allenfalls von der kommunalen Obrigkeit geduldeter Vertragsbasis in den Privatwohnungen der Dozenten statt. Aus dieser Gründerzeit sind die Namen von zwei Persönlichkeiten bekannt, deren Werdegang und Wirken an der Schule Mythen und Legenden umranken.

Als einer der Ersten wird ein *Magister Pepo* (Pepone, † um 1080) überliefert. Er soll in Bologna als angesehener Richter (*baiulus*) vor jungen Studierenden auch Privatvorlesungen über den justinianischen Codex und die Institutionen gehalten haben. Obwohl Einzelheiten nicht bekannt sind, die nähere Aufschlüsse über seine Tätigkeiten geben könnten, gilt als gesichert, dass sein Unterricht die spätere Schulgründung in der Stadt vorbereitet hat. Nach einem Bericht von Odofredus de Denariis († 1265), der als Professor in Bologna lehrte, soll Pepo engagiert römisches Recht vorgetragen haben, war aber außerhalb von Bologna unbekannt geblieben (*nullius nominis fuit*). 18

19   Sehr wahrscheinlich wurden Anfang des 13. Jahrhunderts Formen
des privaten Rechtsunterrichts institutionell eingehend geregelt.
Möglicherweise war dies eine Folge des seit Mitte des 11. Jahrhunderts rapide angestiegenen Interesses für die römischen Rechtstexte.
Jedenfalls wird für diese Zeit der Name eines Juristen überliefert,
über dessen Leben und Arbeiten in Bologna nur wenig bekannt ist.

Irnerius (Irnerio, auch Wernerius, um 1050–1130), der als wahre
„Leuchte des Rechts" (*lucerna iuris*) verehrte Laie oder Kleriker, begann bereits Anfang des 12. Jahrhunderts privat zu unterrichten. Als
Erster diskutierte er Rechtsprobleme in formalisierten Fragen, erklärte die Rechtstexte in kurzen schriftlichen Glossen und interpretierte sie dialektisch-zergliedernd nach den Regeln der Logik in
Vorlesungen. Diese Lehrform der schulscholastischen Wissensver-
mittlung hat in Bologna das Profil des Rechtsstudiums vorgeprägt,
das institutionalisiert später von allen mittelalterlichen Hohen Schulen kopiert wurde.

Legenden begleiteten auch sein Leben. Eine davon betrifft die angeblich deutsche Herkunft. Einige Quellen nennen ihn „*Guarnerius
Theutonicus*", der aus der Gegend von Straßburg stammen sollte. Gesichert ist, dass er in Bologna im Studium der Artes liberales als „magister in artibus" das Verfassen von Urkunden und Briefen gelehrt
hatte. Die Ars dictandi wurde Teilfachgebiet des justinianischen
Rechts: Dies bestätigt ein in Bologna seit 1135/40 kontinuierlicher
Unterricht.

20   Der in Bologna und vielleicht auch in Ravenna tätige Irnerius war
zwischen 1112 und 1125 ein angesehener Rechtspraktiker. Zunächst
ist er als Anwalt (*causidicus*) der Markgräfin Mathilde von Tuszien
(† 1115), der letzten Erbin des Hauses Canossa nachweisbar. In seiner
späteren Funktion als Richter (*iudex*) in Diensten von Kaiser *Heinrich V.* (1106–1125) traf ihn auf dem Konzil zu Reims 1119 zusammen mit dem Kaiser die Strafe der Exkommunikation. Irnerius war
in Rom öffentlich gegen die Wahl des Papstes Gelasius II. (1118–
1119) aufgetreten und hatte mit Argumenten des römischen Rechts
für den vom Kaiser als Gegenpapst eingesetzten Gregor VIII. (Maurice Bourdin, † 1137) plädiert und agiert.

Offensichtlich blieb der Kirchenbann für seine weitere Tätigkeit als
Notar in Bologna ohne nennenswerte Folgen. Jedenfalls endeten
1125 die Nachrichten über ihn. Sein hohes Ansehen lebte jedoch in
seinen Schülern *Bulgarus* († 1166), *Martinus Gosia* († um 1158/66),
Hugo de Porta Ravennate († um 1168/71) und *Jacobus de Porta Ra-*

vennate († 1178) weiter. Die als „Quattuor doctores" (*Vier Dokto-ren*) bekannt gewordenen Juristen lehrten zwischen 1130 und 1178 in Bologna. Sie nahmen Einfluss nicht nur auf die Entwicklung der Rechtsschule zur ersten Reichsuniversität, sondern beratend auch auf die Reichspolitik.

2. Juristenrat für Kaiser

Eine aus Dozenten und Studenten bestehende Abordnung hatte 21 bereits 1155 Kaiser *Friedrich I. Barbarossa* (1122–1190), der sich in der Nähe von Bologna aufhielt, um eine reichsrechtliche Bestätigung ihrer Rechte gebeten. Das Ziel war, die Rechtsbeziehungen zwischen Lehrenden und Lernenden zu verfestigen und der Rechtsschule in-nerhalb der Stadtkommune eine jurisdiktionelle wie vermögensrecht-liche Autonomie zuzuerkennen. Barbarossa schätzte auch aus politi-schen Gründen die Bologneser Juristen und gewährte die erbetenen Vorrechte. Auf dem Reichstag von Roncaglia (bei Piacenza) verlieh er 1158 auf Intervention der „Quattuor doctores" der Privilegierung förmlich Gesetzeskraft. Gleichzeitig befahl er, das sog. „Scholarenpri-vileg" als Authentica „Habita" in das Buch der kaiserlichen Nach-tragsgesetze (Authentiken) zum justinianischen Codex aufzunehmen. Damit waren alle Studenten als „Pilger aus Liebe zur Wissenschaft" dem kaiserlichen Schutz unterstellt (*omnibus, qui causa studiorum pe-regrinantur scolaribus*). Bologna galt fortan als kaiserliche Hohe Schule.

Den „Quattuor doctores" erwies der Kaiser auf dem Reichstag von 22 Roncaglia eine besondere Ehre, indem er ihren fachjuristischen Rat in einer hochpolitischen Angelegenheit einholte. Gegenstand der Kon-sultationen waren politisch berühmt gewordene Gesetze über kaiser-liche Reservatrechte. Barbarossa ließ die von den lombardischen Städten usurpierten Reichsrechte (*iura regalia* – Regalien) vor den an-wesenden höchsten geistlichen und weltlichen Würdenträgern sowie vor den Vertretern der italienischen Städte förmlich und feierlich fest-stellen. Die „Quattuor doctores" formulierten als ideologische Helfer – zusammen mit weiteren 28 Richtern – in Anlehnung an das justi-nianische Staats- und Steuerrecht vier für den kaiserlichen Herr-schaftsanspruch über Italien wichtige Gesetze: Über Gerichtsbarkeit und hoheitliche Zwangsgewalt (*Lex Omnis jurisdictio et districtus*), über die Errichtung von Königspfalzen (*Lex Palacia et pretoria*) und über Steuern (*Lex Tributum*).

3. Lehrmaterial

23 Als Irnerius in Bologna den privaten Rechtsunterricht von Magister Pepo nach den Methoden der scholastisch-dialektischen Texterklärung fortsetzte und institutionalisierte, kannte er nur Teilstücke der justinianischen Gesetzgebung. In Umlauf waren Pergamentkopien des Codex, der Institutionen und Novellen. Von den Digesten soll er den gesamten Text gekannt haben. Daran ist wohl richtig, dass Irnerius zunächst nur Manuskripte vorlagen, die Textteile der Anfangstitel (das spätere *Digestum vetus*) sowie aus den letzten 15 Büchern der Digesten (das spätere *Digestum novum*) enthielten. Die ursprünglich fehlenden und plötzlich vorhandenen Texte soll Irnerius als „Verstärkung" (*ius infortiatum*) der bisherigen bezeichnet haben. Der Name „Infortiatum" hat sich über Jahrhunderte hindurch behauptet. Von den vielen Legenden dürfte historisch belegt sein, dass der vollständige Digestentext sukzessive entdeckt wurde, wobei die einzelnen Umstände des Wiederauftauchens der gesamten 50 Bücher nicht mehr aufklärbar sind.

24 Irnerius hatte die justinianischen Texte studiert, schlecht lesbare verbessert und in eine neue Ordnung gebracht. Die gesamte wiederhergestellte Sammlung des Corpus iuris nannten Zeitgenossen „Libri legales". Diese Rechtsbücher waren im Mittelalter bis in die frühe Neuzeit an den europäischen Rechtsfakultäten unverzichtbarer Lehrstoff eines standardisierten, einheitlichen Studienprogramms. Seit Mitte des 12. Jahrhunderts begann eine planmäßige wissenschaftliche Bearbeitung hauptsächlich des Privatrechts (*Ius civile*). Die Autoren wurden nach den weltlichen Inhalten der behandelten Rechtssätze (*leges*) allgemein „Legisten" genannt und von den das kirchliche Recht (*canones*) pflegenden „Kanonisten" unterschieden.

25 Im 13. Jahrhundert erreichte die Rechtswissenschaft ihre erste Blütezeit. Die Grundlage bildeten die Libri legales, die auch für Unterrichtszwecke neu geordnet werden mussten. Zu diesem Zweck wurde die ursprünglich aus vier Teilen bestehende Gliederung des Corpus iuris um ein fünftes Buch erweitert. Der erste und dritte Teil der Digesten, die Irnerius benutzt hatte, bekam die Bezeichnung „*Digestum vetus*" (Bücher 1.1–24.2) und „*Digestum novum*" (Bücher 39.1–50.17). Dazwischen wurde der zweite, „*Infortiatum*" genannte Teil (Bücher 24.3–38.17) eingefügt. Das vierte Volumen bestand aus den ersten neun Büchern des „*Codex*". Das fünfte, „*Volumen parvum*" (auch einfach *Volumen*) genannte enthielt die *„Institutiones"*, die *„Tres libri"* genannten letzten drei Bücher des Codex (10–12) und die *„Novellae"*.

Die 134 lateinisch- und griechischsprachigen Nachtragsgesetze wurden fälschlicherweise für kaiserliche Originaltexte gehalten und die Novellensammlung deshalb „Authenticum" genannt. Tatsächlich war das aus neun „Collectiones" bestehende Werk im 6. Jahrhundert an der zweisprachigen Rechtsschule in Konstantinopel entstanden. Als zehnter Teil (*Decima Collectio*) wurde dem „Authenticum" das Feudal- oder Lehensrecht beigefügt.

Das Feudalrecht war um 1154 auf Veranlassung des Mailänder kai- **26** serlichen Richters und Konsuls *Obertus de Orto* (Oberto dall'Orto, † um 1175) in der erstmals „Libri feudorum" genannten Sammlung erfasst worden. Die Lehenrechtsbücher enthielten lombardische Gewohnheiten, Urteile, kaiserliche Erlasse und Exzerpte aus zeitgenössischen feudalrechtlichen Schriften.

Der erste Legist, der einen Kommentar zu den Libri feudorum verfasst hatte, war *Pilius* (Pillio da Medicina, Prov. Bologna, um 1165–nach 1207). Aus Bologna kommend hatte er 1182 in Modena den Rechtsunterricht eingeführt und für das langobardische Feudalrecht eine besondere Technik entwickelt. Die Libri feudorum verdankten seinen Arbeiten die Eingliederung in das Corpus iuris als authentische Kaisergesetze (Authentiken). Nach weiteren Bearbeitungen durch die Glossatoren in Bologna (Accursius) wurde der sog. „Usus feudorum" Pflichtlehrfach innerhalb des nach Rechtsquellen geordneten Unterrichts im Ius civile. Seine Pflege und wissenschaftliche Fortbildung übernahmen später an den Rechtsschulen und Universitäten die sog. Feudisten oder Feudalisten als fachjuristische Spezialisten.

Schrifttum: *W. Stelzer*, Zum Scholarenprivileg Friedrich Barbarossas (Authentica „Habita"), DA 34 (1978), 123 ff.; *P. Weimar* (Hg.), Die Renaissance der Wissenschaften im 12. Jahrhundert (1981); *H. G. Walther*, Die Anfänge des Rechtsstudiums und die kommunale Welt Italiens im Hochmittelalter, Vorträge und Forschungen 30 (1986), 121 ff.; *H. Lange*, Die Anfänge der modernen Rechtswissenschaft. Bologna und das frühe Mittelalter (1993); *ders.*, Römisches Recht im Mittelalter I (1997); *E. Cortese*, Alle origini della scuola di Bologna, RIDC 4 (1993), 7 ff.; *M. Bellomo*, Europäische Rechtseinheit (2005), 57 ff.; *J. M. Rainer*, Das römische Recht und Europa (2012), 74 ff.

4. Kapitel. Epoche der Glossatoren und Kommentatoren

I. Legistische Grundlegung

1. Scholastische Denk- und Lehrformen

1   Seit dem 13. Jahrhundert repräsentierten an den Hohen Schulen in Italien ausschließlich Fachjuristen die Jurisprudenz als Disziplin (*sapientia legalis*). Waren römische Rechtstexte Hauptgegenstand ihrer Arbeiten, nannten sich die Berufsjuristen „Legisten". Ihrer Forschung und Lehre lagen die justinianischen „Libri legales" als Basisliteratur zugrunde. Die Texte dieser Rechtsbücher wurden nach den Grunddenkformen der Schulscholastik exegetisch analysiert und erläutert.

2   Die Vorlesung (*lectio*) begann mit der Feststellung des Rechtsproblems (*disputatio, quaestio*), das aus dem autoritativ vorgegebenen Normsachverhalt (*casus*) deduktiv ermittelt und formuliert wurde. Es folgte eine kritisch-dialektische Bewertung der in Sachgruppen erfassten Argumente (*disputatio*). Den in der Abfolge formalisierten Denkvorgang beendete das syllogistische Schließen auf die Entscheidung der Rechtsfrage durch Bestimmung der Rechtsfolgen oder Sanktionen (*conclusio*).

Diese Methode schuf vor allem bei der Interpretation von Textfragmenten der Digestenvulgata (*littera Bononiensis*), die hauptsächlich von den italienischen Juristen benutzt wurde, große Probleme. Die einzelnen Rechtssätze ließen sich nach dem tatsächlichen Normsinn systematisch schwer einordnen. Die Texte der Vulgata waren ihrer Struktur nach eine Mischungen aus Fallrecht, Rechtsprinzipien und Gebotsrecht; sie glichen einem fallorientierten modernen „casebook". Ohne eine detailgenaue Zergliederung und Aufbereitung ließ sich Recht weder sinnvoll lehren noch erlernen und anwenden.

3   Die Denkschritte bei dieser Textinterpretation und Rechtsfindung wurden in sog. „Glossen" (*glossa* i. S. v. erklärungsbedürftiges Wort) zu den im Diskurs untersuchten Texten des Corpus iuris schriftlich protokolliert. Die in sog. „Glossenapparaten" (*apparatus*) zusam-

mengeführten Anmerkungen bestanden aus Kurzfassungen der Interpretationen einzelner Worte, Begriffe oder ausgewählter Textstücke. Sie waren aus dem Rechtsunterricht hervorgegangen, als Notizen für die Studierenden bestimmt und wurden an den Rand des Grundtextes als „Marginalglossen" oder zwischen die Zeilen als „Interlinearglossen" gesetzt. Zusammenfassende Darstellungen komplizierter Rechtsprobleme enthielten die „Summae". Widersprüchliche Textstellen wurden nach Ober- und Unterbegriffen analysiert (*distinctiones*), harmonisiert (*solutiones*) und bestehende Meinungskontroversen bei der Lösung von Rechtsfragen, die unter den Gelehrten bestanden, in Sammlungen erfasst (*dissensiones dominorum*).

Die Forschung nennt diese Juristen, die nach der scholastisch- **4** skripturalistischen Methode der Buchstabengläubigkeit arbeiteten und lehrten, „Glossatoren". Streng genommen wird der Begriff nur für die Legisten verwendet. Die mit kirchlichen Texten arbeitenden Kanonisten sind ausgenommen, obwohl auch sie bei ihren Arbeiten scholastischen Denkformen folgten, die von den Schultheologen im 11./12. Jahrhundert für die weltliche Rechtswissenschaft eigentlich erst entwickelt worden waren. Die in Bologna nahezu zeitgleich bekannt gewordenen Schriften von Irnerius und Gratian beweisen, dass Legisten wie Kanonisten in Vorlesungen und wissenschaftlichen Werken exegetisch-dialektisch gearbeitet hatten. Ungeachtet dieser methodischen Verbundenheit durch die Scholastik blieben an den mittelalterlichen Fakultäten die Kanonisten organisatorisch wie fachlich von den Legisten bis in die frühe Neuzeit getrennt.

2. Glossatoren

Irnerius hatte mit seinen Schülern, die als „Quattuor doctores" an **5** reichspolitisch bedeutsamen Gesetzen beratend mitgewirkt hatten (Roncaglia), das Ansehen der Rechtsschule in Bologna vorbereitet und international gemehrt. Bulgarus und Martinus Gosia haben zwei völlig unterschiedliche Methoden der Auslegung von Gesetzen entwickelt und mit ihnen über Bologna hinaus in der zeitgenössischen Wissenschaft und Praxis große Beachtung gefunden.

Streitgegenstand war der gedankliche Spielraum, den Juristen bei der Anwendung von Rechtsnormen nutzen durften. Grundsätzlich bewegt sich jede Norminterpretation zwischen der Strenge des vorgegebenen gesetzlichen Rechts und dem subjektiven Ermessen des Anwendenden im konkreten Fall. Bulgarus trat für die absolute Bindung an die vom Gesetzgeber erlassene Rechtsnorm ein (*ius strictum*) und konnte in der Rechtslehre seine Meinung als herrschende durchsetzen. Dagegen forderte Martinus, bei der Anwendung von Rechtssätzen die Billigkeit (*aequitas*) als Richtschnur, Maßstab und Korrektiv zu berücksichtigen. Mit dieser elastischen Lehre vom Wertungsspielraum des Interpreten fanden er und seine „Scuola gosiana" außerhalb der Rechtsschule vor allem bei Kanonisten großen Anklang. Die Methodenkontroverse wurde im Wissenschaftsbetrieb von den Schülern der Professoren kritisch und auch polemisch diskutiert.

6   *Azo Portius* (Azzone, † vor 1230) zählte in Bologna zur gelehrten Führungselite, die entscheidend zur Formung des Ius commune und zu seiner europaweiten Verbreitung beigetragen hatte. Mit ihm beginnt im 13. Jahrhundert eine erste internationale Blüte der Rechtsschule. Die Summen zum Codex, zu den Institutionen und Digesten (*Summae Codicis, Institutionum et Digestorum*) waren methodisch eine Novität der Fachliteratur. Für seine Nachfolger in Bologna gehörten Glossierungen der Texte und ihre Erfassung als Anmerkungen in Glossenapparaten zu den wissenschaftlichen Hauptaufgaben. Diese Werke zählten Jahrhunderte lang zur Grundlagen- und Standardliteratur des Ius civile.

Nach Berichten aus dem 15. und 16. Jahrhundert war für Juristen der Besitz der Codexsumme von Azo in verschiedenen Städten Voraussetzung für ihre Aufnahme in das Kollegium der Richter. Möglicherweise bezog sich darauf das unter Studenten verbreitete Sprichwort: „Wer den Azo nicht besitzt, kommt gar nicht vor das Gericht" (*chi non ha Azzo non vada in palazzo*). Der Satz wurde auch in einem anderen Sinne gedeutet: „Wer den Azo nicht besitzt, hat vor Gericht nichts zu suchen".

7   Mit *Franciscus Accursius* (Francesco d'Accursio, um 1185–1260/ 63), dem wohl berühmtesten Schüler von Azo, endete in Bologna die Epoche der Glossatoren. Er war eine schillernde Persönlichkeit, nach dem Urteil von Zeitgenossen hoch geachtet und verehrt, gleichzeitig aber autoritär und gierig nach Reichtum. Den versuchte er auf nicht immer ehrenhafte Weise zu mehren und wurde deshalb verdächtigt, seine Studenten durch Wuchergeschäfte geschädigt und Geschenke als Bestechung für Prüfungsleistungen entgegengenommen zu haben.

Davon abgesehen war er ein hervorragender analytisch und systematisch denkender Jurist. Seinen Ruf als Koryphäe begründete ein um 1234/35 entstandener fünfbändiger Glossenapparat. Er enthielt Erläuterungen zu allen Teilen des Corpus iuris einschließlich der Libri feudorum und des Authenticum. Nach der enormen Menge der rund 97000 Glossen wurde das Werk „Magna glossa" genannt. Der Titel verrät die leitende accursische Arbeitsphilosophie: „Im Corpus iuris ist bereits alles rechtlich Wesentliche zu finden" (iam omnia in corpore iuris inveniuntur, glossa „notitia" in Dig. 1.1.10).

Nach ihrer Verbreitung in Europa war die Magna glossa seit Mitte 8 des 13. Jahrhunderts allgemein als die maßgebende „Glossa ordinaria" anerkannt. Sie hatte alle anderen Apparate verdrängt und galt als selbständige Rechtsquelle. Von dieser Funktion kündete ein seit dem 17. Jahrhundert in Deutschland verbreiteter Aphorismus: „Was die Glosse nicht anerkennt, hat auch vor Gericht keinen Bestand" (quicquid non agnoscit glossa nec agnoscit forum, erstmals bei Samuel Stryk, † 1710). Kein Jurist konnte seitdem in der Schule oder in der Gerichtspraxis an der Glossa ordinaria vorbeigehen.

3. Diener der Buchwissenschaft?

In der Forschung herrschte Ende des 19. Jahrhunderts die Ansicht 9 vor, die Glossatoren wären als Juristen mit ihrem Denken und Arbeitsstil völlig abseits der Gesellschaft gestanden. Die philologischen Exegeten des Wortsinnes der Rechtsregeln der Libri legales galten als intellektuell isolierte, praxisferne Diener einer Buchwissenschaft, die sich fern von den wahren Problemen und Nöten des Alltags mit Definitionen, Konstruktionen und abstrakten Rechtsfiguren befassten, ohne die Realitäten ihrer sozialen Umgebung wahrzunehmen. Aus dieser Sicht waren die Glossatoren textfixierte Rechtsapostel und Winkeladvokaten außerhalb der eigentlichen Wissenschaft, zu der Jurisprudenz, Theologie, Philosophie und Medizin oder Physik gehörten.

Neuere Forschungen bewerten die Glossatoren positiver und zugleich realistischer, indem sie auch auf sehr profane Züge im Berufsbild hinweisen. Nicht wenige dieser zu „juristischen Architekten der Zivilisation" (costruttori di civiltà, F. Calasso, M. Bellomo) Stilisierten standen neben ihren Verpflichtungen als Wissenschaftler und akademische Lehrer politisch aktiv in Diensten der jeweils herrschenden Oberschicht und waren durchaus der Faszination von Geld und persönlichem Ansehen erlegen. Neben ihrer Lehrtätigkeit nahmen sie als exponierte Vertreter der Wissenschaft an ehrenvollen päpstlichen oder kaiserlichen Gesandtschaften teil, waren gut dotierte Ratgeber von Fürsten oder reichen Stadtkommunen und hochqualifizierte Rechtsexperten für die Lösung komplizierter Rechtsfragen mit politisch brisanten Bezügen und von internationaler Tragweite. Nur „buchgelehrte Reformatoren" in einer Phase des „Übergangs zu einer besseren Zeit" (Savigny) war diese Juristenelite nicht. Die griechischen Texte des Corpus iuris und der Novellen fanden allerdings eine geringe Beachtung: „Griechisches wird nicht gelesen und gelehrt" (*Graeca sunt, non leguntur*). Auch die Glossatoren dachten und lebten nur im lateinischen Mittelalter.

II. Aufstieg der Kommentatoren

1. Studium generale

10   An den italienischen Hohen Schulen wurde im 13. und 14. Jahrhundert mit einer grundlegenden Neuordnung der Organisation und Lehrpläne des Rechtsunterrichts begonnen. Die Last der Realisierung trugen die Nachfolger der Glossatoren. Die Studienreform führte die Rechtswissenschaft zu einer Hochblüte. Die Anstöße dazu hatten didaktische Unzulänglichkeiten und ein unübersichtlicher Lehrstoff gegeben. Nach der Glanzzeit der Glossatoren Irnerius, Azo oder Accursius wurden an vielen Schulen Vorlesungen von Dozenten abgehalten, denen jede fachliche Qualifikation fehlte. Diese Rechtskundelehrer behandelten im Unterricht hauptsächlich lokales Statutarrecht und Gerichtsgebräuche. Sie arbeiteten ohne feste Anstellung und trugen die Rechtsmaterien völlig zusammenhanglos vor.

11   Diese Missstände lösten intensive Diskussionen über eine Vereinheitlichung der Lehre aus. Die Initiatoren waren Juristen in Diensten der römischen Kurie. Zu ihnen gehörte der in Bologna lehrende *Odofredus de Denariis* († 1265). Nach seinen Vorschlägen sollte ein inhaltlich geordnetes, institutionalisiertes Grundstudium (*studium generale*), das von geprüften, fachlich ausgewiesenen Lehrkräften angeboten und durchgeführt wurde, künftig Standard an allen Hohen Schulen werden. Nur durch Verfassungsstatuten organisierte Lehranstalten sollten das Recht erhalten, ausgewählten Dozenten eine akademische Lehrbefugnis zu erteilen. Diese wies sie als an allen ver-

gleichbaren Schulen national wie international anerkannte Lehrberechtigte aus (*licentia ubique docendi*).

Das Etikett „Studium generale" war ein Gütesiegel. Es verlieh den Studien universitären Rang und empfahl die Hochschule als eine anerkannte und international frequentierte Lehranstalt. Als Markenzeichen der Bildungskultur war es bei Städten, Kommunen und Territorialfürsten deshalb sehr begehrt und konnte nur aufgrund besonderer päpstlicher oder kaiserlicher Privilegierung erworben werden. In der Bezeichnung „Università degli Studi" lebt dieses historische Qualitätssymbol bei den italienischen Universitäten der Gegenwart fort.

Die Nachfolger der Glossatoren mussten sich mit der Umstellung 12
der alten anspruchsloseren, durch die Kommunen autorisierten Lehrgänge (*studia particularia*) auf das universitäre Niveau des Studium generale intensiv befassen. Ihrem bildungspolitischen und didaktischen Engagement auf diesem Gebiet ist es zu danken, dass auf die Epoche der Glossatoren, für die das Corpus iuris alles enthielt, wonach man suchte, eine neue Wissenschaftsära folgte. Nach dem Bildungsprogramm der neuen Jurisprudenz besaßen an den italienischen Universitäten Wissenschaftlichkeit, praktische Orientierung und Internationalisierung des Studiums absoluten Vorrang.

2. Soziostruktureller Wandel

Mit der Wandlung des Rechtsunterrichts durch das Studium generale 13
rale veränderten sich auch die Methoden der Lehre und des wissenschaftlichen Arbeitens. Die Dozenten wurden verpflichtet, im Unterricht hohe didaktische Maßstäbe zu beachten und inhaltlich standardisierte Vorgaben fachgerecht umzusetzen. Der im 13./ 14. Jahrhundert europaweit Wirkungen zeigenden Studienreform waren ökonomische und soziale Veränderungen in den Grundbedingungen des gesamtgesellschaftlichen Lebens vorausgegangen. Sie waren auch die Folgen eines anhaltenden Wachstums der Bevölkerung und der Gründung neuer Städte, einer prosperierenden Wirtschaft sowie der Zunahme des Binnen- und Fernhandelsverkehrs.

Die Folgen der Brüche mit der Vergangenheit manifestierten sich 14
besonders ausgeprägt in den ober- und mittelitalienischen Stadtkommunen. Die ältere scholastisch-exegetische Jurisprudenz hatte das justinianische Recht zwar behutsam fortzubilden versucht. Jedoch verfügte das römisch-kanonische Recht für die Bewältigung der

neuen Herausforderungen nicht über das aktuell notwendige Instrumentarium. In den Städten waren die Rahmenbedingungen für neuartige Geschäftstypen und Aktionsformen einer zunehmend freien Wirtschaft mit einem umfassend mobilen Handel geschaffen worden. Mit der neuen Ökonomie verloren die vormals bewährten, jedoch in ihren Traditionen isolierten Handwerker- und Wirtschaftsbünde (Zünfte, Gilden) ihre steuernden Funktionen. Wirtschaftspolitische, soziale und häufig nur gegensätzliche Interessen in einer neuen Stadtgesellschaft hatten die gewohnten Lebensformen verdrängt. Das statutarische Recht im alten, durch Konkurrenzen bestimmten Verbund mit dem gelehrten Ius commune behinderte prozessverschleppend die Entscheidungen strittiger Rechtsfragen. Diese Missstände in der Rechtspflege verschärften zusätzlich die krisenhaften ökonomischen Zustände.

Die neuen reformorientierten juristischen Funktionseliten und Träger der städtischen Gerichtsbarkeit hatten die politische Bedeutung des kommunalen Statutarrechts als Instrument der künftigen Sicherheit und Ordnung erkannt. Sie sahen vor allem in einer praxisnahen Verknüpfung der Statuten mit dem Ius commune die künftigen Vorzüge eines zeitgemäßen Rechts. Von ihm erwarteten sie, dass es Gerechtigkeit garantierte, den Rechtsfrieden innerhalb der Patrizier- und Wirtschaftsgesellschaft dauerhaft festigte und den expandierenden Handelsverkehr insbesondere überörtlich entscheidend förderte. Rechtspolitik, Wissenschaft und Gesetzgebung waren gefordert, die von dem autonomen, frühkapitalistischen Gemeinwesen benötigten reformierten Instrumentarien zu entwickeln.

3. Methode

15   Die Systemwende begann nicht mit einem zeitlich datierbaren Bruch im Stil des traditionellen Denkens und Arbeitens. Der Übergang von der strengen Textexegese zu einer breiteren analytischen Untersuchung der Rechtstexte war bereits in der Arbeitsweise der frühen Glossatoren existent und sichtbar. Die Systemreform als Ganzes gelang jedoch erst ihren Nachfolgern. Die ältere Forschung hatte diese Juristen unhistorisch und herabsetzend „Postglossatoren" genannt. Sachnäher ist es, sie nach ihrem typischen und dominant gewordenen Arbeits- und Literaturstil „Kommentatoren" zu bezeichnen.

Die Unterschiede der Kommentatoren zu ihren Vorgängern waren **16** in der methodischen Grundhaltung nicht so gravierend, wie dies von der älteren Literatur behauptet wurde. Auch die Glossatoren hatten sich bereits in ihren Vorlesungen neben der streng exegetischen Worterklärung regelmäßig mit der kritischen Prüfung des Inhalts der Rechtssätze in systematisch-dogmatischen Zusammenhängen befasst. Mit diesem Arbeitsstil wurde in vielem die Methode des Kommentierens vorweggenommen. Ein frühes Beispiel für die Verbindung von Glosse und Kommentar ist die Magna Glossa von Accursius. Sie gilt heute als Zeugnis einer ersten international anerkannten Kommentierung des justinianischen Rechts. Auch aus diesen Gründen ist die frühere Charakterisierung des Profils der Glossatoren als überwiegend rezeptiv arbeitende Gelehrte und der Kommentatoren als kreativ produzierende Juristen und „Baumeister der europäischen Moderne" (F. Wieacker) korrekturbedürftig.

Die Kommentatoren haben im 14. Jahrhundert den neuen Stil zur **17** Perfektion entwickelt und die Rechtswissenschaft zu einer neuen Blüte geführt. Im Gegensatz zu den Glossatoren berücksichtigten sie intensiv die Rechtspraxis. Der wissenschaftliche „Kommentar" war aus Vorlesungen hervorgegangen und die zeitgemäße Fortsetzung der abstrakten, inhaltlich häufig unverbunden aneinander gereihten, in Massen überlieferten Glossen. Diese hatten sich als reine Anleitungen zur Auslegung und Anwendung von Rechtssätzen von den Anforderungen der Praxis entfernt. Demgegenüber konnten Verfasser von Kommentaren die „ratio legis" der Normen breiter und genauer darstellen, praktische Fälle nach Sachzusammenhängen systematisch ordnen, typologisch in Gruppen erfassen und auf diesen Wegen ein für die Praxis bestimmtes Recht schaffen.

Die Attraktivität der kommentierenden Methode spiegelt die zeit- **18** genössische, auch dank des Buchdrucks weit und international verbreitete Rechtsliteratur wider. Dies zeigen vor allem die gesammelten Kommentierungen der Rechtsprechung hoher und höchster Gerichte sowie die Gutachten fachkundiger privater Juristen oder Amtsträger (*consilium sapientis*). Als „Consilia" oder „Responsa" wurden sie von den Parteien in Zivil- oder Strafprozessen vorgelegt. Als „Decisiones" waren sie kritische Anmerkungen von angesehenen Gelehrten, Gerichtspräsidenten oder von hohen Richtern zu Gerichtsentscheidungen von grundsätzlicher, allgemeiner Bedeutung.

4. Rechtsstil – „mos italicus"

19   An allen Rechtsschulen und Universitäten in Italien, Frankreich, Spanien und im Heiligen Römischen Reich nördlich der Alpen wurde der Rechtsunterricht nach den didaktischen Richtlinien der sog. „italienischen Lehre des Rechts" (*more italico iura docendi*) erteilt. Glossatoren und Kommentatoren hatten die Methode des „mos italicus" entwickelt. Nach diesem Lehrstil besaßen die in den Studiengängen behandelten Rechtsquellen die Qualität autoritärer, geradezu heiliger Texte. In der Vorlesung wurden in stereotypen Arbeitsschritten sach- und problemorientiert Rechtsfälle besprochen und die Entscheidung strittiger Rechtsfragen diskursiv gesucht. Die kasuistischen Rechtssätze enthielten bereits fertige Lösungen konkreter Interessenkollisionen und Beschreibungen typisierter Unrechtstatbestände mit bestimmten Strafen, die jeder Auslegung entzogen waren.

Ausgangspunkt und Grundlage jeder Entscheidungsfindung nach den methodischen Ritualen des „mos italicus" war das justinianische Corpus iuris in der Bearbeitung durch die gelehrte Jurisprudenz. Die accursische Glosse galt als authentische Interpretation des gesamten geltenden römischen Rechts in zeitgemäßen Formen. Die Kommentierungen dienten wissenschaftlichen und forensischen Zwecken. Widersprüche wurden scholastisch-dialektisch harmonisiert, Rechtskontroversen einzelfallbezogen entschieden und die ermittelten Lösungen zu künftig generell verbindlichen Rechtsansichten erklärt. Je mehr anerkannte gelehrte Autoritäten für das Ergebnis der Auslegung gefunden und zitiert werden konnten, desto größer erschien die Chance, mit dieser Rechtsmeinung im Plädoyer vor Gericht oder gutachtlich in einem Rechtsstreit zu überzeugen.

20   Ein derartiges Vorgehen war zeitaufwendig, stellte hohe Anforderungen an das Gedächtnis der Studierenden und die gedankliche Speicherung des Erlernten. Einprägsame Merktechniken oder Merksätze waren dabei bewährte Hilfen. Überliefert ist das mnemotechnische Distichon des Piemonteser Juristen *Matteo Gribaldi* (alias *Mopha*, † 1564), das die Reihenfolge der Erläuterungsstufen beschrieb: „Praemitto, scindo, summo casumque figuro // Perlego, do causas, connoto et objicio".

Demnach hatte der Studierende zunächst die Qualität der Rechtsquelle als „lex" oder „statutum" zu bestimmen (*praemitto*). Daran schloss sich die Zerlegung des Textes in seine Bestandteile an (*scindo*), um dann den wesentlichen Inhalt zusammenzufassen (*summo*). Der weiteren Verdeutlichung diente das Bilden von Beispielsfällen (*casum figuro*), das mit einer erneuten, nunmehr kritischen Lesung des vorgegebenen Textes die erste Stufe beendete (*perlego*).

In einem zweiten Schritt wurden die gewonnenen Ergebnisse auf die Rationalität der Begründungen untersucht (*do causas*), mit bekannten Rechtsansichten in Beziehung gesetzt (*connoto*) und mit kontroversen, bei Glossatoren und Kommentatoren bereits ausufernd diskutierten Lehrmeinungen kritisch verglichen (*objicio*). Nach diesem Denkprozess sollte der Student in der Lage sein, die für die Entscheidung des Rechtsproblems zutreffende Meinung zu erkennen und sie als Teilrealisierung einer allgemein herrschenden Rechtslehre zu verstehen (*communis opinio iuris*).

Die Herrschaft des „mos italicus iura docendi" an den europä- 21
ischen Hochschulen wurde im 15. Jahrhundert erstmals als Standard und Vorbild angezweifelt. Den Anlass zur Kritik bot das unkritische Festhalten der Kommentatoren an der Autorität der justinianischen Rechtstexte, das jede zeitgemäße Rechtsfortbildung verhinderte. Ausgehend von Italien begann in Frankreich im 14. Jahrhundert der juristische Humanismus mit der Ablösung der scholastischen Unterrichtsmethode durch den neuen Stil des „mos gallicus iura docendi". Das Ziel war eine freiere, kritische und zugleich schöpferische Beschäftigung mit dem römischen Recht. Es sollte bei der Rechtsfindung intensiv historisch, philologisch und philosophisch interpretiert und für die Praxis nutzbar werden.

5. Interaktive Rechtskulturen

Bologna war nicht nur ursprüngliche Wirkungsstätte der Legistik, 22
die sich der Vermittlung und Bearbeitung des weltlichen „Ius civile" widmete. Zeitgleich lehrten die Kanonisten das kirchliche Recht. Legistik und Kanonistik waren als Wissenschaftsrichtungen aus privaten Initiativen hervorgegangen (Irnerius, Gratian) und methodisch durch die Scholastik verbunden. Das kanonische Recht wurde wichtigstes Medium bei der Verbreitung des Ius commune in Europa. Für die Detailvermittlung waren Fachjuristen prädestiniert.

Eine berufsqualifizierende Ausbildung zum Juristen bestand aus 23
einem erfolgreich abgeschlossenen Studium des Ius civile *und* Ius canonicum. Nur der Absolvent dieses Studiengangs durfte den Titel eines „doctor iuris utriusque" führen. Die „beiden Rechte" waren

Kernmaterien des Corpus iuris (Parömie *corpus iuris dividitur in ius canonicum et ius civile*). Die Sammelbezeichnung „utrumque ius" brachte die Union und Integration von zwei Wissenschaftsflügeln im System des Ius commune zum Ausdruck. Der französische Humanist *Pierre Rebuff* (Petrus Rebuffus, 1487–1557), Rechtsprofessor in Bourges, charakterisierte diese Einheit mit dem einprägsamen Satz: „Kirchliches und weltliches Recht sind miteinander dergestalt verknüpft, dass das eine ohne das andere kaum verstanden werden kann" (*ius canonicum et civile sunt adeo connexa, ut unum sine altero vix intelligi possit*).

24   Diese Verflechtung beider Rechte war für die weitere Rechtsentwicklung fruchtbar. Kanonisten wie Legisten arbeiteten mit gemeinsamen Definitionen, Begriffen und Rechtsinstituten. Die Gelehrten konnten bei ihren Arbeiten problemlos auf die Methoden und Techniken beider Disziplinen zurückgreifen. Der in Bologna lehrende Kleriker *Johannes Teutonicus* († 1245/46) hatte in seinen Schriften als einer der Ersten beide Rechtsmaterien gleichgewichtig analysiert. Seine „Glossa ordinaria" zum Dekret war für Kanonisten wie Legisten eine Pionierarbeit und im Rang der angesehenen accursischen Magna glossa ebenbürtig. Auch die Werke der Juristenkoryphäen *Bartolus* († 1357) und *Baldus* († 1400) waren aus intensiven Forschungen zum „utrumque ius" hervorgegangen. Die Arbeiten von *Alexander de Tartagnis* von Imola († 1477) und *Philippus Decius* von Mailand († 1535/36) zählen zu den letzten richtungweisenden Publikationen aus dieser Zeit einer engen wissenschaftlich-literarischen Kooperation. Die rechtsschöpferische Interaktion von zwei Rechtskulturen (E. Cortese) hatte diese umfassende Synthese von Methode, Doktrin und Dogmatik ermöglicht.

6. Klerikerjuristen

25   Ein universitär graduierter Jurist konnte bei seinem beruflichen Aufstieg die durch Herkunft und Geburtsstand gezogenen Grenzen übersteigen oder zumindest als Barrieren der Karriere neutralisieren. Sozialständische Schranken waren für den „in utroque iure" ausgebildeten Fachmann keine Hindernisse. Im Studium selbst bevorzugten die Rechtstudenten die Spezialisierung im kanonischen Recht. Von dieser fachspezifischen Ausbildung erhofften sie sich den Erwerb optimaler Qualifikationen für die künftigen juristischen Tätigkeiten.

Gute Berufsaussichten allein waren bei der Wahl der Studienrich- **26** tung jedoch nicht die bestimmenden Gründe. Tatsächlich haben die Rechtsreformen von Papst Gregor IX. (1234) zur Attraktivität des kirchlichen Rechts als Vorbild für eine zeitgemäße Rechtsordnung beigetragen. In dieser Funktion als fortschrittliches Recht wurde das Ius canonicum seit dem 13. Jahrhundert zu einer konsequent betriebenen Juridifizierung der Kirche benutzt. Von ihr betroffen waren die Organisation, Verwaltung der kirchlichen Ämter sowie die kirchliche Gerichtsbarkeit in den Diözesen. Rechtspflege und Administration sollten von fachjuristisch ausgebildeten Klerikern geleitet werden. Um rechtsgelehrte Amtsinhaber zu gewinnen, hatte die Kirche neue attraktive Berufe geschaffen.

Vor allem bei den geistlichen Gerichten war der Bedarf an geeigne- **27** tem Fachpersonal groß. Der geistliche Richter (Offizial) besaß sachlich weitreichende, nach modernem Verständnis auch zivilrechtliche Kompetenzen (z. B. Eherecht, Forderungen). Juristisch geschulte Kleriker hatten in den Bereichen der Judikatur beste Berufsaussichten. Der beamtete Offizial war in der Regel der Einzige, der in Vertretung des Bischofs in der Diözese die Gerichtsbarkeit ausübte. Für das Amt waren fundierte Rechtskenntnisse unentbehrlich. Diese musste ein Richter – seit den Beschlüssen der Synode von Tours (1236) – durch ein mehrjähriges Studium des „utrumque ius" erworben haben. Auch außerhalb der Rechtsprechung wurden bei der Besetzung höchster kirchlicher Verwaltungs- und Spitzenämter akademisch graduierte Juristen bevorzugt. Sie leiteten, häufig ausschließlich, das Bestätigungs- und Beurkundungswesen.

Die Forschung verwendet für die Absolventen des Studiums mit **28** Schwerpunkten im kanonischen Recht die Bezeichnung „Klerikerjuristen" (G. Dolezalek). Damit will sie die besondere fachliche Eignung hervorkehren, die diese dem geistlichen Stand angehörenden Juristen als Mitglieder späterer Funktionseliten bei der Entwicklung und Verbreitung des Ius commune in Europa ausgezeichnet hatte. In diesem Kontext wird der Begriff „Kleriker" in einem historisch weiten Sinne verstanden. Im hohen und späten Mittelalter fand er für alle standesmäßig unter Kirchenrecht lebenden Menschen Verwendung. Als Kleriker galten auch Personen ohne besondere geistliche Weihen, wie etwa „Scholaren", die sich auf kanonische Rechtsstudien spezialisiert hatten, oder Laienbrüder (*fratres*) und Laienschwestern (*sorores*) in religiösen Gemeinschaften.

29   Die Klerikerjuristen hatten selbst bei niederer Herkunft sehr gute Aussichten auf eine glanzvolle berufliche Laufbahn in der Administration der Bistümer, mächtiger geistlicher Korporationen, Institutionen und spiritueller Kommunitäten. In diesen Berufsfeldern wirkten sie über die Offizialate, Notariate, Kanzleien und Archive maßgebend bei der Fortentwicklung des kirchlichen Rechtswesens mit und dienten damit vergleichbaren Organen des weltlichen Rechts als Vorbilder.

III. Kommentatoren in Italien

1. Cinus – der Begründer

30   Die Epoche der Kommentatoren begann in Italien mit *Cinus de Pistorio* (Cino Sighibuldi da Pistoia, um 1270–1336/37), Professor in Siena, Neapel und zuletzt in Perugia. Er entstammte einer vornehmen toskanischen Patrizierfamilie in Pistoia und war in Bologna Schüler des angesehenen Dinus Mugellanus (Dino Rossoni del Mugello, † nach 1299). Die Schule der Kommentatoren erreichte mit Cinus und seinen Schülern – unter ihnen in Perugia der berühmteste Bartolus de Sassoferrato – eine wissenschaftliche Hochblüte.

Cinus war eine außergewöhnliche, vielseitig begabte Persönlichkeit. Durch Einfallsreichtum, solide dogmatische Kenntnisse und praktische Erfahrungen wurde er zur Koryphäe unter den Kommentatoren. Er stand in engem fachlichem Kontakt mit dem Kanonisten Johannes Andreae. Neben seinem Beruf als Jurist war er auch ein bedeutender Dichter und Repräsentant der literarischen Bewegung des modischen „dolce stil novo". Mit Dante Alighieri († 1321) und Francesco Petrarca († 1374), die beide dieser Richtung der italienischen Lyrik angehörten, war er freundschaftlich verbunden. Der überzeugte Ghibelline und politische Parteigänger des Luxemburgers Kaiser Heinrich VII. († 1313) änderte später radikal seine Einstellung zugunsten des Papsttums.

31   Das wichtigste Werk des Juristen Cinus war der Kommentar zu den ersten neun Büchern des justinianischen Codex (*Lectura super Codicem*, 1312–1314). Diese Schrift wurde Vorbild für Methode, Argumentationstechnik und strenge praktische Fallbezogenheit der Kommentierung. Unter der Anleitung seines Lehrers Dinus hatte

Cinus die Bedeutung der aus Rechtsgewohnheiten hervorgegangenen Statuten kennengelernt. In seinen späteren Disputationen griff er wissenschaftlich diese Problematik wieder auf und behandelte in den „Quaestiones" eingehend das rechtlich schwierige Rang- und Geltungsverhältnis zwischen Statutar- und Gemeinrecht.

Cinus war einer der Ersten, der den italienischen Juristen die Methoden der führenden französischen Kommentatoren der Schule von Orléans vermittelt hatte. Die dort lehrenden, hoch angesehenen Legisten Jacques de Révigny († 1296) und Pierre de Belleperche († 1308) bewunderte und verehrte er; teilweise kopierte er auch deren Lehren. Beide hatten in Frankreich das Rechtsstudium neu organisiert sowie für Lehr- und praktische Zwecke den Kommentar als Literaturform der Vorlesungstexte bereits vor ihren Kollegen in Italien entwickelt. Wenn italienische Juristen Ende des 14. Jahrhunderts Kenntnisse von den Werken dieser sog. „doctores ultramontani" und von dem von ihnen favorisierten literarischen Typus des Kommentars besaßen, dann beruhte dies ausschließlich auf der Vermittlung durch Cinus und seinen Codexkommentar.

2. Bartolus und Baldus – die Vollender

Cinus de Pistorio hat in Italien die Schule der Kommentatoren begründet und ihr internationales Ansehen entscheidend gefördert. Sein Schüler *Bartolus de Sassoferrato* (Bartolo da Sassoferrato, um 1313/14–1357, geb. bei Sassoferrato, Provinz Ancona) setzte dies fort und führte zusammen mit Baldus Mitte des 14. Jahrhunderts die italienische kommentierende Jurisprudenz zu bislang unerreichten Höhen. Initiiert und gesteuert durch diese Hochblüte der Jurisprudenz wandelte sich die Rechtskultur in Europa grundlegend. Das Recht wurde Garant der Zivilisation und die Juristen waren die Architekten.

Bartolus hatte sein zivilrechtliches Studium bei Cinus in Perugia begonnen. Er wurde in Bologna zum „doctor legum" promoviert, lehrte Privatrecht in Pisa und zuletzt in Perugia. Bereits zu Lebzeiten war sein Ruf groß. Im Laufe seines kurzen Lebens – er starb nur 43jährig – wurde er zu einer international geachteten Autorität der Zivilrechtswissenschaft (*ius civile*) sowie der neu sich formierenden autonomen Disziplin des Strafrechts (*ius criminale*). Vor seiner akademischen Laufbahn war er als Anwalt und kommunaler Berater (des Podestà in Todi) praktisch tätig. Der Professor wurde als Gesandter der Stadt Perugia auch in Diensten der Diplomatie tätig.

34   Sein Ruf als „Spiegelbild des Rechts" (*specchio del diritto*), als „Orakel der Jurisprudenz" (*oracolo in giurisprudenza*) war in Europa verbreitet. Sein wissenschaftliches Oeuvre bestand aus Kommentaren zum justinianischen Recht (*commentaria*), aus Disputationen über grundsätzliche Rechtsfragen (*quaestiones disputatae*), aus Monographien (*tractatus*) und umfangreichen zivil- und strafrechtlichen Gutachten (*consilia*). Mit dem Wachsen seines Ansehens auf internationaler Ebene wurden seine Hauptwerke Grundlagenschriften der Rechtswissenschaft.

Sein Unterrichts- und Forschungsstil trug das Qualitätszeichen „Bartolismus" (*bartolismo*). Kein Jurist, der beruflich erfolgreich sein wollte, durfte auf ein eingehendes Studium seiner Standardwerke verzichten (*nullus/nemo bonus jurista nisi sit bartolista*). War ein Rechtsproblem weder positivrechtlich geregelt noch durch die Rechtslehre eindeutig entschieden, war der Rechtsanwender gut beraten, sich der Rechtsansicht des Bartolus als Autorität anzuschließen (*ab auctoritate*) und ihr als der herrschenden Lehre zu folgen (*opinio tanquam principalior*). Vereinzelt wurde diese Rangfolge in der Bezugnahme auf Lehrmeinungen den Richtern gesetzlich vorgeschrieben (Spanien, Portugal).

35   Studienprogramme für Vorlesungen und Kurse, für die Bartolus einheitliche Strukturen und Lehrinhalte entworfen hatte, wurden seit dem 16. Jahrhundert von zahlreichen spanischen und portugiesischen Universitäten als Modelle übernommen und institutionalisiert. Die meisten Juristenfakultäten haben seinen Unterrichtsstil über Jahrhunderte gepflegt. Der typische Bartolismus als international standardisiertes Rechtsstudium verlor erst den Ruf des Besten, Bewährten und Verbindlichen, als französische Humanisten begannen, den starren „mos italicus iura docendi" als überholte und rückständige Lehrmethode radikal zu kritisieren und durch einen zeitgemäßen, freieren sog. „mos gallicus" zu ersetzen.

36   *Baldus de Ubaldis* (Baldo degli Ubaldi, geb. in Perugia, 1327–1400) war der berühmteste Schüler des Bartolus und sein kongenialer wissenschaftlicher Partner. Mit seinem Lehrer repräsentierte er im 14. Jahrhundert die italienische Schule der Kommentatoren. Er entstammte einer angesehenen Familie in Perugia, hatte dort das Studium des Zivil- und kanonischen Rechts begonnen und lehrte als Professor, nach Stationen in Pisa, Florenz und Padua, bis zu seinem Tod in Pavia. Hier war er intensiv mit der Einführung und Verbrei-

tung der neuen Ordnungen des wissenschaftlich fundierten Studium generale befasst.

Sein Interesse für das kanonische Recht wurde wohl auch durch 37 seine Tätigkeit als Gesandter bei der römischen Kurie – der spätere Papst Gregor XI. († 1378) war sein Schüler – geweckt und gefördert. Baldus war Autor zahlreicher Kommentare zum justinianischen (Codex, Digesten) und zum kanonischen Recht (Liber Extra). Eine umfangreiche Tätigkeit als Gutachter (*Consilia*, 6 Bände, als Drucke 1575, 1602) begründete sein internationales Ansehen und ermöglichte den Erwerb eines großen Vermögens. Auf dem Gebiet des Strafrechts und Strafprozessrechts hat er grundsätzliche Rechtsfragen der Wahrheitsfindung und der persönlichen Schuld behandelt. Als gefeierter Lehrer propagierte er erfolgreich den neuen Typus des Juristen, der nach modernen Lehrprogrammen „in utroque iure" ausgebildet war und die besten Eingangsvoraussetzungen für den wissenschaftlichen wie für den praktischen Beruf besaß.

3. Ausklänge einer Epoche

Erben der Kommentatoren wurden ihre Schüler und Epigonen, die 38 in besonderer Weise ihre Zeit geprägt haben. Ein typisches Merkmal dieser Rechtslehrer war ihre geradezu extreme akademische Mobilität. Während die älteren Generationen im Wechsel der Universitätsorte noch zurückhaltender waren, entwickelten sich die Nachfolger zu wahren akademischen Nomaden. Dies lag auch an dem Gehalt, das die Gelehrten von Stadtkommunen, weltlichen oder geistlichen Stadtherrn und von Territorialfürsten für ihre Lehrtätigkeit bezogen. Die wechselnden Höhen der Honorare bemaßen sich sowohl nach dem jeweils aktuellen fachlichen Ansehen der Wissenschaftler wie auch – nicht selten – nach ihrer politischen Haltung und Einstellung gegenüber ihren Dienstgebern.

Zu den Juristen, die der Mobilität sehr zugetan waren, zählte der 39 Baldus-Schüler *Paulus de Castro* (Paolo di Castro, 1360/62–1441). Er war Autor umfangreicher Kommentare zum Zivilrecht sowie materialreicher, vor allem in der Praxis geschätzter Rechtsgutachten. Seine akademische Laufbahn hatte er zwar in Perugia begonnen. Zur Berühmtheit wurde er jedoch über die Stationen seines Wirkens in Avignon, Siena, Florenz, Bologna und Padua.

Ähnlich mit dem ständigen Wechsel der Akademien vertraut war 40 sein Schüler *Alexander de Tartagnis* (Alessandro Tartagni, 1423/24–

1477) von Imola, Professor des Zivil- und kanonischen Rechts in Ferrara, Padua und Bologna. Neben exegetisch-dogmatischen Kommentaren zum „utrumque ius" wurde er ebenfalls durch eine bedeutende Gutachtensammlung bekannt.

41   In *Jason de Mayno* (Giason del Maino, 1435–1519) besaß die Juristenfakultät in Pavia im 15. Jahrhundert ein herausragendes Mitglied. Seine monumentalen Kommentare zu den Digesten und zum Codex sind auch Ausdruck unermüdlicher Bemühungen, Lehrsätze aus Lehrsätzen, Meinungen aus Meinungen abzuleiten, anzuhäufen und auf diese Weise die reichen Schätze der Rechtswissenschaft des vergangenen Jahrhunderts zu bewahren. Mit ihm endete der Einfluss der Schule der Kommentatoren auf die Jurisprudenz.

42   Ein neuer Typus des Juristen begann an die Stelle des gelehrten „doctor utriusque iuris" zu treten. Die ersten Signale zu diesem Wandel im Berufsbild fallen zeitlich mit der Konsolidierung der kommunalen und fürstlichen Territorialhoheit zusammen. Der Aufbau effizienter Behörden und einer fest organisierten Verwaltung setzte juristisch geschulte, beamtete Spezialisten voraus. Ihre Aufgabe war, den Ausbau der Souveränität durch rechtliche Absicherungen politisch zu begleiten. Dafür erschien ein Jurist prädestiniert, der sowohl als Rechtsexperte wie auch in der Position und mit den Funktionen eines politisch verantwortungsbewussten „Dieners des Fürsten" seinen Beruf als „gelehrter Rat" ausübte.

43   Die entscheidenden Anstöße, die zur endgültigen Diskreditierung des Stils der Kommentatoren führten, kamen von den Humanisten. Diese neue philosophische Gelehrtenbewegung blickte mit Verachtung auf die als intellektuell immobil und ignorant denunzierten Kommentatoren. Die Humanisten sahen in den ständigen Wiederholungen endloser Exegesen, Rechtskontroversen und in der Anhäufung von juristischen Spitzfindigkeiten die entscheidenden Schwächen des alten Systems. Sie hielten es für nicht mehr fähig, sich selbst zu erneuern.

Paradoxerweise erwuchs der als rückständig eingeordneten Jurisprudenz in einem der letzten Schüler von Jason de Mayno der schärfste und profilierteste Gegner. Andreas Alciatus († 1550) wurde zum Mitbegründer des von Frankreich ausgehenden juristischen Humanismus. Seine Wortführer hatten mit großem publizistischem Aufwand den Kampf gegen das geschwächte bartolistische System des „mos italicus" begonnen.

IV. Kommentatoren in Frankreich

1. Rechtsschule in Orléans

Die eigentlichen Begründer der Technik der Kommentierung wa- **44** ren französische Juristen der Schule von Orléans, der Wiege der Kommentatoren. Den methodischen Kurswechsel hatten Professoren der 1228 gegründeten Universität Toulouse mit Studienreformen im Sinne der späteren Kommentatoren begonnen. Die „Doctores Tholosani" besaßen hohes Ansehen und waren Autoritäten von europäischem Rang. Ihre Nachfolger wurden die Rechtsprofessoren in Orléans. Sie übernahmen die ihnen zugefallene Führung und setzten sie mit richtungweisenden Arbeiten fort.

Papst Gregor IX. hatte 1235 den Dozenten der Universität Orléans **45** das Privileg erteilt, römisches Recht zu unterrichten. Allerdings stand dieses Vorrecht in Widerspruch zu einem bereits bestehenden, nur wenige Jahre zuvor ergangenen päpstlichen Verbot. *Honorius III.* (1216–1227), der Vorgänger von Gregor, hatte 1219 mit der Bulle „Super Specula(m)" das Studium des römischen Rechts an der Universität Paris, einem europäischen Zentrum der Philosophie und Theologie, untersagt.

Auf der Suche nach dem Umfang der räumlichen Geltung des Ver- **46** bots und nach den dafür maßgebenden historischen Gründen gibt die Forschung unterschiedliche Erklärungen. Glaubensabfälle (Häresien) der religiösen Laienbewegung der Waldenser und Albigenser in Südfrankreich sollen der Anlass gewesen sein. Die sog. Katharer galten als sektiererische Ketzer. Im Albigenserkreuzzug (1209–1229) wurden sie als Bedrohung des orthodoxen katholischen Glaubens und damit auch der Autorität und Macht der Amtskirche unnachsichtig verfolgt.

Der überzeugendere Grund für das Studienverbot dürfte die Besorgnis der römischen Kurie gewesen sein, ein Engagement junger Kleriker für das Studium des römischen Rechts könnte sich demotivierend auf das Studium der Theologie auswirken. Das Studium der „leges" wurde der Förderung weltlicher Gesinnung (*scientia saecularis*) und eines unchristlichen Gewinnstrebens (*scientia lucrativa*) verdächtigt.

Das für die Universität Paris erlassene Studienverbot galt förmlich bis 1679; in welchem Umfang es tatsächlich allgemein beachtet wurde, ist nicht eindeutig aufklärbar. Durch Quellenzeugnisse gesichert ist dagegen, dass nach der päpstlichen Privilegierung von 1235 an der Universität Orléans eine deutliche Zunahme französischer und italienischer Dozenten stattgefunden hatte, die nach den neuen Studienordnungen lehrten. Der dabei entwickelte Unterrichtsstil erhöhte seit der zweiten Hälfte des 13. Jahrhunderts die Attraktivität der Schule von Orléans. Im internationalen Wettbewerb war sie eine Konkurrentin von Bologna.

47   Das Rechtsstudium in Orléans unterschied sich in Arbeitsstil und Methode grundlegend vom „mos italicus" der älteren Glossatorenschule. Es war in der Behandlung und Interpretation der justinianischen Quellen theoretisch wie dogmatisch freier. Die Basis waren die aristotelische Philosophie und Dialektik, allerdings mit einer fortschrittlichen Zielsetzung. Ausgehend von den Texten des Corpus iuris sollte ein elastisches und praxisnahes Recht gelehrt werden. Mit dieser klaren Alternative zur starren scholastischen Methode wurden die in den Vorlesungen behandelten Rechtsnormen nach ihren konstitutiven Inhalten analysiert, systematisiert und auf ihre Anwendbarkeit auf vergleichbare Lebenssachverhalte geprüft. Die neuen Denk-, Argumentations- und Literaturformen haben den Charakter des Rechtsstudiums und der Jurisprudenz verändert.

2. Ultramontane Legisten

48   Bei diesen Arbeiten hatten zwei international angesehene „Legistes" die Führung. Der an der Schule von Orléans forschende und lehrende *Jacques de Révigny* (Jacobus de Ravanis, um 1230/40–1296) wurde zum wahren „Stern der Studien in Orléans" (E. Cortese). Sein Nachfolger *Pierre de Belleperche* (Petrus de Bellapertica, um 1250–1308) führte die Reformen im Unterricht sowie bei den wissenschaftlichen Arbeiten erfolgreich fort und wurde von italienischen Juristen sehr geschätzt.

Die von den „ultramontani" betriebene Umgestaltung des Rechtsunterrichts sollte sich durch eine bewusste Öffnung zu einer freien philosophisch-logischen Beschäftigung mit den Rechtstexten deutlich vom praxisfernen „mos italicus" unterscheiden. In umfangreichen Kommentaren wurde versucht, die Regelungsziele der Quellentexte und der Glosse zu erforschen. Die Darstellung bestand aus exegetischen Bestimmungen des Wortsinnes. Häufig waren vertiefende Wiederholungen zu bestimmten Texten (*repetitiones*) eingefügt. Nach kritischer Berücksichtigung der bekannten juristischen Literatur zu konkreten Rechtsfragen (*quaestiones*) wurde das Ergebnis in systematischen Zusammenhängen (*distinctiones*) zusammengefasst, die in der Gliederung der Legalordnung des Corpus iuris folgten.

Die französischen Legisten hatten aus ihren Unterrichtserfahrungen eine neue Literaturgattung entwickelt. Sie war ihrem Wesen nach ein umfassender Kommentar, jedoch wurde die nach dem Vorbild der accursischen Magna glossa arbeitende Exegese durch eine betont problemorientierte Sachbehandlung ergänzt, die sich an konkreten Anforderungen der Rechtspraxis orientierte. Diese neue Art der Darstellung des Rechts setzte das Beherrschen einer hochentwickelten dialektischen Argumentationskunst voraus. **49**

3. Wissenschaftstransfer

Für die Verbreitung der Hauptwerke der ultramontanen Legisten sorgte in Italien hauptsächlich Cinus de Pistorio. Er hatte den italienischen Juristen die Methode der Kommentierung als französische „novitates modernorum doctorum" vermittelt und schätzte vor allem Pierre de Belleperche sehr. Dass er anlässlich eines Besuchs in Orléans Vorlesungen von Belleperche besucht hatte, dürfte Legende sein. Nach neuen Forschungen ist allein gesichert, dass Cinus den Franzosen bei einer Vorlesung in Bologna hörte, als dieser dort 1300 auf einer Pilgerreise nach Rom kurz Aufenthalt genommen hatte. **50**

Der Wissenstransfer zwischen den französischen Legisten und ihren italienischen Kollegen war nichts Außergewöhnliches. Die rege Vorgeschichte eines wissenschaftlich wie didaktisch fruchtbaren Austauschs hatte schon Mitte des 12. Jahrhunderts mit dem Zivilrechtsprofessor *Rogerius* († um 1163/65) aus Bologna begonnen, der in der Provence lehrte. In die Geschichte der Rechtsschule an der Universität Montpellier ist jedoch ein weiterer italienischer Zivilrechtslehrer eingegangen: Der durch seine Originalität ebenso wie durch sein ausgeprägtes Selbstbewusstsein bekannt gewordene *Placentinus* aus Piacenza (Piacentino, † 1182/92). Er war nach einer Lehrtätigkeit in Mantua um 1162/64 nach Montpellier gekommen und hatte dort während eines 17-jährigen Wirkens seine wichtigsten Arbeiten geschrieben. Die „Summa codicis" war eine Fortsetzung und Vollendung des gleichnamigen, von Rogerius begonnenen Werks. Auf sie **51** folgte die bedeutende „Summa institutionum" (beide um 1165), in der ihr Autor – wie schon in der Codexsumme – massiv gegen die kaisertreuen Kollegen in Bologna und ihre als hypertroph kritisierte Unterrichtskultur der Artes liberales polemisierte. Nach einer sechsjährigen Lehrtätigkeit erneut in Italien (1183/89, Piacenza, Bologna) kehrte Placentinus in das südfranzösische Montpellier zurück und beendete dort seine akademische Karriere.

Schrifttum: *P. Moraw*, Die Juristenuniversität in Prag, in: J. Fried (Hg.), Schulen und Studium im sozialen Wandel des hohen und späten Mittelalters (1986), 439 ff.; *P. Landau*, Der Einfluss des kanonischen Rechts auf die europäische Rechtskultur, in: R. Schulze (Hg.), Europäische Rechts- und Verfassungsgeschichte (1991), 39 ff.; *H. Lange*, Römisches Recht im Mittelalter I, II (1997, 2007); VI Centenario della morte di Baldo degli Ubaldi, in: Ius Commune 27 (2000); *E. Cortese*, Le grandi linee della storia giuridica medievale (2002); *K. Bezemer*, Pierre de Belleperche (2005); *J. Fried*, Das Mittelalter (4. Aufl. 2009); *M. Bellomo*, Il doppio medioevo (2011), 43, 69 ff. (77); *J. M. Rainer*, Das römische Recht und Europa (2012), 95 ff.; *R. H. Helmholz*, Kanonisches Recht und europäische Rechtskultur (2014).

5. Kapitel. Gelehrte Rechtskultur in Europa

I. Gelehrtes und Statutarrecht

1. Rechtspluralismus

Das 13. Jahrhundert war die Zeit grundlegender Änderungen in 1
den politischen und gesamtgesellschaftlichen Verhältnissen der europäischen Territorien. Zu den Folgen des demographischen wie wirtschaftlichen Wachstums gehörten auch die Städtegründungen vor allem in Mittel- und Norditalien. Die im Lombardischen Bund (*Lega Lombarda*) zusammengeschlossenen, nach Autonomie strebenden mächtigen oberitalienischen Kommunen (Mailand, Pavia, Cremona) hatten sich bereits gegen Ende des 12. Jahrhunderts der kaiserlich-staufischen Oberherrschaft entzogen. Im Frieden von Konstanz (1183) wurde ihnen von *Friedrich I. Barbarossa* (1122–1190) das Recht auf die Setzung des kommunalen Rechts garantiert, das sie intensiv nutzten.

In der Rechtspflege der Stadtkommunen zeigten sich die Folgen 2
dieser autonomen Gesetzgebungsmacht verbunden mit dem praktischen Wirksamwerden des römisch-kanonischen Rechts wirklichkeitsnah. Innerhalb der äußeren Grenzen und der Stadtmauern ein und derselben Kommune galten mindestens vier unterschiedliche Rechtsordnungen mit eigener Gerichtsbarkeit: (1) Die von der autonomen Stadt kraft eigener Zuständigkeit in Schriftform gebrachten Rechtsgewohnheiten (*consuetudines scriptae*) oder erlassene sog. Statuten (*statuta*), (2) die lokalen und feudalen Rechte der Markt-, Stadtherrn und Magnaten (*iura propria*), (3) das universelle kirchliche Recht (*ius canonicum*) und (4) das von der Wissenschaft entwickelte gelehrte gemeine Recht (*ius commune*).

2. Statutentheorie

Bei der Kollision von Statuten mit Rechtssätzen des Ius commune 3
hatte der Richter zu entscheiden, welche Rechtsordnung im Streit- oder Kriminalfall den Geltungsvorrang besaß. Die Glossatoren hat-

ten Probleme dieser Art noch weitgehend vernachlässigt. Erst von den Kommentatoren wurden diese für die Spruchpraxis wichtigen Rechtsfragen intensiv diskutiert. Von ihnen stammt auch die Bezeichnung der kommunalen Rechtsquellen als „Statuta".

Statutarrechte waren ihrem Wesen nach Ausnahmegesetze und häufig Gelegenheitsarbeiten, mit denen möglichst unmittelbar und zeitnah auf einzelne Missstände in der städtischen Friedens-, Genossenschafts- und Wirtschaftsordnung reagiert wurde. Ihre Kurzzeitgeltung war sprichwörtlich: *Legge fiorentina dura da sera a mattina* – in Florenz gilt ein Gesetz vom Abend bis zum Morgen. Wohl auch deshalb begnügte sich der kommunale Gesetzgeber häufig mit untechnisch formulierten Rechtssätzen, nahm Rechtslücken oder Normwidersprüche in Kauf und überließ bewusst die Schließung bzw. Korrektur der Auslegung der Praxis. Die nach Baldus naturrechtliche Legitimation der Städte zur autonomen, elastischen Rechtsetzung verlieh dem geschaffenen „statutum" eine überragende Stellung innerhalb der Rechtsquellenhierarchie (*quia habet vim naturae*).

4   Die Kommentatoren unterschieden bei Geltungsfragen zwischen dem engeren Statutarrecht (*ius speciale, proprium*) und dem Ius commune als der allgemeineren, weiter gefassten Rechtsordnung (*ius generale, universale*). Im Rechtsalltag interessierte Praktikerjuristen vor allem, ob im konkreten Streitfall das generelle Recht durch einen speziellen statutarischen Rechtssatz verdrängt werden konnte. Die gelehrte Doktrin entschied sich für den grundsätzlichen Geltungsvorrang der engeren Statuten (*hodie deciduntur lites per statuta civitatum* – heute werden Streitfälle nach den Statuten der Städte entschieden) und interpretierte sie als zulässige Abweichungen vom extensiveren Ius commune. Diese Lösung folgte der dem Mittelalter eigenen Vorstellung, wonach der Gerichtsherr als Gesetzgeber in der Regel nur für die seinem Herrschaftsgebiet angehörenden Personen Recht setzen durfte. Daraus leiteten die Kommentatoren den Grundsatz der Subsidiarität des Gemeinrechts ab.

5   Die Kanonisten vertraten in der Rangfrage die entgegengesetzte Ansicht. Sie wollten in Einzelfällen das kirchliche als das spezielle Recht vor den Statuten zur Anwendung bringen. Bei bestimmten Tatbeständen, wie etwa bei Ehehindernissen oder Verstößen gegen das kanonische Zinsverbot, erklärten sie den Zusammenhang der Handlungsweisen mit der Sünde zum maßgebenden Kriterium. In diesen Fällen sollte die – schon pastoral gebotene – Verfolgung und

Ahndung des Handelns „wegen der Sünde" (*ratione peccati*) in die alleinige Zuständigkeit der kirchlichen Gerichtsbarkeit fallen.

Die Prozessjuristen lösten das Geltungsproblem pragmatisch. Sie 6 erklärten das Ius commune für nicht weiter beweisbedürftig, weil die Vermutung dafür sprach, dass dessen allgemeinere Normen auch inhaltlich bessere Lösungen enthielten. Jede Partei, die sich auf eine „lex generalis" berief, machte von einer bereits erwiesenen Rechtsposition Gebrauch und musste ihre Geltung im aktuellen Rechtsstreit nicht gesondert beweisen. Sie durfte bis zum Beweis des Gegenteils (z. B. Derogation) die Vermutung der Geltung des „Ius romanum" für sich beanspruchen und verfügte damit über eine schlüssige, fundierte Klagegrundlage (*jus romanum/regulam juris communis allegans fundatam habet intentionem*).

Der Grundsatz der Subsidiarität des Gemeinrechts als der „lex ge- 7 neralis" wurde von den Kommentatoren verfeinert. Sie begrenzten den herkömmlichen Geltungsumfang der Statuten als „ius speciale" und erklärten zum allgemeinen Prinzip, dass vom Ius commune abweichende statutarische Rechte eng und restriktiv ausgelegt werden mussten (*statuta stricte sunt interpretanda*).

Die konsequente Anwendung dieses Grundsatzes hätte jede Ana- 8 logie (*extensio de similibus ad similia*) faktisch unmöglich gemacht. Dies war jedoch nicht gewollt und wurde in der Praxis sowohl für das Zivil- wie für das Strafrecht durch ein weiteres Prinzip korrigiert. Danach durfte bei Fehlen, Schweigen oder bei Unvollständigkeit eines Statuts das Gemeinrecht die entstandenen Rechtslücken ausfüllen (*ubi cessat statutum, habet locum ius civile*, Baldus). Dieses Zugeständnis an die Dominanz des gelehrten Rechts wurde mit dem Gebot der Fallgerechtigkeit begründet.

Die Lehren der Kommentatoren zur „Statutentheorie" enthielten 9 im Verhältnis Statutarrecht und Ius commune rationale und praktikable Lösungen kollisionsrechtlicher Fragen. Ähnliche Probleme beschäftigten auch die modernen Rechtsordnungen und wurden gesetzgeberisch mit aktualisierten Fortschreibungen der mittelalterlichen Vorlagen beantwortet. Zu den Begründern des historischen Kollisionsrechts zählten Bartolus und Baldus. Fortsetzer im 16. Jahrhundert waren in Frankreich Charles Du Moulin, in den Niederlanden Johannes Voet und als Vollender im 19. Jahrhundert in Deutschland gilt Friedrich Carl von Savigny.

II. Formung des Strafrechts

1. Verselbständigung des Ius criminale

10   Das Privatrecht war im Mittelalter bis zur Neuzeit Leitbild für die gesamte Rechtsordnung (*ius civile*). Zivilrechtskodifikationen gehörten zu den verfassungsrechtlichen Säulen jeder Zivilgesellschaft. Die Privatrechtskultur war identisch mit der Rechtskultur. Strafrecht (*ius criminale*) und Öffentliches Recht (*ius publicum*) wurden anfänglich als Randphänomene des Ius civile registriert. Ihre Absonderung, Verwissenschaftlichung und Formung zu eigenen Rechtsmaterien und Kategorien war das Ergebnis einer allmählich sich entwickelnden, pragmatisch differenzierenden Rechtspflege.

11   Der Prozess der Verselbständigung des Kriminalrechts im homogenen Komplex des Ius civile begann etwa Mitte des 12. Jahrhunderts in den Stadtkommunen von Ober- und Mittelitalien. Die „Respublica cittadina" besaß die unumschränkte strafrechtliche Gerichtsbarkeit (*iurisdictio criminalis, ius gladii*). Ihre Obrigkeit allein traf die unverzichtbare Pflicht zur strafrechtlichen „Rechtsgewährung" (*il dare giustizia*). Initiator beim organisatorischen, materiellen und wissenschaftlichen Ausbau einer besonderen Strafgerichtsbarkeit war im 14. Jahrhundert die forensische Praxis. Das Ziel war, das Strafrecht als autonomes Rechtsgebiet neben den Statuten und dem Ius commune zu verankern, um eine professionelle Anwendung durch Spezialisten zu erreichen. Die Isolierung strafrechtlicher Rechtssätze hatte im Prozessrecht begonnen. Einzelne Grundsätze und Techniken, die ungeordnet Regelungen zum Ablauf eines Strafprozesses von der Eröffnung bis zum Urteil enthielten, wurden in praktischen Anleitungen vereinheitlicht und systematisiert. Für das materielle Strafrecht mussten vage beschriebene, mit pauschalen Strafen bedrohte Unrechtshandlungen in einzelne Deliktstypen mit festen Tatbeständen (*crimina*) und Sanktionen umgewandelt werden. Der Vorwurf der strafrechtlichen Verantwortlichkeit wurde an das Vorliegen einer persönlichen Schuld (*dolus, culpa*) und die Angemessenheit der Strafe an die Person des Täters und die Schwere der konkreten Tat geknüpft (Proportionalität).

12   Einzelne Glossatoren und Kanonisten hatten sich noch unsystematisch und auf den Einzelfall bezogen mit strafrechtlichen Rechtsfra-

gen grundsätzlicher Art beschäftigt. Sie haben damit die Lösung des Strafrechts vom Ius civile und die Wissenschaftlichkeit vorbereitet. Die wichtigsten Quellengrundlagen waren zwei Bücher der Digesten (*libri terribiles*, 47, 48), das Buch 9 des Codex sowie das im Liber Extra kodifizierte kirchliche Strafrecht. Eine Erfassung des Kriminalrechts in einem geschlossenen System wurde im 14. Jahrhundert jedoch weder von den Legisten noch von den Kanonisten erreicht.

Das Ius criminale des 13. und 14. Jahrhunderts war noch keine geschlossene Strafrechtsordnung. Erst Gründe der Praktikabilität und Effektivität haben bewirkt, dass sich vor allem das alte, irrationale Strafverfahren allmählich und schrittweise zu einem der materiellen Wahrheitsfindung mit realen Beweismitteln dienenden rationalen Strafprozess entwickelt hat. Noch in der frühen Neuzeit konnte die gerichtliche Verfolgung einer Straftat entweder durch private Klage (*accusatio*) des Verletzten eingeleitet oder aufgrund eingegangener Anzeigen bzw. anonymer Denunziationen von Amts wegen (*ex officio*) eröffnet werden. Das Beweisverfahren wurde in der ersten Variante nach den Regeln eines dispositiven Parteiprozesses, im zweiten Fall auf der Basis des rationalen Offizialverfahrens durchgeführt. Nach der zivilprozessualen „Dispositionsmaxime" besaßen ausschließlich die beteiligten Parteien die Herrschaft über das Strafverfahren (Eid, *ne eat iudex ultra petita partium* – der Richter soll nicht über die Anträge der Parteien hinausgehen). Der Richter war Sitzungsleiter, der die Einhaltung der Verfahrensregeln überwachte. Im Gegensatz dazu gab ihm die „Offizialmaxime" neue, umfassend prozessgestaltende Befugnisse. Nach dem Vorbild des geistlichen Richters führte er von Amts wegen inquisitorisch die Ermittlungen durch, erhob die Anklage, erforschte die objektive Wahrheit mit rationalen Beweismitteln (Geständnis, Zeugen), fand und verkündete das Urteil.

In der Möglichkeit des Nebeneinander von zwei unterschiedlichen Prozessformen manifestierte sich die zeittypische Schwerfälligkeit der traditionellen Strafpraxis als Missstand. Die vollständige Zurückdrängung der Technik des Zivilprozesses und die allgemeine Anerkennung des durchgehend inquisitorischen Amtsverfahrens als ordentliche Strafverfahrensform war nur eine Frage der Zeit.

2. Strafrecht der Traktate

14   Strategien zur Konsolidierung einer autonomen Kriminalrechtswissenschaft waren in den italienischen Stadtkommunen im Zuge
der permanenten Revisionen von zwar wirklichkeitsnahen, aber unwissenschaftlichen und in der Regel kurzlebigen Statuten entwickelt
worden. Aus arbeitsökonomischen Gründen verstärkten sich seit der
zweiten Hälfte des 13. Jahrhunderts Tendenzen zur Verselbständigung des „Ius criminale" als eigene Rechtskategorie. Gleiche Ziele
verfolgten spanische und französische Juristen. Erst während des
14. Jahrhunderts hatten sich das Strafrecht und seine Doktrin so verfestigt, dass sie europaweit exportiert werden konnten. Im 15. Jahrhundert gerieten auch die Territorien des Heiligen Römischen Reichs
Deutscher Nation in den Einflussbereich der sich verbreitenden
Rechtslehren und Schriften des gelehrten Ius criminale. In der Praxis
entstand ein auf die forensische Verwertbarkeit konzentriertes sog.
„gemeines Strafrecht", das seit dem 16. Jahrhundert als Rechtsdisziplin wissenschaftlich bearbeitet und fortgebildet wurde.

In der deutschsprachigen Fachliteratur wird diese historische An-
fangsphase des Kriminalrechts sehr vereinfacht beschrieben. „Entscheidende Impulse für die Herausbildung einer Strafrechtswissenschaft (werden bereits) im 12. Jahrhundert" erkannt, das als „eines
der innovativsten Jahrhunderte in der abendländischen Rechtsgeschichte" identifiziert wird (Rüping/Jerouschek). Nicht genannt werden die konkreten impulsstiftenden Faktoren und Quellenzeugnisse,
aus welchen die wirkmächtigen Pauschalbemerkungen zur Genese einer Kriminalrechtswissenschaft abgeleitet werden.

15   Tatsächlich standen am Beginn der Epoche eines wissenschaftlich
geleiteten Strafrechts in Europa die grundlegenden Werke und Lehren von angesehenen, durch praktische, vorwiegend richterliche Erfahrungen qualifizierten italienischen Strafjuristen. Ihre Schriften
zählten seit Mitte des 13. Jahrhunderts zu der Literaturgattung der
„Traktate" (*tractatus*). Die Autoren wollten die wichtigsten Deliktsgruppen und Verfahrenstechniken lehrhaft darstellen und damit zur
Vereinheitlichung der Praxis und zur allgemeinen Rechtsicherheit
beitragen. Ihre Traktate sind frühe Zeugnisse der Anfänge einer komplexen und rationalen Strafrechtswissenschaft.

Einer der frühesten und bedeutendsten Traktatisten war der Richter **16**
Albertus Gandinus (Alberto da Gandino, 1245–nach 1310). Er hatte
die wohl erste strafrechtliche Abhandlung mit dem Titel „Tractatus
de maleficiis" (1286, 1491 im Druck) verfasst. Darin wurde im Stil
der Glossatoren in einem groben Raster ein eigenständiges System
des materiellen Strafrechts (Tötung, Diebstahl, Fälschungen) und
Strafprozessrechts (General-, Spezialinquisition) dargestellt. Die Wirkung der Schrift war außerordentlich. Nördlich der Alpen hatten sich
die Redaktoren der „Bambergischen Peinlichen Halsgerichtsordnung" von 1507 (*Bambergensis*) maßgeblich an dem Traktat orientiert.
In gleicher Weise verfuhren die Praktikerjuristen als Verfasser der zeitgenössischen populären Spiegel-Literatur (Klag-, Laienspiegel).

Auch der „Tractatus super maleficiis" (Mitte 14. Jh.) des Richters **17**
Bonifacius de Vitalinis (Bonifazio Vitalini, † 1389/90) aus Mantua
war für die Praxis bestimmt. Das Werk enthielt bereits einen nach
dem Vorbild der „libri terribiles" der Digesten gearbeiteten Deliktskatalog.

Der „Tractatus de maleficiis" (1437/38) des Richters und späteren
Dozenten (*eximius legum doctor*) in Ferrara und Bologna *Angelus
Aretinus* (eigentl. Angelo Gambiglioni aus Arezzo, genannt „Are-
tino", um 1400–1461) war ein gesuchtes Prozesshandbuch. Am Beispiel eines vom Autor erfundenen praktischen inquisitorischen Strafverfahrens wurden alle für den Richter wie den Anwalt prozessual
relevanten Frage- und Verteidigungsrechte beschrieben.

Für die Rechtsfragen (*quaestiones*) der täglichen Strafrechtspflege **18**
verfasst (*ad lecturam quotidianam criminalium*) war auch der „Tractatus de quaestionibus" von *Hippolitus de Marsilis* (Ippolito Marsili,
1450–1529). Er lehrte in Bologna seit 1509 das Fach „Criminalia".

Diese in der Praxis geschätzte Literatur ergänzte und vervollstän-
digte der Patrizier und Jurist *Aegidius Bossius* (Egidio Bossi, 1487/
88–1546) in Mailand mit dem Traktat „Practica et tractatus varii rerum criminalium" (1562, posth.). Von ihm stammt der sog. Zweifel-
satz des „in dubio pro reo", den er als fundamentales Prozessprinzip
mit Hinweisen auf justinianische Digestenstellen (z. B. D. 48.19.5)
eingehend begründete. Danach musste der Richter zugunsten des
Angeklagten entscheiden (*pro reo*), wenn nach abgeschlossener Beweiswürdigung immer noch Zweifel (*dubia*) an dessen Schuld fortbe-
standen. Von der Forschung wurde der Traktat zu Unrecht wenig beachtet und erst durch neue Arbeiten in seiner Bedeutung für die
gelehrte Strafrechtswissenschaft wieder entdeckt.

3. Vorwissenschaftliches Strafrecht

19   In den deutschsprachigen Territorien und Städten des Reichs basierte noch im 15. Jahrhundert das weltliche Strafrecht überwiegend auf Gewohnheitsrecht und Gerichtsgebrauch. Träger der zersplitterten Rechtspflege waren ungelehrte Praktiker. Als Richter und Rechtsbeistände hatten sie ihre berufliche Qualifikation durch langjährige Erfahrungen in der Rechtsprechung oder Rechtsberatung erlangt. Eine wissenschaftlich-kritische Beschäftigung mit dem empirisch erlernten Strafrecht fand nicht statt. Mangels vorhandener eigener Rechtsschulen mussten Kenntnisse im gelehrten Kriminalrecht an ausländischen Universitäten erworben werden. In den Genuss des Privilegs eines Studiums „in utroque iure" kamen in der Regel nur Begüterte oder Stipendiaten der Obrigkeiten.

Der Beginn eines Richtungswechsels kündigte sich in den „Maximilianeischen Halsgerichtsordnungen" an, die über eine Modernisierung des Strafverfahrens das gesamte Strafrecht zeitgemäß reformieren wollten. Die auf Kaiser *Maximilian I.* (1493–1519) als Landesherrn zurückgehende Tiroler Malefizordnung von 1499 und die Radolfzeller Halsgerichtsordnung von 1506 waren die ersten partikularen Strafgesetze. Sie wurden durch die Standardwerke italienischer, spanischer und französischer gelehrter Kriminaljuristen ergänzt, die als Drucke europaweit verbreitet waren.

Beide Faktoren verstärkten den Druck auf die vorwiegend an mittleren und niederen weltlichen Strafgerichten tätigen Rechtspraktiker, außeruniversitär Grundkenntnisse im geschriebenen römisch-kanonischen Strafrecht zu erwerben. Die Aneignung des gelehrten Fachwissens erfolgte über eine besondere populäre Rechtsliteratur und vorwiegend in Selbststudien. Die Autoren dieser in der Volkssprache verfassten Schriften hatten das Ius criminale der Glossatoren und Kommentatoren in didaktisch einfachen Erläuterungen dargestellt. Bevorzugte Gegenstände der Anleitungen waren vor allem Rechtsgeschäfte und Rechtsfiguren des Alltags sowie Prozesstechniken.

20   Diese für Praktikerjuristen bestimmten „Spiegel des Rechts" (Klag-, Laienspiegel) schöpften aus Standardwerken des gelehrten Zivil- und Strafrechts. Dazu zählten die im 13./14. Jahrhundert entstandenen Verbrechenslehren in den „Tractatus de maleficiis" und seit dem 15. Jahrhundert auch die hauptsächlich von Richtern und Advokaten herausgegebenen und kommentierten Entscheidungssammlungen

(*Decisiones, Consilia*). Diese Schriften beschrieben Methoden der Rechtsanwendung, Deliktstypen, Grundsätze der Strafzumessung und Prozessstrategien.

In den Reichsterritorien nördlich der Alpen fehlten noch bis zum 15. Jahrhundert die bildungsspezifischen Grundvoraussetzungen, unter denen das von Empirie beherrschte vorwissenschaftliche Strafrecht in ein theoretisch wie dogmatisch geschlossenes System hätte überführt werden können. Erst nachdem das durch die italienischen, spanischen und französischen Kriminalisten wissenschaftlich und pragmatisch bearbeitete Ius criminale eine breitere Aufnahme im Rechtsdenken und in der Praxis in Europa gefunden hatte, war auch in den deutschen Sprachräumen die Entwicklung des traditionellen Strafrechts zu einer von der Wissenschaft kontrollierten, autonomen Rechtsmaterie möglich geworden.

4. Richtungswechsel im Strafverfahren

Bei diesem vom Strafprozess ausgehenden Wandel wirkten methodische, dogmatische und ethische Grundprinzipien des kanonischen Strafrechts als bahnbrechende systemtypische Vorlagen. Aufnahme fand der „*ne bis in idem*-Grundsatz". Das Verbot der doppelten Strafverfolgung entzog den gesamten Tatkomplex einem erneuten Strafprozess. Berücksichtigt wurde auch das „*nemo tenetur*-Prinzip". Nach dieser Prozessmaxime war niemand verpflichtet, sich selbst zu beschuldigen oder gegen sich selbst in einem Verfahren auszusagen (*nemo tenetur se ipsum accusare vel prodere*). Im ebenfalls aus dem kirchlichen Strafrecht hervorgegangen Inquisitionsprozess wurde der Grundsatz allerdings zugunsten des Vorrangs der Wahrheitsermittlung durch die Erzwingung des Geständnisses des Beschuldigten bewusst außer Kraft gesetzt (Folter). Im heutigen Recht haben beide Maximen grundrechtsgleiche Geltung.

In gleicher Weise wurde nach Vorgaben des römisch-kanonischen Rechts die individuelle Verantwortlichkeit (*imputatio*) als unverzichtbare Voraussetzung der Vorwerfbarkeit strafbaren Handelns eingeführt. Das römische Recht hatte die (subjektive) Zurechenbarkeit in der Rechtsregel kodifiziert: „Bei Verbrechen ist auf den Willen, nicht auf den Erfolg zu achten" (*in maleficiis voluntas spectetur non exitus*, D. 48.8.14). Sie beinhaltete das Gegenteil zur Erfolgshaftung des alten Rechts, das die (objektive) Verantwortlichkeit des Täters für Un-

21

21a

rechtshandeln ausschließlich an die kausale Verursachung eines Schadens oder Erfolgs als Voraussetzung geknüpft hatte. Das erfolgsorientierte Rechtsdenken der Parömie „die Tat tötet den Mann" wurde von der Zurechnungslehre des Schuldstrafrechts der gelehrten Kriminalistik verdrängt. Deren Vertreter hatten aus antiken Quellen neue Rechtsfiguren abgeleitet und ihre Kriterien wissenschaftlich begründet. Dazu gehörten der haftungsbegründende „Vorsatz" als Bewusstsein der Rechtswidrigkeit (*dolus, animus delinquendi, intentio nocendi*) sowie die „Fahrlässigkeit" als ungewollte Sorgfaltspflichtverletzung (*culpa, diligentia-neglegentia*). Ihnen wurde der straflose „Zufall" (*casus*) gegenübergestellt. Mit diesen Schlüsselbegriffen war die Richtung zum Willensstrafrecht vorgegeben. Auch die verwirkte zweckfreie, absolute Vergeltungsstrafe (*poena vindicativa*) hatte mit ihrer moraltheologisch reflektierten Rechtfertigung ihren Ursprung im kirchlichen Gerechtigkeitsdenken.

22   Das alte, nach zivilprozessualen Grundsätzen öffentlich und mündlich durchgeführte Strafverfahren wurde grundlegend umgestaltet. Der aus dem kanonischen Recht hervorgegangene gelehrte Kriminalprozess war schriftlich und bis zur Urteilsverkündung geheim. Die Verfolgung einer Rechtsverletzung konnte entweder akkusatorisch, d. h. durch Privatklage des Verletzten (*querela*) bei Gericht beantragt oder nach Bekanntwerden eines Delikts vom Richter durch Aufnahme inquisitorischer Ermittlungen offiziell, d. h. von Amts wegen (*ex officio*) begonnen und der Täter angeklagt werden (*accusatio*). In der Praxis setzte sich das öffentlich-rechtliche Strafrechtssystem durch. Die Richtung wies die Maxime des kanonischen Rechts: „Es liegt im Interesse des gemeinen Nutzens, dass Verbrechen nicht ungestraft bleiben" (*publicae utilitatis interest, ut crimina non remaneant impunita*, Liber Extra 5.39.35).

22a   Im akkusatorischen Strafverfahren hatte das Gericht einen zwischen zwei gleichwertigen Parteien schwebenden, in der Regel pekuniären Rechtsstreit zu entscheiden. Der Prozess war eine Aktion von drei Personen (*actus trium personarum*). Aufgabe des Anklägers war es, für die behauptete Rechtsverletzung Beweise zu beschaffen, vorzulegen und deren Richtigkeit eventuell durch Eid zu bekräftigen. Dem als Täter Verdächtigten bzw. Angeklagten oblag es, die Anschuldigungen zu entkräften, Gegenbeweise vorzulegen, der Anklage gegebenenfalls durch einen sog. Reinigungseid (*iuramentum purgationis*) mit „Eideshelfern" (*compurgatores*) zu begegnen, die mit schworen und seinen guten Leumund beweisen sollten. War das Ge-

richt von beiden Vorträgen nicht überzeugt, ordnete es ein Gottesur-
teil (Ordal) zu Klärung der „Wahrheit" an. Der akkusatorische Strafprozess stand seinem Wesen nach unter der formalen „Herrschaft des
Eides" und irrationaler Beweismittel. Beide sollten nicht die objektive
Wahrheit, sondern nur die Schlüssigkeit des Vorbringens von Anklage bzw. Verteidigung erweisen.

Der Offizialprozess begann von Amts wegen mit dem Verhör des **22b**
Beschuldigten (*inquisitio, inquirere* – Untersuchung, ermitteln). Einziges Prozessziel war die Ermittlung der historischen, objektiven Tatsachenwahrheit (*veritas facti*). Sie oblag allein dem Richter, der Un-
tersuchender, Ankläger, Verteidiger und Urteilender in einer Person
war. Der Beschuldigte wurde zentrale Beweisquelle gegen sich selbst
(*testis contra se*), sein freiwilliges Geständnis (*confessio*) – neben den
Aussagen von Tatzeugen (*testes facti*) – wichtigstes Mittel der Erforschung der Wahrheit (*regina probationum*). Im Falle fortbestehender
Beweisnot konnte das Geständnis durch die Folter (*tortura*) erzwungen werden. Jeder Versuch, sich durch Schweigen der Selbstbelastung
zu entziehen, wurde geahndet. Der Richter war ein unparteiischer
Garant der Schuld und Unschuld des Beschuldigten. Er musste Be-
lastendes ebenso wie Entlastendes ermitteln und berücksichtigen.
Die unbeschränkte Aufklärungsbefugnis machte eine Strafverteidigung entbehrlich; ein Defensor hätte die Wahrheitserforschungen behindert und war deshalb ausdrücklich für die Dauer des gesamten
Verfahrens ausgeschlossen.

Der Richtungswechsel zum gelehrten, gemeinen Strafrecht wurde **22c**
hauptsächlich durch systematisch-wissenschaftliche Darstellungen
der Verbrechen und Strafen gesteuert, deren Verfasser international
angesehene Strafjuristen des 16. Jahrhunderts waren. Dazu zählten in
Italien Julius Clarus († 1575), Tiberius Decianus († 1582) oder Prosper Farinacius († 1618), in Spanien Alfonso de Castro († 1558) und
Diego Covarrubias († 1577). An sie knüpften im 17. und 18. Jahrhundert die Strafrechtslehren der sächsischen Professoren Benedict Carpzov († 1666) und Johann Samuel Friedrich Böhmer († 1772) an. Diese
beiden Juristen gelten neben der um die Wende zum 16. Jahrhundert
beginnenden partikularen und reichseinheitlichen Strafgesetzgebung
als Begründer des sog. gemeinen deutschen Strafrechts und seiner
Wissenschaft.

5. Reichsstrafrecht der Carolina

23   Mit der „Constitutio Criminalis Carolina" Kaiser *Karls V.* (1500–
1558) begann in den Territorien des Heiligen Römischen Reichs
Deutscher Nation eine neue Epoche der Strafrechtspflege. Das allgemein „Carolina" genannte Strafgesetz sollte eine grausame, willkürliche und landschaftlich zersplitterte partikulare Strafpraxis durch ein
reichseinheitliches, effizientes Recht ersetzen, das Frieden durch
Recht und Gerechtigkeit sicherte. Von der Geltung ausgenommen
waren die meisten faktisch vom Reich abgetrennten Teile von Italien
und Burgund.

Das 1532 am Reichstag in Regensburg in deutscher Sprache als
„Peinliche Gerichtsordnung" verkündete Gesetz war Teil einer gegen
Ende des 15. Jahrhunderts begonnenen Reichsreform. Es kam für
„peinliche", d. h. schwere, mit Gefängnis und Körperstrafen bedrohte
Delikte zur Anwendung. Leichtere Straftaten und Übertretungen
mussten im Zivilprozess als Schadensersatzklagen verfolgt werden.
Die Carolina war das exemplarische Ergebnis einer Strafrechtsreform, die das gesamte vorwissenschaftliche deutsche Strafrecht nach
dem Vorbild der dogmatischen Grundlehren und Prozesstechniken
des Ius criminale der spätmittelalterlichen italienischen, spanischen
und französischen gelehrten Kriminalisten umgestalten wollte.

24   Nach älteren Forschungen war bei diesen Arbeiten der fränkische
Adelige *Johann von Schwarzenberg* (1463/65–1528) federführend tätig. Nach neuen Untersuchungen ist dies historisch unzutreffend.
Schwarzenberg bekleidete zwar in Diensten des Fürstbistums Bam-
berg (vermutlich) das Amt eines Vorsitzenden des Hofgerichts und
war bei der Reform eine politisch wohl führende Kraft. Ein juristi-
sches Studium hatte er jedoch nachweislich nicht absolviert. Mangels
lateinischer Sprachkenntnisse konnte er deshalb die gelehrten Quellen, aus welchen er geschöpft haben sollte, in ihrem originalen Text
nicht gekannt haben. Aus gleichen Gründen scheidet er auch als Al-
lein- oder Mitautor bei der Redaktion der vom römisch-kanonischen
Prozessrecht beeinflussten „Bambergischen Halsgerichtsordnung"
(Constitutio Criminalis Bambergensis) von 1507 aus. Sie hatten die
Redaktoren der Carolina ausführlich als Quelle benutzt (*Bambergensis mater Carolinae*). Ausgehend von diesem Stand der Forschung
war die Carolina in ihrer Endfassung eine Gemeinschaftsarbeit von
Berufsjuristen als Spezialisten des Ius criminale. Sie hatten nachweis-

lich den Gesetzestext bereits für die Beratungen an den der Verkündung vorausgegangenen Reichstagen (1521–1530) fachjuristisch bearbeitet.

Dem Strafrecht der Carolina lag als Grundgedanke der säkular und utilitaristisch verstandene Sinn des Strafens „aus Liebe zur Gerechtigkeit und um des gemeinen Nutzens willen" zugrunde (Art. 104). Rechtspolitisch sollte das Gesetzbuch primär den praktisch wirkungslosen Strafprozess modernisieren. Das Verfahrensrecht wurde in 143 Artikeln geregelt, während sich das materielle Strafrecht mit 76 begnügte. Bei der Umgestaltung des Strafprozesses hatten die Redaktoren dem Abschnitt der Verfahrenseinleitung zwei (ältere) Maximen der gelehrten Doktrin zugrunde gelegt. Der Prozess konnte entweder auf der Grundlage einer Klage des Verletzten (*accusatio* – Art. 11–17) oder nach einer anonymen Denunziation bzw. einem Gerücht (*fama*) von Amts wegen durch beamtete Organe der Rechtspflege begonnen werden (*ex officio* – Art. 6–10). Die Carolina hatte den Akkusationsprozess als ordentliche Verfahrensform eingehend geregelt und den Offizialprozess nur als außerordentliche Klageform zugelassen. Allerdings musste auch ein akkusatorisch eröffnetes Verfahren nach inquisitorischen Regeln fortgeführt werden, wenn der Kläger dies beantragt hatte (Wahlrecht). Die Praxis bevorzugte schon wegen des rationalen Beweisrechts den ex-officio-Prozess; er wurde zum Regelverfahren.

Vorbild des Offizialverfahrens der Carolina war der geheime und schriftliche Inquisitionsprozess des kanonischen Rechts, wie er im 13. Jahrhundert als Ketzerprozess entstanden und durch die spätmittelalterlichen Kriminaljuristen zeitgemäß verändert worden war. Neben der „Bambergensis" hatten die Redaktoren die „Wormser Reformation" von 1498/99, eine umfangreiche, gelehrtes Strafrecht lehrbuchhaft berücksichtigende Kodifikation als weitere Quelle benutzt. Der Strafprozess des Wormser Stadtrechts war eine perfekte Kopie des inquisitorischen Verfahrens nach gelehrtem Ius criminale. Rechtsgrundsätze und Techniken waren exakt nach den Lehren bekannter italienischer Strafjuristen (Gandinus, Aretinus) kodifiziert, jedoch in Gesetzesform mehr für Lehrzwecke geeignet.

Nach der akkusatorisch beantragten bzw. ex officio Eröffnung des Verfahrens hatte der Richter zunächst in der sog. Generalinquisition festzustellen, ob überhaupt eine strafbare Tat vorlag. Vorbild dieses Prozessabschnitts war die gelehrte Rechtsfigur des „Corpus delicti". Im positiven Fall folgte darauf die sog. Spezialinquisition. Durch Verhör wurden der Tatbeitrag des individuell einer Straftat Verdächtigen, Beweise und Indizien ermittelt (Art. 6). Einziges Prozessziel war die Erforschung der objektiven Wahrheit des Tatgeschehens und die Feststellung der persönlichen Schuld des Täters.

Die Überführung des Inquisiten konnte durch freiwilliges, selbstbelastendes Geständnis oder zwei Tatzeugen erfolgen. Fehlten beide, sollte die Folter als Instrument der Wahrheitsfindung in Diensten der materiellen Gerechtigkeit angewendet werden. Die Carolina hatte die Förmlichkeiten der Wahrheitsermittlung an strenge Voraussetzungen (Indizien) nach den Vorgaben des gelehrten Kriminalrechts gebunden und dadurch zur Mäßigung der häufig regellos agierenden Praxis beigetragen.

27   Der Richter war im akkusatorischen wie im Offizialverfahren im Gegensatz zu seinem Vorgänger nicht mehr ausschließlich Sitzungsleiter, sondern selbst an der Ermittlung, Beweiswürdigung, Urteilsfindung und Strafzumessung unmittelbar beteiligt. Eine eigene Art rechtsstaatlicher Garantie stellte das Institut der sog. Aktenversendung dar. Nach dem Gesetz war der Richter befugt, bei kontroversen, schwierigen Rechtsfragen und fortbestehenden Zweifeln bezüglich Tat und Täter nach Abschluss der Spezialinquisition den Rat gelehrter Praktiker an Obergerichten (Schöffenstühlen) oder an juristischen Fakultäten tätiger Hochschullehrer einzuholen (Art. 219). Diese gesetzlich garantierte Mitwirkung von Experten des Ius criminale und Ius commune in einem laufenden Strafverfahren war eine wohlüberlegte Kontrollmaßnahme. Sie ermöglichte eine ständige Aktualisierung des geltenden Strafrechts nach Maßgabe der herrschenden Doktrin und sicherte die Einheitlichkeit der Rechtsprechung.

28   Im materiellen Strafrecht hatten die Gesetzgeber die Straftatbestände der wichtigsten Delikte (Mord, Totschlag, Diebstahl, Münzfälschung) unter Berücksichtigung des Bestimmtheitsgebots so konkret formuliert, dass die tatsächlichen Voraussetzungen der Strafbarkeit, die Sanktionen mit den einzelnen Strafdrohungen für potentielle Straftäter voraussehbar waren. Im „Allgemeinen Teil" wurden bei der vorsätzlichen, fahrlässigen und versuchten Tat gelehrte Rechtsgrundsätze und Theorien weitgehend kopiert. Vor allem in der Konstruktion der Strafbarkeit des Versuchs nach dem Vorbild des römischen „conatus" war den Redaktoren eine dogmatisch wie wissenschaftlich hochstehende Rechtsschöpfung gelungen (Art. 178). Sie blieb als Definition und mit den subtilen Differenzierungen nach der Tauglichkeit der eingesetzten Mittel einschließlich der unterschiedlichen Rechtsfolgen bis

in das 19. Jahrhundert herrschend. Trotz der im Wesentlichen beibehaltenen Härte der Sanktionen standen im Vordergrund jeder Bestrafung subjektiv die Feststellung der Schuld als Eigenverantwortung des Inquisiten und objektiv der Nutzen der Sanktion für den Staat und die Gesellschaft als leitende Zwecke.

Die Geltung der Carolina war durch die sog. „salvatorische Klausel" erheblich eingeschränkt. Das partikulare Landesstrafrecht besaß Vorrang vor dem subsidiären Reichsgesetz. Dessen ungeachtet hatte das Gesetzbuch maßgeblich zur Vereinheitlichung des zersplitterten peinlichen Rechts in den Territorien beigetragen.   29

Ein praxisfreundliches Gesetz war die Carolina nicht. Das theoretisch wie dogmatisch erheblich vom Ius criminale beeinflusste materielle wie Prozessrecht konnte eigentlich nur von Fachjuristen angewendet werden, die über gelehrte Rechtskenntnisse verfügten. Diese besaß jedoch vorwiegend das an den oberen und höchsten weltlichen Gerichten tätige Gerichtspersonal. Die Mehrzahl der Richter, Vögte, Laienbeisitzer (Schöffen) und Anwälte an den mittleren und unteren Strafgerichten war fachlich ausschließlich durch Empirie ausgewiesen. Diese Praktikerjuristen hatte die Strafrechtsreform wohl nicht in vollem Umfang erreicht.

Die von der Rechtspolitik verordnete einheitliche Geltung der Carolina konnte in den deutschsprachigen Reichsterritorien auch durch vereinzelt publizierte Grundsatzkommentierungen zum Gesetz nicht erreicht werden. Schriften dieser Art wurden von Richtern oder Rechtskonsulenten verfasst und bestanden vorwiegend aus einfachen Worterklärungen der Gesetzestexte. Diese anspruchslosen Werke waren keine „Kommentare". Ein im 19. Jahrhundert angesehener Tübinger Strafrechtslehrer nannte diese literarischen Erzeugnisse „Arbeiten von geistigen Pygmäen, die beinahe ungenießbar sind" (Carl G. v. Wächter, † 1880). Der wissenschaftlich gründlichste Kommentar wurde erst im 18. Jahrhundert geschrieben; er stammt vom Rechtsprofessor Johann Samuel Friedrich Böhmer († 1772).   30

6. Gemeine deutsche Strafrechtswissenschaft

Die wissenschaftliche Phase des deutschen Strafrechts begann im 16. Jahrhundert mit der emanzipatorisch fortschreitenden Distanz zu den Rechtslehren der italienischen, spanischen und französischen Kriminalwissenschaft. Das folgende 17. Jahrhundert brachte eine ent-   31

scheidende Wende. Der dreißigjährige Religionskrieg hatte effektivere Maßnahmen zur Bekämpfung der außer Kontrolle geratenen
Kriminalität erzwungen. Die Kriminalpolitik in den Territorien reagierte darauf mit der Rückkehr zur theokratischen Rechtsauffassung
und rigorosen Strafpraxis. Die zaghaften reformerisch-säkularen Ansätze der humanistisch orientierten Strafjuristen wurden rückgängig
gemacht. An ihre Stelle trat erneut das radikale Vergeltungsdenken.
Alleiniger Zweck des Strafrechts war, den Verbrecher mit Gott zu
versöhnen, göttlichen Zorn vom Täter und vom Volk abzuwenden,
die beide durch das Verbrechen eine Blutschuld auf sich geladen hatten. Gleichzeitig versuchten die mit der Gesetzgebung befassten Juristen, das streng religiös begründete deutsche Strafrecht mit theoretischen wie dogmatischen Anleihen beim gelehrten Ius criminale zu
legitimieren und als gemeines Strafrecht auf der gleichen Wissen-
schaftsebene mit dem römisch-kanonischen Kriminalrecht zu etablie-
ren.

31a   Diesen Verwissenschaftlichungsprozess hatte *Benedict Carpzov*
(1595–1666), Beisitzer des Leipziger Schöffenstuhls (Spruchkolle-
gium), Rat am Appellationsgericht in Dresden und Professor in Leipzig, entscheidend gefördert. Er war der Hauptvertreter der theologisch motivierten Vergeltungs- und Entsühnungslehre. Das Werk
„Practica nova Imperialis Saxonica rerum criminalium" (1635) behandelte den gesamten Wissensstand zum partikulären Strafrecht mit Bezügen zu Doktrin, Dogmatik und Literatur des Ius criminale. Das
Buch war im Stil barock und methodisch wie analytisch der missglückte Versuch einer deutschen Parallele zum „mos italicus". Es bestand aus einer Ansammlung unsystematisch angehäufter, ungeordne-
ter, riesiger Stoffmassen und kontroverser Lehrmeinungen. Das Ziel,
sächsisches Partikularrecht mit römisch-kanonischem Recht wissenschaftlich zu verschmelzen und für die Praxis aufzubereiten, hat der
„Practica nova" internationale Bedeutung und ihrem Verfasser das
Ansehen eines Begründers der gemeinen deutschen Strafrechtswissenschaft und frühen Wegbereiters des Usus modernus verschafft.
Gelegentlich preist die neuere Literatur das Buch als „eines der erfolgreichsten Werke deutscher Juristen der Frühen Neuzeit in ganz
Europa" (M. Schmoeckel).
    Tatsächlich war Carpzov als Kriminalist und Vertreter der theokra-
tischen Gerechtigkeitstheorie nach den Kriegswirren eine über Sachsen hinausgehend geschätzte Autorität. Auch hatte sein Wirken das
17. und 18. Jahrhundert, die Epoche der Gründung und Hochblüte

des gemeinen deutschen Strafrechts, geprägt. Viele seiner Beobachtungen zu den Voraussetzungen von Strafwürdigkeit und Strafbarkeit, zur Lehre vom typisierten Vorsatz (*dolus indirectus*), zur Typologie der Delikte oder zu den Zwecken der Strafe wirken in den sog. Allgemeinen Lehren des geltenden Strafrechts nach. Ob für den Autor und sein Hauptwerk globalisierende Überhöhungen gerechtfertigt sind, sollten eingehende Forschungen erweisen. Ein „Protoaufklärer" (G. Jerouschek), zu dem der Anhänger eines orthodoxen Protestantismus auch erklärt wird, und ein Vorreiter des Usus modernus war er nicht.

Zu den wenigen Kriminalisten im Schatten der Epoche prägenden **32** Persönlichkeit von Benedict Carpzov zählt die Forschung *Petrus Theodoricus* (1580–1640), Professor in Jena und Beisitzer des dortigen Schöffenstuhls. Das „Criminale Collegium" (1618) gilt als sein Hauptwerk. Es enthielt eine Sammlung von elf Protokollen, deren Gegenstand ein juristischer Disput zu bestimmten Rechtsfragen war, den ein Professor mit seinen Studenten pflegte. Die Anleihen beim gelehrten Kriminalrecht waren überwiegend plagiierende Exzerpte, z. B. von Gandinus, Decianus oder Farinacius. Die Schrift und ihr Autor werden in ihrer Bedeutung von der Forschung wenig beachtet. In welchem Umfang sein Wirken als Beitrag zum Humanismus und seiner Methode zu bewerten sind (so Jerouschek/Rüping, U. Ebert), wäre durch Untersuchungen zu klären.

Einer der ersten wissenschaftlich arbeitenden deutschen Strafjuris **32a** ten nach Benedict Carpzov war *Johann Samuel Friedrich Böhmer* (1704–1772), Professor in Halle und Frankfurt/Oder. Er gilt als der bedeutendste Theoretiker und Dogmatiker des gemeinen Strafrechts und war Autor des ersten systematischen Strafrechtslehrbuchs „Elementa iurisprudentiae criminalis" (1733), das Standardliteratur der Vorlesungen wurde. Sein Hauptwerk war der Kommentar zur Carolina „Meditationes in Constitutionem Criminalem Carolinam" (1770). Die Arbeit stand bereits unter dem Einfluss der Aufklärungsphilosophie und war eine überzeugende Werbung für eine zeitgemäße Reformierung des geltenden Strafrechts (z. B. Vorsatz-, Teilnahme- und Irrtumslehren).

Die Ära des überwiegend auf Gesetzen gegründeten, sog. gesetzes- **32b** positivistischen deutschen Strafrechts endete mit dem Vordringen der Naturrechtslehren und der Aufklärung. Die deutsche Strafrechtswissenschaft beschritt eigene Wege. Ihr Interesse galt den territorialen Strafrechtskodifikationen und der Grundlegung eines theoretisch wie dogmatisch modernisierten Strafrechts, das philosophisch von der Spätaufklärung und politisch vom aufgekommenen Liberalismus beeinflusst war. Den Übergang des Altständestaats zur frühmodernen Industriegesellschaft begleiteten neue Probleme der Kriminalität, auf die der Staat mit gesetzgeberischen Maßnahmen reagieren musste. Der Stern des universellen Ius criminale italienischer, französischer und spanischer Prägung hatte seine einstige theoretische Strahlkraft und dogmatische Dominanz verloren. Mit dem Ende des Heiligen Römischen Reichs (1806) begann die neue Epoche der partikularen Strafgesetze und des Reichsstrafrechts.

III. Gelehrtes Zivilprozessrecht

1. Prozesshilfen

33   Die Prozessrechtswissenschaft als eigenständiger Zweig der mittelalterlichen Jurisprudenz verdankt ihre Entstehung der Wissenschaft des Ius commune. Erste zusammenhängende Darstellungen des Zivilverfahrensrechts, dessen Regeln im justinianischen Corpus iuris und in den kirchlichen Rechtssammlungen ungeordnet enthalten waren, begegnen im Laufe des 12./13. Jahrhunderts. Das Prozessrecht wurde in Gesamtübersichten zum Verfahrensablauf erfasst. Diese grob gegliederten Arbeiten folgten im Aufbau den prozessrechtlichen Titeln des Corpus iuris (Titelordo). In diesen Strukturen sollten die Rechtsmaterien Studierenden nähergebracht werden und zugleich den Anforderungen der Praxis genügen. Zusätzliche Formelbücher (*formulae*) enthielten vereinfachte Beschreibungen prozessualer Prinzipien und praktische Antworten auf theoretische oder dogmatische Rechtsfragen (*quaestiones*). Diese Schriften sollten vor allem den bei Gericht tätigen Praktikerjuristen als Prozesshilfen zur Verfügung stehen. Sie waren eine eigene Literaturgattung, wurden „Ordo iudicii" oder „Ordines iudiciorum" genannt und stellten römische Prozessrechtssätze in ihrer Verflechtung mit dem Dekretalenrecht dar. Anlass für das wachsende Interesse der Praxis an diesen Werken war auch die intensive Befassung der territorialen Justizpraxis mit partikularen und lokalen Gerichtsgebräuchen.

2. Protagonisten

Einer der frühesten Kommentatoren, die sich mit geordneten Ge-   **34**
samtdarstellungen des legistisch-kanonistischen Prozessrechts als
Teilgebiet des Ius civile beschäftigten, war in Bologna der Zivilrechtsprofessor *Johannes Bassianus* (Giovanni Bassiano, † 1197), Schüler
des Glossators Bulgarus und Lehrer von Azo. Sein zwischen 1167/
81 verfasster „Libellus de ordine iudiciorum" enthielt Prozessgrundsätze, die dem Corpus iuris und dem Dekretalenrecht entstammten.
In dem literarischen Prototyp des „ordo iudiciarius" waren alle prozessrechtlichen Normen und Techniken erfasst und erklärt. Die Ordines beschrieben die Klage von ihrer schriftlichen Erhebung (*libellus*) bis zum Ende des Verfahrens in allen juristisch bedeutsamen
Einzelheiten (*exceptiones* – Einreden, Beweisregeln).

Nach Bassianus arbeitete der Kanonist *Tancredus* (Tancredi, 1185–   **35**
1234/35) in Bologna auf dem neuen Rechtsgebiet. Er war Schüler von
Azo und Dekretist (*magister decretorum*). Der um 1214/16 erschienene „Ordo iudiciarius" war ein Spitzenwerk des gelehrten Zivilpro-
zessrechts (K. W. Nörr). Der Erfolg des Autors reichte weit über die
Schule von Bologna hinaus (Frankreich) und fand an der römischen
Kurie große Beachtung.

Guilelmus Durantis (Guillaume Durant[d], um 1230/35–1296) aus   **36**
der Provence führte nach Tancredus die mittelalterliche Prozessrechtswissenschaft zu einer weiteren Hochblüte. Nach dem Studium
des kanonischen Rechts in Lyon erwarb er in Bologna den Doktor-
grad (1255), lehrte in Modena, Bologna und setzte seine Karriere als
Prozessualist, Richter und Diplomat an der römischen Kurie fort
(1262). Mit dem 1276 in Rom begonnenen, wiederholt umgearbei-
teten, ergänzten und 1289/91 beendeten Hauptwerk „Speculum
iudiciale" stellte er das gelehrte Prozessrecht auf der Basis der bisher
bekannten Lehre und Literatur in allen Einzelheiten dar. Die internationale Beachtung seines „Prozessspiegels" trug ihm die Ehrenbezeichnung „Speculator" ein.

Die Forschung beurteilt das Werk, das als Handbuch des zivilrechtlichen und kirchlichen Prozesses in über 50 Auflagen verbreitet
war, und die Leistungen des Autors für die europäische Prozess-
rechtskultur sehr positiv. Sie übersieht dabei aber auch nicht die
Schwächen der monumentalen Arbeit. Das Speculum war eine riesige
Materialsammlung, deren Texte kompilierend zivilistischen und ka-

nonistischen Schriften entnommen waren, ohne dass Durantis stets auch zuverlässig die Namen der Verfasser als Bezugsquellen kenntlich gemacht hätte. Eine deutliche Neigung des Autor zur „Subjektivität und Eitelkeit" habe zwar nicht verhindert, dass sich das Speculum höchste Autorität erwerben konnte, erwies sich allerdings für die weitere Entwicklung des Prozessrechts insgesamt als „stagnierend" (K. W. Nörr).

IV. Gelehrtes Recht und Privatrecht

37   Für Glossatoren und Kommentatoren war das Corpus iuris stets Ausgangspunkt, Orientierung und authentische Grundlage ihrer Interpretationen durch Glossen, Kommentare oder in Konsilien. Die auf diesen Wegen gewonnenen theoretischen und dogmatischen Erkenntnisse wurden wissenschaftlich vom Ius commune verwaltet. Dies belegen beispielhaft Querschnitte durch zwei Säulen der Privatrechtsordnung: Eigentum und Vertrag. Die pluralen Erscheinungsformen und inhaltlichen Ausgestaltungen dieser Rechtsinstitute spiegeln das gesellschafts- und wirtschaftspolitische Grundverständnis des feudalen frühkapitalistischen Ständestaates in Europa wider.

1. Eigentumslehren

38   Die Jurisprudenz des Ius commune wurde durch die Ökonomie einer grundherrschaftlich verfassten Feudalgesellschaft zu einer realitätsnahen Bestimmung der Rechtsfigur „Eigentum" (*dominium, proprietas*) veranlasst. Die Juristen fanden im justinianischen Recht die historischen Vorgaben. Bereits die Glossatoren Placentinus und Pilius hatten nach römischen Vorbildern die Wesenselemente des Eigentums erarbeitet. Für sie war das „dominium" ein abstraktes, grundsätzlich unteilbares, unbegrenztes Herrschaftsrecht über einen Gegenstand oder eine Sache. Nach Ansicht des Kommentators Cinus sollte das Grundeigentum den Luftraum über und den Erdraum unter der Liegenschaftsfläche erfassen (*usque ad sidera, usque ad inferos*, im Anschluss an D. 8.2.1). Der Rechtsinhaber besaß die uneingeschränkte Verfügungs- und Nutzungsgewalt. Mit einer ersten Öffnung dieses starren Eigentumsbegriffs hatte Bartolus begonnen. Der Satz „Eigentum ist das Recht an einer körperlichen Sache, über sie

umfassend zu verfügen, soweit das Gesetz es nicht verbietet", charakterisierte die Rechtsfigur als zwar vollkommenes, jedoch nicht mehr schrankenloses Sachherrschaftsrecht (*dominium est ius in re corporali perfecte disponendi, nisi lege prohibeatur*, n. 4 zu D. 41.2.17).

Die gelehrten Juristen dachten nicht in absoluten Rechtspositionen, **39** sondern im Rahmen der Realitäten einer feudalen Gesellschaft, in der sie lebten. Sie verstanden primär die tatsächlichen Befugnisse zur Nutzung von Sachen (Mobilien, Immobilien) als Eigentumsrechte. Die Wirklichkeit des Handels- und Wirtschaftsverkehrs innerhalb einer ständischen Ordnung erforderte rechtlich garantierte Möglichkeiten einer Nutzung und Fruchtziehung (*usus et fructus*) durch den mit dem Recht Beliehenen (modern „Pächter"). Wer Besitz an der Sache hatte und ihn tatsächlich sichtbar ausübte, wurde auch öffentlich als der Rechtsinhaber betrachtet und galt als der rechtszuständige Gläubiger. In diesem System hatte das unbeschränkte römische „dominium" keine Funktionen. Es war für eine Gesellschaft bestimmt, in deren Mittelpunkt das Individuum, seine Freiheit und Personalität standen.

Dieses lebensnahe Verständnis vom Eigentum veranlasste die Doktrin zu Differenzierungen. Die Rechtsbeziehungen zwischen dem Lehensherrn und dem das Gut nutzenden Lehensmann bedurften eingehender Regelungen. Bei ihrer Konkretisierung entwickelten die Juristen die Rechtsfigur des in zwei Unterformen zergliederten „doppelten" oder „geteilten Eigentums" (*dominium duplex, divisum*). Ihr Kennzeichen waren zwei selbständige Eigentumsrechte an ein und demselben Gegenstand.

Demnach besaß der Rechtsinhaber als Lehens- und Grundherr das **41** „Obereigentum" (*dominium directum*) mit der isolierten Befugnis (*ius disponendi*), über das Gut (*nuda proprietas*) zu verfügen. Das Recht zur Nutzung und Fruchtziehung hatte dagegen der Vasall und Bauer (*feudatarius*) als „Untereigentum" (*dominium utile*). Für beide Eigentumsteile war der Rechtsschutz der Herausgabe- (*rei vindicatio*) und der Freiheitsklage (*actio negatoria*) vorgesehen. Erst allmählich setzten sich die Vererblichkeit des Untereigentums sowie das Recht zu seiner Weiterveräußerung durch.

Neuere Forschungen erklärten die Lehre vom geteilten Eigentum **42** als das Ergebnis eines Missverständnisses. Danach hatten die mittelalterlichen Juristen die Begriffe der römischen Quellen extensiv interpretiert. Nach dem klassischen römischen Recht durften Erbpächter und Erbbauberechtigte bei Entzug ihres Eigentumsteils „analog" der klassischen Vindikation auf Herausgabe klagen (*rei vindicatio utilis*). Allein aus dieser Befugnis leiteten Glossatoren und Kommentatoren die Existenz eines besonderen (Nutzungs-) Eigentums (*dominium utile*) ab und sicherten dieses Recht durch eine selbständige Klage. Diese überdehnte Deutung der klassischen römischen Texte ging auf Pilius zurück, der erstmals sachlich wie argumentativ unzutreffend das „Lehen" (*feudum*) inhaltlich an das „Eigentum" (*dominum*) angeglichen hatte.

43   Die Rechtsfigur des geteilten oder doppelten Eigentums wurde von der privatrechtlichen Lehre, Praxis und Gesetzgebung in Kontinentaleuropa in unterschiedlichen Konfigurationen rezipiert und war bis zur Französischen Revolution in der Rechtslehre geltendes Sachenrecht. Bereits im 18. Jahrhundert hatten die Juristen des Usus modernus mit Modifizierungen begonnen. Sie wurden vom Bayerischen Zivilkodex von 1756, vom Preußischen Allgemeinen Landrecht von 1794 und vom Österreichischen Allgemeinen Bürgerlichen Gesetzbuch von 1811 übernommen und zu einer eigenständigen Dogmatik umgearbeitet.

44   Im 19. Jahrhundert definierte die deutsche Zivilrechtslehre das Nutzungseigentum als (beschränktes dingliches) Recht des Berechtigten „an" einer fremden Sache. Erst die naturrechtlichen und neueren Kodifikationen (z. B. der französische Code civil von 1804 oder das Deutsche Bürgerliche Gesetzbuch von 1900) kehrten positivrechtlich wieder zum Eigentumsindividualismus des klassischen römischen Rechts zurück. Die Aufhebung der Lehensverhältnisse, die Befreiung des Bodens von Grundlasten (Schollenpflichtigkeit) und das beginnende liberalistische Wirtschaftsdenken hatten die Realbedingungen für das Rechtsinstitut vom doppelten Eigentum endgültig gegenstandslos werden lassen.

2. Vertragslehren

45   Neben den Eigentumslehren hatten Glossatoren und Kommentatoren auch an einer zeitgemäßen Anpassung des Vertragsrechts des Corpus iuris gearbeitet. Bei der Einordnung der einschlägigen Bestimmungen in das Lehrsystem des Ius commune mussten sie gewandelte Vorstellungen von den Funktionen des Vertrags (*contractus, pactum, obligatio*) berücksichtigen, die zum Teil bereits im klassischen römischen Recht vorgesehen waren. Die justinianischen Kom-

pilatoren hatten sich im Wesentlichen auf die Weiterentwicklung des Vorgefundenen beschränkt. Dabei gelang es ihnen allerdings nicht, für den Vertrag eine theoretisch wie dogmatisch geschlossene Rechtslehre zu entwickeln. Sie beschränkten sich auf eine Präzisierung von Grundvoraussetzungen für die Gültigkeit vertraglich eingegangener Verpflichtungen.

Dabei erklärten sie zwar die Willensübereinstimmung der Parteien **46** (*consensus*) zum unverzichtbaren Bestandteil des „contractus", forderten aber noch weitere Elemente (*vestimenta* – eigtl. Gewänder), um der Vereinbarung Klagbarkeit zu verleihen. Zusätze dieser Art waren die Sachhingabe (*res* – Realkontrakt), die Schriftlichkeit (*littera* – Litteralkontrakt) oder (rituelle) Worte (*verba* – Verbalkontrakt). Fehlte eines dieser „Vestimente", war das „pactum" ein bloßes, „nacktes" Versprechen (*pactum nudum*), deshalb als „Nichtkontrakt" weder bindend noch klagbar (*ex pacto nudo actio non oritur*).

Die an besondere Förmlichkeiten gebundenen Vertragstypen **47** (*pacta vestita*) genügten im Rechtsalltag weder den Anforderungen des Rechtsverkehrs noch garantierten sie die Rechtssicherheit. Die neue Qualität individueller Rechtsbeziehungen in einer von der Natural- zur Geldwirtschaft gewandelten Sozialordnung, in der Kapital, Rente, Kredit und Handel dominierten, drängte zu einer Lockerung der Formstrenge. Die überfällige Abschaffung des Typenzwangs gelang der Kanonistik.

Richtungweisend wurde eine Dekretale von Papst Gregor IX. im **48** Liber Extra (1.35.1). Mit dem Aufruf, den Frieden zu wahren und über die Einhaltung vertraglicher Vereinbarungen zu wachen (*pax servetur – pacta custodiantur*), wurde gesetzlich der Bruch eines formlos abgegebenen Versprechens (*promissio*) als sittlich-moralisch verwerflich (*mendacium*) verurteilt. Die gegenteilige Auffassung der Legisten vom „pactum nudum", das vor Gericht keine bindenden Wirkungen hatte, widersprach der „kanonischen Billigkeit" (*aequitas canonica*). Sie wurde als Korrektiv gegenüber dem strengen Recht (*strictum ius*) herangezogen. Fortan genügte zur Begründung einer rechtlich wirksamen Verpflichtung (*obligatio*) allein der formlos geäußerte Wille (*consensus*), sich vertraglich zu binden.

Damit war das Fundament einer auf einfachem Konsens beruhen- **49** den allgemeinen Vertragslehre geschaffen. Grundsätzlich sollte jedes formlos erklärte Versprechen, jeder nicht typengebundene Vertrag erzwingbar sein und bei Nichteinhaltung zur Klage berechtigen (*ex* *pacto nudo oritur obligatio et actio*). Diese Rechtsfolge kam einprägsam in dem Prinzip des „pacta sunt servanda" zum Ausdruck. Diese inzwischen zu einem Gemeinplatz verkommene Grundsäule jeder modernen Rechtsordnung hatten Juristen ursprünglich aus einer Textstelle der Digesten entwickelt, die auf den Sachverhalt zuzutreffen schien (D. 2.14.7.7). Allerdings wurde dort lediglich der römische Richter (Prätor) in seinem Edikt mit der Ankündigung zitiert, während der Amtszeit Klagen (*actiones*) aus wirksam abgeschlossenen Verträgen schützen zu wollen (*pacta conventa – servabo*).

50 Widerstände gegen diese Vertragslehren haben vor allem im 16. Jahrhundert die französischen Humanisten-Legisten geleistet. Erst dem Niederländer Hugo Grotius gelang mit der pflichtenbegründenden Lehre vom Versprechen eine davon ausgehende geschlossene naturrechtliche Vertragslehre (*De iure belli ac pacis*, II 11, 1625). Die endgültige Beseitigung der Unterschiede zwischen dem klagbaren „contractus" und dem unverbindlichen „pactum" haben im 17. Jahrhundert die Juristen des Usus modernus vorgenommen.

51 Die Verankerung der Formfreiheit und Vertragstreue als allgemeine Prinzipien des Zivilrechts ergänzte die „Lehre vom gerechten Preis" (*iustum pretium*), der für jedes Kaufgut entrichtet werden musste. Die Theorie war von den Glossatoren und Kommentatoren aus einer Textstelle des justinianischen Codex (4.44.2) abgeleitet und von der Kanonistik im Sinne der christlichen Gerechtigkeitslehren der Wirtschaftsethik (*iustitia commercii*) allgemein durchgesetzt worden.

52 Die gelehrten Juristen haben das Verhältnis zwischen Leistung und Gegenleistung nach den Grundsätzen der inhaltlich objektiven, „äquivalenten" Gerechtigkeit beurteilt. Dieses Gebot wurde verletzt, wenn der vereinbarte und empfangene Kaufpreis geringer als die Hälfte des wahren Wertes der Kaufsache war. In diesem Falle lag eine „enorme Schädigung" (*laesio enormis*) vor. Als „Verkürzung über die Hälfte" (*ultra dimidium veri pretii*) berechtigte sie den Betroffenen zur Klage auf Vertragsauflösung. Dem konnte jedoch der Käufer begegnen, wenn er den bis zur Höhe des gerechten Preises fehlenden Differenzbetrag nachzahlte. Auf diesem Wege war die materielle Gerechtigkeit zwischen Preis und Leistung wieder hergestellt.

53 Diese ursprünglich nur für den Kauf geltenden Grundsätze hat die Doktrin bei allen Austauschverträgen (z. B. Miete, Dienst-, Werkverträge – *locatio conductio rei et operae*) angewendet. Die Rechtsfigur des moraltheologisch begründeten Verbots der Übervorteilung stieß auf die Kritik und Ablehnung durch die Naturrechtslehre. In Frank-

reich wurde es durch die Revolutionsgesetzgebung aufgehoben. Erst auf besondere Intervention des Ersten Konsuls Napoleon fand der Rechtsbehelf in abgemilderter Form wieder Aufnahme in den Code civil von 1804 (art. 1674 ff.). In ähnlicher Fassung hatte auch das Österreichische Allgemeine Bürgerliche Gesetzbuch von 1811 die „laesio enormis" übernommen (§§ 934 f.). Die Redaktoren des Deutschen Bürgerlichen Gesetzbuchs von 1900 haben bewusst auf ihre Aufnahme verzichtet. Sie bewerteten die vergleichbaren Sachverhalte als treuwidrige Verstöße gegen die guten Sitten und subsumierten sie unter Verbotsvorschriften (§ 138 – sittenwidrig, § 242 – gegen Treu und Glauben).

V. Gelehrtes Recht in nordalpinen Territorien

1. Rechtspraktiker und Berufsjuristen

Für die Verbreitung des römisch-kanonischen Rechts sorgten in **54** Europa nördlich der Alpen hauptsächlich professionelle Juristen. Sie hatten ihre fachliche Qualifikation „in utroque iure" an Universitäten erworben. Das akademische Tätigkeitsprofil unterschied den gelehrten Juristen vom Rechtspraktiker, der vom 14. bis zum 16. Jahrhundert vorwiegend an den unteren und mittleren weltlichen Gerichten oder in der Verwaltung wirkte. Die Richter, Beisitzer (Schöffen), Anwälte an Einzel- oder Kollegialgerichten, das Beurkundungs- oder Verwaltungspersonal auf den verschiedensten Ebenen der Administration waren überwiegend rechtskundige Laien. Sie hatten die Eignung für Funktionen in der Rechtspflege durch langjährige Erfahrung und Sozialprestige im Gemeinwesen erworben. Die Juristen an den geistlichen Gerichten oder in administrativen Führungspositionen an kirchlichen Behörden und Institutionen waren dagegen schon seit Mitte des 13. Jahrhunderts im römisch-kanonischen Recht schulmäßig-akademisch gebildete Fachleute.

Nach der Gründung des Reichskammergerichts (1495) wurde im **55** Zuge der Gerichtsreform nördlich der Alpen der Typus des rechtskundigen Laien an den weltlichen Gerichten zunehmend durch den universitär gebildeten Fachjuristen verdrängt. Der nach einem international anerkannten Rechtsstudium erfahrene, in der Regel graduierte Rechtsexperte (*iurisperitus*) war gegenüber dem ungelehrten

Empiriker besser auf die künftig differenzierteren Aufgaben in der Rechtsprechung, Verwaltung und Rechtsberatung vorbereitet. Dank seiner Ausbildung war er befähigt, als professioneller Jurist Kontakt zur wissenschaftlichen Diskussion des Ius commune zu halten. Auf diese Weise war sichergestellt, dass theoriegestützte Rechtsfortentwicklungen zeitnah und unmittelbar in der Gerichtspraxis zur Wirkung kamen. Akademisierung und fachliche Qualifikation „in utroque iure" eröffneten den Berufsjuristen neue Tätigkeitsfelder. Dieser Personenkreis bildete eine elitäre, relativ homogene soziologische Gruppe, die sich selbstbewusst durch eine international einheitliche Universitätsausbildung legitimierte. Die alten persönlichen Karriereempfehlungen durch gleiche geburtsständische Zugehörigkeit, wie Adel, Stadtpatriziat oder wirtschaftlich potentes Großbürgertum, hatten an Bedeutung verloren.

56   Den Professionalisierungsprozess hatte die Einheitsrechtsordnung des „utrumque ius" ermöglich. Nur das Ius commune bot grenzüberschreitend das erforderliche dogmatische wie theoretische Instrumentarium für fachspezifisches Arbeiten. Der anfangs vor allem in der kirchlichen Gerichts- und Verwaltungspraxis dominierende Klerikerjurist wurde im 15. und 16. Jahrhundert durch den Typus des weltlichen Berufsjuristen ersetzt. Reichsfürsten und Reichsstädte hatten die administrativ-politischen Vorzüge einer wissenschaftlichen juristischen Fachausbildung ihres Personals erkannt. Für die überwiegend profanen Aufgaben und Tätigkeitsfelder benötigten sie nicht mehr einen juristisch graduierten Kleriker. Sie beriefen den weltlichen Fachjuristen als Richter, Syndikus, Advokaten oder gelehrten Rat an ihre Höfe, Behörden und Gerichte. Diese weltlichen Berufsjuristen hatten mit rationalem Kalkül im gesamten öffentlichen Leben gleichsam die Macht ergriffen (F. Wieacker).

57   Die Forschung erklärt diesen Wandel im Berufsbild und Tätigkeitsprofil des gelehrten Juristen als Konsequenz einer zunehmend sich vollziehenden „Verbürgerlichung" der bis dahin von der Kanonistik dominierten Jurisprudenz, die damit zu einem wichtigen säkularen Element bei der Entstehung des Gesetzgebungsstaates wurde (D. Willoweit). Der Einzug weltlicher Juristen in die Spitzenpositionen von Verwaltung und Rechtsprechung hatte an den kaiserlichen und landesfürstlichen Höfen der deutschen Territorien während der Regierungszeit von Kaiser *Sigismund von Luxemburg* (1410–1437) begonnen. Unter Kaiser *Friedrich III.* (1440–1493) erreichte die Zahl der Legisten Spitzenwerte. Angesichts dessen spricht die Forschung von einer „legistischen Juridifizierung des Hofes". Das Ius canonicum hatte im 15. Jahrhundert seine vormalige Vorrangstellung im Rechtsunterricht an den deutschen Universitäten verloren. Im 16. Jahrhundert wurde das Ius civile der Legisten im Studium Hauptfach.

Neuere Untersuchungen haben im Kontext kritischer Untersu- 58 chungen zur Rezeption des römisch-kanonischen Rechts auf den bisher von der Forschung vernachlässigten Anteil der Praktikerjuristen ohne akademische rechtliche Vorbildung an der Verbreitung gelehrter Rechtskenntnisse und Techniken aufmerksam gemacht (P. Wittmann). Dieses vorwiegend an den unteren weltlichen Gerichten tätige Personal hatte seine fachjuristische Kompetenz außerhalb der Universitäten durch Studien einer populärwissenschaftlichen Rechtsliteratur erworben. Die „ungelehrten" Rechtspraktiker haben neben den „gelehrten" Berufsjuristen wesentlich zum grenzüberschreitenden Transfer vor allem des römisch-italienischen Prozessrechts beigetragen.

2. Universitäten

In den nordalpinen Ländern des Reichs fehlten bis Mitte des 59 14. Jahrhunderts akademische Ausbildungsstätten für die Fachausbildung der Berufsjuristen. Die Rechtsstudenten drängten an die Universitäten in Italien (Padua, Bologna, Neapel, Siena, Perugia), in Frankreich (Montpellier, Toulouse, Orléans, Avignon) oder in Spanien (Salamanca, Barcelona, Lerida, Zaragoza). Die dortigen Hohen Schulen waren Zentren der europäischen universitären Bildungslandschaft.

Der Süden (Italien, Spanien, Portugal) und Westen des Kontinents 60 (Frankreich, England) verfügte seit dem 13. Jahrhundert über ein ständig wachsendes Netz von Universitäten. Im Heiligen Römischen Reich Deutscher Nation und im Osten bedurfte es besonderer Impulse von Seiten der Herrscher oder der städtischen Magistrate, die erst seit der zweiten Hälfte des 14. Jahrhunderts zur Errichtung der ersten Hohen Schulen führten. Die 1348 im Zentrum Europas gegründete Universität Prag wurde zu einem Wegbereiter und häufig kopierten Modell der Akademisierung des Rechtsstudiums nördlich der Alpen. Kaiser *Karl IV.* (1347–1378) hatte sie für das Königreich Böhmen errichtet und damit das Signal zur Gründung weiterer bedeutsamer Universitäten gegeben (1364 Krakau, 1365 Wien).

Nur wenige Jahre nach Prag entstanden in den deutschen Territorien Universitäten: 1386 Heidelberg, 1388 Köln, 1392 Erfurt, 1402 Würzburg, 1409 Leipzig, 1419 Rostock, 1456 Greifswald, 1457 Freiburg i. Br., 1472 Ingolstadt, 1477 Tübingen. In einer weiteren Gründungswelle folgten Hohe Schulen in der Schweiz (1460 Basel) und in Skandinavien (1477 Kopenhagen, 1479 Uppsala).

Neu errichtete Universitäten hatten regelmäßig eine Verstärkung des Zustroms von Studierwilligen zur Folge, die sich am Studienort in Korporationen zusammenschlossen (*collegia, nationes*). Zusätzlich wurde die Qualität des Rechtsstudiums durch die Berufung ausländischer, international angesehener Gelehrter attraktiv und aufgewertet. Allgemein nahm der Bedarf an professionellen Juristen in der Praxis zu und steigerte deren Sozialprestige. Für die Gründungswelle nördlich der Alpen und die dadurch provozierte „Studierwut" der Jugend gibt die Forschung unterschiedliche Erklärungen.

61   Nach neuen Erkenntnissen wird die Errichtung der Hohen Schulen mit dem Abendländischen Schisma in Verbindung gebracht, das zu einer temporären Spaltung der lateinischen Kirche geführt hatte (1378–1417). Einige Historiker wollen mit diesem Ereignis sogar die deutsche Universitätsgeschichte beginnen lassen (P. Moraw). Unmittelbare Folge der Glaubensspaltung seien ein doppeltes Papsttum in Rom und Avignon mit zwei Kurien („Obödienzen") und voll ausgebauten Administrationen gewesen. Der dadurch entstandene enorme Bedarf an juristischem Fachpersonal musste auch durch zusätzliche Universitäten nördlich der Alpen gedeckt werden.

Die Hohen Schulen hatten diese bildungspolitischen Aufträge erfüllt. Die „universitas scholarum" als Kristallisationsort bei den großen Wanderungsbewegungen von Dozenten und Studenten, als intellektuelle Lehrstätte der Diskussion, Kritik und juristischen Argumentation wurde bei der grenzübersteigenden Initiierung und Verstärkung der Doktrin des römisch-kanonischen Rechts auf das traditionelle Rechtsdenken in Europa zum dynamischen, wirkmächtigen Element.

3. Eidgenössische Sonderwege

62   In der Schweizer Eidgenossenschaft erzwangen besondere politische Konstellationen Sonderwege in der Rechtsentwicklung. Für die Historiographie bilden die Jahre um 1500 Epochengrenzen, die eine

mittelalterliche von der frühneuzeitlichen Entwicklungsphase trennten. Spuren des römisch-kanonischen Rechts finden sich in der alten Eidgenossenschaft bereits seit dem 13. Jahrhundert. Wie im Reichsgebiet waren auch Schweizer Studenten an einem Rechtsstudium an den oberitalienischen Fakultäten sehr interessiert. Ein an ausländischen Universitäten erworbener akademischer Grad eröffnete Juristen sichere Aussichten auf eine berufliche Karriere in der Heimat, sei es in herausgehobenen Positionen in Justiz, Verwaltung, Rechtsberatung oder in diplomatischen Diensten. Auch die Rechtsprechung gelehrter Richter an den geistlichen Gerichten der Bistümer Konstanz, Basel und Chur hatte zur Verbreitung vor allem des gelehrten Prozessrechts beigetragen. In die gleiche Richtung wirkten das Tätigwerden von Notaren nach dem Vorbild der oberitalienischen „Ars notariae" oder die kautelarjuristisch veranlasste Aufnahme gelehrter Klauseln (Renuntiationen) in die Geschäftsurkunden. Ob diese Faktoren bereits die Rezeption in der Eidgenossenschaft wirklich entscheidend vorangebracht hatten, wird von der neueren Forschung allerdings zurückhaltend und kritisch beurteilt (P. Caroni).

Eine Unterbrechung dieses mittelalterlichen Rezeptionsprozesses **63** bewirkte der sog. Schwabenkrieg/Schweizerkrieg von 1499. Nach dem Frieden von Basel, der den Konflikt beendet hatte, war die Eidgenossenschaft faktisch vom Reichsverband gelöst und konnte ihre politische Selbständigkeit behaupten. Jedoch erschwerten Wirtschafts- und Absatzkrisen den Gang der Rechtsentwicklung auf Sonderwegen, die beschritten werden mussten. Die städtischen Zentren des Export- und Fernhandels in Europa verloren ihre einstige Bedeutung als Garanten des ökonomischen Wohlstands und sozialen Friedens. Die Eidgenossenschaft begann, sich in ein überwiegend durch bäuerliche Strukturen geprägtes Agrarland zu verwandeln. Für eine Rechtspflege unter diesen Bedingungen durch gelehrte professionelle Juristen war kein wirklicher Bedarf. Für die Erledigung der einfachen Rechtsgeschäfte einer Agrarwirtschaft genügten rechtserfahrene Praktiker. Deren Rechtsprechung und Rechtsanwendung kennzeichnete ein Pragmatismus, der sich positiv in einer flexiblen, situativen Anpassung des Rechts an die neuen Anforderungen des Rechtsverkehrs äußerte.

Die Forschung hat die Folgen des frühneuzeitlichen Phasenwech- **64** sels im Ablauf der Rezeption unterschiedlich bewertet. Teile des Schrifttums diagnostizieren weiterhin einen Niedergang der Rechtskultur als Produkt einer Vulgarisierung der Praxis (C. Schott). Überzeugender, da wirklichkeitsnäher ist die neuere Ansicht, die im Übergang der mittelalterlichen zur frühneuzeitlichen Rechtsentwicklung eine rückläufige Bewegung oder Stagnation erkennt (P. Caroni). Diese Phase endete mit dem Ancien Régime zu Beginn des 19. Jahrhunderts.

Schrifttum: *K. P. Nanz*, Die Entstehung des allgemeinen Vertragsbegriffs im 16. bis 18. Jahrhundert (1985); *G. Dolezalek*, Klerikerjuristen als Räte der Landesherren im späten Mittelalter, in: Göttingische gelehrte Anzeigen 237 (1985), 58 ff.; *Chr. Becker*, Die Lehre von der laesio enormis (1993); *R. H. Helmholz* (Hg.), The privilege against self-incrimination (1997); *O. Condorelli, F. Roumy, M. Schmoeckel* u. a. (Hg.), Der Einfluss des kanonischen Rechts auf die europäische Rechtskultur, 5 Bde. (2009–2016); *K. W. Nörr*, Romanisch-kanonisches Prozessrecht (2012); *P. Wittmann*, Rechtspraktiker in deutschsprachiger Praktikerliteratur des 16. Jahrhunderts (2015); *P. Caroni*, Privatrecht im 19. Jahrhundert. Eine Spurensuche (2015), 69 ff.; *H. Schlosser*, Lo sviluppo storico di diritto penale in Germania nel suo percorso verso la scientificità (sec. XIV–XVIII), in: RIDC 26 (2015), 37 ff.; *E. Dezza*, Geschichte des Strafprozessrechts in der Frühen Neuzeit (2017).

6. Kapitel. Juristischer Humanismus in Europa

I. Licht des Humanismus

1. Studia humanitatis

Die Zeit vom 15. bis zum 17. Jahrhundert war die klassische Epoche des Humanismus. Sie leitete den Übergang des Mittelalters zur Neuzeit ein. Ihr Kennzeichen war eine intellektuelle „Renaissance" (*Rinascimento*) oder „Wiedergeburt" der Kultur und Bildung der Antike. Die davon ausgehenden Impulse und Kräfte sollten den Menschen zu einem eigenverantwortlich und selbstbestimmt seiner Vernunft folgenden Individuum erziehen. Die Ideen dieser von Italien ausgehenden, ursprünglich philosophischen Gelehrtenbewegung haben Europa bildungs- und kulturgeschichtlich maßgeblich geprägt. Humanistisches Denken hatte auch die zeitgenössische Jurisprudenz beeinflusst und sie für die Aufnahme des Natur- und rationalen Vernunftrechts vorbereitet. In Frankreich waren es von humanistischen Werten überzeugte Juristen, die erfolgreich gegen eine selbstgenügsam auf die Texte des justinianischen Corpus iuris konzentrierte und in den Methoden gefangene Rechtswissenschaft protestiert hatten.

Die 1463 gegründete Universität Bourges (Zentralfrankreich) wurde geistiges Zentrum des juristischen Humanismus und die juristische Fakultät Vorkämpferin der Bewegung. Ihre gelehrten Mitglieder traten für eine theoretisch wie inhaltlich veränderte, von den Fesseln der Tradition, von der Doktrin kirchlicher Autoritäten, ihrer Moral und Dogmen befreite Jurisprudenz ein. Sie besaßen hohes internationales Ansehen und übernahmen in Europa die geistige Führung.

Markenzeichen der Protestbewegung wurden die „studia humanitatis" (*humaniora*). Mit diesem auf Cicero (106–43 v. Chr.) zurückgehenden, von den Humanisten bewusst rezipierten Begriff wurde ein Bildungsprozess typisiert, in dem der Mensch nach Grundsätzen der „Menschlichkeit" (*humanitas*) zu einer mündigen, autonomen Persönlichkeit geformt wurde. Diese besondere Art einer umfassenden Geistesbildung manifestierte sich in der engen Anlehnung an die kulturellen Werte und Ideale der Antike. Der neue Mensch sollte durch das Studium der Grammatik, Rhetorik und Philosophie der Artes liberales sowie der Quellen der Sprachwissenschaft und Philologie veredelt werden. Bildung durch Wissenschaft lautete das Programm.

2. Kritik am Bartolismus

3   Die Angriffe des juristischen Humanismus richteten sich gegen den traditionellen, an den europäischen Rechtsschulen und Universitäten praktizierten Lehr- und Forschungsstil des „mos italicus iura docendi et discendi". Der Unterricht bestand im Wesentlichen aus einer scholastisch-dialektischen Exegese des Wortsinnes von Rechtssätzen des autoritären Corpus iuris. Gelehrt wurde nach dem an der Universität Bologna entwickelten Studienprogramm, das die Akademien europaweit als Modell kopiert hatten. Den Lehrplan charakterisierte scholastischer Konservativismus, stoffliche Ungeordnetheit und Beliebigkeit der Lehrinhalte, das Erlernen von juristischen Spitzfindigkeiten ohne reale Bezüge zur Praxis.

4   Der inzwischen aus seiner Zeit gefallene, typisch italienische schulscholastische Weg wurde nach seiner Herkunft auch „bartolistisch", die tiefenprägende Richtung „Bartolismus" (bartolismo) genannt. Damit sollte an Bartolus de Sassoferrato als geistigen Urheber dieser Studien- und Wissenschaftsrichtung erinnert werden. Sich selbst verstanden die Reformjuristen als „Gebildete" (culti). Ihre Schule bekämpfte den „mos italicus" und propagierte als Ersatz eine progressive, „mos gallicus iura docendi et discendi" genannte Studienreform. Eine neue Didaktik und Methode sollte mit dem Rechtsstudium gleichzeitig die Jurisprudenz als Ganzes erneuern.

Die Kritik der Protestjuristen galt den Glossatoren und Kommentatoren. Ihnen wurde vorgeworfen, ihre Forschungen auf das Erarbeiten subtiler Argumentationsfiguren und auf weitschweifige Begründungen zur Schlüssigkeit ihrer Erkenntnisse zu beschränken. Arbeiten dieser Art hätten den Prozess der Ablösung des Rechtstudiums und seiner Wissenschaft von den geschichtlichen Grundlagen und philosophischen Grundfragen beschleunigt. Im Gegensatz dazu wollte der „mos gallicus" der Lehre und Forschung die Wege zu einem freieren Umgang mit den Rechtstexten ebnen und dabei mit Hilfe der Philologie die Erscheinungsformen und Strukturen des römischen Rechts auf den verschiedenen historischen Entwicklungsstufen darstellen. Die von verfälschenden und sinnfreien Anbauten befreiten Quellen sollten um außerjuristische, literarische Texte ergänzt und aus ihrer Geschichte mit den Methoden der Philosophie interpretiert werden.

3. Juristenschelte

Juristen waren schon im 13. und 14. Jahrhundert bevorzugte 5 Adressaten kränkender Invektiven. Als Urheber der Anfeindungen traten vorwiegend prominente italienische Literaten und Sprachwissenschaftler in Erscheinung. Dante Alighieri mokierte sich über die Arroganz der Juristen, die dem Recht den Charakter einer Philosophie beimaßen. Francesco Petrarca, bekannt als „Vater des Humanismus", beanstandete am juristischen Studium und Denken das Fehlen jeden Interesses für die geschichtliche Dimension als Wesenselement des Rechts.

Erschöpften sich die frühen Kritiken vorwiegend in pauschalen 6 Schmähungen, standen im 15. Jahrhundert primär konkrete Missstände in der Justiz am Pranger. In Frankreich verhöhnten die Humanisten ihre an den italienischen Universitäten tätigen Kollegen wegen ihrer intellektuellen Einfalt als ignorante Esel (*asini ignorantes*). Den Dozenten warfen sie geistige Rückständigkeit, fachliche Unzulänglichkeit und Unkenntnis der griechischen Sprache vor. Sie beanstandeten das Unvermögen der Bartolisten, die Eleganz der lateinischen Sprache zu erkennen und sich ihrer literarisch zu bedienen. Das nichtklassische Latein der justinianischen Kompilation bedeutete den humanistisch bewegten französischen Juristen nicht mehr als ein historisches Denkmal. Sie erkannten in dem Festhalten der Glossatoren und Kommentatoren an versteinerten Grundsätzen und rückständigen Methoden der Scholastik die Hauptursachen einer typisch bartolistisch intellektuellen Beschränktheit. Anders als diese sahen sie in dem Corpus iuris das Produkt einer aus klassischen und nachklassischen Perioden bestehenden Geschichte der Rechts, die verstärkt historisierend in einzelnen Teilabschnitten philosophisch und philologisch erklärt und kommentiert werden sollte.

Im Zuge dieser Revision wurden Ergänzungen der römischen 7 Rechtstexte entfernt. Diese sog. Interpolationen (*interpolare* – verbessern, verfälschen) waren bereits von der justinianischen Gesetzgebungskommission und später von Glossatoren und Kommentatoren angebracht worden. Dadurch wurde der klassische Wortsinn verändert. Erst nach einer Bereinigung sollte der antike Text mit anderen klassischen, nichtjuristischen literarischen Zeugnissen verglichen und in seiner originären Fassung wiederhergestellt werden. Auch die griechischen Novellen wollten die Humanisten als gebildete Gräzisten wieder berücksichtigen. Sie erhofften sich davon eine innovative, zeitgemäße Verbindung von Geschichte, Rationalität und Aktualität.

4. Textkritische Forschungen

8   Die Mehrzahl der Bartolisten ließ diese Postulate unbeachtet. In Italien waren nur wenige Traditionalisten an den neuen Methoden der Textkritik und an einer historisch-philologischen Interpretation des Corpus iuris als geltendes Recht interessiert. Sie dokumentierten die neu gewonnenen Erkenntnisse in kritischen Analysen. *Ludovico Bolognini* (1465–1508), humanistisch gebildeter Rechtsprofessor in Bologna, war als einer der Ersten mit der (nicht neuen) Idee an die Öffentlichkeit gegangen, dass nicht die „littera Bononiensis" als Vulgata, sondern die „littera Florentina" den Originaltext der Digesten enthielt und als „editio princeps" publiziert werden sollte. Die Aufforderung war eine Provokation der traditionellen Jurisprudenz und ein Angriff auf die Autorität der einem Heiligtum gleichgeachteten Digestenvulgata. Von der Wissenschaft und Praxis wurde sie Jahrhunderte lang unkritisch als maßgeblicher Digestentext verwendet. Deshalb hatten die Bartolisten gegenüber dem nach der humanistischen Methode textkritischen Editionsprojekt zunächst Vorbehalte. Erst später (1553) fanden die von italienischen Humanisten herausgegebenen kritischen Ausgaben der „littera Florentina" international große Beachtung.

9   Außerhalb von Italien vertrat die These vom Originaltext der Florentina der spanische Jurist, Theologe, Historiker und Humanist *Antonio Agustín y Albanell* (1516–1586). Der Katalane hatte entsprechende Vorarbeiten des bedeutenden Humanisten und Philologen *Antonio de Nebrija* (1441–1522) in Salamanca fortgeführt. Er gilt als einer der großen humanistischen Entdecker in der Geschichte der Geschichtswissenschaft, dessen Arbeiten europaweit Beachtung fanden (P. Landau).

Auch deutsche Historiker und Juristen verfolgten die Digesteneditionen aufmerksam. Davon beeinflusst veröffentlichte *Gregor Haloander* (Meltzer, 1501–1531), Privatgelehrter in Zwickau, nach Studien in Italien 1529 die erste historisch-kritische Ausgabe der Digesten auf der Grundlage der Florentina. Ihr ließ er 1530 eine Ausgabe des Codex und 1531 eine weitere der Novellen folgen. Diese in Nürnberg erschienene Edition des Corpus iuris (ohne Glosse und mit noch unvollständigen Novellen) unterschied sich deutlich von den traditionellen Texten.

Die erste vollständige Ausgabe des Corpus iuris mit einem Verzeichnis von Parallelstellen besorgte 1583 der – zeitweise auch in Heidelberg lehrende – französische Rechtsprofessor *Dionysius Gothofredus* (Denis Godefroy, 1549–1622). Sein Sohn *Jacobus Gothofredus* (Jacques Godefroy, 1587–1652) ergänzte das 1665 (posth.) erschienene Werk mit einem Kommentar des spätantiken Codex Theodosianus. 10

5. Humanismus und Cartesianismus

Das kritische und zugleich richtungweisende Programm der humanistischen Jurisprudenz stimmte weitgehend mit Grundgedanken der Philosophie von *René Descartes* (Cartesius, 1596–1650), französischer Mathematiker, Physiker und Metaphysiker, überein, der das Denken zum Prinzip erhoben hatte (*cogito, ergo sum* – ich denke, also bin ich). Seine als „Cartesianismus" bezeichnete erkenntnistheoretische Lehre hatte seit der Mitte des 17. Jahrhunderts mit den Methoden der erstarrten Spätscholastik gebrochen und sich gegen den massiven Widerstand der herrschenden aristotelischen Philosophie von Thomas von Aquino durchgesetzt. Die Mathematik wurde zum Fundament der Wissenschaft und methodisches Vorbild des rationalen Denkens (*mathesis universalis*). Juristische Erkenntnisse sollten durch Ableitungen (Deduktionen) aus allgemeinen Grundsätzen (Axiomen) und durch Zurückführung komplexer, schwierigster Sätze (*les plus composées*) auf wenige einfachere (*les plus simples*) gewonnen werden können. 11

Der Cartesianismus hatte zusammen mit der humanistischen rationalen Rechtskritik der zeitgenössischen Jurisprudenz die Erkenntnis vermittelt, dass zweifelsfreie Gewissheiten über das geltende Recht nicht mehr ausschließlich dem Corpus iuris und der gelehrten Doktrin zu entnehmen waren. Descartes, der „Verteidiger der Vernunft", hatte den Blick der Rechtswissenschaft auf die enge Verbindung der Rechtserfahrung mit der Vernunft gelenkt. Damit traten auch bei 12

den Juristen die realen Lenkungs- und Ordnungsfunktionen des
Rechts stärker in den Vordergrund. Diese rationalistische Grundaus-
richtung des juristischen Humanismus schuf die Basis, von der ausgehend das Naturrecht Fuß fassen und sich entwickeln konnte.

6. Führungselite

13   Die Geschichtsschreibung hatte bereits im 16. Jahrhundert die Verbreitung des Humanismus in Europa personell mit einer berühmten
„Trias" international führender Gelehrter in Verbindung gebracht.
Für Italien stand an der Spitze des Dreigestirns *Andreas Alciatus* (Al-
ciato, 1492–1550), nach dem Studium des Zivil- und kanonischen
Rechts in Ferrara Schüler des Kommentators Jason de Mayno in Pavia. Seine Karriere als überragender Vertreter des juristischen Humanismus machte er jedoch in Frankreich an der neugegründeten Universität Bourges. Die juristische Fakultät wurde durch ihn zur
humanistisch führenden akademischen Reforminstitution in Europa.
    Alciat wurde Wortführer der humanistisch-juristischen Wissen-
schaftsrichtung. Er war als Wissenschaftler wie als akademischer Lehrer sehr erfolgreich. Durch den berühmten „padre della giurisprudenza culta" erhielt die neue humanistische Unterrichtsmethode des
„mos gallicus iura docendi" ihre maßgeblichen Lehrinhalte und die
Vorlesung standardisierte Formen. Sie wurden zum Vorbild des
Rechtsstudiums an den europäischen Reformfakultäten. In der akademischen Lehre kamen Alciat seine forensischen Erfahrungen als erfolgreicher Anwalt zugute. Einprägsam demonstrierte er vor Studenten die Verbindung von neuer juristischer Technik und streng
fallbezogener Argumentation mit der Philologie und Geschichte.
Seine Lehrmethode zog Hörer in Massen an, unter ihnen auch Johannes Calvin († 1564), der später das Studium des Rechts gegen religiöse Reformen tauschte.

14   Französisches Mitglied der Trias war der Philologe, Gräzist und
Enzyklopädist *Guillaume Budé* (Budaeus, 1467/68–1540). Er gilt als
Begründer der humanistischen Studien an der Universität Bourges
und hatte in Paris sowie Orléans auch Rechtswissenschaft und Humaniora (*litterae humanitatis*) studiert. Seine „Adnotationes ad Pandectas" (1508) waren jedoch keine wirklich juristischen Arbeiten,
sondern erläuternde Anmerkungen eines antiquarisch arbeitenden
Philologen. Insoweit ist ihre Bedeutung für eine Umgestaltung der

Rechtslehren und Rechtsinstitute im Sinne des Humanismus gering. In seiner Kritik am Corpus iuris blieb Budaeus oberflächlich.

Durch den in Konstanz geborenen *Ulrich Zasius* (Ueli Zäsi, 1461– **15** 1535), den deutschen Angehörigen des Dreigestirns, erhielt der juristische Humanismus in den deutschsprachigen Ländern betont pragmatische Züge. Der Humanist war vor seiner Berufung zum Rechtsprofessor an die Universität Freiburg i. Br. erfahrener Notar am geistlichen Gericht, Gerichts-, Stadtschreiber und gesuchter Gutachter. Bedeutsam war sein legislativer Einfluss auf die Reformation des Freiburger Stadtrechts von 1520. Als Dozent versuchte er eine Erneuerung des traditionellen Rechtsstudiums, befreit vom Autoritätskult der Glosse und von der Flut der Rechtskontroversen in der Literatur der Glossatoren und Kommentatoren. Sein fachliches Ansehen begründeten weniger seine Schriften als seine Lehrtätigkeit, ferner seine Schüler und die engen und intensiven wissenschaftlichen Kontakte mit der Elite der Humanisten in Europa. Zu ihnen zählten Erasmus von Rotterdam († 1536), die Professoren Claudius Cantiuncula (Claude Chansonette, † 1549) und der Zasius-Schüler Bonifacius Amerbach († 1562) an der Universität Basel, einem Zentrum des zeitgenössischen Humanismus.

II. Humanismus in Frankreich

1. Mos gallicus und droit coutumier

Italienische Philosophen hatten die Ideen des Humanismus in Eu- **16** ropa bekannt gemacht. Gelehrte französische Juristen haben das Grundsatzprogramm für die Rechtswissenschaft übernommen, im 16. Jahrhundert in einer eindrucksvollen akademischen Protestbewegung perfektioniert und an den Hohen Schulen in Europa zur Geltung gebracht. Ihre abwehrende Haltung gegenüber dem nicht mehr zeitgemäßen römischen Recht und seinen Repräsentanten in Wissenschaft und Praxis war in Frankreich nicht außergewöhnlich. Das französische Königtum hatte stets politische Vorbehalte gegenüber dem Universalismus des Heiligen Römischen Reichs. Das Recht der Kaiser wurde als Kopie des Absolutismus der spätrömischen Imperatoren gedeutet, dessen verfassungsrechtliche Grundlagen im justinianischen Codex kodifiziert waren. Die französischen Juristen begegneten dem mit Misstrauen. Sie sahen im Ius commune das juristische Symbol und den Ausdruck eines grenzüberschreitenden Machtanspruchs des Reichs, das sie ablehnten.

17   Aus dieser Haltung kann jedoch nicht geschlossen werden, dass die französischen Humanisten-Juristen letztlich das System des Ius commune ersatzlos beseitigen wollten. Die „Culti" waren gebildet und erfahren genug, um die tatsächlichen Vorzüge eines wissenschaftlich begründeten Rechts im praktischen Rechtsleben zu erkennen. Sie verstanden das römisch-kanonische Recht als „geschriebene Vernunft" (*raison écrite, ratio scripta*) und zeichneten seit dem späten 13. Jahrhundert die unübersichtlich gewordenen Rechtsgewohnheiten (*coutumes*) auf. In diesen Sammlungen blieb das hochentwickelte gelehrte Gemeinrecht unverzichtbares Teilelement des festgestellten nationalen Gewohnheitsrechts (*droit coutumier*). Das Fernziel war eine Zusammenführung des vorwiegend an den südfranzösischen Universitäten gelehrten römisch-kanonischen Rechts als „droit écrit" mit den nordfranzösischen Rechtsgewohnheiten des „droit coutumier". Beide sollten die Grundlagen eines einheitlichen und praktikablen Systems des nationalen „droit français" bilden.

2. Protagonisten des droit commun français

18   Die französischen Humanisten begannen im 16. Jahrhundert die Verwirklichung dieses Zieles mit einer inhaltlichen Systematisierung der Rechtsgewohnheiten. Die Doktrin wollte aus den gesammelten Coutumes allgemeine Rechtsgrundsätze und Institute ableiten. Ein eigenes „droit coutumier" sollte die wissenschaftliche Steuerung übernehmen und das römische „droit écrit" durch ein nationales „droit commun français" ersetzen. Den Schlussstein in diesem Reformwerk setzte Anfang des 19. Jahrhunderts Napoleon mit den nationalen Kodifikationen der „cinq codes".

19   Zu den ersten mit der Verwirklichung dieser Reformen befassten Humanisten gehörte der königliche Ratgeber und Praktikerjurist *François Connan* (Connanus, 1508–1551) in Paris. Er stammte aus dem Kreis der Hörer, die bei Alciat nach der neuen Unterrichtsmethode die Rechte studiert hatten. Bekannt wurde er mit der Theorie vom Vertrag als Synallagma, bei dem sich gleichwertige Leistungen gegenüberstehen, ferner durch die Entdeckung des Begriffs der verpflichtenden Willenserklärung. Große Wirkung hatten seine „Com-

mentaria juris civilis" (1553, posth.), die Connan als systematische Kommentierungen des gesamten geltenden Rechts nach humanistischer Methode verfasst hatte.

Unter den französischen Rechtsprofessoren in Bourges war **20** *Jacques Cujas* (Cujacius, 1522–1590) der überragende Wissenschaftler. In den Vorlesungen stand nicht die Rekonstruktion der klassischen römischen Rechtstexte im Mittelpunkt seiner kritisch-historischen Exegesen. Vielmehr ging es ihm um die Ermittlung des rechtspolitischen und dogmatischen Grundverständnisses, mit dem die justinianischen Redaktoren Rechtslehren und Rechtssätze ausgewählt und in das Corpus iuris aufgenommen hatten. Seine Schriften richteten sich gegen den betont praxisorientierten Arbeitsstil der italienischen Kommentatoren und förderten entscheidend die Verbreitung der humanistischen Jurisprudenz in Europa.

In der wissenschaftstheoretischen Nachfolge von Cujas standen die **21** Arbeiten seines Schülers *Antoine Loisel* (1536–1617), Generalprocureur und Parlement-Advokat in Paris. Sie hatten großen Einfluss auf die Generalisierung und Systematisierung des „droit coutumier". Bei Fehlen einer Regelung nach dem Ius commune sollte französisches Gewohnheitsrecht die Lücke schließen und sich auch in dieser Funktion als „droit commun français" autonom neben dem römischen Recht behaupten.

Die Neugestaltung der Unterrichtsformen und die Weiterentwick- **22** lung des humanistischen Studienprogramms hat *François le Duaren* (Duarenus, 1509–1559), Schüler und Nachfolger von Alciat, maßgeblich beeinflusst. In einem viel beachteten Brief zur Reform der akademischen Lehre „De ratione docendi" (1544) hatte er gefordert, den Lehrbetrieb nach romanistischen Vorlagen zu systematisieren, Rechtsgrundsätze und Lehrmeinungen nach einem festen, übersichtlichen Plan aus den Quellen abzuleiten und ohne umfängliche, umständliche Vergleiche mit Parallelstellen klar zu erklären. Daneben wurde er durch eine Schuldrechtslehre bekannt, die er im „Commentarius de pactis" (1544), einem umfangreichen Kommentar zum römischen Vertragsrecht entwickelt hatte.

Der Humanist *Hugues Doneau* (Donellus, 1527–1591), Schüler **23** von Duaren, wurde nach seiner Flucht als Calvinist (Bartholomäusnacht 1572) vom pfälzischen Kurfürst Friedrich III. auf den Codex-Lehrstuhl in Heidelberg berufen, lehrte später an der holländischen Universität Leiden und zuletzt in Altdorf bei Nürnberg. Sein humanistischer Arbeits- und Darstellungsstil prägte das Hauptwerk

„Commentarii de iure civili (1589). Typisch war die Modifizierung der exegetischen Arbeiten zum justinianischen Recht durch eine konsequente Orientierung und Betonung der Systematik als Wesenselement der Dogmatik.

24   *François Hotman* (Hotomannus, 1524–1590), Nachfolger von Cujas in Bourges und gelehrter Calvinist, lehrte nach seiner Flucht aus Frankreich in Straßburg und Basel. Er kritisierte die Monarchie als ein System der Unterdrückung des Menschen, den Einfluss der Traditionen der Kirche auf den Staat und das römische Recht, dem die gelehrten Juristen den Nimbus einer Quelle göttlicher Wahrheiten zuerkannt hatten. Seine berühmte Kampfschrift „Antitribonianus" (1567) richtete sich in französischer Sprache gegen die Leistung von Justinian als Gesetzgeber und von Tribonian als sein Vollstrecker. Das Buch stellte die Geltung des Corpus iuris für Frankreich grundsätzlich in Frage, forderte als Ersatz die Kodifikation eines autochthonen nationalen „droit français" und machte den Verfasser als Revolutionär, Monarchomachen und Nationalisten international bekannt.

3. Widerstand und Desinteresse der Praxis

25   Der juristische Humanismus französischer Prägung hatte mit seiner historischen und rationalistischen Orientierung die wissenschaftliche Diskussion des Rechts in Europa nachhaltig beeinflusst. In der Praxis zeigten sich konkrete Spuren davon allerdings erst später. Hotmans Signal zur Kodifizierung des nationalen Rechts blieb vorerst eine Vision. Im 16. Jahrhundert wurden die Rechtslehren der Humanisten ausschließlich von den Wissenschaftseliten beachtet und gepflegt, die an den vom Humanismus beeinflussten Rechtsfakultäten wirkten. An den meisten Hohen Schulen nördlich der Alpen herrschte jedoch die bartolistische Richtung der Traditionalisten vor. Deren Rektoren und fürstliche Protektoren lehnten grundsätzlich jedes humanistisch infizierte akademische Studium ab. Um sich greifende humanistische Verunsicherungen wurden durch den autoritären Befehl, bei Strafe der Amtsenthebung fortan ausschließlich nach den Methoden des „mos italicus" zu lehren, wirkungsvoll unterdrückt. Die mit Rechtsproblemen des Alltags beschäftigte forensische Praxis begnügte sich bei der Rechtsanwendung weiterhin mit kurzfristig auch kautelarjuristisch wirkenden bartolistischen Techniken und Methoden. Diese waren bereits verfügbar, erprobt effektiv und vor allem für die Anwälte lohnend.

Diese Zustandsbeschreibung der Rechtswissenschaft trifft im We- 26
sentlichen auch auf Italien zu. In dem Ursprungsland des Humanismus, von dem ausgehend die neuen Ideen den Weg nach Europa gefunden haben, erreichte die Bewegung jedoch zu keiner Zeit die
Bedeutung, die sie in Frankreich hatte. Von Alciat abgesehen, gab es
in Italien überwiegend zaghafte Projekte und Versuche, mit den theo-
retisch-methodischen Instrumentarien des Humanismus der Fortschrittlichkeit dienende Breschen in die bartolistische Tradition zu
schlagen. Möglicherweise hat dabei auch die berufsbedingte Abhängigkeit der Juristen von den Finanzquellen der reichen Stadtstaaten
und mächtigen landesfürstlichen Signorien (Medici in Florenz, Sforza
in Mailand) eine Rolle gespielt. Die lukrativen Ämter und das persönliche Ansehen, das diese „Fürstendiener" als Gegenleistung für ihre
regierungsfreundlichen Tätigkeiten erhalten hatten, wollten sie durch
theoretisches Experimentieren mit dem Recht nicht gefährden.

Letztlich waren es deshalb Ausnahmen und Einzelfälle, mit welchen in Bologna, Padua, Mailand, Siena, Florenz oder Neapel im 16.
und 17. Jahrhundert das Gedankengut der wenigen juristischen
Humanisten nachweisbar ist. Die dort wirkenden Juristen hinterlie-
ßen keine bedeutenderen Spuren. Die italienischen Universitäten waren von Neuerungen weitgehend unberührt geblieben. An ihnen
lehrten weiterhin Bartolisten das „utrumque ius" nach den alten Stu-
dienplänen und erläuterten das Ius civile nach den Methoden des
„mos italicus".

III. Humanismus und Strafrecht

1. Italienisches Dreigestirn

Das Strafrecht und seine Wissenschaft wurden im 16. und 17. Jahr- 27
hundert wesentlich von italienischen Kriminaljuristen geformt. Ein in
der europäischen Strafrechtsgeschichte einzigartiges Triumvirat hatte
dabei die Leitung. Es bestand aus Julius Clarus in Mailand, Tiberius
Decianus in Padua und – trotz der Vorbehalte seiner Biographen –
aus Prosper Farinacius in Rom. Sie gelten als die vom Humanismus
inspirierten Begründer des gemeinen europäischen Strafrechts der
Neuzeit (E. Holthöfer).

Den Ruhm des Triumvirats begründete der durch den juristischen 28
Humanismus initiierte Methodenwechsel im Rechtsdenken. An die

Stelle des starren „mos italicus" war der flexible „mos gallicus" getreten. Dieser verstand das Strafrecht als autonome juristische Disziplin und stellte es systematisch dar. Definitionen des Verbrechens, der Strafe und Prozesstechniken bildeten die Grundlagen für die Aktualisierung und Fortbildung eines empirisch wie wissenschaftlich legitimierten Ius criminale.

29   Diese als „synthetisch" bekannte Methode ließ die bisherigen Traktate, die Gutachtenpraxis und die kommentierten Entscheidungssammlungen (*Consilia*) nicht gegenstandslos werden. Einer ihrer Hauptvertreter war *Julius Clarus* (Claro, 1525–1575) aus Alexandria in der – unter spanischer Herrschaft stehenden – Lombardei. Als Mitglied des Senats in Mailand bekleidete er unter Kaiser *Karl V.* (1530–1556) hohe politische Ämter und wurde vom spanischen König *Philipp II.* (1556–1598) als Regens in das „Consejo Supremo de Italia" in Madrid berufen. In seinen Arbeiten hatte er technisch wie dogmatisch perfekt die Empirie mit der Wissenschaftlichkeit verbunden. In dem Fragment gebliebenen Hauptwerk „Sententiae receptae" behandelte das fünfte Buch „Liber Quintus Sententiarum sive Practica Criminalis" (1568) das materielle Strafrecht und in großer Ausführlichkeit das Strafprozessrecht. Clarus sah in der Praxis die beste Interpretin der Gesetze (*practica optima legum interpres*), wendete sich gegen eine forensisch nutzlose Disputation von Definitionen (*semper inutilis*) und verband in dem Buch synthetisch und problembezogen Doktrin mit Judikatur. Das für die Praxis wichtige Handbuch begründete seinen Ruhm als Kriminalist und Kriminalpolitiker.

30   In seinen Werken befolgte Clarus die analytisch-exegetische Methode. Mit der Rechtslehre der Humanisten hatte er sich zwar kritisch auseinandergesetzt. Deren Methode war jedoch auf den einstigen Hörer von Alciat ohne signifikante Einflüsse geblieben. In größter Klarheit und umfassend hatte er in der „Practica criminalis" das Strafrechtssystem dargestellt. Durch lexikographische, kasuistische Beschreibungen einzelner Delikte in alphabetischer Ordnung (insgesamt 19) sollte der Wortlaut einzelner Rechtsnormen exemplarisch erläutert und dadurch die Verwendung des Handbuchs in der Praxis erleichtert werden. Ein kurzer Allgemeiner Teil über Merkmale und Strukturen des Verbrechens ging dem Deliktskatalog voraus. Das Werk schloss mit der Erörterung von Rechtskontroversen (*quaestiones*), auf die es nach den Regeln der juristischen Logik bisher keine Lösungen gab.

Tiberius Decianus (Deciani, 1509–1582) war Inhaber eines Lehr- 31
stuhls für „Criminalia" in Padua und einer der bedeutendsten Kriminalisten. Er gehörte zu den produktivsten Autoren der Gutachtenliteratur. Der „Tractatus criminalis" (1590, posth.) und die „Responsa"
(3 Bde., posth. 1589) zählten zu den theoretisch wie dogmatisch besten Arbeiten. Deshalb traf ihn auch die polemische Kritik des Humanisten Alciat besonders hart in seinem juristischen Selbstverständnis.
Seine Entgegnungsschrift „Apologia pro iuris prudentibus qui responsa sua edunt" (1579) war Zeugnis eines neuen, pragmatisch sicheren Weges (*via sicura*). Sie enthielt keine Aufforderung zur Rückkehr
zu den Methoden des „mos italicus", die der juristische Humanismus
als antiquiert und überholt entlarvt hatte. Vielmehr prüfte Decianus
darin kritisch nach streng wissenschaftlichen Kriterien die zeitgenössische Traktat- und Gutachtenliteratur. Er begründete dies mit den
Anforderungen des „gesunden Teils" (*pars sana*) der praktischen Jurisprudenz, die mit einer Masse normativer Quellen arbeiten musste
und aus ihnen heraus die für eine richtige Entscheidung einschlägigen
Rechtsnormen finden sollte. Die unter diesen Bedingungen tätigen
Juristen forderten ein in sich kohärentes und beherrschbares Recht.

Die Methode von Decianus war zukunftsorientiert. Im Gegensatz 32
zu Clarus hatte sie theoretisch die Argumente entwickelt, mit deren
Hilfe sich systemische Unterschiede zwischen „mos italicus" und
„mos gallicus" problemorientiert im Wege einer „Synthese" überwinden ließen. In dieser Absicht versuchte er, Rechtsprinzipien in eine
wissenschaftlich durchdachte Ordnung zu bringen, sie durch Be-
griffszusammenhänge im Gesamtsystem sichtbar zu machen und zu
konkretisieren. Für die Strafrechtswissenschaft wegweisend wurde
seine Bestimmung der Wesenselemente des Verbrechens als schuld-
hafte, vom geltenden Recht mit Strafe bedrohte Handlung, für die es
keinen Rechtfertigungsgrund gab (*delictum est factum, dolo vel culpa
a lege vigente sub poena prohibitum, quod nulla iusta causa excusari
potest*, Tractatus, II 3 n. 2).

Diese Arbeitsweise erweiterte die Leistungsfähigkeit des Rechts. 33
Dem zum geschlossenen System geformten Strafrecht wurde die Eignung zuerkannt, auf die Anforderungen einer sich differenzierenden
Gesellschaft und Lebensordnung adäquat zu reagieren. Der praktisch
tätige Strafjurist war befähigt, selbständig auf neue Rechtsfragen Antworten zu finden, die er nicht erst nach einem umständlichen Denkprozess aus einem Vorrat von Rechtsnormen exegetisch ermitteln
musste. Die neu bestimmte Strafrechtsordnung ermöglichte Problem-

lösungen, die der Rechtsanwender aufgrund seiner empirischen und normlogischen Kenntnisse aus dem System, vom Allgemeinen zum Besonderen übergehend ableiten konnte. Mit dieser Neuorientierung war das Strafrecht auf die Begegnung mit dem Naturrecht und der typischen Methodik des „mos geometricus" theoretisch vorbereitet. Der Beitrag, den die „Practica criminalis" von Clarus und der fast zeitgleich entstandene „Tractatus criminalis" von Decianus dazu geleistet haben, ist nicht hoch genug einzuschätzen.

34   *Prosper Farinacius* (Farinacci, 1544–1618), von Papst Clemens VIII. (1592–1605) zum Procurator fisci ernannt und in hohe Richterämter berufen, hatte seine Biographen wegen eines als schwerkriminell und anstößig empfundenen Lebenswandels irritiert. Dessen ungeachtet war er einer der produktivsten Strafjuristen, dessen internationales Ansehen das von Clarus und Decianus überstrahlte. Die Forschung sieht in ihm allerdings überwiegend den emsigen Sammler und Fortsetzer der theoretischen ebenso wie praktischen Leistungen seiner Vorgänger. Dass er dabei deren geistiges Erbe methodisch wie dogmatisch originell und tiefgehend fortentwickelt hatte, wird übersehen. Seine untypische Gelehrtenbiographie hat offensichtlich seine tatsächlichen Verdienste um die wissenschaftliche wie praktische Verbreitung des zeitgenössischen Kriminalrechts relativiert, wenn nicht verdunkelt.

35   Tatsächlich wurde der europäischen Strafrechtswissenschaft durch Farinacius das gelehrte Ius criminale und seine Rechtsprechung hervorragend systematisiert und praxisorientiert in dem breitest möglichen Umfang vermittelt. Das Hauptwerk „Praxis et theorica criminalis" (1581) gehörte in Europa bis weit in das 19. Jahrhundert zu den meist gelesenen, in der Fachliteratur, in Gutachten oder Entscheidungsgründen zitierten kriminalrechtlichen Schriften. Der Vorwurf eines bloßen Sammlers fremder Rechtsauffassungen oder fehlender eigener Originalität (E. Dezza) verkennt seine Bedeutung.

Zur Berühmtheit des Autors hat auch eine politisch fragwürdige Strafverteidigung beigetragen, deren rechtliche Strategie in seiner Konsiliensammlung publiziert wurde (*Responsa criminalia I*, cons. LXVI, 1606). Im Prozess gegen die junge römische Adelige *Beatrice Cenci* (1577–1599), die des Mordes an ihrem Vater beschuldigt wurde, war Farinacius „Defensor" der Angeklagten. Rechtlich nicht überzeugend und sachlich erfolglos hatte er gegenüber einer eindeutig bezeugten, sexuell motivierten väterlichen Gewalttat auf Notwehr der in Selbstverteidigung Handelnden plädiert. Beatrice Cenci wurde öffentlich hingerichtet, nachdem auch der Papst als Gerichtsherr unter fragwürdigen Begleitumständen ihr Gesuch um Begnadigung abgelehnt hatte. Die Tragödie inspirierte wiederholt die moderne Literatur zur Darstellung des seinerzeit großes allgemeines Aufsehen erregenden Kriminalfalles (Percy Shelley, Stendhal).

2. Europäische Formgebung

Andreas Tiraquellus (Tiraqueau, 1488–1558), humanistisch gebildeter Jurist und Mitglied des Parlement de Paris, war in Frankreich ein kongenialer Partner der italienischen gelehrten Kriminaljuristen. Wissenschafts- und wirkungshistorisch steht sein Werk gleichgewichtig neben den Schriften von Clarus, Decianus und Farinacius am Beginn der Epoche des Strafrechts der Aufklärung in Europa. Seine Lehren fanden große Beachtung in der kriminalrechtlichen Doktrin und Literatur des 17. Jahrhunderts und waren wichtige Beiträge zur Modernisierung insbesondere des Verfahrensrechts. **36**

Schwerpunkt seiner Arbeiten war eigentlich das Zivilrecht. Die Schrift „De poenis temperandis aut etiam remittendis" (1559, posth.) war seine einzige, allerdings weit beachtete strafrechtliche Publikation. Darin propagierte sein durch antike Philosophie (Platon) geprägtes humanistisches Rechtsdenken als Zwecke der Strafe neben der Repression die Prävention und Besserung. Zur Legitimation berief er sich auf einen bereits von den Kommentatoren (im Anschluss an Lucas de Penna in Neapel, † vor 1389) verwendeten, auf Platon und Seneca zurückgehenden stoischen Topos, den die Aufklärer später zur Glaubensformel erheben sollten: „Kein Vernünftiger straft, weil gefehlt wurde, sondern damit nicht Unrecht getan wird" (*nemo prudens punit quia peccatum est, sed ne peccetur*). **37**

Hauptgegenstand seines Werks war jedoch die systematische Positionierung der richterlichen Befugnis zur Abänderung der Strafe und damit die Begründung einer allgemeinen Strafzumessungslehre. Eine subjektiv täter- und objektiv tatbezogene Straffestsetzung war nach bisherigem Recht nicht möglich. Der Richter durfte von der für das bewiesene Delikt gewohnheitlich oder gesetzlich bestimmten „ordentlichen Strafe" (*poena ordinaria*) grundsätzlich nicht abweichen. **38**

Demgegenüber hatte Tiraquellus den Richter ausdrücklich ermächtigt, von der absoluten Strafe abzusehen, wenn im Einzelfall besondere Umstände (*causae*) die Zumessung einer der persönlichen Schuld und Tatschwere adäquaten, verhältnismäßigen „außerordentlichen Strafe" (*poena extraordinaria*) rechtfertigten (Proportionalitätsgrundsatz). In diesem Sonderfall war „ex causa" eine „arbiträre" Ermessensstrafe „extra ordinem" möglich. Ein auf kirchliche Wurzeln (Beichtjurisprudenz) zurückgehender Katalog legte die Voraussetzungen der Strafänderungsbefugnis fest, in dem exemplarisch und detailliert die maßgeblichen Kriterien typenhaft aufgezählt waren (*aetas, sexus, morbus* – Alter, Geschlecht, Krankheit).

39   Den flämischen Rechtspraktiker *Joos de Damhouder* (1507–1581) beachtet die Forschung häufig zu Unrecht nur am Rande als Mitglied der humanistischen Juristenelite der Zeit. Tatsächlich hatte er sich weniger durch eigenständige wissenschaftliche, als durch praktische Tätigkeiten literarisch profiliert und wurde gerade durch sie zu einem Bestseller-Autor. Nach einem Rechtsstudium an den Universitäten in Löwen, einem Zentrum des Humanismus, und in Orléans arbeitete er als Anwalt, Gerichtsschreiber (Brügge) und Rat der belgischen Finanzverwaltung (Brüssel). Internationale Anerkennung erwarb er mit seinem Buch „Practica rerum criminalium" (1554 u. öfter). Das Werk erschien in niederländischer und lateinischer Sprache. In französischen und deutschen Übersetzungen war es weit verbreitet, sein Inhalt stammte jedoch nur teilweise vom Autor.

40   Damhouder hatte unverhohlen ein unveröffentlichtes Manuskript des flämischen hochrangigen Juristen *Filips Wielant* (1441–1520) plagiiert, das er in Besitz hatte. Seine Eigenleistung bestand im Wesentlichen in einem Kommentar der Originalvorlage. Er verfasste einen ausführlichen Deliktskatalog mit eingehender Beschreibung der einzelnen Tatbestände und der verwirkten Strafen. Damhouders humanistische Orientierung im Strafrechtsdenken verriet die Zweckbestimmung der Strafe als generalpräventives Mittel zur Verhütung eines größeren Übels. Damit folgte er konsequent der Strafzwecklehre der Aufklärer gemäß dem stoischen Programmsatz der Generalprävention „nemo prudens punit". Vor allem in Hexenprozessen wurde die Lehre der Magie viel beachtet; sie gab allerdings nur den herrschenden materiell- wie verfahrensrechtlichen Meinungsstand wieder. Den großen Erfolg verdankte die „Practica" auch den Abbildungen zu einzelnen Deliktstypen und Prozesshandlungen (57 Holzstiche), mit denen der Autor sein Werk versehen ließ und das in der Kategorie der Lehr- und Handbücher auch deswegen eine sensationelle literarische Neuerung darstellte. Eine deutsche Übersetzung war 1565 in Frankfurt am Main erschienen.

Wirkungsgeschichtlich vergleichbar bedeutend war der Kriminalist **41** *Antonius Matthaeus II.* (1601–1654), der einer angesehenen deutsch-holländischen Gelehrtenfamilie entstammte. Nach einem Rechtsstudium in Marburg/Lahn und Groningen lehrte er an der Universität in Utrecht. Er war ein hervorragender Kenner des Naturrechts und gilt als der „prominenteste und aufgeklärteste Vertreter" der zeitgenössischen Strafrechtswissenschaft (M. Ahsmann).

Sein internationales Ansehen begründete der in der Praxis viel beachtete „Commentarius de criminibus" (1644). In diesem Werk kommentierte er die Deliktsfiguren der zwei Bücher der Digesten (*libri terribiles*, 47, 48). Er typisierte die einzelnen Verbrechenstatbestände, analysierte ihre Sanktionen und verglich sie mit vergleichbaren Delikten des geltenden niederländischen Strafrechts (*jus municipale*). Nach Regeln der naturrechtlichen Methode erörterte er Grundfragen der Verbrechenslehre, die heute Gegenstände des Allgemeinen Teils sind. Ausführlich behandelt wurden dabei Vorsatz und Schuld, strafbares Handeln durch positives Tun und Unterlassen, Probleme der Zurechnungsfähigkeit und der Einwilligung als Rechtfertigungsgrund.

Das Werk „De criminibus" hatte die Strafrechtswissenschaft und Strafpraxis in ganz Europa nachhaltig beeinflusst. Eine holländische Übersetzung erschien 1769 und Nachdrucke noch Anfang des 19. Jahrhunderts (Italien). Neben den Italienern Julius Clarus, Tiberius Decianus, den Deutschen Benedict Carpzov und Petrus Theodoricus gehörte Matthaeus zu den bedeutendsten Kriminaljuristen der Aufklärungszeit.

IV. Eigenständige Entwicklungen

1. Holländische elegante Schule

In den Niederlanden existierte in der Zeit von 1500 bis 1800 eine **42** besondere Richtung der Rechtswissenschaft, für die in der Forschung international die Bezeichnung „Holländische elegante Schule" verwendet wird. Ihre Bedeutung wurde von der deutschen Historischen Schule negativ beurteilt; deshalb geriet sie in der Rechtsgeschichtsschreibung in Vergessenheit. Neue Forschungen haben diese Fehldeutung widerlegt und das Innovative der holländischen eleganten Jurisprudenz für die europäische Rechtsentwicklung wiederentdeckt.

Wesensmerkmal dieser juristischen Strömung und ihres Untersuchungsprogramms waren eine antiquarische, philologisch-philosophisch verfeinerte Textkritik im Sinne des flexiblen „mos gallicus", die mit den Methoden des starren „mos italicus" elegant (im Sinne von *stringent*) kombiniert wurden. Das Ziel war die Entwicklung eines nationalen holländischen Rechts, das mit Elementen des römischen Rechts eine durchdachte, systemfeste Einheit bildete und vor allem forensisch praktikabel war. Das Zentrum der Schulrichtung wurde die 1575 errichtete Universität Leiden. Die hier in der Tradition von Jacques Cujas und Hugues Doneau lehrenden und forschenden Gelehrten haben mit ihren Werken in unterschiedlicher Intensität auf die Entwicklung des Rechts in Europa eingewirkt.

43   Im Kreis der bedeutendsten und einflussreichsten Humanisten war einer der ersten Repräsentanten *Arnold Vinnius* (1588–1657), dessen weit verbreiteter Kommentar zu den Institutionen (1642) zur Grundlagenliteratur im Rechtsstudium zählte. Methodisch richtungweisend wurde die Verflechtung der antiquarischen Textkritik im Unterricht mit Erklärungen des geltenden niederländischen Rechts für die Praxis.

Für das Ansehen der Schule prägend wurden *Gerard Noodt* (1647–1725) und sein Schüler *Antonius Schultingh* (1659–1734). Noodt fand mit revolutionären Schriften zur Volkssouveränität sowie zur Religionsfreiheit große Beachtung und verbreitete damit bereits frühzeitig Ideen der Aufklärung. Eine Studienordnung wurde von ihm deutlich im Sinne humanistischen Grundsätze gestaltet. Die Forschung sieht in Noodt und Schultingh herausragende Vertreter des antiquarischen Zweigs der Schule.

Johannes Voet (1647–1713) war einer der Ersten, der das antiquarische wissenschaftliche Programm des eleganten juristischen Humanismus verließ, die praktische Relevanz des zeitgerecht veränderten römischen Rechts in den Vordergrund stellte und sein Lehrgebiet in Leiden erstmals offiziell um das „heute geltende Recht" (*jus hodiernum*) erweiterte. Sein Interesse galt der Nutzbarmachung der antiken Quellen im Verbund mit dem geltenden niederländischen Recht. Diese Anbindung demonstrierte er in dem Hauptwerk „Commentarius ad Pandectas" (1698–1704) und fand damit europaweites Ansehen. Das Buch enthielt zahlreiche Bezüge zum Naturrecht und wurde Grundlage der freieren Richtung des sog. „Romeins-Hollandse-Regt", einer aus römischen, holländischen und angelsächsischen Rechtselementen bestehenden Mischrechtsordnung. In den

Ländern, die vormals holländische Kolonien waren, ist der Pandektenkommentar für das Roman-Dutch-Law immer noch aktuell. Die letzte englische Übersetzung des Werks erschien in Südafrika 1955/ 58. Sie besitzt in der Praxis den Charakter eines „book of authority". Wegen der Bedeutung der humanistischen Rechtskritik für das nationale geltende Recht und für seine praktische Anwendung zählt die Forschung Voet jetzt zu den Vertretern der neuen Richtung des Usus modernus.

2. Österreichischer Pragmatismus

Die österreichische Rechtswissenschaft wurde ebenfalls im **44** 16. Jahrhundert mit den Folgen der textkritischen Methoden des „mos gallicus" konfrontiert. Ihre Vertreter ließen sich bei ihren Arbeiten vorwiegend von der Nützlichkeit der Neuerungen für die praktische Rechtspflege leiten. Der von überladenen Rechtskontroversen befreite neue Arbeitsstil war eine pragmatische Reaktion der Wissenschaft auf die bestehende Rechtszersplitterung in den altösterreichischen Ländern Österreich unter und ob der Enns, Steiermark, Kärnten, Görz, Krain, Triest, Istrien, Tirol und Vorarlberg.

Der „Landesbrauch" als Sammelbegriff für die in diesen Territo **45** rien geltenden landschaftlichen Statutar- und Gewohnheitsrechte war unübersichtlich und schwer beherrschbar. Die Neuordnung begann mit der verbindlichen Feststellung aller geltenden partikularen Rechte. Dabei wurden Widersprüche (*contrarietates*) beseitigt, sachliche Unterschiede (*differentiae*) harmonisiert und Identitäten (*concordantiae*) zwischen privat- und strafrechtlichem Landesbrauch sowie dem Ius commune kenntlich gemacht. Die streng nach wissenschaftlichen Prinzipien durchgeführte Rechtsvereinheitlichung wurde durch umfangreiche Erläuterungen, lexikalische Rechtsenzyklopädien und Traktate zu Einzelfragen ergänzt.

Diese sog. „Differentien-" oder „Konkordanzliteratur" hat ent **46** scheidend zur Modernisierung beigetragen und die Weitergeltung des Landesbrauchs in gebrauchsfähigem Zustand sichergestellt. *Bernhard Walther* (1516–1584), geboren in Leipzig, in Bologna Schüler von Alciat und später Professor in Wien, gehörte zu den politisch tätigen Praktikerjuristen, die für diese Art von Arbeiten das ideale Fachwissen besaßen. Seine privat- und prozessrechtlichen Arbeiten erwarben sich wegen ihrer praktischen Relevanz für die österreichi sche Privatrechtsentwicklung die Bezeichnung „Goldene Traktate" (*Aurei tractatus iuris Austriaci*, 1552–1558). Walther war ein früher Vertreter des juristischen Humanismus in Österreich. Die Forschung verbindet mit seinem Namen den „Beginn einer eigenständigen österreichischen Rechtswissenschaft" (U. Floßmann).

47   Vergleichbaren Einfluss auf diese Rechtsentwicklung hatte der aus Dithmarschen stammende, innerösterreichische Regimentsrat *Nikolaus Beckmann* (1634–1689) genommen. Mit dem „Jus novissimum Romano-Germanicum" (1678) setzte er die Differentienliteratur in eigenständigen Formen fort. Das Werk war als Rechtslexikon konzipiert, das detailliert das gesamte geltende römische Recht mit Einschluss der Gewohnheiten behandelte. Beckmanns „Idea juris statutarii et consuetudinarii" (1688) enthielt als wichtigste gedruckte Quelle in der Form eines Lexikons das Recht von Österreich unter und ob der Enns sowie von Innerösterreich, insbesondere der Steiermark. Beckmann war Urheber des Vorschlags, der römisch-deutsche Kaiser Leopold I. († 1705) sollte das Rechtsstudium modernisieren und als zweiter Justinian (*redivivus et alter Justinianus*) ein aus erneuertem römischem und feudalem Recht bestehendes „novum excultum corpus juris leopoldinum" schaffen.

48   Wie schon die Werke von Beckmann, waren auch die Schriften des in Graz lehrenden Professors *Franz Aloys Tiller* (1742–1797) konzeptionell wie inhaltlich von den Ideen des Humanismus und dem Usus modernus bestimmt. In dem aus Vorlesungen hervorgegangenen vierbändigen Werk „Sistem der bürgerlichen Rechtslehre" (1787/89) stand neben dem Ius commune bereits die Entwicklung eines österreichischen Privatrechts im Vordergrund, wie es das Zivilgesetzbuch von 1786 („Josephinisches Gesetzbuch") kodifiziert hatte.

Schrifttum: *D. Maffei*, Gli inizi dell'umanesimo giuridico (1972); *K. H. Burmeister*, Das Studium der Rechte im Zeitalter des Humanismus im deutschen Rechtsbereich (1974); *H. Hübner*, Jurisprudenz als Wissenschaft im Zeitalter des Humanismus, in: FS K. Larenz (1973), 41 ff.; *G. Wesener*, Humanistische Jurisprudenz in Österreich, in FS H. Baltl (1998), 369 ff.; *K. Luig*, Humanismus und Privatrecht, in: Römisches Recht, Naturrecht, Nationales Recht (1998), 73* ff.; *G. Jerouschek* u. a. (Hg.), Benedict Carpzov. Neue Perspektiven zu einem umstrittenen sächsischen Juristen (2000); *G. C. J. J. van den Bergh*, Die holländische elegante Schule (2002); *H. Schlosser*, Prospero Farinacci, in: FS K. W. Nörr (2003), 893 ff.; *U. Muhlack*, Der Humanismus als kulturhistorische Epoche (2004); *G. Wesener*, Die Epoche des Usus modernus in Österreich, in: FS K. Ebert (2013), 295 f.

7. Kapitel. Forensische Jurisprudenz in Europa

I. Usus modernus pandectarum

Auf den geistigen Grundlagen von juristischem Humanismus und 1
frühem Rationalismus der Aufklärung wurde im 16./17. Jahrhundert
eine besondere Richtung in der Jurisprudenz allgemein herrschend.
Ihre systemprägenden Kennzeichen waren die prioritäre Orientierung an den Anforderungen der Praxis und die Rechtsverfolgung
vor Gericht. Sie verlor ihren Einfluss erst mit den nationalen Kodifikationen des 18. und 19. Jahrhunderts. Ihre Vertreter teilten mit den
Humanisten die historisch-antiquarische Kritik am justinianischen
Recht, ohne jedoch auf der Ebene des Rechtsstudiums mit den Methoden des „mos italicus" zu brechen. Dem Lehrsystem des naturrechtlichen Rationalismus entnahmen sie die Konstruktionselemente
für ein am Gerichtsgebrauch (usus) orientiertes Recht. Es sollte das
gelehrte Recht mit den partikularen Rechten zu einer erneuerten
Rechtsordnung als Grundlage der praktischen Rechtspflege verbinden.

Die zeitgenössische Historiographie und Fachliteratur bezeichnete 2
diese forensische Jurisprudenz „Usus modernus pandectarum". Der
Begriff wies auf einen Arbeits- und Wissenschaftsstil hin, der das im
Rechtsalltag und in der gerichtlichen Spruchpraxis geltende römische
„Pandekten-Recht" wissenschaftlich „modern" entwickeln und darstellen sollte. Gegenstand der Erneuerung durch inhaltliche Anpassung an die Rechtspraxis waren alle Rechtsmaterien einschließlich
des Staats- bzw. des protestantischen Staatskirchenrechts.

Die Wege zu einer „zeitgemäßen Praxis des römischen Rechts" (F.
Wieacker) hatte in Grundzügen bereits Hermann Conring durch die
Widerlegung Lehre von der gesetzlichen Einführung des römischen
Rechts vorgezeichnet (Lotharische Legende, 1643). Danach war es
Aufgabe der deutschen Rechtslehre, Ius commune und Ius patrium
so aufeinander abzustimmen und miteinander zu verflechten, dass
sie von den Praktikern beherrschbar wurden und in der Rechtsprechungspraxis auf konkrete Rechtsfälle anwendbar waren. Zur Vorbereitung dieser Synthese wurden die aus sozialen oder ökonomischen

Gründen auf die lokalen Verhältnisse nicht anwendbaren Rechtssätze (z. B. römisches Sklavenrecht) ausgesondert und die bereinigten Rechtsmaterien mit dem Partikularrecht harmonisiert. Das Prinzip des Geltungsvorranges des partikularen vor dem (subsidiären) römischen Recht blieb dabei unbeachtet.

1. Praktikerliteratur als Wegbereiterin

3   In der Rechtsprechung vor allem der weltlichen niederen Gerichte hatten sich bereits Ausgang des 15. Jahrhunderts deutlich die Mängel des geltenden Rechts gezeigt. Es war durch die gelehrte Doktrin inhaltlich zergliedert und theoretisch mit juristischen Spitzfindigkeiten überladen, die ihren Ursprung entweder im Ius commune oder im Ius proprium hatten. Die Notwendigkeit, das römisch-kanonische, mit dem partikularen eng verflochtene Recht vereinfachend umzuarbeiten, um es forensisch in praxisgeeigneten Formen anwenden zu können, war nicht zu übersehen. Die Last dieser frühen, den Usus modernus vorbereitenden Arbeiten trugen Juristen, die sowohl gelehrtes Rechtswissen wie auch praktische Rechtserfahrung besaßen, die sie in städtischen oder landesherrlichen Diensten erworben hatten. Sie erläuterten und vermittelten in populärwissenschaftlichen Schriften praxisnah und in der Volkssprache die Grundlagen des Ius commune und Ius criminale. Unter dem Druck der Praxis und gefördert durch die Einführung des Buchdrucks entstanden Anleitungen und Unterweisungen, die das gelehrte Fachwissen vereinfachend und einprägsam vermittelten. Sie waren primär für das überwiegend aus ungelehrten Laien bestehende Gerichtspersonal bestimmt.

4   Zu den frühesten und einflussreichsten Werken dieser Rechtsliteratur gehörte der um 1436 entstandene „Klagspiegel" (Erstdruck um 1470). Der Autor galt lange als unbekannt. Neue Forschungen haben nachgewiesen, dass der Stadtschreiber von Schwäbisch Hall *Conrad Heyden* (um 1385–1444) Verfasser der Schrift war. Allgemein bekannt wurde das Werk aber erst 1516 als Neuausgabe. Sie hatte *Sebastian Brant* (1457–1521), Rechtsprofessor in Basel, einer Hochburg humanistischer Rechtswissenschaft, und späterer Stadtschreiber von Straßburg, besorgt. Zur Verbreitung hat vor allem der literarische Ruhm des Herausgebers als Satiriker und Autor des Buches „Narrenschiff" (1494) beigetragen. Noch im 17. Jahrhundert wurde der Klagspiegel neu aufgelegt.

Archetypus dieser Literaturgattung wurde 1509 der ebenfalls von 5
Brant mit einem Vorwort herausgegebene „Layenspiegel". Der Verfasser war der Stadtschreiber *Ulrich Tengler* (um 1447–1511) in
Nördlingen, sein Werk ein didaktisch wie inhaltlich überragendes
Buch. Es hatte die Eigenschaften eines Bestsellers, von dem während
des 16. Jahrhunderts 14 Druckauflagen erschienen waren, und richtete sich an „ungelehrte Laien" mit rechtsberatenden oder rechtsprech-
enden Funktionen in Zivil- und Kriminalprozessen. Zu den Schwerpunkten zählte das Strafprozessrecht. Den Rechtsanwendern sollte
das inquisitorische Verfahrensrecht nach der Doktrin der spätmittelalterlichen italienischen, spanischen und französischen Kriminalisten
bildhaft, in einfachen Formulierungen und verständlichen Beispielen
näher gebracht werden. Stereotype Verweisungen auf gelehrte Standardwerke dienten der Legitimierung der als herrschend vorgestellten
Rechtsauffassung. Zitate aus den Schriften angesehener juristischer
Koryphäen und Autoritäten (z. B. Bartolus und Baldus für das Privatrecht oder Gandinus, Aretinus und Durantis für das Straf- und
Prozessrecht) sollten dies eindrucksvoll belegen.

Diese frühen Rechtsspiegel wurden durch didaktisch anspruchs- 6
vollere, inhaltlich umfangreichere Kompendien ebenfalls aus der Fe-
der fachlich angesehener Praktikerjuristen fortgesetzt. Deren volkssprachliche Werke waren im 17./18. Jahrhundert weit verbreitet und
wurden vor Gericht häufig dem Gesetzesrecht als Rechtsquellen vor-
gezogen. Zu dieser Praktikerliteratur gehörten z. B. der „Gerichtliche
Prozess" (1544, posth.) des gelehrten Münchener Hofrichters und
herzoglichen Rates *Andreas Perneder* (um 1500–1543) oder „Der
Rechten Spiegel" (1552) des promovierten Juristen und Stadtrats in
Frankfurt am Main *Justin Gobler* (1503–1567). Nach neuen Forschungen werden Qualität und Wirkungen dieser volkssprachlichen
Praktikerliteratur positiv bewertet (A. Deutsch, P. Wittmann). Die
Schriften haben mit der Bereitstellung des gelehrten Fachwissens in
vereinfachten Formen die tatsächliche Geltung von Ius civile und
Ius criminale in der Gerichtspraxis entscheidend gefördert. Ihre Au-
toren waren die frühen Wegbereiter des Usus modernus.

2. Europäische Orientierung

Methode und Technik der Zusammenführung von zwei unter- 7
schiedlichen Rechtssystemen im Interesse der praktischen Rechts-

pflege waren den französischen, niederländischen, eidgenössischen und deutschen Juristen vertraut. Sie hatten sie bei der Umbildung der nationalen Rechte im Sinne humanistischer Rechtsideen bereits erprobt und erfolgreich angewendet. Die theoretischen Informationen dazu stammten von dem niederländischen Justizpraktiker *Simon van Groenewegen van der Made* (1613–1652). In dem Hauptwerk „Tractatus de legibus abrogatis et inusitatis in Hollandia vicinisque regionibus" (1649) hatte er Methoden und Arbeitsweise eingehend beschrieben. Internationale Beachtung fand das Buch als Bestandsübersicht und Zustandsbericht über die in Holland noch geltenden römischen Rechtssätze mit Hinweisen auf vergleichbare Schriften der europäischen Praxis.

8   Nach herrschender Ansicht der Forschung war der Usus modernus ein gesamteuropäisches Rechtsphänomen. Allerdings konzentrierte die ältere Literatur die Darstellungen seiner Erscheinungsformen und Wirkungen vorwiegend auf die deutschen und deutschsprachigen Landschaften des Reichs. Damit wurde die Dynamik der Richtung in ihrer Breitenwirkung nur eingeschränkt erfasst. Tatsächlich hatte dieses Rechtsdenken vom 16. bis zum 18. Jahrhundert das bartolistische Rechtsstudium an den europäischen Universitäten beherrscht und die Geltung der gelehrten Rechtslehren fortgesetzt. Gegen die vom „mos italicus" ausgehenden Widerstände konnten sich humanistische Grundlehren nur partiell durchsetzen und behaupten.

Die Flexibilität des Usus modernus spiegelten auch die wissenschaftlichen Netzwerke der Gelehrten wider, die Kontinentaleuropa durchzogen und durch einen intensiven literarischen Austausch gepflegt wurden. Den internationalen Charakter der Strömung verstärkte eine außerordentliche persönliche Mobilität der Professoren und Dozenten. Durch ihre „akademischen Pilgerreisen" (*peregrinatio academica*) wurden sie zu Botschaftern einer sich als zeitgemäß verstehenden internationalen Jurisprudenz

9   Entscheidende Anstöße zur Verbreitung der Lehren des Usus modernus waren vor allem von französischen und niederländischen Juristen-Humanisten ausgegangen. Häufig hatten die Gelehrten teils aus politischen, teils aus religiösen Gründen (Calvinismus) ihre akademischen Wirkungsstätten verlassen müssen und waren erfolgreiche Hochschullehrer an schweizerischen und deutschen Universitäten. Ein Protagonist, der zu dieser internationalen Rechtsrezeption beigetragen hatte, war der Flame *Matthaeus Wesenbeck* (1531–1586). Als

Protestant musste er Louvain (Löwen) verlassen, wirkte in Jena und Wittenberg als Professor und hoher Richter. Die Reformierung der Rechtswissenschaft im Sinne des Usus modernus hatte er in seinem für die Praxis verfassten Digestenkommentar (*Paratitla in pandectas iuris civilis*, 1565) beschrieben. Das einflussreiche Werk wurde in den Niederlanden und in Deutschland an nahezu allen Universitäten bis in das späte 17. Jahrhundert als Standardlehrmaterial verwendet.

3. Wissenschaftliche deutsche Führungseliten

Eine Darstellung der europäischen Dimensionen der Erscheinungsformen und Ausprägungen des Usus modernus darf den besonderen Beitrag der sächsischen Professoren und Justizpraktiker nicht übergehen, die im 16. und 17. Jahrhundert in Mitteldeutschland für den neuen Rechtsstil die methodischen wie theoretischen Grundlagen geschaffen hatten. In ihren Vorlesungen und Publikationen wurde erstmals das römische Recht mit den Partikularrechten zu einer neuartigen, wissenschaftlich begründeten Rechtsquellenlehre verflochten. Auch diese Methode verschaffte den Schriften dieser Juristen außerhalb ihres akademischen oder praktischen Wirkens internationale Beachtung und Verbreitung als Standard- und Handbücher.

Unter Berücksichtigung der Vorleistungen der französischen und niederländischen Humanisten-Juristen zum Usus modernus kann *Samuel Stryk* (1640–1710) durchaus als später Wortführer dieses Rechtsstils bezeichnet werden. Der in Frankfurt a. d. Oder, Wittenberg und zuletzt in Halle tätige Rechtsprofessor wird von der Geschichtsschreibung herkömmlich als Namensgeber der Epoche bezeichnet. Begründet wird dies mit dem Hinweis auf die mehrbändige Schrift „Specimen usus moderni pandectarum", die Stryk erstmals 1690 publiziert hatte. Verglichen mit seinen bereits 1667 veröffentlichten Untersuchungen hatte er im „Specimen" (wörtl. Probestück, Beispiel) eine bereits ausführlich begründete und beschriebene Verbindung der partikularen Rechte mit dem Ius commune eigentlich im Nachhinein dokumentiert, damit aber eine wichtige und anregende Bestandsaufnahme geliefert.

Das Spätwerk war ein umfangreicher Pandektenkommentar. Ausgewählte römische Rechtssätze wurden eingehend mit Hinweisen auf parallele Textstellen (*paratitla*) auf die Vereinbarkeit mit den Partikularrechten und Gewohnheiten geprüft. Innovativ war die zusam-

menfassende Darstellung des Pandektenrechts, wie es an den Landesuniversitäten gelehrt wurde, verbunden mit dem an den Gerichten in
Brandenburg angewendeten Landesrecht. Die Funktion als Leitfaden
verdankte die Kommentierung der weiterführenden Bearbeitung und
Aktualisierung populärer, bereits verbreiteter Lehrbücher des Usus
modernus.

12   Die Autoren des umfangreichen Schrifttums zum Usus modernus
verfolgten ein zentrales Ziel: Überwindung der Trennung zwischen
dem universellen gelehrten und dem geltenden partikularen Recht.
Dabei hatten vor allem die Lehrbücher die Funktion schließender
Brücken, die anschaulich und in klaren Gliederungen die Verbindung
zwischen der Doktrin des Ius commune und den Anforderungen der
Praxis darstellen sollten. Zwei Autoren verfassten dazu Bestseller.

Für *Georg Adam Struve* (1619–1692), Rechtsprofessor an der Universität Jena, hatte das „Specimen" von Stryk Vorbildcharakter. Das
in vielen Auflagen bearbeitete (1670–1771) und erweiterte Lehrbuch
„Jurisprudentia romano-germanica forensis" gehörte im 17./18. Jahrhundert zu den meistbenutzten Hilfsmitteln des Ius commune. Das
nach der formalen Gliederung der justinianischen Institutionen konzipierte Werk war keine programmatische Darstellung des Usus modernus. Vielmehr hatte Struve die praktischen Funktionen des vor
deutschen Gerichten geltenden römischen Rechts lediglich übersicht-
lich zusammengefasst. Auf diesem Wege wurde Studierenden die
komplexe Verflechtung des Ius commune mit den partikularen Rechten als Mischrechtsordnung vermittelt. In dieser Gestalt lag der sog.
„kleine Struv" als Einführung in das geltende römische und partikulare Recht den Vorlesungen zugrunde und behauptete erfolgreich diesen Platz.

13   Ähnliche Ziele verfolgte der Tübinger Professor und Richter *Wolfgang Adam Lauterbach* (1618–1678) mit dem „Compendium iuris
brevissimis verbis universam fere materiam iuris exhibens". Er war
als akademischer Lehrer sehr beliebt; seine Vorlesungen wurden rege
besucht. Die Hörer schrieben seine mündlichen Vorträge nach und
sammelten sie in sog. Kollegienheften. Das „Compendium" war eine
aus diesen Nachschriften hervorgegangene Pandektenvorlesung. Sie
wurde 1679 (posth.) erstmals herausgegeben und auch wegen der didaktischen Qualitäten wiederholt neu aufgelegt. Die Darstellung
folgte formal wie inhaltlich der herrschenden sog. ramistischen Methode (nach Petrus Ramus, † 1572). Die römischen Rechtsbegriffe,
Rechtssätze und Institutionen (*paratitla*) wurden praxisbezogen

nach Gattung, Arten, Definitionen und Argumenten akribisch zergliedert, auf gemeinsame Kriterien zurückgeführt und in Kategorien erläutert. Das Werk gehörte an nahezu allen Universitäten nördlich der Alpen zur juristischen Grundlagenliteratur.

4. Beiträge der Kameraljurisprudenz

Mit Untersuchungen der Judikatur des Reichskammergerichts befasste sich im 16. Jahrhundert eine eigene Richtung der Rechtswissenschaft, die „Kameraljurisprudenz" (Kameralistik) genannt wurde. Die Autoren dieser Literatur waren richterliche Mitglieder des Gerichts, die kritisch die zumeist im Urteilstenor registrierten Entscheidungen nach wissenschaftlichen Maßstäben analysierten. Sie versuchten damit zu zeigen, welche praktischen Folgen die Rechtsprechung des Höchstgerichts nach methodischen und inhaltlichen Vorgaben des Usus modernus hatte.

Der Begründer dieser Rechtsliteratur war *Joachim Mynsinger von Frundeck* (1514–1588), Schüler von Zasius, Professor in Freiburg i. Br., Assessor am Reichskammergericht und ab 1556 auch Kanzler der Herzöge von Braunschweig in Wolfenbüttel. Er hatte intensive Kontakte zu den Humanisten und war Autor der „Singulae observationes" (1563), einer Entscheidungssammlung des Reichskammergerichts, die den herrschenden aktuellen Meinungsstand der Judikatur zu zentralen, kontroversen Rechtsfragen wiedergab. Sein Arbeitsstil glich den Techniken und Methoden der italienischen Kommentatoren. Die Publizierung der „Observationes" war nicht unproblematisch, weil die Schrift in den Bemerkungen zu den Urteilen die vollständigen Namen der beteiligten Parteien wiedergab. Damit verstieß der Autor gegen die Geheimhaltungspflicht, die er als Amtsträger zu befolgen hatte. Seine Schrift war populär und wurde Vorbild für die Publikationspraxis anderer oberster Gerichte.

Andreas Gaill (1526–1587), Assessor am Reichskammergericht, Reichshofrat in Wien und zuletzt Kanzler am Hof des Kurfürsten in Köln, war Mitbegründer der Kameraljurisprudenz. Auch er beschäftigte sich mit Erklärungen der tatsächlichen Wirkungen der gelehrten Theorie in der Rechtsprechung des Höchstgerichts und versuchte, sie in den „Practicae observationes" (1578) systematisch darzustellen. Sein kasuistisch-analytischer Stil war praxisnah und wurde Vorbild für künftige vergleichbare Darstellungen der obergerichtlichen Rechtsprechung.

5. Spätphase

16   Die Spätzeit des Usus modernus fällt ideen- und entwicklungshistorisch mit dem Aufkommen des naturrechtlichen Denkens zusammen. Die Komplexität des Übergangs von der „Herbstzeit des Usus modernus" (E. Holthöfer) zur rationalen naturrechtlichen Gesetzgebung spiegeln die Werke der zeitgenössischen Juristenelite wider. Zu ihr gehörte *Justus Henning Böhmer* (1674–1749), Nachfolger von Samuel Stryk in Halle. Durch sein gesuchtes, weit verbreitetes Lehrbuch des römischen Rechts „Introductio in ius digestorum" (1704) wurde er ein führender Vertreter des späten Usus modernus. Richtungweisend waren jedoch seine Arbeiten zum evangelischen Kirchenrecht. In dem fünfbändigen Hauptwerk „Ius ecclesiasticum protestantium" (1714/37) erläuterte er systematisch das protestantische Kirchenrecht und prüfte Rechtsgebiete auf ihre Vereinbarkeit mit dem katholischen kanonischen Recht. Methodisch hatte er einen Mittelweg (*via media*) zwischen Ablehnung und Gesamtrezeption des Corpus iuris canonici entwickelt, der pragmatische, für die evangelische Kirchenrechtslehre akzeptable Lösungen ermöglichte. Neuere Biographien sehen in ihm „vielleicht den bedeutendsten deutschen Rechtsgelehrten des 18. Jahrhunderts" (P. Landau).

17   Großen Einfluss als Jurist des späten Usus modernus besaß *Augustin Leyser* (1683–1752), Professor für römisches Recht in Helmstedt und Wittenberg und Richter am Hofgericht des Kurfürsten in Sachsen. In seinem Rechtsdenken verband er das zeitgemäß veränderte Ius commune mit der Neuorientierung der Rechtswissenschaft an den Naturrechtslehren. Beispielhaft zeigen dies die „Meditationes ad Pandectas" (1713/48). Die mehrbändige Sammlung war für Studenten bestimmt und enthielt über 700 kleinere, nach der formalen Ordnung der Digesten gegliederte Dissertationen und Beobachtungen (*meditationes*) aus eigener richterlicher Tätigkeit. Kritiker haben ihm vorgeworfen, bei der Erörterung der Probleme einseitig die Partikularrechte berücksichtigt zu haben. Dies berührte jedoch nicht das übergeordnete Ziel seiner Methode, das zur Einheit mit dem Ius commune verschmolzene einheimische Recht des Usus modernus für das aufkommende naturrechtliche Denken zu öffnen. In diesen pragmatischen Ansätzen dienten seine Arbeiten bereits den politischen Ambitionen des aufgeklärten Fürstenstaates. Dessen Herrscher

hatten bei der Eigenstabilisierung der Macht die Nützlichkeit der nationalen Kodifikationen als wirkungsvolle Festigungsmittel erkannt.

Den Übergang vom späten Usus modernus zu den Vorstellungen 18
von einer naturrechtlichen Kodifikation verkörperten im 18. Jahrhundert für das Kurfürstentum Bayern die Werke des Staatskanzlers
Wiguläus Xaver Aloys Kreittmayr (1705–1790). Vom Landesherrn
mit einer umfassenden Rechtserneuerung beauftragt, war der Justizpraktiker in seinem barocken Denken und in der Arbeitsweise ein typischer Vertreter des späten Usus modernus. Von den Ideen des Naturrechts und der Aufklärung trennten sein Rechtsverständnis
Welten. Seine von der Forschung vereinzelt beobachtete programmatische Befassung mit den naturrechtlichen Lehren beschränkte sich in
der Gesetzgebung tatsächlich auf einige zaghaft-skurrile Annäherun-
gen. Viele pseudorationale, teils krude Stellungnahmen zu rechtspolitisch und weltanschaulich sensiblen Rechtsproblemen finden sich vor
allem in den kommentierenden sog. „Anmerkungen" zu den von ihm
verfassten Teilgesetzen des Codex Maximilianeus.

Eine Sonderstellung beim Übergang vom theokratischen Strafrecht 19
zum beginnenden Rationalismus eines aufgeklärten Rechtsdenkens
hat die Forschung dem vor allem durch sein strafrechtliches Werk
als Kriminalist international bekannten *Benedict Carpzov* († 1666)
vorbehalten. Neue Forschungen sehen ihn mit Samuel Stryk als Wegbereiter und bedeutenden Repräsentanten des Usus modernus. In
dieser Rolle reklamieren sie ihn auch als maßgebenden wissenschaftlichen Bearbeiter des sog. Gemeinen Sachsenrechts. Diese regional
übergreifende Sonderrechtsbildung wird in der Literatur als „mäch-
tige Traditionsinsel deutschen Rechtes" neben dem Ius commune gepriesen (F. Wieacker) und als kleiner sächsischer Mythos gepflegt. Basierend auf Sachsenspiegel und Magdeburger Recht soll es eine
Verbindung mit dem „eingedrungenen" römisch-kanonischen Recht
eingegangen sein und „als Produkt der Rezeption der fremden
Rechte in Kursachsen" gegolten haben (H. Lück). Dieser Analyse
liegt eine Überbewertung landschaftlicher Rechtsbesonderheiten zugrunde. Welche konkreten Wirkungen das als „fremd" identifizierte
gelehrte Recht neben dem Gemeinen Sachsenrecht im Rechtsdenken
und in der forensischen Praxis tatsächlich entfaltet hatte, bleibt dabei
offen. Carpzov war weder als Strafrechtler noch als Ziehvater eines
„sächsisch-römischen Rechts" ein Protagonist des Usus modernus.

II. Italien – Giurisprudenza pratica

1. Reformierter Bartolismus

20   Die italienische Rechtswissenschaft stand im 17. Jahrhundert unter dem Einfluss humanistischer Kritik an den Erfahrungen mit dem spätmittelalterlichen Ius commune. Die Postulate der Reformer nach Erneuerung waren in ihrer grundsätzlichen Richtung mit dem Programm des frühen Usus modernus identisch. Die bartolistische Rechtslehre hatte sich zunehmend von den Realitäten des Rechtsverkehrs entfernt und entsprach nicht mehr dem allgemeinen Rechtsempfinden der Bevölkerung. Die „interpretatio" der Doktrin setzte sich häufig in Widerspruch zu der „opinio communis" der Rechtsprechung. Das stabile „sistema iuris", in dem das Ius commune mit den partikularen Rechten eine Einheit gebildet, Rechtssicherheit und Gerechtigkeit garantiert hatte, war außerstande, auf die Anforderungen der Gerichtspraxis sachgerechte Antworten zu geben. Die Kritiker suchten deshalb nach einem „italienischen Weg", der sich methodisch wie inhaltlich mit dem Usus modernus pandectarum weitgehend deckte.

21   Die neue geistige Strömung, die diese Zielvorstellungen propagierte, war die „Giurisprudenza pratica" und ihr Wortführer der römische Kardinal *Giovanni Battista De Luca* (1613/4–1683). Er hatte in Neapel und Rom forensisch erfolgreich als Advokat gearbeitet, wurde später im Dienst der Kurie Berater und Mitarbeiter des Papstes Innozenz XI. († 1689), der ihn an den höchsten Gerichtshof der römischen Kurie (*Rota Romana*) als Mitglied berief. De Luca erstrebte eine Popularisierung des Ius commune und die Anpassung der hoch entwickelten Doktrin an die Praxis. Er besaß die Fähigkeit, Entscheidungen mit komplizierten Rechtsfragen auf Wesentliches zu reduzieren, sie wissenschaftlich, streng argumentativ zu analysieren, schematisch zu gliedern und in Sammlungen darzustellen, die dem enzyklopädischen Literaturstil des 17. Jahrhunderts entsprachen.

2. Rechtsenzyklopädien

22   Das „Theatrum veritatis et iustitiae" (1669/73) war sein Hauptwerk, in dem er seine Erfahrungen als Justizjurist und zugleich popu-

lärwissenschaftlicher Autor (*divulgatore*) zusammengeführt hatte. Die 15 Bände umfassende Rechtsenzyklopädie wurde noch Mitte des 18. Jahrhunderts um vier weitere Bücher ergänzt und neu ediert. Die Sammlung enthielt über 2500 Rechtsgutachten (*discursus*), die der Verfasser laufend kritisch bearbeitete und um Entscheidungen der Rota erweiterte. Die Öffentlichkeit wurde auf diesen Wegen über die Unzulänglichkeiten der Wissenschaft bei der Lösung von Rechtsproblemen informiert und die Rechtsprechung durch pragmatische Handlungsanweisungen zu Korrekturen an der bartolistischen Rechtsanwendung aufgerufen. De Luca wollte damit letztlich eine auf humanistischen Grundgedanken beruhende Synthese von „mos italicus" und „mos gallicus" erreichen. Es war ihm gelungen, aus der reichen Tradition des Ius commune ein zeitgemäßes Privat-, Straf- und Prozessrecht auf der Grundlage von Wahrheit (*veritas*) und Gerechtigkeit (*iustitia*), wie er sie verstand, darzustellen, das auch für den wissenschaftlich nicht profund vorgebildeten Juristen verständlich war.

De Luca veröffentlichte 1673 eine verkürzte Fassung des „Theatrum" in sechs Bänden und zum Zwecke der populären Verbreitung in Italienisch (*volgare*). Das monumentale Werk „Il Dottor volgare" vermittelte kritische Einblicke in die Wirklichkeiten einer sich im späten 17. Jahrhundert als gerecht ausgebenden Rechtspflege. Es enthielt eine enzyklopädische Beschreibung von Rechtsgrundsätzen des Zivil-, Straf-, Feudal-, Kirchen-, Statutar- und Gewohnheitsrechts, die der Autor aus praktischen Fällen abgeleitet und systematisch geordnet hatte. Die Verwendung der Volkssprache war eine Sensation im international üblichen Gebrauch des Lateinischen als Gelehrten- und Kultursprache. **23**

III. Rechtsetzung nördlich der Alpen

1. Gesetzgebung und Landesherrschaft

In den nordalpinen Territorien des Heiligen Römischen Reichs **24** setzten im 16. Jahrhundert verstärkt Bemühungen ein, die geltenden partikularen Rechte zu modernisieren. Das Instrument, das die Erneuerungen herbeiführen sollte, war das Gesetz. Politisches Motiv der Aktivitäten war das Streben der frühabsolutistischen Fürstenstaaten und Reichsstädte, den Ausbau der territorialen Souveränität durch Konsolidierung der Macht als „Landesherrschaft" zu beschleunigen. Das obrigkeitliche Monopol der Gesetzgebung sollte die Rahmenbedingungen für Handel, Wirtschaft und Gewerbe schaffen und auf diesen Wegen den allgemeinen Nutzen und Wohlstand der Bevölkerung mehren. Das „gemeine Wohl" (*salus publica*) war oberstes Staatsziel. Eine neue Wirtschaftsethik und Wohlfahrtsökonomie hatte die Aufgabe, die Entwicklung der Gesellschaft durch Gesetze in „richtigen Formen" zu lenken.

25   Die Aktualisierungen der Landesrechte waren faktisch „Rechtsbesserungen" in der Form von Gesetzen. Bei diesem legislativen Prozess wurden Techniken und Methoden angewendet, die der Usus modernus erfolgreich benutzt hatte. Das Ziel war eine zeitgerechte Fortbildung des Traditionellen und als bewährt Erkannten im Rahmen und in Abstimmung mit den Rechtslehren des Ius commune. Die Redaktoren waren in der Regel hochqualifizierte, gelehrte Berufsjuristen. Sie beschränkten sich entweder auf die Behebung einzelner „Missstände" oder gestalteten das gesamte partikulare Recht systematisch und dogmatisch um. Das Ergebnis nannten sie „Reformationes". Diese Erneuerungen des Rechts waren in unterschiedlicher Dichte vorgenommene Anpassungen alter Rechtsvorschriften an das spätmittelalterliche „Ius civile et criminale" der gelehrten italienischen, französischen oder spanischen Jurisprudenz.

2. Rechtsreformationen

26   Die ältere Forschung hatte an Beispielen vermeintlich nachweisbarer Rezeptionsvorgänge sog. „Romanisierungen" des traditionellen geschriebenen oder gewohnheitlichen Rechts nachzuweisen versucht. Die Fragen nach dem konkreten Anteil des einheimischen und römischen Rechts an den reformierten Gesetzen haben in neueren Untersuchungen ihre Bedeutung verloren. Nicht jeder als „Erneuerung" identifizierte Befund war schon per se der verlässliche Beweis eines erfolgten Bruchs mit einheimischen Rechtsvorstellungen. Eigenständige Rechtsneubildungen der partikularen Rechte hatte es bereits vor dem Bekanntwerden der gelehrten Rechte gegeben. Solche Veränderungen alter Rechtsformen sind deshalb keine verlässlichen Indizien für einen erfolgreichen Rechtstransfer.

Die Reformationen als „Verbesserungen" erfassten vorwiegend das traditionelle Zivil- und Strafprozessrecht. Dabei wurden alte Verfahrensweisen durch die rationale Technik des dispositiven Parteiverfahrens oder des offiziellen Inquisitionsprozesses nach gelehrtem Recht ersetzt. Umarbeitungen des materiellen Privatrechts beschränkten sich in der Regel auf das Schuld-, Ehe-, Ehegüter-, Vormundschafts- und Erbrecht. Im Strafrecht betrafen wesensverändernde Neuerungen den – nach modernem Verständnis – Allgemeinen Teil (Vorsatz, Fahrlässigkeit, Rechtfertigungsgründe, Notwehr, Teilnahme, Versuch), die Typisierung der Delikte (Bestimmtheitsgebot) und die Strafzumessung (Ermessensstrafe, Proportionalität).

Zu den für künftige Gesetzgebungsarbeiten vorbildlichen Rechts- **27** besserungen zählten die Reformationen der Reichsstädte Nürnberg (1479/84), Worms (1498/99), Frankfurt a. Main (1509) und Freiburg i. Br. (1520). Das Wormser Gesetz war vor allem im Strafrecht vom gelehrten Ius criminale in besonderer Weise beeinflusst. Es hatte Lehrbuchcharakter und fand deswegen wohl nur eingeschränkte Akzeptanz in der Praxis. Für die folgende partikulare Strafgesetzgebung (Bambergensis, Carolina) und für die Rechtsliteratur war es als Vorbild unverzichtbar. An den Kodifikationsarbeiten zur Freiburger Stadtrechtsreformation war der Humanist Ulrich Zasius († 1535) maßgeblich beteiligt. Seine bekannte Professionalität garantierte dem Gesetz als systemkonforme Verbindung von römischem Recht mit städtischen Statuten eine hohe technische wie inhaltliche Qualität.

Reformationen der Territorialrechte waren in Bayern 1518, in **28** Brandenburg 1527 und in Kurköln 1538 erfolgreich. 1555 folgte das Württembergische Neue Landrecht, das auch in anderen Territorien (z. B. Kurpfälzer Landrecht von 1582) als Muster verwendet wurde. 1571 erschienen das Solmser Landrecht, 1577 die Lüneburgische Reformation und 1578 die Erneuerte Reformation in Frankfurt am Main. In Kursachsen wurde ein besonderer Reformationentypus geschaffen. Hier galt das Verbot, Entscheidungen durch den Magdeburger Oberhof als Berufungsgericht überprüfen zu lassen. „Zweifelhaftige Fell der ungleichen und widerwärtigen Urteile", welche die Städte dem Kurfürsten vorlegt hatten, wurden den Juristenfakultäten der Landesuniversitäten Leipzig und Wittenberg (Matthaeus Wesenbeck) zur rechtlichen Überprüfung zugeleitet. Anschließend erörterte der Landesherr mit den Räten die Rechtskontroversen und klärte die Rechtsfragen abschließend. Die Entscheidungen wurden 1572 als „Kursächsische Konstitutionen" erlassen. Sie werden in der Literatur als Weiterentwicklungen des Gemeinen Sachsenrechts registriert und wurden von Carpzov intensiv benutzt. Neue Beratungsergebnisse erschienen 1661 als sog. „Kursächsische Dezisionen".

3. Ordnungen der „guten Policey"

29   Einen völlig anderen Typus der Gesetzgebung verkörperten im 16. Jahrhundert die Polizeiordnungen. Die frühesten entstanden im Laufe des 15. Jahrhunderts in den Städten. Auf Reichsebene eröffnete die 1530 erlassene, 1548 und 1577 ergänzte „Ordnung und Reformation guter Policey" einen neuen Abschnitt in der Gesetzgebungsgeschichte. Die Policeygesetze waren herrschaftlich verordnete, verhaltenslenkende, überwiegend ohne Mitwirkung der Landstände erlassenen Rechtsgebote. Das Ziel war, den Zustand einer „guten Ordnung" eines Gemeinwesens (*politeia*) herzustellen, zu bewahren und zu gewährleisten. Alle Untertanen wurden im Interesse der Wohlfahrt des Staates und des gemeinen Nutzens der unbedingten Einhaltung einer komplexen Pflichtenordnung unterworfen.

Die historische „gute Policey" unterschied sich in den Funktionen grundlegend von der modernen Polizei. Nach geltendem Recht besteht polizeiliches Handeln in der Tätigkeit staatlicher Organe, deren alleiniges Ziel die Aufrechterhaltung der öffentlichen Sicherheit und Ordnung und Gefahrenabwehr in einem Gemeinwesen ist. Demgegenüber garantierte die „Policey" des absolutistischen Fürsten- und Wohlfahrtsstaats des 16./17. Jahrhunderts der Gesellschaft Ruhe und die Abwesenheit jeder Unordnung durch eine Unmenge erhaltender und abwehrender obrigkeitlicher Eingriffe in die privatesten Lebensverhältnisse.

30   Die überwachenden und bevormundenden Vorschriften regelten die heterogensten Rechtsmaterien in nahezu allen Lebensbereichen und sanktionierten Zuwiderhandlungen durch ein Bündel (seltener) peinlicher Strafen und (in der Regel) arbiträrer Bußen. Zentrale Regelungskomplexe waren Verhaltensanweisungen, die religiöses und sittlich-moralisches Fehlverhalten innerhalb einer Gesellschaft ahndeten (gotteslästerliche Handlungen, Ehebruch, Konkubinat, Prostitution, Glücksspiel, Bettel), ferner Garantien der Sicherheit und Ordnung im Gemeinwesen (Ausgrenzung und Verfolgung des „fahrenden Volks", Kleidervorschriften, Luxusverbote, Erbfälle, Vormundschaft) sowie Verhinderungen der Begleitfolgen des Frühkapitalismus in der Arbeits- und Wirtschaftsordnung (Lohntaxen, Warenfälschung,

Maße und Gewichte, Münzwesen, Zinswucher). Die Forschung hat für diese exzessive und entmündigende Regelungswut den Begriff der „Sozialdisziplinierung" der Untertanen erfunden und weist der Policeygesetzgebung die Schlüsselfunktion in einem rationalen Zivilisationsprozess zu (M. Härter).

4. Wende zum Rationalismus des Naturrechts

Der konkrete Anlass der Gesetzgebung des Reichs war die Reichs- 31
reform. Sie wollte dringliche „gesamtstaatliche" Probleme bewältigen und „Missstände" beseitigen, wurde jedoch nur in Ausnahmefällen als Instrument einer planvollen, auf langfristige Wirkungen angelegten Rechtspolitik genutzt. Ursächlich dafür war auch der zunehmende Autoritätsverfall des Kaisertums im Heiligen Römischen Reich Deutscher Nation, dessen politische Macht der Dreißigjährige Religionskrieg entscheidend beschränkt hatte. Pläne, die Unzulänglichkeiten der partikularen Rechte zu beheben, wurden auf diese Weise durch gegenläufige Interessen der aus Reichsfürsten und Reichsstädten bestehenden Reichsstände vorzeitig beendet, der Zerfall der Ordnung dadurch beschleunigt.

In der Rechtswissenschaft der Spätphase des Usus modernus zeich- 32
neten sich jedoch bereits Konturen einer neuen rechtsphilosophischen Denkrichtung ab. Sie sollte erst mit den nationalen Kodifikationen Anfang des 19. Jahrhunderts einen vorläufigen Abschluss finden. Gegen Ende des 17. Jahrhunderts waren Ius commune und Usus modernus nicht mehr in der Lage, die sich wirtschaftlich wie sozial ändernde Wirklichkeit in den europäischen Nationalstaaten durch ein dem Wandel Rechnung tragendes Recht zu lenken und zu leiten. Eine neue Vision von der Gesellschaft und ihrer Ordnung wurde diskutiert. In ihr war das Recht das Fundament, das nach den Bauplänen einer rationalen Architektur aus der „Natur" des Menschen abgeleitet wurde und in einem von Naturgesetzen beherrschten Gemeinwesen Steuerungsfunktionen übernommen hatte. Die Rechtswissenschaft konnte dieses ihrer alten Wurzeln entkleidete Recht als homogenes Ordnungssystem nach den Grundregeln der Physik, Mathematik und Geometrie konstruieren und kontrollieren (more architectonico). Bei der Suche nach natürlichen, vernünftigen Begründungen waren legitimierende Anleihen bei der Metaphysik und Rückversicherungen bei göttlichen Urquellen endgültig entbehrlich geworden. Die Evolution der Rationalität hatte die Tradition endgültig überholt.

Schrifttum: *M. Härter*, Entwicklung und Funktion der Policeygesetzgebung, in: Ius Commune XX (1993), 61 ff.; *K. Luig*, Samuel Stryk und der „Usus modernus pandectarum", in: Römisches Recht, Naturrecht, Nationales Recht (1998), 91* ff.; *H. de Wall*, Zum kirchenrechtlichen Werk Justus Henning Böhmers, SZKan 87 (2001), 455 ff.; *J. Finzel*, Georg Adam Struve als Zivilrechtler (2003); *A. Deutsch*, Der Klagspiegel und sein Autor Conrad Heyden (2004); *H.-P. Haferkamp/T. Repgen* (Hg.), Usus modernus pandectarum, FS f. K. Luig (2008); *H.-J. Becker*, Kardinal Giovanni Battista de Luca und die Sacra Romana Rota, SZKan 95 (2009), 313 ff.; *M. Schmoeckel*, Benedict Carpzov und der sächsische Prozess, in: SZGerm 126 (2009), 1 ff.; *G. Burret*, Der Inquisitionsprozess im Laienspiegel des Ulrich Tengler (2010); *A. Dani*, Giovanni Battista De Luca divulgatore del diritto (2012); *G. Wesener*, Ius romanogermanicum. Zur Rechtsquellenlehre des Usus modernus pandectarum, in: Essays in honour of Laurens Winkel (2014), 1031 ff.; *ders.*, Zur Spätphase des Usus modernus pandectarum, in: Legal Roots 4 (2015), 11 ff.; *P. Wittmann*, Rechtspraktiker in deutschsprachiger Praktikerliteratur des 16. Jahrhunderts (2015), 244 ff.; *H. Lück*, Benedict Carpzov und das „römisch-sächsische Recht", in: ZEuP 2016, 888 ff.

8. Kapitel. Quellen und Lehren des Naturrechts

I. Rechtsquelle Naturrecht

1. Recht und Empirie

Juristischer Humanismus und Usus modernus hatten in Europa 1 dem Rationalismus und der Laisierung Bahn gebrochen. Ein neues Bild vom Menschen hat die alte Sicht der Welt von der Einheit der göttlichen und weltlichen Ordnung abgelöst. Die Schöpfung als realer Lebensraum des Individuums wurde von den aufkommenden Naturwissenschaften erklärt und definiert. Mathematik, Geometrie, Astronomie und Physik suchten experimentell nach Wahrheiten und Gesetzlichkeiten, ohne dabei von Geboten und Verboten der Metaphysik oder Religion behindert zu werden.

Diese Formen einer rigorosen „Entzauberung der Welt" (Max Weber) durch Operationen, deren Ziel das Erkennen naturwissenschaftlich kontrollierter Gewissheiten durch Erfahrung war, hatten in Europa auch eine rechtskulturelle Revolution ausgelöst. Ein grundlegend gewandeltes Rechtsdenken entdeckte im Naturrecht das Fundament, das die Politik lenkte, die Werte- und Rechtsordnung legitimierte und die Gesellschaft stabilisierte. Die Juristen, die ein Rechtssystem auf naturrechtlichen Voraussetzungen konstruieren wollten, waren überzeugt, dass nur aus der Natur des Menschen – als Mikrokosmos – Rechtsregeln empirisch abgeleitet werden konnten, die auf die menschlichen Gesellschaften – als Makrokosmos – übertragbar waren.

Das „Naturrecht" war Basis und geistiges Kraftzentrum einer 2 neuen Epoche. Sie ist untrennbar mit dem Begriff „Aufklärung" verbunden. Beide philosophischen Strömungen suchten nach einer Lebens- und Gesellschaftsordnung, in der die Autonomie des Menschen und seine Freiheit zum eigenbestimmten rechtlich-privaten, gesellschaftlichen und politischen Handeln durch das „Gesetz" als neuen Typus einer Rechtsquelle gesichert wurden. Die Aufklärung hatte den vom Naturrecht im 17. Jahrhundert initiierten radikalen Umbau der Gesellschaft durch eine umfassende Neuordnung der Rechtsquellen im 18. Jahrhundert fortgesetzt. Naturrechtliches Denken, Planen und Ordnen hatte zwischen dem geltenden positiven Recht und anthropozentrischen Rechtsvorstellungen ein Spannungsfeld geschaffen, in dem die menschliche Vernunft überpositive Grundsätze und Werte erkannte und als verbindlich feststellte.

Die Lösung des Verstandes aus den Fesseln der Metaphysik, Moralphilosophie und Theologie wurde von den entstehenden exakten Naturwissenschaften vorbereitet. Deren Methoden hatten erkenntnistheoretisch gezeigt, dass unabhängig von den Traditionen eine neue Gesellschaft und ihr Recht jenseits des bekannten rechtlichen Grundrahmens erbaut werden konnten. Sie musste aus dem Vorhandenen nach den Prinzipien der Mathematik, nach den aus der Erfahrung gewonnenen objektiven Regeln und mit Hilfe der Vernunft „more mathematico, geometrico, architectonico" entworfen werden.

Das Licht der Vernunft brachte mit der Idee von der Vorherrschaft des Gesetzes das Ius commune in existentielle Bedrängnis. Der Rationalismus minderte das Ansehen dieser ursprünglich unangefochten dominanten Rechtsquelle und ließ sie in vielen Lebensbereichen überflüssig werden. Bereits die humanistische Rechtskritik hatte begonnen, die Verbindlichkeit des Gemeinrechts für das geltende Recht in Frage zu stellen. Im 18. Jahrhundert wurden diese Zweifel im Programm der Aufklärung konkreter formuliert und festigten zugleich das Naturrecht als alleinige Legitimationsbasis.

3   Unter den Wissenschaftlern, die als Wegbereiter dieser Öffnung zum Rationalen, Vernünftigen und zur Mathematisierung der Wissenschaften gelten, waren wenige, deren Forschungen in die Zukunft weisende, Epochen prägende Wirkungen hatten. Der italienische Physiker und Astronom *Galileo Galilei* (1564–1642) gehörte zu ihnen. Er suchte nach mathematisch beweisbaren, zeitlosen Regelabläufen im Universum. 1590 entdeckte er durch Erfahrung im Experiment das Naturgesetz vom freien Fall. Damit war „empirisch" bewiesen, dass die Naturbeobachtung Quelle der Erkenntnis mittels des Verstandes (*ratio*) sein konnte.

4   Der eigentliche Begründer der durch Vernunft gesteuerten, planvollen empirischen Beobachtung der Natur, um deren Gesetzlichkeiten zu erkennen, war der Jurist und englische Staatskanzler *Francis Bacon* (1561–1626). In seinem Hauptwerk „Novum organum" (*Neues Werkzeug*, 1620) hatte er eine radikale Erneuerung des weltfern gewordenen Rationalismus der englischen Scholastik gefordert. An seine Stelle sollte eine innovative Naturforschung treten, die als

Wissenschaft im Interesse der Wohlfahrt der Menschen experimentelle Erfahrung mit Vernunft verbunden hatte. Nur in dieser Kombination sollten Fortschritte im Wissen als Machtfaktor möglich werden (*knowledge itself is power*). Nach seiner Lehre mussten Wahrheiten (noch) nicht mit Hilfe der Mathematik, sondern durch quasi-gerichtlich nachprüfbare Experimente (*lawfull evidence*) ermittelt werden. Naturerkenntnis ohne empirische Daten war undenkbar.

Bacons naturwissenschaftlichen Empirismus erweiterte der englische Mathematiker und Physiker *Isaac Newton* (1643–1727) um die mechanistische Betrachtungsweise. Sie war für ihn die einzig legitime Methode, die eine Erklärung nicht nur physikalischer Vorgänge, sondern auch sozialer Zusammenhänge in der Gesellschaft ermöglichte. Allen anderen Beschreibungen bescheinigte er „okkulte Qualität". Das Newtonsche Gravitationsgesetz war ein entscheidender Schritt zur physikalisch-mechanistischen Interpretation der Natur. Die mathematisch gewonnenen Erkenntnisse der Naturgesetze der Mechanik wollte er auf die Gesellschaft übertragen. Damit glaubte er, das soziale System zuverlässig nach Maßgabe wissenschaftlich ermittelter, quantifizierbarer Tatsachen erklären und steuern zu können. 5

Einen weiteren Fortschritt auf diesen Wegen des naturwissenschaftlichen Empirismus brachte der englische Arzt, Anatom und Naturforscher *William Harvey* (1578–1657) mit der Entdeckung des Blutkreislaufs. Er hatte Medizin in Padua, an der zu seiner Zeit bedeutendsten medizinischen Fakultät in Europa studiert und wurde durch seine Entdeckung der physikalischen und biologischen Zusammenhänge bei den menschlichen Funktionen zu einem Wegbereiter der modernen Physiologie. 6

In diesem neuzeitlichen Rationalisierungsprozess wirkte übergreifend und richtungweisend der französische Physiker und Mathematiker *René Descartes* († 1650). Er hatte überzeugend die These bewiesen, dass philosophisches Fragen und empirisches Untersuchen stets vom mathematischen Wissen (*mathesis universalis*) begleitet und geleitet werden musste. Nur mit Hilfe der aus der Geometrie stammenden naturwissenschaftlichen Methoden waren analytisch verlässliche Erkenntnisse über die Natur, den Menschen und die Gesellschaft möglich. 7

2. Strukturelemente

8   Im Fokus der frühneuzeitlichen Naturrechtslehre stand der Mensch als mit autonomer Vernunft begabtes Individuum in einer diesseitigen, mathematisch-physikalisch erklärbaren, von logisch zusammenhängenden Naturgesetzen beherrschten sozialen Welt. Das Wesen des Naturrechts als fundamentales, der besonderen Natur und Existenz des Menschen inhärentes Recht offenbarte sich in vier Erscheinungsformen:

(1) Als unabänderliches Recht galt es unabhängig von Ort und Zeit für alle Menschen und Völker, ohne Rücksicht auf Religion, Nationalität, Geschlecht, Abstammung, körperliche oder geistige Verfassung. (2) In dieser ausgreifenden Funktion war Naturrecht eine säkulare, ausschließlich weltimmanent begründete Rechtsordnung, ohne transzendentale Legitimation und zwingenden Gottesbezug. (3) Deshalb wurde es als autonomes, von Fremdeinflüssen unabhängiges Rechtssystem verstanden, in dem nur normative Elemente und operative Methoden des eigenen Systems Wirkungen entfalteten. (4) Schließlich war die menschliche Vernunft Quelle eines „geometrisierten" Naturrechts, das eine rationale Erklärung und Lösung aller sich sozial, rechtlich wie politisch stellenden Probleme in der Gesellschaft ermöglichte.

9   In dem Ideenvorrat der neuen Leitwissenschaften Mathematik und Physik fand der Jurist erprobte Methoden und Techniken, die er wie ein Geometer (*more geometrico, mathematico*) für die Gewinnung von Rechtssätzen und für die rationale Lösung von Rechtsfragen nutzen konnte. Erst wenn alle Teilelemente in eine „Kodifikation" übernommen worden waren, hatte sich das Naturrecht zu einer „vernünftigen" Rechtsordnung konsolidiert. In der Sprache der neueren Philosophiegeschichte war „Naturrecht" als gesamtkulturelle Revolution im 17./18. Jahrhundert zum „Vernunftrecht" der Aufklärung geworden.

II. Naturrechtsepochen

1. Griechisch-römische Naturrechtslehren

a) Sophistik

Der legitimierende Rückgriff der Jurisprudenz auf das Naturrecht 10
war im 16./17. Jahrhundert keine typisch „juristische Entdeckung".
Schon die antike Philosophie hatte sich mit der Frage der Unabänderlichkeit beschäftigt, die sich in der dialektischen Wechselwirkung
zwischen dem positiven und dem natürlichen Recht als Problem manifestierte. Die griechische Philosophenschule der aufklärerischen So-
phisten suchte nach Interdependenzen und Verbindungen zwischen
der Natur und der menschlichen Gesellschaft. Ihre Vertreter entdeckten dabei das Naturrecht als eine ausschließlich auf die Natur (*physis*)
und nicht auf ein staatliches Gesetz (*nomos*) gegründete Idee der Gerechtigkeit (*dikaion*). Die sophistischen Gerechtigkeitslehren beherrschte der Antagonismus zwischen Nomos und Physis. Dies
führte zur zentralen Frage nach dem Ursprung des Rechts, das, falls
es positiv gesetzt und der Natur gemäß war, durchaus nicht einheitlich zu sein brauchte.

Kallikles, eine möglicherweise von *Platon* (427–347 v. Chr.) im Di- 11
alog „Gorgias" fingierte Persönlichkeit, sah in dem Naturrecht das
Recht des Stärkeren. *Thrasymachos* (5. Jh. v. Chr.) sprach vom Naturrecht als dem Gerechten, das nichts anderes beinhaltete als ebenfalls
den eigenen Nutzen des Stärkeren. Bei Platon wurde der sophistische
Antagonismus zwischen Natur und Gesetz relativiert. Das Naturrecht war Bestandteil einer Lehre von der Idee der Gerechtigkeit.
Mit deren objektiven Wertgrundsätzen als Realitäten musste das positive Recht nach Möglichkeit übereinstimmen. Platon blieb allerdings bei der Beantwortung der Frage unentschieden, ob das als gerecht Erkannte durch positives Recht realisiert werden musste oder
ob es ohne die Vermittlung des Mediums Gesetzgebung unmittelbar
verpflichtende Kraft besaß.

Aristoteles (384–322 v. Chr.), der „Meister allen Wissens" (*Dante*, 12
Inferno IV 131), griff die Diskussion auf und setzte die Ideen seines
Lehrers Platon fort. Er verstand unter Naturrecht das ungeschrie-
bene, immer und überall verbindliche Recht (Gleichheit, Freiheit,

Gerechtigkeit), dem das gesetzliche Recht der Polis anzupassen war. Naturrecht und Gesetzesrecht galten nebeneinander. Allerdings war das Naturrecht wandelbar und – wie die endliche Natur des Menschen und des Staates – einer abändernden Angleichung und Fortbildung zugänglich.

b) Stoa

13   In der Athener Philosophenschule der Stoa (ca. 350–250 v. Chr.) war das Naturrecht Quelle einer weltumspannenden, kosmischen Ordnung. Der Mensch als Teil des Universums (*kosmos*) nahm mit der ihm eigenen Vernunft an der gleichfalls durch sie beherrschten Weltordnung teil. Das Naturrecht und seine verstandesmäßig einsehbare „natürliche", richtige Normenordnung waren Konkretisierungen eines ewigen Prinzips der Weltgestaltung (*logos*). Dieses Weltgesetz verpflichtete die Menschheit und beherrschte das gesamte Einzel- und Sozialleben (*nomos koinos – ratio mundi*). Der „Natur" zu folgen, galt als ein Weg „zur Tugend und zu tugendhaftem Handeln" (*arete*).

14   Auf den antiken griechischen Lehren von der natürlichen Ordnung als Objektivierung der Weltvernunft basierte auch das römische Staats- und Rechtsdenken. Es stand seit dem vorchristlichen 2. Jahrhundert unter dem Einfluss der geistigen griechisch-humanistischen Strömungen. Alle Bereiche des kulturellen, künstlerischen und wissenschaftlichen Lebens gerieten unter den Einfluss des Hellenismus. Die stärksten Impulse gingen hierbei von den Stoikern *Chrysippos* († 208/04), *Panaitios* († 109), *Poseidonios* († 51) und von dem Historiker *Polybios* († 120) aus. Deren Lehren führten das römische Rechtsdenken zum Problem des Naturrechts.

15   *Marcus Tullius Cicero* (106–43 v. Chr.), Politiker, Jurist und Philosoph, versuchte über die stoischen Vorlagen das überlieferte römische Recht zu einer sittlichen und praktischen Handlungsanweisung umzugestalten, zu systematisieren und zu erneuern. Die Grundbedingung einer vernünftigen staatlichen Gesetzgebung sah er in dem „wahren Gesetz" (*lex vera*) als Verwirklichung der höchsten, alles durchdringenden, der Natur immanenten Vernunft (*lex est ratio summa, diffusa in omnes, insita in natura*). Es ermahnte den Menschen als Vernunftwesen zu einem vernunftgemäßen und deshalb richtigen Verhalten sowie zur Meidung des Gegenteiligen (*quae iubet ea quae facienda sunt, prohibetque contraria*, De legibus I 6. 16).

Das Naturrecht (*ius naturale*) war für die römischen Juristen 16
gleichbedeutend mit der richtigen Vernunft (*recta ratio*), die im Einklang mit der Natur stand (*naturalis ratio*). Es war beständig, ewig
(*ratio constans, sempiterna*) und gebot, in einer Gemeinschaft das für
das allgemeine Wohl (*bonum commune*) Gute und Nützliche zu tun
(*utilitas publica*). Die Jurisprudenz kannte kein geschlossenes philosophisches Naturrechtssystem. Im Mittelpunkt der pragmatischen
stoischen Naturrechtslehren standen konkrete Rechtsprobleme des
„ius civile", für deren Entscheidung im Einzelfall die Begründung
aus dem „ius naturale" mit Hilfe der Logik und Dialektik abgeleitet
wurde.

Der Klassiker *Gaius* (um 120–180) erklärte zur Quelle des „ius naturale" die allen Menschen gemeinsame Vernunft (*naturalis ratio*) als
Maßstab einer natürlichen Gerechtigkeit (*naturalis aequitas*). Für den
Spätklassiker *Domitius Ulpianus* (um 170–223) war das Naturrecht
ein unveränderliches Menschheitsrecht, das er am Beispiel allgemeiner Institutionen, wie Ehe und Erziehung der Nachkommen, sichtbar machte. Seine Definition fand Eingang in die justinianischen Digesten (*ius naturale est, quod natura omnia animalia docuit* –
Naturrecht ist das, was die Natur alle Lebewesen gelehrt hat,
D.1.1.1.3). Sie gründete sich auf den stoischen biologischen Begriff
von der Natur und von der Rechtsgemeinschaft aller Lebewesen
(Empedokles, Pythagoras), der mit dem heutigen biosoziologischen
Naturbegriff im Wesentlichen übereinstimmt.

2. Christliche Naturrechtslehren

a) Aurelius Augustinus

Mit *Aurelius Augustinus* (354–430), Lehrer der Rhetorik in Kar- 17
thago, Rom und Mailand, Bischof von Hippo (Nordafrika) und später zur Ehre der Altäre erhobener Lehrer der lateinischen Kirche,
knüpfte an die Tugendlehre des stoischen Naturrechts an. Auf ihn
geht die Theologisierung der ewigen Weltvernunft (*logos*) der Stoiker
zurück, die er in den Willen des christlichen Schöpfergottes umdeu-
tete.

Aus dem stoischen Naturgesetz der „lex aeterna" wurde die „lex 18
divina" als Ordnung der Schöpfung. Gottes Wille hatte sie nach einem vernünftigen Plan gestaltet. Damit verlor die „lex aeterna" ihren

Charakter der kosmischen Unabänderlichkeit und wurde als Vernunft oder Wille Gottes zur natürlichen Schöpfungsordnung.

Der Mensch besaß natürliche Vernunft, mit deren Hilfe er die Grundsätze der Natur in der Schöpfung für sich erkannte und als Naturrecht (*lex naturalis*) übersetzte. Der Gesetzgeber verwirklichte die Naturrechtsprinzipien im Rechtsbefehl der zeitlichen „lex positiva, humana". Sie hatte ihre Wurzeln in der „lex divina" und „lex naturalis", die sie beide inhaltlich gleichsam abbildete.

b) Thomas von Aquino

19   Durch den Dominikanermönch *Thomas von Aquino* (um 1224/25–1274) wurde das christliche Naturrechtsdenken perfektioniert. Der Theologe und einer der größten Philosophen der auf den Aristotelismus gegründeten Scholastik studierte und lehrte in Italien, Frankreich und Deutschland. Der Kirchenlehrer ist seit 1879 offizieller Philosoph der katholischen Kirche.

Thomas hatte die Triaslehre zum Gesetz von Augustinus übernommen, jedoch die Frage, ob die von Gott als oberstem Gesetzgeber als „summum bonum" ausgehende Schöpfungsordnung auf seine Vernunft oder seinen Willen zurückzuführen ist, eindeutig zugunsten der Vernunft beantwortet (*ratio ordinat finem* – Vernunft bestimmt den Zweck). Nach diesem „Intellektualismus" besaß der Mensch natürliche Neigungen und unveränderliche Naturanlagen, in denen sich das natürliche und ebenfalls unabänderliche, ewige Gesetz Gottes (*lex aeterna, summa ratio*) manifestierte. An ihm nahm das Individuum mit seiner Vernunft als Abbild der göttlichen teil und leitete daraus natürliche Rechtsprinzipien als „lex naturalis" ab. Die Hauptinhalte dieser Lex als rationale Teilhabe an der „lex aeterna" beschrieben zwei Grundmaximen: „Tue das Gute" und „handle vernunftgemäß".

20   Der irdische Gesetzgeber verwirklichte die Postulate in allgemeinen positiven Sollens-Gesetzen (*leges humanae*), die als natürliches Sittengesetz für Menschen und unter Menschen galten. Allerdings durfte die „lex humana" der „lex naturalis" nicht widersprechen. Darin folgte Thomas dem von Cicero entwickelten Grundsatz, wonach gegen das Naturrecht verstoßende Gesetze nicht durch eine „lex humana" für gerecht erklärt werden durften. Anderenfalls waren sie kein Recht, sondern seine Zerstörung (*legis corruptio*) und brauchten nicht befolgt zu werden. Damit bestritt Thomas dem naturrechtswidrigen positiven Recht grundsätzlich jede Geltung. Das Naturrecht

(*ius naturale*) war nach Thomas kein allgemeines Gesetz, sondern der Inbegriff des Gerechten (*iustum*) und im aristotelischen Sinne grundsätzlich veränderlich. Er beschränkte es im Wesentlichen auf die biblischen Gebote als göttliche Satzung (*lex divina*) und hielt weitergehende, selbst unrichtige, wenn auch nicht gerade widergöttliche Gesetze so lange (*pro tempore*) für verpflichtend, als durch sie das höhere Gut der äußeren Ordnung erstrebt wurde.

c) Voluntarismus

Das gesamte hochmittelalterliche weltliche Rechtsdenken beruhte **21** auf der Grundvorstellung, dass positives Recht durch rationale Operationen aus der göttlichen Ordnung des Kosmos gewonnen und begründet werden konnte. Diese Ableitung wurde in der sog. „Spätscholastik" des 16. Jahrhunderts modifiziert und durch die Aufklärung säkularisiert. Noch zu Lebzeiten von Thomas von Aquino begann der allmähliche Verfall seiner „intellektualistischen" Lehre vom Primat der Vernunft vor dem Willen und als Prinzip des Handelns. Der Hauptwiderstand gegen den Thomismus kam von dem mit den Dominikanern rivalisierenden Orden der Franziskaner. Der in Schottland geborene, in Oxford, Paris und Köln lehrende Franziskaner *Johannes Duns Scotus* (um 1265/66–1308) knüpfte an den Franziskaner *Roger Bacon* (1214- 1292) in Oxford an und konfrontierte die Einsicht durch den Intellekt mit dem Willen, dem er den Primat zuerkannte: „Der Wille steht über dem Verstand" (*voluntas est superior intellectu*).

Nach der Lehre des sog. „Voluntarismus" soll der souveräne, zu- **22** fällige, individuelle und freie Wille Gottes (*voluntas Dei*) über Gültigkeit und Verbindlichkeit eines Naturrechtssatzes entscheiden. Eine Handlung ist nur gut oder schlecht, *weil* der göttliche freie Wille sie so qualifiziert (*voluntas vult* – der Wille will es). Die weitere Frage nach ihrer allfälligen Vereinbarkeit mit der „natura humana" stellt sich nicht mehr; sie ist unzulässig. Weil Gott aber gegen das logische Widerspruchsaxiom (Satz vom ausgeschlossenen Widerspruch, Formel: „A ist nicht Nicht-A") nicht verstößt, kann ein schrankenloser göttlicher Wille („Willkürgott") nicht gedacht werden. Dieses neue, voluntaristisch begründete Naturrecht war seinem Wesen nach deshalb veränderlich oder dynamisch.

Der „Scotismus" als Lehrsystem der franziskanischen Spätscholas- **23** tik hatte den göttlichen Willen für souverän erklärt und dem Naturrecht Vieldeutigkeit attestiert. Dadurch hatte der „Voluntarismus" den bislang herrschenden „Thomismus" desavouiert und das idealistisch-intellektualistische Naturrecht objektiv zerstört. Der in Oxford lehrende Philosoph und Theologe *Wilhelm von Ockham* (Occam, um 1285/86–1349) wurde zum klassischen Repräsentanten der Voluntaristen. Papst Johannes XXII. († 1334) hatte ihn als Irrlehrer verfolgt. Ihm wurde vorgeworfen, mit Marsilius von Padua († 1343), einem Staatstheoretiker und Verfasser der revolutionären, die Volkssouveränität propagierenden Schrift „Defensor pacis" (1320/24), den exkommunizierten Kaiser Ludwig d. Bayern († 1347) politisch gegen die kirchlichen Suprematieansprüche unterstützt zu haben. Ockham, der am kaiserlichen Hof in München Zuflucht und Schutz gefunden hatte, verteidigte in der geistigen Nachfolge von Johannes Duns Scotus die These von der Freiheit des göttlichen Willens und vollendete voluntaristisch die individualistische Interpretation des Naturrechts.

24   Für Ockham war Naturrecht stets ein auf Erfahrung gegründetes, schlechthin veränderbares Recht. Das aus der empirischen Beobachtung (nur) der Einzeldinge bzw. der Individualitäten deduzierte Wirklichkeitsverständnis musste zwangsläufig zu einer Kontroverse zwischen Theologie (Offenbarung, Glauben) und Philosophie (Erkenntnis, Empirie) führen. Er hatte damit die Grundbedingungen für den „Empirismus" als neuen Wissenschaftsbegriff geschaffen: Beobachtung, Experiment, Mathematik. Die „scientia experimentalis" musste von klaren und evidenten Einsichten ausgehen, die logisch und rational durch Beobachten, Erfahrung und mathematische Formulierung gewonnenen wurden. Mit dieser Festlegung wurde die Tätigkeit des Verstandes zum Garanten der Wahrheit und Ockham zu einem Wegbereiter des „Cartesianismus" (nach René Descartes), der Philosophie des frühneuzeitlichen „Rationalismus".

III. Spätscholastisches Naturrecht

1. Europäische Wendezeiten

25   Die Wende zu einem rationalistisch orientierten Naturrecht auf der Grundlage des weiterentwickelten thomistischen „Realismus" wurde von spanischen Gelehrten eingeleitet. Sie waren nahezu ausschließlich Theologen und Juristen in Personalunion. Die von Ockham begrün-

dete voluntaristische Lehre des sog. „Nominalismus" (*via moderna*) hatte das doktrinär erstarrte hochscholastische Naturrecht von Thomas von Aquino (*via antiqua*) abgelöst. Auch beeinflusst durch die Philosophie des Humanismus der Renaissance begann im 16. Jahrhundert an der spanischen Universität Salamanca eine theoretische Neuinterpretation des Naturrechts im Sinne eines neuen „Thomismus". Eine sich konstituierende Schule wurde Zentrum einer philosophischen Bewegung, die das Rechtsdenken in Europa entscheidend beeinflussen sollte.

Die Wissenschaftsgeschichte kennt diese Epoche des philosophischen Umbruchs als „Spätscholastik" und nennt sie auch – der Breitenwirkung des Wandels angemessener – „Zweite Scholastik" (*segunda escolástica, secunda scolastica*). Ihr systemprägendes Merkmal war die Absage an den Vernunftoptimismus, den Thomas zum Wesensmerkmal der „Ersten" Scholastik stilisiert hatte. Demgegenüber stellten Vertreter der „Zweiten" Scholastik ihre neu interpretierten naturrechtlichen Theoreme in den Dienst aktueller moraltheologischer Fragen und sozialer Probleme Spaniens zur Zeit der größten Machtentfaltung und geopolitischen Ausdehnung.

Spanien und Portugal, die größten Seefahrernationen Europas, waren die Entdecker eines neuen Kontinents, den sie hemmungslos kolonisierten. *Christoph Columbus* (Cristoforo Colombo, 1451–1506), ein Italiener aus Genua und ausgebildet in Portugal, entdeckte im Dienste der spanischen Krone auf der Suche nach einem Seeweg nach Indien in westlicher Richtung, ohne es zu wissen, 1492 Amerika. Wenige Jahre später (1497/98) suchte der Portugiese *Vasco da Gama* (1469–1524) im Auftrag der portugiesischen Krone nach einem für globalisierte Handelsbeziehungen und den Wirtschaftsverkehr ebenso wichtigen südlichen Seeweg nach Indien. Die Großmachtpolitik und Wirtschaftskraft vor allem des spanischen Königreichs hatte seit dem ausgehenden 15. Jahrhundert die politischen Koordinaten in Kontinentaleuropa grundlegend verändert. Die Dynamik der dabei freigesetzten Impulse für das Naturrechtsdenken war groß. Die globalen Folgen wurden jedoch erst im Laufe des 16./17. Jahrhunderts sichtbar.

Während der Herrschaft von *Isabella I.* von Kastilien (d. Katholische, 1451–1504) und *Ferdinand II.* von Aragón (1479–1516) sowie des späteren römisch-deutschen Kaisers *Karls V.* (1550–1558) und seines Sohnes *Philipps II.* (1527–1598) war das Königreich Spanien auf dem Weg in sein „Goldenes Zeitalter" (*Siglo d'oro*). Etwa zur glei-

26

27

chen Zeit spaltete Europa eine religiöse Reformbewegung, deren bedeutendste Führer *Martin Luther* (1483–1546) in Deutschland und *Johannes Calvin* (1509–1564) in Genf waren. Beide wandten sich gegen den absoluten Gehorsam befehlenden römischen Papst und seine allesbeherrschende Kurie, gegen die mittelalterliche Theologie, den Marien- und Reliquienkult. Die Auseinandersetzungen zwischen Katholiken und Protestanten wurden während des Dreißigjährigen Konfessionskrieges unter Verwüstungen von bisher unvorstellbaren Ausmaßen geführt und endeten mit dem Westfälischen Frieden (1648). Das Papsttum als europäische Universalmacht hatte mit der machtpolitischen Führungsrolle auch die spirituell-theologische Hegemonie verloren. Die Autorität des Pontifex (Leo X., † 1521) wurde vom Protestantismus und Calvinismus öffentlich als inhaltsleerer Prunk vorgeführt und als Fassade entlarvt.

Dem konfessionell in Katholiken und Protestanten geteilten Europa drohte durch die „barbarischen" Osmanen vom Osten ein welthistorisch bedeutsamer Konflikt. Den alten spanischen, venezianischen und genueser Seemächten wurde die Vorherrschaft im Mittelmeer streitig gemacht. Der Sieg der christlich-kaiserlichen Flotte über die osmanische im Jahr 1571 in der Galeerenschlacht von Lepanto setzte kurzfristig dem Expansionsdrang der Osmanen ein Ende. Die über Landbrücken in das Abendland vorgetragenen Angriffe endeten erst in der zweiten Hälfte des 17. Jahrhunderts und für beide Teile verlustreich – 1529 erste und 1683 zweite Belagerung von Wien.

28   Die spanische Expansions- und Kolonialpolitik während der Regierungszeit Karls V. und Philipps II. veränderte das alte Europa. An die Westgrenzen der Alten Welt waren riesige überseeische Territorien gerückt. Spanien und Portugal hatten den neuen Kontinent erobert und sich in Südamerika und in dem Süden Nordamerikas niedergelassen. Sie machten diese Territorien zu einem neuen Europa, indem sie die großen Kulturen der Urbevölkerung vernichteten (Inka, Maya, Azteken) und den Menschen mit der christlichen Religion europäisches Recht und Wertedenken aufzwangen. In diesem erniedrigenden Prozess der europäischen Kolonialisierung galten die Ureinwohner in der Neuen Welt als „Ungläubige". Sie wurden innerhalb des christlichen Erdkreises als „Wilde" wahrgenommen und juristisch als rechtlose Zerrbilder eines Christenmenschen registriert.

29   Das dem Mittelalter vertraute, einheitliche christliche Weltbild hatte zwar Risse bekommen, jedoch herrschte weiterhin die von der

abendländischen Kultur und der christlichen Religion bestimmte geistige wie politische Weltsicht. Diese verhinderte nicht, dass die Neue Welt durch christliche Conquistadores militärisch unterjocht, ökonomisch ausgeplündert, ihre Bevölkerung entrechtet, ihrer kulturellen Identitäten beraubt und als „Heiden" aus der elitären christlichen Gemeinschaft gewiesen wurde.

Dasselbe Europa, dessen geistliche Missionare mit Übereifer um die Rettung der „heidnischen" Seelen besorgt waren und sie versklavten, wenn sie das „süßeste Joch Christi" abwiesen, geriet in eine tiefe sozioökonomische Krise. Die in Umlauf befindlichen Gold- und Silbermengen waren durch den Zufluss der geraubten Edelmetalle aus Amerika wirtschaftspolitisch außer Kontrolle geraten. Die Volkswirtschaften erwiesen sich als unfähig, das Schwinden der Kaufkraft des Geldes und den Verfall der Preise, die um das Drei- bis Vierfache angestiegen waren, zu bändigen. Die Folge waren Hungersnöte, epidemische Krankheiten, die Verelendung breiter sozialer Schichten und ein rasanter Anstieg der Kriminalität, die international operierte. Die Wirtschafts- und Strafrechtsgeschichte haben für diese Krisenzeiten den Begriff „Preisrevolution" und das Schlagwort „Jahrhunderte des Verbrechens" gefunden. Ihre katastrophalen Auswirkungen prägten negativ das Image Europas im 16./17. Jahrhundert.

Auch die christlichen Idealen und Grundsätzen verpflichtete Rechtswissenschaft blieb davon nicht unberührt. Sie erwies sich als ungeeignet, auf die neu sich stellenden politischen wie sozialen Probleme der Zeit angemessen zu reagieren. Die Juristen standen vor der Herausforderung, den wirtschaftlich und sozial zerrütteten Territorien in Europa eine neue stabile rechtliche wie ethische Ordnung zu geben, in der auch Status und Rechtsverhältnisse der in den okkupierten überseeischen Territorien lebenden Menschen geregelt waren. Sie erkannten im Naturrecht die für diese Aufgaben tragfähige Grundlage.

2. Junta de Valladolid

Wie intensiv diese Fragen bereits die Öffentlichkeit bewegten und das politische Klima bestimmten, zeigt beispielhaft eine Disputation, die 1550/51 vor dem königlichen Rat in Valladolid geführt wurde. Die Hauptakteure der „Junta de Valladolid" waren bedeutende Theologen und Juristen. Gegenstand der öffentlichen Auseinandersetzung war die Frage, ob es gerecht sei, dass die Spanier Krieg gegen die Indios führten, um ihnen ihr Land und Eigentum zu rauben, sie zu versklaven und zu töten, falls sie Widerstand leisteten.

32   Der Humanist und Dominikaner *Juan Ginés de Sepúlveda* (1490–1573), Hofhistoriograph und Kronjurist Karls V., trat kompromisslos für das uneingeschränkte Recht der spanischen Krone zur Versklavung und Ausrottung der „barbarischen Indianer" in einem „gerechten" Krieg ein. In gleicher Weise rigoros widersprach ihm unter Hinweis auf Grundsätze des Naturrechts sein schärfster Gegner und Kritiker, der Dominikaner *Bartolomé de las Casas* (1474–1566). Er hatte die Grausamkeiten der spanischen Eroberer in Mittel- und Südamerika persönlich kennengelernt. Der Disput endete zwar ohne Sieger und Unterlegene. Die Kontroverse verriet jedoch alles über die herrschende Gesellschafts- und Rechtspolitik zu diesen Grundsatzfragen.

Las Casas veröffentlichte wenige Jahre später eine Schrift über seine in Valladolid vertretene Position (*Brevísima relación de la destrucción de las Indias*, 1552). Seine Meinung setzte sich schließlich am Hofe durch und ist ein eindrucksvolles Zeugnis für das religiöspolitische Klima in Spanien während des 16. Jahrhunderts. Dem Autor brachte sie die Ehrenbezeichnung „Protektor" der Indianer Amerikas ein.

3. Schule von Salamanca und spanischer Thomismus

33   Bartolomé de las Casas hatte im Verlauf der kontroversen Debatte gezeigt, welche enormen sozialpolitisch wirkenden Gestaltungskräfte das im Sinne der spätscholastischen Philosophie interpretierte, fortentwickelte Naturrechtsdenken entfalten konnte. Deshalb hatten sich die Vertreter dieser Richtung bemüht, die dynamischen Elemente der „Natur" in das System der geltenden Rechtsordnung methodisch korrekt einzubinden, um sie als zeitgemäßes „Naturrecht" auf der geistigen Grundlage eines erneuerten Thomismus praktisch nutzen zu können.

Zentrum dieser Arbeiten war im 16. und 17. Jahrhundert die Universität Salamanca. Die Repräsentanten der sich formierenden Schule waren moraltheologisch interessierte Theologen-Juristen (*teólogos juristas*). Durch sie wurde die Philosophie des spätscholastischen Naturrechts über ganz Europa verbreitet. Das Hauptthema der Werke dieser an der Schule von Salamanca lehrenden Dominikaner, Augustiner, Franziskaner und Jesuiten war „Recht und Gerechtigkeit" (*De iustitia et iure*). Die theoretische Grundlage bildete die scholastische, idealistisch-intellektualistische Philosophie von Thomas von Aquino. Dessen Vernunftoptimismus haben die Spätscholastiker neu interpretiert, indem sie ihre Lehren intensiv auf die praktischen Probleme des Rechtsalltags konzentrierten. Auf diese Weise wurde die doktrinär und immobil gewordene „Erste" durch die spätere, innovativ-pragmatische „Zweite" Scholastik ersetzt und die Jurisprudenz zugleich theologisiert.

Fundament der Spätscholastik war ein Naturrecht, das der mit Vernunft begabte Mensch erkennen und in den jeweiligen Folgen bewerten konnte. Die Gebote der „leges naturales" wurden als Ableitungen aus der ewigen göttlichen „lex aeterna" interpretiert. Beeinflusst durch den gemäßigten Voluntarismus und späten Humanismus gelangten die Spätscholastiker über eine Vertiefung der moraltheologischen Wurzeln des Naturrechts zu seiner Wandelbarkeit, deren Ausmaß und Umfang jedoch vom Willen des göttlichen Schöpfers der Ordnung des gesamten Kosmos abhing. Sie sahen das Recht (*ius*) in der Natur der Sachen (*natura rerum*), aus deren Stellung in der Schöpfung Gottes sie die Gerechtigkeit (*iustitia*) ableiteten. Das Ius commune hielten sie für überholt und ungeeignet, Antworten auf die aktuellen Probleme zu geben. **34**

Nach der neuen Weltsicht wollten die Juristen-Theologen auch jenen Menschen einen ständisch wie kirchenrechtlich vertretbaren neuen sozialen Standort zuweisen, deren Lebenswelt sich außerhalb des exklusiv christlichen Erdkreises (*orbis christianus universalis*) befand. Zu ihnen zählten Afrikaner, mit denen das Abendland auch über einen schon seit 1450 lukrativen und bis Mitte des 19. Jahrhundert florierenden Sklavenhandel Kontakte unterhielt, ferner die amerikanischen Indios, deren Land und Bodenschätze hemmungslos ausgebeutet wurden. Das alte repressive Instrumentarium zur religiös gebotenen Isolierung dieser sog. „Heiden" innerhalb der durch das Christentum geprägten Welt war unzeitgemäß geworden. Einen Ausweg versprach die behutsame Lösung des Naturrechts aus der Umklammerung durch die orthodoxe Theologie. **35**

Die Spätscholastiker leiteten aus der „Natur" ab, was zum „Wesen" des Menschen als Individuum und zu seinem rechtlichen Status in der Gemeinschaft gehörte. Erst nachdem mit Hilfe der Vernunft (*ratio*) die Inhalte des Naturrechts bestimmt und konkretisiert waren, **36** konnte diese Rechtsordnung auf die komplexen Probleme der Zeit zur Gänze angewendet werden. An dieser fundamentalen Richtungsänderung hatte die Schule von Salamanca maßgeblich gearbeitet. Ihre Repräsentanten wurden zu Wegbereitern einer europaweiten Hochblüte des neuen, rationalen Naturrechts. Von ihm als „Vernunftrecht" gingen im 17./18. Jahrhundert die Impulse aus, die unmittelbar zum Beginn und zur Herrschaft der Epoche der Aufklärung führten.

4. Führungselite

a) Vitoria

37   Der bedeutendste Begründer der spätscholastischen Schule von Salamanca war der Dominikaner *Francisco de Vitoria* (1483–1546). Er hatte seine wissenschaftliche Laufbahn in Paris mit juristischen und theologischen Studien nach Maßgabe der „Ersten" thomistischen Scholastik begonnen und sie später in Salamanca mit der Grundlegung einer für das 16. Jahrhundert neuen und breiten Thomas-Renaissance gekrönt. Erst nach Studien der Philosophie der Humanisten im Umkreis von Erasmus von Rotterdam begann er mit der Öffnung der Theologie gegenüber den Problemen der Zeit.

38   Die rigorose spanische Conquista-Politik sowie die gewaltsame Unterdrückung der indianischen Ethnien in den eroberten Reichen der mexikanischen Azteken (durch Hernán Cortés, † 1547) und der hochperuanischen Inkas (durch Francisco Pizarro, † 1541) missbilligte er. Im Gegensatz zu Juan Ginés de Sepúlveda forderte er für die Indios humanistisch begründete, elementare Menschenrechte. Diese Postulate und Manifeste wiesen in die Zukunft. Nach ihm war es Aufgabe des Juristen, soziale Strukturen zu schaffen, die im Einklang mit der Natur standen, in der sich Gottes Wille manifestierte, der juristisch zu konkretisieren war.

Die Lösung hatte Vitoria im römischen Rechtsbegriff des „ius gentium" gefunden. Er erklärte, das Recht *der* Völker müsse als „ius inter gentes" verstanden werden und in dieser Interpretation als eigenes Rechtssystem auch auf die Rechtsbeziehungen *zwischen* den einzelnen Völkern Anwendung finden. Das neue Völkerrecht war im Naturrecht verankert und galt ohne eine religiöse Festlegung nur auf Grund der Natur des Menschen. Nach dieser Lehre war es den Spaniern verwehrt, die Indios zu berauben und sie zur Annahme des christlichen Glaubens zu zwingen. Die Ureinwohner waren, obwohl nach Vitoria Heiden, gemäß dem Naturrecht Eigentümer ihres Landes geblieben. Das bedeutete jedoch keineswegs eine völlige rechtliche Gleichstellung aller Menschen. Naturrecht blieb für Vitoria stets ein Element im göttlichen Schöpfungsplan. Hauptaufgabe des Theologen-Juristen war es, dies durch die Vernunft zu erkennen und „der Natur gemäß" im Diesseits zu verwirklichen. Seine aus Vorlesungen (*Relectiones*) hervorgegangene Schrift „De Indis inventis et de jure belli Hispanorum in barbaros" (1532/39) hatte maßgeblich Hugo Grotius († 1645) und seine völkerrechtlichen Lehren beeinflusst.

b) Soto, Molina

Einer der wichtigsten Mitarbeiter von Francisco de Vitoria in Sala- 39
manca und weiterer Garant der Schule war der Dominikaner *Domingo de Soto* (1495–1560), Professor für Theologie und Philosophie. Er beherrschte die scholastische Methode virtuos, war literarisch erfolgreich und ein gefeierter akademischer Lehrer. Seine Studenten sagten von ihm: „Wer Soto kennt, weiß alles" (*qui scit Sotum, scit totum*). In seinem monumentalen naturrechtlichen Opus „De iustitia et iure" (1554) erweiterte er die üblichen Ableitungen der „lex humana" aus der „lex naturalis" um den Gedanken der Gerechtigkeit. Er charakterisierte sie als Beziehung (*virtus*) zum Anderen, in der Gleichheit (*aequalitas*) herrschte.

Der in Spanien (Salamanca, Madrid) und in Portugal (Coimbra, 40
Évora) lehrende Jesuit *Luis de Molina* (1535–1600) hat als Naturrechts- und Theologieprofessor mit dem juristischen Hauptwerk „De iustitia et iure" (1593/1600) ein Rechtshandbuch geschaffen, das die Theologen über die Grundlagen des römisch-kanonischen Rechts, über die Anwendung des Naturrechts und über das geltende positive Recht eingehend und umfassend unterrichtete. Gegen den von Ockham proklamierten Primat des Willens entwickelte er die Konzeption von der Verpflichtung (*obligación*) durch die Rechtsfigur der Natur der Sache (*a natura rei*). Dadurch wurde das „ius naturale" inhaltlich erweitert und seine Veränderlichkeit bzw. Anpassungsfähigkeit gesichert.

c) Castro, Azpilcueta, Covarrubias

Die spanische Forschung sieht in dem Theologen und Juristen *Al-* 41
fonso de Castro (1495–1558), Professor in Salamanca, den Begründer

des spanischen Strafrechts und seiner Wissenschaft. Diese Pionierleistung wird herkömmlich mit seinen richtungweisenden Arbeiten zur Strafgesetzgebung, Strafverfolgung und zur Schuld begründet. Sie ist in der Literatur nicht unumstrittene (F. Tómas y Valiente). Das kriminalrechtlich einflussreichste Werk war unbestritten die Schrift zur Strafgewalt (*De potestate legis poenalis*, 1550).

Grundgedanken seiner Lehren von der Strafe und persönlichen Schuld wurden von *Martín Azpilcueta* (1492–1586), Theologe, Kanonist und Ökonom ebenfalls in Salamanca, aufgegriffen und weiterentwickelt. Die spätere Naturrechtslehre hatte sie zu Wesenselementen des Schuldstrafrechts erklärt.

42   Der berühmteste, europaweit bekannte Schüler von Azpilcueta war *Diego de Covarrubias y Leyva* (1512–1577), Kanonist, Richter, Präsident des Rates von Kastilien und zuletzt Bischof von Segovia. Aufgrund seiner großen Gelehrsamkeit wurde er schon zu Lebzeiten „el Bartolo español" genannt. Diese „figura gigante" war sowohl auf den Gebieten des kanonischen Rechts, des privaten, öffentlichen wie auch des Kriminalrechts tätig. Auch wegen der geistigen Nähe zum Humanismus genoss Covarrubias als Kriminalist großes Ansehen. Internationale Beachtung fand seine Verbrechenslehre – in Fortführung von Castro und Azpilcueta – auf der Basis der im Naturrecht verankerten Schuld des Täters.

d) Suárez, Vázquez

43   Zu den Protagonisten der Schule von Salamanca, deren wissenschaftliche Leistungen über Spanien hinaus wirkten, gehörte *Francisco de Suárez* (1548–1617). Der einer Adelsfamilie in Granada entstammende Jesuit, Jurist und Theologieprofessor gilt als Vollender der spanischen Philosophie des 16. Jahrhunderts. Schwerpunkte seines rechtswissenschaftlichen Interesses waren das Zivil- und kanonische Recht. Seine Werke wurden an den deutschen und holländischen, katholischen wie protestantischen Universitäten rezipiert und bis ins 18. Jahrhundert intensiv studiert. Sie haben vor allem die inhaltliche Formung des Naturrechts zum Rationalen maßgeblich beeinflusst.

In dem Hauptwerk „De legibus ac Deo legislatore" (1613) erklärte er die „lex naturalis" als Abbild der göttlichen zur natürlichen Vernunft (*dictamen rectae rationis*). Sie befähigte den Menschen, in den sie eingepflanzt war, zu erkennen, was mit seiner Natur übereinstimmte, was erlaubt und verboten war. Dadurch wurde es möglich, aus den natürlichen Prinzipien durch logisches Schließen weitere Grundsätze deduktiv zu gewinnen, die den Inhalt der „lex naturalis" erheblich erweiterten. Zu seinen größten Leistungen gehört jedoch, das in der zeitgenössischen Doktrin heftig umstritten Verhältnis des „ius gentium" zum „ius naturale" eindeutig entschieden zu haben. In seiner Naturrechtslehre stand das „Völkerrecht" neben dem „Naturrecht". Das „ius gentium" war das vom Willen des Menschen abhängige, wandelbare positive Recht. Es hatte die Aufgabe, das in der Völkergemeinschaft allgemein anerkannte, „inter gentes" geltende, unveränderliche Naturrecht durch Vorschriften zu konkretisieren und zu interpretieren. Diese Lehre wurde für das moderne Völkerrecht bestimmend.

Einziger weltlicher Jurist (Beamter in der Administration der kastilischen Krone), der in Salamanca neben Theologen lehrte, war *Fernando Vázquez de Menchaca* (Vasquius, 1512–1569). Er gehörte dem Kollegium der vier obersten königlichen Richter in Sevilla an und war zusammen mit Covarrubias juristischer Berater Philipps II. am Konzil in Trient. Als Konzilsberater hatte er effektvoll die durch die spanische Spätscholastik thomistisch gefestigte Moraltheologie als Instrument der Gegenreformation benutzt. Er galt als „jurista filosofante" (F. Carpintero). **44**

Grundlage seiner völkerrechtlichen Rechtslehre waren die „iura naturalia" des Menschen. Als Wesensinhalte der Freiheit bildeten sie in allen Staaten die Kernelemente der natürlichen Ordnungssysteme (*ius gentium naturale*) und mussten durch die Obrigkeit verteidigt werden. Mit der Lehre vom „Estado de Derecho" hat er die Theoretiker des Rechtsstaates des 17. und 18. Jahrhunderts beeinflusst (John Locke, Samuel Pufendorf). Im Privatrecht wirkte die Konzeption der Rechtsfigur des „dominium" als subjektives Recht revolutionierend. Der Naturrechtler Hugo Grotius konnte später auf Vázquez aufbauen und ein besonderes sog. „natürliches Privatrecht" entwickeln.

Schrifttum: *F. Carpintero Benítez;* Del derecho natural medieval al derecho natural moderno: Fernando Vázquez de Menchaca (1977); *O. W. Krause,* Naturrechtler des sechzehnten Jahrhunderts – ihre Bedeutung für die Entwicklung eines natürlichen Privatrechts (1982); *Manuel Fernández Álvarez,* (Hg.), The University of Salamanca (1991); *W. Waldstein,* Ius naturale im nachklassischen römischen Recht und bei Justinian, SZRom 111 (1994), 1 ff.; *A.-E. Pérez Luno,* Die klassische spanische Naturrechtslehre in fünf Jahrhunderten (1994);

K. Seelmann, Theologische Wurzeln des säkularen Naturrechts. Das Beispiel Salamanca, in: D. Willoweit u. a. (Hg.), Die Begründung des Rechts als historisches Problem (2000), 215 ff.; *R. H. Helmholz*, Natural Law in Courts (2015).

9. Kapitel. Recht in der Aufklärung

I. Hugo Grotius – Laisierung des Naturrechts

1. Gründungsdokument

Während der Dreißigjährige Krieg Mitteleuropa verwüstete, er- 1
schien 1625 in Paris ein Buch, das offensichtlich unter dem Eindruck
von Erfahrungen mit Katastrophen und Kriegsgräuel geschrieben
worden war. Das verriet bereits der Titel: „Vom Recht des Krieges
und des Friedens drei Bücher" (*De iure belli ac pacis libri tres*). Der
Autor hatte das Gründungsdokument des neuzeitlichen Vernunftrechts in einer Zeit der Anarchie verfasst. Er beschrieb, wie Recht
als geordnetes System von Sanktionen jede Form von Gewalt (*bellum*) auf allen Ebenen des staatlichen und zwischenmenschlichen Zusammenlebens auf der Grundlage des Naturrechts als Quelle verhindern und ohne religiöse oder theologische Motivierung wieder eine
friedliche Ordnung (*pax*) schaffen konnte.

Der Verfasser *Hugo Grotius* (Huig de Groot, 1583–1645) war Nie- 2
derländer, von Beruf Rechtsanwalt, später Oberstaatsanwalt beim
höchsten Gericht von Holland und Seeland, Diplomat im Dienst der
schwedischen Krone in Frankreich. Als Anhänger der reformierten
niederländischen protestantischen Religionsrichtung der Remonst-
ranten beteiligte er sich an religiösen und politischen Auseinandersetzungen, wurde verhaftet und zu lebenslanger Festungshaft im Staats-
gefängnis auf Schloss Loevestein verurteilt. Von dort gelang ihm die
Flucht nach Paris. Über seine Studien als Jurist ist wenig bekannt.
Sein Rechtsdenken war von der spätscholastischen Schule von Salamanca und vom holländischen Späthumanisten und Jesuiten *Leon-
hardus Lessius* († 1623) beeinflusst, der als einer der Ersten die Naturrechtslehren seines spanischen Ordensbruders Luis de Molina
verbreitet hatte.

Grotius hatte in Gefangenschaft seine später bedeutendsten Werke 3
verfasst. Die „Inleidinge tot de Hollandsche rechtsgeleerdheid"
wurde um 1620 in niederländischer Sprache für Studenten geschrieben und 1631 publiziert. Die „Einführung" behandelte das in der

Provinz Holland geltende Privatrecht als System auf der Basis naturrechtlicher Prinzipien. An der Universität Leiden gehörte das Buch
bei Vorlesungen im geltenden Recht zur Grundlagenliteratur. In den
niederländischen überseeischen Niederlassungen war es im 17./
18. Jahrhundert das Standardwerk des geltenden sog. römisch-holländischen Rechts (*Roman-Dutch-Law*). In Südafrika ist die Schrift
auch heute „book of authority".

Fünf Jahre später erschien das Hauptwerk „De iure belli ac pacis".
Es hat den Ruhm seines Autors begründet und ihn zum vernunftrechtlichen Wegbereiter der Aufklärung gemacht. Das in zwölf Sprachen übersetzte, wiederholt neu aufgelegte Buch gehörte im 17./
18. Jahrhundert zur meistbenutzten Fachliteratur. Auch wegen der
komprimiert behandelten staatstheoretischen und völkerrechtlichen
Themen auf naturrechtlicher Grundlage wird Grotius als „Vater"
des Völkerrechts gefeiert. Die Zuerkennung dieser Ehrenbezeichnung ist sachlich nicht gerechtfertigt. Grotius verstand den Begriff
„Völkerrecht" nicht im Sinne der modernen Terminologie als ausschließlich zwischenstaatliches Recht. Vielmehr war für ihn „ius gentium" das auf dem Willen aller oder doch der meisten Völker einheitlich geltende Recht, das auch zwischen den Staaten zur Anwendung
kam (*ius inter gentes*). Nach neueren Forschungen verdienen den
Titel der spanische Spätscholastiker Francisco de Vitoria († 1546)
und der zuletzt in Oxford als Professor of Civil Law lehrende Italiener Alberico Gentili († 1608).

4   Grundlage des grotianischen rationalistischen Naturrechts sind
Prinzipien und Regeln, die aus den naturhaften Anlagen des Menschen als eines Trägers angeborener Rechte zur Gemeinschaftsbil-
dung (Geselligkeitstrieb – *appetitus societatis, id est communitatis*) abgeleitet und kraft der dem Menschen eigenen Vernunft „nach Art der
Mathematiker" erkannt werden. Das Naturrecht ist ein säkulares, allein aus der Natur des Menschen resultierendes Recht (*naturalis iuris
mater est ipsa humana natura*). Es besteht aus natürlichen Geboten
der Vernunft und hat auf jede theologische und moralische Zusatzbe-
gründung verzichtet. In dieser profanen Ausrichtung ist es geeignet
und versucht, auch von konfessionell Verfeindeten als gemeinsame
Grundlage der Ordnung anerkannt zu werden. Grotius hatte ein Naturrecht entwickelt, das keinen Unterschied der Religionen kannte.

Die Überführung der von Moraltheologie befreiten Naturrechtslehren in die Rechtswissenschaft bleibt das Hauptverdienst von Grotius. Ohne das metaphysische Element ist Naturrecht das Gebot des

klaren Verstandes bzw. der wahren Vernunft (*dictamen rectae ratio-nis*). Die Ratio verpflichtet jedes Individuum, Leben (*vita*) zu achten, durch Vertrag zugeteiltes Eigentum (*dominium*) zu erhalten, ver-pflichtende Versprechen einzuhalten und Verträge zu erfüllen (*pacta sunt servanda*), verursachten Schaden wieder gut zumachen und Strafe für begangenes Unrecht zu erleiden.

Konkretisierungen dieser Leitgrundsätze sind die Rechtsfiguren des frei abgeschlossenen, rechtsgestaltenden Vertrags und der Ver-tragstreue (*stare pactis*), die auf der Willensübereinstimmung der Be-teiligten beruhen (Angebot – Annahme), ferner das Rechtspflichten begründende Konsensprinzip (*obligatio ex consensu*) sowie die Insti-tution Ehe als „der Natur am meisten gemäße Genossenschaft" (*con-sociatio maxime naturalis in conjugio*). Ihre Begründung und Aufhe-bung erfolgt nach den Regeln des Vertrags. Der Natur gemäß gilt alles, was dem Gemeinwesen dient, den Geboten der Vernunft nicht widerspricht und mit der Natur des Menschen in Einklang steht.

Aber selbst für dieses durchgehend säkulare grotianische Natur-recht bleibt der göttliche Wille weiterhin unwandelbare Quelle. Al-lerdings ist dies nicht mehr ein denknotwendiges und zwingendes Prinzip. Vielmehr sind Grundsätze des Naturrechts selbst dann allge-mein gültig und bindend, „wenn man annähme, dass es keinen Gott gäbe" (*etiamsi daremus ... non esse Deum*). Dies wäre, so schränkte der keinesfalls atheistische Grotius sofort ein, „eine höchst freventli-che Voraussetzung" (*quod sine summo scelere dari nequit*, De iure belli ac pacis, Proleg. 11). Ein gedankliches Experiment kann Gott extrapolieren, ohne den säkularen Charakter des Naturrechts zu än-dern. Mit diesem Zugeständnis begegnete Grotius vorsorglich theore-tisch einer möglichen Konfrontation seiner Naturrechtslehre mit dem traditionellen Gottesglauben.

Der Satz „etiamsi daremus" war ein bekannter scholastischer To-pos von Gregor von Rimini († um 1338), einem Schüler von Ock-ham. Grotius hatte ihn übernommen, um klarzustellen, dass der wahre Grund des Rechts in der Natur des Menschen lag. Dieses Ar-gument sollte unterstreichen, dass für die dauerhafte Befriedung der Völker und menschlichen Gemeinschaften ein Recht geschaffen wer-den musste, das weltimmanent begründet war und als universelle Rechtsordnung sämtliche rechtlichen wie zwischenstaatlichen Rechtsbeziehungen abschließend regelte. Es war in Kriegs- wie in Friedenzeiten jenseits aller religiösen Konflikte und intellektuellen Grenzziehungen für alle Menschen bindend.

2. Naturrechtliche Straftheorie

6   Von Grotius stammt die erste Straftheorie der frühen Neuzeit. Mit zwei Kapiteln seines Hauptwerks hat er die Entwicklung des Kriminalrechts in Europa theoretisch maßgeblich beeinflusst (II, caput 20, 21 – *de poenis, de poenarum communicatione*). Ihre ideologische Sprengkraft und kriminalpolitische Überlegenheit zeigte die naturrechtliche Strafrechtslehre als Manifest der Humanität, des Friedens und der Gerechtigkeit. Im Chaos der Kriegswirren propagierte sie keine metaphysisch-theokratisch begründete Pflicht zu einer blindwütigen, mechanischen und menschenverachtenden Bestrafung der Delinquenten. Vielmehr machte Grotius jede Strafe vom Vorliegen rationaler, streng täter- und tatbezogener Voraussetzungen abhängig. Sie hatte das Gericht eingehend zu prüfen und zu würdigen, bevor es Unrecht sanktionierte.

7   Einziger Geltungsgrund des Strafrechts war die Natur des Menschen (*humana natura*). Alles, was der Aufrechterhaltung eines friedvollen, geordneten Zusammenlebens von Menschen in einer Gemeinschaft (*societas civilis*) diente, war naturrechtsgemäß. Nur die Vernunft sollte entscheiden, ob eine Handlung erlaubt und nicht rechtswidrig war (*licitum et non iniquum*). Die gleiche Vernunft befahl, dass derjenige, der einem anderen ein Übel zugefügt hatte, die Strafe ebenfalls als ein Übel erleiden sollte (*ut qui mala fecit, malum ferat*). Eine strafbare Handlung lag demnach vor, wenn sie gegen eine Rechtsnorm verstieß, die im Tatbestand ein genau bestimmtes, „der Natur gemäßes" Verhalten befahl (*a natura*) und den Rechtsbruch als „naturrechtswidrig" sanktionierte (*contra ius naturae*).

8   Die Strafe galt als ein Übel, das erduldet werden musste, weil durch eigenes Handeln einem anderen ein Übel zugefügt wurde (*poena est malum passionis, quod infligitur propter malum actionis*, II 20 § 1, 1). Sie folgte dem aristotelischen Prinzip der ausgleichenden Gerechtigkeit (*iustitia commutativa*). Ihr Ziel war die Kompensation des durch das Verbrechen begangenen Unrechts, d. h. ein Ersatz für Rechtsverletzungen. Im Sinne des Vernunftrechts war sie als „Notwendigkeit" staatlich gerechtfertigt (*bonum rei publicae*), um die Sicherheit und Ordnung, Wohlfahrt und Glückseligkeit der Untertanen zu fördern und zu gewährleisten (*salus rei publicae lex suprema esto*). In dieser Funktion entfaltete sie einen dreifachen Nutzen (*utilitas*): Für die Allgemeinheit als Prävention durch Abschreckung, für den Verletzten

als Genugtuung und Schadensersatz, für den Täter selbst als Besserung (*emendatio*). Andere Strafzwecke waren vernunftrechtswidrig. Für die Strafzumessung (*taxatio*) galt der Grundsatz der Verhältnismäßigkeit. Die im Einzelfall durch den Richter zu bestimmende Strafe musste in einem „angemessenen" Verhältnis subjektiv zur Person des Delinquenten und objektiv zur Schwere der Straftat stehen (Proportionalität). Richtschnur für Art und Höhe der Sanktion war allein der Nutzen für den Staat und das Gemeinwesen.

Die grotianischen Strafrechtslehren hatten sich von der Moralphilosophie und Theologie gelöst. Das von metaphysischen und religiösethischen Motiven befreite Nützlichkeitsstrafrecht bildete die extreme Gegenposition zum herrschenden theokratischen Strafrechtsdenken. Nach diesem Verständnis war die Strafe zweckfrei, absolut und diente allein der Vergeltung des Unrechts (*vindicta*). Diese rigorosen Gerechtigkeits- und Sühnevorstellungen waren bei Erscheinen des Hauptwerks von Grotius strafrechtliche Realität. Die Obrigkeit war verpflichtet, den als göttliche Stiftung gegründeten Staat in seiner Autorität und Würde zu schützen, jedes Verbrechen (*crimen*) als Verletzung Gottes (*offensio Dei*) durch eine Sanktion automatisch und unnachsichtig zu vergelten, um den Zorn der durch die Untat beleidigten Gottheit abzuwenden und den Verbrecher mit der Gemeinschaft zu entsühnen (*satisfactio*). Rigoroser Repräsentant der theokratischen Rechtsauffassung war Benedict Carpzov († 1666).

Angesichts dessen war die naturrechtliche Straftheorie eine Provokation der herrschenden Strafrechtsauffassung und kurzfristig erfolgreich. Dies zeigte sich vor allem auf dem Gebiet der Strafmittel und bei ihrer Legitimation. Weil nach Naturrecht absolutes Racheverbot herrschte, entfielen auch die Gründe für die besonders grausamen sog. „spiegelnden Strafen", die im Strafvorgang symbolisch die Verbrechenshandlung und ihren Erfolg am Bestraften als sog. Talion (*ius talionis*) wiederholten. Die der blinden Vergeltung entgegengesetzten Grundgedanken brachte Grotius in dem bekannten, auf Platon und Seneca zurückgehenden generalpräventiven Topos zum Ausdruck: „Kein Vernünftiger straft, weil gefehlt wurde, sondern damit nicht Unrecht getan wird" (*nemo prudens punit*). Seneca hatte als Begründung ergänzt: „Denn Geschehenes kann nicht rückgängig gemacht, wohl aber Künftiges verhindert werden" (*revocari enim praeterita non possunt, futura prohibentur*).

Grotius hatte mit der Straftheorie das spätere vernunftrechtlich begründete Strafrecht vorbereitet. Seine Lehren wurden von Samuel

9

10

11

Pufendorf, Christian Thomasius und Christian Wolff fortentwickelt und teilweise fortgeschrieben. Sie haben vor allem in den protestantischen Ländern, wie Schweden, Niederlande und in Mittel- und Norddeutschland, das Strafrechtsdenken maßgeblich beeinflusst. An den Universitäten wurde das Naturrecht als eigenes Fach nach Grotius gelehrt, während die römische Kirche „De iure belli ac pacis" auf den „Index" der verbotenen Bücher setzte. Das Buch, das im Strafrecht das mittelalterliche Denken wirkungsvoll exorziert hatte, blieb dort verdammt bis ins 20. Jahrhundert.

II. Samuel Pufendorf – Naturrecht als Pflichtenlehre

12   *Samuel Pufendorf* (1632–1694) formte das Naturrecht zu einem System, in dem die praktische Philosophie mit Begriffsbildung und juristischer Präzision zu einer homogenen Einheit verschmolzen waren. Seine Naturrechtskonzeption basierte auf den Philosophien des Niederländers Hugo Grotius und des Engländers Thomas Hobbes. In dieser Kombination wirkte sie bahnbrechend bei der Aufklärung, die im 17. Jahrhundert in Europa auch die Rechtswissenschaft erfasst hatte.

13   Pufendorf stammte aus Sachsen und war 1661 auf den ersten, in der Philosophischen Fakultät der Universität Heidelberg geschaffenen Lehrstuhl für die neue Disziplin „Naturrecht" berufen worden. Ab 1670 lehrte er das Fach an der Universität Lund in Schweden. Hier veröffentlichte er die Werke „De iure naturae et gentium libri octo" (1672), eine achtbändige Gesamtdarstellung, und die für den Rechtsunterricht bestimmte zweibändige Kurzfassung „De officio hominis et civis iuxta legem naturalem libri duo" (1673, dt. Übers. 1994). Diese Schrift wurde in viele Sprachen übersetzt und zählte zusammen mit der Monumentaldarstellung zur naturrechtlichen Standard- und Grundlagenliteratur in Europa. Die Verbreitung wurde entscheidend durch Übersetzungen in die französische Diplomatensprache gefördert. Verfasser war der französisch-schweizerische Jurist *Jean de Barbeyrac* (1674–1744), der durch diese Arbeiten international bekannt wurde.

14   Nach der akademischen Zeit in Lund war Pufendorf als Hofhistoriograph in Stockholm und zuletzt in Berlin tätig. Eine Mitwirkung an der neugegründeten Universität Halle lehnte er ab. Als kritischer Jurist wurde er 1667 durch seine Schrift „De statu Imperii Germa-

nici" öffentlich bekannt, die er unter dem Pseudonym *Severinus de Monzambano* publiziert hatte. Darin wurde das Heilige Römische Reich als „irreguläres und monströses" Gebilde angeprangert (*irregulare aliquod corpus et monstro simile*, cap. 6 § 9) und die Beseitigung der unhaltbaren Zustände durch eine rationale Reorganisierung der Reichsverfassung auf der Grundlage naturrechtlicher Staatslehre gefordert.

1. Pflichten durch Vertrag

Hauptinhalt seines bekanntesten Werks „De officio hominis et civis" war ein vollständiges, weltimmanentes System naturrechtlich legitimierter sozialer Pflichten. Sie leitete er aus Vernunftwahrheiten ab, die in einer nach „physikalischen" wie „moralischen" Kategorien getrennten Welt angeordnet waren. Zu Ausgangsbedingungen seiner Naturrechtstheorie als Pflichtenlehre erklärte er Naturkräfte als Gegenstände der physischen Natur (*entia physica*) sowie Menschen, Staat, Kirche als moralische Personen (*entia moralia*). Der Mensch war nach seiner – anthropologisch erfahrbaren – Natur hilflos und bedürftig (*imbecillitas*), als solcher unfähig, allein zu überleben. Deshalb waren Menschen aufgrund ihrer naturhaften Geselligkeit durch das Prinzip der Sozialität verpflichtet (*socialitas*), sich gegenseitig zu unterstützen, indem sie sich durch Übereinkunft einer Staatsgewalt unterwarfen. **15**

Das rationale Naturrecht allein konnte die Verbindlichkeit dieser Hilfspflicht nicht sicherstellen. Die Garantien mussten Verträge übernehmen. Dies geboten die rechte Vernunft des naturrechtlichen Gesellschaftsvertrags und die von der Vernunft nicht erfasste christliche Moralphilosophie. Auf diese Weise wurde der Vertrag zur zentralen Institution. Er verwandelte soziale Pflichten in Rechtspflichten, deren Durchsetzung der Staat gewährleistete. Der Mensch war nach Naturrecht durch Pflichten gegen Gott, gegen sich selbst und gegen andere Menschen gebunden. Aufgabe der Religion war es, ihn zur Achtung und Befolgung dieser gegenseitigen Hilfspflichten zu erziehen. In diesem Punkt der Rechtslehre hat Pufendorf die klare rationale Trennung des Naturrechts von der Moraltheologie nicht vollzogen, die Hugo Grotius zur Grundvoraussetzung des Naturrechts erklärt hatte. **16**

In der Rückkehr zum alten Naturrecht wurde er im frühen 18. Jahrhundert durch *Johann Gottlieb Heineccius* (1681–1741) noch **17** übertroffen. Der zuletzt in Halle lehrende Philosophieprofessor hatte in dem Buch „Elementa iuris naturae et gentium" (1737) ein eigenes natürliches Rechtssystem entworfen. Darin war der Theologie eine zentrale Bedeutung zugewiesen und dem Naturrecht die alte Qualität als göttliche Wissenschaft wiedergegeben worden. Vielleicht galt der Autor deshalb in katholischen Ländern Europas, wie Italien und Spanien, als Autorität, dessen Schriften in Übersetzungen zahlreiche Auflagen erlebten.

2. Strafrecht, Staatsräson, Imputation

18   Pufendorfs Naturrechtslehre war Vorbild der nordamerikanischen (Unabhängigkeitsbewegung 1774) und französischen Erklärungen der Menschenrechte (1789). Sie hatte auch das zeitgenössische Strafrecht und Strafrechtsdenken weiterentwickelt. Ausgehend vom grotianischen Strafrecht hatte er die Nützlichkeit der grundsätzlich präventiv-erzieherisch wirkenden Strafe für das Gemeinwohl zum leitenden obersten Strafzweck erklärt. Nur in dieser Funktion diente sie der Staatsräson und galt als legitim; anderenfalls war von einer Bestrafung abzusehen. Wie bei Grotius war sie in ihrer Art und Höhe nach dem Prinzip der Proportionalität zu bemessen. Gesetzlich feste, absolute Strafen, die keine richterliche Abänderung erlaubten, erklärte Pufendorf für unzulässig. Erst bei genau bestimmten Höchst- und Mindeststrafen konnte der Richter von dem gesetzlich vorgegebenen Strafrahmen abweichen und die nach seinem Ermessen (*arbitrium*) verdiente Sanktion festsetzen. Die außerordentliche Ermessensstrafe (*poena extraordinaria, arbitraria*) wurde wichtigstes Instrument der richterlichen Bemessung der verhältnismäßigen Strafe.

19   Die naturrechtliche Freiheit und Autonomie des Willens des Menschen war für Pufendorf Ausgangspunkt der „imputatio" als normative Zurechnung strafbarer Handlungen und der „imputativitas" als Zurechnungsfähigkeit. Danach waren vom freien Willen bestimmte Handlungen (*actiones voluntariae*) und ihr Erfolg Merkmale der Tat, Grundlagen der Verantwortlichkeit und damit Voraussetzungen der Bestrafung. Dabei wurde die Imputation des kanonischen Rechts als Bedingung der Sündenstrafe Vorbild der weltlichen Zurechnungslehre. Die gemeine Strafrechtswissenschaft verwendete die Imputation als Schlüsselbegriff und trennte nach einer subjektiven (*imputatio iuris*) und objektiven Zurechnung (*imputatio facti*). An diese Rechts-

figuren knüpfte die moderne Lehre von der Rechtswidrigkeit, Schuld und Zurechnungsfähigkeit an. Pufendorfs differenzierte Strafzumessungslehre (*poenae mensura*) hat die Weiterentwicklung des zeitgenössischen Strafrechts entscheidend gefördert.

III. Baruch de Spinoza – Naturrecht nach geometrischer Methode

1. Naturrechtliche Erneuerung

Die profanen Naturrechtslehren des 17./18. Jahrhunderts wurden 20 durch eine besondere Form des Rationalismus modifiziert und erneuert. Der Philosoph *Baruch de Spinoza* (1632–1677) in Den Haag (Holland) hatte wesentlich zu dieser naturrechtlichen Metamorphose beigetragen, die der Vernunft im Rahmen der naturwissenschaftlichen Methode des Denkens den überragenden Stellenwert als Orientierungsmaxime verliehen hatte. Obwohl selbst ohne akademische Vorbildung, war der freigeistige Handelskaufmann ein ausgezeichneter Kenner, Kritiker und politischer Schriftsteller der arabisch-jüdischen Philosophie. Einen Ruf an die Universität Heidelberg hatte er abgelehnt.

Seinen Ruhm als herausragender „säkularer Denker der Neuzeit" 21 (M. Senn) begründete der zunächst anonym veröffentlichte „Tractatus theologico-politicus" (1670), eine radikale Verteidigung des Rechts auf Denk- und Meinungsfreiheit. Spinoza glaubte an die gestaltende Kraft einer universal wirkenden Idee der Vernunft in einer säkularen politischen und sozialen Realität. Grundlage seines vernunftrechtlichen Systems des Rechts war eine besondere Ethik. Sie hatte er in seinem Hauptwerk „Ethica ordine geometrico demonstrata" (1677, posth.) zur Begründung eines Gesellschaftssystems verwendet, das konsequent nach der naturwissenschaftlichen Methode des „mos geometricus" konstruiert war. Der Einfluss der cartesischen mathematischen Darstellungsform (*mathesis universalis*) ist dabei nicht zu übersehen.

Seine Gesellschaftstheorie wandte sich gegen die rein mechanistisch-biologische Bestimmung des Menschen. Spinoza propagierte eine Gesellschaft, in der zwischen Natur und Vernunft ein Gleichgewicht herrschte und in der das Individuum mit seinen natürlichen

Veranlagungen (Affekten) Maßstab für Normatives nach Maßgabe der Prinzipien der Vernunft war. Das Instrument, das diese Wirklichkeit als Einheit erklärte, war das vernunftrechtliche Denken nach geometrischer Methode.

2. Spinozismus – Renaissance

22   Schon Zeitgenossen und spätere Nachfolger haben seine Gesellschaftslehre und Rechtsphilosophie kategorisch abgelehnt, sie als atheistisch, materialistisch, pantheistisch (*Deus sive natura*) denunziert oder völlig verschwiegen. Seine Lehren waren mit dem traditionellen Denken unvereinbar; sie wurden als radikale Opposition zur Religion gedeutet. Erst um 1800 haben im deutschsprachigen Kulturraum Literaten und Philosophen, die Größen der idealistischen Kultur, zu einer geradezu euphorischen Wiederentdeckung des Spinozismus beigetragen.

Goethe, Lessing, Hölderlin oder die Philosophen Hegel und Schelling waren von Spinozas nach der mathematischen Methode „produzierten" philosophischen Lehren tief beeindruckt. Anders die Juristen der Historischen Rechtsschule. Ihr an die Geschichtlichkeit als Wirkkraft und Legitimation angelehntes Denken hatte das Natur- und Vernunftrecht als geistiges Ordnungselement verdrängt. Spinozas technokratisch-mathematische Autonomie der Vernunft war nicht Teil ihrer historisierten Interpretationen und Interessen. Unbestritten ist jedoch, dass der Spinozismus als Gesellschaftsphilosophie und Transformator des alten Naturrechts zum Vernunftrecht auf das Rechtsdenken des 19. und 20. Jahrhunderts maßgebenden Einfluss genommen hatte. Neuere Forschungen haben auf diese Rezeptionsdefizite in der Rechtswissenschaft hingewiesen (M. Senn).

IV. Thomas Hobbes – politischer Architekt des Naturrechts

1. Staatsmaschinerie

23   Hugo Grotius hatte das Naturrecht „more geometrico" säkularisiert. Bei Samuel Pufendorf wurde es weltimmanent fortentwickelt,

gleichzeitig aber wieder in die befremdliche Nähe der Moraltheologie gerückt. Der englische Philosoph und Staatstheoretiker *Thomas Hobbes* (1588–1679) hat das Naturrecht in eine aus politischem Absolutismus und Aufklärung bestehende Allianz gezwungen, aus der es im frühen 18. Jahrhundert als vollkommen rationales, sog. Vernunftrecht hervorging.

Auch das philosophische Denken von Hobbes stand unter dem Einfluss der von René Descartes entwickelten mechanistisch-mathematischen und der von Grotius beschriebenen geometrischen Erkenntnismethode. Sie war Grundlage seiner Konstruktion des idealen Staates als perfekt funktionierende Maschine, die einem Uhrwerk glich. Er sah in dem künstlichen Körper die einzige Institution, die Frieden durch Sicherheit im Inneren garantieren konnte, und hielt sie für geeignet, das Chaos des konfessionellen englischen Bürgerkriegs zwischen Krone und Parlament nach der Glaubensspaltung (Reformation 1642/48) zu überwinden.

Die theoretischen Grundlagen für diese Staatsmaschinerie enthielt **24** sein Buch „Leviathan or the Matter, Forme and Power of a Commonwealth Ecclesiastical and Civil" (1651). Für den Titel übernahm Hobbes als Vorbild den biblischen „Leviathan", ein gleichnamiges Seeungeheuer (Buch Hiob 41, 24), und erhob es zum Symbol einer unangreifbaren, souveränen, absoluten Staatsgewalt. Befehle des zum irdischen Gott erklärten Leviathan galten unbedingt, gegen seine Gesetze zu handeln war ein Verbrechen, sie auf ihre Richtigkeit zu überprüfen per se undenkbar. Denn nicht irgendeine Wahrheit bestimmte, was Gesetz wurde, sondern allein die Herrschaftsgewalt und Machtvollkommenheit des profanen Leviathan (*auctoritas non veritas facit legem*, cap. 26). Dieser war als Gesetzgeber Gesetzen nicht unterworfen (*legibus solutus*), bestimmte autoritär die inhaltliche Richtigkeit eines Rechtssatzes und erzwang seine Befolgung. Der Souverän allein konnte alles zum Gesetz erheben, was nicht dem „ius naturale" widersprach. Ob ein solcher Widerspruch tatsächlich vorlag, entschied wiederum nur der Herrscher selbst.

Zur Rechtfertigung der Allmacht dieses absoluten Staates hatte sich **25** Hobbes in dem Werk „De cive" (*Der Bürger*, 1642) auf den naturrechtlichen Gesellschaftsvertrag bezogen, der von allen ursprünglich gleichen und freien Menschen freiwillig geschlossen worden war. Dazu wurden sie durch den physischen Überlebenskampf gezwungen, weil im Naturzustand Anarchie, ein permanenter Kriegszustand und ein tödlicher Kampf aller gegen alle herrschten (*bellum omnium* *contra omnes*). Nach diesem pessimistischen Menschenbild war der Mensch seinem natürlichen Wesen nach eine Bestie und glich für Seinesgleichen einem Wolf (*homo homini lupus*). Deshalb gebot der naturkonforme Gebrauch der Vernunft (*recta ratio*) als Wesenseigenschaft des Menschen, auf die persönliche Freiheit als sein einziges subjektives „ius naturale" zu verzichten, alle Herrschaft durch Vertrag auf einen Herrscher zu übertragen und sich seinen Befehlen bedingungslos zu unterwerfen. Nach diesem Staatsverständnis ebnete die Vernunft den Weg zur Ordnung und ermächtigte die absolutistische Herrschaft, Sicherheit für Leib und Leben den Untertanen zu garantieren und freies individuelles, politisches wie gesellschaftliches Handeln zu ermöglichen.

Ein die absolute Staatsgewalt legitimierendes Wesenselement war die Freiwilligkeit, mit der die Menschen auf ihre Freiheit verzichtet und sie dem Leviathan überlassen hatten. Allerdings zeigte sich in der vom Willen des Herrschers vollkommen abhängigen Handhabung der politischen Macht die eigentliche Gefahr dieser Staatstheorie. Die Menschen hatten mit Abschluss des Gesellschafts- und Unterwerfungsvertrages zugunsten der Ordnung und Sicherheit zwar ihre individuelle Freiheit und das Recht auf Widerstand gegen die Staatsgewalt aufgegeben. Die Kontrolle über den tatsächlichen Umfang des Verzichts hatten sie jedoch vollständig verloren. Den Souverän als allmächtigen Leviathan traf keine Pflicht zur Rechtfertigung seiner Handlungen oder zur Teilung der Rechte mit den Untertanen.

2. Vernunftstaat und Menschenrechte

26   Die Staatsphilosophie von Hobbes war schon zu seinen Lebzeiten Gegenstand heftigster Angriffe, vor allem von Seiten des Klerus. Von ihrer Gefährlichkeit abgesehen, hatte sie jedoch den Charakter des Naturrechts grundlegend verändert. Der Staat war ein Vernunftstaat, seine Grundlage das rationale Naturrecht als Gesellschaftstheorie. Von dieser Umdeutung des frühen Naturrechts wurde die Wiederherstellung der Ordnung erwartet, die sich in den Konfessions- und Bürgerkriegen aufgelöst hatte. Der Staat sollte den inneren Frieden schützen. Das Vernunftrecht gebot, allen Menschen die gleichen Lebensbedingungen, die Freiheit, Sicherheit ihres Lebens und Eigentums zu garantieren. Daneben hatte es eine zentrale politische Funktion. Es war effizientes Instrument zur Sicherung und Stabilisierung

der politischen Herrschaft des absoluten Regenten. Denn der Souverän war irdisch, seine Machtfülle vom Rechtsfrieden abhängig. Wurde die Staatsgewalt geschwächt und vollständig zerstört, löste sich auch die Herrschaft des Leviathan auf.

Einen entscheidenden Schritt über Thomas Hobbes hinaus war der **27** englische Philosoph und Staatstheoretiker *John Locke* (1632–1704) gegangen. Er forderte eine Begrenzung der absoluten Herrschaft zugunsten der Souveränität der Bürger. Ihnen standen nicht übertragbare subjektive Rechte zu, die als unveräußerliche Menschenrechte (*life, liberty, estates*) aus dem Gesellschaftsvertrag herausgenommen und institutionalisiert werden mussten. Kam der Herrscher seinen Garantien und Schutzpflichten zugunsten der Bürger nicht nach, konnten diese ihm die Herrschaft wieder entziehen. Dieses Staatsverständnis entsprach den politischen wie wirtschaftlichen Interessen des sich emanzipierenden Bürgertums. In der politischen Diskussion sind Thomas Hobbes mit seiner Theorie vom Gesellschaftsvertrag und John Locke mit dem Postulat der limitierten absoluten Herrschaftsmacht bis heute unverzichtbar.

V. Vernunftrechtswissenschaft

1. Juristische Gestaltungskompetenz

Die Wirkungen des zum Vernunftrecht gewandelten Naturrechts **28** glichen europaweit einem Paradigmenwechsel im philosophischen Rechtsdenken. Zunächst verdrängte die Erkenntnis durch Erfahrung (Empirie) die sog. ramistische Methode. Ihr Begründer, der französische Humanist *Pierre de la Ramée* (Petrus Ramus, 1515–1572), hatte die aristotelisch-scholastische Dialektik des „mos italicus" durch eine inhaltsleere Definitions- und Unterscheidungskunst ersetzt. Ihr Kennzeichen war die mehrteilige Zerlegung und Klassifizierung von allgemeinen, topischen Leitbegriffen nach Gegensätzen. Fortschreitende sog. dichotomische Teilungen (*divisiones*) lösten, schematisch vom Allgemeinen zum Besonderen aufsteigend, die Rechtsmaterien in einer Vielzahl von Definitionen, Kategorien, Begriffen, und Argumenten auf.

Die dichotomische Methode war mit der neuen Naturrechtsphilo- **29** sophie unvereinbar. Denn diese beschäftigte sich durch Beobachten

empirisch mit der normerzeugenden Vernunft des autonomen Individuums und seiner Natur. In dem Bündnis mit der Aufklärung war
erstmals das praktische Potenzial des Naturrechts für eine rationale,
sozialethische Begründung von Herrschaft sichtbar geworden. Es
wirkte als neue Sozial- und Rechtsphilosophie universell und war
nicht nur für Juristen verfügbar. Charakteristisch für dieses im Vernunftrecht erneuerte Naturrecht waren rein säkulare Elemente. Die
Trennung des Rechts von der Metaphysik und Moraltheologie ging
auf Hugo Grotius und seinen berühmten, noch verhalten formulierten Zweifel „etiamsi daremus" zurück. Trotz der Weltimmanenz blieb
das Vernunftrecht weiterhin ein in seiner Substanz wesentlich von
christlichen Grundwerten bestimmtes, unveränderbares und an allen
Orten für alle Menschen gleich geltendes Recht. Der Rechtswissenschaft wurde die ausschließliche Kompetenz zur Formung eines na-
turgemäßen, vernünftigen Rechts zugewiesen. Dieses Vernunftrecht
war autonom; Rückgriffe auf tiefere, im christlichen Naturrechtsdenken wurzelnde Inhalte und Begründungen wurden entbehrlich.

30   Ableitungen von Grundsätzen aus der Natur des Menschen und
ihre Umwandlung in Rechtsnormen erfolgten nach der Methode des
„mos geometricus". Nach Regeln der Geometrie wurde das in Formen flutende mittelalterliche Recht auf systemstrenge, klare Strukturen und rational kontrollierbare Rechtsfiguren zurückgeführt. Dass
diese neue Art des Denkens theoretisch wie inhaltlich zur Präzisierung der juristischen Logik und der Begründungszusammenhänge
benutzt werden konnte, war dabei ein durchaus erwünschter Begleit-
effekt. Bei der Lösung von Rechtsfragen wurden unverzichtbare Fol-
genprognosen nach Maßgabe des vernünftigen Rechts deutlicher erkennbar.

31   Die Rechtsicherheit garantierte das Vernunftrecht erst, nachdem
Juristen aus einem „System" von Vernunftwahrheiten praktikable
Regeln abgeleitet und als Rechtssätze formuliert hatten. Deshalb arbeiteten die führenden Vertreter des rational erneuerten Naturrechts
intensiv an der Fertigstellung sog. „Systementwürfe" des Vernunftrechts. In Zentraleuropa benutzten zu Ausgang des 18. Jahrhunderts
die Redaktoren der naturrechtlichen Kodifikationen diese Quellen.
Für den deutschsprachigen Kulturraum haben sich zwei Gelehrte in
besonderer Weise um die Systematisierung des Vernunftrechts verdient gemacht: Der Jurist und Philosoph Christian Thomasius und
der Philosoph und Nichtjurist Christian Wolff. Die Werke beider ge-
nossen europaweit hohes Ansehen.

2. Christian Thomasius

Christian Thomasius (1655–1728) begann seine Rechtsstudien und 32 akademische Laufbahn an der Universität Leipzig. Nach einer als skandalös kritisierten Veröffentlichung über das Verbrechen der Bigamie (*De crimine bigamiae*, 1685), die er für naturrechtlich erlaubt erklärte, machte er durch die Ankündigung einer Vorlesung öffentlich auf sich aufmerksam, die in der universitären Bildungslandschaft erstmals in deutscher Sprache gehalten wurde. Damit warb er auch für die allgemeine Verwendung der Volkssprache in der akademischen Lehre. Wegen seiner Kritik am Lehrsystem des „mos italicus", nach dem an den deutschen Rechtsfakultäten im 17./18. Jahrhundert allgemein unterrichtet wurde, erging gegen ihn ein Lehr- und Publikationsverbot. Thomasius entzog sich dem durch einen Wechsel an die neu gegründete preußische Reformuniversität Halle. Hier entstanden die Hauptwerke, die seinen Ruf als „Vater der deutschen Frühaufklärung" begründeten.

Seine Rechtsphilosophie bewegte sich im methodischen Bezugs- 33 rahmen von Empirismus und Eklektizismus. Als Empiriker hatte er das natürlich-biologische und soziale Verhalten des Menschen in der Gesellschaft beobachtet. Alles, was durch Erfahrung nicht messbar und legitimiert war, wie z. B. psychologisierte Affekte, ethische, moralische oder religiöse Motive, gehörte der Metaphysik an. Als Eklektiker wählte er kritisch aus wissenschaftlich Bekanntem verschiedene Rechtsfiguren, Thesen oder Theorien aus, die ihm brauchbar erschienen, und verwendete sie als vermittelnde Versatzstücke zur Ergänzung bzw. Bestätigung eigener Lehrmeinungen.

In dem Hauptwerk „Fundamenta juris naturae et gentium" (1705) 34 hatte er die Grundlagen seiner Rechtslehre veröffentlicht. In diesem System bildete das Streben des Menschen nach Glück, Sicherheit und Frieden das höchste Gut. Drei Pflichten dienten der Verwirklichung dieser Ziele: Die Rechtlichkeit (*justum*), zu der ein Mensch äußerlich durch den staatlichen Zwang der Strafdrohung des positiven Rechts angehalten wurde, die Anständigkeit (*decorum*) und Ehrenhaftigkeit (*honestum*), die nur das individuelle Gewissen des Menschen verpflichteten und sein Verhalten lenkten. Daraus leitete er die Unterscheidung zwischen dem äußerlich erzwingbaren positiven Recht und dem nicht erzwingbaren, lediglich innerlich die Affekte bindenden natürlichen und göttlichen Recht als Ethik und Moralphilosophie ab. Diese Differenzierung, häufig als Trennung bezeichnet, bildete mit dem Kriterium der „Erzwingbarkeit" das Kernstück seiner Lehre.

35   Thomasius hatte auf eine strikte Lösung des Rechts von der Moral verzichtet und die zwischen beiden bestehenden inneren Zusammenhänge bestehen lassen. In dieser Gestalt erzeugte das nicht erzwingbare Naturrecht lediglich eine Bindung des persönlichen Gewissens. Es war dem Wesen nach eigentlich eine dem Gemeinwohl dienende, utilitaristische Sozialethik. Der Herrscher hatte die Pflicht, den Menschen die Staatsziele der Sicherheit, Ordnung, des Glücks und der Wohlfahrt zu erhalten. Seine Untertanen waren gleiche und freie Bürger-Untertanen, die nach den „leges naturales" ein Leben in Frieden und Glückseligkeit führten. Mit diesen Funktionen hatte das natürliche Recht den Charakter einer normativen Leitlinie (*consilium*), nach deren Vorgaben die Menschen zur ständigen Verbesserung der Lebensbedingungen angehalten und zur Steigerung tugendhaften Verhaltens und Handelns erzogen wurden.

36   War im konkreten Fall eine naturrechtliche Regelung mit dem Ius commune nicht vereinbar, sprach Thomasius dem römischen Rechtssatz jede Geltung ab und erklärte ihn für nicht rezipiert. Mit dieser Begründung folgte er der herrschenden Rezeptionslehre (Lotharische Legende, 1643). Wurden bei der Anwendung römischer Rechtssätze Lücken sichtbar, empfahl Thomasius ihre Schließung durch Normen des Naturrechts. In ihnen wollte er Nachwirkungen eines residualen (vermeintlich) germanischen und mittelalterlichen deutschen Gewohnheitsrechts erkennen. Damit leitete er eine Emanzipation der Partikularrechte vom Gemeinrecht ein und beschleunigte dessen Bedeutungsverlust.

37   Die von Thomasius vollzogene Unterscheidung zwischen dem erzwingbaren positiven Recht und den nicht erzwingbaren Grundsätzen der Religion und Moraltheologie hatte praktische Folgen für die herrschende theokratische Auffassung vom Strafrecht. Das göttliche Recht verlor zunehmend seine Funktionen als neben dem weltlichen Recht gleichrangige Rechtsquelle. Deshalb trat er konsequent für eine Zurückdrängung der Religionsverbrechen und Sexualdelikte ein. Die Strafwürdigkeit dieser Handlungen machte er nach Maßgabe einer profanen Sozialethik von der Störung des öffentlichen Rechtsfriedens im Einzelfall abhängig.

38   Als Wegbereiter des aufgeklärten Strafrechtsdenkens in Europa wirkten seine eigenen bzw. die von seinen Doktoranden nach seinen

Ideen verfassten Kampfschriften: Gegen die Strafbarkeit der Ketzerei (*An haeresis sit crimen*, 1697), gegen den Aberglauben (*De crimine magiae*, 1701), Eintreten für den (naturrechtlich erlaubten) Konkubinat als zweitrangigen Ehetypus (*De concubinatu*, 1713). Dagegen findet sich die ihm (fälschlicherweise) zugeschriebene Ächtung der Folter als aufgeklärtes Postulat tatsächlich in der Dissertation eines seiner Schüler (*De tortura*, 1705). Dass Professoren die Dissertationen ihrer Doktoranden häufig plagiierend verarbeiteten und unter dem eigenen Namen publizierten, war im damaligen Promotionsbetrieb durchaus üblich. Nach neuen Forschungen hatte sich Thomasius persönlich von der Forderung der Aufklärer nach der Abschaffung der Folter jedoch distanziert (Rüping/Jerouschek).

3. Christian Wolff

Mit *Christian Wolff* (1679–1754), dem die neuere Forschung überschwänglich mit dem Titel „Philosophenkönig des 18. Jahrhunderts" (M. Stolleis) huldigt, fanden die rationalistischen Naturrechtslehren ihren Höhepunkt und zugleich Abschluss. Wolff war Philosoph und Mathematiker, kein Fachjurist. Seine akademische Karriere begann er als Inhaber des Lehrstuhls für Natur-, Völkerrecht und Mathematik an der preußischen Universität Halle. Der Weg zum Weltruhm verlief jedoch nicht geradlinig. Massive Anschuldigungen von Seiten der einflussreichen lutherisch-orthodoxen, pietistisch orientierten theologischen Fakultät hatten zur Folge, dass König Friedrich Wilhelm I. ihn als des Atheismus Verdächtigen bei Strafe des Todes des Landes verwies (1723). Der Sanktion entging Wolff, indem er einen Ruf des Landgrafen von Hessen-Kassel an die Universität Marburg/Lahn annahm und hier die meisten, europaweit beachteten Schriften verfasste. Das große internationale Ansehen veranlasste Friedrich II. d. Gr., Wolff nach Halle zurückzuberufen (1740), der nach längerem Zögern dem Werben nachgab und hier sein umfangreiches Lebenswerk vollendete. 39

Wolffs Rechtsphilosophie beherrschte im 18. Jahrhundert die geistige Welt in Europa. Ihr Hauptziel war der Entwurf eines homogenen, rational begründeten, vollkommenen Rechtssystems, das enzyklopädisch sämtliche Rechtsgebiete umfasste und alle Rechtssätze auf einen einheitlichen Grund zurückführte. Die menschlichen Handlungen und positiven Gesetze der Natur und Moral ließen sich mit Hilfe von Vernunftschlüssen erkennen. Aus einem obersten Grundsatz 40 wurden fortlaufend Einzelsätze nach Maßgabe der „mathematischen Lehrart" abgeleitet. Sie galten als Abbildungen der Wirklichkeit und damit als logisch zwingende Wahrheiten. Die Vernunft wirkte dabei als „Lehrmeisterin des Gesetzes der Natur" mit.

Theoretisch ermöglichte die mathematisch-demonstrative Methode unbegrenzte Deduktionen von einzelnen Rechtssätzen aus Axiomen, die der Erfahrung entstammten. Das Ableitungsverfahren selbst musste drei oberste logische Denk- und Seinsgesetze befolgen: Das Identitätsprinzip (Formel: A=A), das Prinzip vom (ausgeschlossenen) Widerspruch (*tertium non datur*) und das Prinzip des zureichenden bzw. bestimmenden Grundes (*principium rationis sufficientis*). Deren strengste Beachtung sollte eine exakte Trennung zwischen eindeutigen, wahren und mehrdeutigen, falschen Schlüssen als Ergebnis garantieren. Mit dieser Technik verschaffte Wolff seinem System die Qualität höchster begrifflicher Differenzierung und (vermeintlich) schlüssiger, logisch widerspruchsfreier Argumentation. Auf dieser Abstraktionshöhe ist seine Rechtslehre allerdings schwer lesbar. Vielleicht erklärt das methodische Stilelement auch die blasse Attraktivität von Christian Wolff in der akademischen Lehre.

41   Die anthropologische Grundlegung seiner auf das gesamte soziale Leben übertragenen Naturrechtslehre enthielt die achtbändige, nach Pufendorfs System gearbeitete monumentale Darstellung „Ius naturae methodo scientifico pertractatum" (1740/48) sowie die Schrift „Ius gentium" (1749). Die Zusammenfassung beider Werke erschien 1750 unter dem Titel „Institutiones juris naturae et gentium", der 1754 auch eine Ausgabe in deutscher Sprache folgte. Für Wolff war das Naturrecht ein allen Menschen angeborenes, unwandelbares Gesetz, eine weltimmanente Wahrheit, die in allen Bereichen des politischen wie gesellschaftlichen Zusammenlebens verwirklicht werden musste. Naturrecht wurde aus dem Begriff der Pflicht entwickelt, die ihrerseits ihren „zureichenden Grund" in der menschlichen Natur besaß und ebenfalls unwandelbar war. Rechte erschienen dabei lediglich als Reflexe konkreter Pflichten.

42   Diese Naturrechtslehre war im Grunde eine Pflichtenlehre von den guten und schlechten Handlungen. Recht und Moral mussten – im Gegensatz zur Differenzierung bei Thomasius – übereinstimmen. Richtig war eine Handlung nur, wenn sie dem Gesetz der Natur entsprach. Wolffs Naturrecht war eine Pflichtenethik, die jeden Menschen verpflichtete, nach Vervollkommnung zu streben und alles zu unterlassen, was diesem Idealzustand widersprach. Die Strafe als

Ahndung eines rechtsverletzenden Verhaltens (*laesio*) hatte primär die Aufgabe, durch Abschreckung Delikte zu verhüten. Die Besserung war demgegenüber eine Nebenfolge. Die Proportionalität bestimmte die Art der Sanktion und ihre Höhe. Das Bemühen des Menschen um Vollkommenheit begrenzte der Gesellschaftsvertrag. Dessen Reichweite hatte Wolff allerdings im Einzelnen nicht definiert. Die Wirkung seiner Naturrechtslehren war enorm. Ihre Vollendung gelang im 19. Jahrhundert der Pandektistik mit der Begriffsjurisprudenz, zu deren „Vater" er vereinzelt erklärt wird (U. Wesel). Der englische Rechtspositivist John Austin († 1859) bezog sich auf ihn bei der Begründung einer „Allgemeinen Rechtslehre". Auch die Französische Menschenrechtserklärung (1789) war von seinen Lehren beeinflusst.

VI. Französische Aufklärung – Montesquieu

Wechselnde Änderungen in der Legitimation und in den Geltungs- **43** grundlagen haben das Profil und die Inhalte des Naturrechts in seiner Entwicklung geprägt. Hugo Grotius hatte den Geltungsgrund des natürlichen Rechts in der „Socialitas" erkannt und konsequent seine Anbindung an Moral und Theologie für beendet erklärt. Durch Samuel Pufendorf wurde das Naturrecht von der Moraltheologie zwar unterschieden, jedoch eine vollständige Trennung nicht vollzogen. Für Christian Thomasius waren Naturrechtssätze nicht erzwingbar, weil sie im Gegensatz zum positiven Recht nur das Gewissen verpflichteten. Der französischen Naturrechtslehre blieb es vorbehalten, mit einer den Zeitumständen angepassten und den Menschen dienenden Gesetzgebung die Breitenwirkung der gestaltenden Vernunft in rechtlichen Dimensionen zu demonstrieren.

1. Gewaltenteilung

Charles de Secondat, Baron de la Brède et de Montesquieu (1689– **44** 1755), Jurist, Politiker und Sozialphilosoph, versuchte die Thesen von der Lenkbarkeit des Menschen durch Gesetze zu beweisen. In dem 1748 publizierten Werk „De l'esprit des lois" (*Vom Geist der Gesetze*) präsentierte er eine vernunftrechtlich begründete Interpretation der Gesetze durch ihre Geschichte und der Geschichte durch die Gesetze. Sein weltweites Ansehen erwarb er mit einem Kapitel über die Verfassung Englands, in dem er seine Lehre von der Teilung der Gewalten entwickelt hatte (XI 6). Die Konzentrierung des allgemeinen Interesses hauptsächlich auf diese, nach heutigem Verständnis unverzichtbare Grundbedingung des Rechtstaats hat zur Folge, dass der L'esprit als das politische Hauptwerk des 18. Jahrhunderts heute „zu den zwar bekanntesten, aber am wenigsten gelesenen Büchern der Weltliteratur gehört" (E. Forsthoff).

45   Entdecker und Begründer des Trennungsmodells war Montesquieu jedoch nicht. Dieses Verdienst gebührt vielmehr John Locke, der gegen Thomas Hobbes die Ansicht von einer durch den Gesellschaftsvertrag zwar übertragenen, inhaltlich aber limitierten Souveränität des Herrschers vertreten hatte. In seiner zweiten Abhandlung zur Leitung der Regierung (*Two treatises of Government*, 1690) hielt Locke eine festen gesetzlichen Schranken unterworfene staatliche Herrschaft für zureichend. Um sie wirksam kontrollieren und eine missbräuchliche Anwendung verhindern zu können, forderte er als Empiriker die parallele Koordinierung der Funktionen der Organe, die mit der Ausübung der Staatsgewalt betraut waren. Seine Analyse ging von einer strikten Trennung der Legislative als der höchsten Staatsgewalt und der Exekutive als dem Zentrum wirklicher Zwangsmittel des Staates (Militär, Polizei, Strafjustiz, Finanzbehörden) aus. Der Rechtsprechung hatte er nicht den Status einer eigenen Gewalt zuerkannt. In den Einzelheiten blieb John Locke jedoch vage.

46   Vielleicht konnte Montesquieu deshalb, auch durch Missverständnisse begünstigt, das theoretische Modell der Zweiteilung der Gewalten von Locke aufgreifen, zusätzlich um die Rechtsprechung erweitern und zu der berühmten Trias „Legislative – Exekutive – Judikative" gelangen. Über diese hatte bereits Aristoteles in der „Politica" geschrieben. Der Franzose hatte für die Lehre einen kurzen Abschnitt im L'esprit vorgesehen. Ausgehend vom Prinzip des Gleichgewichts der Gewalten (*le pouvoir arrête le pouvoir*) entwickelte er die Theorie der Gewaltentrennung am Beispiel der englischen Verfassung, in der er das Ideal der politischen Freiheit verwirklicht sah. Bei der Ausgestaltung bezog er sich auch auf das System der „checks and balances of powers", das die Ausbalancierung und wechselseitige Kontrolle der drei staatlichen Teilgewalten regelte. Die stabilisierenden Mechanismen dieser staatstheoretischen Lehre hatte bereits der englische Philosoph und Politiker *Henry St. John Bolingbroke* (1678–1751) auf der Grundlage der aristotelischen Trias eingehend beschrieben (*Remarks on the History of England*, 1730/31).

Diese Vorgeschichte relativiert die Originalität der Leistung Montesquieus als Begründer der modernen Gewaltenteilungslehre. Hinzu kommt, dass er im L'esprit die typische Dreizahl durch eine inhaltslose Bestimmung der richterlichen Gewalt (*puissance de juger*) in ihrer Gewichtung völlig entwertet hatte. In einer „sibyllinischen Formel" erklärte er apodiktisch deren Funktionen für „sozusagen unsichtbar und unbedeutend" (*pour ainsi dire invisible et nulle – en quelque facon nulle*).

Erst die neuzeitliche Verfassungsbewegung hat die „Judikative" **47** hinzu interpretiert und in der Reichsverfassung der Frankfurter Paulskirche (1849) als zentrale rechtsstaatliche Forderung verankert. Als politisches Programm wurde das Modell der dreigliedrigen Gewaltentrennung erstmals in die Verfassungen der Vereinigten Staaten (1776, 1787) übernommen. Auf dem Kontinent fand es Eingang in die Französische Menschenrechtserklärung (1789), in die Verfassungen der napoleonischen Satellitenstaaten (z. B. der Helvetischen Republik von 1798), ferner in die Verfassungen von Korsika (1755), Polen (1791), Spanien (1812) oder Norwegen (1814).

2. Kontrolle der Judikative

Das politische Aufklärungsdenken der Epochenschwelle zur Neu- **48** zeit hatte die Rolle des Fürsten als Garanten eines vernünftigen Rechts in einer nach natürlichen, geometrischen Maßstäben konsolidierten Gesellschaft idealisiert und in das allgemeine Rechtsbewusstsein gerückt. Der Monarch war der alleinige Gesetzgeber. Sein Wille und seine Macht äußerten sich im Gesetz, das Ausdruck der menschlichen Vernunft war. Als Monopolist musste der Fürst sicherstellen, dass die Rechtsprechung seine Gesetze korrekt auslegte und unverfälscht zur Anwendung brachte. Dies war nur durch eine rigorose Bindung des Rechtsanwenders an den Gesetzestext erreichbar.

Montesquieu beschreibt diese Kontrolle mit dem bekannten Bild vom Richter, der allein als „Mund" die Worte des Gesetzes auszusprechen (*la bouche qui prononce les paroles de la loi*) und im Urteil (*jugement*) den Gesetzestext genau wiederzugeben hatte (*un texte précis de la loi*, XI 6). Der Vollzug des unverfälschten Willens des Gesetzgebers hatte unbedingten Vorrang. Diese vernunftrechtlich im Interesse der Rechtssicherheit gebotene Reduzierung bzw. Beseitigung des richterlichen Ermessens sollte einer unkontrollierbaren Willkürrechtsprechung vorbeugen. Spätere Interpretationen dieser Textstelle hatten dem Richter den Status eines seelenlosen Automaten zuerkannt, dessen Kreativität sich bei der Subsumtion der Rechtsnorm in einer permanenten Reproduktion des logischen „Justizsyllogismus" erschöpfte. Nach neuen Forschungen lag dies Montesquieu allerdings fern.

3. Relatives Naturrecht

49   Im L'esprit hatte Montesquieu die Abhängigkeit des Naturrechts von variablen Faktoren, wie etwa dem kulturellen Reichtum der Völker, ihrer Geschichte, der Religion, den geographischen, politischen und sozialen Lebensbedingungen in der jeweiligen Gesellschaft, eingehend dargestellt. Nach der (später) sog. Klimatheorie mussten die Gesetze als Manifestationen der menschlichen Vernunft diesen „notwendigen Bezügen" entsprechen, die aus der wandelbaren „Natur der Sachen" abgeleitet wurden (*rapports nécessaires qui dérivent de la nature des choses*). Nur wenn dies eintrat, stimmte die gesetzliche mit der natürlichen Ordnung überein. Der Mensch konnte diese Harmonie mit Hilfe seiner Vernunft erkennen und die dabei gewonnenen Erkenntnisse bei der Rechtsetzung in „objektiven Gesellschaftsgesetzen" berücksichtigen.

50   Mit dieser der Jurisprudenz vermittelten Erkenntnis war die Wandlung vom absoluten zum relativen Naturrechts in objektiven Grenzen erfolgt. Es wurde von der Unterschiedlichkeit und vom ständigen Wechsel der natürlichen Bedingungen innerhalb der Gesellschaften bestimmt. Mit dem Hinweis auf die gestaltende „nature des choses" zeigten sich die Vorzüge dieses Rechts auch als Garantie der individuellen Freiheit gegenüber dem absolutistischen Souverän. Der Grundgedanke, dass Rechtssätze inhaltlich durch tatsächliche und soziale Vorgegebenheiten bestimmt und vom staatlichen Gesetzgeber berücksichtigt werden, wurde von der modernen Theorie von der Natur der Sache übernommen.

4. Aufgeklärtes Strafrecht

51   Montesquieus Vorstellungen vom vernunftrechtlich begründeten Strafrecht hatten mit den Reformpostulaten die sicherheitspolitische

Diskussion in Frankreich provoziert und zeigten europaweit Wirkungen. Eine erste Kritik am französischen Kriminalrecht enthalten die 1717 bis 1721 entstandenen „Lettres Persannes" (*Perserbriefe*), häufig „Vorwort" zum L'esprit genannt. Das Buch war ein literarisches Kunstwerk einer Orientrezeption, die in Frankreich der Frühaufklärung begonnen hatte. Es spiegelte die wichtigsten geistigen Strömungen der Zeit mit ihren sozialpolitischen Brüchen und kulturellen Verwerfungen wider und war eine schonungslose Abrechnung mit der Kriminalpolitik der Régence.

Im L'esprit hatte Montesquieu die Kritik der Perserbriefe verschärft und sie auf Einzelheiten konzentriert. Dazu gehörte an herausgehobener Stelle die Ächtung der Folter im geheimen Inquisitionsprozess als verabscheuungswürdigste, schändlichste Erfindung des menschlichen Geistes. Er hielt sie „ihrer Natur nach (für) nicht notwendig, sogar naturrechtswidrig" (VI 17). Diese Erklärung wurde zum Programmsatz der strafrechtlichen Aufklärung mit europäischer Fernwirkung. 52

Nach Montesquieu hatten Strafgesetze in Staat und Gesellschaft die alleinige Aufgabe, die Bürger vor Unrechtstaten zu schützen und ihre Sicherheit zu gewährleisten. Diese Ziele konnten mit gesetzlichen Strafen nur erreicht werden, wenn sie Mindestanforderungen der Objektivität und Humanität entsprachen. Dies war der Fall, wenn der Richter bei der Strafzumessung die verwirkte Strafe „arbiträr" nach den Grundsätzen der Angemessenheit festsetzte. Das Proportionalitätsprinzip zählte zu den Kernthemen seines Reformprogramms und war alleiniger Maßstab für den repressiven Strafzwang (VI 16). Es ermöglichte den Ersatz der grausamen Strafen durch humane Sanktionen.

Diese Grundorientierung hatte Auswirkungen auf die Rechtsnatur des Verbrechens und auf die Formulierung der einzelnen Straftatbestände. Montesquieu ordnete die wichtigsten Begehungsformen typologisch nach Unrechtshandlungen gegen Religion, Sittlichkeit, Ruhe und Sicherheit der Bürger (XII 4). Die Religionsdelikte wollte er aus dem weltlichen Strafrecht entfernen. Vor allem musste die Ketzerei, nach geltendem Recht ein qualifizierter Fall der Zauberei, straflos bleiben, weil „man beweisen kann, dass es ein solches Verbrechen nicht gibt". Das Strafrecht hatte für dieses Delikt die Strafe des Feuertodes vorgesehen. Gotteslästerung und Sakrileg, die zu den schwersten Verbrechen zählten und ebenfalls mit der Strafe des Feuers geahndet wurden, sollten nicht mehr vom Staat, sondern allein 53 von der kirchlichen Gerichtsbarkeit mit Kirchenstrafen verfolgt werden. Die alte Vorstellung von der Pflicht des Staates, die verletzte Gottheit und ihre Heiligen bedingungslos und automatisch durch rigorose Strafen zu rächen, war als vernunftwidrig zu verwerfen. Beleidigungen Gottes sollte der Staat als reine Störungen des öffentlichen Rechtsfriedens äußerstenfalls mit Freiheitsentzug verfolgen.

54   Bei Sittlichkeitsdelikten hielt er Exil, Geld- Ehren-, Züchtigungs- und Polizeistrafen für angemessene Sanktionen, „um die unruhigen Gemüter zurecht zu setzen und in die bestehende Ordnung zurückzuführen". Für Homosexualität („Sodomie" nach zeitgenössischer Definition), die in der Regel mit der Feuerstrafe geahndet wurde, erklärte er allenfalls ein vorbeugendes Eingreifen der staatlichen Organe durch Beseitigung der Ursachen für angebracht, weil Handlungen dieser Art „nur selten evidente Beweise" ermöglichten.

55   Verbrechen, durch die Bürger in ihrer Ruhe gestört wurden, waren überwiegend Vergehen, die Polizeistrafen rechtfertigten, wie z. B. kurzfristige Freiheitsentziehungen oder Züchtigungen. Zu den Verbrechen, die schwere Verletzungen der Sicherheit der Bürger darstellten, zählte er die Eigentums-, Vermögens- und Tötungsdelikte. Für Mord, Raub, schweren Diebstahl, Hoch- und Landesverrat, Vergewaltigung forderte er die Todesstrafe als härteste Sanktion. Ihr Zweck war die Vergeltung (Talion), die er aus der Natur der Sache ableitete und als Konsequenz des Proportionalitätsprinzips darstellte (*un espèce de talion…tirée de la nature de la chose*). Sie war ein Heilmittel der kranken Gesellschaft, das abschreckend wirkte (*la remède de la société malade*, XII 4).

56   Montesquieus Fundamentalkritik an der Praxis des zeitgenössischen Kriminalrechts hatte am nachhaltigsten das Strafrechtsdenken der Aufklärung beeinflusst. Jean-Jacques Rousseau, Voltaire, Cesare Beccaria und Friedrich der Große wurden von ihm unmittelbar inspiriert. Im Gegensatz zu Hugo Grotius hat er jedoch keine kohärente, den Naturrechtslehren systemkonform folgende Straftheorie entwickelt. Vielmehr beschränkte er sich auf das Aufzeigen von Prinzipien und normativen Richtlinien, deren Geltung er anthropologisch mit der Natur des Menschen und der Sachen begründet hatte. Zwangsmaßnahmen dienten dem Schutz des Delinquenten im Inquisitionsprozess oder der Gewährleistung der Sicherheit und Freiheit der Bürger (*principalement la liberté des citoyens*, XII 2). Die Vergeltung als Strafzweck wurde durch die Generalprävention modifiziert. Deshalb war die Todesstrafe auch nur ausnahmsweise und bei

Schwerstverbrechen gerechtfertigt, im Übrigen durch die für den Staat und die Gesellschaft nützliche öffentliche Zwangsarbeitsstrafe zu ersetzen.

VII. Italienische Aufklärung

1. „Illuminismo" im Schatten der Ikone

Im 18. Jahrhundert wird Cesare Beccaria europaweit als Ikone der 57 italienischen Aufklärung verehrt. Den Ruhm des Mailänder Professors für Staatsrecht als „Verteidiger der Humanität" (*difensore dell'umanità*) begründete die kurze, 1764 publizierte Schrift mit dem programmatischen Titel „Über Verbrechen und Strafen". Es war das einzige Buch eines Gelehrten (*vir unius libri – un uomo, un libro*), das Weltliteratur wurde und auch heute als „Magna Charta" der europäischen Aufklärung im Strafrecht gefeiert wird. Diese herrschende, weitgehend kritikabstinente Apotheose verstellt den Blick auf die eigentlichen Protagonisten der Aufklärung in Italien. Zu ihnen gehört *Antonio Genovesi* (1713–1769) an der Universität Neapel, der erste Philosoph des „Illuminismo" von Rang mit einer außergewöhnlichen Ausstrahlung auch als Nationalökonom. Aus Genovesis berühmter Schule kamen einflussreiche Vorkämpfer der Aufklärung, unter ihnen die Juristen Francesco Mario Pagano in Neapel, Gaetano Filangieri in Neapel und Giovanni Tommaso Natale in Sizilien. Ohne die Arbeiten dieser Vordenker hätte Beccaria sein Manifest der Aufklärung in Italien nicht schreiben können.

Der „Illuminismo italiano" unterschied sich in seinen Vorausset- 58 zungen und Zielen grundlegend von den zeitgenössischen französischen, niederländischen und deutschen Denkrichtungen. Seine Repräsentanten zeichnete ein nahezu grenzenloser Glauben an die gestaltenden Kräfte der menschlichen Vernunft aus. Sie hielten die Ratio für geeignet, die Gesellschaft politisch, sozial und ökonomisch umzugestalten und von unreflektierten Traditionen zu befreien. Die Aufklärung italienischer Prägung war keine idealistische, spekulative philosophische Strömung. Ihre Vertreter propagierten pragmatische Reformen im Sinne eines neuen Naturalismus, in dem sie eine Garantie der Freiheit erkannt hatten und in der italienischen Kultur des 18. Jahrhunderts wirken lassen wollten.

59   In der Frühphase des Illuminismo bestimmte seinen Charakter
noch die Vorstellung von einer vorsichtigen Synthese zwischen Aufklärung, Geschichte und Religion. Unter dieser Ägide sollten in Bereichen der Kirche und des Staates konkrete Reformen durchgesetzt
werden. Der Theologe und enzyklopädisch gebildete Historiker *Ludovico Antonio Muratori* (1672–1750) in Modena war engagierter
Wortführer dieser Bewegung. Er stand mit den Größen der Aufklärung in Europa in brieflichem Kontakt (Leibniz, Newton, Vico) und
trat als einer der Ersten für die Aufnahme naturwissenschaftlicher
Studienfächer und der Ökonomie in die Lehrpläne ein. Muratori propagierte eine deutliche Berücksichtigung der empirischen Wissenschaften. In der Wirtschaft sah er eine wesentliche Voraussetzung
für Wohlstand und Garantie für Wohlfahrt in einer Gesellschaft
gleichberechtigter Menschen, in der alle die Chancen für einen beruflichen wie sozialen Aufstieg nach ihren Leistungen besitzen sollten.
Seine Schrift „Dei difetti della Giurisprudenza" (1742) löste eine polemische Diskussion der Mängel der zeitgenössischen Rechtswissenschaft aus und gab Anstöße zu Reformen und zur Reorganisierung
der Ausbildung an den Universitäten.

60   Im Verlauf der wachsenden Profilierung der aufgeklärten Ideen begann die Entfernung der Theorie und Praxis von ihrer geschichtlichen Basis. Der Illuminismo provozierte mit diesen Tendenzen sowohl die Kritik der Traditionalisten wie der Idealisten. Deren
Angriffe richteten sich gegen den Rationalismus und typisch philosophischen Pragmatismus. Letzteren diffamierten sie als blinde Ge-
schichtsfeindlichkeit, übersahen dabei jedoch die richtungweisenden
Gedanken von *Giambattista Vico* (1668–1744), eines Vordenkers der
gesamteuropäischen Aufklärung.

Der Rhetorikprofessor und Kollege von Genovesi an der Universität Neapel gilt als „Erfinder der modernen italienischen Geschichtsphilosophie" (L. Lacchè) und „Begründer der modernen eklektizisti-
schen Schule" (L. Blanch). Seine spekulativen historischen
Forschungen setzten methodisch die Reihe der experimentell-empiri-
schen Arbeiten von Galilei, Descartes und Locke fort. Mit den Naturrechtslehren von Grotius beschäftigte er sich intensiv und kritisch.
Montesquieu und Rousseau kannten und schätzten seine eklektizisti-
schen, kulturhistorischen, philologischen und topischen Arbeiten. Savigny verehrte ihn.

61   In dem Hauptwerk „Principi di una scienza nuova" (1725) verfasste Vico eine neue Universalgeschichte der Völker und benutzte

dabei die Geschichtswissenschaften eklektisch als Medium zum Erkennen von Prinzipien auf der Basis konkreter Wertvorstellungen.
Die Nation verstand er als ethnische und historische Gemeinschaft.
Das Naturrecht identifizierte er als unwandelbaren Bestandteil einer
aufgeklärten, empirisch begründeten Kulturtheorie im Kontext des
Primats der Geschichte. Mit dieser Konzeption stand die „Neue Wissenschaft" in der Tradition der im 18. Jahrhundert von Neapel ausgehenden (kirchen-)kritischen Rechtstheorie des „giurisdizionalismo".
Die italienische Rechtswissenschaft entdeckte im frühen 19. Jahrhundert Vico neu. Sie war auf der Suche nach neuen theoretisch-me-
thodologischen Wegen, die eklektisch Brauchbares aus Exegese, pandektistischer Begrifflichkeit und Systemstrenge des „Germanesimo"
auswählten und vermittelten. Die Richtung gaben die führenden Gelehrten der Restaurationszeit *Gian Domenico Romagnosi* (1761–
1835) und *Pellegrino Rossi* (1787–1848) vor. Sie interpretierten Vicos
mit der Geschichte eng verbundenen Rationalismus neu und entwickelten für die angebrochene Ära der nationalen Kodifikationen ein
modernes, philosophisch-eklektizistisches Rechtsdenken. Es sollte
die Dogmatik mit einem phantasievollen Historismus und einer systematischen Philosophie befruchten und dabei die leitenden Prinzipien isolieren. Diese neue Denkrichtung wurde als „Vicoismus" (*vi-
chismo*) in der italienischen Rechtswissenschaft herrschend. Das Ziel
war, die auf Vernunft gegründeten Kodifikationen mit ihren historischen, aus verschiedenen Epochen stammenden Quellen miteinander
zu verbinden und neu zu legitimieren.

Giovanni Tommaso Natale Marchese di Monterosato (1733–1819)   62
war Jurist, Philologe, Dichter und ausgezeichneter Kenner der Philosophie von Leibniz. Er hatte bereits 1759 in Palermo die „Riflessioni
politiche intorno all'efficacia e necessità delle pene" (*Politische Betrachtungen zur Wirksamkeit und Notwendigkeit der Strafen*) verfasst und darin in provozierenden Vorschlägen rechtspolitisch brisante Themen aufgegriffen. Über sie sollte später Cesare Beccaria in
ähnlichem Sinne schreiben, ohne allerdings auf die Nähe der eigenen
Gedanken zu den schon bekannten Forschungen von Natale hinzuweisen.

Im Schatten des literarischen Ruhms von Beccaria stand auch *Fran-*   63
cesco Mario Pagano (1748–1799), Anwalt, Richter und Professor für
Strafrecht an der Universität Neapel. Zu seinen wichtigsten Schriften
zählten die „Considerazioni sul processo criminale" (1787) sowie die
Abhandlungen „Principj del codice penale" und „Logica de' proba-

bili" (1803–1806/19, posth.). Die Werke gerieten allerdings in Vergessenheit und wurden Anfang des 20. Jahrhunderts neu entdeckt.

Der Strafjurist Pagano hatte in den Menschenrechten die Grundlagen des Strafrechts gefunden und plädierte für eine umfassende Reform des materiellen und Prozessrechts. Die größten Reformdefizite attestierte er dem Inquisitionsprozess, einem in Europa des Ancien Régime allgemein praktizierten Typus des Strafverfahrens. Seine Hauptkritik galt den anonymen Denunziationen und dem streng geheimen, unkontrollierten Ermittlungsverfahren. Er forderte die Öffentlichkeit aller Abschnitte der Hauptverhandlung und bei der Urteilsfindung die Beteiligung von Laien neben gewählten Berufsrichtern. Als Gegner der Folter bekämpfte er die Widersinnigkeit dieses barbarischen Instruments der Wahrheitsfindung und forderte ihre ersatzlose Abschaffung. Sie war seiner Meinung nach völlig ungeeignet, vorhandene Indizien zu bestätigen oder zu entkräften. Mit konkreten juristischen Argumenten gegen die unmenschlichen Praktiken bei der Geständniserzwingung unterschied er sich von manchen Zeitgenossen, die sich einer Mode der Zeit folgend mit rein philanthropischen, sachlich unverbindlichen Überlegungen gegen die Tortur gewendet hatten. Als Strafzwecke favorisierte er die psychologischen Wirkungen der Abschreckung und Besserung. Beide waren die einzigen humanen Alternativen zur grausamen, zweckfreien, absoluten Vergeltungsstrafe (Talion) und in ihren präventiven Funktionen ideale Mittel zur „sozialen Verteidigung" (*difesa sociale*) des Gemeinwesens im Interesse der rationalen Gerechtigkeit (*ragion criminale*).

64   Neben seiner Tätigkeit als Strafrechtsprofessor und erfolgreicher Anwalt machte Pagano Karriere als Politiker und Gegner der Monarchie. Er gehörte zu den Begründern der kurzlebigen, im Januar 1799 ausgerufenen und bereits im Oktober desselben Jahres gewaltsam beendeten „Repubblica Napoletana (Partenopea)". Er war Mitglied der provisorischen Regierung der Republik, die für eine politische wie soziale Modernisierung des ausbeuterischen Feudalsystems eingetreten war, und beteiligte sich aktiv am Entwurf einer Verfassung auf den Grundlagen der republikanisch-demokratischen Freiheit. Das Werk trug in wesentlichen Teilen seine Handschrift, blieb allerdings ein nicht in Kraft getretener Gesetzentwurf (*Progetto di Costituzione della Repubblica Napoletana*). Darin hatte Pagano mit dem „Corpo degli Efori" ein besonderes Gericht zum Schutz der Verfassung kodifiziert (*Custodia della Costituzione*, Titolo XIII) und dies nach neu-

esten Forschungen zum ersten Mal in der Verfassungsgeschichte Europas (A. Trampus).

Die britische Flotte unter dem Kommando von Admiral Horatio Nelson († 1805) hatte in Diensten der Bourbonen die republikanische Revolution in Neapel zugunsten von Monarchie und Kirche blutig niedergeschlagen. Die alte Herrschaft wurde wiederhergestellt und Pagano mit der Elite patriotischer Republikaner als Aufrührer und Hochverräter öffentlich hingerichtet. In der Reihe der Repräsentanten der italienischen Spätaufklärung nimmt er einen herausragenden Platz ein. Neue italienische Forschungen haben Pagano und sein Werk, insbesondere den zu seiner Zeit weitgehend unbeachtet gebliebenen republikanischen Verfassungsentwurf der wissenschaftlichen Diskussion wieder zugänglich gemacht.

2. Gaetano Filangieri – der Montesquieu Italiens

Der aus altem neapolitanischem Hochadel stammende Jurist und 65
Finanzpolitiker *Gaetano Filangieri* (1752–1788) galt schon Zeitgenossen als der „Montesquieu Italiens". Goethe war auf seiner italienischen Reise 1787 mit diesem „trefflichen Mann" in Neapel persönlich zusammengetroffen. Napoleon bezeichnete ihn als „ce jeune homme qui e notre maitre à tous". Mit den Aufklärern in Mailand im Kreis von Cesare Beccaria stand er ebenso in Kontakt wie mit Benjamin Franklin († 1790), der Grundgedanken von Filangieri für das pennsylvanische Strafgesetzbuch benutzt hatte. Er bewunderte Montesquieu und Beccaria. Im Gegensatz zu dem Franzosen, der zeigte, wie die Gesetze sind und warum sie so sind, propagierte der Italiener Filangieri den unbedingten Primat des Gesetzes und lehrte, wie Gesetze sein sollen und warum sie so sein sollten.

Zeitgleich zu den Vorarbeiten der Naturrechtssystematiker für 66
künftige vernunftrechtliche Kodifikationen beschäftigten sich seit Mitte des 18. Jahrhunderts viele Juristen intensiv mit Grundsatzfragen der Gesetzgebung. Filangieri war – neben Jeremy Bentham († 1832) in England – einer von ihnen und mit seiner achtbändigen „La scienza della legislazione" (1780/91) der wohl einflussreichste. Das Werk über die Gesetzgebungswissenschaft gilt heute als „Kompendium und Quintessenz des Aufklärungsdenkens" (K. Seelmann) auf den Gebieten der Rechts- und Naturrechtsphilosophie. Es war rund zwanzig Jahre nach der von Beccaria verfassten Propaganda-

schrift entstanden. In französischer, spanischer, russischer und deutscher Übersetzung hatte es den Dialog der italienischen Rechtswissenschaft mit der europäischen Aufklärung vertieft.

67 Neben dem beeindruckenden Konzept der Theorien der Gesetzgebung hatte Filangieri das dritte Buch der „Scienza" dem Kriminalrecht vorbehalten (*Delle leggi criminali*). Im ersten Teil entwarf er eine neue Strafprozessordnung strikt auf der Basis des Gesetzes, ohne Denunziation, exzessive inquisitorische Ermittlungsmethoden und Folter. Im zweiten Teil behandelte er zentrale Rechtsinstitute des materiellen Strafrechts. Hier finden sich auch die deutlichsten Ausprägungen der von Filangieri verfassten Lehre vom Naturrecht und der Theorie der Menschenrechte.

68 In diesen Kontext ist seine originelle Theorie der Proportionalität von Strafen einzuordnen. Die Ausgangspunkte waren Samuel Pufendorfs Lehre von der „Imputatio" und Montesquieus aus der „Natur der Sache" abgeleitete Grundsätze der Verhältnismäßigkeit. Filangieri hatte seine Vorstellungen aus der Inhaltsstruktur des Verbrechens entwickelt. Für ihn war die Verletzung eines gesellschaftlichen Vertrages tatbestandsmässig Unrecht, das für den Delinquenten den Verlust aller Rechte zur Folge hatte. Über die Schwere des begangenen Delikts entschied deshalb die Bedeutung des Rechtsbruchs unter Berücksichtigung des Gemeinwohls und der Erhaltung der Gesellschaft in Ordnung und Frieden. Zweck der Strafe war der (lineare) Ausgleich der Schädigung durch das Verbrechen (sog. *direkte* oder *arithmetische Proportionalität*) im Interesse einer umfassenden und nachhaltigen Befriedung der Gesellschaft. In dieser politischen Gestaltungsfunktion unterschied sich die Strafe von Pufendorfs Zwecklehre, die Art und Höhe der Sanktion ausschließlich nach ihrem Nutzen für den Staat bestimmte (*utilitas rei publicae*).

69 In der strikten Ablehnung der Folter und mit der Forderung nach Straflosigkeit der Magie folgte Filangieri den Reformpostulaten der Aufklärer. Abweichend von ihnen befürwortete er allerdings die Todesstrafe und sah den legitimierenden Rechtsgrund dafür im unbeschränkten Strafanspruch (*ius puniendi*) des Souveräns. Er hielt die Lebensstrafe für eine Art verstaatlichtes Naturrecht. Sie sollte nicht aus Gründen der Rache für an der Gesellschaft begangenes Unrecht möglich bleiben, sondern allein aus präventiven Überlegungen verhängt werden. Ihr Zweck war, das durch den Rechtsbruch verletzte Staats- und Gemeinwesen vor weiteren Verbrechen zu bewahren, die drohen würden, sollten die Straftaten ungesühnt bleiben. Aller-

dings forderte er, die Todesstrafe zurückhaltend anzuwenden (*restringersi l'uso*). Im Ganzen war das leitende Ziel seiner strafrechtlichen Reformen, das geltende Recht auf der Grundlage des unbedingten Vorranges des Gesetzes umfassend rational umzugestalten.

3. Cesare Beccaria – der Rousseau Italiens

Der Ruf des *Marchese Cesare Beccaria* (1738–1794) als begnadeter 70 Autor des Buches „Dei delitti e delle pene" (1764) strahlte weltweit. Von der gelehrten Welt in Europa wurde er mit Ehrungen, Preisen und Einladungen überschüttet, von Voltaire mit einem eigenen Kommentar hofiert, von der österreichischen Regierung auf einen eigens für ihn geschaffenen Lehrstuhl für Staatsrecht in Mailand berufen und vom römisch-deutschen Kaiser Leopold II. († 1792) nach Wien in eine Hofkommission zur Reformierung des Strafgesetzbuchs „Josephina" von 1787 berufen. An der Wertschätzung als Lichtgestalt der europäischen Aufklärung hat sich bis heute kaum Wesentliches geändert.

Über die Ursachen dieser allgemeinen Bewunderung und Vereh- 71 rung des Verfassers einer rund 100 Seiten umfassenden schmalen Abhandlung wurde vieles und Unterschiedliches geschrieben. Die Erstausgabe war noch anonym und zum Schutz des Autors vor der staatlichen Zensur im damals politisch toleranteren toskanischen Livorno erschienen. In den neueren Forschungen scheint sich inzwischen eine kritischere Einschätzung der Leistungen Beccarias durchzusetzen.

Genauere Untersuchungen zum intellektuellen Umfeld, aus dem er kometenhaft hervorgetreten war und seine Gedanken öffentlich zur Diskussion gestellt hatte, erlauben differenziertere Deutungen des Werks und seiner Wirkungen. Sie machen auf seine gedankliche Nähe zu einem sozialkritischen Diskussionskreis engagierter adeliger Intellektueller aufmerksam, der sich „Accademia dei Pugni" (*Akademie der Fäuste*) nannte. Auch bekannt als „Mailänder Aufklärung" unterhielt die Vereinigung rege Kontakte zu den französischen Enzyklopädisten und wurde von Voltaire als „École de Milan" anerkannt. Ihre Mitglieder beschäftigten sich in dem modisch aufgeklärten Debattiersalon eingehend mit wirtschaftlichen, sozialen und kriminalpolitischen Problemen des Ancien Régime. In der Zeitschrift „Il Caffè" besaß der Zirkel zwar ein kurzlebiges, aber wirksames Publikationsorgan.

72   Beccaria war aktives Mitglied dieses elitären Kreises um den Aristokraten *Pietro Verri* († 1797) und seinen Bruder, den Literaten und Dichter *Alessandro* († 1816). Viele der Ideen und Probleme, die in dieser gelehrten Gesellschaft bereits eingehend erörtert worden waren, haben in Beccarias Schrift Eingang gefunden, ohne dass er die eigentlichen Quellen als Urheber benannt hätte. Tatsächlich hatte er vieles weitgehend bereits Bekanntes und hinlänglich Diskutiertes in sprachlich knappe, griffige Formen gebracht. Nachweislich kannte er Skizzen und Entwürfe zu der 1760 begonnenen Abhandlung über die Grausamkeit und Naturrechtswidrigkeit der Folter von Pietro Verri (*Osservazioni sulla tortura*), die der Autor erst 1777 veröffentlicht hatte. Davon abgesehen hat Beccaria seine Kritik und Vorschläge in ungeschönter Sprache, mit klaren Analysen und Forderungen zur richtigen Zeit, nämlich auf dem Höhepunkt einer internationalen, öffentlich geführten Reformdebatte publiziert. In diese lebhafte Diskussion brachte sein öffentlichkeitswirksam schon 1765 in die meisten Hochsprachen übersetztes Buch zahlreiche wichtige Anregungen und interessante Ergänzungen ein. Dass er manches über weite Strecken im Ungefähren, zwischen Utopie und realen Reformen Schwankenden belassen hatte, schmälert nicht die Bedeutung der Schrift.

73   Ihr Hauptziel war eine Gesamtreform des materiellen Strafrechts und Strafprozessrechts. Adressaten waren die absolutistischen monarchischen Machthaber des Ancien Régime sowie die morschen Strukturen und rückständigen Zwangsmittel des geltenden Kriminalrechts. Beccaria folgte in allen seinen Postulaten und Kritiken am Bestehenden einschließlich der Begründungen weitgehend Montesquieu, den er sehr schätzte. Anstelle des geheimen Inquisitionsprozesses forderte er die Öffentlichkeit der Gerichtsverhandlung und Beweiserhebung sowie Schutzrechte zugunsten des Angeklagten. Strafen sollten angemessen gemildert werden und verhältnismäßig sein, sich objektiv an der Schwere der Tat und subjektiv an der Persönlichkeit des Täters orientieren (*dolcezza, proporzione delle pene*, §§ 6, 27). Denn nur so würden sie die rechtspolitisch erwünschten, generalpräventiven Wirkungen gegenüber anderen Tatgeneigten erzeugen können (*terrore degli altri uomini*, § 16). Seine philanthropisch wie rechtlich prägnant und überzeugend begründete Ächtung der Folter wurde europaweit diskutiert. Tortur war inhuman; sie machte das Opfer wirklich ehrlos (*tortura cagiona una reale infamia*, § 16).

Berühmt wurde Beccarias juristisch schlüssige und überzeugende 74 Begründung der Forderung nach Abschaffung der Todesstrafe. Er leitete dies argumentativ aus der Lehre vom Gesellschaftsvertrag ab. Nach dieser von der zeitgenössischen Strafrechtsliteratur allgemein herangezogenen Doktrin wurden Art und Höhe der Strafe vom legitimen Umfang des Eingriffs in die Sphäre der persönlichen Freiheit des Einzelnen begrenzt. Dabei hatte sich der Staat den Bürgern gegenüber vertraglich zur Sicherung des friedlichen Zusammenlebens – auch durch Strafgesetze – verpflichtet. Zu diesem Zweck haben die Menschen im Gegenzug durch Vertrag nur den kleinstmöglichen Teil ihrer persönlichen Freiheit auf den Staat übertragen. Dieses „kontraktualistische", freiheitsbeschränkende Einverständnis umfasste jedoch in keinem Falle auch den Verzicht auf das eigene Leben. Anderenfalls hätte sich der Vertragsschließende damit zum Herrn über das eigene Leben erklärt und seinen Suizid vorbereitet.

Verordnete der Staat gesetzlich die Todesstrafe, war nach Beccarias kontraktualistischer Auffassung diese Sanktion vom Gesellschaftsvertrag nicht gedeckt, deshalb illegal und unmoralisch. Sie wäre in diesem Falle juristisch einem legalisierten Mord des Staates an seinen Bürgern gleichzusetzen gewesen. Deshalb forderte er ihre Abschaffung als unmenschlich. Durch die Geschichte empirisch nachweisbar war sie unzweckmäßig (*né utile né necessaria*). An ihre Stelle sollten der zeitliche oder lebenslängliche Kerker und öffentliche Arbeitsstrafen treten. Repressionen dieser Art waren ihrem Wesen nach abänderbar und im Falle eines Justizirrtums korrigierbar. Auf diese Weise konnte der auf den Status eines „dienstbaren Tieres" reduzierte Verbrecher (*bestia di servigio*, § 28) die von ihm beleidigte Gesellschaft durch Arbeiten für das Gemeinwohl wieder entschädigen.

Allerdings war Beccaria nicht der kompromisslose Gegner der Todesstrafe, als der er in der Literatur zumeist gerühmt wird. Trotz seiner grundsätzlichen rationalen Vorbehalte hielt er die Lebensstrafe in zwei Fällen für notwendig (*necessaria*): Wenn der Täter durch politischen Staatsverrat einen Staatsnotstand und gefährlichen Umsturz der bestehenden Regierung revolutionär herbeigeführt hatte und wenn die physische Vernichtung eines Gemeingefährlichen die einzige Bremse wäre (*vero ed unico freno*, § 28), durch Abschreckung andere von der Begehung des Verbrechens abzuhalten.

Das Werk und die Leistung Beccarias fanden nicht überall Zustim- 75 mung. Pagano vermisste bei ihm zureichende Kenntnisse des geltenden Rechts. Der lehrende und praktizierende Strafrechtsprofessor

warf dem Mailänder Kollegen fehlende Erfahrungen in der forensischen Praxis vor und beanstandete seine allgemeinphilosophische,
oberflächliche, häufig widersprüchliche Argumentation. Beccarias
Buch würdigte er nur als ein zusammenfassendes Plagiat von Arbeiten aufgeklärter Vordenker, auf die hinzuweisen der Autor großzügig
verzichtet hatte.

76   Ungeachtet der bestehenden, zum Teil gravierenden Vorbehalte hat
Beccarias Buch das Strafrechtsdenken des Ancien Régime in hohem
Maße verunsichert und das geltende Strafrecht für eine grundlegende
Reformierung vorbereitet. Seine Strafrechtslehre war eine Vermengung von Elementen des Naturrechts und des Utilitarismus mit hu-
manitären Forderungen. Die Ideen von der Säkularisierung, Rationalisierung und Liberalisierung waren in Ansätzen bereits von
Montesquieu und Rousseau propagiert worden. Beccaria, der „italienische Rousseau" (L. Garlati), hatte sie aufgegriffen, aktualisiert und
geschickt zum richtigen Zeitpunkt zum Gegenstand einer öffentlichen politischen Diskussion gemacht. Auf diese Weise wurden sie
Gemeingut der Strafrechtskritik. Die rasante Verbreitung und begeis-
terte Aufnahme seiner Schrift bei den fortschrittlichen Rechtspoliti-
kern und Intellektuellen hatte Wirkungen in Europa. Ob er dem modernen Strafrecht heute noch etwas sagen könnte, ist in der neueren
Literatur umstritten (Th. Vormbaum).

4. „La Leopoldina" – das toskanische Experiment

77   Die rechtspolitisch und systematisch wichtigsten Forderungen des
Reformprogramms von Cesare Beccaria wurden erstmals im Großherzogtum Toskana durch eine aufgeklärte Gesetzgebung verwirklicht. Der Gesetzgeber war Granduca *Pietro Leopoldo* (1765–1790),
Bruder Josephs II. aus dem Hause Habsburg. Er wollte aus der Toskana einen Musterstaat der europäischen Aufklärung machen. Das
Agrarland, das 1737 nach dem Aussterben der Medici-Dynastie habs-
burgische Sekundogenitur geworden war, hatte einen beispiellosen
Niedergang hinnehmen müssen. Wirtschaft, Handel, Gewerbe, Verwaltung und Justiz hatten einen Tiefstand erreicht. Pietro Leopoldo
hatte deshalb eine umfassende Reform des Gesamtstaats geplant. Die
Realisierung war ihm nur auf dem Gebiet des Strafrechts gelungen.
Eine Kodifizierung des Zivilrechts wurde zwar begonnen, jedoch
1792 ergebnislos und endgültig eingestellt. Eine Verfassung, die den

absolutistischen Granducato in eine frühmoderne konstitutionelle Monarchie überführen sollte, blieb Entwurf (*Costituzione* von 1782/ 87). Das nach dem Großherzog „Leopoldina" genannte Strafgesetzbuch wurde 1786 erlassen, war als Reformmodell einzigartig und erregte im vorrevolutionären Europa großes Aufsehen. Die offiziell „Riforma della legislazione criminale di Toscana" genannte Kodifikation hatte wesentliche Teile des materiellen Strafrechts und Strafverfahrensrechts nach den Prinzipien der Aufklärung umgestaltet kodifiziert.

Das Gesetz begann programmatisch mit der ausnahmslosen Ab- **78** schaffung der Todesstrafe und der Folter. Diese gesetzlich verfügte Abolition war in Europa einmalig. Bei der Kodifizierung der Straftatbestände beschränkte sich der Gesetzgeber auf die gängigsten und wichtigsten Verbrechenskategorien. Die Religions- und Sexualdelikte wurden weitgehend entkriminalisiert. Der ursprünglich streng inquisitorische Strafprozess wurde in den Abschnitten der Verfahrenseröffnung und Beweiserhebung teilöffentlich. Dem Angeklagten garantierte die Leopoldina weitreichende Schutzrechte (Pflichtverteidigung, Akteneinsicht, Fragerechte gegenüber Zeugen). Das Gericht wurde angewiesen, auf die maximale Beschleunigung der Prozesse zu achten. Die Staatskasse hatte den Beschuldigten oder Angeklagten für unschuldig erlittene Inhaftierung zu entschädigen. An die Stelle der alten grausamen, verstümmelnden, willkürlich verhängten Strafen trat ein Bündel hierarchisch nach ihrem Nutzen für den Staat angeordneter Sanktionen, bei deren Zumessung der Richter strikt das Proportionalitätsprinzip zu beachten hatte. Als Höchststrafen drohten Männern lebenslange öffentliche Zwangsarbeiten (*lavori pubblici*) und Frauen ein Zucht- und Arbeitshaus (*ergastolo*).

Die Leopoldina galt nur vier Jahre. Der Granduca verließ 1790 als **79** römisch-deutscher Kaiser Leopold II. die Toskana. Seine Nachfolger in Florenz haben den Kriminalkodex bis zur Unkenntlichkeit modifiziert und novelliert. Endgültig abgelöst wurde das Gesetz 1853 durch den „Nuovo Codice Penale Toscano". Allein die dem aufgeklärten Kriminalrecht zugrunde liegende rechtspolitische Konzeption verschaffte der Leopoldina eine überragende Bedeutung in Europa. Die „Riforma" hatte es nicht bei philanthropisch-symbolischen Proklamationen belassen, sondern konnte als geltendes Recht konkrete rechtsstaatliche Prinzipien im materiellen und formellen Strafrecht im Rahmen der bestehenden politischen Verhältnisse verwirklichen. In dieser vorbildgebenden Signalwirkung eines aufgeklärt rationalen

Strafgesetzbuchs liegt ihre eigentliche Bedeutung für das europäische Strafrechtsdenken.

Schrifttum: *S. Moccia*, Die italienische Reformbewegung des 18. Jahrhunderts und das Problem des Strafrechts im Denken von Gaetano Filangieri und Mario Pagano, in: Goltdammer's Archiv für Strafrecht (1979), 201 ff.; *M. Walther*, Die Transformation des Naturrechts in der Rechtsphilosophie Spinozas, in: Studia Spinozana 1 (1985), 73 ff.; *K. Seelmann*, Gaetano Filangieri und die Proportionalität von Straftat und Strafe, in: Zeitschrift für die gesamte Strafrechtswissenschaft 97 (1985), 241 ff.; *E. Weis*, Cesare Beccaria, Mailänder Aufklärer und Anreger der Strafrechtsreformen in Europa (1992); *M. Senn*, Rechtsdenken und Menschenbild. Bedeutung und Auswirkung von Baruch de Spinozas Menschenbild auf das Rechtsdenken, in: FS C. Soliva (1994), 311 ff.; *B. Geyer* u. a. (Hg.), Samuel Pufendorf und seine Wirkungen bis auf die heutige Zeit (1996); *K. Luig*, Die Pflichtenlehre des Privatrechts in der Naturrechtsphilosophie von Christian Wolff, in: Römisches Recht, Naturrecht, Nationales Recht (1998), 259* ff.; *H. Lück* (Hg.) Christian Thomasius. Wegbereiter moderner Rechtskultur und Juristenausbildung (2006); *M. Reulecke*, Gleichheit und Strafrecht im deutschen Naturrecht d. 18. u. 19. Jahrhunderts (2007); *E. Müller*, Hugo Grotius und der Dreißigjährige Krieg, in: TRG 77 (2009), 499 ff.; *H. Schlosser*, Die „Leopoldina" (2010); *Th. Vormbaum*, Beccaria und die strafrechtliche Aufklärung in der gegenwärtigen strafrechtswissenschaftlichen Diskussion, in: *derselbe*, Juristische Zeitgeschichte (2011), 367 ff.; *A. Trampus*, Die Schule Genovesis, in: Grundriss der Geschichte der Philosophie, hgg. v. J. Rohbeck u. W. Rother, Bd. 3 (2011), 391 ff.; *L. Garlati/G. Chiodi* (a cura di), Un uomo, un libro. Pena di morte e processo penale nel Dei delitti e delle pene di Cesare Beccaria (2014); *G. Chiodi/L. Garlati* (a cura di), Dialogando con Beccaria (2015); *G. Di Renzo Villata*, Beccaria und die Anderen (2016).

10. Kapitel. Epoche der Kodifikationen in Europa

I. Aufklärerische Kodifikation

1. Gemeinrechtskrise

Die Integrationskraft des gelehrten Rechts hatte bereits im 16. Jahr- 1
hundert der „mos gallicus" der Humanisten erschüttert. Den Bartolisten war dadurch die Begrenztheit ihrer in der Tradition des „mos
italicus" gefangenen Methoden aufgezeigt worden. Zu einer Schmäle-
rung der Strahlkraft des römischen Rechts hatte auch der Calvinist
François Hotman mit seiner Schrift „Antitribonian" (1603) beigetragen. Die Autorität des Ius commune als internationales Vorbild
wurde demontiert; das Fundament war morsch geworden. Das Gemeinrecht galt als unzeitgemäße, unvollständige Rechtsordnung. Die
alte Ständegesellschaft begann, sich nach den Ideen einer vorerst mo-
deraten Richtung der Aufklärung zu wandeln. Deren Postulate waren
noch nicht die revolutionäre Gleichheit, der Determinismus und Materialismus. Die Aufklärer, wie Montesquieu, Voltaire oder Friedrich
der Große, beließen es bei der Bewahrung der geburtsständischen
Schranken, der Achtung der Privilegien des Adels und der Prärogati-
ven der Krone.

François Hotman wollte das Ius commune durch ein nationales 2
Recht (*droit français*) ablösen. Die Juristen sollten es aus landschaftlichen Rechtsgewohnheiten (*droit coutumier*) entwickeln. Im Gegensatz dazu waren die Naturrechtsphilosophen davon überzeugt, die
menschliche Vernunft könnte autonom ein allgemeines, neues Recht
erzeugen und es in Schriftform in einer „Kodifikation" (*codex* – latein. Buch) erfassen. Die Normen hatten ihren Rechtsgrund in der
Natur des Menschen und waren das Produkt seiner Vernunft. In einem naturrechtlichen „Gesetzbuch" sahen sie die moderne Alternative zum Gemeinrecht, das durch Theorien, rabulistische Kontroversen und dogmatische Spitzfindigkeiten erschöpft den Anforderungen
des forensischen und kautelarjuristischen Alltags nicht mehr gewachsen war. Das Ius commune hatte sich aus der Sicht der Rechtspraxis
inzwischen selbst erledigt.

2. Gesetzesbegriff

3   Das Naturrecht als Quelle eines Systems lebensnaher und vernünftiger Normen eröffnete den Gestaltungskräften der Rechtswissenschaft neue Möglichkeiten. Ein aus naturrechtskonformen Rechtssätzen bestehendes Gesetzbuch unterschied sich grundlegend von den einfachen Sammlungen, die gewohnheitliche Regeln geordnet dokumentierten. Die durch Deduktionen aus dem Naturrecht konstruierte „aufklärerische" Kodifikation diente anderen Zwecken. Sie war ein Produkt der rechtserzeugenden, normsetzenden Vernunft, hatte zeitgemäßes Recht geschaffen und die von Tradition und Autorität beherrschte alte Ordnung außer Kraft gesetzt. Diese Form einer aufgeklärten Gesetzgebung war effektiv und wirkte dynamisch. Sie garantierte jedem Einzelnen wirtschaftlichen Wohlstand und Sicherheit durch Recht. In diesen Funktionen verkörperte der Kodex die Identität von „Recht" und „Gesetz" als Ideal.

4   Die faktische Gleichsetzung war das Ergebnis einer Wandlung des Gesetzesbegriffs. Seit den absolutistischen Staatslehren des französischen Staatsrechtstheoretikers *Jean Bodin* (Bodinus, 1529/30–1596) in dem Werk „Les six livres de la République" (1576) bestimmte der Wille des Fürsten den Inhalt der Rechtsnorm und bildete den eigentlichen Geltungsgrund eines Gesetzes. Im vernunftrechtlichen Gesetzesstaat trat an die Stelle des zum Gesetz erstarrten Willens des Souveräns der Normbefehl der Staatsgewalt. Er symbolisierte eine dem Gemeinwohl verpflichtete, richtige Politik. Die Kodifikation als geschlossenes Rechtssystem wurde Instrument einer rationalen politischen Gestaltung. Sie beseitigte die Rechtszersplitterung und garantierte durch Rechtseinheit die Rechtssicherheit im gesamten Staatsgebiet.

5   Aus der Gleichung Recht und Gesetz folgte zwingend, dass eine Kodifikation auf alle im Rechtsalltag auftretenden Rechtsfragen interessengerechte Antworten bereithalten musste. Das konnte sie aber nur, wenn sie die Rechtsordnung materiell vollständig, lückenlos, systematisch, logisch widerspruchsfrei und für die Praxis beherrschbar erfasst hatte. Auf der sozialen Ebene musste sie für alle Bürger ohne Rücksicht auf individuelle, ständische oder ökonomische Unterschiede gelten. Nur so konnte sie als Gegenmodell zum streng ständischen Recht wirken und die Freiheit der Person sowie des Eigentums als oberste naturrechtliche Prinzipien garantieren.

Im Gegensatz dazu besaß der absolutistische Herrscher das Ge- 6
setzgebungsrecht als Monopol seiner unumschränkten Machtfülle,
das er als Vorrecht intensiv nutzte. Die Kodifikation hatte ihm neue
politische Optionen eröffnet. Mit ihrer Hilfe konnte er die eigene
Machtposition konsolidieren und stabilisieren. Als moderat aufgeklärter Fürst durfte er sie auch zum Umbau des Staates und der Gesellschaft bei Aufrechterhaltung der bestehenden alten Schranken
verwenden. In dieser Rolle war die Kodifikation eine Magna Charta
bürgerlicher Freiheiten und Rechte, die der Herrscher den Untertanen gewährt hatte. Sie war zugleich eine effektive politische Garantie
gegenüber möglichen Übergriffen der absolutistischen Staatsgewalt.

3. Kodifikationsprojekte

Die Realisierung der Kodifikationsidee nach den Maximen eines 7
praktischen Vernunftrechts gelang nicht in allen europäischen Staaten
zur gleichen Zeit. Für die deutschen und deutschsprachigen Territorien des Heiligen Römischen Reichs hatte bereits 1643 Hermann
Conring in seiner Schrift „De origine juris Germanici" sehr allgemein
die Erstellung einer bereinigten Rechtssammlung gefordert. Konkreter artikulierte *Gottfried Wilhelm Leibniz* (1646–1716) seine Vorstellungen von einer notwendigen einheitlichen Kodifikation des Reichsrechts.

Leibniz war Jurist, Rechtsphilosoph, Staatsrechtslehrer und einer
der bedeutendsten Gelehrten seiner Zeit. Dem Kurfürst von Mainz
und Erzkanzler des Reichs hatte er sich 1667 mit der Jugendschrift
„Nova methodus discendae docendaeque iurisprudentiae" (*Neue Methode Rechtswissenschaft zu lernen und zu lehren*) empfohlen, in der
eine überfällige Reformierung des Rechtsstudiums im Detail beschrieben war. Die Verbesserung des gelehrten Rechts betrachtete er
als prioritäre Aufgabe der „neuen Methode" für die Praxis. In der
konfusen inneren Ordnung des justinianischen Corpus iuris erkannte
er die Hauptquelle einer Vielzahl praxisfeindlicher, widersprechender
Rechtssätze (Antinomien) und subtiler Rechtskontroversen.

Die Reformpostulate konkretisierte Leibniz 1668 in der Schrift 8
„Ratio corporis juris reconcinnandi" (*Methode der erneuten Verbesserung des Corpus iuris*). Nach seiner Meinung konnte das praxisferne
Gemeinrecht nur durch ein neues Corpus iuris verbessert werden. Es
sollte der Vernunft entsprechen und alle Teilrechtsgebiete – ein-

schließlich des Kirchenrechts – nach allgemeinen Grundsätzen sowie unter Beachtung des Gemeinwohls regeln. Dieses Corpus iuris war jedoch nicht als Ersatz des römischen Rechts bestimmt. Vielmehr sollte es das gelehrte Recht erläutern, aktualisieren und in dieser Form der praktischen Rechtspflege als Hilfsmittel zur Verfügung stehen.

Das Kodifikationsprojekt blieb Utopie. Ähnliches Schicksal hatte der von Leibniz erstmals 1671 und erneut 1678 an den römisch-deutschen Kaiser Leopold I. (1658–1705) herangetragenen Plan eines reichseinheitlichen Gesetzbuchs. Im Gegensatz zum ersten Projekt sollte der sog. „Codex Leopoldinus" das römische Recht und seine spätmittelalterliche Wissenschaft vollständig ersetzen.

9   Leibniz hatte mit seinen Vorschlägen für eine Kodifikation gezeigt, dass Grundsätze des Naturrechts in einem Rechtssystem verwirklicht werden konnten. Allerdings blieben seine Nachweise Denkansätze und bis ins 18. Jahrhundert im Wesentlichen folgenlos. Ursächlich dafür war auch der schleichende Autoritätsverlust und Machtverfall des Kaisertums.

Auch seine Schriften zur Dogmatik des Privatrechts blieben lange unbeachtet, obwohl er ein naturrechtliches Ordnungssystem entwickelt hatte, das neben der Universalität des Ius commune durchaus Originalität für sich in Anspruch nehmen konnte (K. Luig). Dagegen wirkten auf dem Gebiet der Staatslehre seine Gedanken innovativ. Mit der Vorstellung von der sozialethischen Bindung der Staatsgewalt an das Naturrecht als Vernunftordnung hatte er auf ein Wesenselement der Regierungsform des „Vernunftstaates", eines Idealstaates der Zukunft hingewiesen (*Optima Respublica*).

II. Bayern

1. Codex Maximilianeus

10   In der Regierungszeit von Kurfürst *Max III. Joseph* (1745–1777) trat in Bayern der „Codex Maximilianeus" in Kraft. Seine drei Teilgesetze zum Strafrecht, Zivilrecht und Zivilprozessrecht gelten als „erste Vorläufer" der europäischen naturrechtlichen Kodifikationen (F. Wieacker). Nach neuen Forschungen sollen sie „Meilensteine in der Gesetzgebungsgeschichte" (D. Willoweit) und ihr Autor sogar

„einer der Wegbereiter der Aufklärung in Altbayern" (A. Schmid) gewesen sein. Dies entspricht nur eingeschränkt der historischen Wahrheit. Die kurbayerischen Gesetze waren keine Akte wirklich revolutionärer Umgestaltung des alten Rechts. Sie enthielten inhaltlich überwiegend unverbundene, sporadische Bezugnahmen auf Naturrechtsgebote. Diese hatte der auf eigene Weise der Aufklärung nahestehende bayerische Gesetzesverfasser in barock überladenen, erzählenden Rechtsnormen verankert.

Alle drei Gesetze waren das Werk des Geheimen Ratskanzlers *Wi-* 11 *guläus Xaver Aloys Freiherr von Kreittmayr* (1705–1790). Der aus einer bürgerlichen, in den Hofdienst aufgestiegenen Familie hervorgegangene Jurist leitete die zentrale Hofkanzlei und war eine Schlüsselfigur der Staatsverwaltung und kurbayerischen Politik. Der an ihn 1750 ergangene kurfürstliche Befehl zu einer umfassenden Reform der zersplitterten Gesetzgebung stammte von einem überzeugten Anhänger der Aufklärungsphilosophie. Der Regent wurde zum neuen Denken durch seinen Erzieher und späteren Berater Johann Adam von Ickstatt († 1746) angeregt, der als Schüler von Christian Wolff Staatsrecht an den Universitäten in Würzburg und zuletzt in Ingolstadt gelehrt hatte.

Der Landesherr hatte die Aufklärung zum Staatsziel erklärt und 12 damit günstige politische Voraussetzungen für Gesetzgebungsreformen geschaffen. Sie sollten alle Rechtsgebiete erfassen und in einem gesamtbayerischen „Codex Maximilianeus Juris Bavarici" veröffentlicht werden. Der Reformbefehl war jedoch keine originäre Idee seines Urhebers. Tatsächlich reagierte die kurfürstliche Weisung auf bereits bestehende, vergleichbare Initiativen. In Preußen hatte Friedrich II. d. Gr. 1746 mit einer gesetzgebungsgeschichtlich wichtigen Kabinettsordre die Schaffung eines „auf die bloße Vernunft" gegründeten landeseinheitlichen Rechts befohlen. Der später als „bayerischer Tribonian" gerühmte Kreittmayr bekannte sich ausdrücklich zu dem preußischen Kodifikationsvorbild: „ist man diesem höchst-rühmlichsten Vorgang hier zu Land mittels Verfertigung des neuen Codicis Civilis, Criminalis und Judiciarii bald nachgefolgt" (Anmerkungen I 2 § 9 nota 22). Die Realisierung kam in Kurbayern jedoch nur langsam in Gang. Das Ergebnis der Arbeiten waren schließlich drei mit Kommentaren („Anmerkungen") versehene Gesetze, die in relativ kurzen Abständen in Kraft traten.

2. Kriminalkodex v. 1751

13   Der Kurfürst hatte Kreittmayr angewiesen, bei der Rechtsbereinigung wegen der „Weitschichtigkeit" des Materials den neuen „Codex
Juris Patrii" mit dem Rechtsgebiet beginnen zu lassen, das „Leib und
Leben betrifft" (Publikationspatent). Es sollte ein neues und vollständiges „Jus criminale" nach einer „von selbst in die Augen leuchten-
den natürlichen Ordnung" geschaffen werden. Dieses dem Anspruch
nach leitende vernunftrechtliche Programm ließ der Redaktor Kreittmayr unbeachtet. Der 1751 verkündete „Codex Juris Criminalis Bavarici" war eine Gesamtbereinigung des alten zersplitterten Rechts,
jedoch keine aufgeklärte Kodifikation im Sinne der naturrechtlichen
Gesetzgebungs- und Strafrechtslehre. Das Gesetz glich inhaltlich
vielmehr einer Neuauflage der Bestände einer Asservatenkammer, in
der die grausamsten und finstersten Requisiten des mittelalterlichen
Kriminalrechts verwahrt wurden.

Die Gesetzessprache war bürokratisch gestelzt und gelegentlich bis
zur Unverständlichkeit verzopft. Die Tatbestände der einzelnen Verbrechen waren ohne Beachtung der Grundsätze der Bestimmtheit
formuliert (*nulla poena sine lege certa, stricta*). Die Deliktstypen bestanden aus Ansammlungen lehrbuchhaft beschriebener Details. Mit
einer Vielzahl lateinischer Rechtsbegriffe hatte das Gesetzbuch Richter und Anwälte vor allem an den unteren mittleren Gerichten überfordert, für die der Kriminalkodex an sich primär „zu mehrern Unterricht geschrieben" worden war. Ein prägender „Stilus Bavaricus",
wie er noch der Strafgesetzgebung der „Malefizordnung" von 1616
eigen war, fehlte. Ein aus systemlosen „Anmerkungen" bestehender
Erläuterungsteil beschränkte sich im Wesentlichen auf kurze um-
gangssprachliche Umschreibungen juristisch erklärungsbedürftiger
Rechtsbegriffe.

14   Der Strafzweck des Gesetzes war die generalpräventive terroristische Abschreckung. Dies belegen abstoßende Einzelanweisungen für
den Vollzug von Todesstrafen (Vierteilung), eine abenteuerliche
Rechtfertigung der Folter oder wahngelenkte Vorschriften für die Beweiserhebung bei Magie in Hexenprozessen. Entgegen dem Be-
stimmtheitsprinzip durfte der Richter bei ausdrücklich nicht geregelten Fällen oder bei unklarem Gesetzeswortlaut nach Billigkeit und
Analogie entscheiden (*ex aequitate et analogia juris*), ohne vorher
bei der Regierung anfragen zu müssen. Gesetzestechnisch neuartig

war allerdings die redaktionelle Trennung des materiellen Strafrechts
(I Cap. 1–12) vom Strafprozessrecht (II Cap. 1–11).

Vom Geist des Vernunftrechts und von fundamentalen Forderun- 15
gen der Aufklärer waren der Verfasser und sein Gesetz durch Welten
getrennt. Das traditionelle Strafrecht war sorgsam bewahrt und lediglich in gestrafften Formen als Erneuerung ausgegeben worden. Paul
Anselm Feuerbach, Redaktor des aufgeklärten bayerischen Strafgesetzbuchs von 1813, charakterisierte den Kriminalkodex als „fast
durchaus in Draco's Geist gedacht und geschrieben mit Blut", mit
dem verglichen „die Carolina wie ein Muster der Gerechtigkeit und
gesetzgeberischer Klugheit" und die Malefizordnung von 1616 als
ein Ausbund an „Humanität und philosophischem Geist" erscheine.
Feuerbachs Strafgesetzbuch löste 1813 den Kriminalkodex ab.

3. Judiziarkodex v. 1753

Bereits 1753 wurde die Kodifikation des Zivilverfahrensrechts in 16
Kraft gesetzt. Der von der Forschung in der Originalität über-
schätzte, als Meisterleistung des Redaktors Kreittmayr gepriesene
„Codex Juris Bavarici Judiciarii" war tatsächlich kein neues, nach
der vernunftrechtlichen Gesetzgebungslehre redigiertes Prozessgesetz. Grundsätze des schwerfälligen gemeinen Zivilprozesses, den
Gerichtsgebrauch und gelehrtes Juristenrecht entwickelt hatten, galten nämlich weiterhin subsidiär fort. Kreittmayr hatte bei der Planung des Gesetzes das seit den Gerichtsordnungen von 1520 und
1616 geltende unsystematische „jus judiciarium" in größter „Unordnung, Ungewissheit und in mangelhaftem Zustand" vorgefunden, der
„geschwinder Hülfe" bedurfte. Er wollte das Verfahrensrecht aus seiner Erstarrung lösen, von der „Versumpfung" in der gemeinrechtlichen Doktrin und vom schwerfälligen „Stylus curiae oder Schlend-
rian" befreien (Vorrede). Dass ihm dies in großem Umfang misslang,
belegt exemplarisch die Beibehaltung der an feste Regeln gebunden
Beweiswürdigung (formelle Beweistheorie) mit der Beweistrennung
durch sog. Beweisinterlokute des gemeinen Prozessrechts, die an-
fechtbar (appellabel) waren. Diese Zwischenentscheidungen des Gerichts (*sententiae interlocutoriae*) unterteilten das Beweisverfahren in
getrennte, exzessiv prozessverschleppende Abschnitte: Vortrag der
beweisbedürftigen Behauptungen, Fragen der Beweislast und die Beweisführung selbst. Das Naturrecht war bei dieser Gesetzgebung

weitgehend Bekenntnis des Redaktors geblieben. Den wenigen programmatischen Erklärungen des Kodex (z. B. Befolgung der „systematischen Methode", ohne diese zu konkretisieren) fehlte die Umsetzung in Rechtsnormen. In einem eigenen Anmerkungsband erläuterte Kreittmayr das neue Recht durch wissenschaftlich bemühte, umständliche Hinweise auf parallele Rechtsfiguren und Rechtsprobleme des „jus commune tam scriptum quam naturale" und durch volkssprachliche Übersetzungen der verwendeten lateinischen Fachbegriffe (*quoad terminos artis*).

17   Der Judiziarkodex hätte mit der verordneten Abgrenzung der Zuständigkeiten der geistlichen von der weltlichen Gerichtsbarkeit im tiefkatholischen Bayern beinahe einen Kirchenkampf ausgelöst. Ungewöhnlich deutlich hatte sich Kreittmayr gegen zahlreiche, durch Tradition privilegierte Kompetenzen der geistlichen Gerichte ausgesprochen. Er wollte die aus Vorrechten, Immunitäten und sonstigen „Gerechtsamen" bestehenden geistlichen Besitzstände einheitlich der weltlichen Jurisdiktion unterstellen. Der Protest des bayerischen Episkopats gegen entsprechende Erläuterungen im Anmerkungsband konnte gerade noch auf höchster Ebene abgewendet werden (1754). Der fromme katholische Gesetzgeber war vor einem landesherrlichen Publikationsverbot bewahrt und von persönlicher Maßregelung verschont geblieben. Motive seiner legislativen Anordnung waren allerdings nicht der Reformgeist und Eifer eines Aufklärers. Vielmehr entsprach die geistliches Befremden erregende Initiative der herrschenden kurfürstlichen Politik. Diese verfolgte konsequent die Extension der landesherrlichen Kirchenschutzrechte auf Rechtsgebiete, für die bisher traditionell die kirchlichen Gerichte zuständig waren.

18   Kreittmayr hatte den Judiziarkodex nicht nur für den „rechtschaffenen Gerichtsmann", sondern auch für Studienanfänger als grundlegendes, die Vorlesungen begleitendes Lehr- und Handbuch vorgesehen. Es sollte die bisherige, am römischen Recht orientierte Rechtsliteratur ersetzen. Das „Corpus Juris Romani" hielt er für ein „voluminöses und unordentlich geschriebenes Werk", das für Lehr- und Lernzwecke ungeeignet war. Selbstbewusst bezeichnete er seinen Kodex mit den Anmerkungen als „Compendium juris judiciarii tam communis quam Bavarici", das „sowohl seiner systematischen guten Ordnung, als Kürze und Vollständigkeit wegen ohnehin weit besser als alle anderen dermaligen Systeme und Compendien" war und mit Gewinn von In- und Ausländern gebraucht werden konnte (Vorrede). Die Geltung der Kodifikation endete 1869.

4. Zivilkodex v. 1756

Der „Codex Juris Bavarici Civilis", das letzte Teilgesetz des Codex   19
Maximilianeus, wurde 1756 in Kraft gesetzt. Umfangreiche, anfangs
anonym publizierte Anmerkungen als Kommentare informierten in
fünf Bänden über das kurbayerische Zivilrecht und seine Wurzeln in
der gemeinrechtlichen Doktrin. Nach dem Willen des Redaktors
sollte das Gesetz das in Kurbayern geltende Privatrecht, das „meis-
tenteils gangbar und üblich gewesen", in ein „systema juris privati
universi", d. h. in eine gefällige und praktikable Form bringen. Die
Leitgrundsätze der Zivilrechtsreform verkündete der schlichte, die
Anspruchslosigkeit der Kodifikation dekuvrierende Satz von Kreittmayr: „Man ist bey Verfertigung des Codicis Civilis nicht gern gegen
den Strohm geschwommen" (Anmerkungen I 3 § 3 nota 2).
Prinzipien des Naturrechts sollten ausdrücklich die Grundlagen   20
der Zivilrechtsordnung bilden. Tatsächlich interessierte sich der Gesetzgeber für die Ideen der Aufklärung bestenfalls vordergründig.
Zwar enthalten die Anmerkungen eine Fülle von Bezugnahmen auf
Schriften z. B. von Grotius, Pufendorf, Thomasius oder Wolff. Jedoch waren dies überwiegend Lesefrüchte des Redaktors und als Zitate unkritische Wiedergaben philosophischer Gemeinplätze. Sein
Bekenntnis zu einer Gesellschaftstheorie, die sich auf die naturrechtlichen Prinzipien der Freiheit und Gleichheit aller Menschen gründete, war auf der Ebene des bayerischen Zivilrechts folgenlos geblieben. Kreittmayr selbst sah im Naturrecht eine verfrühte, um
wissenschaftliche Anerkennung ringende Rechtslehre, die das traditionelle positive Recht als eine moralische Autorität ergänzen konnte.
Die Diskrepanz zwischen angemaßtem Vernunftrecht und seiner   21
Umsetzung in Gesetzesrecht zeigt sich deutlich bei der Normierung
der Rechtstellung der Geschlechter. Der Zivilkodex proklamierte
zwar ihre Gleichheit („überhaupt hat kein Geschlecht vor dem anderen einen Vorzug", I 3 § 2 u. Anmerkungen I 3 § 2 nota 1), realisierte
den Programmsatz jedoch durch Rechtsminderungen zu Lasten der
Frau. Die traditionelle, allgemein faktisch unangefochtene „Subordi-
nierung" der Ehefrau unter die „Direction und Herrschaft" des Ehe-
mannes verteidigte Kreittmayr gegen das naturrechtliche Gleichstel-
lungsgebot mit dem göttlichen Recht (*jus divinum*), von dessen
unbestrittener „guter Richtigkeit" er „ein für allemal" ausging. Die
Rechtsgeschäftsfähigkeit der Frau wurde durch das sog. Interzes-

sionsverbot massiv beschränkt, das auf römisches Recht zurückging. Den Frauen war untersagt, durch Bürgschaft oder Schuldmitübernahme zugunsten dritter Personen sich deren Gläubigern als (zusätzliche) Schuldnerinnen zu verpflichten. Kreittmayr begründete das Verbot mit einer besonderen weiblichen Schutzbedürftigkeit „wegen angeborener Schwachheit" (*imbecillitas sexus*). Einen ethisch kaum noch zu überbietenden Tiefpunkt männlicher, als „Fürsorge" getarnter Dominanz über die Frau erreichte das Gesetzbuch in der Legalisierung eines ehemännlichen Züchtigungsrechts. Immerhin empfahl der Redaktor dem Mann, Gewalt gegen seine Ehefrau „mit Mäßigkeit" auszuüben (Anmerkungen I 6 § 12 nota 2, 3, 4).

22   Ähnlich zeitentrückt und rückwärtsgewandt waren die zivilrechtlichen „Rechtslehren", mit welchen das Gesetz normativ den im Mietrecht in Erscheinung tretenden Gespenstern und sonstigen Spukgestalten begegnete. Furcht vor ihnen (*metus spectrorum*) sollte den Mieter einer durch Spuk infizierten Wohnung zur außerordentlichen Kündigung berechtigen. Ein „mit Gespenstern und Poltergeistern beunruhigtes" verkauftes Haus sollte einen realen Sachmangel aufweisen, der den Käufer zur Wandelung oder Minderung berechtigte (Anmerkungen IV 3 § 23 nota 3, IV 6 § 16 nota 3).

23   In der formalen Anordnung der Rechtsmaterien folgte der Zivilkodex dem erweiterten gaianischen Institutionensystem. Nach den klassischen Sachgebieten des Zivilrechts (Personen-, Sachen-, Erb- und Obligationenrecht) wurde das Lehensrecht mit Einschluss weiterer, dem öffentlichen und Privatrecht zugeordneter Materien geregelt (Jagd-, Fischerei-, Forst-, Beamten-, Gemeinde-, Gewerbe-, Kaufmanns- und Handelsrecht). Dem unbeschränkten Geltungsvorrang des römischen Rechts hatte Kreittmayr jedoch eine klare Absage erteilt. Er versicherte, für den Kodex vom „ius commune et universale" einen „castrirt und gemäßigten guten Gebrauch" gemacht zu haben. Deshalb sollte vom gelehrten Recht nur subsidiär und soviel herangezogen werden, als „schicklich, thunlich, applicabl" oder mit anderen Worten „als der Raison gemäß" war. Im justinianischen Corpus iuris selbst sah er weiterhin das „Universal- und in allen Stücken durchaus infallible Evangelienbuch" der Juristen (Anmerkungen I 2 § 9 nota 20).

24   Kreittmayr wollte das gesamte, aus mittelalterlichen Altresten bestehende und fortgeltende Privatrecht im weitesten Sinne unter formaler Einbeziehung der Doktrin des Ius commune vereinheitlichen. Dabei bediente er sich der typisch wortreich-barocken Darstellungsformen des späten Usus modernus. Das vom ständischen, traditionell

katholischen und obrigkeitlichen Geist geprägte Gesetzbuch war im Ganzen jedoch ein Fossil geblieben. Eine in sich widerspruchsfreie und materiell vollständige, methodisch wie dogmatisch auf der Höhe der zeitgenössischen Rechtslehre stehende Kodifikation hatte der zu Neuerungen nur eingeschränkt befähigte oder bereite Kreittmayr nicht beabsichtigt. Die Rechtsvorschriften waren redselig-belehrende, lehrbuchhafte Gebote. Ein diese Gesetzgebung stilprägendes System enthalten lediglich in Umrissen die Anmerkungen zum Gesetzbuch. Als wissenschaftlich vertiefende Erläuterungen der Texte hatte sie Kreittmayr sowohl für die praktische Rechtspflege wie für den Rechtsunterricht an der Landesuniversität Ingolstadt vorgesehen. Die obergerichtliche Judikatur verlieh ihnen gesetzesgleiche Autorität.

Die Zivilrechtskodifikation war ein von der Naturrechtslehre praktisch unberührtes Gesetzbuch. In der Epoche der europäischen nationalen Kodifikationen an der Schwelle des 18./19. Jahrhunderts kann sie bestenfalls als ein „Vorspiel" (U. Wesel) mit einer gewissen Signalwirkung gesehen werden. Die mit dem Gesetz verfolgten übergeordneten rechtspolitischen Ziele waren Rechtsvereinheitlichung, Berechenbarkeit und Sicherheit der Rechtspflege. Als Ganzes entsprach der Kodex jedoch nicht mehr den Anforderungen seiner Zeit. Nach *Maximilian Joseph Graf von Montgelas* (1759–1799) waren die gesetzesgleichen Anmerkungen ein „ouvrage détestable en jurisprudence, plus mauvais encore en politique". Der Staatsmann und Reformer an der Spitze der Regierung hielt von der ursprünglichen Fassung „vielleicht ein Drittel, höchstens die Hälfte des ganzen Gesetzbuchs" noch für anwendbar.

Auf Drängen von Napoleon wurde erstmals 1808 ein Ersatz des Zivilkodex durch Paul Anselm Feuerbach geplant. Er war als Wissenschaftler, Rechtsphilosoph und Gesetzgeber eine Ausnahmeerscheinung in der zeitgenössischen Rechtswissenschaft. Nach unguten Erfahrungen mit Kollegen hatte er seine Laufbahn als Universitätslehrer in Landshut mit einem Eklat beendet und wurde von dem leitenden Minister Montgelas in das Justizministerium in München berufen. Dort begann er mit umfassenden Revisionen der Gesetzgebung. Ein für das von Napoleons Gnaden entstandene Königreich Bayern bestimmtes Zivilgesetzbuch sollte sich an dem modernen, revolutionären Code Napoléon von 1804 orientieren. Feuerbachs Projekt eines im Wesentlichen modifizierten Code civil scheiterte jedoch am Widerstand einer Gesellschaft des Ancien Régime, die von ihren althergebrachten Privilegien, Standesvorrechten und von der patrimonialen

Grundherrschaft nicht abgehen wollte. Gleiches Schicksal hatte 1809 ein zweiter, erneut von Feuerbach verfasster Entwurf. Auch er war gegen die in der Regierung vorherrschenden Adelsinteressen nicht durchsetzbar. Über einen letzten, 1811 vorgelegten Gesetzentwurf konnte sich eine Kommission bedeutender bayerischer Juristen, unter ihnen Feuerbach, nicht einigen. Kreittmayrs Zivilkodex blieb deshalb in materiell erheblich reduziertem Umfang (z. B. nach Beseitigung der Leibeigenschaft, der schrittweisen Aufhebung bzw. Neuregelung des Lehnswesens) als „Bayerisches Landrecht" in weiten Teilen des rechtsrheinischen Bayern bis zum Inkrafttreten des Deutschen Bürgerlichen Gesetzbuchs in Kraft (1900). Der ursprünglich von der Regierung nicht angenommene französische Code civil war nur in den Territorien der 1816 erworbenen linksrheinischen bayerischen Pfalz eingeführt worden.

5. Strafgesetzbuch v. 1813

27   Der erste König von Bayern *Maximilian I. Joseph* (1806–1825) begann den Umbau des ehemaligen Kurfürstentums mit dem Juristen und Staatsmann Maximilian Graf Montgelas. Der hatte, inspiriert von den Ideen der Französischen Revolution und der Aufklärung, eine grundlegende Reform des Staatswesens auf allen Ebenen geplant. In dem bereits 1796 fertiggestellten „Ansbacher Mémoire" war vor allem auch die Revision des geltenden Zivil- und Kriminalrechts vorgesehen. Für die Verwirklichung wurde *Paul Johann Anselm von Feuerbach* (1775–1833) gefunden. Ungeachtet seines Scheiterns mit der Revision des Zivilkodex gelang ihm auf dem Gebiet des inzwischen desaströsen bayerischen Kriminalrechts ein international Aufsehen erregendes, epochales Strafgesetzbuch. Es trat am 1. Oktober 1813 in Kraft.

Die Kodifikation regelte das materielle Strafrecht und Strafprozessrecht. Sie verkörperte Feuerbachs moderne Strafrechtslehre in vollendeter Form. Deren Grundgedanken gründeten sich auf die Philosophie von Immanuel Kant. Feuerbach hatte sie kritisch mit Ideen und Postulaten der Aufklärung zu einem eigenständigen System entwickelt. Mit Kant verneinte er die Dominanz der präventiven Funktionen der Strafe, da sie den Menschen zum Mittel für die Zwecke anderer missbrauchte. Anstelle der (vermeintlich) abschreckenden Wirkungen des Vollzugs harter Strafen (öffentliche Exekutionen) ver-

legte er die Präventionszwecke in die gesetzliche Strafdrohung. Sie
sollten den Tatgeneigten von der Begehung eines Verbrechens abhalten.

Grundlage dieser Strafrechtslehre war die sog. „Theorie der Gene-   28
ralprävention durch psychologischen Zwang" der Strafnorm, die
Feuerbach in der Kodifikation konsequent realisiert hatte. Damit
Zwang psychologische Wirkungen entfalten konnte, mussten in einem förmlichen Strafgesetz die einzelnen Verbrechenstatbestände
und die verwirkten Strafen genau umrissen, d. h. bestimmt formuliert
sein. Daraus folgte zwingend, dass Strafgesetze keine Rückwirkungen
besaßen und Strafnormen nicht über ihren Wortlaut hinausgehend
analog zu Ungunsten des Täters interpretiert werden durften (*nulla
poena, nullum crimen sine lege scripta*). Die Härte der Strafe, die den
Täter von der Begehung des Delikts abhalten sollte, spiegelte das Arsenal der im Strafgesetzbuch angedrohten Sanktionen wider. Die Todesstrafe wurde für elf Verbrechenstatbestände angedroht, obwohl
dieses Strafmittel tendenziell allgemein auf dem Rückzug war. Ähnlich hart war die Drohung mit der lebenslangen Kettenstrafe, verbunden mit den Wirkungen des den Täter entrechtenden bürgerlichen
Todes (*mors civilis*) als schwerste Freiheitsstrafe. Diese barbarischen,
den Täter demütigenden, entrechtenden Strafen zeugten keineswegs
von einem „Fortschritt zur Humanisierung", der dem Strafgesetzbuch von der Literatur vereinzelt attestiert wird (E. Weis). Auch
wurde das gesetzlich geregelte Profil des gemeinen reformierten Inquisitionsprozesses von den Postulaten der Aufklärung nur eingeschränkt beeinflusst. Im Gegensatz zum französischen reformierten
Strafprozess, der bereits in den linksrheinischen Gebieten galt, war
das von Feuerbach favorisierte Verfahren weiterhin schriftlich, geheim und mittelbar.

In der Forschung galt das Gesetzbuch als „das modernste Strafge-   29
setz seiner Zeit" (U. Wesel), das „die gesamte Strafgesetzgebungsar-
beit des 19. Jahrhunderts maßgeblich bestimmte" (Eb. Schmidt), das
„groß, bahnbrechend und vorbildlich, vor allem durch seine Form,
durch seine Gesetzessprache und Gesetzestechnik" war (G. Radbruch). Neuere Untersuchungen haben dieses verklärte Bild korrigiert und in Einzelheiten ergänzt. Ungeachtet der uneinheitlichen Bewertungen hat die Kodifikation mit dem Gesetzlichkeitsprinzip, den
scharfen Begriffsbestimmungen, mit der strengen systematischen
Ordnung und dem Schutz des Angeklagten vor Richterwillkür die
Strafrechtsdiskussion und Gesetzgebung in ganz Europa nachhaltig

beeinflusst. Dazu gehörten neben einigen deutschen Territorien (Sachsen, Württemberg) u. a. mehrere Kantone der Schweiz, ferner die Strafgesetzgebung Griechenlands, der skandinavischen Länder sowie einzelner mittel- und südamerikanischer Staaten.

III. Preußen

1. Kodifikationsbefehl

30   Nach dem Auftakt des bayerischen Codex Maximilianeus entstand die erste Gesetzgebung im Geist des Natur- und Vernunftrechts in Preußen. Der weiträumige Flächenstaat hatte sich aus dem Reichsverband gelöst und bestand aus einer Vielzahl ethnisch wie kulturell unterschiedlicher Landschaften. Die Verschmelzung der feudalständischen Gesellschaftsschichten in einem Einheitsstaat hatte bereits Anfang des 18. Jahrhunderts begonnen. Von den absolutistischen Regenten in Brandenburg-Preußen war die Konsolidierung des Rechtswesens durch eine einheitliche Gesetzgebung zum Staatsziel erklärt worden. Die während des Dreißigjährigen Krieges zerrütteten ökonomischen Verhältnisse hatten diese Politik erzwungen.

31   Die Neuordnung der Wirtschaft erfolgte nach merkantilistischen Grundsätzen durch staatliche Förderung der Manufakturen als Mustergewerbebetriebe und positive Handelsbilanzen im Außenhandel. Der soziökonomische Umbau beinhaltete auch die Schaffung eines schlagkräftigen Heeres und eines straff organisierten Beamtentums. Auf kulturellem Gebiet hatte Friedrich III. (1657–1713), Kurfürst von Brandenburg und seit 1701 König Friedrich I. in Preußen, 1694 die Universität Halle gegründet. Sie war als preußische Reformhochschule geplant und wurde auf den Gebieten der Rechtswissenschaft (Christian Thomasius) und Philosophie (Christian Wolff) ein Zentrum der deutschen Aufklärung. Bereits 1714 hatte König Friedrich Wilhelm I. (1688–1740) der Juristenfakultät in Halle den Auftrag zur „Ausfertigung einiger Constitutionen" zum Landrecht der Kurmark Brandenburg erteilt. Der Erfolg blieb jedoch aus.

32   Erst in der späten Regierungszeit von *Friedrich II. d. Großen* (1740–1786) begannen die Reformarbeiten. Der König, der von Montesquieu begeistert war, hatte 1746 seinen Großkanzler und „ministre chef de justice" *Samuel von Cocceji* (1679–1755) mit dem Entwurf ei-

nes deutschsprachigen allgemeinen Landrechts auf der Grundlage der Landesverfassungen und der natürlichen Vernunft beauftragt. Das Gesetzbuch sollte subsidiär zum bereinigten Provinzialrecht gelten. Mit dem Kodifikationsbefehl wollte der königliche Gesetzgeber das Ideal der Aufklärung verwirklichen.

2. Vorarbeiten

Die Justizreformen begannen 1747 unter der Leitung von Cocceji. **33** Die ersten für den Gesamtstaat bestimmten Kodifikationsentwürfe waren naturrechtlich beeinflusst. Bereits 1748 lag der „Codex Fridericianus Marchicus" vor, eine Ordnung des Prozesses und der Gerichtsverfassung. Erste Teilentwürfe zum Personen-, Sachen- und Erbrecht folgten. Das Erscheinen des letzten Teils verhinderte der Tod von Cocceji (1755). Sein sog. „Project des Corporis Juris Fridericiani" wurde 1749/51 publiziert und in einigen Landesteilen in Kraft gesetzt, war als deutsche Übersetzung des gemeinen Rechts jedoch nicht mehr zeitgemäß. Der Entwurf versuchte eine ständische Privilegien bewahrende Gesetzgebung nach römischem und Naturrecht und subsidiär zum Provinzialrecht. Der Siebenjährige Krieg (1756/63) beendete vorläufig die Justizreformen.

Die Wiederaufnahme der Kodifikationsarbeiten begann mit dem **34** Justizskandal der „Müller Arnold Prozesse" (1779/80). Christian Arnold, Pächter einer Wassermühle in der Neumark, hatte sich mit einer Bittschrift an den König gewandt und behauptet, ihm sei durch ein Urteil des königlichen Kammergerichts Unrecht geschehen. Der Verpächter und adelige Nachbar hatte durch Aufstauen des Wassers für seine Fischteiche der am unteren Flusslauf betriebenen Mühle das Wasser entzogen. Das Kammergericht entschied formaljuristisch korrekt zu Gunsten des adeligen Grundeigentümers, der bereits vor dem Urteil erklärt hatte, ein für ihn ungünstiger Spruch würde die „größte Ungerechtigkeit" und einen Raub seines „offenbaren Eigentums" darstellen.

Daraufhin ergriff der König nach einer vermutlich nur oberflächlichen Prüfung des Sachverhalts und aus Verärgerung über die Justizverwaltung Partei für den Beschwerdeführer. Er kassierte mit einem sog. „Machtspruch" persönlich das Kammergerichtsurteil, enthob die mit dem Fall befassten Richter ihres Amtes, verurteilte sie zu Schadensersatz und für einige Tage zu Festungshaft (1780). Auch

der konservative Großkanzler Freiherr von Fürst und Kupferberg
(† 1790) wurde entlassen. Zum Nachfolger berief der König den bisherigen schlesischen Justizminister *Johann Heinrich Casimir von
Carmer* (1721–1801) und beauftragte ihn mit einer Neuaufnahme
der Rechtserneuerung.

3. Prozessrechtsreform

35   1780 begann Carmer mit dem Breslauer Oberamtsregierungsrat
Carl Gottlieb Svarez (1746–1798) und dem Berliner Obertribunalrat
und späteren Professor in Halle *Ernst Ferdinand Klein* (1744–1810)
mit Kodifikationsarbeiten. Bereits 1781 lag das „Corpus Juris Fride-
ricianum" vor, das nach Umarbeitung 1793 als „Revidierte Allgemeine Gerichtsordnung" in Kraft trat.

Die Redaktoren hatten die Forderung von Christian Thomasius
befolgt, wonach jede Umgestaltung des Staates und seines Rechtswesens im Geist der Aufklärung mit einer Reform des Zivilverfahrens
begonnen werden sollte. Der Prozess wurde jedoch naturrechtlich
unwesentlich verändert. Beibehalten wurde das an feste Regeln gebundene formelle Beweisverfahren. Abgeschafft wurden jedoch die
verfahrensverlängernden richterlichen Zwischenentscheidungen (Beweisinterlokute). Zum Zwecke der Beschleunigung trat an ihre Stelle
die sog. „Instruktion des Prozesses". Diese Technik erlaubte es dem
Richter, die Untersuchung der Tatsachenwahrheit in unmittelbarem
„instruierendem" Zusammenwirken mit den beteiligten Parteien
durchzuführen. Für die „gedungenen Advocaten" und Anwälte handelten beamtete und festbesoldete „Justizkommissare" und Assis-
tenzräte. Aus ihnen konnten die beteiligten Parteien einen Rechtsbei-
stand wählen, der sie vor willkürlichen Prozesshandlungen des
Richters schützen sollte. Tatsächlich verstärkten die zusätzlichen
Kontroll- und Aufsichtspersonen den obrigkeitlichen Einfluss auf
den Verlauf des Verfahrens. Bei den Parteien stieß der Zivilprozess
auf Ablehnung und hatte sich in der Praxis nicht bewährt.

4. Gesamtrechtsreform

36   Carmer, Svarez und Klein arbeiteten einen Gesetzentwurf zum privaten, öffentlichen und Strafrecht aus (1784/88), der publiziert
wurde. Die Öffentlichkeit hatte die Möglichkeit, kritisch Stellung zu

nehmen. Der Entwurf war nach der vernunftrechtlichen Methode und mit der Technik des späten Usus modernus gearbeitet. Das römische Recht blieb trotz der Vorbehalte der Kodifikatoren Grundlage der Kodifikation und sollte subsidiär zu den Provinzialrechten gelten. Nach dem Tod Friedrichs d. Gr. wurden die Arbeiten unter dem 37 Neffen und Nachfolger *Friedrich Wilhelm II.* (1786–1797) fortgesetzt und eingegangene Denkschriften mit den Vorschlägen (*monita*) im Entwurf berücksichtigt. Nach dem Publikationspatent von 1791 sollte er als „Allgemeines Gesetzbuch für die Preußischen Staaten" am 1. Juni 1792 in Kraft treten. Dieser Termin wurde jedoch auf Antrag des schlesischen Justizministers Heinrich v. Danckelmann († 1830), des Sprachrohrs des schlesischen Adels, im April 1792 auf unbestimmte Zeit verschoben. Intrigen konservativer und reaktionärer adeliger Gruppen, politisch in der Nähe des Königs, sowie der politische Druck der märkischen Provinzialstände hatten dies erzwungen. Die Stände hatten schon 1783 gegen ihren Ausschluss von den Gesetzgebungsarbeiten protestiert. Die Adelskreise intervenierten, weil sie ihre privilegierte Stellung durch das Gesetz bedroht sahen. Angesichts des Ausbruchs und der Folgen der Französischen Revolution kämpften sie für die Erhaltung des Status quo. Sie hielten einige Bestimmungen für umstürzlerisch und diffamierten den Gesetzentwurf als liberalen Gleichheitskodex. Das Inkrafttreten des Gesetzes wurde dadurch jedoch nicht verhindert.

5. Allgemeines Landrecht (ALR) und seine Wirkungen

Nach dem Erwerb Südpreußens und Neu-Ostpreußens in der 38 zweiten polnischen Teilung (1793) wurde eine Einführung des Gesetzes in den neuerworbenen Gebieten politisch notwendig. Eine erneute, als „Schlussrevision" bezeichnete Umarbeitung und Streichung der als anstößig gerügten Vorschriften beseitigte schließlich auch diese Hindernisse. Am 5. Februar 1794 wurde die Kodifikation des gesamten Privatrechts und materiellen Strafrechts publiziert und unter dem unverbindlicheren Titel „Allgemeines Landrecht" (ALR) für das gesamte Staatsgebiet zum 1. Juni 1794 in Kraft gesetzt. Politik und Kriegsfolgen bestimmten die Geltungsgebiete des Gesetzes. Nach dem Ende des preußischen Staates im Anschluss an die Siege von Napoleon bei Jena und Auerstädt (1806) und nach dem Frieden von Tilsit (1807) galt das ALR in den Provinzen der verkleinerten

Monarchie östlich der Elbe, ferner in Westfalen, in den Kreisen Essen, Duisburg und Rees der Rheinprovinz, in Ostfriesland und in den 1806/10 an das Königreich Bayern gefallenen Fürstentümern Bayreuth und Ansbach. Auf dem linken Rheinufer blieb das auf Wunsch Napoleons eingeführte und in der Rechtspraxis bewährte französische Zivil- und Strafrecht in Kraft.

39   Das ALR war eine „Gesamtkodifikation des preußischen aufgeklärten Absolutismus" (Th. Ramm). Es hat in Preußen „die gesetzliche Weiche zugunsten einer staatsbürgerlichen Eigentümergesellschaft" gestellt (R. Koselleck). Das Sozialmodell der Gleichheit aller Rechtssubjekte nach den Grundätzen einer bürgerlichen Ideologie im Geist des rationalen Naturrechts war in dem autoritären preußischen Adels- und Ständestaat jedoch nicht realisiert worden. Den Forderungen einer radikaleren Richtung der Aufklärung französischer Prägung wollte das ALR nicht nachkommen. Eine Partizipation der Staatsbürger an der Verwaltung des Staates und seiner Politik war von den Redaktoren nicht vorgesehen. Sie hatten sich politisch für die Perpetuierung der Standesunterschiede und die Bewahrung der alten Privilegien entschieden. Beibehalten wurden z. B. die dem adeligen Grund- und Gutsherrn in seinem Ort zustehende private niedere Gerichtsbarkeit in Zivil- und Strafsachen über seine Grundhörigen (sog. Patrimonialgerichtsbarkeit). Das ALR hat diese ihrer Eigenschaft nach öffentlich-rechtlichen Gerichtsrechte, die mit dem privaten Eigentum an Grund und Boden („radiziert") verbunden waren, als Reste fortwirkender Leibeigenschaft bestätigend konserviert (II 17 § 23).

In einem wichtigen Punkt widersetzten sich die Redaktoren der absolutistischen Autorität. Gegen den Ständestaat instrumentalisierten sie den Begriff des „gemeinen Wohls". Beispielhaft zeigte sich dies in der Definition der Aufgaben der „Polizei": „Die nöthigen Anstalten zur Erhaltung der öffentlichen Ruhe, Sicherheit und Ordnung und zur Abwendung der dem Publico oder einzelnen Mitgliedern desselben bevorstehenden Gefahr zu treffen, ist das Amt der Polizey" (II 17 § 10). Der Text wurde im 19. Jahrhundert Bestandteil des Programms der demokratischen Bewegung, das „Gemeinwohl" zum ethischen Prinzip der modernen Gesellschaft.

40   Das Gesetzbuch war in vielen Teilen schon bei seinem Inkrafttreten veraltet. Es entsprach auch nicht den moderateren egalitären Grundideen, die Napoleon in ganz Europa als Programm verbreitet hatte. Erst die „Stein-Hardenbergischen Reformen" (1808 Städteord-

nung, 1810/11 Gewerbeordnung, 1811 Ablösung der Frondienste und Beseitigung der Erbuntertänigkeit durch das Regulierungsedikt) haben dem Staat eine „defensive Modernisierung" (H. U. Wehler) verordnet. In ihrer Reichweite lag auch die Beseitigung einiger wesentlicher Elemente der preußischen ständestaatlichen Monarchie. Damit wurden zahlreiche, auf das Ancien Régime abgestimmte Normen des ALR gegenstandslos.

Die Sprache des Gesetzes war allgemeinverständlich, anschaulich, 41 wenn auch vielfach weitschweifig und schwerfällig. Dies hat die Popularität der Gesetzgebung bei allen Schichten der Bevölkerung gefördert. Das ALR war für die Staatsform einer mäßig aufgeklärten absolutistischen Monarchie mit ihrem typischen Polizei- und Wohlfahrtsstaat des ausgehenden 18. Jahrhunderts verfasst worden. Das fehlende Vertrauen der Kodifikationsjuristen gegenüber der Eigenverantwortlichkeit der Untertanen als Staatsbürger manifestierte sich in einer Vielzahl paternalistischer Detailregelungen für private Lebensbereiche (z. B. II 2 §§ 67, 68, 74). Ursächlich für die exzessive Kasuistik war der Vernunftoptimismus der Redaktoren. Sie nahmen den Erziehungsauftrag ernst, den Pufendorf und Wolff in der Pflichtenlehre naturrechtlich verankert hatten, und verstanden das Gesetz als Instrument bevormundender Maßnahmen.

Die Redaktoren hatten nach dem Tod Friedrichs d. Gr. ihre Ent- 42 würfe zu einem „Gesetzbuch der Kompromisse" (H. Hattenhauer) umgeformt. Es war für eine Gesellschaft und Rechtsordnung bestimmt, die ihre Grenzen in der ökonomischen, politischen und gesellschaftlichen Realität gefunden hatte. In der preußischen Monarchie waren Bauern, Bürger, Adel, Königtum und die besondere Gruppe der Beamtenschaft ständisch streng voneinander geschieden. Das Gesetz hatte auf eine Trennung nach privat- und öffentlichrechtlichen Materien verzichtet.

Von den Provinzialgesetzbüchern kam nur das ostpreußische 43 (1801/02) zustande. Das ALR, das im Verhältnis zu den Partikularrechten als „subsidiarisches" Gesetzbuch konzipiert war, wurde damit faktisch zur ausschließlichen Rechtsquelle. Im Aufbau folgte es im Wesentlichen den auf Pufendorf und Wolff zurückgehenden naturrechtlichen Systementwürfen, in der Gliederung des Privatrechts dem gaianischen Institutionensystem.

6. Strafrecht und Strafprozess

44   Das materielle Strafrecht hatte das ALR in Teil II unter dem Titel 20 (*Von den Verbrechen und deren Strafen*, §§ 1–1577) geregelt. Es war das gemeinsame Werk von Ernst Ferdinand Klein und Carl Gottlieb Svarez (A. v. Bitter) und ersetzte die noch vorhandenen provinzialen Strafgesetzbücher. Die Gesetzgebung spiegelte ihrem Inhalt nach Fortschrittlichkeit und zugleich unvermeidbare Kompromisse wider, die von der Aufklärungsphilosophie mit der Monarchie eingegangen werden mussten. Die Grundlage der Kodifikation bildete die politische, soziale und ethische Werteordnung des aufgeklärten spätabsolutistischen Polizei- und Wohlfahrtstaats mit umfassenden erzieherischen Pflichten und Ansprüchen.

Hauptzweck der Strafe war neben der abschreckenden Generalprävention die Besserung durch spezialpräventive Maßnahmen. Rechtspolitisch bedeutete dies eine Absage an die Vergeltungsstrafe. Progressiv und einzigartig war die „Zweispurigkeit" von repressiven Strafen einerseits und präventiven Maßregeln der Sicherung und Besserung andererseits, wie etwa der „Zuchthausarbeit" für gewerbsmäßig der Prostitution nachgehende Frauen oder des „Arbeitshauses" für rückfällige Diebe (II 20 §§ 1023, 1160). Vom aufgeklärten Strafrechtsdenken bestimmt waren auch die gesetzlichen Aufklärungspflichten zur Verhütung von Kindestötungen. Mütter hatten ihre Töchter (nach Vollendung des 14. Lebensjahres) in Sexualkunde zu unterrichten (II 20 §§ 901, 902). Später galten diese Bestimmungen häufig als anstößig.

45   Die Strafmittel des ALR waren außerordentlich hart und inhuman. Ihre Kodifizierung stand im Widerspruch zu elementaren Postulaten des Aufklärungsdenkens und auch zu bereits geltenden zeitgenössischen Strafgesetzen (z. B. der toskanischen Leopoldina von 1786). Eine Entkriminalisierung bei mittel- und minderschweren Verbrechen hatte der Gesetzgeber durch die Unterteilung der Straftaten in „Staatsverbrechen" (II 20 §§ 91 ff.) und „Privatverbrechen" (II 20 §§ 509 ff.) erreicht. Letztere betrafen Leib und Leben, Gesundheit, Freiheit, Ehre oder das Vermögen der Bürger. Staatsverbrechen richteten sich gegen die Grundlagen des Staates. Dazu zählten Hoch-, Landesverrat, Majestätsverbrechen, Widerstand gegen die Staatsgewalt, Verbrechen der Staatsdiener oder Beleidigungen von Religionsgemeinschaften. Störungen der Religionsausübung wurden als Gefährdung der Sicherheit und Ordnung innerhalb des Staates geahndet. Die Todesstrafe konnte mit grausamen und entehrenden Maßnahmen vor und bei der Hinrichtung verbunden werden. Sie wurde bei staatsgefährdenden Taten und Gewaltverbrechen durch das Schwert und/oder durch die „Strafe des Rades von oben herab – von unten herauf, durch Aufflechten des Körpers auf das Rad" vollzogen (z. B. II 20 §§ 102, 826, 1199, 1200, 1201). Strafschärfungen waren die „Schleifung zur Richtstätte" oder die abschreckende „öffentliche Ausstellung des Leichnams" des Täters (II 20 §§ 47, 1202). Gesetzlich verordnete Verurteilungen zum Tode konnte der Richter vermeiden, indem er durch geschickte Verhandlungsführung im Geist der Humanität bei fehlendem Vollbeweis (Geständnis, Zeugen) auf die dann nach dem Gesetz allein möglichen außerordentlichen Strafen (Geldbuße oder zeitliche öffentliche Strafarbeit) erkannte (§§ 395, 408 Criminalordnung).

Nach der Inkraftsetzung des materiellen Strafrechts des ALR galten für den Strafprozess in Preußen die (nach der „salvatorischen Klausel" fortgeltende) Carolina von 1532 und die Kriminalordnung von 1717. Diese war der prozessrechtliche Teil des 1721 verbesserten Preußischen Landrechts. Erst die am 11. Dezember 1805 sanktionierte „Criminalordnung" brachte auch für das Verfahrensrecht eine Vereinheitlichung. Fortan bildete dieses Gesetz den ersten prozessualen und II 20 des ALR den zweiten materiellrechtlichen Teil eines einheitlichen Strafgesetzbuchs. Es trug (seit 1805) offiziell die Bezeichnung „Allgemeines Criminalrecht für die Preußischen Staaten". **46**

Der auf „Inquisitoriale" gegründete preußische reformierte Kriminalprozess war grundsätzlich ein Offizialverfahren. Die Untersuchung begann bei Vorliegen der „Gewissheit oder Wahrscheinlichkeit eines begangenen Verbrechens" (§ 3). Ihr Hauptzweck war die Feststellung „der Schuld oder Schuldlosigkeit eines Angeschuldigten" (§ 4). Bei der Überführung des Inquisiten musste der Richter nach detailgenau vorgeschriebenen objektiven Beweisregeln vorgehen. Das Gesetz hatte jede Art von Folter verboten („keine gewaltsame Mittel", § 285). Allerdings durfte der „halsstarrige und verschlagene Verbrecher", der sich „durch freche Lügen und Erdichtungen" der verdienten Strafe entziehen wollte, durch Peitschen- oder Rutenhiebe gezüchtigt werden. Ihre genaue Anzahl musste ein gesondertes Dekret festlegen (§§ 292, 293, 296). **47**

Fehlten Beweise oder reichten sie zur Überführung nicht aus und bestand hoher Tatverdacht fort, konnte der Richter den Angeschuldigten vorläufig freisprechen (§§ 409, 410). Das Besondere an dieser „vorläufigen Lossprechung" war, dass gegen denselben Verdächtigen das Untersuchungsverfahren „jederzeit wieder eröffnet" und der alte Prozess fortgesetzt wurde, wenn neue Umstände oder Beweismittel bekannt geworden waren (§ 411). Gegen diese nach Gemeinrecht sog. „absolutio ab instantia" waren die Aufklärer – in Preußen offensichtlich erfolglos – Sturm gelaufen (Verdachtsstrafe).

48   Das preußische Strafrecht und das Strafprozessrecht folgten dem Modell des Kriminalrechts eines moderat aufgeklärten Despotismus. Die Kriminalgesetzgebung wurde schon 1799 von Ernst Ferdinand Klein überarbeitet. 1851 trat an ihre Stelle das vollkommen neue „Strafgesetzbuch für die Preußischen Staaten". Diese Kodifikation lehnte sich eng an den französischen Code pénal von 1810 an und wurde 1871 dem Strafgesetzbuch des Deutschen Reichs zugrunde gelegt.

7. Gesetz und Rechtswissenschaft

49   Gegenstand wissenschaftlicher Untersuchungen wurde das ALR erst relativ spät. Das war auch eine Folge der außerordentlich reichen Kasuistik des Gesetzes, die nur selten eine kritische dogmatische Analyse der Rechtsnormen erforderte. Zudem hatte der Gesetzgeber selbst ausdrücklich jede Einmischung der Wissenschaft zum Zwecke von Korrekturen und jede Form der Rechtsfortbildung untersagt. Richtern und Rechtsprofessoren war verboten, das Gesetz eigenmächtig zu interpretieren und zu kommentieren (*philosophisches Raisonnement*, Publikationspatent XVIII, Einleitung § 6). Das Auslegungs- und Kommentierungsverbot war die Konsequenz der Vorstellung von der Vollständigkeit bzw. Lückenlosigkeit des Gesetzes als Wesenselement jeder vernunftrechtlichen Kodifikation. Zweifelsfragen musste der Richter einer „Gesetzcommission" anzeigen und um deren Entscheidung ansuchen (Einleitung §§ 47–50).

50   Aus dieser Isolation wurde das ALR durch Friedrich Carl von Savigny († 1861) befreit. Noch 1816 hatte der führende deutsche Rechtslehrer und gefeierte Professor an der neugegründeten Universität in Berlin die preußische Kodifikation distanziert als „in Form und Materie eine Sudeley" bezeichnet. Doch schon 1819/20 begann

er mit Vorlesungen über das Gesetzbuch. 1826 wurde das ALR Lehr-
und Prüfungsgegenstand an allen preußischen Universitäten. Damit
begann in der deutschen Rechtswissenschaft eine außerordentlich er-
tragreiche Phase kritischer Auseinandersetzungen mit der preußischen Gesetzgebung. In den großen systematischen Darstellungen
des preußischen Privatrechts der Pandektisten Franz August Alexander Foerster († 1878) und Heinrich Dernburg († 1907) erreichte diese
Literatur methodische wie dogmatische Glanz- und Höhepunkte.

IV. Frankreich

1. Zweigeteiltes Rechtsgebiet

Als Rechtsgebiet war Frankreich im Mittelalter zweigeteilt. Bis zu 51
den napoleonischen Kodifikationen Anfang des 19. Jahrhunderts
(*cinq codes*) galten in Nordfrankreich altfranzösische Rechtsgewohnheiten (*pays de coutumes*), in Südfrankreich (Provence, Languedoc)
römisches Recht (*pays de droit écrit*). Geographisch trennte den
Rechtspluralismus eine Grenzlinie, die quer durch Frankreich von
der Ile d'Oléron an der atlantischen Westküste bis zum lac Léman
(Genfersee) verlief.
Die Verbreitung des römischen Rechts begann im Süden des
Landes. Anfangs waren es vornehmlich Notare und einzelne Richter,
die sich bei Beurkundungen von Rechtsakten und Begründungen von
Entscheidungen auf Grundsätze des justinianischen Rechts stützten.
Diese ersten Kontakte wurden durch gelehrte Juristen an den Universitäten Toulouse und Montpellier vermehrt und verfestigt. Diese waren mit der wissenschaftlichen Entwicklung eines Rechtssystems auf
der Basis des römischen Rechts befasst und vermittelten dem juristischen Nachwuchs im Studium Grundkenntnisse des Ius commune.
Über die jungen Juristen fanden Rechtssätze und Lehren des römischen Rechts Eingang in die praktische Rechtspflege, deren Grundlage überwiegend zersplitterte, unübersichtlich gewordene Gewohnheitsrechte waren.
Die Rechtskultur war in Nordfrankreich historisch von den „Cou- 52
tumes" (latein. *consuetudo*) geprägt. Sie bildeten die Rechtsordnung
der germanisch-fränkischen Staatsgründungen und gingen auf mündlich überlieferte burgundische, fränkische und normannische Ge-

wohnheitsrechte zurück. Sie wurden in den „livres de pratique" aufgezeichnet (z. B. durch Beaumanoir, Boutillier, Ableiges). Diese
Sammlungen waren unvollständig, uneinheitlich und in der Alltags-
praxis nur schwer beherrschbar.

„Droit écrit" und „droit coutumier" unterschieden sich voneinander keineswegs so deutlich, wie dies die Bezeichnungen vermuten
lassen. Auch in Nordfrankreich besaßen in der Praxis tätige Juristen
Kenntnisse im römisch-kanonischen Recht, die sie in Studien an der
Universität Orléans erworben hatten. Vor Gericht genoss das Ius
commune die Autorität und den Charakter einer „raison écrite". Gelehrte Rechtsprinzipien waren wichtige forensische Hilfsmittel und
Instrumente juristischer Argumentation und Legitimation. Dabei
war die Judikatur des königlichen Gerichtshofs „Parlement de Paris"
von überragender Bedeutung. Dieser Spruchkörper existierte seit
dem 14. Jahrhundert mit einer eigenen Abteilung „droit écrit". Das
Gericht entwickelte sich zu einer Kontrollinstanz für die Rechtsprechung der Provinzgerichte. Damit wurden Rechtssicherheit und eine
einheitliche Rechtsfortbildung im Königreich gewährleistet.

2. Ordonnance und Coutume

53   Die Autorität und den Leitbildcharakter des Ius commune für das
französische Rechtswesen hatte bereits der „mos gallicus" der Humanisten als zeitgemäße Alternative zum antiquierten „mos italicus" erschüttert. Rechtspolitik und Gesetzgebung der französischen Krone
beschleunigten den Ansehensverfall. Die Könige hatten schon frühzeitig in der Gesetzgebung durch Befehle ein politisch effektives
Machtinstrument benutzt. Das Ziel dieser gestaltenden Rechtsetzung
durch „ordonnances" war eine nationale Rechtsordnung auf der
Grundlage der Coutumes. Zu diesem Zwecke mussten diese Quellen
– nach ihrer ersten Erfassung im 13./14. Jahrhundert – ein weiteres
Mal vereinheitlicht werden.

54   Bearbeitungen der Coutumes erhielten 1454 in der „Ordonnance
sur le fait de la justice" von Montils-lès-Tours einen ersten offiziellen
Charakter. Mit ihr hatte *Charles VII* (1422–1461) die Landesfürsten
zur Aufzeichnung aller „coutumes, usages et styles de tous le pays
de notre royaume" verpflichtet. Nach den ersten Jahrzehnten des
16. Jahrhunderts waren unter *Louis XIII* (1498–1515) und *François
Ier* (1515–1547) bereits die meisten Coutumes redigiert. Seit der Or-

donnance von Villers-Cotterêts von 1539 war für alle prozessualen Handlungen und Rechtsakte (einschließlich der Testamente) die alleinige Verwendung der französischen Sprache („en langage maternel français") anstelle der bisher lateinischen Amtssprache vorgeschrieben worden.

Damit waren die Voraussetzungen für die Entwicklung eines 55 „droit commun français" als Produkt des nationalen Gewohnheitsrechts geschaffen. Bei den Arbeiten wurde das römisch-kanonische Recht verdrängt. Sein Bedeutungsverlust erreichte mit der einsetzenden wissenschaftlich systematisierenden Bearbeitung der Coutumes im 16. Jahrhundert einen kritischen Punkt. Diese inzwischen zweite offizielle Redaktion der Gewohnheitsrechte und ihre Transformation in ein System des „droit coutumier" war im Wesentlichen ein Ergebnis der Arbeiten des Anwalts beim königlichen Parlement de Paris *Charles Du Moulin* (Molinaeus, 1500–1566). Der „principle inspirateur" musste aus religiösen Gründen Frankreich verlassen, floh über Basel und Genf nach Straßburg und war kurze Zeit Inhaber des Lehrstuhls für Römisches Recht an der Universität Tübingen. 1539 verfasste er den für die Praxis wichtigen Kommentar zur „Coutume de Paris", die 1510 erstmals bearbeitet worden war. Diese Rechtsquelle wurde durch Du Moulin rechtspolitisch und technisch zu einer „coutume princess", an der sich alle weiteren Erneuerungen der Rechtsgewohnheiten orientierten. Sie blieb Vorbild für die folgenden Entwicklungen des „droit coutumier" und wurde erst 1580 durch den Präsidenten des Parlement de Paris Christofle de Thou († 1582) revidiert.

Guy Coquille (Conchyleus, 1523–1603), Schüler von Du Moulin 56 und Parlement-Advokat in Nevers, setzte als Praktiker die Arbeiten des Lehrers auf einer methodisch veränderten Ebene fort. Er versuchte Lücken des „droit coutumier" durch allgemeine gewohnheitliche Rechtsgrundsätze als „droit commun français" in Konkurrenz zum römischen Recht zu schließen. Damit wurde das universelle Ius commune weitgehend obsolet. Ähnliche Ziele verfolgte der als Advokat am Parlement de Paris tätige Praktikerjurist *Pierre Pithou* († 1596), Schüler von Jacques Cujas, mit der Kommentierung der Coutumes von Troyes.

Die Entstehung einer nationalen Rechtsordnung wurde durch das 57 Zusammenwirken von Krone und Rechtspraxis entscheidend gefördert. Die Vorarbeiten leisteten nicht Wissenschaftler, sondern Justiz- und Verwaltungsjuristen, die ihre Tätigkeiten stets der Praxis unterordneten. Das Ziel war ein einheitliches und geordnetes „droit commun coutumier". Es sollte das Ius commune ergänzen (*droit supplétoire*) und in der Endphase vollständig ersetzen.

58   Bei der Entwicklung war die königliche Ordonnance-Gesetzgebung die treibende Kraft. Seit dem 16. Jahrhundert hatten die französischen Könige von dem Vorrecht des Souveräns zur Normsetzung intensiven Gebrauch gemacht. Ursächlich dafür war das wachsende Misstrauen gegenüber dem Heiligen Römischen Reich und seinem Kaisertum. Das römische Recht besaß in Frankreich lediglich die Autorität einer „raison écrite". Das Corpus iuris galt kraft des ihm innewohnenden Vernünftigen (*imperio rationis*), nicht aber als Gesetz des Reichs und seiner Kaiser als Nachfolger der römischen Imperatoren (*ratione Imperii*).

Die Rechtsetzung durch „ordonnances" wurde als Manifestierung der absoluten Herrschaftsgewalt und des Machtwillens des Königs verstanden. Seine Befugnis, Gesetze zu erlassen und sie zu kassieren galt nach den Souveränitätslehren von Jean Bodin als Königsrecht und Attribut seiner unumschränkten Machtfülle. Dieses Monopol besaß der absolute Herrscher unabhängig und ungeteilt (*qui veut le roi, si veut la loi*, Antoine Loisel, † 1617). Die Normsetzungsmacht war zudem ein effektives Steuerungsmittel einer Wirtschaftspolitik, die durch binnenländische Gewerbeförderung und positiven Außenhandel zunehmend merkantilistische Interessen verfolgte.

3. Rechtsvereinheitlichung – droit français

59   Die königlichen Ordonnances waren im Wesentlichen Maßnahmegesetze und mit dem droit coutumier bedingt geeignet, wirkungsvoll zur einheitlichen Rechtspflege und allgemeinen Rechtssicherheit beizutragen. Eine umfassende Reform des geltenden Rechts wurde im 17. Jahrhundert unumgänglich und unter *Louis XIV* (1643–1715) und seinem Finanzminister *Jean-Baptiste Colbert* (1619–1683) begonnen. 1667 hatte die „Ordonnance civile touchant la réformation de la justice" von St. Germain-en-Laye das Zivilverfahrensrecht vereinheitlicht. 1670 folgte die „Ordonnance sur la réformation de la justice criminelle" mit der Neuordnung des Strafrechts und Strafprozessrechts. Nach diesen beiden, allgemein „Code Louis" genannten Gesetzen wurde 1673 in der „Ordonnance du commerce" (*Code Marchand*) ein einheitliches Handelsrecht erlassen. Bekannt als

„Code Savary" erinnerte das Gesetz an den maßgebenden Einfluss des Pariser Kaufmanns und juristischen Laien *Jacques Savary* (1622–1690) auf den Gesetzgebungsausschuss. Der erfahrene Praktiker war Kommissionsmitglied. Mit der „Ordonnance de la marine" wurde 1681 die Einheit des Handels- und (privaten wie öffentlichen) Seerechts gesetzlich geregelt. An ihrem Zustandekommen hatte der Wirtschaftspolitiker Colbert maßgeblichen Anteil. Beide Gesetze enthielten erstmals umfassende Regelungen des Wirtschaftsrechts als eines besonderen Rechtsgebietes. Für die Handelsrechtswissenschaft waren sie Grundlagen einer Vielzahl theorie- und praxisbezogener, rechtsfortbildender Untersuchungen. Mit ihnen begründeten die französischen Handelsrechtswissenschaftler ihre spätere Führungsrolle in Europa.

Dagegen scheiterte das von *Henri-François Daguesseau* (1668–1751), dem Kanzler von *Louis XV* (1710–1774), in der ersten Hälfte des 18. Jahrhunderts entwickelte Projekt einer einheitlichen Kodifikation des gesamten französischen Privatrechts an politischen Widerständen. Daguesseau war lediglich bei einer Teilgesetzgebung über Schenkungen, Testamente und Nacherbfolge durch die Ordonnances von 1731, 1735 und 1747 erfolgreich.

An französischen Rechtsfakultäten wurde noch im 17. Jahrhundert 60 nach mittelalterlichen Lehrplänen unterrichtet und studiert. Das römisch-kanonische Recht war ein Kernfach, die Unterrichtssprache Latein. Diese Situation änderte 1679 eine Studienreform. Eine Ordonnance erklärte den Unterricht im „droit français" an jeder Juristenfakultät in Frankreich zum Pflichtfach. Für das neue Lehrgebiet wurden eigene Professuren geschaffen und ihre Inhaber verpflichtet, neben dem traditionellen „utrumque ius" in öffentlichen Vorlesungen auch französisches Recht zu behandeln. Das Recht der Ordonnances sowie die offiziell redigierten und umfassend kommentierten Coutumes wurden Standardmaterien des Rechtsunterrichts.

Einer der bedeutendsten Vertreter des „droit français" war *François* 61 *Boutaric* († 1722), Professor in Toulouse. Er hatte eine Synthese der justinianischen Rechtsinstitute mit dem französischen Recht versucht. Ähnlich und mit großem, auch internationalem Erfolg arbeitete *Robert-Joseph Pothier* (1699–1772), Inhaber des Lehrstuhls für französisches Recht an der Universität Orléans. Sein bekanntestes und einflussreichstes Werk „Traité des obligations" von 1760 wurde bis 1778 um Detailuntersuchungen erweitert. Auch Pothier versuchte eine für die praktische Rechtsanwendung bestimmte systematische

Verbindung des geltenden „droit civil" auf der Grundlage des römisch-kanonischen Rechts mit dem „droit coutumier". Hauptgegenstände seiner lehrbuchförmigen Abhandlungen waren Schuldverträge
(Kauf, Schenkung, Ehe-, Gesellschaftsverträge) und prozessrechtliche
Fragen. Diese Einzeldarstellungen wurden von den Redaktoren des
1804 in Kraft gesetzten napoleonischen „Code civil" intensiv be-
nützt. Sie brachten Pothier die Ehrenbezeichnung „père spirituel du
Code civil".

4. Revolutionsstrafrecht

62   Die Große Französische Revolution hatte den Bruch mit dem System des Ancien Régime mit der Proklamation der „Assemblée Nationale" eingeleitet (17. Juni 1789). Das Bürgertum beseitigte die absolutistische Monarchie, zerstörte die traditionelle Gesellschaft und schuf
in zwei Phasen eine neue politische, bürgerliche Ordnung. Zunächst
wurde die Souveränität vom König auf die Nation übertragen. Die
Ständegesellschaft mit ihrer auf königliche Ordonnances und Coutumes gegründeten Rechts- und Sozialordnung zerfiel. Die neue Gesellschaft formierte sich auf der Grundlage der „Erklärung der Men-
schen- und Bürgerrechte" vom 26. August 1789 (*Déclaration des
droits de l'homme et du citoyen*). Die Dynamik des revolutionären
Prozesses spiegelten drei Verfassungen wider.

Die konstitutionelle, von der Nationalversammlung beschlossene
„Constitution" von 1791 hatte alle Feudalrechte und Privilegien der
korporativen Gesellschaft kassiert. Auf dieser Basis begann sich ein
neues Gemeinwesen zu profilieren. Die demokratisch-jakobinische,
vom Nationalkonvent erlassene „Constitution" von 1793 hatte die
Regierungsgewalt auf „Tugend" (*vertu*) und „Terror" (*terreur*) gegründet. Die Verfassung war jedoch nie in Kraft getreten; die „Grand
Terreur" endete mit dem Sturz und Tod von Maximilien de Robes-
pierre († 1794). Diese erste Phase des radikalen revolutionären Wandels beendete 1795 eine durch Volksabstimmung bestätigte „Direk-
torialverfassung". Der Übergang zum zweiten Abschnitt der
Revolution begann Ende 1799 mit dem Staatsstreich von *Napoléon
Bonaparte* (1769–1821). Der Nationalkonvent hatte ihn zum Ersten
Konsul ernannt. Auf der Grundlage der „Konsularverfassung" von
1799 wurde er faktisch Alleinherrscher. Bonapartes Verdienst war es,
die Implementierung der während der Revolutionsjahre erzielten Errungenschaften in den späteren „cinq codes" ermöglicht zu haben.

a) Code pénal v. 1791

Hauptgegenstand der aufklärerischen Kritik war das Strafrecht des 63
Ancien Régime. Die Wortführer forderten die Beseitigung der grausamen, inhumanen Sanktionen und der Richterwillkür. Die Ungleichheit der gesetzlichen Strafen, die nach Qualität und Höhe den Täter entweder privilegierten (Adel, Klerus) oder den bürgerlich-bäuerlichen Untertanen mit unnachsichtiger Rigorosität trafen, wurde als besonders verwerflich geächtet.

Der „Code pénal" von 1791 hatte das Strafrecht erstmals eingehend im Sinne des revolutionären Programms korrigiert. Das Gesetzbuch war durch eine Kommission der verfassunggebenden „Assemblée Nationale Constituante" beschlossen worden. Es hatte gleiche, feste und persönliche Strafen für alle verordnet, den Schutz der Bürger vor der Behördenwillkür verstärkt, die Religionsverbrechen (Apostasie, Häresie, Magie, Hexerei) beseitigt und die Strafzumessung an den Grundsatz der Verhältnismäßigkeit gebunden. Von einer Bestrafung des Suizid wurde, da für die Gesellschaft nicht schädlich, abgesehen, die Todesstrafe allerdings (mehrheitlich) gegen die Opposition beibehalten. Ihre Grausamkeiten sollte eine nach modernem Verständnis seltsame Humanisierung beseitigen. Die Vollstreckung (durch Abtrennung des Hauptes) hatte durch einen „einfachen Mechanismus" (*un simple mécanisme*) zu erfolgen. Den Auftrag zur Erfindung dieses Apparates hatte die Nationalversammlung dem Jesuiten und Mediziner *Joseph-Ignace Guillotin* (1738–1814) erteilt. Und der war dem mit der Entwicklung der „Guillotine", der „großen Gleichmacherin" nachgekommen.

b) Code pénal v. 1795

Nach dem Ende der „Grand Terreur" sollten im Strafrecht die ge- 64
heiligten Grundsätze der Revolution von 1789, wie sie die Konstituante 1791 realisiert hatte, wieder hergestellt und an die veränderten politischen Verhältnisse angeglichen werden. Der „Code des délits et des peines", der nicht ohne Grund symbolträchtig den Titel des Buchs von Cesare Beccaria als Überschrift gewählt hatte, kam 1795 diesen rechtspolitischen Vorgaben nach, so z. B. durch die Kodifizierung des Verbotes der Rückwirkung von Strafgesetzen. Das nach seinem Redaktor *Philippe-Antoine Merlin de Douai* (1754–1838) auch „Code Merlin" genannte Gesetz beschränkte sich im Wesentlichen auf eine grundlegende Reform des Strafverfahrensrechts. Von den

646 Artikeln waren lediglich 47 dem materiellen Strafrecht vorbehalten. Hilfsweise sollten die Gerichte den Code pénal von 1791 heranziehen.

5. Code civil v. 1804

65   Die im ersten Jahrzehnt der Revolution erlassenen Spezialgesetze galten isoliert und materiell unverbunden neben den Resten des „droit écrit" und „droit coutumier". Dieses die Epochen überbrückende sog. Zwischenrecht (*droit intermédiaire*) war überwiegend ein aus tagesaktuellen politischen Anlässen hervorgegangenes systemloses Maßnahmenrecht, das verschiedene gesetzgebende Körperschaften erlassen hatten. Es musste vereinheitlicht werden.

Pläne zur Schaffung eines einheitlichen nationalen Zivilgesetzbuchs waren nicht neu. Sie wurden seit den 60er-Jahren des 18. Jahrhunderts auch in sog. „Beschwerdeheften" der ständischen Wahlversammlungen öffentlich diskutiert (*Cahiers de doléance*, 1789). Erst die Nationalversammlung griff 1791 das Reformprojekt auf, versprach und verkündete als nationales Anliegen: „Il sera fait un Code de lois civiles communes à tout le Royaume".

66   In den Jahren 1793, 1794 und 1796 wurden drei zivilrechtliche Gesetzentwürfe vorgelegt. Der Verfasser war *Jean Jacques Régis de Cambacérès* (1753–1824), Mitglied des Nationalkonvents und später Präsident des Wohlfahrtssauschusses. Seine Arbeiten wurden jedoch vom Konvent bzw. vom Conseil des Cinq-Cents (Rat der Fünfhundert) verworfen.

Gleiches Schicksal hatte ein weiterer, auf den drei Vorarbeiten beruhender Entwurf. Er war im Conseil d'État (Staatsrat) in Anwesenheit von Cambacérès, inzwischen Justizminister und Zweiter Konsul, beraten worden. Napoleons Kultusminister *Jean Marie Etienne Portalis* (1745–1807) bezeichnete das Vorhaben, einen neuen Code civil zu schaffen, als „gefährlichen Ehrgeiz" (*la dangereuse ambition*).

Erst während des Konsulats traten die Kodifikationsarbeiten in ihre entscheidende Phase. Nach der Verfassung von 1799 lag die Initiative zur Gesetzgebung bei der Regierung. Ein Konsularerlass setzte 1800 offiziell eine aus vier Redaktoren bestehende Kommission ein. Ihr gehörten Parlement-Advokaten, hohe Richter und aktive Politiker an. Portalis und Jacques de Maleville († 1824) kamen aus der Praxis der „pays de droit écrit" (Provence, Périgord). François Denis

Tronchet († 1806) und Félix Julien Jean Bigot de Préameneu († 1825) hatten in den Städten und Territorien des „droit coutumier" Karriere gemacht (Paris, Rennes).

Die offiziellen Redaktoren haben bereits nach vier Monaten einen **67** Text erarbeitet, der das Ergebnis eines Kompromisses war. Sie hatten versucht, den „droit écrit" mit den „coutumes" zu verbinden und an die Neuerungen des revolutionären „droit intermédiaire" anzugleichen. Das Vorhaben war erfolgreich, die Leitgrundsätze der Revolution wurden auf den zentralen Ebenen des Zivilrechts verwirklicht. Dies zeigte sich beispielhaft in der Unverletzlichkeit des Eigentums, der Anerkennung der obligatorischen Zivilehe oder in der Uniformität der gesetzlichen Erbfolge. Die im Conseil d'État unter Vorsitz eines Konsuls eingehend beratene Kodifikation hatte vor allem im Familien-, Sachen- und Erbrecht die Grundsätze des „droit coutumier" verwirklicht. Römisches Recht diente hauptsächlich im Obligationenrecht als Vorlage. Auch diese Synthese historischer Rechtsschichten hat entscheidend zur Akzeptanz des Gesetzbuchs beigetragen. Bonaparte wirkte als Erster Konsul persönlich an den Beratungen mit. Von 107 Sitzungen des Conseil d'État hat er 55 als Vorsitzender geleitet.

Am 21. März 1804 trat das Gesetzbuch als „Code civil des Français" in Kraft. Durch Dekret vom 3. September 1807 erhielt es offiziell den Namen „Code Napoléon". Nach dem Sturz des Empereur im Jahre 1814 hieß das Gesetz „Code civil". In Anerkennung des historischen Verdienstes Napoleons bei der Gesetzgebung erhielt es durch Dekret vom 27. März 1852 den Titel „Code Napoléon" wieder zurück. Seit dem Ende des „Second Empire" 1870 wird es „Code civil" bezeichnet.

Sprache, Stil und inhaltliche Sachlichkeit sicherten dem Gesetz- **68** buch, das aus 2281 knapp und einprägsam gefassten Artikeln bestand, großen Erfolg. Der Code hat die Ideen der Aufklärung und das politische Programm der Revolution durch Rechtsgleichheit, Freiheit der Person und des Eigentums sowie durch die Trennung der Kirche vom Staat verwirklicht. Damit war die Privatrechtsordnung des Ancien Régime beseitigt. Im Aufbau folgte das Gesetz dem gaianischen Institutionenschema. Das erste Buch enthielt das gesamte Familien-, Ehe- und Vormundschaftsrecht (*Des personnes*). Das zweite regelte das Eigentum und die beschränkten dinglichen Nutzungsrechte an fremden Sachen (*Des biens et des différentes modifications de la propriété*). Das dritte Buch behandelte die verschiedenen Arten des Eigentumserwerbs (*De différentes manières dont on acquiert la prop-riété*). Regeln über das Pfandrecht, die Hypotheken und die Verjäh-rung bildeten den Schluss.

69   Das 19. Jahrhundert war die klassische Epoche der nationalen Ko-difikationen. Sie begann mit dem französischen Code civil als dem ersten reinen Zivilrechtsgesetzbuch. Das Privatrecht galt in der neuen bürgerlichen Gesellschaft als Leitmodell der gesamten Rechtsord-nung. Die rechtshistorische Literatur rechnet den Code civil zu den klassischen Naturrechtsgesetzbüchern und rühmt das Gesetz als reifste Frucht dieser Ära. Diese Einordnung ist eingeschränkt richtig. Tatsächlich war das laizistische Gesetzbuch maßgeblich vom natur-rechtlichen Denken geprägt. Jedoch verflüchtigten sich diese typisch ideologischen Merkmale in dem Maße, je intensiver sich der jakobini-sche „Despotismus" der Freiheit, später der napoleonische „Etatis-mus" des Rechts bemächtigt hatte, der den Staat politisch stabilisieren und seine Einheit garantieren sollte.

Neuere Forschungen halten deshalb an dem bisherigen Bild nicht mehr fest, in dem der Code als Denkmal eines triumphierenden Indi-vidualismus und Liberalismus, als „palladium de la propriété" ver-herrlicht und als demokratisches Werk verklärt wird. Tatsächlich war das Gesetzbuch repressiv, weniger demokratisch und bürgerlich (P. Caroni). Es hatte patriarchalische, die Frauen benachteiligende, das Familiengut bewahrende Züge (B. Dölemeyer). Auch deshalb wird es heute zutreffend als Ausschnitt einer etatistischen, merkanti-listisch geprägten Gesetzgebung charakterisiert (A. Bürge).

6. Gesetzgebung des Kaiserreichs

70   Mit dem Code Napoléon hatten die französischen Kodifikatoren den Prototyp eines modernen Gesetzes geschaffen, das über Europa hinaus Vorbild für Zivilgesetzbücher wurde. Die vom Ersten Konsul Bonaparte initiierte Kodifikationsbewegung fand im Kaiserreich ihre Fortsetzung (1806–1810). Mit dem Code civil bildeten vier weitere Gesetze die bekannten „cinq codes" des napoleonischen Gesetzge-bungsprojekts.

a) Zivilprozessrecht

71   Die kaiserzeitliche Gesetzgebung hatte 1806 mit der Verkündung des „Code de procédure civile" begonnen. Grundlage der Arbeiten war die königliche „Ordonnance civile" von 1667. Diese hatte bereits den altfranzösischen nicht öffentlichen, schriftlichen Zivilprozess sowie die verfahrenstrennenden, den Prozess verlängernden richterlichen Zwischenentscheidungen (Beweisinterlokute) beseitigt. Der Code folgte dem und statuierte als neue Grundsätze die Mündlichkeit und Öffentlichkeit sowie das System der Beweisverbindung und freien Beweiswürdigung. Damit entfielen das alte Prinzip der festen gesetzlichen Reihenfolge der Prozesshandlungen, insbesondere die Präklusionswirkungen der Eventualmaxime (Vortrag *aller* Klagegründe, Angriffs- oder Verteidigungsmittel *zusammen* in dem für sie bestimmten Prozessabschnitt). Ausgeschlossen wurde dadurch auch die frühere Trennung des Stadiums der Behauptungen von dem der Beweisführung durch die Parteien. Diese konnten nunmehr die zum Beweis einer konkreten Behauptung (Beweisthema) bestimmten Beweismittel gleichzeitig benennen. Der Grundsatz der Beweisverbindung hatte die Beweistrennung ersetzt. Das Ziel war Verfahrensbeschleunigung durch Zwang zur Konzentration des gesamten Streitstoffes und der Prozesshandlungen in einem unteilbaren Verfahren. Der Prozessbetrieb unterlag der freien Disposition der Parteien, beherrscht von der Verhandlungsmaxime. Die Parteien allein bestimmten in freier Disposition die Reihenfolge der Prozesshandlungen und ihre Anwälte.

b) Handelsrecht

1807 folgte die vom Zivilrecht gesonderte Kodifikation des Handels- und Wirtschaftsrechts im „Code de commerce". Eine aus Juristen und Geschäftsleuten bestehende Kommission kopierte für die Gesetzgebung inhaltlich wie ideologisch die Grundlehren des sog. „Colbertismus". Begründer dieser Sonderform des französischen Merkantilismus im 17. Jahrhundert, wodurch das gesamte Handels- und Wirtschaftsleben der staatlichen Kontrolle unterworfen wurde, war Jean-Baptiste Colbert. Grundlage des Code de commerce waren im Wesentlichen die Ordonnances von 1673 (du commerce) und 1681 (de la marine). Das Gesetzbuch brachte auch Neuerungen von erheblichem Einfluss, wie z. B. die erste gesetzlich geregelte Aktiengesellschaft (*société anonyme*) oder die Errichtung eines besonderen, mit Laienrichtern besetzten Handelsgerichts. Revolutionär war der Code durch die Normierung des Handels als sachliches Sonderrecht und nicht mehr als Recht des Standes der Kaufleute (so noch das

72

ALR II 8, §§ 475 ff.). Die knappe und präzise Formulierung der Rechtssätze und die reiche systematisch kommentierende Literatur haben dem Gesetzbuch, dem französischen Handelsrecht und seiner Wissenschaft einen großen Einfluss in Europa verschafft.

c) Strafprozessrecht

73   Ursprünglich sollten das Strafrecht und Strafprozessrecht durch eine Kommission hoher Justizjuristen in einem einzigen Gesetzbuch kodifiziert werden (1801). Während der Beratungen im Conseil d'État wurde jedoch beschlossen, beide Strafrechtsmaterien in zwei Gesetzen getrennt zu regeln (1804). Der „Code d'instruction criminelle" von 1808 war eine reformerische Kombination der Rechtsfiguren und Prozessgrundsätze nach altem und revolutionärem Recht. Der Code pénal von 1791 und die „Constitution" vom gleichen Jahr hatten Grundgedanken der Aufklärung verwirklicht und den gesetzlichen Rahmen geschaffen, in dem die napoleonische Gesetzgebung die Rechtsstellung des Inquisiten entscheidend verändern konnte. Nach dem Code d'instruction wurde er vom Objekt der Inquisition zum Subjekt des rechtsstaatlich reformierten Prozesses mit weitreichenden Schutzrechten (z. B. Fragerechte, Akteneinsicht, Pflichtverteidigung).

Die zentrale und folgenreichste Änderung bewirkte die Trennung zwischen der Strafverfolgung (Ankläger) und Entscheidung (Richter); sie führte zur Entstehung der Staatsanwaltschaft (*ministère public*). Dadurch wurde das Strafverfahren als Anklageprozess mit dem inquisitorischen Prinzip und der materiellen Wahrheitsfindung modifiziert. Die Grundsätze der Mündlichkeit, Öffentlichkeit und Unmittelbarkeit der Beweisaufnahme galten nur für die Hauptverhandlung. Diesem Prozessabschnitt hatte bei Anklagen von Verbrechen (*crimes*) oder schweren Vergehen (*délits*) stets eine geheime Voruntersuchung (*instruction préparatoire*) vorauszugehen. Von deren Ergebnis war abhängig, ob der Richter eine Versetzung in den Zustand der Anklage und damit den Fortgang des inquisitorischen Verfahrens anordnete. Für Verbrechen wurde auch das Geschworenengericht (*le jury*) nach englischem Vorbild und gegen den Widerstand von Napoleon übernommen.

d) Strafrecht

74   Die napoleonische Strafgesetzgebung endete 1810 mit dem „Code pénal". Trotz der revolutionären Genese und Ideologie seiner Vor-

gänger war das Gesetz auf den Gebieten des materiellen Strafrechts rückschrittlich und reaktionär, gesetzestechnisch fortschrittlich dagegen bei der Formulierung der Deliktstatbestände nach klaren und präzisen Merkmalen. Von den revolutionären Errungenschaften wurde das Rückwirkungsverbot von Strafgesetzen des Code pénal von 1795 übernommen. Neu war die Dreiteilung der strafbaren Handlungen in „crimes – délits – contraventions", der eine Zuweisung von sachlichen Gerichtszuständigkeiten entsprach. Für Verbrechen waren – nach englischem Vorbild – Schwurgerichte zuständig (*cours d'assises*). Übertretungen wurden durch Einzelrichter abgeurteilt (*tribunaux de simple police*). Über Vergehen entschieden kollegiale Polizeigerichte (*tribunaux de police correctionelle*).

Die Trias war auch Vorbedingung für eine willkürfreie Strafzumessung. Der Code hatte feste Höchst- und Mindeststrafen eingeführt. Der Richter musste innerhalb dieses Strafrahmens unter Berücksichtigung der subjektiven wie der objektiven Tatumstände die verwirkte Strafe festsetzen. Der leitende Strafzweck des Gesetzes war äußerste Härte und Abschreckung (*intimidation*). Die Anwendungsfälle der Todesstrafe wurden erheblich erweitert und durch öffentlich infamierende Sanktionen ergänzt, die offensichtlich dem Strafmittelrepertoire des Ancien Régime entstammten (Brandmarkung, Verstümmelung). Die Kriminalpolitik hatte Deportationen in überseeische Strafkolonien (Cayenne-Guayana, Neu-Kaledonien) zu lebenslangen Zwangsarbeiten unter menschenunwürdigen Bedingungen vorgesehen. 75

Der Code pénal war nach den rechtspolitischen Vorstellungen und dem Willen des Kaisers als Reaktion auf die zu milde Revolutionsgesetzgebung (1791, 1795) entstanden. Das Gesetzbuch diente Napoleon als Mittel der Politik einer sich konsolidierenden Regierungsform. Durch Gesetze sollte ein moderner bürokratischer und zentralistischer Machtstaat entstehen, der die absolutistische Monarchie des Ancien Régime mit ihren altständischen Strukturen radikal beseitigte und das Bürgertum im Geiste der „utilité social" rigide disziplinierte. Den terroristischen Grundcharakter behielt der Code selbst nach der Einführung von Strafmilderungen bei (*circonstances atténuantes*), die auch Folgen des Juniaufstandes von 1832 waren. Mit diesem kriminalpolitischen Anspruch galt er bis 1994. 76

7. Kontroverse Rechtsfortbildung

77   Nach dem Inkrafttreten des Code civil wurde das französische Privatrecht durch Lehre (*doctrine*) und Rechtsprechung (*jurisprudence*) weiterentwickelt und den Anforderungen des Rechtsverkehrs angepasst. Federführend bei dieser Rechtsfortbildung waren zwei methodisch gegensätzliche wissenschaftliche Richtungen. Die „école de l'exégèse" lehrte nach veralteten Plänen, interpretierte und kommentierte die Texte des Gesetzes streng positivistisch. Diese Fixierung auf den Code und seinen gleichsam geheiligten Wortlaut (*interpréter le code par le code*) isolierte das Gesetzbuch und entfernte es von der Rechtswirklichkeit. Die Exponenten der Schule, wie z. B. Jean Joseph Bugnet († 1866), hielten die während des Kodifikationsprozesses diskutierten und als zentral bzw. elementar verabschiedeten Begründungen für allein verbindlich und folgten bei ihren Erläuterungen des Gesetzbuchs dem auf diesem Wege ermittelbaren objektivierten und legalisierten Willen des historischen Gesetzgebers.

78   Gegen diese Richtung des starren „legalistischen Dogmatismus" der Rechtswissenschaft (P. Grossi) formierte sich um 1880 die systematisch elastische „école de la libre recherche scientifique". Ihr Ziel war die Lockerung der autoritären, starren Textbindung und die wissenschaftlich-historische Anpassung des Code an die Komplexität und Dynamik des gesellschaftlichen Lebens. Exponenten dieser Strömung waren die Zivilrechtslehrer *Raymond Saleilles* (1855–1912) in Paris und *François Gény* (1861–1959) in Nancy. Gény gab der Richtung ihren Namen. Er wurde durch sein Werk „Méthode d'interprétation et sources en droit privé positif" (1899) international bekannt. Nach seiner Ansicht enthielt der Code keine abschließenden Regelungen. Das Gesetz war vielmehr ein unvollständiges System, eine unzureichende Rechtsquelle und wesensmäßig eine lückenhafte Kodifikation. Mit Saleilles trat er für eine freiere, wertorientierte und eigenverantwortliche Rechtsfindung des Richters ein, der seine fallbezogenen Entscheidungen gegebenenfalls mit Argumenten aus der „Natur der Sache" (*la nature de choses*) schlüssig begründete.

8. Wirkungen der napoleonischen Gesetzgebung

Napoleon war auch als Initiator der Gesetzgebung einzigartig. Die 79 cinq codes brachten ihm den Ruhm eines historischen Gesetzgebers, der er in Wahrheit jedoch nicht war. Gerade in der deutschen rechtshistorischen Literatur genießt der Korse eine geradezu kultische Verehrung. In naiver Trunkenheit preisen ihn einige als „Europas größten Gesetzgeber, gleich nach Justinian und dessen Corpus Iuris Civilis" (U. Wesel). Diese Proskynese ist nicht nur peinlich, sie widerspricht auch der historischen Realität. Tatsächlich begleiteten und umgaben die napoleonischen Gesetze eine wuchernde etatistische Bürokratie und ausgeuferte Ausführungsgesetzgebung. Durch sie wurden viele Reformansätze bereits im Kern erstickt und sinnvolle, notwendige wirtschaftliche Entwicklungen behindert (A. Bürge).

Dessen ungeachtet war die Bedeutung der cinq codes für entsprechende Kodifikationen sowohl in Europa wie vor allem in Iberoamerika sehr groß. Das napoleonisch dominierte Italien hatte bereits 1811 den Code pénal in wörtlicher Übersetzung übernommen und als „Codice dei delitti e delle pene" verkündet. Rezipiert wurden sowohl das revolutionäre Rückwirkungsverbot wie auch die harten, infamierenden und geschärften Sanktionen mit Einschluss der Todesstrafe für schwere vorsätzliche Verbrechen. Der Code civil wurde von den ausländischen nationalen Gesetzgebern kopiert oder als Modell für eigene Zivilrechtskodifikationen benutzt. Die Anleihen waren zumeist durch politische Verhältnisse veranlasst. Napoleon hatte Frankreichs Grenzen an den Rhein, in Norddeutschland nach Hamburg und über ganz Westitalien ausgedehnt. Er drängte deshalb die zu „Satellitenstaaten" degradierten Regierungen auch zur Rezeption seiner Gesetzgebung. Und die Regenten fügten sich seinem Willen teils freiwillig, teils unter Vorbehalten.

Die deutschen Einzelstaaten auf dem linken Rheinufer waren nach der französischen Besetzung der Rheinlande bereits seit 1795 völkerrechtlich ein Teil Frankreichs. Sie bestanden aus den Departements de la Roer, de Rhin et Moselle, de la Sarre und du Mont-Tonnere, die seit 1802 der allgemeinen französischen Gesetzgebung unterstellt waren. Nach der Bestätigung dieses Gebietszuwachses in den Friedensschlüssen von Campoformio (1797) und Lunéville (1801) trat in diesen Territorien der Code civil automatisch in Kraft.

Nach der Gründung der „Confédération du Rhin" (Rheinbund, 1806) gab Napoleon selbst das Rezeptionssignal. 1807 erhielt der Gesandte *Jean-Baptiste de Nompère de Champagny* den Auftrag, bei den Fürsten der Rheinbundstaaten die Einführung des Code civil als Modell eines „droit commun d'Europe" anzuregen. Tatsächlich folgten dem nur einige Länder, wie das Königreich Westphalen, die Großherzogtümer Baden, Berg und Frankfurt. Baden übernahm 1810 den Code civil in einer amtlichen Übersetzung als „Badisches Landrecht". Den Rechtsbesonderheiten des Großherzogtums trugen verschiedene Zugeständnisse (ca. 500 sog. „Zusätze") an die Agrarverfassung und die Rechtsverhältnisse des Adels Rechnung. In allen Staaten, die den Code rezipiert hatten, galt er als sog. Hauptgesetzbuch. Dem römischen Recht wurde die Funktion eines subsidiären „Hilfsrechts" zuerkannt.

81   Nach dem Ende der napoleonischen Herrschaft nahm 1814/15 der Wiener Kongress eine Neuordnung auch der Rheinlande vor. Der größte Teil der Länder am Mittel- und Niederrhein fiel als „Rheinpreußen" an das Königreich Preußen. Die verbliebenen Territorien wurden dem Großherzogtum Hessen-Darmstadt als „Rheinhessen" und dem Königreich Bayern als „Rheinpfalz" zugeschlagen. Die konservativen Kräfte der Restaurationszeit forderten die totale und sofortige Abschaffung des französischen Rechts. Radikal Restaurative wollten den Code civil als „Plunder der Hölle" den Flammen übergeben. Nur die politischen Pragmatiker weigerten sich, zum Rechtszustand vor 1807 zurückzukehren.

Nach heftigen, auch in der Öffentlichkeit ausgetragenen Diskussionen beseitigte das verkleinerte Preußen rigoros das gesamte französische Recht und führte wieder das ALR von 1794 sowie für das Strafprozessrecht die Criminalordnung von 1805 ein. Am härtesten traf diese Rückkehr zur Vergangenheit den napoleonischen Musterstaat Westphalen, der vom Bruder Bonapartes *Jérôme* als König regiert worden war. Mit dem Ende des Königreichs endete auch die Geltung des französischen Rechts. Dagegen behielt Baden das Landrecht bei. Auch Rheinhessen und die Rheinpfalz blieben bei dem inzwischen bewährten französischen Zivil-, Straf- und Strafprozessrecht.

82   Die Herrschaft des französischen Rechts in den deutschen Staaten hatte die deutsche Rechtswissenschaft veranlasst, sich auch mit dem Code civil eingehend zu beschäftigen. Bei der literarisch-dogmatischen Analyse des französischen Rechts wurde der Heidelberger Zi-

vilrechtslehrer *Carl Salomo Zachariae von Lingenthal* (1769–1843) zum Wortführer der neuen rechtsvergleichenden Richtung. Seit 1808 erschien sein „Handbuch des französischen Civilrechts" und erlebte – auch in französischen und italienischen Übersetzungen – zahlreiche Neuauflagen. Es behandelte das französische Privatrecht systematisch nach der Methode der deutschen Zivilistik. Das Werk blieb das erfolgreichste Lehrbuch in den deutschen Geltungsgebieten des französischen Rechts und hatte großen Einfluss auch auf die Rechtsprechung.

In Luxemburg und Belgien, die nach dem Ende der habsburgi- **83** schen Herrschaft an Frankreich gefallen waren, sowie in dem „Königreich der Vereinigten Niederlande", das Belgien mit umfasste, blieb der Code civil zunächst in Kraft. Er wurde 1838 in Holland – nach der Verselbständigung Belgiens (1830) – durch ein Zivilgesetzbuch ersetzt, das in der Landessprache als „Burgerlijk Wetboek" mit weitgehend wortgetreuen Übersetzungen dem französischen Vorbild folgte. Im autonom gewordenen Belgien galt der Code civil mit eigenständigen Fortbildungen und Ergänzungen (z. B. Hypothekenrecht v. 1851) in der französischen Fassung.

Auch das Großherzogtum Warschau, ein napoleonischer Satelli- **84** tenstaat, rezipierte 1807 die französischen Kodifikationen. Diese wurden allerdings nach den Freiheitskriegen in der preußisch gewordenen Provinz Poznań (Posen) durch das ALR ersetzt. Nur in dem auf dem Wiener Kongress gebildeten Königreich Polen (sog. Kongresspolen) galt der Code civil mit seinen eherechtlichen Bestimmungen bis zum Ende des Zweiten Weltkriegs (1945).

An das französische Vorbild lehnten sich im 19. Jahrhundert die zi- **85** vilrechtlichen Kodifikationen in den romanischen Kantonen der Schweiz an. Gleiches taten Rumänien (1864/66), Portugal (1867) und Bulgarien (1896). Italien war bei der Rezeption des französischen Rechts einen Sonderweg gegangen. Noch das Zivilgesetzbuch des Königreichs Italien von 1865 war vom Code civil beeinflusst. Erst der Codice civile von 1942 orientierte sich sowohl am französischen Modell wie an eigenständig entwickelten, modernen Rechtsbildungen (z. B. Allgemeine Geschäftsbedingungen). Das Zivilgesetzbuch des Königreichs Spanien von 1889 lehnte sich in den Strukturen zwar an den italienischen Codice civile und den französischen Code civil an. Es besaß jedoch keinen Ausschließlichkeitscharakter, sondern regelte das Zivilrecht ergänzend zu den als „apendices" fortgeltenden altspanischen Gewohnheiten (*derechos civiles forales*). Auch die meisten iberoamerikanischen Staaten hatten das französische Gesetz zum Vorbild ihrer Zivilrechtskodifikationen genommen. Dazu zählten z. B. Chile (1855), Brasilien (1916) und Peru (1936). Die Staaten des ehemaligen französischen Kolonialreichs im Nahen Orient (Ägypten, Syrien, Libanon), in Afrika und Ostasien (Indochina, Ozeanien) folgten ebenfalls dem Code civil. Gleiches gilt für das Privatrechtsgesetzbuch des aus spanisch-französischer Herrschaft hervorgegangenen US-amerikanischen Bundesstaates Louisiana (1808) und der kanadischen Provinz Québec (1886).

V. Österreich

1. Kodifikationsanfänge

86 Gottfried Wilhelm Leibniz und sein Zeitgenosse Nikolaus Beckmann hatten eine Vereinheitlichung des Rechts der Länder und Nationen der Habsburger Monarchie angeregt. Die Initiativen von Leibniz (1671/78) wie von Beckmann (1681/88) blieben allerdings folgenlos. Weitere Kodifikationspläne wurden durch private Sammlungen kaiserlicher Mandate und Dekrete im sog. „Codex Austriacus" (1704–1777) gefördert. Erst eine sog. Kompilationskommission, die Kaiser *Joseph I.* (1678–1711) eingesetzt und die 1709 ihre Arbeiten aufgenommen hatte, war erfolgreich. Dem vorausgegangen war die Zentralisierung der Rechtsprechung und Justizverwaltung der habsburgischen Erbländer in der 1749 errichteten „Obersten Justizstelle" in Wien.

87 Eine 1753 von *Maria Theresia* (1740–1780) berufene Hofkommission wurde beauftragt, das in den sog. Deutschen Erbländern geltende Privatrecht zu vereinheitlichen (*jus privatum certum et universale*). Ausgenommen waren die niederländischen und ungarischen Provinzen der Monarchie. Die Landesrechte sollten mit dem Naturrecht als dem „allgemeinen Recht der Vernunft" verbunden und in einem neuen Gesetz vereinheitlicht werden. Hauptreferent war *Josef Azzoni* (1712–1760), Professor für praktische Rechtslehre und Institutionen an der Universität Prag.

Nach den Schlesischen Kriegen (1740/45) und nach dem Tod von Azzoni führte sein Schüler und Hofrat in Wien *Johann Bernhard Zencker* (1725–1785) als Referent die Arbeiten fort und legte 1766 einen aus sechs Foliobänden bestehenden Entwurf vor. Der sog. „Codex Theresianus" folgte im Aufbau dem gaianischen Institutionensystem, war eine umfangreiche, kasuistische, lehrbuchhafte Materialsammlung und auch nach einem Votum des Staatsrats als Gesetzbuch ungeeignet.

Maria Theresia schloss sich dem Urteil an und befahl 1772 Kürzungen. Die Umarbeitung hatte unter Beachtung rechtspolitisch leitender Richtlinien zu erfolgen, z. B. dass man „sich nicht an die Römischen Gesetze binden, sondern überall die natürliche Billigkeit" zur Grundlage machen sollte. Für die weiteren Arbeiten übernahm der Wiener Hofrat *Johann Bernhard Horten* (1735–1786) die Federführung. Sein 1786 vorgelegter Entwurf war eine radikale Kürzung des Codex Theresianus, inhaltlich jedoch eine Teilkodifikation (Personenrecht). Kaiser *Joseph II.* (1765–1790) setzte den „Entwurf Horten" in den Deutschen Erbländern zum 1. Januar 1787 als „Josephinisches bürgerliches Gesetzbuch" abschnittsweise in Kraft. Das Gesetz wurde allerdings massiv kritisiert. Auch deshalb unterblieb die Weiterführung der Arbeiten an einem zweiten Teil der Kodifikation.

2. Galizisches Gesetzbuch

Kaiser *Leopold II.* (1790–1792), Bruder und Nachfolger Josephs II., setzte 1790 eine Hofkommission ein, die sich mit der Kodifizierung der noch unbearbeiteten Teile des Codex Theresianus befasste. Die Leitung hatte der Justizpolitiker und Professor für Naturrecht und Römisches Recht an der Universität Wien *Carl Anton von Martini* (1726–1800). Seinem Rechtsverständnis nach hatte das universale Naturrecht das Ius commune bereits weitgehend verdrängt. In dem 1796 vorgelegten Gesetzentwurf waren deshalb naturrechtliche Prinzipien deutlich berücksichtigt. Der sog. „Entwurf Martini" wurde 1797 Gesetz und in dem 1795 annektierten Westgalizien, dem jüngsten im Zuge der Dritten polnischen Teilung an die Habsburgermonarchie gefallenen Erbland, als „Bürgerliches Gesetzbuch für Westgalizien" eingeführt. In der Literatur war umstritten, ob die Kodifikation in diesen Landesteilen „probeweise", gleichsam experimentell zur Gewinnung von legislativen Erfahrungen in Kraft trat. Nach neuen Forschungen wurde das Gesetzbuch 1798 auch in Ostgalizien und in der Bukowina publiziert. Es galt deshalb entgegen der üblichen (irreführenden) Bezeichnung „Westgalizisches Gesetzbuch" in ganz Galizien. An eine versuchsweise Einführung war dabei nicht gedacht worden.

3. Allgemeines Bürgerliches Gesetzbuch (ABGB)

90   Eine neue Hofkommission für Gesetzgebungssachen überarbeitete 1797 die Texte der galizischen Gesetzgebung (*Urentwurf*). Ständiger Referent wurde *Franz Anton Felix von Zeiller* (1751–1828), Nachfolger von Martini. Beide gelten als die eigentlichen Schöpfer der Kodifikation. Nach drei beratenden Lesungen (1801/10) wurde das Werk von Kaiser *Franz I.* (1804–1835) sanktioniert und am 1. Juni 1811 als „Allgemeines Bürgerliches Gesetzbuch für die gesamten Deutschen Erbländer der Österreichischen Monarchie" (ABGB) kundgemacht und publiziert. Am 1. Januar 1812 trat es in dem damals erheblich verkleinerten Staatsgebiet (außer Ungarn, Kroatien, Siebenbürgen) in Kraft, ersetzte das Josephinische von 1787 und das Galizische Gesetzbuch von 1797. 1815 wurde die Geltung auf das Königreich Lombardo-Venetien erstreckt; das Gesetz trat an die Stelle des französischen Code civil.

91   Das ABGB war ein reines Privatrechtsgesetzbuch. Im Gegensatz zur bevormundenden, exzessiven Kasuistik des ALR bevorzugte es eine zur Abstraktheit neigende Kürze, eine einfache und verständliche Sprache. Das Gesetz regelte das Privatrecht in 1502 Paragraphen und drei Teilen: Personenrecht einschließlich Familienrecht, Sachen- und Erbrecht, Recht der Schuldverhältnisse. Für die Interpretation der Rechtsnormen war die Anweisung an den Rechtsanwender methodisch bedeutsam, bei Versagen der Auslegung nach dem „natürlichen" Wortsinn der Norm und bei Fehlen einer „klaren Absicht des Gesetzgebers" die bestehende Rechts- und Gesetzeslücke „nach den natürlichen Rechtsgrundätzen" der herrschenden Naturrechtslehre zu schließen (Einleitung §§ 6, 7).

92   Hauptverantwortlich für den gesamten Gesetzgebungsprozess war Franz Zeiller, einer der „universellsten österreichischen Juristen vor der Märzrevolution 1848" (F. Bydlinski) und herausragender Praktiker der Gesetzgebung. Nach seiner Berufung in die Hofkommission hatte er alle Entwürfe kritisch überprüft und umgearbeitet. Ihm verdankte das ABGB die systematische Geschlossenheit und die Berücksichtigung der Lebens- und Praxisnähe als Alternativen zu abstrakten naturrechtlichen Maximen. Es fehlten aber auch nicht deklaratorische Bezugnahmen auf programmatische Naturrechtssätze, wie z. B. „Je-

der Mensch hat angeborne, schon durch die Vernunft einleuchtende Rechte, und ist daher als eine Person zu betrachten" (§ 16). Eine ähnliche legislative Proklamation garantierte die natürliche Gleichstellung der Ehegatten bei der rechtlichen Gestaltung der Ehe durch Ehevertrag (§ 44). Die Gleichberechtigung erschöpfte sich allerdings in der Freiheit zum Vertragsabschluss. Sie gewährte jedoch nicht gleiche Rechte bei der Festlegung des Vertragsinhalts. Dies war weiterhin – konform mit dem kanonischen Recht – im Wesentlichen dem Mann als dem „Haupt der Familie" vorbehalten, dem sich die Frau zu unterwerfen hatte (§ 91).

Die ideologische Basis des ABGB waren der nachwirkende typisch **93** josephinisch-absolutistische Politikstil der Aufklärung und das späte rationalistische Naturrecht. Das Gesetz hatte antinomisch den Fortschrittsglauben einer aufklärerischen Kodifikation mit den nicht bereinigten Altlasten des Ancien Régime verknüpft. Bezogen auf das altständische Sozialmodell glich es zwar äußerlich dem preußischen ALR, unterschied sich vom Landrecht jedoch inhaltlich wie gesetzestechnisch grundlegend.

4. Exegetik und Pandektisierung

Aus der Sicht der zeitgenössischen deutschen Zivilrechtswissen- **94** schaft war das ABGB die qualitativ misslungene Schöpfung einer geschichtsfernen vernunftrechtlichen Gesetzgebung. Friedrich Carl von Savigny († 1861), Exponent der herrschenden Historischen Rechtsschule, hatte der Kodifikation mangelnde Wissenschaftlichkeit attestiert. Dieses Urteil war sachlich nicht berechtigt, hatte aber Folgen.

Die österreichische Zivilistik war während der ersten Jahrzehnte nach Inkrafttreten des Gesetzes mit inhaltlich kritischen, fortbildenden Eingriffen in den Gesetzestext zurückhaltend. Die sog. „exegetische Schule" verwaltete das Gesetzbuch vorwiegend durch sprachliche Analysen, durch Ermittlung und Erläuterung des Wortsinnes der einzelnen Rechtsnormen (Exegese). Kritisch diskursive Vergleiche der Struktur und des Systems des ABGB mit der gemeinrechtlichen Dogmatik und Rechtslehre fanden nicht statt. Eine Neuorientierung leitete nach der Märzrevolution von 1848 der Unterrichtsminister *Leo Graf Thun-Hohenstein* († 1888) ein.

In einer wissenschaftspolitisch bedeutsamen sog. Schmährede auf **95** das ABGB bezeichnete er 1852 das Gesetzbuch in bewusster Abkehr vom rationalen Naturrecht zwar als das „berühmteste Rechtskompendium der neueren Zeit". Gleichzeitig attestierte er dem Gesetz jedoch mangelnde Aktualität, weil es „aus dem Boden einer philosophischen Schule hervorgewachsen" war, „über die … seitdem die Wissenschaft hinweggeschritten ist". Er forderte deshalb eine Rückbesinnung auf historische Grundlagen und Werte. Dies sollte durch eine Hinwendung der österreichischen Zivilistik zu der als modern geltenden, aus der Historischen Schule hervorgegangenen deutschen Pandektenwissenschaft begonnen und möglich werden.

96   *Joseph Unger* (1828–1913), Professor an den Universitäten Prag und später Wien, förderte maßgebend diesen „Paradigmenwechsel" in der österreichischen Zivilrechtslehre. In seinem Werk „System des österreichischen allgemeinen Privatrechts" (1856/59) begründete er eingehend die „Historisierung" und „Pandektisierung" der Zivilistik als Wege einer modernen Interpretation und Rechtsfortbildung. Das ABGB sollte künftig nach der historisch-systematischen Methode der Pandektistik analysiert, kritisiert und ausgelegt werden.

97   Die Folgen dieser Richtungsänderung der österreichischen Zivilrechtswissenschaft werden von der Forschung unterschiedlich beurteilt. Nach neueren Studien soll es zur Modernisierung des ABGB keiner Pandektisierung bedurft haben. Eine „bewusste Weiterentwicklung" des Gesetzes sei im Wege einer „verdeckten Rechtsfortbildung" durch „authentische Interpretationen" erfolgt (Th. Olechowski). Diese Deutung verkennt grundlegende Funktionen von Exegese, authentischer Auslegung und Rechtsfortbildung. Zentrales Auslegungsziel der Exegese war stets die Ermittlung des historisch realen Willens des Normsetzers („entstehungszeitliche" *voluntas legislatoris*). Exakt das Gleiche suchte die authentische(!) Interpretation. Die unbestrittene Textautorität verhinderte jedes Abweichen der Auslegung vom vorgegebenen Wortsinn. Beide Auslegungsmittel hatten zu keiner Zeit rechtsfortbildend nach Veränderungen in den Fakten und Bewertungen der Rechtsnorm gesucht („geltungszeitliche" *voluntas legis*). Einen verdeckten Komplementärgesetzgeber, der verloren gegangene Steuerungsfunktionen von Recht kompensiert, hat es historisch nicht gegeben.

98   Eine Lockerung des naturrechtlichen Verständnisses von der unangreifbaren Autorität des kodifizierten Rechts war Voraussetzung für nachfolgende weitreichende Revisionen des ABGB, auch wenn sie nicht durchgehend systemkonform durchgeführt wurden. Nachdem sich Joseph Unger von seiner ursprünglichen Forderung nach einer

Totalrevision des Gesetzbuchs (1855) endgültig verabschiedet hatte,
trat er 1904 für „mosaikartige Einzelkorrekturen" ein, die auch die
deutsche, schweizerische und ungarische Zivilgesetzgebung als Vorbild nehmen sollten. Das Ergebnis waren drei kriegsbedingt verzö-
gerte „Teilnovellen" der Jahre 1914, 1915 und 1916. Als kaiserliche
Notverordnungen zum Personen-, Sachen-, Schuld-, Familien-, Vor-
mundschafts- und gesetzlichen Erbrecht betrafen sie rund 18 % des
Gesamtbestandes der Normen. Ausgenommen blieben das Eherecht
und damit ungelöst auch das rechtspolitisch brisante Problem der obligatorischen Zivilehe.

5. Geltungsräume

Das ABGB ist Hauptquelle des geltenden österreichischen Privat- 99
rechts. Es beeinflusste direkt oder mittelbar auch die Zivilgesetzbü-
cher der schweizerischen Kantone (z. B. 1826/30 Bern, 1839 Luzern)
und deutsche einzelstaatliche Privatrechtsentwürfe (z. B. 1834
Bayern, 1853 Sachsen). Inhaltsverändernde und aktualisierende
Rechtsfortbildungen des ABGB haben erst die legislativen Aktivitäten in den Nachfolgestaaten der Habsburgermonarchie nach deren
Zerfall initiiert. Außerhalb der vormaligen Deutschen Erbländer der
Monarchie galt das Gesetz in den österreichischen Landesteilen der
Tschechoslowakei, in Galizien, im ehemals ungarischen Burgenland,
im Königreich Lombardo-Venetien, im Königreich Ungarn und seinen Nebenländern. Außerhalb von Österreich ist es seit 1812 im
Fürstentum Liechtenstein geltendes Recht. Dieses seit 1719 reichsun-
mittelbare Territorium war nicht Bestandteil der österreichisch-unga-
rischen Monarchie, hatte aber österreichisches Recht rezipiert. Erst
nach dem Ersten Weltkrieg (1918) wandte sich Liechtenstein weitgehend schweizerischen und deutschen Vorbildern im Sachenrecht
(1923), im Personen- und Gesellschaftsrecht (1926) zu.

6. Strafgesetzgebung

a) Theresiana v. 1768

Auch für das materielle Strafrecht und Strafverfahrensrecht waren 100
die Initiativen zu einer einheitlichen Gesetzgebung für das Kaiserreich von Maria Theresia ausgegangen. „Unifikationsgesetze" sollten

die landschaftlichen Kriminalrechte ersetzen, die neben der (nach der „salvatorischen Klausel") bis Mitte des 17. Jahrhunderts fortgeltenden Carolina von 1532 in Kraft waren. Revisionsbedürftig erwiesen sich vor allem die Landgerichtsordnungen von Ferdinand III. († 1657) für Österreich unter der Enns (*Ferdinandea* von 1656) und von Joseph I. († 1711) für Böhmen, Mähren und Schlesien (*Josephina* von 1707).

1766 lag der Entwurf für das Strafprozessrecht und 1767 der für das materielle Strafrecht vor. 1768 wurde die „Constitutio Criminalis Theresiana oder Peinliche Gerichtsordnung" (kurz *Theresiana*) sanktioniert; sie war bereits bei ihrem Inkrafttreten (1770) veraltet. Die besondere Rückständigkeit zeigte das Gesetz in den Straftatbeständen. Ideologische Grundlage war die herrschende theokratische Strafrechtsauffassung (z. B. bei der Zauberei). Die Strafmittel waren grausam (z. B. Feuertod bei Hexerei kombiniert mit Gotteslästerung). Die Vielzahl qualifizierter, sog. „geschärfter" Todesstrafen diente ausschließlich der Abschreckung. Im streng inquisitorischen Prozess war für die gesamte Dauer der Ermittlungen und Beweisführung jede Strafverteidigung ausgeschlossen. Die advokatenfeindliche Haltung des Absolutismus des 17./18. Jahrhunderts war die Folge der dem Richter verliehenen inquisitorischen Machtfülle und des kanonisierten Prinzips der Erforschung der materiellen Wahrheit. Er hatte als Ankläger und Verteidiger das Tatgeschehen, die Schuld wie die Unschuld des Beschuldigten von Amts wegen zu ermitteln.

Offizielle Anleitungen zur Anwendung der Folter in unterschiedlichen, bebilderten Variationen mit detaillierten technischen Konstruktionszeichnungen von Folterinstrumenten unterschiedlichster Art in amtlichen „Beylagen" vervollständigten auf makabre Weise das antiquierte Profil eines streng absolutistischen Kriminalgesetzes. 1776 befahl Maria Theresia – auch inspiriert durch den Wiener Professor für Polizei- und Kameralwissenschaft *Joseph von Sonnenfels* (1732–1817), Schüler von Martini – die Abschaffung der Folter, die Verminderung der Anwendungsfälle der Todesstrafe sowie 1777 ihren Ersatz durch Strafarbeitsstrafen. Eine wirkliche Humanisierung des Strafgesetzbuchs war dies allerdings nicht.

b) Josephina v. 1787

101   Die notwendig gewordenen umfassenden Revisionen der Theresiana wurden bereits 1781 von Kaiser Joseph II. angeordnet. Das Ge-

setzbuch wurde nach eingehenden Beratungen 1787 in den habsburgischen Erblanden durch das „Allgemeine Gesetzbuch über Verbrechen und derselben Bestrafung" (kurz *Josephina*) ersetzt. Es war kriminalpolitisch vom „Josephinismus" geprägt, einem nach dem Kaiser benannten Politikstil der absolutistisch dirigistischen, polizeilichen Volksbeglückung, und kodifizierte ausschließlich das materielle Strafrecht. Der Gesetzgeber unterschied zwei Deliktsgruppen: „Criminalverbrechen" und „Politische Verbrechen". Das Strafprozessrecht griff diese Dichotomie in zwei begleitenden Kodifikationen auf: Die „Instruktion für die politischen Behörden" von 1787 für den Prozess bei (durch behördliche Organe verfolgten) Polizeiübertretungen sowie die „Allgemeine Kriminalgerichtsordnung" von 1788 für das Verfahren bei (durch Strafgerichte geahndeten) Kriminalverbrechen. Neue Forschungen halten die Kriminalgerichtsordnung mit ihrem inquisitorischen Verfahren, das ebenfalls jede Verteidigung untersagte, für die erste moderne Kodifikation des Strafverfahrensrechts, die unverdientermaßen von der Geschichtsschreibung vernachlässigt wurde (E. Dezza).

Joseph Sonnenfels hatte auch die josephinische Gesetzgebung beeinflusst. Er war ein öffentlich bekennender Gegner von Folter und Todesstrafe. Neben Franz Zeiller gehörte er zu den führenden Vertretern einer neuen Gesetzgebungslehre, die an der Wende zum 19. Jahrhundert den Niedergang des aufgeklärten Absolutismus begleitete.

Vom vernunftrechtlichen Gedankengut der Aufklärung war die Josephina – entgegen einer älteren Meinung – ideologisch und kriminalpolitisch allerdings nur eingeschränkt beeinflusst. Forderungen der Aufklärer hatte das Gesetz mit der in der deutschsprachigen Gesetzgebung wohl erstmaligen Kodifizierung des Verbots der strafbegründenden Analogie zwar entsprochen, nicht jedoch beispielsweise mit der Beibehaltung des Verbots der Strafverteidigung nach dem Vorbild der Theresiana. Auch mit der Abschaffung der Folter und der Todesstrafe (bereits 1776/77) war der josephinische Gesetzgeber zunächst aufgeklärten Rechtsreformen gefolgt, nicht jedoch in der Legalisierung eines rigorosen Sanktionsapparats anstelle der Lebensstrafe. Die Todesstrafe war durch eine raffiniert ausgeklügelte „Leidensmathematik" härtester Arbeitsstrafen in Verbindung mit „kalten Nützlichkeitsspekulationen" ersetzt (E. Dezza). Bei Kriminalverbrechen war der einzige rechtspolitische Zweck nicht die Resozialisierung, sondern eine „nützliche", exemplarische Verfolgung von Straf-

102

taten durch schwerste Strafen. Nur auf diesem Wege sollten die Sanktionen in vollem Umfang abschreckende Wirkungen entfalten.

Dies wurde in einer Fülle der nach Tatschwere abgestuften Freiheits- und Kriminalstrafen konkretisiert. Zum barbarischen Arsenal gehörten das grausame Anschmieden im Kerker in Ketten und mit Halseisen, die Züchtigung mit Ruten und Stöcken, Brandmarkungen oder die öffentliche, demütigende Ausstellung auf einer Schandbühne (Pranger). Verschärfungen jeder dieser Einzelstrafen „nach der Beschaffenheit des Verbrechers" trugen dem Grundsatz der „architektonischen Konstruktion" der Verhältnismäßigkeit der Sanktionen unter der Maske der Humanität Rechnung.

Der Überdimensionierung der Strafmittel entsprachen zum Teil exzentrische, dem an sich laizistischen Charakter der Gesetzgebung widersprechende Straftatbestände. Der Gotteslästerer galt als „Wahnwitziger", der bis zu seiner endgültigen Besserung in das „Tollhaus" gesperrt wurde (II § 61). Der Suizid war ein mit Schandstrafen geahndetes Kriminalverbrechen. Der „sogleich oder ohne Reue" Verstorbenen musste wie ein Tierkadaver durch den Abdecker (Schinder) „eingescharrt" werden. Hatte er „zwischen der That und dem erfolgten Tod Reue gezeiget", war „dem Körper nur die ordentliche Grabstätte zu versagen und er ohne alle Begleitung und Gepränge einzugraben" (I § 123). Die janusköpfige Aufklärung zeigte in der Josephina mit besonderer Deutlichkeit ihr edel humanes und gleichzeitig abstoßend finsteres Antlitz.

c) Franziskana v. 1803

103   Kaiser *Franz II.* (1792–1806) hatte eine Revision und inhaltliche Erweiterung der Josephina befohlen. Das erneut unter maßgeblichem Einfluss von Franz Zeiller und Joseph Sonnenfels sowie des Justizjuristen *Mathias W. von Haan* († 1816) erarbeitete „Strafgesetzbuch über Verbrechen und schwere Polizeiübertretungen" (kurz *Franziskana*) wurde 1803 ursprünglich für die habsburgischen Erblande sanktioniert. Es regelte das materielle Strafrecht und Strafprozessrecht. Fortschrittlich waren die Gesetzestechnik und die sprachliche Klarheit der Regelungen. Ideologisch und sachlich setzte das Strafgesetz jedoch das rigide josephinische Strafrechtsdenken fort. Dies zeigte sich exemplarisch in den Strafzwecken und in der Beibehaltung der vollständigen Entfernung eines Verteidigers aus dem Strafverfahren. Er wäre bei der Erforschung der Wahrheit kraft seines Auftrags

störend gewesen und war deshalb im Prozess der Wahrheitsfindung entbehrlich. Dieser staatszentrierte Absolutismus beherrschte auch das primitive Ziel der richterlichen terroristischen Abschreckung und den exemplarischen Charakter der harten Sanktionen mit der (1795 aus politischen Gründen wieder eingeführten) Todesstrafe. Die josephinische repressive Härte durch Strafe ergänzte die Franziskana um weitere, in den Grausamkeiten zusätzlich differenzierende, entehrende Freiheits- und Körperstrafen, wie etwa Kerkerstrafe in drei strafschärfenden Graden, öffentliche Zwangs-, auch Galeerenarbeit oder Zurschaustellung auf der Schandbühne (I §§ 19 ff.). Bei der Verfolgung der italienischen Freiheitskämpfer des „Risorgimento Nazionale" im habsburgischen Königreich Lombardo-Venetien (Aufstände der carbonerianischen und mazzinischen Geheimbünde, 1821/24 und 1833/35) kam das gesetzlich vorgesehene „standrechtliche Verfahren" als besonders abschreckendes Instrument politischer Unterdrückung zur Anwendung (I §§ 500 ff.). Es ermöglichte in Fällen des fortdauernden Aufruhrs oder bei außerordentlichem Anstieg der Kapitalverbrechen Mord, Raub und Brandstiftung die sofortige Vollstreckung eines unanfechtbaren Todesurteils „mit dem Strange" auf der Grundlage eines äußerst summarischen Verfahrens (I § 508).

Eine die absolutistisch-repressiven Inhalte im Wesentlichen fortschreibende, wiederholt novellierte Fassung der Franziskana trat als „Strafgesetz über Verbrechen, Vergehen und Übertretungen" 1852 in Kraft. Unter Weglassung des Verfahrensrechts, das 1853 in der Allgemeinen Strafprozessordnung geregelt wurde, galt dieses Gesetz bis 1974. Ob die Einordnung der Franziskana von 1803 als „Naturrechtskodifikation" (Th. Olechowski) den wahren Charakter dieser mit ihren Inhalten rückwärtsgewandten absolutistischen Gesetzgebung trifft und ihrer traditionsbefrachteten, veralteten Architektur gerecht wird, muss bezweifelt werden.

VI. Kodifikationsfeind Geschichte

Mit dem ABGB endete in Europa die erste Welle zivilrechtlicher 104 Kodifikationen. Die Idee zur Kodifizierung des nationalen Rechts hatte ihren Ursprung in der Lehre vom Naturrecht. Inhaltlich haben die Zivil- und Strafgesetze in unterschiedlicher Intensität Grundsätze der Aufklärung und des Vernunftrechts verwirklicht. In diesem Prozess traten das Ius commune und das Ius criminale der gelehrten Zivil- und Kriminalrechtswissenschaft immer stärker in den Hintergrund und konnten sich bestenfalls in grundlegenden Maximen als subsidiäre Rechtsquellen behaupten.

In der Folgezeit erstarrte auch das rationalistische Naturrechtdenken und zerbrach letztlich am Historismus. Der überzeitliche, von der nationalen Geschichte abgelöste vernunftrechtliche Geltungsgrund hatte seine Legitimationskraft verloren. Eine Renaissance des Vertrauens in die gestaltende und rechtfertigende Kraft der Historie veränderte das bisherige Selbstverständnis von den die ökonomische Entwicklung leitenden Funktionen und von gesellschafts-, sicherheitspolitischen Aufgaben des Rechts grundlegend. Die Vorstellung von einer historisch begründeten Rechtsordnung als Garant des Wohlstands, der Sicherheit und des Friedens in Staat und Gesellschaft wurde herrschend. Im Verständnis dieser historisierten Rechtswissenschaft verhinderte die Kodifikation jede dogmatisch und sozialpolitisch notwendige Fortbildung des Rechts. Das Gesetz als aus dem Naturrecht abgeleitetes, künstliches Produkt nüchterner Spekulationen der Vernunft war (vorerst) diskreditiert, der Gesetzgeber disqualifiziert. Die Rückkehr der Zivilrechts- und Strafrechtswissenschaft zur Zweckrationalität und Positivität begann erst wieder in der zweiten Hälfte des 19. Jahrhunderts; sie sollte einen Gesetzeskult hervorrufen.

Schrifttum: *W. Peiztsch*, Kriminalpolitik in Bayern unter Geltung des Codex Juris Criminalis v. 1751 (1968); *G. Radbruch*, P. J. A. Feuerbach. Ein Juristenleben, 3. Aufl. (1969); *R. Koselleck*, Preußen zwischen Reform und Revolution, 2. Aufl. (1975); *J.-L. Halpérin*, L'impossible code civil (1992); *ders.* Histoire du droit privé français depuis 1804 (1996); *A. Schwennicke*, Zwischen Tradition und Fortschritt. Zum 200. Geburtstag des Preußischen Allgemeinen Landrechts v. 1794, JuS 1994, 456 ff.; *G. Dilcher*, Die janusköpfige Kodifikation. Das preußische Allgemeine Landrecht und die europäische Rechtsgeschichte, ZEuP 1994, 446 ff.; *B. Dölemeyer*, Nachwort, in: Napoleons Gesetzbuch. Code Napoléon, Faksim.-ND (2001); *E. Wadle*, Französisches Recht in Deutschland (2002); *R. Schulze*, Rheinisches Recht, ZNR 2002, 65 ff.; *Chr. Brandt*, Die Entstehung des Code pénal von 1810 und sein Einfluss auf die Strafgesetzgebung der deutschen Partikularstaaten des 19. Jahrhunderts (2002); *A. Bürge*, Zweihundert Jahre Code civil des Français: Gedanken zu einem Mythos, ZEuP 2004, 5 ff.; *M. Schmoeckel/W. Schubert* (Hg.), 200 Jahre Code civil. Die napoleonische Kodifikation in Deutschland und Europa (2005); *J. Poudret*, Coutumes et coutumiers (2006); *O. Marquard*, Mythos Kodifikation, JZ 2008, 905 ff.; *A. Koch*, Das Jahrhundert der Strafrechtskodifikationen: Von Feuerbach zum Reichstrafgesetzbuch, Zeitschrift für die gesamte Strafrechtswissenschaft 2010, 741 ff.; *E. Dezza/L. Garlati*, Beiträge zur

Geschichte der habsburgischen Strafgesetzgebung in Italien (2010); *Chr. Hattenhauer/K.-P. Schroeder* (Hg.), 200 Jahre Badisches Landrecht (2011); *G. Acerbi*, „Terreur" und „Grande Terreur". Zum Strafrecht der Französischen Revolution (2011); *A. v. Bitter*, Das Strafrecht des Preußischen Allgemeinen Landrechts v. 1794 vor dem ideengeschichtlichen Hintergrund seiner Zeit (2013); *H. Schlosser*, Codex Maximilianeus Bavaricus, in: FS. J. Weitzel (2014), 481 ff.; *D. Hupe*, Von der Hierarchie zur Egalität in den Zivilrechtskodifikationen des 19. Jahrhunderts vor dem BGB (2015); *St. Meder*, Gottfried Wilhelm Leibniz, in: ZEuP 2016, 687 ff.

11. Kapitel. Rechtswissenschaft und Historismus

I. Juristische Epochenschwelle

1. Recht und Politik

1   Zu Beginn des 19. Jahrhunderts stand die Rechtswissenschaft in Zentraleuropa an einer Epochenschwelle. Der späte Usus modernus hatte das römisch-kanonische Recht mit den partikularen Rechten verflochten, ohne das anspruchsvolle System des Ius commune zu übernehmen. Das geltende Recht sollte durch Vereinfachung forensisch praktikabel werden. Gleichzeitig hatte eine neue rechtswissenschaftliche Strömung versucht, aus dem abstrakten Natur- und rationalen Vernunftrecht eine künstliche Rechtsordnung „more geometrico" zu konstruieren. Ein durch historische Erfahrungen unbelastetes Gesetzbuch sollte der Rechtspflege wieder „mechanische Sicherheit" (Savigny) verleihen.

2   Zwischen beiden Richtungen lavierte die Politik. Der Sieg der aus Österreich, Preußen und Russland bestehenden Koalition über Napoleon bei Leipzig (1813) hatte das Ende der französischen Hegemonie in Europa besiegelt. Gleichzeitig war mit dem Zerfall des Rheinbundes auch die Kodifikationsbewegung im Zeichen des Vernunftrechts zu einem vorläufigen Stillstand gekommen. Mit der Gründung des Deutschen Bundes (1815) hatte die Restaurationszeit mit einer rigorosen Sicherheitspolitik begonnen. Negativsymbole der repressiven Maßnahmen des Staates gegenüber dem nach Freiheit und staatlicher Neuordnung strebenden aufgeklärten, liberal-patriotischen Bürgertum waren die „Karlsbader Beschlüsse" (August 1819) und die „Demagogenverfolgungen" der Vormärzzeit des Hauptinitiators Clemens von Metternich, österreichischer Außenminister und späterer Staatskanzler. Die naturrechtlichen Prinzipien der Gleichheit und Freiheit als Grundlagen einer neuen Staatsverfassung, Gesellschafts- und Rechtsordnung hatten ihre Strahlkraft verloren. Ein anderes politisches Leitbild drängte in den Vordergrund: Die Idee von der Einheit und Freiheit der Nation mit einem identitätsstiftenden nationalen Recht.

2. Gelehrtenkontroverse

In Deutschland hatte sich die Vision von der gestaltenden Kraft der **3**
„Vernunft" in ein national-romantisches „Gefühl" verwandelt, das
eine vereinheitlichende Transformation des Rechtswesens für notwendig hielt. Umstritten blieben jedoch die Wege zu diesem Ziel.
Unter den Rheinbundstaaten hatten das Königreich Westphalen und
die Großherzogtümer Berg, Frankfurt und Baden – sei es freiwillig
oder auf Drängen von Napoleon – die Gesetzgebung der cinq codes
ganz oder in Teilen zum natürlichen Vorbild genommen. Die Gegner
der französischen Rechtsrezeption denunzierten dagegen das gesell-
schaftspolitische Programm des Code civil als eine verderbliche, inzwischen überstandene „politische Krankheit" (Savigny). Damit waren die beiden gegensätzlichen Positionen abgesteckt. Sie erfuhren in
dem sog. Kodifikationsstreit zwischen zwei professoralen Exponenten der deutschen Zivilrechtswissenschaft ihre theoretische wie politische Zuspitzung.

Anton Friedrich Justus Thibaut (1772–1840), Professor für römi- **4**
sches Recht in Heidelberg, hatte 1814 publizistisch die Forderung
nach einem allgemeinen, für ganz Deutschland erlassenen National-
gesetzbuch, „gearbeitet mit deutscher Kraft im deutschen Geist",
erhoben. Die Gründe für die Einführung eines im Sinne der Ver-
nunftrechtswissenschaft „weisen, tief durchdachten, einfachen und
geistvollen" Gesetzbuchs waren in seiner viel beachteten Schrift
„Über die Nothwendigkeit eines allgemeinen bürgerlichen Rechts
für Deutschland" enthalten. Unter „bürgerlichem Recht" verstand er
ausdrücklich das gesamte Privat-, Kriminal- und Prozessrecht (Nothwendigkeit 12, 26, 63).

Der bürgerlich gesinnte, gemäßigt liberale und patriotische Thibaut **5**
argumentierte primär nationalpolitisch. Sein Glaube an die Erneue-
rungsfähigkeit der Nation durch eine allgemeine, vernunftrechtliche
Gesetzgebung wurzelte im Rationalismus der Aufklärung. Die politische Herstellung einer neugeordneten staatlichen Einheit Deutschlands war für ihn unverzichtbare Vorbedingung für eine notwendigerweise folgende Rechtseinheit. Seine Forderungen trafen in der
Öffentlichkeit auf breite Zustimmung. Das neue politische Bewusstsein der Bürgergesellschaft als Nation hatte aus dem Erlebnis der
Kriege mit den französischen Revolutionsheeren (Freiheitskriege)
starke Impulse erhalten.

Thibauts juristische Argumentation war vom Misstrauen gegenüber der Leistungsfähigkeit des römisch-kanonischen Rechts für die großen Fragen der Rechtsgegenwart geprägt. Wegen des Einflusses der „geistlichen Macht auf weltliche Angelegenheiten" hielt er das kirchliche Recht für „despotisch" (Nothwendigkeit 15). Die römische „Compilation" war für ihn als Ganze „zu dunkel, flüchtig gearbeitet, ein Wust jämmerlich zerstückelter Fragmente" (Nothwendigkeit 16, 17). Eine gesamtdeutsche Kodifikation sollte das „Ehrenwerk der ganzen Nationalkraft" darstellen. Sie konnte zudem bei ihrer Entstehung bereits auf die „höchst lehrreichen Vorarbeiten" der preußischen, österreichischen, französischen und selbst bayerischen Gesetzgebung zurückgreifen (Nothwendigkeit 59, 64).

6   Gegner seines Postulats nach sofortiger Rechtsvereinheitlichung durch eine nationale Kodifikation war *Friedrich Carl von Savigny* (1779–1861), Professor für römisches Recht in Berlin. Thibauts Schrift hatte den führenden Rechtslehrer seiner Zeit zum Widerspruch provoziert. Die Reaktion erfolgte noch im selben Jahr 1814.

In der Gegenschrift „Vom Beruf unsrer Zeit für Gesetzgebung und Rechtswissenschaft" lehnte Savigny kategorisch das flache, materiale Natur- bzw. Vernunftrechtsdenken ab. Die Zurückweisung traf jede Kodifikation als typische Konkretisierung des unhistorischen Vernunftrechts, deren Aufgabe es war, einer nach geometrischen Strukturen geformten Gesellschaft als Grundordnung zu dienen. Savigny hatte keine grundsätzlichen Vorbehalte gegenüber einem Einheitsgesetzbuch, das als Instrument eines nationalen „sicheren Rechts" geschaffen wurde. Insoweit war der um die Sinnhaftigkeit einer Kodifikation inhaltlich kontrovers geführte Disput primär kein Streit zwischen zwei Antipoden, als der er häufig eingeordnet wird.

7   Allerdings unterschied sich Savigny von Thibaut argumentativ durch eine dezidiert historische und philosophische Grundlegung seiner Position. Nachdem Immanuel Kant die vernunftrechtliche Vorstellung von der Existenz eines grundsätzlich unwandelbaren überpositiven Rechts ohne historische Basis überzeugend widerlegt hatte, suchte Savigny die Erneuerung der Jurisprudenz als Wissenschaft wieder in ihrer Geschichte. Geschichtlichkeit, die das Wesen der Gegenwart bestimmte, verstand er als einzigen Weg, der „zur wahren Erkenntnis unseres eigenen Zustandes" führte und das entscheidende, das gesamte Rechtsleben leitende Element bildete.

8   Für eine Kodifikation, mit der eine Rechtseinheit herzustellen gewesen wäre, war angesichts dieser Vorstellung kein Raum. Nach Sa-

vigny fehlte der zeitgenössischen Rechtswissenschaft zur Gesetzgebung noch die Reife. Ihre aktuelle und alleinige Aufgabe war, „organisch" fortschreitend auf eine künftige Kodifikation des Rechts vorzubereiten. Dabei musste sie die „Historie" als Kriterium für ein neues, in einem „System" geordnetes Recht nutzen. Das Vorbild für diesen komplexen „historisch-systematischen" Prozess erkannte er im römischen Recht. „Innere", aus dem „Volksgeist" entspringende Kräfte erklärte er zu Medien für die empirische Erkenntnis des richtigen Rechts aus seiner Entwicklungsgeschichte.

II. Historische Rechtsschule

1. Nationale Geschichte

Die Skepsis gegenüber den Fortschrittsideen der Aufklärer sowie 9 gegenüber der Konstruierbarkeit einer Gesellschaftstheorie und Rechtsordnung „modo architectonico" war zu Ausgang des 18. Jahrhunderts Anlass der Entstehung neuer geistiger Gegenbewegungen. Ihre ideologische Basis bildete eine Mischung von irrationalen Tendenzen und elementaren materiellen Faktoren des menschlichen Daseins. Das neu erwachte Interesse galt der inhaltlichen Sinngebung für Begriffe, wie Seele, Gefühl, Empfindung, Entwicklung, organisches Wachstum, Volkstum, Volksüberzeugung. Sie wurden in den Eigenheiten der nationalen Geschichte gesucht. In der deutschsprachigen Literatur wurde diese Bewegung als „Romantik" bekannt. Sie war eigentlich eine Epoche der europäischen Literaturgeschichte, in der die Dichtkunst des Mittelalters und der Renaissance verklärend und phantastisch „romantisiert" wiederentdeckt wurde (Dante, Petrarca, Tasso, Ariosto, Cervantes, Shakespeare).

Dieser intellektuelle Hintergrund war der Nährboden des „Histo- 10 rismus". Die seit dem 19. Jahrhundert allgemein verbreitete Denkrichtung sah die kulturellen Schöpfungen des menschlichen Geistes in ihrer geschichtlichen Bedingtheit und individuellen Einmaligkeit. Alles Geschehene wurde hermeneutisch als organisch gewachsenes, „gewordenes" Produkt einer komplexen historischen, permanenter Veränderlichkeit unterliegenden Evolution verstanden. Eine Erklärung dieser Phänomene ermöglichte die „historisch-hermeneutische Methode". Der Historismus stand mit seinem Verständnis zu allen Philosophien in Widerspruch, die auf das zeitlos Richtige, Wahre,

Generelle und damit auch auf die absoluten Vernunftwahrheiten des Naturrechts abstellten. Geschichtlichkeit wurde mit der Rationalität der Kodifikationsidee konfrontiert und begegnete ihr mit der irrationalen „Volksüberzeugung", geschöpft aus dem historisch Gewordenen als Quelle. Aus dieser bewussten Ablehnung der generalisierenden Tendenzen des Naturrechtsdenkens der Aufklärung war der Historismus hervorgegangen.

2. Wegbereiter

11   Einer der bedeutendsten Wegbereiter des geschichtlichen Denkens war der italienische Geschichtsphilosoph *Giambattista Vico* († 1744) in Neapel. Er proklamierte den Primat der Geschichtswissenschaften vor dem Rationalismus des Vernunftrechts und bestritt dem „mos geometricus" jede Leistungsfähigkeit. Vico hatte eine Gesellschaftstheorie entwickelt, nach der die Geschichte Medium der wissenschaftlichen Erkenntnis war. Im Mittelpunkt stand die Nation und ihre „organische" Entwicklung, die historisch interpretiert werden musste. Der Einfluss dieser Lehre auf das europäische Denken war sehr groß.

12   Vertreter einer frühen, im Vergleich zu Vico weniger empirisch begründeten geschichtlichen Rechtsbetrachtung war in Deutschland *Johann Schilter* († 1705), zuletzt Professor in Straßburg. Mit seinen Arbeiten zum Feudal- und Privatrecht nach den Methoden des Usus modernus hat er maßgeblich zum historischen Verständnis des einheimischen Rechts beigetragen. In ähnlicher Weise wirkte der Justizpraktiker und Staatsmann in Diensten des Fürstbistums Osnabrück *Justus Möser* († 1794). Er war Kritiker der Aufklärung und Gegner der reinen Vernunft als Quelle der Rechtserkenntnis und Gesetzgebungseuphorie. Mit seiner ständisch-konservativen, betont historischen Rechtslehre hat er Savignys Vorbehalte gegenüber der Kodifikation vorweggenommen.

13   Zu Ausgang des 18. Jahrhunderts erhielt die neue Art des geschichtlichen Denkens stilprägende Anregungen durch den Geschichts- und Sprachphilosophen *Johann Gottfried Herder* (1744–1803). In dem vierbändigen Werk „Ideen zur Philosophie der Geschichte der Menschheit" (1784/91) hatte er den Fortschrittsglauben der Aufklärer abgelehnt und gezeigt, dass sich der Mensch als Individuum mit seinem Leben in einem geschichtlich organischen Entwicklungsprozess der Humanität näherte.

Herders Kulturphilosophie verstand den gemeinsamen Kulturbe- **14**
sitz, bestehend aus Dichtkunst, nationaler Sprache, Sitte, Gewohnheit
und anderen Kulturerscheinungen (darunter auch das Recht), nicht
als ein Produkt abstrakter Vernunft, sondern als von allen Völkern
„geschichtlich gewordene und ständig sich wandelnde Wesenheiten".
Dem lag die Vorstellung zugrunde, mangels einer staatlichen Einheit
könnte das Historische das Wesen der Gegenwart „organisch" for-
mend konstituieren. Geschichte als Sinnganzes wurde auf diese Weise
zur Richtschnur, an der sich die Neugestaltung der Gesellschaft und
ihrer Rechtsordnung zu orientieren hatte.

3. Schulgründer

Damit war vor allem dem privatrechtlichen Zweig der Rechtswis- **15**
senschaft die maßgebliche Methode der Betrachtung der Wirkungsweisen des Rechts vorgegeben. Sie wurde von zwei Juristen aufgegriffen und als Herausforderung für die Wissenschaft verstanden: *Karl
Friedrich Eichhorn* (1781–1854), Professor für Verfassungsgeschichte
und Deutsches Privatrecht, sowie *Friedrich Carl von Savigny* (1779–
1861), Professor für Römisches Recht und Zivilrecht. Sie lehrten an
der Universität Berlin. Einer von ihnen sollte das künftige Profil der
Zivilrechtswissenschaft entscheidend gestalten. Beide sahen die Zukunft der Jurisprudenz in einer Erneuerung im Geist und mit den
Methoden der Geschichte. Bewusst wendeten sie sich gegen das rationale Vernunftrechtsdenken der Aufklärung und gründeten die
„Historische Rechtsschule". Sie wurde das geistige Zentrum eines
neuen, die Zivilrechtslehre revolutionierenden, historisch-organi-
schen Rechtsdenkens.

Savigny besaß hohes Ansehen nicht nur in der deutschen Jurispru- **16**
denz. Er hatte schon früh durch seine wissenschaftlichen Leistungen
die Aufmerksamkeit der Fachwelt auf sich gelenkt. Nach einer akademischen Lehrtätigkeit in Marburg (1800/04), die er zu Studienzwecken unterbrach, und einer nur zweijährigen Professur in Landshut
(1808/10) war er an die neu gegründete Reformuniversität Berlin berufen worden. In seiner Entgegnung auf Thibauts nationale Kodifika-
tionsforderung hatte er bereits die leitenden Gedanken der Historischen Schule entwickelt. Die Schrift „Beruf" (1814) wurde zum
„Grundkodex" der Bewegung.

1815 gab Savigny zusammen mit seinem Schüler Johann Friedrich **17**
L. Göschen († 1837) und Eichhorn die programmatische „Zeitschrift

für geschichtliche Rechtswissenschaft" heraus. Er machte diese Vorläuferin der heutigen „Savigny-Zeitschrift für Rechtsgeschichte"
zum Organ und „Punkt der Vereinigung". In dem Einleitungsaufsatz
präzisierte er das wissenschaftliche und rechtspolitische Konzept der
Schule.

Eichhorn hatte sich später verstärkt der Entwicklung der deutschen (eigentlich nichtrömischen) Staats- und Privatrechtsgeschichte
zugewendet. Er gilt als einer der Begründer der juristischen „Germanistik" des 19. Jahrhunderts. Wortführer der am klassischen römischen Recht orientierten sog. „Romanistik", Haupt und eigentliche
Leitfigur der Historischen Rechtsschule wurde jedoch Savigny.

III. Rechtslehre

18   Die Schulgründung fiel nicht zufällig zeitlich mit der Hochblüte
von Romantik und Klassik zusammen. Beide gelten als die „größten
Tendenzen der zeitgenössischen Kultur" (F. Wieacker) und waren
durch Johann Wolfgang Goethe († 1832) scharfzüngig mit der Maxime charakterisiert worden: „Klassisch ist das Gesunde, romantisch
das Kranke" (Maximen und Reflexionen 863).

Die gestaltenden Kräfte der Geschichte, die auch im Wesen der Gegenwart fortwirkten, brachten Savigny in die geistige Nähe der zeitgenössischen Vorstellungen der Romantik. Persönliche Beziehungen
bestanden zum Philosophen Friedrich Wilhelm Schelling († 1854)
und – auch durch seine Heirat mit Kunigunde (Gunda) Brentano –
zum Kreis der (jüngeren) Romantik (Achim v. Arnim, Clemens Brentano). Zum Klassizismus wurde er durch seine vom Humanismus im
Sinne von Wilhelm v. Humboldt († 1835) geprägte Grundhaltung geführt. Ob dies die Einordnung der Historischen Rechtsschule als
„Ableger" der Romantik rechtfertigt, ist in der Literatur umstritten.

1. Volksgeist

19   Savignys Rechtslehre basiert auf dem römischen Recht als einer
klassischen Emanation der organisch wirkenden Geschichte in der
Rechtskultur. Mit ihr nahm er Bezug auf Johann Gottfried Herders
romantische Vorstellungen vom gemeinsamen Kulturbesitz einer Nation, durch den das „Volk" erst seine Individualität erhielt und aus

dem auch das Recht als Teil der nationalen Gesamtkultur „still" wuchs. Vor dieser organischen Einheit von Recht und dem national-geschichtlich legitimierten Volkscharakter ließen sich die unorgani-schen, durch verstandesmäßige Abstraktionen gewonnenen Systeme der Vernunftrechtsphilosophen und die Befehle eines Gesetzgebers nicht mehr als Recht begreifen. Sie erschienen als Akte einer legislati-ven Willkür.

Im Gegensatz dazu war das Recht naturnotwendiger Bestandteil 20 der Volkskultur und des Volksganzen. Mit der nationalen Geschichte wuchs es unsichtbar, natürlich und organisch aus dem „gemeinsamen Bewusstsein des Volkes" (Beruf 11), aus der Volksüberzeugung, aus dem romantisierten „Volksgeist". Wirkliches Recht hatte den „in al-len Einzelnen gemeinschaftlich lebenden", unsichtbar und wahrhaft wirkenden Volksgeist realisiert (System des heutigen Römischen Rechts I 14). Dieser allein und nicht der künstliche Wille des Gesetz-gebers verlieh dem Recht Geltung durch geschichtliche Rechtferti-gung.

Die Vorstellung von der Entstehung des Rechts als Produkt „inne- 21 rer, stillwirkender Kräfte" (Beruf 14) und aus dem historisch gewor-denen Wesen, Geist und Charakter des Volkes entsprach dem Zeit-geist der bleiernen Epoche der politischen Restauration, die den Staat, die Intellektuellen und die Gesellschaft beherrschte. Insoweit war das von der Historischen Schule repräsentierte Rechtsdenken sei-nem Ursprung und seinen Zielen nach politisch konservativ, reaktio-när, rückwärtsgewandt, gesetzgebungsfeindlich.

Für Savigny hatte die Gewohnheit als Erscheinungsform kollekti- 22 ver Wiederholungen bestimmter rechtlich relevanter Handlungen und Verhaltensweisen absoluten Vorrang vor dem staatlichen Geset-zesbefehl. Die „lex scripta" war unverfälschter Ausdruck des wahren und richtigen Rechts, erwachsen aus den kulturellen Wurzeln der Ge-sellschaft und legitimiert durch lange, bewährte Übung. Das römi-sche Recht als ihre reinste Verkörperung hatte sich mit der nationalen Rechtskultur „still" und aufs engste „organisch" verbunden, war in das deutsche Kollektivbewusstsein eingedrungen und galt im praxis-freundlichen Usus modernus in modifizierter Gestalt fort.

Im Gegensatz dazu war die Gesetzgebung seiner Ansicht nach al- 23 lenfalls vorübergehend „als ergänzende Nachhülfe für das positive Recht" und „als Unterstützung seines allmäligen Fortschreitens" be-deutsam (System I 40). Das Gesetz schrieb lediglich eine bestimmte Entwicklungsstufe in der natürlichen Weiterbildung des Rechts fest.

Positives, gesetztes Recht war eigentlich das in einem Gesetzbuch von einem Gesetzgeber zusammengeführte, historisch geformte Gewohnheitsrecht. Die Kodifikation galt allein kraft des die Gewohnheiten bestimmenden rechtsschöpferischen Kollektivwillens der Beteiligten und Adressaten.

24   Savigny war mit diesen Grundvorstellungen konsequent gegen eine Kodifikation. Diesen legislativen „Quietismus" hat er auch als preußischer Gesetzgebungsminister und Leiter der Kommission zur Revision des Strafrechts des ALR nicht aufgegeben (1842/48). Als Nachfolger des Justizministers Karl Albert v. Kamptz († 1849), einer berüchtigten „Symbolfigur" der Reaktion zur Zeit der Restauration und des Vormärz in Deutschland, beschränkte er seine legislativen Tätigkeiten auf das preußische Strafrecht, das ihm bereits in revidierten Entwürfen vorlag. Eine zeitgemäße Kodifizierung des gesamten ALR-Rechts lehnte er jedoch ab, weil sie die natürliche Fortentwicklung des Rechts, sein „organisches Wachstum" behindern würde.

2. Methode

25   Savigny hielt die „strenge historische Methode der Rechtswissenschaft" für geeignet, die Brauchbarkeit des „heutigen", mit der deutschen Rechtskultur verschmolzenen römischen Rechts für die Praxis wiederherzustellen. Denn nur sie ermöglichte es, „jeden gegebenen Stoff bis zu seiner Wurzel zu verfolgen und so ein organisches Princip zu entdecken, wodurch sich von selbst das, was noch Leben hat, von demjenigen absondern muss, was schon abgestorben ist und nur noch der Geschichte angehört" (Beruf 117 f.). Aufgabe der Rechtswissenschaft war es, das geltende Recht auf diesen Prozess der Erneuerung vorzubereiten und ein „System" zu entwickeln, das den historischen Erscheinungsformen des Rechts als rationaler Plan und Gerüst zugrunde gelegt werden konnte. Einer derart tiefen Umgestaltung der Rechtsordnung waren seiner Meinung nach weder die Juristen des Usus modernus noch die Naturrechtsphilosophen zufriedenstellend nachgekommen.

26   Damit hatte Savigny den Arbeitsrahmen und die Ziele der Historischen Schule festgelegt: Reformierung des aktuellen (gemeinen) Rechts durch das Medium des geschichtlichen (klassischen) römischen Rechts mit Hilfe der Rechtswissenschaft. Dem überlieferten germanischen bzw. mittelalterlichen deutschen Recht versagte er al-

lerdings die Qualität eines „gegebenen (historischen) Stoffes" für seine Arbeiten. Ausdrücklich hatte er alle „Institute germanischen Ursprungs" als Quellen ausgeschlossen (System I 1 f.). Die idealen Mustervorlagen zur Erneuerung des geltenden Rechts fand er im klassischen römischen Recht. Allerdings mussten diese Quellen von Entstellungen befreit werden (Interpolationen), für die Glossatoren, Kommentatoren und der bereits naturrechtlich infizierte späte Usus modernus verantwortlich waren.

Die Argumentationsmuster des gereinigten römischen Rechts, die **27** von den klassischen römischen Juristen in den justinianischen Digesten verwendet wurden, identifizierte er als Wesenselemente einer vollkommenen Rechtstechnik. Seine Absicht war, sie „in gewissem Sinn" fortzusetzen, ohne dabei „die dogmatische Aufgabe der Jurisprudenz durch rechtsgeschichtliche Erkenntnis" zu ersetzen (F. Wieacker). Das römische Recht sollte dabei zu keiner Zeit eine „übermäßige, ungebührliche Herrschaft" über die zeitgenössische Wissenschaft erhalten (System I, Vorrede XV f.).

Einer der wichtigsten Wegbereiter dieser historisch-systematischen **28** Methode und der späteren Schulgründung von Savigny war der Göttinger Professor *Gustav Hugo* (1764–1844). Er hatte entscheidenden Anteil an der Grundlegung einer geschichtlichen Zivilrechtswissenschaft. Hugo kritisierte ein unhistorisches Naturrecht ebenso wie eine rein antiquarische Rechtsbetrachtung. Den Usus modernus, der römische Rechtssätze wahllos, wissenschaftlich unreflektiert und ungeachtet ihrer geschichtlichen Wurzeln dem modernen Gerichtsgebrauch unterordnete und vermittelte, lehnte er ab. Mit dieser Arbeitsweise, die positives Recht dogmatisch, philosophisch und historisch interpretierte, leistete Hugo wichtige Vorarbeiten für die historisch-systematische Methode.

3. System und Geschichte

Savignys frühe Forschungen galten ausschließlich dem römischen **29** Recht. Dazu gehörte bereits die dogmatisch-historische Jugendschrift über „Das Recht des Besitzes" (1803). Mit dieser wissenschaftliches Aufsehen erregenden Arbeit wollte er die Effizienz der historischen Rechtsforschung auf der Grundlage des römischen Rechts als Quelle und seiner fortbestehenden Aktualität als geltendes gemeines Recht demonstrieren. Die Monographie hat seine Autorität als Zivilrechtsdogmatiker begründet.

30   Das rechtshistorische Hauptwerk Savignys war die „Geschichte des Römischen Rechts im Mittelalter" (1815/31). Ursprünglich als reine „Literargeschichte" geplant, beschrieb er darin das Fortleben des römischen Rechts nach dem Ende Westroms bis zu seiner Bearbeitung in der Rechtsschule in Bologna. Auch machte er auf die Quellenwidrigkeit des spätmittelalterlichen glossierten und kommentierten Rechts und damit auf die Denaturierung des klassischen römischen Rechts in der wissenschaftlichen Tradition durch das spätmittelalterliche Ius commune aufmerksam.

31   Hauptwerk seiner Zivilrechtslehre war das „System des heutigen Römischen Rechts" (1840/49). Es erschien rund 25 Jahre nach seinem Manifest „Beruf" und enthielt im Wesentlichen eine aktualisierte Differenzierung seiner ursprünglichen Ziele. Behandelt wurden allgemeine Lehren des Privatrechts, Fragen der Methode und Rechtsquellen. Viele der erörterten Rechtsinstitute werden von der modernen Zivilrechtsdogmatik als Modelle verwendet. Dazu gehört die Rechtsfigur des gegenseitigen Vertrags, die Irrtumslehre oder die Selbständigkeit des Erfüllungsgeschäfts (*traditio* als von ihrer *causa* losgelöster „dinglicher" Vertrag). Der letzte (achte) Band enthielt eine Grundlegung des internationalen Privatrechts als Kollisionsrecht, das nicht als Völkerrecht, sondern als staatliches Recht stets angewendet werden musste, wenn ein rechtlich relevanter Vorgang Anknüpfungspunkte in verschiedenen Rechtsordnungen hatte.

Savigny verband im „System" das Historisch-Positive mit dem Systematischen. Das Ergebnis war eine allgemeine Rechtstheorie, wie sie bereits Daniel Nettelbladt († 1791), Professor in Halle und Schüler von Christian Wolff, durch Übernahme der Methode und Systematik seines Lehrers auf das Recht versucht und Gustav Hugo in Göttingen ergebnislos gefordert hatten. Sie wurde theoretische Grundlage einer bürgerlichen Rechtsordnung, deren Hauptbestandteil das Vermögensrecht war und in dem sich nur das Familienrecht schwer begründen ließ. Im historisch gewachsenen, nicht künstlich konstruierten „System" sah Savigny die wissenschaftlich adäquaten Objektivationen des geschichtlich Gegebenen. Damit hatte er die geschichtliche Jurisprudenz zu einer positiven Rechtswissenschaft im Sinne der zeitgenössischen Philosophie des deutschen Idealismus erhoben. In dieser Eigenschaft arbeitete die Zivilrechtswissenschaft bis zu ihrer Ablösung durch die Kodifikationsjuristen des bürgerlichen Rechts gegen Ende des 19. Jahrhunderts.

IV. Richtungswechsel

1. Pandektenwissenschaft

Die Forderung nach einer kodifizierten Rechtsordnung gehörte im 32 19. Jahrhundert zum Programm des bürgerlichen Liberalismus. Sie betraf alle Rechtsdisziplinen, wurde tatsächlich jedoch im Zivilrecht wirksam. Methode, Regelungstechnik und Systematik eines privatrechtlichen Gesetzbuchs sollten einer folgenden Kodifizierung aller Rechtsgebiete als Vorbild dienen. Das Gesetz als Rechtsquelle war in den Vordergrund getreten. Damit wurde die bisher unangefochtene Autorität der kodifikationsfeindlichen Historischen Schule in der Zivilrechtswissenschaft in Frage gestellt. Das historische Rechtsdenken in seinen reinen Formen begann zu verblassen. Savigny hatte die gesetzgebungsferne Rechtsentstehung romantisch verklärt, auf die Geschichte reduziert und die Rechtswissenschaft von legislativen, rechtsfortbildenden, sozialen Aufgaben befreit. Dadurch hatte er die rechtspolitische und praktische Leistungsfähigkeit seiner reinen Rechtslehre entscheidend beschränkt. Ihre Bedeutungslosigkeit für die Rechtspraxis wurde offenkundig, nachdem neue sozialpolitische Fragen als Begleitfolgen der fortschreitenden Industrialisierung einer frühkapitalistischen Wirtschaftsgesellschaft aufgetreten und rechtspolitisch zu entscheiden waren.

Die Nachfolger von Savigny im Denken der Historischen Schule 33 versuchten diese Defizite zu kompensieren. Dabei rückten sie von der historischen Rechtsentstehung als Dogma ab und öffneten sich gegenüber dem Kodifikationsgedanken. Die methodische wie dogmatische Basis des bei dieser Metamorphose entstandenen neuen positivistischen Wissenschaftsstils blieben weiterhin die Geschichte und das römische Recht. Beide sollten garantieren, dass auch ein wissenschaftlich interpretiertes Pandektenrecht eine zeitlose, positive Legitimationsgrundlage darstellen und als geschlossenes, widerspruchsfreies Privatrechtssystem allgemeine Geltung beanspruchen konnte.

Damit hatte die neue, auf das Zivilrecht konzentrierte „gemeine" 34 Rechtswissenschaft einen bedeutsamen Richtungswechsel vollzogen. Savignys Historische Schule fand ihre wissenschaftliche Fortsetzung in der sog. „Pandektenwissenschaft" oder „Pandektistik" seiner Nachfolger. Dabei wurde der reine Historismus Vergangenheit. Das

Ziel des gewandelten Denkens der pandektistischen Rechtsschule war die Zusammenführung des mit dem Volksgeist verbundenen römischen Rechts in einem autonomen, rationalen, positiven Wissenschaftssystem. Die Juristen waren dazu als „Träger der wissenschaftlichen Wahrheiten" (G. Puchta) berufen. Sie sollten für die Harmonisierung, Systematisierung und Anpassung des Rechts an die veränderten Verhältnisse auch publizistisch sorgen. In den neuen dogmatischen Lehrschriften fehlten zwar Bezugnahmen auf die Geschichte als Rechtsentstehungsgrund. Die Grundrichtung blieb jedoch weiterhin unverändert historisch orientiert. Die Wissenschaft sollte durch Analysen und Beschreibungen der Zusammenhänge eine positive Rechtsdogmatik entwickeln, die nach einer Harmonisierung mit dem geschichtlichen Pandektenrecht in Lehr- und Handbüchern die Kodifikation vertrat (Pandektenharmonistik).

2. Begriffsjurisprudenz

35   Die Pandektisten hatten ihre Hauptaufgabe in der Entstehung und Fortbildung des „Rechts als Wissenschaft" gefunden. Im Gegensatz zum geschichtslosen Naturrecht und seiner Mythologie, die sie ablehnten, war ihr Plan, den Neubau der Rechtsordnung konsequent auf der Quellengrundlage des justinianischen Rechts zu errichten. Eine autonome Wissenschaft sollte das Konstrukt analysieren, definieren, kontrollieren und zeitgemäß anpassen. Zu diesem Zweck musste die pandektistische Rechtslehre ihre enge Anbindung an die Geschichte lockern, die ihre zentralen Funktionen verloren hatte. Erst danach konnte der Entwurf einer rational deduzierten, in den Rechtssätzen und Rechtsfolgen exakt definierten Rechtsordnung Realität werden.

36   Die Steuerung übernahm ein besonderer Formalismus. Mit Hilfe allgemeiner juristischer Begriffe, Figuren, Prinzipien, Methoden und Techniken, die durch formallogische Ableitungen (Deduktionen) und Abstraktionen aus dem justinianischen Recht gewonnen wurden, entstand ein in seinen Strukturen und inneren Zusammenhängen geschlossenes Rechtssystem. Das neue Pandektenrecht war eine wissenschaftlich akribisch geordnete Ansammlung von Begriffskategorien, deren Zwecke ausschließlich auf logisch-deduktivem Weg ermittelt wurden. Auf legitimierende historische Begründungen und Rückversicherungen wurde weitgehend verzichtet. War das Gesetz unvollständig oder enthielt die Rechtsnorm eindeutig nicht interpretierbare Rechtsfolgeanordnungen, sollte der Rechtsanwender die Gesetzes- und Rechtslücken deduktiv durch Abstraktionen aus Begriffen und gewohnheitlichen Grundregeln schließen. Der Richter war bei der Rechtsfindung streng an positiv vorgegebene Begriffe gebunden. Rückgriffe auf überpositive, ethische Prinzipien oder soziale und wirtschaftliche Interessen waren ihm verwehrt.

Zentrale Aufgabe dieser Zivilrechtswissenschaft war es, das Pan- 37 dektenrecht nach dem Vorbild der natur- bzw. vernunftrechtswissen- schaftlichen „Begriffspyramide" von Christian Wolff konstruktiv letztlich zu einem begrifflichen „System ohne Geschichte" (P. Grossi) weiterzuentwickeln. Beabsichtigt war die Identifikation des Rechts mit einer streng formalen Ordnung. Im Vordergrund stand die Me- thode der begrifflichen Konstruktion als Instrument der reprodukti- ven Schöpfung neuer Rechtsprinzipien und Rechtssätze. Aus „Be- griffsgenealogien" wurden durch Analogieschlüsse weitergehende Abstrahierungen gewonnen, die als allgemeine Rechtslehren in einem eigenen „Allgemeinen Teil" das künftige Kernstück der Dogmatik moderner Kodifikationen bildeten.

Die Methode des Verfolgens und Aufsteigens vom Einzelnen zum Prinzip, vom Prinzip bis zu den äußersten genealogischen Verzwei- gungen und vom Allgemeinen zum Besonderen hatten bereits die Verfasser der älteren Schriften über Pandektenvorlesungen verwen- det. Sie wurde erstmals 1767 von Daniel Nettelbladt für ein positives zivilrechtliches Gesamtsystem benutzt, das nach der „demonstrativen Methode" von Christian Wolff gearbeitet war. 1789 hatten das Glie- derungsmuster Gustav Hugo und 1807 der Zivilrechtslehrer Georg Arnold Heise († 1851) den Vorlesungen zugrunde gelegt. Die mo- derne Fortentwicklung des ursprünglich gaianischen Institutionen- systems haben unter der Bezeichnung „Pandektensystem" (später „Fünf-Bücher-System") die Zivilrechtskodifikationen des 19. Jahr- hunderts übernommen (z. B. Deutschland, Schweiz, Italien, Grie- chenland).

Der Vollender der Pandektenwissenschaft, die ihre historischen 38 Wurzeln modifizierend relativiert hatte, war *Georg Friedrich Puchta* (1798–1846), Nachfolger von Savigny in Berlin. Der bedeutende Theoretiker der Pandektistik gilt als das zweite Haupt der Histori- schen Schule. Kristallisationspunkt seiner Rechtslehre war eine Rechtsquellen-Trias: das Gewohnheitsrecht als Produkt des Volks- geistes, das „auf verfassungsmäßigem Wege" zustande gekommenen

Gesetz sowie das Recht der Wissenschaft. Damit ging er weit über die reine Doktrin von Savigny hinaus, ohne damit die Geschichte, das Wesenselement der Historischen Schule, vollständig preiszugeben.

39   Puchta bewertete den gewohnheitlichen Gerichtsgebrauch nicht (mehr) als Entstehungsgrund („ein Faktum kann nicht Recht schaffen"), sondern als reine Erkenntnisquelle des bestehenden Rechts. Was konkret als Gewohnheit zu gelten hatte, hatte der Richter von Amts wegen festzustellen. Nicht trug die Partei, die sich darauf berief, dafür die Beweislast. Das Prinzip ist bis heute geltendes Recht. Basis der Rechtsquelle „Rechtswissenschaft" waren dogmatische Rechtskonstruktionen und Genealogien von Begriffen, die bis zu ihren „reinsten Prinzipien" in den feinsten Verästelungen verfolgt wurden.

40   Puchtas Methode hat bewirkt, dass Recht mit einer formalen Ordnung gleichgesetzt und diese in der zweiten Hälfte des 19. Jahrhunderts zum Markenzeichen der zivilrechtlichen Pandektenwissenschaft wurde. Nach einer verbreiteten, gegenwärtig nicht unbestrittenen Meinung ließ ihn auch diese Leistung zum Begründer der „begriffsjuristischen Methode" der klassischen „Begriffsjurisprudenz" des 19. Jahrhunderts werden. Als „Scholastik in der heutigen romanistischen Wissenschaft" geschmäht (R. v. Jhering), hatte sie das Recht auf seine logisch-systematische Richtigkeit reduziert und dabei alle außerrechtlichen, politischen oder sozioökonomischen Wertungen ausgeschlossen.

41   Die Verächtlichmachung Puchtas als Begriffsjurist ist das Ergebnis einer überzeichneten Bewertung seines methodischen Arbeitsstils. Nach neuen Forschungen haben diese Autoren zu Unrecht das für die Rechtswissenschaft unentbehrliche Arbeiten mit ausdifferenzierten Begriffen als negatives Wesensmerkmal der Methode Puchtas identifiziert. Auch waren undifferenzierte Analysen der in seinem System verwendeten „Logik" die Ursachen von Fehlbewertungen des Gesamtprofils seiner Rechtslehre (H.-P. Haferkamp), deren Charakter treffender mit „Prinzipienjurisprudenz" zu kennzeichnen wäre (P. Landau).

V. Positivierung der Begriffsjurisprudenz

1. Zwecke im Zivilrecht

Rudolph von Jhering (1818–1892), Schüler von Puchta, hatte des- **42** sen Rechtslehren scharf kritisiert. Er war ursprünglich selbst ein Exponent der formallogischen Pandektenwissenschaft, distanzierte sich jedoch später vom „juristischen Begriffshimmel" und hatte für die Begriffsjuristen nur Spott übrig. In dem Werk „Geist des römischen Rechts auf den verschiedenen Stufen seiner Entwicklung" (1852/65) hatte er das Lehrgebäude einer „Begriffs- und Konstruktionsjurisprudenz" entwickelt. Ihr Kennzeichen war ein Verfahren der Rechtsfindung und Rechtsanwendung, in dem juristische Entscheidungen durch Rechenoperationen gewonnen wurden. Die aus Begriffen „more mathematico" schöpfende Rechtserzeugung bestand aus einem dichten Netz nachvollziehbarer juristischer Konstruktionen. Eine sog. „naturhistorische Methode" sollte dabei die Modernisierung des römischen Rechts ermöglichen. Der Nachteil dieser sich als „produktiv" verstehenden Jurisprudenz war, dass sie auf elementare Anforderungen der Praxis keine Antworten hatte.

In Kenntnis dieser Defizite löste Jhering seine Lehre aus ihrer Er- **43** starrung in „Fiktions-" und „Konstruktionsapparaten". Zur Alternative erklärte er die zweckorientierte Rechtsbetrachtung. Diese grundlegende Veränderung im eigenen wissenschaftlichen Denken stand unter dem Einfluss des englischen Utilitaristen und Rechtstheoretikers Jeremy Bentham († 1832). Nach dessen Rechtslehre war eine Handlung oder ein Gesetz richtig und gerecht, wenn es dem Staat und dem Gemeinwohl nutzte. Die neue „Zweckjurisprudenz" war keine Entdeckung von Jhering, sondern im Grundsätzlichen eine Neuauflage alter Forderungen in der Tradition der Aufklärungsphilosophie (z. B. die Zweckmäßigkeit der Strafe bei Cesare Beccaria [c. 28]).

In Jherings zweckorientiertem Denken diente das Recht nicht einer **44** abstrakten Rechtsidee, sondern konkreten Interessen der am Rechtsverkehr Beteiligten. Konsequent setzte er deshalb an die Stelle der juristischen Systematik und rechenhaften Technik soziologische Motive, wie z. B. soziale Werte und rechtlich geschützte Interessen. Eine Rechtsbildung allein durch begriffsjuristische Konstruktionen erschien ihm – nunmehr in der Rolle eines Antipoden zu seinem Freund, dem Spätpandektisten Bernhard Windscheid – als „absolut niedrigste Stufe aller wissenschaftlicher Thätigkeit".

45   Jherings viel diskutierte „Bekehrung" oder „kopernikanische Wende" im Denken erfolgte in seiner vielbeachteten Schrift mit dem provokanten Titel: „Der Kampf ums Recht" (1872). Die aus einer Rede hervorgegangene Studie war eine Anspielung an das Hauptwerk von Charles Darwin „On the Origin of Species" (1859). Ausgehend von der dort zur Entstehung der Arten vertretenen These vom „Kampf ums Dasein" (*struggle for life*) entwarf Jhering in Grundlinien eine eigene naturalistische Wertlehre. Darin bestimmten Macht und Kampf als Kausalfaktoren die Entstehung und Verwirklichung des Rechts. Kampf als Wesenselement jeder Entstehung und Durchsetzung von Recht stand stets im Widerstreit mit realen Rechtspositionen. Erst die nach naturhafter Mechanik durchgeführte Bewertung konträrer gesellschaftsbezogener „Interessen" ermöglichte die Bestimmung der eigentlichen „Zwecke" als der wahren Schöpfer des Rechts.

46   Die Frage, welchen Zwecken das objektive Recht konkret zu dienen hatte, beantwortete Jhering in seinem zweibändigen Werk „Der Zweck im Recht" (1877/83), das er als sein „eigentliches Lebenswerk" verstand. Die Lösungen leitete er nicht aus dem Begriff der Rechtsnorm, sondern aus den Motiven der Regelung ab. Zu ihnen rechnete er die gesetzgeberischen Zwecke und Funktion, die der Rechtssatz im kohärenten Rechtsganzen als Mittel der Interessendurchsetzung und Befriedung besaß. Die Interpretation der Normen musste deshalb stets „teleologisch" (griech. *telos* – Zweck, Ziel) erfolgen. Damit hatte er den formalen begrifflichen Dogmatismus durch ein zweckrationales Verständnis der Rechtsnorm ersetzt.

47   Durch die Hinwendung zur soziologischen, pragmatischen Rechtswissenschaft wurde Jhering zum Wegbereiter der Freirechtsbewegung und ihrer späteren gemäßigten Fortsetzung in der Interessenjurisprudenz. Die moderne deutsche Zivilrechtsdogmatik verdankt ihm u. a. die Entdeckung oder „Erfindung" neuer Rechtsinstitute, wie z. B. die vorvertragliche Haftung wegen Verschulden beim Vertragsschluss (*culpa in contrahendo*), die Unterscheidung der Botenschaft von der Stellvertretung, die Abstraktheit der Vollmacht, die Abgrenzung der objektiven Rechtswidrigkeit von der Schuld oder die Bestimmung der Juristischen Person als Sondervermögen ihrer Mitglieder.

2. Zwecke im Strafrecht

In der Strafrechtswissenschaft wurde das Zweckdenken von Jhe- **48** rings Schüler in Göttingen *Franz von Liszt* (1851–1919) aufgegriffen. In dem sog. „Marburger Programm" hatte der zuletzt in Berlin lehrende Kriminalpolitiker mit seiner Marburger Antrittsvorlesung „Der Zweckgedanke im Strafrecht" (1882/83) die herrschende, streng gesetzespositivistische Vergeltungslehre kritisiert. Er warf ihrem Hauptvertreter Karl Binding rechtspolitisches Versagen bei der Verbrechensbekämpfung vor. In dem folgenden „Schulenstreit" institutionalisierte Liszt anstelle der vergeltenden und abschreckenden „Rechtsstrafe" die spezialpräventive, erziehende, schützende und sichernde „Zweckstrafe". Seine nach zeitgenössischem Verständnis „moderne" soziologische Strafrechtsschule beschäftigte sich mit Perspektiven für ein effektives Strafrecht zum Schutz vor Kriminalität.

Die neue, in der Tradition des Zweckgedankens stehende liberale **49** Strafrechtslehre forderte eine sozial nützliche Strafe als Vorbedingung einer konkreten Resozialisierung sowie Verbesserungen der sozialen Zustände und „Lebensbedingungen". Das Hauptziel war der Schutz der Gemeinschaft vor delinquenten Menschen. Das konnte nur mit einer Strafe erreicht werden, bei deren Verhängung und Zumessung sich der Richter an der von Liszt entwickelten Tätertypologie orientierte. Danach war Zweck der Sanktion, den Augenblicks- oder Gelegenheitstäter vor weiteren Straftaten abzuschrecken, den besserungsfähigen Zustandsverbrecher durch Erziehung zu bessern und den unverbesserlichen Gewohnheitsverbrecher durch Isolation vorübergehend oder dauernd unschädlich zu machen.

Trotz der sozialen Funktionen waren die negativen rechtspolitischen Konsequenzen des Zweckstrafrechts nicht zu übersehen. Auch Liszt, ein Gegner des autoritären Staates, hatte die Gefahren erkannt, die von der Gleichsetzung der Zweckstrafe mit der, wie er formulierte, richtigen, gerechten und notwendigen Strafe ausgehen konnten. Letztlich war eigentlich nur ein autoritärer Staat in der Lage, die Prävention perfekt zu durchzusetzen. Der Hinweis von Liszt auf das Strafgesetz als „Magna Charta des Verbrechers" war der Versuch, einer rein spezialpräventiven Kriminalpolitik ihre „unübersteigbaren Schranken" deutlich zu machen. Später hatte eine radikale, totalitäre Staatsführung die auf ein schrankenloses Präventionsrecht gestützte Verbrechensprophylaxe zum politischen

Machtinstrument erklärt. Mit der „Schutzstrafe" und mit dem Begriff des „Gewohnheitsverbrechertums" wurden die Garantien der Menschenrechte außer Kraft gesetzt.

3. Späte Pandektistik

50   Das von der Pandektenwissenschaft entwickelte formallogisch-begriffliche Denken war in der zweiten Hälfte des 19. Jahrhunderts Markenzeichen der herrschenden Zivilrechtslehre. Die Kunstwelt der Rechtsbegriffe hatte jedoch das Recht der Praxis zunehmend entfremdet. Die soziale Realität war „nicht Sache des Juristen als solchem" (B. Windscheid). Das in Theorie und Dogmatik pandektistisch aufbereitete geltende Recht wurde Gegenstand der akademischen Lehre. Seine Fortbildung übernahm die wissenschaftliche Literatur. Symbol dieses Isolationsprozesses war das „Lehrbuch der Pandekten", eine wegen des enzyklopädischen Anspruchs typische juristische Literaturgattung. Probleme der Rechtspraxis wurden nur noch als begleitende Reflexionen positiver Rechtsnormen wahrgenommen, nach abstrakt-künstlichen Kriterien unterschieden, interpretiert und entschieden. Die Pandektistik war keineswegs eine Besonderheit der deutschen Zivilrechtswissenschaft geblieben. Ihre widerspruchsfreie Systematik und Dogmatik besaßen Vorbildqualitäten und haben zu ihrer Verbreitung im Ausland beigetragen (Schweiz, Österreich, Italien, England). In dieser Funktion leistete sie einen bedeutenden Beitrag zur systematischen Rechtsvergleichung.

51   Die auf Puchta folgenden Pandektisten waren Gegner der natur- und vernunftrechtlichen Philosophie. Sie benutzten den begriffsjuristischen Formalismus der Konstruktionsjurisprudenz verstärkt als rechtsgestaltendes Element. Durch dogmatisch scharfsinnige Systementwürfe und voluminöse Handbücher haben sie im 19. Jahrhundert das deutsche Privatrecht in der Phase einer wachsenden Vergötterung des Gesetzes geprägt. Führende Repräsentanten der späten Pandektenwissenschaft waren die Professoren *Bernhard Windscheid* (1817–1892) in Leipzig und *Heinrich Dernburg* (1829–1907) in Berlin. Mit ihnen fand die geistige Herrschaft des Pandektenrechts ihren glanzvollen Abschluss und die Zivilrechtswissenschaft Anschluss an die gesetzespositivistische Epoche.

52   Für Windscheid war das Pandektenrecht im Verhältnis zu den Partikularrechten nach Form und Inhalt die vollkommenere, wenn auch

subsidiär geltende Rechtsordnung. Er hielt das positive Gesetz jedoch für eine politische Notwendigkeit im 1871 gegründeten Reich und bejahte die Kodifikation. Dies belegt seine Tätigkeit als Mitglied der Ersten Kommission für die Ausarbeitung des Entwurfs zum Bürgerlichen Gesetzbuch (BGB) von 1880 bis 1883.

In der Rechtslehre von Dernburg hatte das Pandektenrecht bereits seine Bedeutung verloren. Es war zu einer Rechtsordnung geworden, in der unterschiedliche historische Quellen zu einem künstlichen System verbunden waren. Zu rechtsgestaltenden Impulsen war pandektistisches Denken nicht mehr fähig. An den Vorarbeiten zum BGB war Dernburg offiziell nicht beteiligt. Anfangs stand er dem gesamten Vorhaben ablehnend gegenüber, änderte aber später seine Meinung. Die redaktionellen Arbeiten begleitete er in den letzten Jahren vor dem Inkrafttreten des Gesetzbuchs (seit 1896) engagiert mit konstruktiver Kritik, die sich „an den Bedürfnissen des Lebens" orientierte und positivistische Verbesserungen an den Gesetzentwürfen forderte. Der Gesetzespositivismus war dabei, die vormals herrschende Pandektenwissenschaft endgültig zu verdrängen und abzulösen.

VI. Juristische Germanistik

1. Begrenztes Pandektenrecht

Profil und Inhalte der pandektistischen Rechtsordnung entsprachen vollkommen den liberalen politischen Ideen des 19. Jahrhunderts. Die altständische Sozial- und Wirtschaftsverfassung war beseitigt. Eine rasant fortschreitende Industrialisierung bediente primär kapitalistische Interessen. Ein über Eigentum, Besitz und Bildung verfügendes Bürgertum verkörperte und repräsentierte die Nation. Die Pandektenwissenschaft hatte den Forderungen dieser neuen Bürgergesellschaft nach größtmöglicher Vertrags- und Verkehrsfreiheit sowie nach Garantien für ein unumschränktes Eigentumsrecht in einem liberalen Gemeinwesen entsprochen. Das elitäre Sozialmodell war jedoch unzeitgemäß. Es war für die Klasse der Industrie- und Lohnarbeiter weder zuständig noch zur Lösung der sozialen Frage geeignet. Das Pandektenrecht hatte vor allem auf den rechtlichen Schlüsselgebieten der Industrie- und Wirtschaftsgesellschaft versagt.

53

Es war unfähig, auf die aktuellen Probleme des Arbeits-, Handels- und Gesellschaftsrechts angemessen zu antworten. Die Pandektistik zeigte kein Interesse an der wissenschaftlichen Bearbeitung eines neuen Wirtschaftsrechts. Sie hatte sich in den berühmten „Elfenbeinturm" zurückgezogen.

2. Flügel der Historischen Rechtsschule

54   Die Zuständigkeit für die Lösung dieser rechts- wie sozialpolitisch brisanten Rechtsfragen beanspruchte eine neue Richtung der Zivilrechtswissenschaft. Sie nannte sich „Germanistik" und war als der zweite Flügel der von Savigny und Eichhorn gegründeten Historischen Rechtsschule entstanden. Der erste, „Romanistik" genannte Zweig wurde unter der Leitung von Savigny führend. Die Germanisten widmeten sich nach den Vorgaben von Eichhorn der Erforschung und Pflege der germanisch-deutschen Kulturelemente des Rechts. Sie sahen im römischen Recht das nicht nationale, parasitäre und deshalb als „fremd" ausgesonderte Recht, das die als „rein deutsch" identifizierten partikularen Rechte verfälscht oder verdrängt hatte.

55   Bei der Schulgründung hatten sich Germanisten und Romanisten noch als Vertreter gleichberechtigter Wissenschaftszweige verstanden. Beide teilten das Grundverständnis als historische Wissenschaft. Inhaltliche Differenzen bestanden jedoch bei der Bestimmung der Geschichtlichkeit. Für die politisch aktiven, nationalstaatsbewussten Germanisten waren Staat und Nation im 19. Jahrhundert von einer typisch germanischen, mittelalterlich-deutschen Rechtstradition geprägt. Deshalb galt ihr Hauptinteresse der Sichtung und Erschließung der ältesten deutschen Rechtsquellen, in denen sie Zeugnisse unverfälscht deutschen Rechtsdenkens sahen. Sie sammelten diese „Denkmäler" vermeintlich originär nationaler, vom römisch-kanonischen Recht unbeeinflusster Rechtskultur und verwendeten sie als Bausteine bei der Rekonstruktion des sog. „Gemeinen deutschen Privatrechts" auf wissenschaftlicher Grundlage. Es sollte den Gegenentwurf zum Ius commune bilden.

3. Germanistische Rechtsforschung

56   Mit historischen Analysen deutscher Rechtsgewohnheiten und Partikularrechte hatten sich bereits Hermann Conring, Johann Schil-

ter und Christian Thomasius beschäftigt. Die neuere Rechtsgeschichte lässt die Germanistik als Wissenschaft mit *Georg Beyer*
(1665–1714) beginnen. Der Professor in Wittenberg und Schüler von
Thomasius hielt wie sein Lehrer eigene Vorlesungen über deutsches
Recht. Nachschriften erschienen unter dem Titel „Specimen (Deli-
neatio) iuris Germanici" (1718). Im Gegensatz zur wissenschaftlich
mäßigen Reputation des Vortragenden haben diese sog. „Kollegien-
hefte" zu einer ersten Anerkennung eines deutschen Rechts als eigene
Disziplin neben dem Ius commune beigetragen.

Seitdem wuchs das Interesse für das neue germanistisch-deutsch- 57
rechtliche Fachgebiet. Zu den Förderern gehörte *Johann Gottlieb
Heineccius* (Heinecke, 1681–1741), Professor in Halle, Schüler von
Stryk und Thomasius. Mit den „Elementa iuris Germanici" (1735/
36) hatte er das erste selbständige, nach dem gaianischen Institutionensystem geordnete Lehrbuch eines deutschen Privatrechts publiziert. Sein internationales Ansehen sorgte für eine große Verbreitung
seiner Werke auch im Ausland (Italien).

In Göttingen betrat der germanistisch interessierte Professor *Justus
Friedrich Runde* (1741–1807) methodologisch Neuland, als er versuchte, das Recht aus der „gesunden Vernunft" und durch Rückgriffe
auf die „Natur der Sache" (in Anlehnung an Montesquieus *nature de
la chose*) abzuleiten. „Allgemeine Rechtsgrundsätze" des deutschen
Privatrechts sollten die Alternativen zu den gelehrten Argumenten
des Ius commune bilden.

Die Bestimmung der wissenschaftlichen Prinzipien eines deutschen 58
Privatrechts war auch Gegenstand der Forschungen von Karl Friedrich Eichhorn, des germanistischen Mitbegründers der Historischen
Rechtsschule. Im Gegensatz zu Savigny wurde er jedoch keine Füh-
rungspersönlichkeit der Germanistik. In dem Hauptwerk „Deutsche
Staats- und Rechtsgeschichte" (1808/23) versuchte er, für das deutsche Recht eine geschichtliche Grundlage zu erarbeiten. Das Ergebnis
war eine systematisch-dogmatisch geordnete Darstellung, in der er
nach Epochen gegliedert „synchronistisch" das gesamte Privat-,
Straf- und Staatsrecht behandelt hatte.

Auch *Carl Joseph Anton Mittermaier* (1787–1867), zuletzt Profes- 59
sor in Heidelberg, war von der Historischen Rechtsschule beeinflusst. Er verstand sich selbst als Sympathisant der germanistischen
Strömung. Der eigentliche Schwerpunkt seiner Forschungen war jedoch das Straf-, Strafprozessrecht und die Rechtsvergleichung. Auch
als gemäßigt liberaler Abgeordneter der Frankfurter Nationalver-

sammlung nahm er maßgeblichen Einfluss auf die Rechtspolitik. Sein anfängliches Interesse für das Zivilrecht dokumentierte das „Lehrbuch des deutschen Privatrechts" (1821). Darin hatte er einen von der herrschenden Germanistik abweichenden, pragmatischen Weg gewählt. Da geeignete Editionen der deutschen Rechtsquellen noch weitgehend fehlten, konzentrierte er seine Interessen auf die aktuellen Anforderungen der Praxis. Er trat für ein neues Privatrecht ein, das aus einer Verschmelzung des Ius Commune mit Prinzipien der Partikularrechte herzustellen war.

60   Die international viel beachteten Forschungen des Strafrechtlers Mittermaier galten hauptsächlich dem Strafprozessrecht und der neu entstehenden Kriminologie. Die zeitgemäße Umgestaltung des inquisitorischen Verfahrens geht im Wesentlichen auf seine bahnbrechenden, rechtsvergleichenden (England, Frankreich) Arbeiten zurück (*Das deutsche Strafverfahren*, 1827). Bei dem rechtspolitischen Streit um die Einführung des Geschworenengerichts in die deutsche Gerichtsverfassung (*Die Mündlichkeit, das Anklageprintip, die Öffentlichkeit und das Geschwornengericht*, 1845) stand er als politisch gemäßigt liberales Mitglied des Frankfurter Parlaments aktiv auf der Seite der Anhänger des Schwurgerichts, für dessen Einführung er 1847 in der Germanistenversammlung in Lübeck erfolgreich eingetreten war. Gegen die Todesstrafe argumentierte er empirisch mit einer Fülle von Beobachtungen, die gegen den Abschreckungsmythos dieser Sanktion und damit für ihre ersatzlose Abschaffung sprachen (1862). Empirische Rechtsbetrachtung führte ihn auch zum Strafvollzug. Er wurde auf diesem Gebiet zu einem frühen Wegbereiter einer Reform des Gefängniswesens.

61   Die Existenz eines „Gemeinen deutschen Privatrechts" in Konkurrenz zum Ius commune war schon bei Zeitgenossen umstritten. Nach neuen Forschungen lagen dieser entdeckten Rechtsdisziplin visionäre Wunschvorstellungen einer Gruppe von Germanisten zugrunde. Erfolgreicher waren dagegen germanistische Veröffentlichungen nationaler Rechtsquellen. Im Fehlen einer durch historische Kontinuität legitimierten Rechtssammlung unterschied sich grundlegend die germanistische von der romanistischen Arbeitsweise. Die Romanisten besaßen in dem zum „Juristenevangelium" stilisierten Corpus iuris eine zentrale Legitimationsquelle.

Das germanistische Defizit wurde durch den preußischen Minister und Reformer *Reichsfreiherr Karl vom Stein* (1757–1831) erfolgreich kompensiert. Er gründete 1819 in Frankfurt die „Gesellschaft für ältere deutsche Geschichtskunde", aus der die „Monumenta Germaniae Historica" (MGH), ein „wissenschaftlicher Großbetrieb" (M. Stolleis), hervorgingen. Diese Forschungseinrichtung ist bis heute aktives Zentrum der Sammlung, wissenschaftlichen Textbearbeitung und Veröffentlichung der bedeutendsten älteren deutschen Geschichtsquellen. Mustergültige kritische Editionen der germanischen Volksrechte (Leges), der hochmittelalterlichen Rechtsquellen und Kaiserurkunden (Diplomata) haben das Engagement der historischen Forschung für die nationale Rechtsgeschichte entscheidend gefördert.

4. Poesie der Rechtsaltertümer

Der Philologe und Bibliothekar *Jacob Grimm* (1785–1863), der ältere der Brüder in Göttingen, erstrebte mit seinen Arbeiten die „Wiedererweckung der Poesie des Mittelalters" (H. Heine). Er war Schüler von Savigny, hatte das Rechtsstudium ohne Examen abgebrochen und wurde zu einem bedeutenden Vertreter des germanistischen Flügels der Historischen Schule. Der Volksgeistlehre seines Lehrers entlehnte er den romantischen Anteil. Sein Interesse galt der Beobachtung der ständig sich wandelnden historischen Elemente und gestaltenden Erscheinungsformen der mittelalterlichen germanisch-deutschen Volkskultur, wie sie sich in der Dichtkunst, den Sagen, Volksliedern, Mythen oder Märchen als Quellen manifestierte. 62

Sein wohl wichtigstes Werk waren die „Deutschen Rechtsalterthümer" (1828). Er wollte eine Materialsammlung zu den germanischen Rechtseinrichtungen von der Frühzeit bis zum Mittelalter vorlegen. Der Wert dieser von Zeitgenossen mit unterschiedlicher Begeisterung aufgenommenen Untersuchung besteht in dem gelungenen Nachweis einer Verbindung germanischer Rechtsquellen mit ihren – romantisch, poetisch verklärten – historischen Vorlagen. Darüber hatte er Grundlegendes in dem Buch „Von der Poesie im Recht" (1816) geschrieben.

Zu einer Symbolgestalt der neuzeitlichen Verfassungsbewegung wurde Jacob Grimm – zusammen mit seinem Bruder Wilhelm – nach seiner Beteiligung an der politischen Demonstration der sog. „Göttinger Sieben". 1837 hatten sieben Professoren gegen den einseitigen Widerruf der liberalen Hannoverschen Verfassung durch den erzkonservativen König Ernst August I. protestiert und waren fristlos ihrer Ämter enthoben worden. Nicht zuletzt wegen dieses öffent- 63

lichen Widerstands wurde Jacob Grimm 1848 Mitglied der Nationalversammlung in der Frankfurter Paulskirche.

5. Spaltung der Rechtsschule

64   Eine Gruppe national bewegter Germanisten leitete um 1840 die
Trennung der Germanistik von der Romanistik ein. Der nationallibe-
rale Abgeordnete der Nationalversammlung *Georg Beseler* (1809–
1888), Professor in Berlin, verkörperte die Gegenposition zu Savigny.
Der radikalliberale Professor *August Ludwig Reyscher* (1802–1880)
in Tübingen war Mitglied des Frankfurter Vorparlaments und „typischer Repräsentant des Vormärz" (J. Rückert). Die beiden „politischen Professoren" wurden Wortführer bei der Auseinandersetzung;
sie machten den Romanisten mangelndes Engagement für nationalpo-
litische Anliegen zum Vorwurf.

65   Anlass des Streits war Puchtas provokante These von der rechtserzeugenden Funktion der Wissenschaft als Rechtsquelle, repräsentiert
durch Professoren als Rechtsexperten, als berufene Vertreter des Volkes, als Interpreten des Volksgeistes und Verwalter der wissenschaftlichen Wahrheiten. Die Germanisten deuteten dies als einen Angriff
durch das gelehrte „Juristenrecht" auf das autochthone „deutsche
Volksrecht". Die Kontroverse verschärfte die unterschiedlichen Bewertungen der Rezeption des römischen Rechts. Savigny und die
spätere Romanistik mit dem Exponenten Puchta sahen sie nicht als
Bruch mit der Tradition des nationalen Rechts, sondern als Konsequenz einer Entwicklung, die mit historischer Notwendigkeit wirksam geworden war. Im Gegensatz dazu erklärte vor allem Puchtas
Antipode Beseler in dem Werk „Volksrecht und Juristenrecht"
(1843) die Rezeption zum „nationalen Unglück" oder zur „Entar-
tung unserer Jurisprudenz". Das römische Recht war für ihn ein un-
volkstümliches „Juristenrecht", dem er das aus „der breiten, natürlichen Basis des Volkslebens" erwachsene nationale „Volksrecht"
gegenüberstellte. Damit vertiefte er die zwischen den rivalisierenden
Flügeln der Historischen Schule bestehende Kluft.

66   Die Gegensätze bewogen die Germanisten, sich als wissenschaftliche Vereinigung korporativ enger zusammenzuschließen. Die vor-
märzlichen „Germanistenversammlungen" von 1846 in Frankfurt
am Main (unter Vorsitz von Jacob Grimm) und 1847 in Lübeck wurden zu Foren, auf denen die Kontroversen öffentlich ausgetragen

wurden. Die Zusammenschlüsse gewannen auch politische Bedeutung für die nationalen Bestrebungen des Paulskirchenparlaments,
dem Beseler, Mittermaier und Grimm als Abgeordnete angehörten.

Im Rückblick ist der Streit zwischen Germanisten und Romanis- **67**
ten, insbesondere die Heftigkeit, mit der er geführt wurde, rational
schwer nachvollziehbar. Verständlich wird die Kontroverse, sieht
man sie vor dem politischen Hintergrund der deutschen Einigungs-
und Verfassungsbewegung. Erst die Reichsgründung hatte 1871 die
äußeren Vorbedingungen für eine Rechtseinheit geschaffen. Geleitet
von diesem nationalpolitischen Ziel fanden Romanisten und Germanisten auf den „Deutschen Juristentagen" – seit 1860 die Nachfolge-
organisationen der Germanistenversammlungen – wieder zusammen.
Konkret wurde die neue Zusammenarbeit, als sich Romanisten an
den Arbeiten bei der Kodifikation zum BGB beteiligten (B. Windscheid).

Die jüngere Germanistik hat vor allem durch eine stärkere Berück- **68**
sichtigung wirtschaftlicher, geographischer Bedingungen und rechtsvergleichender Zusammenhänge ihren Standort neu bestimmt und zugleich ihre Forschungsgebiete erweitert. Hauptvertreter dieser
Richtung waren der Berliner Historiker der germanischen und fränkischen Rechtsgeschichte Heinrich Brunner († 1915) und der Münchner
Rechtshistoriker Karl von Amira († 1930) mit den Hauptarbeitsgebie-
ten nordgermanische Rechtsgeschichte und Rechtsarchäologie. Dem
Kreis gehörte auch der Rechtshistoriker und Zivilrechtslehrer Otto
von Gierke († 1921) in Berlin an, Schüler von Georg Beseler und einer
der letzten bedeutenden Germanisten der Historischen Schule.

6. Pandektisierte Germanistik

Die frühen Germanisten hatten sich vorwiegend mit Deskriptio- **69**
nen, Analysen und Editionen antiquarischer Quellen beschäftigt.
Ihre Nachfolger verfolgten in einer sich konsolidierenden Industriegesellschaft pragmatische Ziele. Bevorzugte Arbeitsgebiete waren das
Handels-, Unternehmens-, Wertpapier-, Seehandels-, Gewerbe-,
Berg- und Privatversicherungsrecht. Das Corpus iuris enthielt keine
historischen Vorbilder für diese Rechtsmaterien. Das rechtspolitisch
neutrale Programm der Pandektistik hatte diese Gebiete vernachlässigt und ihnen in der alten Hierarchie der Rechtsquellen die Qualität
minderer Sonderrechte zugestanden.

70   Im Gegensatz dazu hatten die Germanisten die historischen Wurzeln des Wirtschaftsrechts in der mittelalterlichen Kaufmanns- und Handelspraxis entdeckt. Für sie war das historische Handelsrecht eine originär deutsche Quelle des „modernen Rechts". Dieser Kompetenzzuwachs begründete den späteren Ruf der Germanistik als Repräsentantin der neuen Handelsrechtswissenschaft. Die Identifizierung des Wirtschaftsrechts als Sonderprivatrecht hatte zur Folge, dass sich gleichzeitig und parallel dazu das klassische pandektistische Ordnungssystem zu einer „deutschrechtlichen Pandektistik" wandelte und in dieser Form dem geltenden Recht als Modell diente.

Das „Handelsrecht" (3 Bde., 1841/80) des Göttinger Professors *Heinrich Thöl* (1807–1884) war die erste germanistische Darstellung unter Verwendung pandektistischer Begriffe, Kategorien, Dogmatik und Methode. Diesem Stil folgte auch *Levin Goldschmidt* (1829–1897) in seinem „Handbuch des Handelsrechts" (1864). Der in Berlin lehrende Romanist und erste Inhaber eines Lehrstuhls für Handelsrecht in Deutschland war im 19. Jahrhundert einer der bedeutendsten Vertreter dieser Rechtsdisziplin. Beide gelten als Begründer der modernen Handelsrechtswissenschaft. In ihren Arbeiten widmeten sie sich der Gewinnung handelsrechtlicher Sätze aus neuen Quellen oder aus dem Wesen des Handelsverkehrs. Sie bevorzugten Erklärungen aus der mittelalterlichen Entstehungsgeschichte der Rechtsinstitute und Ableitungen aus den faktischen Verhältnissen (Natur der Sachen).

71   Eine Übertragung des Systemdenkens der Pandektistik auf das deutsche Privatrecht gelang *Carl Friedrich Wilhelm Gerber* (1823–1891), Schüler von Puchta, zuletzt Professor in Leipzig und sächsischer Kultusminister. Das „System des deutschen Privatrechts" (1848/49, letzte 17. Aufl. 1898) gehörte zu den erfolgreichsten deutschrechtlichen Lehrbüchern auf pandektistischer Grundlage. Die Grundthese des Werk war, dass Privatrecht nur als Ausdruck des alles gestaltenden „Personenwillens" zu verstehen sei. Gerber übertrug in der Konstruktion subjektiv öffentlicher Rechte den privatrechtlichen Willen auf das – von der Pandektistik ausgeklammerte – öffentliche Recht und wurde – neben Robert Mohl in Tübingen – auch zu einem Begründer der modernen Staatsrechtswissenschaft. Sein dogmatisches Verdienst besteht in dem Entwurf eines Staatsrechtssystems, das formale Strukturen nach dem privatrechtlichen pandektistischen Vorbild besaß.

72   Häufig verband sich die antiquarische, Rechtsaltertümer sammelnde Richtung der Germanistik mit ihrem pragmatischen, am „moder-

nen" partikularen Recht arbeitenden Nebenzweig. Politisch waren
beide nationalkonservativ oder nationaldemokratisch. Ungeachtet ihrer grundsätzlich kodifikationsfeindlichen Einstellung negierten sie
die Notwendigkeit der Gesetzgebung jedoch nicht völlig.

Maßgebenden Anteil an dieser Öffnung zur Gesetzgebung hatte
der Schweizer *Johann Caspar Bluntschli* (1808–1881), Professor in
Zürich und zuletzt in Heidelberg, in Berlin Schüler von Savigny
und überzeugter Anhänger der Historischen Rechtsschule. Durch
seine nach Eichhorns „synchronistischer" Methode verfasste „Staats-
und Rechtsgeschichte der Stadt und Landschaft Zürich" (1838/39)
hat er die Grundlagen für das später unter seiner Federführung entstandene „Privatrechtliche Gesetzbuch" für den Kanton Zürich
(1855) geschaffen. Die Synthese von römischem Recht und partikularen schweizerischen Rechten verlieh dem Werk den Charakter einer
modernen, Tradition und Fortschritt verbindenden Gesetzgebung.
Sie wurde 1907 Grundlage des einheitlichen schweizerischen Zivilgesetzbuchs. Die Arbeiten von Bluntschli haben der schweizerischen
rechtshistorischen Forschung wichtige Impulse gegeben. Sein Rechtsdenken bewerten neue Forschungen in seinen Schriften differenzierter und kritischer (M. Senn).

7. Germanistische Korporationslehren

Das durch Rudolph v. Jhering propagierte Zweckdenken hatte die 73
Pandektistik in ihrer Konzentrierung auf den Rechtsindividualismus
verunsichert. Dem folgte ebenfalls in der zweiten Hälfte des 19. Jahrhunderts der Versuch, das in Konstruktivismus und formalen Begriffen stagnierende Recht zu öffnen und durch Sozialreformen
zeitgemäß fortzubilden. Kristallisationspunkt war die Industriegesellschaft, deren rasanter Progress katastrophale sozialpolitische Folgen
hatte. Betroffen waren die wirtschaftlich schwächeren Schichten, vor
allem die lohnabhängigen Industriearbeiter. Dieser krisenhaften Lage
begegnete die Rechtswissenschaft mit einer Rechtspolitik, die sich re-
formstrategisch innerhalb der Grenzen bewegte, in die sie die ökonomischen und sozialen Realitäten gewiesen hatten.

Exponent der Juristen, die an dieser Umformung des geltenden 74
Rechts maßgebenden Anteil hatten, war *Otto von Gierke* (1841–
1921). Die Grundlage seines Denkens waren die Rechtslehren der
Historischen Schule. Jedoch unterschied er sich von dem romanisti-

schen Zweig durch die Betonung der nationalen, germanischen Wurzeln, die bei der Ermittlung der aktuellen Aufgaben des Rechts zu beachten waren. Politisch stand er dem nationalliberalen Georg Beseler näher als dem Volksgeistigen von Savigny.

Gierke war einer der ersten deutschen Zivilrechtslehrer, die sich gesellschaftspolitischen Problemen zugewendet hatten, die auf der Grundlage der politisch-sozialen Theorie des Korporativismus europaweit auch die juristischen Diskussionen beherrschten. Gegenstand des korporativistischen Erkenntnisinteresses waren vor allem berufsständische Personenvereinigungen als Fundamente der Gesellschaft (Korporationen, Gewerkschaften). Sie boten der Sozialität des Individuums Schutz gegenüber der Herrschaft des Staates und den Interessen der ihm politisch nahestehenden, übermächtigen ökonomischen Kräfte (Konzerne). Gierke hatte erkannt, dass der „atomisierenden und individualisierenden Grundhaltung" der Pandektistik nur mit korporativistischen Lösungen der sozialen Fragen effektiv begegnet werden konnte. Die Theorie der politisch-juristischen Korporation wurde zu seinem Lebenswerk.

75   Gierke griff den erstmals von Georg Beseler juristisch präzisierten Begriff „Genossenschaft" als auf freier Vereinigung beruhende, deutschrechtlich begründete Körperschaft auf. Von ihr ausgehend entwickelte er eine politisch-soziale Korporationstheorie mit wirtschaftlichen Komponenten, die bis heute für den Verbandspluralismus Aktualität besitzt. In den Schriften „Das deutsche Genossenschaftsrecht" (1868/81) und „Die Genossenschaftstheorie und die deutsche Rechtsprechung" (1887) versuchte er, die „Gemeinschaften" von der Gesamthandsgemeinschaft bis zur Körperschaft und zum Staat im dialektischen Spannungsfeld von Privatrecht und öffentlichem Recht politisch und juristisch zu erfassen. In der Genossenschaft sah er eine natürliche Ganzheit mit besonderen „sozialrechtlichen" Strukturen, die dem wirtschaftlich und sozial Schwachen einen kollektiven Schutz boten. Daraus leitete er die Lehre von der Juristischen Person als „reale Verbandspersönlichkeit" ab. Sie war das Gegenmodell zur rezipierten Fiktionstheorie der spätmittelalterlichen Rechtslehre. Das Gemeinrecht hatte Personenverbände (*universitas, collegium, corpus*) zwar als Einheiten verstanden, sie jedoch nicht als rechtsfähige Organisationen behandelt, sondern lediglich als handlungsunfähige und deshalb fiktive Personen eingeordnet. Für Gierke war die Genossenschaft eine zentrale Rechtsfigur. Sie erschien ihm geeignet, der durch die wachsende Industrialisierung verursachten ge-

sellschaftlichen Bindungslosigkeit und Verelendung der „besitzlosen Klassen" wirksam entgegenzuwirken.

Daneben galt sein Interesse dem Arbeitsrecht. In der Erfassung des 76 Unternehmens als „Wirtschaftsorganismus" und als verbandsrechtlich „organisierte Einheit" nahm er Rechtsfiguren des modernen Betriebsverfassungsrechts vorweg. Im Arbeitsvertrag sah er einen Treudienstvertrag. Dies entsprach seinem Modell des liberalen, den Warencharakter der Arbeit betonenden „freien Arbeitsvertrags" im sozial ausgleichenden Sinne. Damit hat er als einer der ersten Juristen die personenrechtlichen Strukturelemente erkannt und als Alternativen zu der rein schuldrechtlich-dienstrechtlichen Seite der Romanistik herausgearbeitet. Auch der Tarifvertrag ließ sich nach seiner Theorie von der genossenschaftlichen Autonomie funktionsgerecht als Rechtsquelle bestimmen. Sein Ziel war, Unzulänglichkeiten, die Folgen der Überschneidung von öffentlichem Recht und liberalem Privatrecht waren, zu überwinden. In seinem Denken versuchte er die Beseitigung der Ungleichheit, die notwendigerweise entstand, wenn das Prinzip der Privatautonomie mit den faktisch fortbestehenden sozialen und ökonomischen Abhängigkeiten zusammentraf und konkurrierte.

An den Redaktionsarbeiten zum BGB wurde Gierke nicht beteiligt 77 und empfand dies als Kränkung. Gleichwohl hatte er publizistisch lautstark seine Stimme erhoben. Die Kritik am einseitig individualistischen, romanistisch geprägten, unsozialen Ersten Entwurf des BGB von 1887 erregte großes Aufsehen und zeigte Wirkungen weit über die juristische Öffentlichkeit hinaus. Den weiteren Fortgang der Gesetzgebungsarbeiten hatte die Schrift allerdings nur eingeschränkt beeinflusst. Aktuell geblieben ist seine Forderung nach Berücksichtigung der „sozialen Aufgaben des Privatrechts". Darunter verstand er den gesellschaftspolitischen Auftrag des Rechts, zwischen den ökonomischen Interessen der wirtschaftlich Starken und den ethisch-sittlichen Lebensbedürfnissen der sozial Schwachen das Gleichgewicht herzustellen. Dabei war es allerdings sachlich nicht notwendig, für das Gelingen den Beistand eines „germanistischen Rechtsgeistes" zu beschwören.

In seinen zivilrechtsdogmatischen Arbeiten hat sich Gierke mit 78 Rechtsproblemen beschäftigt, die später von der Lehre und Rechtsprechung aufgegriffen wurden. Dazu zählten z. B. die Funktion der Generalklauseln, die sozialen Gedanken im Dienst- und Mietvertragsrecht oder die Rechtsfiguren der Dauerschuldverhältnisse und der Sozialbindung des Eigentums. Auf ihn geht der Begriff „Sozialrecht" als Recht des Individuums zurück. Er ist mit der heutigen gleichnamigen Bezeichnung im Sinne der sozialen Sicherheiten nicht identisch.

79   Gierke wurde in den 30er-Jahren des 20. Jahrhunderts von Teilen der NS-Rechtswissenschaft als bedeutender, dem faschistisch-völkischen Rechtsdenken nahe stehender Jurist gefeiert. Dabei wurden sein eigentlich und primär gegen den pandektistischen Individualismus gerichteter germanischer Kollektivismus und deutscher Patriotismus umgedeutet und bewusst als rechtfertigende Vorwirkungen und historische Zeugnisse der NS-Ideologie missbraucht. Tatsächlich hatte Gierke vor allem in seinen genossenschaftlichen Arbeiten vieles in spätromantischer Überhöhung dargestellt und manches auch mit fragwürdigen nationalistischen Vokabeln begründet. Dadurch wurden sein Rechtsdenken und seine Werke nicht faschistisch, machten allerdings ihren Autor schutzlos gegenüber unwissenschaftlichen und primitiven Zugriffen von Seiten der NS-Ideologen.

Schrifttum: *F. Wieacker,* Wandlungen im Bilde der historischen Rechtsschule (1967); *J. Rückert,* Idealismus, Jurisprudenz und Politik bei F. C. v. Savigny (1984); *R. Ogorek,* Richterkönig oder Subsumtionsautomat? (1986); *W. Süss,* Heinrich Dernburg (1991); *O. Behrends* (Hg.), Jherings Rechtsdenken (1996); *L. Moscati,* Italienische Reise. Savigny e la scienza giuridica della restaurazione (2000); *A. Koch,* C. J. A. Mittermaier und das Schwurgericht, ZNR 2000, 167ff.; *T. Repgen,* Die soziale Aufgabe des Privatrechts (2001); *J. Schröder,* Recht als Wissenschaft (2001); *M. Peters,* Die Genossenschaftstheorie O. v. Gierkes (2001); *Th. Henkel,* Begriffsjurisprudenz und Billigkeit (2004); *H.-P. Haferkamp,* Georg Friedrich Puchta und die „Begriffsjurisprudenz" (2004); *N. Janssen,* Die bleibende Bedeutung des Genossenschaftsrechts Otto v. Gierkes für die Rechtswissenschaft, SZGerm 122 (2005), 352ff.; *K. Netzer,* Wissenschaft aus nationaler Sehnsucht (2006); *F. L. Schäfer,* Juristische Germanistik (2008); *K. Borrmann,* Gemeines deutsches Privatrecht bei C. J. A. Mittermaier (2009); *F. L. Schäfer,* Von der Genossenschaft zur Volksgemeinschaft, SZGerm 132 (2015), 323ff.; *G. Dilcher,* The Germanists and the Historical School of Law, in Rg-Rechtsgeschichte 24 (2016), 20ff.; *ders.,* Die Germanisten und die Historische Rechtsschule (2017); *Hattenhauer/Schroeder/Baldus* (Hg.), A.F.J. Thibaut (2017).

12. Kapitel. Kodifikation des Bürgerlichen Rechts in Deutschland

I. Wege zur Rechtseinheit

1. Gesetzgebungskompetenzen

Während der sog. Befreiungskriege gegen die napoleonische Herr- 1
schaft standen in den deutschen Territorien der Ruf nach bürgerlichen Freiheitsrechten und die Forderungen nach einer nationalen
Rechtseinheit im Vordergrund der Debatten. Die politischen wie
ökonomischen Vorbedingungen dafür waren in der ersten Hälfte des
19. Jahrhunderts günstig. Vor allem die preußischen Reformen zur
Befreiung der Bauern von grundherrlichen Lasten, zur Behördenor-
ganisation oder zum Finanzwesen, die von den Staatsministern
Reichsfreiherr Karl vom Stein sowie Karl August von Hardenberg
als „Revolution von oben" angestoßen worden waren, hatten den
Staatshaushalt konsolidiert. Gleichzeitig wurden die komplizierten
rechtlichen Bindungen des Bodenrechts zugunsten einer freien Ver-
fügbarkeit des landwirtschaftlich genutzten Grund und Bodens umgestaltet und der uneingeschränkte Wirtschaftsverkehr gefördert.
Einheitliche Kodifikationen des Rechtswesens sollten die politische
Einheit des Staatsgebiets vollenden und krönen. Die Wege dazu bestimmten jedoch komplizierte Gesetzgebungskompetenzen.

Der nach dem Wiener Kongress entstandene „Deutsche Bund" 2
(1815–1866) besaß keine gesetzgebende Gewalt. Die Bundesversammlung konnte zwar Gesetze beraten, musste die Inkraftsetzung
jedoch den Einzelstaaten empfehlen. Die Bundesgesetze wurden erst
wirksam, nachdem sie durch eigene Gesetzgebungsakte der Staaten
sanktioniert worden waren. Vor diesem kompetenziellen Hintergrund war der Zusammenschluss der Mitgliedstaaten des Bundes im
„Deutschen Zollverein" (1834) eine erste wichtige zollpolitische Vorstufe zur Rechtseinheit. Dem neu geschaffenen einheitlichen Zoll-
und Wirtschaftsraum gehörten die politisch einflussreichsten Territorien an (Preußen, Rheinhessen, Kurhessen, Sachsen, Thüringen,
Württemberg, Bayern). Die Zollunion bewirkte eine Zunahme des

Handels auf der Grundlage freier Märkte. In dem ökonomisch günstigen Klima begann die politische Reichseinigung. Die nationalstaatlich denkenden Germanisten übernahmen aufgrund ihres fachlichen Interesses für das Wirtschaftsrecht die Führungsrolle bei der Entwicklung der Handelsrechtswissenschaft.

Der den Deutschen Bund ablösende „Norddeutsche Bund" (1867–1871) besaß als Bundesstaat eine Zentralgewalt und das Recht zur unmittelbaren Gesetzgebung für das gesamte Bundesgebiet. Allerdings beschränkte die Verfassung von 1867 das privatrechtliche Gesetzgebungsrecht auf das Obligationen-. Handels- und Wechselrecht. Diese Kompetenzen wurden mit der Reichsgründung 1871 gegenstandslos.

2. Wertpapierrecht

3   Mit dem Zusammenschluss im Zollverein hatte die Phase wirtschaftlicher Expansion und Industrialisierung begonnen. Auf sie folgte mit der Reichsgründung die Konzentration. Staat und Wirtschaft waren miteinander in einer gemeinsamen politischen Ordnung verbunden. Bereits 1836 hatten die Zollvereinsstaaten auf der Generalkonferenz in München beschlossen, die Handelsgesetze zu vereinheitlichen. Obwohl folgenlos, führte diese Initiative zusammen mit der Abschaffung der Binnenzölle zum Aufschwung des Binnenhandels. Allerdings wurde der Wirtschaftsaufbruch durch veraltete partikulare Wechselgesetze und das Fehlen einer einheitlichen monetären Ordnung behindert. 1843 galten im Deutschen Bund 56 Wechselordnungen.

4   Die Schaffung eines gemeinsamen Wechselrechts wurde deshalb vordringlichste Aufgabe. Die Arbeiten begannen 1846 auf der Generalkonferenz in Berlin. Auf Anregung von Württemberg beschäftigte sich der Zollverein mit der Rechtsvereinheitlichung auf der Basis eines preußischen Entwurfs von 1845. Auf preußischen Vorschlag wurden 1847 die Staaten des Zollvereins und die Mitgliedstaaten des Deutschen Bundes zu einer Konferenz nach Leipzig eingeladen. Die Beratungen schlossen mit der Empfehlung an die Bundesstaaten, den „Entwurf einer Allgemeinen Deutschen Wechselordnung" in Kraft zu setzen. Wegen der revolutionären Vormärz-Ereignisse taten dies nur Anhalt-Dessau, Sachsen-Meiningen und Nassau.

5   Die Frankfurter Nationalversammlung befasste sich nach ihrer Konstituierung auch mit dem Leipziger Entwurf und übernahm ihn

1848 als „Allgemeine Deutsche Wechselordnung" (ADWO). Das Gesetz trat am 1. Mai 1849 als Reichsrecht in allen Bundesstaaten – mit Ausnahme Österreichs – in Kraft, wurde jedoch nicht allgemein anerkannt. Es bestanden Zweifel an der Rechtmäßigkeit des Zustandekommens. Der Nationalversammlung wurde Überschreiten ihrer Kompetenzen vorgeworfen. Deshalb übernahmen nur einige Länder die ADWO unmittelbar als Reichsgesetz. Die meisten verkündeten sie durch wortgleiche Parallelgesetze als Landesrecht. Nach dem Scheitern der nationalen Einigungsbewegung und ihrer Reichsverfassung (1849) galt die ADWO als Partikularrecht fort. Das Gesetz hatte das Wechselrecht aus dem allgemeinen Kaufmannsrecht (*ius mercatorum* – Handelsrecht als Sonderprivatrecht der Kaufleute) der älteren Kodifikationen herausgenommen (z. B. ALR). Wechselfähig war jeder, der nach dem allgemeinen Privatrecht die Geschäftsfähigkeit besaß. Das Wechselrecht galt nicht mehr nur für Kaufleute.

1857 wurde die novellierungsbedürftige ADWO um Zusätze ergänzt (Nürnberger Novellen) und von den meisten Bundesstaaten (mit Ausnahme Österreichs) landesgesetzlich (zuletzt 1856) in Kraft gesetzt. Sie galt nach der Reichsgründung als Reichsgesetz fort, wurde 1908 modifiziert und als „Wechselordnung" neu verkündet. Die Wechselrechtskonferenzen in Den Haag von 1910 und 1912 haben das Gesetz als Vorlage zur Rechtsvereinheitlichung auf internationaler Ebene verwendet. Die ADWO wurde 1933 durch ein neues Wechselgesetz und durch ein Scheckgesetz endgültig abgelöst. Auch andere europäische Staaten nahmen sie zum Vorbild ihrer Gesetzgebung. In Österreich, das 1850 die ADWO eingeführt hatte, blieb das Gesetz bis 1938 in Kraft.

6

3. Allgemeines Deutsches Handelsgesetzbuch v. 1861

Die Frankfurter Nationalversammlung hatte neben dem bürgerlichen auch die Vereinheitlichung des Handelsrechts beschlossen. Eine 1848 eingesetzte Gesetzgebungskommission sollte den Entwurf eines allgemeinen Handelsgesetzbuches für ganz Deutschland vorbereiten. Ausschussmitglied war der Göttinger Professor und Mitglied der Nationalversammlung *Johann Heinrich Thöl* (1807–1884), eine Autorität auf dem Gebiet des Handels- und Wechselrechts. Die Arbeiten stockten, nachdem die Verfassungsbestrebungen an der Zurückweisung der Kaiserwürde durch König Friedrich Wilhelm IV. von Preu-

7

ßen gescheitert waren. Die Kommission empfahl lediglich, bei den Beratungen den französischen Code de commerce von 1807 zu berücksichtigen. Das Gesetz war bereits in Teilgebieten von Deutschland geltendes Recht. Seit der Einführung des Code civil und der napoleonischen cinq codes in den Rheinlande-Staaten galt französisches Handelsrecht auch nach den Befreiungskriegen in Rheinpreußen, Rheinhessen, in der Rheinpfalz, in Elsass-Lothringen und im Großherzogtum Baden. Mit dem Code de commerce und seiner deutschen Rezeption hatte die französische Handelsrechtswissenschaft ihre führende Stellung in Europa auf Dauer gefestigt.

8   Erst in dem nach 1848/50 erneuerten Deutschen Bund wurde 1856 von der Bundesversammlung eine „Commission zur Entwerfung und Vorlage eines allgemeinen Handelsgesetzbuchs für die Deutschen Bundesstaaten" eingesetzt. Sie tagte abwechselnd in Nürnberg und Hamburg (Diskussion des Seehandelsrechts). 1861 empfahl die Bundesversammlung allen Regierungen der Bundesstaaten, den Entwurf als Gesetz einzuführen. Fast alle folgten der Aufforderung und setzten die Vorlage 1861 als „Allgemeines Deutsches Handelsgesetzbuch" (ADHGB) in Kraft. Österreich hatte das Gesetz 1862 unter der Bezeichnung „Allgemeines Handelsgesetzbuch für das Kaiserthum" eingeführt.

9   Im Gegensatz zum Code de commerce hatte das Gesetzbuch das Versicherungs-, Wechsel-, Konkurs- und Handelsprozessrecht ausgeklammert. An Umfang und technischer Qualität übertraf es das französische Vorbild. Für die Geltung handelsrechtlicher Normen hatte das ADHGB ein sog. Mischsystem kodifiziert. Danach kam Handelsrecht zur Anwendung, wenn ein „Kaufmann" im Rahmen einer Gewerbetätigkeit ein Geschäft zur Gewinnerzielung abgeschlossen hatte (*subjektives System*, Art. 4). Handelsrechtsnormen galten aber auch für ein Rechtsgeschäft, das nach Art und Charakter ein sog. „Grundhandelsgeschäft" war (*objektives System*, Art. 271, 307).

10   Das auf die Rechtsnatur des betreffenden Rechtsgeschäfts abstellende objektive System wurde von *Levin Goldschmidt* (1829–1897), dem Begründer der modernen Handelsrechtswissenschaft, nach französischem Vorbild (*acte de commerce*) entwickelt und favorisiert. Im Gegensatz dazu propagierte vor allem Thöl das subjektive System, wie es ansatzweise bereits das preußische ALR-Handelsrecht kodifiziert hatte.

11   Nach der Gründung des Norddeutschen Bundes, der die volle gesetzgebende Gewalt mit unmittelbarer Wirkung für die Einzelstaaten

besaß, wurde das ADHGB – zusammen mit der ADWO und den Nürnberger Novellen – am 1. Januar 1870 im gesamten Bundesgebiet in Kraft gesetzt. Die Handelsrechtseinheit machte weitere Einzel- und Sondergesetze für den politisch wie rechtlich vereinigten Wirtschaftsraum unumgänglich (Post-, Telegrafen-, Münz-, Maß- und Gewichtswesen). Die Wahrung der Rechtseinheit sollte ein Obergericht für Handelssachen garantieren. Einen gemeinsamen höchsten Gerichtshof hatte Levin Goldschmidt bereits 1861 gefordert. Erst 1870 wurde das „Bundes-Oberhandelsgericht" an dem künftigen Sitz in Leipzig feierlich eröffnet. Der erste Präsident war Heinrich Eduard Pape († 1888), später Vorsitzender der Ersten BGB-Kommission. 1871 nannte sich das Gericht „Reichsoberhandelsgericht" und wurde 1879 „Reichsgericht".

4. Handelsgesetzbuch v. 1897/1900

Die Kodifizierungsarbeiten an einem Bürgerlichen Gesetzbuch 12 (BGB) hatten 1874 begonnen (Vorkommission) und machten Revisionen auch des ADHGB notwendig. Ursprünglich war beabsichtigt, ein eigenes, vom Zivilrecht abgetrenntes Handelsgesetzbuch zu kodifizieren. Aus Zeitgründen wurde darauf verzichtet und die Anpassung des ADHGB an das neue bürgerliche Zivilrecht als „kleine Lösung" gewählt.

Eine aus Juristen, Kaufleuten und Industriellen bestehende Kommission begann 1888 mit den Vorarbeiten. Ihr gehörte auch der Germanist und Zivilrechtsdogmatiker Otto v. Gierke an. Den Vorsitz hatte der Staatssekretär und Leiter des 1877 errichteten Reichsjustizamtes (nach der Reichsverfassung mit den Funktionen eines Ministeriums) *Arnold Nieberding* (1838–1912). 1895 legte der Ausschuss dem Reichsjustizamt einen Entwurf vor. Er wurde umgearbeitet, nach drei Lesungen vom Reichstag als „Handelsgesetzbuch für das Deutsche Reich" (HGB) einstimmig angenommen und am 10. Mai 1897 verabschiedet. Das Gesetz trat als Sonderprivatrecht zeitgleich mit dem BGB am 1. Januar 1900 in Kraft.

In Österreich wurde das HGB nach der nationalsozialistischen Eingliederung in das Deutsche Reich 1939 anstelle des Allgemeinen Handelsgesetzbuchs von 1862 mit Modifikationen eingeführt. Die ehemalige Deutsche Demokratische Republik (DDR) hatte das

HGB zwar nicht förmlich aufgehoben, jedoch galt das Gesetz tatsächlich nur noch für das Speditions- und Frachtrecht. Grundlegende handelsrechtliche Regelungen nach Maßgabe einer sozialistischen Planwirtschaft wurden 1965 durch das sog. „Vertragsgesetz" kodifiziert.

14   Der Gesetzgeber hatte dem subjektiven System den Vorzug vor dem Mischsystem des ADHGB gegeben. Über die Anwendbarkeit des HGB entschied allein die Kaufmannseigenschaft und nicht der objektive Charakter des abgeschlossenen Rechtsgeschäfts. Im Laufe der Rechtsentwicklung verschmolz das Handelsrecht als besonderes Privatrecht der Kaufleute weitgehend mit dem allgemeinen Zivilrecht. Das Schlagwort von der „Kommerzialisierung des Zivilrechts" hatte bereits Levin Goldschmidt in der „Theorie vom relativen Handelsrecht" konkretisiert. Er verstand das Handelsrecht als Quelle für neue Rechtsgrundsätze. Einmal entstanden, folgten sie einer immanenten praktischen Gesetzlichkeit, fanden Eingang in das allgemeine Privatrecht und wurden Vorreiter der Rechtsfortbildung. Gegenwärtig attestiert die Kritik dem Gesetzbuch den Verlust der Pionierfunktion und des Praxisbezugs. Eine grundlegende Reform etwa nach dem Vorbild österreichischer Novellen (Unternehmensgesetzbuch von 2007) wird als dringliche Aufgabe angemahnt.

II. Teilrechtseinheit

15   Trotz der Handelsrechtseinheit war in Deutschland zu Ausgang des 19. Jahrhunderts die Rechtszersplitterung groß. Die Landesprivatrechte wurden den Anforderungen des Rechtsverkehrs in einer expandierenden Industriegesellschaft nicht gerecht. Die herrschende Zivilrechtstheorie hatte sich nach der Historisierung durch Savigny und die Pandektisten dem realen Leben zunehmend entfremdet. Bestrebungen der Länder, das Privatrecht zu vereinheitlichen, endeten in Gesetzentwürfen (1841/42 Preußen, 1842/47 Hessen-Darmstadt, 1861/64 Bayern).

1. Sächsisches Bürgerliches Gesetzbuch v. 1863

16   Im Deutschen Bund war nur das Königreich Sachsen mit dem Versuch erfolgreich, das reformierte Landesrecht in einer Kodifikation

zu vereinheitlichen. Pläne zu einem privatrechtlichen Gesetzbuch aus der kurfürstlichen Zeit (1763) wurden nicht weiter verfolgt. Erst eine Initiative der sächsischen Landesregierung brachte 1834 die Gesetzgebung wieder in Gang. Der erste Entwurf wurde 1852 publiziert. Verfasser war der ehemalige Justizminister *Gustav Friedrich Held* († 1857). Der nach dem fünfteiligen Pandektensystem gegliederte Gesetzestext orientierte sich am österreichischen ABGB, berücksichtigte die besonderen sächsischen Rechtsverhältnisse, fand jedoch keine offizielle Zustimmung. Einer der entschiedensten Kritiker war Carl Georg Wächter, Rechtsprofessor in Leipzig. Das Justizministerium zog daraufhin den Entwurf zurück.

1860/61 legte eine zweite Revisionskommission einen neuen Entwurf vor. Dieser war inhaltlich von Vorlagen des späteren Vizepräsidenten des Appellationsgerichts in Dresden Eduard Siebenhaar († 1893) sowie des Professors und Präsidenten des thüringischen Oberappellationsgerichts Friedrich Otto Ortloff († 1868) in Jena beeinflusst. Ursprünglich lediglich als Korrektur des Held-Entwurfes gedacht, war das Werk tatsächlich eine völlig neue Kodifikation des Landesrechts auf der Grundlage der gemeinrechtlichen Doktrin. Hauptkritiker war der österreichische Zivilrechtslehrer Joseph Unger. Der geänderte Text wurde vom Landtag angenommen, 1863 als „Bürgerliches Gesetzbuch für das Königreich Sachsen" verkündet und mit Wirkung zum 1. März 1865 in Kraft gesetzt. **17**

Kodifikationsgeschichtlich war das Gesetzbuch als letzte partikulare Privatrechtsordnung vor dem reichseinheitlichen BGB auch gesetzestechnisch eine Besonderheit. Ausgeschieden und in Spezialgesetze verwiesen wurden Vorschriften, die für bestimmte Personengruppen, Sachen und Rechtsverhältnisse galten. Betroffen waren bäuerliche Rechtsbeziehungen, das Lehens-, Jagd-, Fischerei- und Wasserrecht, die Berggesetzgebung, das Handels- und Wechselrecht sowie das literarische und künstlerische Urheberrecht. Gesondert geregelt wurden Rechtssubjekte (natürliche und juristische Personen), Rechtsobjekte (Sachen und die daran möglichen Rechte) und Schuldverhältnisse. Das Gesetz kannte einen Allgemeinen Teil im Sinne der herrschenden pandektistischen Rechtslehre. Er enthielt allgemeine Vorschriften über Gesetze, Rechtsgeschäfte, unerlaubte Handlungen und übergeordnete, das Personenrecht einschließende Rechtsgrundsätze. Familien- und Erbrecht wurden in besonderen Büchern geregelt. **18**

Das sächsische Gesetzbuch war ein „Spätling der Kodifikationsbewegung" (R. Sohm). Es zählte zu den letzten großen Leistungen der **19**

Pandektenwissenschaft und beendete die Geltung des gemeinen Zivilrechts. Die Redaktoren des BGB hatten es als Vorbild benutzt. Mit dem reichseinheitlichen Gesetzbuch trat 1900 auch das sächsische Gesetz als Landesrecht außer Kraft.

2. Schuldrechtsentwurf v. 1866

20   Nach der Rechtspolitik des Deutschen Bundes sollte auch das für den Wirtschaftsrechtsverkehr zentrale Recht der Schuldverhältnisse vereinheitlicht werden. Zehn deutsche Mittel- und Kleinstaaten (darunter Bayern, Württemberg, Sachsen, Kurhessen, Nassau) wurden initiativ. Nach dreijähriger Beratung beschloss die Bundesversammlung (1859/62) die Schaffung eines allgemeinen Obligationenrechts.

21   Eine 1862 zur Ausarbeitung eines Entwurfs eingesetzte Kommission nahm 1863 in Dresden ihre Arbeiten auf. Ihr gehörten Regierungsvertreter von Österreich, Württemberg, Bayern, Hannover, Hessen-Darmstadt, Frankfurt und Sachsen an. Die Einbeziehung des Familien- und Erbrechts wurde mit der Begründung abgelehnt, eine einheitliche Gesetzgebung würde vor allem beim Ehegüterrecht in unzumutbarer und unerträglicher Weise in Sitte und Gewohnheiten eingreifen.

22   Allein Preußen protestierte aus politischen Gründen und verlangte, die Gesetzgebungsarbeiten außerhalb des Bundesgebietes durchzuführen. Das eigentliche Ziel des Protests waren wohl die Pläne des preußischen Ministerpräsidenten und Außenministers Otto von Bismarck, die Bundesverfassung zu ändern und die Gesetzgebungskompetenzen des Bundes zu beschneiden. Ungeachtet dessen konnte die Dresdener Kommission der Bundesversammlung 1866 den „Entwurf eines allgemeinen deutschen Gesetzes über Schuldverhältnisse" zuleiten. Eine Beratung des sog. „Dresdener Entwurfs" fand nicht mehr statt. Den Fortgang des Gesetzgebungsverfahrens und damit auch die Bemühungen um die deutsche Rechtseinheit beendeten im gleichen Jahr der Ausbruch des preußisch-österreichischen Krieges und die Auflösung des Deutschen Bundes.

23   Der Dresdener Entwurf hatte mit den ausführlichen Regelungen zur Rechtsgeschäftslehre und Stellvertretung den Allgemeinen Teil sowie mit der Differenzierung zwischen Allgemeinem und Besonderem Obligationenrecht das gesamte Schuldrechtsbuch des BGB maßgeblich beeinflusst. Auch ausländischen Rechtsordnungen diente er als Vorbild (z. B. Schweizerisches Obligationenrecht von 1881).

III. Redaktion des bürgerlichen Rechts

1. Vorkommission

Die Verfassungen des Norddeutschen Bundes von 1867 und des **24** Kaiserreichs von 1871 hatten das Gesetzgebungsrecht des Bundes bzw. des Reichs, soweit es das Privatrecht betraf, auf Teilgebiete beschränkt: Obligationen-, Handels- und Wechselrecht (gleichlautend Art. 4 Nr. 13). Die Zuständigkeit des Bundes zur Gesetzgebung auf dem Gebiet des gesamten bürgerlichen Rechts wurde erstmals 1867 von dem nationalliberalen Abgeordneten Johannes v. Miquel gefordert, scheiterte aber an der (norddeutschen) Reichstagsmehrheit. Nach fünfmaligen Wiederholungen der Anträge – mit Unterstützung des ebenfalls nationalliberalen Abgeordneten Eduard Lasker – gelang 1873 die Verfassungsänderung. Die „Lex Miquel-Lasker" übertrug dem Reich „die gemeinsame Gesetzgebung für das gesamte bürgerliche Recht, das Strafrecht und das gerichtliche Verfahren".

1874 setzte der Bundesratsausschuss für Justiz eine Kommission **25** ein, die Vorschläge zu Plan, Methode und Grenzen des Projekts erarbeiten sollte. Die fünf Mitglieder der sog. „Vorkommission" waren hohe Richter, Präsidenten der obersten Gerichte (von Preußen, Sachsen, Württemberg, Bayern), sowie als einziger Vertreter der Wissenschaft Levin Goldschmidt, Professor für Handelsrecht. Ihr Gutachten empfahl dem Bundesrat ein detailliertes Gesetzgebungsverfahren, das Zustimmung fand.

2. Erster Entwurf

Der Bundesrat beauftragte 1874 eine Kommission mit der Ausar- **26** beitung des Gesetzentwurfs nach den Empfehlungen der Vorkommission. Mitglieder der sog. Ersten Kommission waren Richter (6), Ministerialbeamte (3) und Professoren (2). Sie wurden streng nach Länderproporz berufen.

Die Wissenschaft repräsentierten der Pandektist Bernhard Wind- **27** scheid († 1892) in Leipzig und Paul v. Roth († 1892) in München, der den Rechtsgermanisten nahe stand. Den Vorsitz führte der Präsident des Reichsoberhandelsgerichts Heinrich Eduard Pape. Das entscheidende Gewicht besaß in der Kommission der später als „Ziehvater des BGB" gerühmte Gottlieb Karl Georg Planck († 1910), Richter und Honorarprofessor in Göttingen. Im Unterschied zu den Vorarbeiten zum ADHGB wurden weder Vertreter der Wirtschaft noch der Anwaltschaft zu den Ausschusssitzungen hinzugezogen. Auch fehlten die führenden Zivilrechtslehrer Rudolph v. Jhering, Otto v. Gierke und Heinrich Dernburg.

28   In Anlehnung an die sächsische Kodifikation entschied sich die Kommission für das Fünf-Bücher-System als Gliederung des Gesetzbuchs und begann 1881 mit den Beratungen. Der Teilentwurf für das Recht der Schuldverhältnisse blieb infolge des Todes seines Redaktors (Franz Kübel) unvollendet und wurde durch das Obligationenrecht des Dresdener Entwurfs von 1866 ergänzt. 1887 legte die Kommission nach eingehenden (unveröffentlichten) Verhandlungen dem Reichskanzler Otto von Bismarck den Gesamtentwurf vor. Dieser wurde 1888 als „Erster Entwurf" mit einer Zusammenfassung leitender Begründungen, den sog. „Motiven" veröffentlicht.

a) Kritikflut

29   Der Erste Entwurf wurde Gegenstand einer lebhaften öffentlichen Kritik. Die Kommission hatte in völliger Selbstisolation gearbeitet und auf Kontakte zu Kreisen der Wirtschaft und zu sonstigen juristischen Fachverbänden verzichtet. Das Reichsjustizamt erstellte eine sechsbändige Sammlung kritischer Äußerungen mit amtlichen Stellungnahmen, Gutachten, Verhandlungen des Deutschen Juristentags und des Anwaltsvereins. Allgemein anerkannt wurde zwar die gesetzestechnische Leistung, auf Anlehnung stieß jedoch das Ergebnis. Der Entwurf war in hohem Maße abstrakt, pandektistisch doktrinär, fachsprachlich schwerfällig und überzogen individualistisch. Sozialpolitische Fragen wurden ignoriert.

30   Große Beachtung fand die polemische Ablehnung des Gesetzbuchs durch Otto v. Gierke, der mit der Schrift „Der Entwurf eines Bürgerlichen Gesetzbuches und das Deutsche Recht" (1888/89) praktisch einen Gegenentwurf verfasst hatte. Gerügt wurde die unzureichende Berücksichtigung sozialer Probleme, die Schrankenlosigkeit der privatrechtlichen Befugnisse der Inhaber von Rechten, ohne gleichzeitig ihre soziale Pflichtbindung gesetzlich zu verankern, und beklagt die Abwesenheit des (inzwischen legendären) „Tropfens sozialistischen Öles". Gierke forderte kein wirklich modernes Gesetzbuch, vielmehr

plädierte er für einen gesetzlichen „Rechtskatechismus". Darin sollten konkrete germanische Freiheiten und ein deutschrechtliches Genossenschaftsdenken, d. h. mittelalterliche Werthaltungen die pandektistischen Abstraktionen und Konstruktionen modifizieren bzw. ersetzen. Das Familienrecht wollte er auf der Grundlage eines diffusen deutschen Gemeinschaftsgedankens als (einzige) Alternative zum Individualismus des römischen Rechts regeln. Aus dieser Position gestand er der Frau den Rechtsstatus einer Minderjährigen mit beschränkter Geschäftsfähigkeit zu, die über keine eigenen persönlichen oder ökonomischen Handlungs- und Verwaltungsrechte verfügte. Die visionär germanistisch infizierte Familiengemeinschaft duldete keine individuellen Freiheiten.

Mit ähnlicher Rigorosität, jedoch betont sozialkritischer bekämpfte 31 der österreichische Professor für Zivilprozessrecht in Wien *Anton Menger* (1841–1906) den Entwurf. Er gehörte zum Kreis der sog. „Kathedersozialisten", einer sozialreformerischen Gruppierung der deutschen Nationalökonomie. Deren Vertreter sahen in der Lösung der sozialen Fragen eine Staatsaufgabe. Sie kritisierten den extremen Wirtschafsliberalismus der sog. Manchesterschule, die eine Grenzenlosigkeit des Marktes und Warenverkehrs als Königsweg zu Wohlstand propagierte. In der Schrift „Das bürgerliche Recht und die besitzlosen Volksklassen" (1890, 4. Aufl. 1908) prangerte Menger den „individuellen Egoismus" des Entwurfs an. Den Redaktoren warf er vor, sie hätten grundlegende sozial-bürgerliche Forderungen missachtet und existentielle Bedürfnisse der sozialen Unterschichten völlig außer Acht gelassen. Den Entwurf der Ersten Kommission nannte er „ein der Form nach abschreckendes, dem Inhalte nach völlig ideenloses, in Paragraphen gebrachtes Pandektenkompendium".

Aber auch Menger war nicht die berufene „Stimme der enterbten besitzlosen Volksklassen", zu der er sich selbst stilisiert hatte. Das verrät z. B. seine Zustimmung zu den streng patriarchalischen Strukturen des Familienrechts, die dem Entwurf zugrunde lagen. Er hielt die Regelungen der familienrechtlichen Rechtsbeziehungen insgesamt für „in gerechter und unparteiischer Weise geordnet". Die eklatanten rechtlichen Diskriminierungen der Frau übersah er dabei großzügig.

b) „Kleiner Windscheid"

Die Kritik war sachlich im Wesentlichen berechtigt. Die Kommis- 32 sion hatte ein wissenschaftliches, für Fachjuristen bestimmtes und für den Adressaten sprachlich nur schwer zugängliches Gesetz erarbeitet, dagegen aktuelle ökonomische, sozialpolitische Forderungen sehr zurückhaltend berücksichtigt. Die an der Vereinheitlichung des Rechtswesens interessierten Teile der Bevölkerung und die großen sozialen Gruppen der Industrie- und Lohnarbeiter hatten allerdings mehr erwartet und waren vom Ergebnis enttäuscht.

33   Die Forschung sieht in unterschiedlichen Faktoren die Ursachen für die Unvollkommenheit des Gesetzentwurfs. Unbestritten hat die streng individualistische Pandektenwissenschaft dazu nicht unwesentlich beigetragen. Der Reichsgerichtsrat Otto Bähr hatte in seiner Kritik den Ersten Entwurf spöttisch „kleiner Windscheid" genannt, „der sich von dem großen nur dadurch unterscheidet, dass dieser bisher noch der freien wissenschaftlichen Thätigkeit und Forschung neben sich Raum ließ, während jener mit seinen Paragraphen die Wissenschaft ein für alle Mal abschließt" (*Zur Beurtheilung des Entwurfs eines bürgerlichen Gesetzbuchs für das Deutsche Reich*, 1888, 7). Hauptverantwortlich für das Misslingen war das begriffsjuristisch zentrierte, pandektistische Rechtsdenken der Redaktoren, das sich in Abstraktionen, Begriffen und Konstruktionen manifestierte. In der herrschenden Zivilrechtslehre hatte die Positivierung des Rechts durch die späten Pandektisten bereits erfolgreich begonnen. Konsequent interessierten fortan ethische, sozialkritische oder ökonomische Fragen der bürgerlichen Gesellschaft nur noch am Rande. Nach der bekannten programmatischen Feststellung von Bernhard Windscheid waren „Erwägungen (dieser Art) ... nicht Sache des Juristen als solchem" (*Leipziger Rektoratsrede*, 1884). Neuere Forschungen sehen das Kommissionsmitglied Windscheid in seiner Funktion als Vollender der pandektistischen Positivierung in der geistigen Nachfolge von Georg Puchta allerdings differenzierter (J. Rückert). Seine Bemerkung zum „Juristen als solchem" wird großmütig als „missverständliche Äußerung" eingeordnet (U. Falk).

3. Zweiter Entwurf

34   Ungeachtet der Mängel des Ersten Entwurfs beharrte ein Teil der Kritik im Interesse der nationalen Einheit auf dem Fortgang der Kodifikationsarbeiten. Ende 1890 betraute der Bundesrat mit der Umarbeitung des Ersten Entwurfs eine neue, sog. Zweite Kommission. Ihr gehörten zehn (später elf) ständige und zwölf (später dreizehn) nicht-

ständige Mitglieder an, unter den letztgenannten Vertreter wirtschaftlicher Interessen (Rittergutsbesitzer, Bankdirektor) und Angehörige nichtjuristischer Berufsgruppen (Nationalökonom, Bergrat, Oberforstmeister). Vertreter des Handwerks und der Arbeiterschaft fehlten.

Generalreferent wurde Gottlieb Planck, der in der Ersten Kommission redaktionell für das Familienrecht zuständig war. Die Aktivitäten der Kommission begleiteten Arbeiten von Fachleuten des Reichsjustizamtes, die – von 1890 bis 1893 – zentrale Themenkreise des Entwurfs vorberaten hatten. Auch deshalb war die Kommission nur eingeschränkt wirklich reformerisch tätig geworden. Beispielhaft zeigte sie dies auf dem Gebiet des ehelichen Güter- und Vormundschaftsrechts. Die im Ersten Entwurf beanstandete übertriebene Rechts- und Verweisungstechnik wurde nicht behoben und auch Mengers Verdikt bei den Beratungen ignoriert.

Allerdings tagte die Kommission öffentlich und publizierte laufend 35 die von ihr geänderten Teilentwürfe im „Reichsanzeiger". Dadurch gewann der Zweite Entwurf insgesamt an Transparenz und sprachlicher Verständlichkeit. Ein angefügtes sechstes Buch behandelte das internationale Privatrecht als deutsches Kollisionsrecht für Rechtsfälle mit Beziehungen zu unterschiedlichen Rechtsordnungen. Auf Einspruch des Auswärtigen Amtes wurden die Kollisionsnormen in das Einführungsgesetz zum BGB übernommen und das sechste Buch gestrichen. Nach rund fünf Jahren und einer Schlussrevision wurde 1895 der Zweite Entwurf dem Bundesrat zugeleitet und mit den sog. „Protokollen" der Kommission veröffentlicht. Inhaltlich unterschied er sich nur geringfügig von dem Vorgänger.

4. Dritter Entwurf

Den Gesetzestext leitete der Bundesrat Anfang 1896 in geringfügig 36 abgeänderter Fassung als Dritten Entwurf zusammen mit einer Denkschrift des Reichsjustizamtes an den Reichstag. Dort wurde die sog. Reichstagsvorlage nach einer Plenardebatte in der ersten Lesung einer Kommission von 21 Abgeordneten zugeleitet. Die Änderungen, die in 53 Sitzungen vorgenommen wurden, waren erheblich, allerdings brachten nicht alle auch wirkliche Verbesserungen.

Bei der zweiten und dritten Lesung standen überwiegend innenpo- 37 litisch motivierte Rechtsfragen im Vordergrund. In der Schlussphase der Gesetzgebung wurde der Leiter des Reichsjustizamtes Arnold Nieberding, seit 1893 Mitglied der Zweiten Kommission, zu einer politischen Schlüsselfigur. August Bebel, Vorsitzender der sozialdemokratischen Reichstagsfraktion, hatte ihn den „offiziellen Interpreten des Bürgerlichen Gesetzbuchs" genannt. Der an der Spitze der obersten Justizbehörde des Reichs stehende Staatssekretär Nieberding rettete in der Auseinandersetzung der politischen Parteien das Gesetz mehrere Male vor dem Scheitern.

a) Verein als Hindernis

38   Das Vereinsrecht gehörte zu den rechtspolitisch brisanten, kontrovers diskutierten Rechtsmaterien. Die Zweite Kommission wollte das Prinzip der Vereinsfreiheit konsequent legislativ umsetzen. Diese Errungenschaft des liberalen, parlamentarischen Rechtsstaats war das Gegenstück zu dem bisher geltenden Verleihungsgrundsatz. Nach gemeinem Recht entschied über die Vereinsgründung allein die Polizeibehörde nach eigenem Ermessen. Auf diesen ersten obrigkeitlichen Gnadenakt folgte in einem zweiten Schritt die rechtlich förmliche Verleihung der juristischen Persönlichkeit an die Korporation durch die (absolute) Staatsgewalt.

Den Grundsatz der freien Körperschaftsbildung wollten allerdings nicht alle Kommissionsmitglieder in Gesetzesnormen konkretisieren. Ein Teil folgte der in der Öffentlichkeit vorherrschenden, politisch restriktiven Tendenz und lehnte das Prinzip der Vereinsfreiheit strikt ab. Das Vereinswesen sollte im Interesse des Staates kontrolliert und polizeilich überwacht werden. Diese Redaktoren bevorzugten ein Mischsystem. Neben das Verleihungsprinzip sollte das auf den Gedanken der Vereinsfreiheit beruhende Eintragungsprinzip treten. Um Rechtsfähigkeit zu erlangen, mussten die sog. Ideal- und wirtschaftlichen Vereine in ein öffentliches Register eingetragen werden, sobald sie bestimmte gesetzlich festgelegte Anforderungen (Normativbestimmungen) erfüllt hatten. Sie waren deshalb von keiner Konzession als Gnadenakt des Staates abhängig. Die Überwachung des Vereins übernahm das Register als Instrument des bürgerlichen Rechts.

In der parlamentarischen Beratung opponierten das Zentrum und linke Parteien in einer seltenen Koalition gegen dieses Modell. Ein Teil der Abgeordneten befürchtete eine Beschränkung der freien Vereinsgründungen. Andere wollten Vereinigungen mit politischer, sozialpolitischer oder religiöser Zwecksetzung, die sie für „gemeinschädlich wirkende Verbindungen" hielten (Motive, I 90), unbedingt der Kontrolle der Verwaltungsbehörde unterwerfen. Das Gesetz war als Ganzes gefährdet. Den Grundsatzstreit entschärfte die Rechtsfigur des „nicht rechtsfähigen Vereins", die eingeführt und als Kompromiss akzeptiert wurde (§ 54).

Dieser Vereinstypus erforderte lediglich einen formlosen Gründungsvertrag, war der Gesellschaft des bürgerlichen Rechts unterstellt, gesetzestechnisch jedoch eine völlig missglückte Regelung. Systemfremd wirkten zudem Bestimmungen, die dem Gläubigerschutz dienten. Mit der Kodifizierung dieser Vereinsform wollten die Redaktoren die freie Vereinsbildung verhindern und auf die Beteiligten einwirken, sich um die Erlangung der Rechtsfähigkeit durch Registrierung zu bemühen. Dass diese „List des Gesetzgebers" an der Rechtswirklichkeit vorbeigegangen war, belegen u. a. die politischen Parteien und sozialpolitischen Vereinigungen (Arbeitgeberverbände, Gewerkschaften), die in der Rechtsform nichtrechtsfähiger Vereine organisiert sind.

b) Familienrecht und die „querelle des femmes"

Das Gesetz hatte im Abschnitt „Bürgerliche Ehe" konservative mit 39 liberalen Rechtsgedanken verknüpft. Patriarchalisch war die Eheführung geregelt, liberal die Rechtsnatur der Ehe als bürgerlicher Vertrag bestimmt. Bei den Beratungen geriet allerdings die obligatorische Zivilehe zu einem weiteren Stolperstein. Diese Rechtsform hatten die Redaktoren aus dem Reichspersonenstandsgesetz von 1875 übernommen, das wiederum vom französischen Code civil (Art. 165) beeinflusst war. Während die protestantische Kirche nach anfänglichen Widerständen das staatliche Eherecht anerkannte, widersetzte sich die katholische Zentrumspartei jeder Änderung und der Geltung eines konfessionslosen bürgerlichen Eherechts. Sie beharrte auf dem Vorrang des kirchlichen Eherechts als geltendes Recht für ihre Angehörigen. Konkret wurde die gesetzliche Anerkennung der vor einem Geistlichen geschlossenen kirchlichen Ehe fakultativ neben der Zivilehe gefordert. Das Scheitern des Gesetzbuchs retteten erneut Kompromisse, dieses Mal auch nach Abstimmung mit dem Vatikan.

Für die Tolerierung der obligatorischen Zivilehe erhielt das Zen- 40 trum unterschiedlich bedeutsame juristische Zugeständnisse. Mit einer zivilrechtlich inhaltsleeren Vorschrift wurde Kirchenangehörigen die Beachtung innerkirchlicher „Verpflichtungen in Ansehung der Ehe" durch das Gesetzbuch garantiert (§ 1588). Damit war klargestellt, dass dem kanonischen Eherecht als einer rein binnenkirchlichen Ordnung jede säkulare Geltung fehlte und die „Bürgerliche Ehe" die einzige im Rechtssinne des BGB war.

Zudem kam der Gesetzgeber katholischen Interessen entgegen, indem er anstelle der Scheidung der Ehe die Klage „auf Aufhebung der ehelichen Gemeinschaft" in das Gesetzbuch aufnahm (§ 1575 a. F.). Das Aufhebungsurteil stand einer Wiederherstellung der Ehe durch Neubeginn der ehelichen Gemeinschaft nicht entgegen. Wohl aber verwehrte es beiden Teilen eine anderweitige Verheiratung. Insofern hatte die bürgerlich rechtliche Rechtsfigur die gleichen Wirkungen, wie die vom Zentrum geforderte und vom kanonischen Eherecht vorgesehene „dauernde Trennung von Tisch und Bett" (*separatio perpetua quoad thorum et mensam*), ohne die Ehe dem Bande nach (*vinculum matrimonii*) aufzulösen (Can. 1128 ff. Codex Iuris Canonici). Damit war christliches durch weltlich bürgerliches Eherecht ersetzt und das BGB gerettet.

41   Erfolglos blieben dagegen die Forderungen einer organisierten, publizistisch aktiv in der Öffentlichkeit wirkenden Frauenbewegung nach Beseitigung der Ungleichbehandlung der Frau in der „Nur-Hausfrauenehe" und nach einem zeitgemäßen Familienrecht. Die von engagierten Juristinnen, wie Sera Proelß, Marie Raschke oder Emilie Kempin vorgetragenen Proteste und Postulate wurden zynisch und sachlich unqualifiziert abgelehnt. Nach dem Gesetz war die Frau in ihrer Rechtsstellung zwar dem Mann privatrechtlich grundsätzlich gleichgestellt. Allerdings musste die verheiratete Frau gravierende Einschränkungen in ihrer persönlichen wie vermögensrechtlichen Stellung hinnehmen. Der Mann war das Haupt der als Hausgemeinschaft verstandenen Familie und der auf Geschlechtsunterschieden beruhenden Ehe. Wichtigstes Instrument der hausherrlichen Gewalt wurde die oberste Entscheidungsgewalt in allen Angelegenheiten, die das gemeinschaftliche eheliche Leben betrafen (§§ 1354 a. F.). Eine „Gehorsamspflicht" zwang die Frau in die Rolle einer „Untergeordneten", in der sie weiterhin „das Recht zur Wahrung ihrer Würde" beibehalten sollte. Diese war allerdings der nichtehelichen Mutter versagt. Sie besaß weder elterliche Gewalt noch Vertretungsbefugnis. Ihr „uneheliches Kind", das als „Schmerzenskind der Nation" galt (R. Sohm), musste sie der Fürsorge eines Vormunds anvertrauen (§ 1707 a. F.). Im Ganzen war die „querelle des femmes" – wieder einmal – vergeblich geblieben.

c) Dienstbares Gesinde

Zutiefst anachronistisch wurden die Rechtsverhältnisse der sog. **42** Dienstboten in Privathaushalten (Köchinnen, Hausmädchen) und der in bäuerlich-landwirtschaftlichen Betrieben Tätigen (Knechte, Mägde) geregelt. Der Entwurf befand die Qualität dieser häuslichen oder wirtschaftlichen „Dienste" für so minderwertig, dass er diese Personengruppen sogar vom neuen, unsozialen Dienstvertragsrecht des Gesetzes ausnahm und ihre Tätigkeiten rechtlich als „Dienstmiete" gegen Lohn und regelmäßig Kost (Vorbild römische *locatio conductio operarum*) weiterhin den bestehenden mittelalterlichen „Gesindeordnungen" der Landesrechte und damit einem gemilderten Leibeigenenrecht überließ.

Die Sozialdemokraten waren die einzige Fraktion, die vergeblich gegen die Absurdität der Regelungen dieses „spätfeudal-ständischen Gesinderechts" (Th. Vormbaum) gestimmt hatte, das neben dem „bürgerlichen" Dienstvertragsrecht des Gesetzbuchs weiterbestehen sollte. Alle Gesindeordnungen wurden 1918 durch die von Reichskanzler Friedrich Ebert eingesetzte provisorische Reichsregierung („Rat der Volksbeauftragten") aufgehoben. Die Sonderbehandlung des „Gesindes" durch Ausnahmerecht fand erst 1968 ihr endgültiges Ende, nachdem Art. 95 des Einführungsgesetzes (EGBGB) außer Kraft trat, der die Materie – mit Ausnahme des Züchtigungsrechts des Dienstberechtigten – der Landesgesetzgebung zugewiesen hatte.

5. Gesetzeskraft

Am 30. Juni und 1. Juli 1896 wurde die dritte Lesung mit einer na- **43** mentlichen Abstimmung geschlossen. Die sozialdemokratischen Abgeordneten hatten zur Ergänzung des sozialpolitisch völlig unzureichenden Dienstvertragsrechts mit Nachdruck ein besonderes Arbeitsvertragsgesetz gefordert. Als sich das nicht durchsetzen ließ, stimmten alle 42 Sozialdemokraten mit drei Konservativen und drei föderalistisch gesinnten Abgeordneten gegen das Gesetz. Von den 288 anwesenden Abgeordneten – über 100 waren überhaupt nicht erschienen – wurde das Gesetzbuch mit der Mehrheit der Nationalliberalen und des Zentrums mit 222 Stimmen – bei 18 Enthaltungen und im Ganzen 393 Sitzen im Reichstag – angenommen.

Der Bundesrat erteilte am 14. Juli 1896 zu den vom Reichstag beschlossenen Abänderungen seine Zustimmung. Kaiser Wilhelm II.

(† 1941) fertigte am 18. August 1896 das Gesetz aus. In der am 24. August 1896 ausgegebenen Nummer 21 des Reichsgesetzblattes wurde es verkündet und am 1. Januar 1900 als „Bürgerliches Gesetzbuch für das Deutsche Reich" (BGB) in Kraft gesetzt. Die Kodifikation des gesamten geltenden Privatrechts hatte die Landesrechte ersetzt. Sie mussten über das EGBGB dem reichsrechtlichen Gesetzbuch angepasst werden. In der Zeit zwischen Verkündung und Inkrafttreten sollte sich die Praxis mit dem neuen Recht vertraut machen. Eine Literaturflut kommentierender, zustimmender oder kritischer Schriften von Juristen wie Nichtjuristen informierte die Öffentlichkeit über die wichtigsten Materien und Neuerungen des Gesetzbuchs.

IV. Deutsches Bürgerliches Gesetzbuch (BGB)

1. Reichsjustizgesetze und Übergangsrecht

44   Gleichzeitig mit dem BGB traten die sog. „Reichsjustizgesetze" in Kraft. Sie waren in der Zeit von 1877 bis 1879 entstanden und das Werk der Justizpraxis, der Regierungen und ihrer juristischen Fachleute. Die inneren Zusammenhänge des BGB mit dem Zivilprozess- (ZPO), Konkursrecht (KO) und der Gerichtsverfassung (GVG) machten eine Anpassung dieser Gesetzgebung unumgänglich. Zusätzlich zu ihnen wurden das Zwangsversteigerungs- und Zwangsverwaltungsgesetz (1897), die Grundbuchordnung (1897) und das Gesetz über die Freiwillige Gerichtsbarkeit (1898) als sog. „Nebengesetze des BGB" in Kraft gesetzt. Eine umfangreiche Revision entfiel beim Handelsrecht. Als mit dem neuen Zivilrecht harmonisiertes HGB war es mit dem BGB in Kraft getreten.

45   Das Verhältnis des BGB zum geltenden Landesprivatrecht bestimmte grundsätzlich das sog. Kodifikationsprinzip. Danach regelte die Kodifikation eines Rechtsgebietes diese Materien abschließend und erschöpfend. Der Landesgesetzgebung war in diesem Bereich jede (konkurrierende) Tätigkeit versagt. Gemäß Art. 55 EGBGB traten deshalb alle landesprivatrechtlichen Normen außer Kraft, soweit nicht durch BGB oder EGBGB Abweichendes bestimmt war. Ihre Fortgeltung garantierte Art. 73 EGBGB z. B. bei den (historisch gewachsenen) sog. Regalien (Schatzfund/Baden-Württemberg, Recht

der Perlfischerei/Bayern). Diese Vorbehalte des EGBGB zugunsten in der Regel spätfeudaler Sonderinteressen (Gesinderecht, Fideikommisse als Sondervermögen adeliger Familien, Lehen-, Rentengüter, Anerbenrecht) wurden in den Reichstagsverhandlungen von den Unitariern als „Verlustliste des deutschen Einheitsgedankens" beklagt.

2. Spätpandektistisches Sozialmodell

Das BGB gehört zum Nachlass der spätpandektistischen, gesetzes- **46** positivistischen Zivilrechtswissenschaft. Es hat eine klare, begriffsscharfe Sprache, verfügt über innere logische Konsequenz und besitzt systematische wie dogmatische Präzision. Die Beherrschung des Gesetzes setzt ein hohes Maß an Abstraktionsvermögen voraus. Den abstrahierend-generalisierenden Regelungen fehlt jedoch die Sach- und Lebensnähe. Das Gesetz spiegelt die politischen, sozialen und ökonomischen Verhältnisse der Entstehungszeit wider. Mit allen Kodifikationen teilt es das Schicksal des Unvollkommenen und Veralteten bereits im Zeitpunkt des Inkrafttretens.

Seit Beginn des 20. Jahrhunderts entfernte sich der „organisierte Kapitalismus" der Industriegesellschaft immer schneller von der sozialen Realität der kodifizierten Rechtsordnung. Die pointierte Charakterisierung des Gesetzbuchs als „Kompromiss zwischen dem 1848 politisch gescheiterten Bürgertum einerseits und Krone und Adel andererseits" oder als „verspätetes Gesetzbuch einer verspäteten Nation" (Th. Ramm) trifft das der Kodifikation zugrunde liegende rechtspolitische Programm.

Das Privatrecht des BGB erschöpfte sich im Wesentlichen in der **47** Ordnung des Privateigentums und in der konservativ-patriarchalischen Ausgestaltung der Familienrechtsverhältnisse. Sein Sozialmodell orientierte sich an dem zu Ausgang des 19. Jahrhunderts besitzenden und gebildeten Bürger, dem kleinen Landwirt und mittelständischen individuellen Unternehmer. Das bürgerliche Recht war seinem Wesen nach kapitalistisch, ein kaufmännisch-gewerblich bestimmtes, geldwirtschaftliches und zugleich freiheitlich liberales Recht. Das aus dem Schuld- und Sachenrecht bestehende Vermögensrecht basierte auf der Privatautonomie der Parteien und der Freiheit des Eigentums, das Erbrecht auf der vollen Verfügungsfreiheit der Erblasser über ihr Vermögen. Staatliche Eingriffe in diese Rechtsgebiete klassischer Bürgerlichkeit wurden mit der Beeinträchtigung allgemeiner Interessen begründet. Weit gefasste sog. Generalklauseln als Wertungsmaßstäbe ermächtigten den Richter, mehrdeutige, sog. unbestimmte Rechtsbegriffe durch Auslegung normsetzend zu konkretisieren (z. B. Treu und Glauben, gute Sitten, wichtiger Grund, billiges Ermessen, Verkehrssitte – §§ 138, 242, 314, 315, 826 BGB). Die vom Gesetzgeber bewusst „offengelassene Gesetzgebung" (J. W. Hedemann) erlaubte der Praxis und der Wissenschaft eine systemverträgliche Rechtsfortbildung durch Ausfüllung und Schließung von Gesetzeslücken im Sinne einer „individualisierenden Gerechtigkeit".

48   Gegenwärtig soll die durch das Prinzip der Privatautonomie nur formal ausbalancierte bürgerliche Rechtsordnung auf die typischen Probleme einer modernen Massengesellschaft sozialpolitisch sachnahe Antworten geben. Die Machtgebiete der marktbeherrschenden, globalisiert agierenden Großunternehmen, Bodenknappheit, verschuldete Kommunen, volatile Wirtschaftslage und Währungspolitik bedrohen die liberal-demokratische Vertragsfreiheit und Eigentumsgarantien, in deren Rahmen sich jedes Individuum selbstbestimmt und selbstverantwortlich rechtlich verwirklichen sollte. Seit dem Inkrafttreten des Gesetzes hat sich das soziostrukturelle und ökonomische Fundament der bürgerlichen Gesellschaft grundlegend verändert. Aufgabe der Rechtsprechung ist es deshalb, die Privatrechtsnormen rechtsfortbildend „intra ius" zu interpretieren, um den Anforderungen der postmodernen Wirklichkeit der Informations- und Wirtschaftsgesellschaft gerecht zu werden.

3. Auslandsecho

49   Im Ausland besaß das BGB seit seinem Inkrafttreten hohes Ansehen. Der englische Historiker des Common Law Frederic William Maitland († 1906) hielt es für „the best code that the world has yet seen". Dabei überzeugten weniger die Einflüsse durch unmittelbare Übernahmen bzw. Kopien gesetzlicher Regelungen. Weit mehr hatte das Phänomen der sog. „circolazione di modelli" (R. Sacco) zum Vorbildcharakter des BGB beigetragen. Mit diesem Begriff verdeutlicht die Rechtsvergleichung den Austausch dogmatischer Grundsätze oder Theorien zwischen verschiedenen Rechtsordnungen, die im Gesetzestext noch keine unmittelbare Stütze besitzen. Auf das BGB übertragen fielen darunter Rechtsfiguren, wie das Verschulden bei Vertragsschluss (*culpa in contrahendo*), die faktischen Vertrags-

verhältnisse oder die Störung der Geschäftsgrundlage (*clausula rebus sic stantibus*), wodurch nur scheinbar der Grundsatz des „pacta sunt servanda" eingeschränkt wurde.

Über den Weg dieses Zirkulierens hat das BGB u. a. das Zivilrecht der Schweiz (1907/1912), von Griechenland (1930/1946), Japan (1898), Brasilien (1916), Thailand (1925) und Peru (1936) beeinflusst. Das chinesische bürgerliche Gesetzbuch von 1930 hatte ebenfalls in vielen Bereichen – neben japanischen Rechtsanleihen – das BGB zum Vorbild genommen. Es wurde 1949 von der Volksrepublik China abgeschafft.

V. Bürgerliches Recht in der Weimarer Republik

1. Normvertretung

Das BGB hatte die normativen Funktionen der pandektistischen 50 Zivilrechtswissenschaft gegenstandslos werden lassen. Damit waren die dogmatische Basis und theoretische Steuerung der Rechtsprechung weggebrochen. Eine neue Positionierung wurde im wirtschafts-, sozial- und krisenpolitischen Klima einer „überreizten Republik" (K. W. Nörr) unumgänglich.

Bis zum Ende der wilhelminischen Monarchie (1918) musste bei Unklarheiten oder beim Fehlen von Rechtsnormen das Gesetz aus sich selbst heraus, d. h. nach dem Wortsinn der Normen interpretiert werden. Diese positivistische, enge Textbindung ergänzten methodenkonforme Rückgriffe auf die Entstehungsgeschichte, die „Gesetzesmaterialien" (Motive der Ersten, Protokolle der Zweiten Kommission, Denkschrift). Allerdings hatten die Umbrüche der Kriegs- und Notzeit den ursprünglich individualistischen Charakter des Privatrechts verändert. Eine Auslegung des historischen „Willens des Gesetzgebers" oder nach dem (gefährlichen) „Willen des Gesetzes" führte zu untragbaren Resultaten. Spätestens in der Zeit der Republik von Weimar stand endgültig fest, dass mit der bisher streng textgebundenen Auslegung die aktuellen Probleme nicht mehr zu bewältigen waren.

In dieser Situation übernahm die Rechtsprechung die Funktionen 51 der Normsetzung. Als „Ersatzgesetzgeber" kompensierte der Richter das Fehlen von Gesetzen. Die neue Art der Rechtsschöpfung durch den normvertretenden Richterspruch erreichte ihre Höhepunkte bei der Anwendung der ausfüllungsbedürftigen Generalklauseln. Die Vorschriften waren mit ihren unbestimmten Rechtsbegriffen prädestiniert, das lückenhafte Gesetz systemkonform zu schließen. Vor dem Übermaß einer unkontrollierten, exzessiven Erweiterung des Anwendungsbereichs dieser „Fortschrittsvorschriften" (J. Kohler) als Billigkeitsrechtsprechung warnte vergeblich das Schlagwort von der „Flucht in die Generalklauseln" (J. W. Hedemann). Dabei wurde die originäre Funktion der unbestimmten Rechtsbegriffe als „Delegationsnormen" (Ph. Heck) und Instrumente der Lückenausfüllung und Rechtsfortbildung verkannt.

52   Vor völlig neue Aufgaben hatte die Inflation die Judikatur gestellt. In der Epoche nach der Novemberrevolution von 1918 (Umwandlung der Monarchie in eine demokratische Republik) wurde der ökonomische und gesellschaftliche Wandel durch krisenhafte Geschehnisse in Staat und Politik beschleunigt. Das von Otto v. Gierke in die Diskussion eingeführte „Sozialrecht" hätte hier als Alternative zum liberalen Individualismus und radikalen Sozialismus übernommen werden können. Die mit der Rechtsfigur verbundenen rechtspolitischen Postulate haben dies verhindert. Ihnen fehlten konkrete Aussagen in einem klaren System, die als praktische Handlungsanweisungen hätten rezipiert werden können.

Nicht unwesentliche Fortschritte konnte dagegen die lohnabhängige Arbeiterschaft verbuchen. Die Mitglieder wurden am politischen Geschehen beteiligt, von dem sie das Kaiserreich weitgehend ausgeschlossen hatte. Die im 19. Jahrhundert katastrophale Lage verbesserte 1918/1920 eine Arbeiterschutzgesetzgebung (Tarifverträge, Achtstundentag, Betriebsräte-, Arbeitsgerichtsgesetz).

2. Richtermacht in Krisenzeiten

53   Die Staats- und Wirtschaftskrisen der Republik erzwangen eine Modifizierung der Eigentumsordnung, umgestaltende Erweiterungen des Privatrechts (Grundstücks-, Wohnungsrecht) und eine Neuordnung durch Notmaßnahmen des Gesetzgebers (Aktien-, Konzern- und Kartellrecht). Vor allem mit der sog. Aufwertungsrechtsprechung des Reichsgerichts wurde versucht, die wirtschaftlichen Benachteiligungen der Inflation und den damit verbundenen Währungsverfall zu Gunsten der Inflationsopfer zu korrigieren. Die Aufwertung der Geldleistung im Nennbetrag oder die Anerkennung der

Veränderungen der Geschäftsgrundlage als allgemeine Anspruchsgrundlage entgegen der bisherigen Rechtsprechung waren wichtige
Schöpfungen richterlicher Normsetzung.
Die „interpretatorische Emanzipation des Richters" (H. Mohn-   54
haupt) wurde in der Weimarer Epoche durch neue soziologische
Rechtsanwendungslehren gefördert. Für das Schließen festgestellter
Gesetzes- und Rechtslücken propagierten Freirechtsbewegung und
Interessenjurisprudenz die Gleichsetzung von Recht und gesellschaftliche Ordnung, eine freiere Stellung des Richters gegenüber
dem Gesetz, mehr Sach- und Lebensnähe sowie die Verwirklichung
der Einzelfall- und Interessengerechtigkeit auf der Grundlage gesellschaftlich relevanter Rechtsvorstellungen.
Der Anteil dieser Lehren an der Rechtsprechungspraxis der Weimarer Zeit wird unterschiedlich beurteilt. Nach neuen Forschungen
hatte die Freirechtslehre größeren Einfluss gewonnen. Demgegenüber
war die Interessenjurisprudenz wegen ihrer nach wie vor gesetzespositivistischen Grundeinstellung weitgehend unfähig, den politischen
wie sozioökonomischen Wandlungen Verständnis entgegenzubringen
(K. W. Nörr).

3. Notgesetzgebung

Die Notlage auf dem Gebiet des Wohnungswesens erforderte so-   55
ziale Sofortmaßnahmen des Gesetzgebers. Die kriegsbedingten Störungen des sozialen und Wirtschaftslebens mussten beseitigt werden.
Ein erster Schritt in diese Richtung war 1919 die „Verordnung über
das Erbbaurecht". Das Gesetz nahm bedeutsame Eingriffe in den
Normenbestand des individualistischen BGB vor (§§ 1012–1017). Finanziell schwächeren Bevölkerungsschichten sollten Bauvorhaben ermöglicht werden, die regelmäßig an hohen Grundstückskosten scheiterten.
Zum Schutz des Mieters wurde 1917 die Mieterschutzverordnung   56
erlassen. In der Nachkriegszeit folgten weitere sozialverträgliche
Korrekturen durch das sog. Mietnotrecht auf den Gebieten der
Wohnraumbewirtschaftung, der Mietpreisbindung und des Kündigungsschutzes. Gegen Ende der Weimarer Republik sollte 1931 an
die Stelle des Notrechts ein neues soziales Mietrecht treten. Die Realisierung blieb aus; das Reichsmietengesetz von 1922 und das Mieterschutzgesetz von 1923 galten fort.

VI. Zivilisationsbruch und Recht

57   Das liberal-konservative Privatrecht garantierte dem Individuum die freie Entfaltung seiner Persönlichkeit durch freie Vertragsgestaltung, freies Eigentum und eine freie wirtschaftliche Betätigung. Die Krisen der Weimarer Republik – Hyperinflation und Bankenkrise – veränderten das der Rechtsordnung zugrunde liegende Menschenbild der individuellen Selbstbestimmung. Vor allem die Rechtsprechung wurde zum „entindividualisierten" Instrument bei der Überwindung der wirtschaftlichen Depression zum Wohl der Gemeinschaft.

Aber selbst in dieser veränderten Gestalt blieb das geltende Recht immer noch die Ordnung eines Rechtsstaats. Den Verfassungs- und Kulturbruch brachte erst 1933 die Ernennung von Adolf Hitler, einem Emporkömmling mit wahnhaft faschistoid-diktatorischen Ambitionen, zum Reichskanzler. „Die Verhöhnung der Rechtsstaatsidee (war) die deutlichste Abkehr des NS-Regimes von Weimar. Einen tieferen Kontinuitätsbruch (konnte) es rechtgeschichtlich gar nicht geben" (K. W. Nörr). Gewalt, schrankenlose Willkür und die Zerstörung der Würde des Menschen mit allen zivilisatorischen Werten traten an die Stelle der Rechtsstaatlichkeit.

1. Rassebiologie und Recht

58   Der diktatorische NS-Staat hatte den Menschen seiner angeborenen Freiheit und Würde beraubt. Das Recht des totalitären Regimes diente der Politik und war Produkt einer „völkischen" Chimäre, die ihre Wurzeln in einer rasseorientierten Biologie hatte. Auf dieser Grundlage sollte die gesamte Rechtsordnung allein zum Zweck der Erhaltung und Verfestigung der uneingeschränkten Macht eines Unrechtssystems umgeformt werden. Ihr Substrat war eine abstruse, politisch wie sozial wirkende Rasseideologie, die den in Deutschland seit dem 19. Jahrhundert existierenden religiösen und wirtschaftlichen Antisemitismus ergänzte. Nach der neuen „Rasselehre" war das Volk identisch mit einer omnipotenten „reinen nordisch-arischen Rasse", die als „Herrenrasse" die Vorherrschaft über alle anderen menschlichen Gruppierungen beanspruchte. Ihren Ursprung hatte diese naiv-triviale Vorstellung in der Überheblichkeit des auf einer höheren

Stufe als die anderen Menschen sich wähnenden Weißen seit den Zeiten der spanischen Konquistadoren des 16. und 17. Jahrhunderts.

Diese Rassedoktrin sah in „dem nicht artverwandten Juden" den 59 geborenen „fremdrassigen Schädling" der deutschen „Volksgemeinschaft". Als „Volksfeind" wurde er seit 1933 konsequent aus dem öffentlichen Leben ausgeschlossen, aus dem Justizdienst, der Rechtsanwaltschaft, dem Lehrerberuf und dem Militärdienst entfernt. 1935 führte dieses abstruse Denken unmittelbar zu den sog. Nürnberger Gesetzen. Das erste „Reichsbürgergesetz" definierte den Status eines Reichsbürgers als „Staatsangehöriger deutschen oder artverwandten Blutes" (§ 2 Abs. II), der alleiniger Träger der vollen politischen Rechte war. Das berüchtigte zweite „Gesetz zum Schutze des deutschen Blutes und der deutschen Ehre" (sog. Blutschutzgesetz) verbot u. a. die Eheschließung und den „außerehelichen Verkehr" zwischen Juden und „Staatsangehörigen deutschen oder artverwandten Blutes" (§§ 1, 2). Beide Rassegesetze hatten die Türen zur sog. „Endlösung der Judenfrage" und damit zum Mord an Millionen von Menschen geöffnet (Shoa).

Die Werte der durch den Begriff der Rasse verschmolzenen „völki- 60 schen" Gemeinschaft spiegelte das Recht vollkommen wider. Die rassische Artgleichheit und Gleichschaltung waren „Ursprung und Ziel" dessen, was als höchster Wert ausgegeben und als „Recht" befohlen wurde. In Wahrheit handelte es sich dabei um einen offenen Anschlag auf alle politischen wie zivilisatorischen Werte, um einen Zivilisationsbruch von bisher nicht gekannten Dimensionen. Allein über die Rasse und das Volkstum wurde das bürgerliche in ein „völkisches", letztlich von Grund auf pervertiertes Recht umgedeutet. Ein derartiges „Recht" hatte und kannte keine rationale Rechtstheorie. Es bestand aus einer Ansammlung unterschiedlichster inhaltshohler sog. Grundsätze, wie Volksgebundenheit, Volkstum, Volksstaat, Führertum, Führerwille und Führerbefehl. Im Grunde waren dies politische „Kampfparolen".

Der diktatorische autoritär-nationale Führerstaat zwang alle als 61 „artrein, rassegleich und arisch" gedachten „Volksgenossen" aus der Sicht eines primitiven Sozialdarwinismus in die diffuse Zwangsordnung der Volksgemeinschaft. In ihr verlor der Mensch als Subjekt von Rechten und Adressat von Rechtspflichten seine Individualität und Würde. Die zu Vordenkern stilisierten oder sich selbst so gerierenden, angepassten NS-Juristen priesen die „gliedhafte Rechtsstellung des Volksgenossen in der Gemeinschaft" (K. Larenz) als neue

Grundform der juristischen Existenz. In Wahrheit beschrieb diese programmatische Kennung die totale Gleichschaltung und Entrechtung des Individuums auf allen Lebensebenen. Die Entpersönlichung verbrämten Devisen, wie „Du bist nichts, Dein Volk ist alles", „Gemeinnutz vor Eigennutz" oder „Recht ist, was dem Volke nützt". Sie waren Maximen machtpolitischen Handelns und Richtlinien für Gesetzgebung und Rechtsprechung. Der Mensch wurde Objekt schrankenloser Willkür und ideologischer Manipulation.

2. Liquidierung des bürgerlichen Rechts

62   Das dem Moralischen wie Rechtlichen völlig entfremdete machtvisionäre Denken erkannte in der bürgerlichen Rechtsordnung des 19. Jahrhunderts das Erzeugnis eines individualistischen, volksschädlichen Positivismus und liberalistischen Dogmatismus. Die führenden NS-Ideologen diffamierten den juristischen Positivismus als Verbindung von Entscheidungs- und Gesetzesdenken (Dezisionimus, Normativismus). Zur Legitimierung der Polemik beriefen sie sich auf die bereits im nationalistisch-antisemitischen Parteiprogramm vom 24. Februar 1920 vorgebrachten Forderungen gegen die Bürgerlichkeit und Positivität des Rechts. Dem als verderbt und „fremdvölkisch" denunzierten Vorbild des „römischen Rezeptionsrechts" und dem „Typus des rezeptionsrechtlich geprägten Juristen" wurde der Kampf angesagt (Punkt 19). Ein „deutsches Gemeinrecht" sollte als „Ersatz für das der materialistischen Weltordnung dienende römische Recht" den Richtungswechsel bewirken. Dieses Recht, das der jüdischen Bevölkerung alle Rechte eines Staatsbürgers verweigerte, die Germanisierung des Ostens als neuen „Lebensraum" propagierte, war reine Funktion der NS-Ideologie. Der Rechts- und Staatstheoretiker *Carl Schmitt* (1888–1985), zuletzt Professor in Berlin, Verherrlicher und einer der umstrittensten juristischen Vordenker des Nationalsozialismus, hatte diese Sätze zur „verfassungsrechtlichen Bestimmung ersten Ranges" erhoben. Die allgemeine Anerkennung des Parteiprogramms als echte Rechtsquelle blieb allerdings umstritten.

63   Das völkische Rechtsdenken beanspruchte absolute Geltung. Die sog. „Kieler Schule" wurde Speerspitze einer grundlegenden „völkischen Rechtserneuerung". Sie bestand aus einem Zusammenschluss junger Rechtslehrer, die sich in einer wahren Literaturoffensive für das neue völkische Recht engagierten und artikulierten. Die Protago-

nisten unter ihnen, wie Karl Larenz, Wolfgang Siebert oder Franz Wieacker, versuchten den Aufbau einer neuen Gemeinschaftsordnung. Sie entwickelten sie aus plakativen Leerformeln mit neuartigem Rechtsquellencharakter, wie Führertum, Volksanschauung, Rechtsgewissen des Volkes, gesundes Volksempfinden. Vor diesem Konglomerat verworrener völkischer Ideale galt das rationale BGB als Zeugnis einer überwundenen Zeit.

Uneinigkeit herrschte vorerst noch bei der Frage, ob das neue „rasserechtliche" Denken legislativ durch Einzelgesetze oder durch ein neues „völkisches" Privatrechtsgesetzbuch realisiert werden sollte. Der Plan zu einem neuen Gesetz wurde schon 1933 entwickelt. Er sollte stufenweise verwirklicht werden. Noch 1937 hatte das Reichsjustizministerium die Zerschlagung des BGB in Einzelgesetze favorisiert. Erste Ergebnisse dieser novellierenden Gesetzgebung waren 1938 das Testamentsgesetz sowie das Ehegesetz, das nach dem sog. Anschluss auch in Österreich in Kraft gesetzt wurde. Ein Jahr später wurde jedoch das Projekt, das völkische Recht in einem „großen Gesetz für alle Volksgenossen" (H. Lange) zu kodifizieren, der Öffentlichkeit verkündet. 64

Ein propagandawirksamer Vortrag mit dem Titel „Abschied vom BGB" des Staatssekretärs im Reichsjustizministerium Franz Schlegelberger, den er 1937 auf Einladung der Universität Heidelberg gehalten hatte, gab dazu den letzten Anstoß. Mit den Gesetzgebungsarbeiten wurde die im Oktober 1933 gegründete „Akademie für Deutsches Recht" in München betraut. Sie sollte „die Erneuerung des Deutschen Rechts im Sinne der nationalsozialistischen Weltanschauung nach den Grundsätzen strenger wissenschaftlicher Methode vorbereiten" (Jahrbuch d. Akademie 1933/34, 7). Die Liquidierung des BGB begann 1939 unter dem ersten Präsidenten der Akademie Hans Frank, Reichskommissar für die Gleichschaltung der Justiz in den Ländern und für die Erneuerung der Rechtsordnung sowie seit 1939 „Generalgouverneur für die besetzten polnischen Gebiete". Er starb in Nürnberg als zum Tod verurteilter Kriegsverbrecher.

Die Demontage der bürgerlichen Rechtsordnung wurde in der Akademie für Deutsches Recht unter der Leitung von *Heinrich Lange* (1900–1977), dem wohl rigorosesten Prediger des völkischen Rechts, mit Nachdruck fortgesetzt. Die Elite deutscher Rechtswissenschaftler, unter ihnen Gustav Boehmer, Alfred Hueck, Justus W. Hedemann, Hans Carl Nipperdey, Arthur Nikisch und Eugen Ulmer, hatte ein sog. „Volksgesetzbuch" zu erarbeiten. Es sollte die 65

Magna Charta des neuen völkischen Privatrechts bilden, in der das gesamte blutgebundene und rassegemäße Volksbürgerrecht zusammengeführt war. Das Gesetzbuch war als Ersatz des BGB geplant. Das bürgerliche Recht des Gesetzes wurde als volksfremd und „wie für ein Krämervolk geschrieben" denunziert, das „in seinem Sprachschatz das Wort ‚Ehre' überhaupt nicht" hatte. Die Einleitung des Volksgesetzbuchs bestand aus 25 „Grundregeln", die nach eigenem Verständnis „mehr sein (wollten) als eine bloße 'Präambel'". Sie waren echte „Rechtssätze" und dem Parteiprogramm von 1920, „das weit über den Rahmen des Volksgesetzbuchs hinaus" ragte, unterstellt (J. W. Hedemann u. a., Volksgesetzbuch, 38). Ihnen sollten die Bücher „Volksgenosse, Familie, Erbe, Vertrags- und Haftungsordnung, Arbeit, Unternehmen, Vereinigungen" folgen.

66   Der Verzicht auf die Berücksichtigung klassischer Elemente einer Kodifikation (z. B. Allgemeiner Teil) sowie die Einbeziehung und Vermengung des Unternehmensrechts mit dem Handels- und Arbeitsrecht stellte die Redaktoren der Teilentwürfe von 1942 vor grundsätzliche gesetzestechnische Probleme. Die Fertigstellung verhinderten die Kriegsereignisse. Die Arbeiten wurden im August 1944 eingestellt. Die rechtsferne und rechtsleere legislative Epoche war beendet.

3. Germanisierung der Rechtsgeschichte

67   In die rechtspolitische Auseinandersetzung der faschistisch-rassistischen NS-Ideologie mit dem liberalen Grundverständnis von Recht und seinen Wurzeln geriet auch die Rechtsgeschichte als Lehrfach und Forschungsdisziplin. Die Folgen manifestierten sich in den beiden Wissenschaftsflügeln „Romanistik" und „Germanistik" jedoch unterschiedlich.

Das römische Recht als Gegenstand romanistischer Forschung und Lehre war geächtet. Bereits im Parteiprogramm von 1920 wurde es zur gesellschaftsfeindlichen Kraft und zum negativen Element einer materialistischen Weltordnung erklärt, das unbedingt zu eliminieren war. Den dafür idealen Ersatz sollte ein reines „Ius Germanicum" bilden und von germanistischen Rechtshistorikern gesucht, erkundet und verifiziert werden. Und diese kamen dem beflissen nach. Aus deutschen Quellen wurden „die geistigen und sittlichen Grundlagen des germanischen und des deutschen Rechts" (Cl. v. Schwerin) oder eine typisch germanisch-deutsche „Rechtsgesinnung" (W. Merk) herauspräpariert. Ein „germanisches Weltrecht" sollte Modellcharakter für das „völkische Recht" haben. Ein Privatrecht in dem bisher konventionellen Sinne gab es nach der Ideologie nicht mehr. Recht war zu einem reinen Instrument der politischen Macht verkommen und die Germanisten zu Vorkämpfern einer kruden germanisch wüchsigen NS-Rechtsentwicklungsgeschichte.

Der Fortgang der Geschichte verhinderte, dass die Germanistik die 68 ihr zugewiesenen Umbaupläne realisieren und die theoretischen Voraussetzungen für die wissenschaftsgeschichtliche Eliminierung des römischen Rechts aus dem „Reich" rassereiner arischer, germanisch stämmiger Primaten schaffen konnten. Die Romanisten konnten den negativen, minderwertigen Status, den die NS-Propaganda ihnen und ihrer Wissenschaft vom römischen Recht verliehen hatte, erst nach dem Ende der Diktatur revidieren.

4. Ursachenforschung

Nach dem Kriegsende wurde die Frage nach den Ursachen bzw. 69 den Verursachern der Rechtszerstörung durch den Nationalsozialismus nur zögerlich und vereinzelt gestellt. Für eine objektive Analyse fehlte noch die zeitliche Distanz zum Geschehen. Inzwischen hat die Forschung dafür differenzierte Erklärungen gefunden.

Stets umstritten waren Rolle und Anteil der Juristen an dem schleichenden Niedergang der Weimarer Republik und an der Vorbereitung der NS-Diktatur. Unzureichend bewertet wurden dabei auch die Beiträge der Universitäten und ihrer Dozenten, die teils freiwillig, teils gezwungen in Diensten einer umfassenden „völkischen Rechtserneuerung" tätig wurden. Lange unbeachtet blieben dabei auch die Entfernung der jüdischen Rechtslehrer aus dem Hochschuldienst, die Schicksale ihrer Emigration und ihre Ermordung.

Erste Erklärungs- und Einordnungsversuche hatte die in den 70 Nachkriegsjahren entstandene, theologisch motivierte Naturrechtsbewegung unternommen. Ihre Repräsentanten verstanden sich als demokratische, wertbewusste Alternative zu den geistigen Urhebern und Vollstreckern der pervertierten, rassebiologisch begründeten NS-Rechtsidee. Sie waren Mitglieder einer unabhängigen, faschistisch nicht korrumpierten, jedoch überwiegend unpolitischen Richterelite, die ihre Rechtsprechung an dem Wert der Gerechtigkeit, insbesondere an einem neubelebten, christlichen Naturrecht orientiert hatte.

Bei der strafrechtlichen Bewertung der NS-Justizpraxis erklärten sie – dem naturrechtlich zeitlosen Verbrechenscharakter folgend – alles das, was damals Unrecht war, auch jetzt noch für Unrecht. Für den kritiklosen, blinden und formalrechtlichen Vollzug verbrecherischer Gesetze durch die Richterschaft machten sie den vor 1933 an den Rechtsfakultäten allgemein gelehrten und später praktizierten Gesetzespositivismus verantwortlich. Dieser habe die Juristen selbst bei der Vollziehung noch so willkürlicher, grausamer, in höchstem Maße moralwidriger Gesetze und Verordnungen zu willfährigen und zugleich wehrlosen Werkzeugen der Überzeugung „Gesetz ist Gesetz" – „Befehl ist Befehl" werden lassen (G. Radbruch). Das nationalsozialistische Recht und seine bereitwillig lehrenden oder praktizierenden Verweser wurden in diesem Erklärungsversuch als Exzesserscheinungen des extremen Rechtspositivismus identifiziert. Diese Bewertungen gelten heute als widerlegt.

71   Nach einer anderen Ursachendeutung waren es hauptsächlich die antiliberal und antidemokratisch gesinnten Justizjuristen, die gefangen im obrigkeitsstaatlichen Denken der wilhelminischen Zeit gefügig die nationalsozialistischen Gesetze vollzogen und mit dem Justizunrecht aktiv zur Implementierung der Rasseideologie in das Recht beigetragen haben. Sie benutzten u. a. exzessiv die Generalklauseln als „Kuckuckseier des Liberalismus" zur Destabilisierung und Relativierung des geltenden Gesetzesrechts. Dieser Gruppierung gehörte eine deutliche Mehrheit deutscher Rechtslehrer an. Sie hatten sich bedingungslos, vielfach von vorauseilendem Gehorsam getrieben in die Dienste der NS-Ideologie gestellt. Wissenschaft und Praxis trugen die Hauptlast der Verantwortung für diese Rechtszersetzung.

Welcher Interpretation der Ursachen man auch folgen mag, über ein Faktum gibt es keine Zweifel. Der Nationalsozialismus und die ihm willfährige NS-Justiz hatten das moralische wie rechtliche Bewusstsein vollständig zerstört und einen Kulturbruch begangen. Dass dies in dem bekannten Umfang überhaupt geschehen konnte, ist eine der tragischsten und bittersten Erfahrungen der deutschen Rechtsgeschichte.

VII. Privatrecht der Bundesrepublik Deutschland

1. Rechtsbereinigungen

Nach dem Ende des Zweiten Weltkrieges (1945) wurde das BGB 72
wieder Mittelpunkt der Privatrechtsordnung, nunmehr eines demokratischen Rechtsstaats. Nach der Übernahme der obersten Regierungsgewalt durch die „Alliierte Kontrollbehörde" der Besatzungs-
mächte (*Allied Control Authority*) führte ein Ausschuss des
„Kontrollrats" (*Allied Control Council*), dem die vier Militärgouver-
neure angehörten, die Entnazifizierung des Gesetzbuchs durch.
Die faschistisch-rassistischen Verfälschungen insbesondere im Fa-
milien- und Erbrecht wurden beseitigt, die Nürnberger Gesetze von
1935 aufgehoben (Kontrollratsgesetz Nr. 1). Das 1938 verselbstän-
digte, rasseideologische Ehegesetz wurde bereinigt und als „Ehegesetz 1946" neu verkündet (Kontrollratsgesetz Nr. 16), das für den Bereich des bäuerlichen Erbrechts 1933 erlassene nationalsozialistische
„Reichserbhofgesetz" kassiert. Das 1938 aus dem BGB herausge-
nommene „Testamentsgesetz" blieb mit seinen ideologisch nicht be-
frachteten Normen vorläufig in Kraft. Die Texte wurden 1953 wieder
in das BGB zurückgeführt. Einzelbereinigungen betrafen auch das
Adoptionsrecht.
Das Bürgerliche Gesetzbuch der Bundesrepublik Deutschland
wurde 1949 nach Maßgabe der Art. 123 Abs. I und Art. 125 des
Grundgesetzes (GG) als Bundesrecht in Kraft gesetzt.

2. Streit um Gleichberechtigung und Gleichstellung

Das BGB von 1900 war männlich. Der Mann hatte die ehemänn- 73
lich-väterliche Gewalt, bestimmte den Wohnsitz, gab der Familie seinen Namen, verwaltete und nutzte das Vermögen der Ehefrau. Auch
die Weimarer Reichsverfassung von 1919 hatte an dieser Vorherrschaft nichts geändert. Zwar erklärte Art. 109 Männer und Frauen
für gleichberechtigt, verstand dies aber nur „grundsätzlich" und bezog es auf die „staatsbürgerlichen", nicht auch auf die bürgerlichen
„Rechte und Pflichten". Erst das Grundgesetz gewährleistete 1949
die volle Gleichberechtigung (Art. 3 Abs. II).

74   Sie wurde im Zivilrecht und von der Rechtsprechung allerdings schrittweise verwirklicht. Für Rechtsangleichungen im bürgerlichen Ehe- und Familienrecht benötigte der Deutsche Bundestag als Gesetzgeber zwei Legislaturperioden (1949–1953 und 1953–1957). Das Ergebnis waren das Gleichberechtigungsgesetz von 1957 und das Familienrechtsänderungsgesetz von 1961. Beide schufen die Voraussetzungen für die legislative Verwirklichung weiterer Gleichstellungsforderungen.

Bei den Beratungen des Gleichberechtigungsgesetzes war das Parlament Austragungsort tiefgehender weltanschaulicher und parteipolitischer Auseinandersetzungen. Im Mittelpunkt der Familienrechtsreform der 50er-Jahre standen die Vorschriften des persönlichen Eherechts, konkret das Alleinentscheidungsrecht des Mannes in allen Angelegenheiten des gemeinschaftlichen ehelichen Lebens, ferner die Hausfrauenehe als Leitbild sowie das zwischen ehelichen und nichtehelichen Abkömmlingen differenzierende Kindschaftsrecht. Für das Kind einer „unehelichen Mutter" handelte ein Vormund als Inhaber der elterlichen Gewalt. Zudem galten der biologische Vater und sein „uneheliches Kind – nicht als verwandt" (§ 1589 Abs. II a. F.).

75   Beide Kirchen bemühten sich um eine bedingungslose Bewahrung dieser patriarchalischen, diskriminierenden Rechtspositionen. Sie versuchten, durch öffentliche Propaganda und massive, auch persönliche Interventionen bei den Parlamentariern die Gleichberechtigung unter Berufung auf das göttliche Recht und christliche Naturrecht zu verhindern. Extrem waren dabei die Forderungen der katholischen Bischofskonferenz unter der Leitung des Kölner Kardinals Josef Frings († 1978). Die Bischöfe beharrten auf der biblischen sog. Ursprungshierarchie, deren unmittelbare Geltung sie auch für die weltliche Rechtsordnung forderten. Nach dieser Glaubenslehre basierte die aus der Schöpfungsgeschichte des Alten Testaments abgeleitete Eheordnung auf dem unbedingten Vorrang des von Gott zuerst geschaffenen Mannes (Genesis 2,7,18–24). Die Ehe als Offenbarungsgut der Bibel sollte jeder Änderung und Verfügung durch den staatlichen Gesetzgeber entzogen sein.

Die Regierungsparteien, voran CDU/CSU, beugten sich dieser Argumentation. Die deprimierenden Debatten bei den Gesetzgebungsarbeiten endeten mit Kompromissen. Dazu gehörten der gesetzliche Güterstand der Zugewinngemeinschaft und teils groteske, teils nur ansatzweise dem Gleichberechtigungsgebot des Grundgesetzes entsprechende rechtliche „Gleichstellungen" der Frau, wie z. B. das fortbestehende „Ernährer-Hausfrauen-Eheleitbild". Es konnte immerhin seit 1957 für abdingbar erklärt werden (BVerfGE 6, 55) und wurde erst 1977 endgültig abgeschafft.

Mit zeitlich ähnlicher Verzögerung kamen die staatstragenden Par- **76** teien dem Verfassungsgebot im Parlament nach, die nichtehelichen den ehelichen Kindern gleichzustellen (Art. 6 Abs. V GG). Nach Anmahnung durch das Bundesverfassungsgericht kam 1969 das Nichtehelichengesetz zustande, das in Teilreformen jedoch nur Milderungen in der weiterhin minderen Rechtsstellung brachte (Erbersatzanspruch, vorzeitiger Erbausgleich). Erst 1997 beseitigten das Erbrechtsgleichstellungsgesetz und 1998 das Kindschaftsrechtsreformgesetz die noch bestehenden, die Nichtehelichen diskriminierenden Bestimmungen auf den Gebieten der elterlichen Sorge, des Abstammungs-, Namens-, Unterhalts- und Erbrechts.

Eingriffe in die Kernsubstanzen des Eherechts (Begründung, Auf- **77** lösung, Nachwirkungen) beinhaltete das Eherechtsreformgesetz von 1976. Abgeschafft wurden die Hausfrauenehe und bei der Eheauflösung das Verschuldensprinzip. Einziger Scheidungsgrund wurde das objektive Scheitern der (zerrütteten) Ehe. Die weitere Entwicklung bestimmten Neuregelungen insbesondere durch das Betreuungsgesetz von 1990/92, das die Vormundschaft und Pflegschaft über Volljährige durch das einheitliche Institut der Betreuung ersetzte und damit den spezifischen Anforderungen bei behinderten Menschen Rechnung trug. Mit dem Eheschließungsrechtsgesetz von 1998 wurde das Ehegesetz von 1946 aufgehoben und das gesamte Eheschließungsrecht nach systematischer Vereinheitlichung und Fortschreibung wieder in das BGB eingefügt.

Einen vorläufigen Abschluss bei der Umsetzung der Reformen brachte das Familiennamensrechtsgesetz von 1993. Es beseitigte den Grundsatz der obligatorischen Ehenamenseinheit und ersetzte ihn durch das verfassungskonforme Prinzip der namensrechtlichen Selbstbestimmung der Ehegatten. Das Gewaltschutzgesetz von 2002 schützte vor allem Frauen und Kinder als Opfer von Gewalttätigkeiten in der Familie (z. B. Entfernung des „Gewalttäters" aus der Wohnung). Das Lebenspartnerschaftsgesetz von 2001 ermöglichte es gleichgeschlechtlichen Paaren, eine rechtlich anerkannte Form des Zusammenlebens zu begründen, und regelte die Rechtsfolgen in enger Anlehnung an die bürgerliche Ehe des BGB.

3. Schuldrechtsreformen

78   Das Schuldrecht wurde seit dem Inkrafttreten des BGB durch die Rechtsprechung fortgebildet. Diese Aufgaben sind inzwischen auf die Privatrechtsgesetzgebung der Europäischen Union (EU) übergegangen und intensiv fortgesetzt worden. Ziel der fragmentarischen und auf Details konzentrierten Regelungen der EU ist die Angleichung der innerstaatlichen Rechte der Mitgliedstaaten an die „globalisierten" Erfordernisse des gemeinsamen Marktes. Diesen Prozess steuern „EG-Richtlinien", die grundsätzlich keine unmittelbare Geltung besitzen. Die unsystematischen, bürokratischen Einzelregelungen richten sich unmittelbar nur an die Gesetzgebungsorgane der Mitgliedstaaten und verpflichten sie, das Richtlinienrecht in nationales Recht umzuwandeln.

79   Auf diese Richtlinienrechtsetzung geht das Produkthaftungsgesetz von 1988 zurück, das den Verschuldensgrundsatz durch eine verschuldensunabhängige sog. Gefährdungs- oder Kausalhaftung des Herstellers für fehlerhafte Produkte ersetzt. Gleichen Ursprungs ist das Verbraucherkreditgesetz von 1990, mit dem das alte Gesetz betreffend die Abzahlungsgeschäfte (1894) abgelöst wurde. Ratio legis dieser Sonderprivatrechte war der Schutz des Verbrauchers vor mangelhaften oder gefährlichen Produkten. Vor dieser Gesetzgebung hatte die Rechtsprechung versucht, im Wege des Richterrechts die Unzulänglichkeiten der BGB-Regelung zu korrigieren. Dies erfolgte durch eine Beweislastumkehr zugunsten des Verbrauchers und durch ein Netz von Informations-, Produktbeobachtungs- und Rückrufpflichten. Letztlich erwiesen sich diese Maßnahmen jedoch als unzureichend.

Auf EU-Richtlinien beruht ferner das Reisevertragsgesetz von 1979, das der Bedeutung des weltweiten Tourismus durch Einführung eines neuen Vertragstypus Rechnung trägt. Auf der Grundlage der EG-Richtlinie für Pauschalreisen von 1994 wurden rechtliche Voraussetzungen für die Abwicklung des komplexen (Fern-) Reisevertrages geschaffen, der in der Regel aus einer Vielzahl sachlich wie juristisch unterschiedlicher Leistungen besteht (Flug, Hotelunterkunft, Verpflegung, Exkursionen).

80   Die umfassendste Änderung des BGB außerhalb des Familienrechts brachte 2002 das Schuldrechtsmodernisierungsgesetz. Veranlasst wurde die Reform durch drei EG-Richtlinien, die umgesetzt

werden mussten: Verbrauchsgüterkauf-, e-commerce- und Zahlungs-verzugs-Richtlinie. Der deutsche Gesetzgeber nahm dies zum Anlass, die bereits seit längerer Zeit in Planung befindliche Schuldrechtsre-form inhaltlich umfassend durchzuführen.

Die Geschichte der Schuldrechtsmodernisierung hatte 1984 mit der Einsetzung einer „Kommission zur Überarbeitung des Schuldrechts" beim Bundesjustizministerium begonnen. Ergebnisse der 1991 abge-schlossenen, aber nicht weiter verfolgten Arbeiten waren Vorschläge zur Neuregelung insbesondere der Leistungsstörungen und zur Ver-jährung. Kernstücke der nach rund zehn Jahren wieder aufgenomme-nen Reform bildeten die Neufassung des Rechts der Leistungsstörun-gen und die Umgestaltung der Sach- und Rechtsmängelhaftung. Spezialgesetze, wie z. B. das Gesetz zur Regelung der Allgemeinen Geschäftsbedingungen und die meisten Verbraucherschutzgesetze, wurden in das BGB aufgenommen.

Besondere rechtsdogmatische Beachtung verdient die Kodifizie-rung allgemeiner Rechtsgrundsätze oder Anspruchsnormen, deren Geltung bisher durch Rechtslehre und richterliche Gewohnheits-rechtspraxis begründet worden war. Durch den neuen zentralen Haf-tungstatbestand des § 280 Abs. I und die Normierung der Neben-pflichten aus dem Schuldverhältnis wurden eigene Rechtsinstitute die positive Vertragsverletzung (§§ 241 Abs. II, 280 ff.), die culpa in contrahendo als Verschulden bei Vertragsverhandlungen und der Ver-trag mit Schutzwirkung für Dritte (§§ 311 Abs. II, 241 Abs. II), die clausula rebus sic stantibus als Störung/Wegfall der Geschäftsgrund-lage (§ 313) und die Kündigung von Dauerschuldverhältnissen aus wichtigem Grund (§ 314).

4. Arbeitsrecht als Sonderprivatrecht

Arbeitsrecht und Arbeitsrechtswissenschaft haben sich nach dem 81 Inkrafttreten des BGB als eigene Disziplin mit eigener Gerichtsbar-keit außerhalb des Gesetzbuchs fortentwickelt. In der vorindustriel-len Zeit waren die Arbeitsverhältnisse bevorzugte Gegenstände der Polizeigesetzgebung („gute Policey") und später der Zunft- und Ge-sindeordnungen. Die Regelungen dienten der Aufrechterhaltung der sozialen Ordnung (Lohntarife, Kündigungsgründe). Für die Redak-toren des BGB war das Arbeitsrecht Sonderprivatrecht, wie etwa das Handels-, Wertpapier-, Börsen- oder Kreditwesenrecht. Die

Fraktion der Sozialdemokraten hatte im Reichstag vergeblich gefordert, im Gesetzbuch das Recht des „Arbeitsvertrages" zu kodifizieren. Der Mehrheitsgesetzgeber hatte darauf jedoch bewusst verzichtet und anstelle dessen das Recht des „Dienstvertrages" geregelt, der nicht nur für abhängige Arbeitnehmer, sondern auch für „höhere Dienste" und für den „freien Dienstvertrag" gelten sollte. Begründet wurde dies mit der besonderen Sozialpolitik des 19. Jahrhunderts. Das Vorbild war wohl der Lohndienstvertrag des Dresdener Entwurfs (Dienstverdingung).

82   Unter dem Druck der Forderungen der Arbeiterschaft hatte der Reichskanzler Otto von Bismarck die gesetzlichen Kranken- (1883), Unfall- (1884), Alters- und Invaliditätsversicherung (1889) eingeführt. Die fortschreitende Industrialisierung der Gesellschaft erforderte eine gesetzliche Regelung weiterer Schutzrechte zugunsten der Arbeiter, der sich Bismarck jedoch widersetzte. Das sozialpolitische Programm von Kaiser Wilhelm II. mit dem Ziel der Verbesserung des Arbeitsschutzes konnte sich durchsetzen, der Kanzler trat zurück (1890). Im Sinne der neuen Sozialpolitik wurden ein Arbeiterschutzgesetz (1891) und Gewerbeordnungsnovellen (1891, 1897) erlassen. Sie brachten Regelungen der Höchstarbeitszeit für Frauen und Kinder, Nachtarbeitsverbote und eine Neuordnung des Lehrlingswesens.

In diesem sozialpolitisch unterentwickelten Klima konnten die in den Gesetzestext des BGB aufgenommenen wenigen arbeitsrechtlich relevanten Vorschriften (z. B. §§ 618, 622 a. F.) den Anforderungen auf dem Gebiet eines industriellen Arbeitsrechts nicht mehr genügen. Die Fortbildung durch die Rechtsprechung und Ergänzungen durch Einzelgesetzgebung waren unausweichlich geworden.

83   Die Epoche des modernen Arbeitsrechts als Sonderrecht der abhängigen Arbeitnehmer begann mit der Weimarer Republik. Die Fortschritte, die erzielt wurden, bestanden im Wesentlichen in der Anerkennung des kollektiven Arbeitsrechts, der Autonomie von Arbeitgeberverbänden und Gewerkschaften sowie der Normqualität tariflicher Vereinbarungen. Tarifverträge verwirklichten die Idee der sozialen Selbstbestimmung im Recht. Sie hatten den Charakter eines objektiven, vertraglich begründeten Rechts, das unmittelbar auf die individuellen Arbeitsverhältnisse einwirkte. Zu den wichtigsten Gesetzen zählten die Verordnung über Tarifverträge (1918), das Betriebsrätegesetz (1920) sowie das Arbeitsgerichtsgesetz (1926), das einen eigenen Gerichtszweig begründete und der Vereinheitlichung der Rechtsprechung diente.

Die sich formierende Arbeitsrechtswissenschaft entstand im politi- **84**
schen Spannungsfeld zwischen Liberalismus, Sozialismus und christlichen Soziallehren (Enzyklika „Rerum novarum" von Papst Leo
XIII., 1891). Sie wurde maßgeblich von zwei Professoren entwickelt.
Philipp Lotmar (1850–1922) war der Repräsentant der liberalen Strömung. Er hatte seine akademische Laufbahn (Habilitation) in München begonnen, lehrte jedoch wegen seiner jüdischen Herkunft als
Professor für römisches Recht in Bern. Von ihm stammt eine umfassende Theorie des Arbeitsvertrags jenseits des Pandektenrechts. Dabei hatte er auf den kollektiven Rechtscharakter von Tarifverträgen
hingewiesen, die durch Einigungskammern die Tarifpartner zur Zusammenarbeit anhielten.

Als der eigentliche „Vater des Arbeitsrechts" gilt *Hugo Sinzheimer*
(1875–1945), Professor für Arbeitsrecht und Rechtssoziologie in
Frankfurt am Main. Er war 1933 zur Emigration in die Niederlande
(Amsterdam, Leiden) gezwungen worden und kurz nach Kriegsende
an den Begleitfolgen eines entwürdigenden Exils gestorben. Sinzheimer stand der Freirechtsbewegung nahe. Die 1921 verfassten
„Grundzüge des Arbeitsrechts" waren das Gründungsdokument der
Arbeitsrechtswissenschaft. In seinen rechtssoziologischen Schriften
trat er für die Aufwertung der Rechtstatsachen bei der Rechtsetzung
und für die Autonomie der Kollektivverbände ein. Das nach der „soziologischen Methode" umgestaltete neue Arbeitsrecht des Standes
der Industriearbeiter sollte in die Lage versetzt werden, die individualistischen Schärfen des Arbeitsvertrags zu korrigieren und zu
überwinden.

Die NS-Diktatur hatte das Arbeitsrecht radikal verändert. Nach **85**
der Zerschlagung der Gewerkschaften wurde die Tarifautonomie beseitigt und das Arbeitsverhältnis zu einem inhaltsleeren „personenrechtlichen Gemeinschaftsverhältnis" degradiert. Konsequent verdrängte 1934 das Gesetz zur Ordnung der nationalen Arbeit nach
dem sog. Führerprinzip die Mitbestimmung der Arbeitnehmer und
ersetzte das kollektive Arbeitsrecht durch staatliche Betriebskontrol-
len, die von sog. „Treuhändern der Arbeit" durchgeführt wurden.
Durch die Einsetzung eines „Führers des Betriebs" wurden Unternehmen organisatorisch wie rechtlich gleichgeschaltet.

Nach Kriegsende begann der Aufbau eines neuen demokratischen **86**
Arbeitsrechts. Wiederum außerhalb des BGB entwickelte hauptsäch-
lich die Rechtsprechung das Arbeitsrecht neben Sondergesetzen fort.
Bevorzugt geregelt wurde das Kollektivarbeitsrecht auf den Gebieten

des Arbeitskampfs (Streik, Aussperrung), der Betriebsverfassung, Mitbestimmung sowie der Arbeitnehmerschutzrechte. Die Rechtsnormen des BGB-Dienstvertrags bildeten weiterhin die Grundlage des Individualarbeitsrechts. Spätere Änderungen wurden aus Gründen der wirtschafts- und gesellschaftspolitischen Um- und Neuorientierungen notwendig (z. B. §§ 611a und b a. F., 612, 613a, 616).

Schrifttum: *Th. Vormbaum*, Politik und Gesinderecht im 19. Jahrhundert (1980); *ders.*, Die Sozialdemokratie und die Entstehung des Bürgerlichen Gesetzbuchs (1997); *ders.*, Die Rassegesetzgebung im nationalsozialistischen Deutschland, in: *L. Garlati/T. Vettor* (Hg.), Das Recht und die Rechtsschändung (2010), 167 ff.; *U. Falk*, Ein Gelehrter wie Windscheid (1989); *J. Rückert*, Bernhard Windscheid und seine Jurisprudenz „als solche" im liberalen Rechtsstaat, JuS 1992, 902 ff.; *P. Landau*, Die deutschen Juristen und der nationalsozialistische Deutsche Juristentag in Leipzig 1933, ZNR 1994, 373 ff.; *H. Schulte-Nölke*, Das Reichsjustizamt und die Entstehung des Bürgerlichen Gesetzbuchs (1995); *J. Rückert/D. Willoweit* (Hg.), Die deutsche Rechtsgeschichte in der NS-Zeit (1995); *J. Rückert*, Abbau und Aufbau der Rechtswissenschaft nach 1945, NJW 1995, 1251 ff.; *Chr. Ahcin*, Zur Entstehung des bürgerlichen Gesetzbuchs für das Königreich Sachsen von 1863/65 (1996); *H. Vaupel*, Die Familienrechtsreform in den fünfziger Jahren im Zeichen widerstreitender Weltanschauungen (1998); *D. Schwab*, Das BGB und seine Kritiker, ZNR 2000, 325 ff.; *K. O. Scherner*, Das HGB – Monument oder Reformgesetz?, ZNR 2000, 358 ff.; *M. Dittmann*, Das Bürgerliche Gesetzbuch aus der Sicht des Common Law (2001); *C. Essner*, Die „Nürnberger Gesetze" oder die Verwaltung des Rassenwahns 1933–1945 (2002); *U. Wesel*, Recht, Unrecht u. Gerechtigkeit. Von der Weimarer Republik bis heute (2003); *B. C. Frenzel*, Das Selbstverständnis der Justiz nach 1945 (2003); *C. Schöler*, Deutsche Rechtseinheit (2004); *Th. Henne*, Rechtsharmonisierung durch das „Reichsgericht" in den 1870er Jahren (2005); *C. Harth*, Der Mythos von der Zerstörung des Vertrags. Zur Vertragslehre des Nationalsozialismus (2008); *T.-C. Riedel*, Gleiches Recht für Frau und Mann (2008); *B. Mertens*, Rechtsetzung im Nationalsozialismus (2009); *B. Rüthers*, Die unbegrenzte Auslegung (7. Aufl. 2012); *Chr. Wiener*, Kieler Fakultät und „Kieler Schule" (2013); *Th. Pierson*, Das Gesinde und die Herausbildung moderner Privatrechtsprinzipien (2016).

13. Kapitel. Grundlagen des modernen Strafrechts in Deutschland

I. Vorbilder

1. Französisches Strafrecht

Das „lange 19. Jahrhundert" (E. J. Hobsbawm) verfügte in Europa 1 über alle Voraussetzungen für umfassende Reformen des durch die Aufklärung gewandelten Strafrechts. Die Rechtslehren des Begründers der Rechtsstaatsidee Immanuel Kant und von Paul Johann Anselm Feuerbach, des „bedeutendsten deutschen Strafrechtlers" (Th. Vormbaum), haben die deutsche Strafrechtswissenschaft dieser Epoche entscheidend geprägt. Sie richteten sich gegen das empirische Nützlichkeitsdenken der Aufklärer und schlugen gleichzeitig die Brücken zur Strafgewalt des Staates, der das allgemeine Gesetz der Freiheit und Gerechtigkeit garantierte. Das Ziel war die Grundlegung eines rechtsstaatlichen Grundsätzen folgenden Strafrechtssystems.

Die Revolutionen von 1798 bis 1848 hatten die Strukturen der 2 spätabsolutistischen Herrschaft und der ständischen Gesellschaften in Europa grundlegend verändert. Das Jahrhundert des Parlamentarismus, der Emanzipation und politischen Partizipation des Individuums wurde in seinem Fortgang nach 1848 nur vorübergehend durch eine Stagnation während der Zeit der Restauration und des Vormärz unterbrochen. Im Strafrechtsdenken haben sich letztlich die Prinzipien der Gleichheit vor dem Gesetz, der Gesetzlichkeit und Rationalität durchsetzen können. Die Phase von 1875 bis 1914 wurde zu einer Epoche der kapitalistischen Wirtschaftsordnung und des globalen Imperialismus, repräsentiert durch die Weltmächte Großbritannien, Frankreich und Russland. Die selbstbewusst gewordenen Staaten mussten das Rechtswesen den Rahmenbedingungen einer neuen, politisch, ideologisch und sozialökonomisch neu sich formierenden Industriegesellschaft angleichen und ihnen unterordnen.

Auf dem Kontinent beginnt die Vorgeschichte des modernen Straf- 3 rechts im 19. Jahrhundert. In Deutschland wurde die Entwicklung maßgeblich von der französischen Strafgesetzgebung der Revolutions- und napoleonischen Zeit als Vorbild gesteuert. Die Gesetzgeber des materiellen und Verfahrensrechts hatten in großem Umfang die überragende legislative Technik mit den egalitären Grundprinzipien des revolutionären Code pénal von 1791, des Code d'instruction criminelle von 1808 und des Code pénal von 1810 übernommen. Das napoleonische Prozessgesetz bildete die Magna Charta des reformierten Strafprozesses. Die Grundsätze Öffentlichkeit, Mündlichkeit und das Geschworenengericht wurden zu Herausforderungen für Rechtspolitik und Gesetzgebung.

2. Geschworenengerichte

4   Der reformierte deutsche Strafprozess war im 19. Jahrhundert Gegenstand einer rechtspolitisch brisanten, kritisch-rechtsvergleichenden Grundsatzdebatte. Zu einem Kristallisationspunkt wurde die Einführung des französischen Typus des Geschworenen- oder Schwurgerichts (*cour d'assises*). Für die deutschen Einzelstaaten war auf ihrem Weg in die nationale, politische Einheit die Institution des Schwurgerichts ein „Bollwerk und Palladium der bürgerlichen Freiheit". Die Forderung nach der Übernahme dieser unentbehrlichen liberalen Institution des konstitutionellen Staates in die Gerichtsverfassung wurde als konsequente Teilverwirklichung des politischen Liberalismus gesehen.

5   In der Diskussion stand die zentrale Frage der Reichweite der fachlichen und sachlichen Entscheidungskompetenzen sowohl der beamteten Berufsrichter wie der Laienrichter im Vordergrund. Der Gesetzgeber musste zwischen zwei grundsätzlichen Positionen eine Entscheidung treffen. Der strengen Bindung des Richters an feste Beweisregeln stand als Gegenmodell die an keine Regeln gebundene, freie Überzeugungsbildung des Laien auf der Grundlage des in der Verhandlung gewonnenen „Totaleindrucks" (C. J. A. Mittermaier) oder „Wahrheitsgefühls" (P. Rondini) gegenüber. Die für eine sachgerechte Lösung maßgebenden Kriterien und Argumente wurden im System und in der Praxis sowohl der englischen wie der französischen Geschworenengerichte gesucht.

6   Die französischen Revolutionsgesetze hatten dem Gesetzgeber vorgegeben, den Strafprozess nach dem Jury-System des englischem Common Law zu regeln. Dort entschied die große sog. Grand jury

als „Anklage-Jury", ob die vorgelegte Anklage zulässig, anzunehmen und der Angeklagte zum Erscheinen vor der kleinen sog. Petty jury zu verpflichten war (Rechtsfrage). Das letztgenannte Kollegium prüfte dann nach richterlicher Belehrung als „Urteils-Jury", ob der Angeklagte eine Straftat tatsächlich begangen (Tatfrage) und sich mit Vorsatz oder aus Fahrlässigkeit einer strafbaren Handlung schuldig gemacht hatte (Schuldfrage).

Die Redaktoren des Code d'instruction criminelle hatten auf Drängen Napoleons auf die Anklage-Jury verzichtet und die Geschworenen der Urteils-Jury zur Entscheidung nur über die Tatfrage ermächtigt. Mit welcher Strafe und in welcher Höhe die Handlung zu bestrafen war, blieb als Rechtsfrage den Berufsrichtern vorbehalten. Veranlasst wurde die Trennung zwischen Tat- und Rechtsfrage durch die Einführung des Grundsatzes der freien richterlichen Beweiswürdigung (*intime conviction*). Sie war das Ergebnis eines Bruchs mit dem alten System der gesetzlichen, an feste positive Regeln gebundenen Beweislehre (formelle oder positive Beweistheorie) und führte bei der Strafzumessung zur Aufhebung der Bindung des Richters an gesetzlich nach Art und Höhe verordnete Strafen.

Die deutsche Strafrechtswissenschaft begegnete der Institution des 7 Geschworenengerichts teils mit großen Vorbehalten, teils mit Ablehnung. Nach eingehender Prüfung der positiven Erfahrungen mit den Schwurgerichten in den linksrheinischen Territorien der Rheinlande entschloss sich die Gesetzgebung zur Übernahme des französischen Systems. Noch in den Debatten der Germanistenversammlungen in Frankfurt am Main (1846) und Lübeck (1847) war der Streit um die richtige Formstruktur und Verfassung des Geschworenengerichts unentschieden geblieben. Meinungsführend hatten sich auf der Seite der Strafrechtswissenschaft in München Anselm Feuerbach als Gegner des französischen Modells, das er für politisch nicht erforderlich hielt, und in Heidelberg Carl Joseph Anton Mittermaier als Verteidiger der englischen Jury-Verfassung profiliert.

Das Schwurgericht wurde seit der Revolution von 1848/49 zu 8 einem Symbol des Fortschritts des politischen Liberalismus und beherrschte die rechtspolitische Diskussion. Die Verfassung der Frankfurter Paulskirche garantierte 1849 die Einführung der Schwurgerichte für „schwerere Strafsachen und bei allen politischen Vergehen" (§ 179 Abs. II). Da sie nicht in Kraft trat, öffnete sich nach den Revolutionsjahren die deutsche Landesgesetzgebung nur zögernd und schrittweise erneut der Idee des Geschworenengerichts nach französischem Muster (Sachsen 1838, Württemberg 1843, Baden 1845, Preußen 1846). Immer noch wurde der reformierte Strafprozess als Schreckensbild der Revolution gefürchtet. Die Länder experimentierten mit verschiedenen Modellen. Schließlich entschied sich der Gesetzgeber der Reichsjustizgesetze (Gerichtsverfassungsgesetz, Strafprozessordnung 1877/79) für die Übernahme des französischen Modells (ohne Anklage-Jury), das in den Entscheidungszuständigkeiten der englischen Jury als politische Kompromisslösung angeglichen war.

II. Fragen nach der Delinquenz des Menschen

9   Für das Strafrecht in einer durch Industrialisierung, Technisierung und die „soziale Frage" differenziert modernisierten Gesellschaft verstieß der straffällige Mensch als Partner des naturrechtlichen Gesellschaftsvertrags durch sein Handeln gegen staatliche Gebote, die ihren Ursprung in der Vernunft hatten. Die Wissenschaft der herrschenden sog. klassischen Strafrechtsschule verfügte bis zu den 70er-Jahren des 19. Jahrhunderts über ein nur scheinbar festgefügtes dogmatisches Lehrsystem mit Instrumentarien zur Bekämpfung der Kriminalität. Straftat und Strafe waren zentrale, im Sinne des Vernunftrechts interpretierte und wirkende Begriffe. Das Phänomen Verbrechen wurde als Faktum weitgehend hingenommen. An der Erforschung der Ursachen für abweichendes Verhalten des Menschen (Devianz) war die Strafrechtswissenschaft praktisch nicht interessiert.

1. Positivismus und Kriminalätiologie

10   Dies änderte sich im letzten Drittel des 19. Jahrhunderts. Die Strafjuristen der Aufklärung hatten sich vorrangig mit der Reformierung des Strafmittelsystems, des Verfahrens und des chaotischen Gefängniswesens beschäftigt. Die neue Strafrechtswissenschaft stand unter dem Einfluss des Positivismus, der alle bekannten Wissensgebiete erfasst hatte. Diese Denkrichtung basierte auf dem Vertrauen in die Leistungsfähigkeit der Naturwissenschaften und Technik. Im Vordergrund standen Fragen nach der Faktenwahrheit und der Empirie als Quellen des Rechtsfriedens, der Sicherheit und des Fortschritts.

Das positivistisch gewandelte Strafrecht arbeitete mit auf Erfahrung gegründeten Methoden. Es konzentrierte das Erkenntnisinteresse auf die Beobachtung und Analyse der verschiedenen Formen der Delinquenz, auf die Suche nach Kausalgesetzen für deviantes Verhalten und nach Klassifizierungen der naturhaften Anlagen des devianten Menschen. Das Strafrecht hatte im Verbrecher einen besonderen Typus des Menschen identifiziert und versuchte, durch quantitative Methoden die individuellen Anlagefaktoren als Ursachen seines kriminellen Handelns zu bestimmen.

Mit Fragestellungen dieser Art hatte der Positivismus die Herrschaft der klassischen Strafrechtsschule beendet. Für sie war liberaler Kristallisationspunkt der ursachenindifferente, freie Willen des selbstbestimmt handelnden Straftäters. Der Strafanspruch des Staates gründete sich auf diese Autonomie; eine Straftat konnte jedermann begehen. In diesem Lehrsystem war kein Platz für einen empirisch definierten „verbrecherischen Menschen".

Die positivistische sog. Kriminalätiologie (griech. *aitia* – Ursache) 11 verfolgte eine entgegengesetzte Richtung. Strafbares Verhalten war für sie nicht primär norm- bzw. vernunftwidriges Handeln, sondern Manifestation einer „anormalen" Natur des Menschen. Aufgabe der Wissenschaft war es, empirisch nach dem Ursprung der „kriminellen" Anlagen, nach den anthropologischen Ursachen der Devianz zu suchen. Die Kriminalätiologie wurde als Kriminalanthropologie „naturalistisch" tätig. Mit ihren empirischen Erkenntnismethoden bediente sie sich der Hilfe der Physiologie, Psychologie, Psychiatrie und Medizin.

Aus der Sicht der Strafrechtswissenschaft konnte die Psychiatrie 12 relativ frühzeitig den Rang und die Funktionen einer naturwissenschaftlichen Leitdisziplin erwerben. In ihrem Vorfeld hatte der Schweizer Theologe und Philosoph *Johann Caspar Lavater* (1741–1801) mit dem Werk „Von der Physiognomik" (1772) dazu einen ersten bedeutenden empirischen Beitrag geleistet. Er vermutete das Bestehen innerer Zusammenhänge zwischen bestimmten menschlichen Charaktermerkmalen und der äußeren Gestalt (Gesichtszüge, Körperformen). In die gleiche Richtung zielte die Schädellehre (Phrenologie) des deutschen Arztes *Franz Joseph Gall* (1758–1828). Mit ihr als Vorform begründete der Mediziner die Gehirnforschung.

Die Psychiatrie wies die ätiologisch nach Gründen für das Verbrechen suchenden Kriminalisten auf anatomisch sichtbare Anomalien beim Menschen hin. Sie wurden als Abweichungen vom Normaltypus qualifiziert und als naturalistische Anlagen von Neigungen und Merkmale von Eignungen zur Kriminalität klassifiziert. Auf diesen Grundlagen untersuchte die Psychologie eingehend das psychische Leben von Straftätern, wobei die individuellen Anlagen zum strafbaren Verhalten in der Regel als Folgen vorausgegangener Erkrankungen diagnostiziert wurden.

12a   Die wissenschaftlichen Erkenntnisse zur Erklärung der Ursachen der Kriminalität des einzelnen Menschen verbreitete die in den 20er-Jahren des 19. Jahrhunderts aufgekommene Kriminalstatistik. Durch systematische Beobachtung der Verbrechen als Teilelemente des kollektiven, von Ethik und Moral bestimmten gesellschaftlichen Zusammenlebens wurden Alter, Geschlecht und Beruf der Täter mit der Art und Zahl der begangenen Straftaten in Beziehung gesetzt. Die vom Belgier *Lambert Adolphe Quetelet* (1796–1874) entwickelte sog. „Moralstatistik" (*physique sociale*) als kriminalwissenschaftliche Form einer Bevölkerungsstatistik leitete aus den statistischen Ergebnissen quantitative Aussagen zu Einflüssen der sozialen Verhältnisse und Bevölkerungsdichte auf den Zustand und Gang von Kriminalität ab. Der Franzose *André-Michel Guerry* (1802–1866) führte erstmals statistische Erhebungen zur Altersverteilung der Kriminalität durch und erkannte, dass Armut dabei von eher untergeordneter Bedeutung war.

2. Verbrechen und Evolution

13   Das theoretische Fundament der naturwissenschaftlichen, medizinischen und statistischen Erkenntnisse war die biologische Evolutionstheorie von *Charles Darwin* (1802–1882). Ihr Aufschwung hat auch das Strafrecht mit der These der Entwicklung (*evolution*) durch natürliche Auswahl (*natural selection*) konfrontiert und naturalistisch beeinflusst. Das Werk „On the Origin of Species by Means of Natural Selection, or the Preservation of Favoured Racies in the Struggle for Life" (1859) war auch eine Herausforderung der zeitgenössischen Theologie. Es wurde Gründungsdokument der „Anthropologie" als Lehre von den biologischen, individuellen körperlichen oder geistigen Anlagen und Eigenschaften des Menschen.

14   Die Entwicklungslehre wurde Grundlage des sog Sozialdarwinismus. Diese sozialwissenschaftliche Denkrichtung hatte Teilaspekte der Evolutionsgesetze (*survival of the fittest*) verfeinert und trivialisiert als eigene Theorie auf die Entwicklung der menschlichen Gesell-

schaften übertragen. Für das positivistische Strafrecht bot dies die Möglichkeit, die Bedingungszusammenhänge zwischen dem Verbrechen und dem verbrecherischem Charakter des delinquenten Menschen naturalistisch zu erklären. Die gewonnenen Erkenntnisse erlaubten kriminologische Rückschlüsse auf Fähigkeiten zur Delinquenz des Menschen, um ihn und die Gesellschaft vor Kriminalität besser zu schützen. Es galt als empirisch beweisbar, dass jeder Verbrecher individuelle Anlagen besaß, die er biologisch ererbt hatte und die ihn später delinquent werden ließen. Zudem erschien es durchführbar, einen Verbrecher nach bestimmten negativen geistigen Anzeichen, Symptomen oder körperlichen Merkmalen zu identifizieren und ihn als Typus besonderen Kategorien von Straftätern zuzuordnen. Wenn sich bei diesen Analysen rechtlich relevante Phänomene gelegentlich auch als „naturgesetzliche Entwicklungsvorgänge" erklären ließen, waren damit die Grenzen von seriösen zu trivialen Forschungen allerdings überschritten. Diese Profanisierungen der Wissenschaft ermöglichte der für das 19. Jahrhundert typische Zeitgeist, der sich in einem geradezu grenzenlosen, naiven Vertrauen in die Naturwissenschaften, in den technischen Fortschritt und in die Praxiseignung empirischer Untersuchungen manifestierte.

Ein folgenreicher Angriff auf Grundwahrheiten der klassischen 15 Strafrechtswissenschaft erfolgte durch die französische Psychiatrie. Der Arzt *Bénédict Augustin Morel* (1809–1873), Leiter einer psychiatrischen Krankenanstalt in Nancy, hatte bei seinen Studien der geistigen und physischen Erkrankungen des Menschen biologische Erscheinungen und Zustände als Ursachen diagnostiziert. Er nannte sie „Degenerationen", die sich im Erbgut der Individuen von Generation zu Generation wiederholten und potenzierten. Sein Buch „Traité des dégénérescences physiques, intellectuelles et morales de l'espèce humaine" (1857) führte die Lehre von den körperlichen und geistigen Degenerationszeichen in die empirische Kriminalitätsforschung ein. Die inzwischen international geführte Diskussion kombinierte in einer systematisierten „Degenerationstheorie" die anthropologischen mit den biologistischen Komponenten und benutzte die Ergebnisse als Indikatoren einer natürlich vorhandenen Eignung und Neigung zur Begehung strafbarer Handlungen.

3. Kriminalanthropologie

16   Dem Rechtsmediziner und Psychiater *Cesare Lombroso* (1835–1909) in Turin gelang es, in kriminalanthropologischen Forschungsarbeiten Erklärungen für kriminelles Verhalten des Menschen unter Bezugnahme auf naturwissenschaftlich-empirische Methoden zu entwickeln. Er war ein überragender Wissenschaftler im Rahmen des Positivismus und begründete die moderne italienische „Scuola positiva di diritto penale". Mit dem 1876 publizierten Standardwerk „L'uomo delinquente" wurde die Kriminalanthropologie zu einer Tatsachenwissenschaft. Lombroso selbst verstand sich als „Diener der Fakten" und präsentierte seine Lehren als nach der empirischen Methode unanfechtbar abgesicherte Sammlung und Erläuterung von Kriminalität.

17   Ausgehend von anatomischen Messungen und psychologischen Experimenten an Strafgefangenen kam er zum Ergebnis, dass ein verbrecherischer Mensch anthropologisch an körperlichen Merkmalen als Fakten erkennbar war. Er deutete die sog. „Stigmata" als Zeichen, die Hinweise auf ein „atavistisch", d. h. von Vorfahren (lat. *atavus* – Urahn) stammendes, instinktgesteuertes, entwicklungsgehemmtes, negatives Verhalten enthielten.

Verbrecherische Menschen rechnete Lombroso zu einem selbständigen Menschenschlag innerhalb der Art des „homo sapiens", den er nach anthropologisch-anatomisch signifikanten „Typen" klassifizierte. Deren Lebensschicksal war von einem biologischen Bauplan vorherbestimmt (Determinismus, Degeneration). Evolutionsbiologisch ließen sich die Tätertypen bestenfalls dem Primitivismus zuordnen. Die Strafe hatte in diesem System die Funktion einer präventiven Sicherungsmaßnahme. Aufgabe des Strafrechts war es, den kontrollbedürftigen, „geborenen Verbrecher" (*delinquente nato* – E. Ferri) entweder temporär oder endgültig (Todesstrafe) aus der Gesellschaft zu entfernen. Im Gegensatz zum modernen Kriterium der individuellen Schuld als Voraussetzung einer Bestrafung bestimmte nach Lombroso die biologisch bedingte Gefährlichkeit des anormalen Täters die angemessene Strafe.

18   Die von Lombroso zwischen 1871 und 1878 entwickelten Lehren beherrschten im letzten Viertel des 19. Jahrhunderts die internationale wissenschaftliche Auseinandersetzung um Fragen nach den Ursachen der Kriminalität des Menschen. Sie verstanden sich als Verknüpfungen der biologischen Eigenschaften mit der Delinquenz und galten weithin als Alternativen zur Doktrin der konservativen Schulrichtung der Strafjuristen, setzten sich jedoch mit diesem Anspruch allgemein heftiger, auch kirchlicher Kritik aus (z. B. des Franziskaners Agostino Gemelli).

In Deutschland begegnete *Franz von Liszt* Lombrosos anthropologischen Deutungen mit Kritik. Er war Vertreter der in den 80er-Jahren aus dem sog. Schulenstreit hervorgegangenen „modernen", soziologischen Richtung der Strafrechtswissenschaft. Mit seiner Lehre von der Tätertypologie, die mit der Spezialprävention als Strafziel eng verknüpft war, stand er der anthropologischen Ursachenforschung sachlich eigentlich nahe. Er distanzierte sich jedoch von Lombrosos monokausalen Rekonstruktionen eines Verbrechertyps ausschließlich aus den biologischen Anlagen. Dessen Ansatz vom „atavistischen Täter" war entwicklungsperspektivisch gefährlich. Der Begriff wurde später vom NS-Strafrecht aufgegriffen, umgedeutet und in der Rechtsfigur des „minderwertigen Täters" mit den bekannten Folgen benutzt.

In Italien bekämpfte der einstige Mitbegründer der Scuola positiva 19 und spätere Wortführer der „Strafrechtsklassiker" *Luigi Lucchini* (1847–1929), Professor für Kriminalrecht in Bologna, die weitgehend unkritische Zuwendung des Strafrechts zu den empirischen Naturwissenschaften. Die Anthropologen, Psychologen und Soziologen der Scuola positiva schmähte er verächtlich als „Vereinfacher" (*simplicisti*) des italienischen Strafrechts.

Gegen Lombroso wandte sich auch ein einstiger Mitbegründer der Scuola und späterer Kritiker „Barone" *Raffaele Garofalo* (1851–1934), Richter und Professor in Neapel. In seinem Buch „Criminologia" (1885) entwickelte der bekennende Befürworter der Todesstrafe seine eigenwillige, soziologisch definierte Theorie der sozialen Selektion. Das „natürliche Verbrechen" sollte in der Verletzung des durchschnittlichen sittlich-moralischen Empfindens einer existenten, von Redlichkeit und altruistischem Mitleid bestimmten Gesellschaft bestehen.

4. Kriminalsoziologie

Die Gegner des von Lombroso biologisch-anthropologisch erklär- 20 ten geborenen Verbrechers hatten sich zu der sog. Kriminalsoziologie zusammengeschlossen, einer neuen Richtung der empirisch forschenden Kriminologie. Sie trat aus dem Schatten der Kriminalbiologie und Kriminalpsychologie und emanzipierte sich in der wissenschaftlichen Diskussion. Die Kriminalsoziologen sahen die Hauptaufgabe der Strafrechtswissenschaft nicht mehr in der Bestrafung des Straftäters als Individuum, sondern in Analysen der sozialen Bedingungen der Kriminalität als kollektives Phänomen der Gesellschaft. Ziel der Forschung war die Vorbeugung des Verbrechens durch Verhinderung der zur Kriminalität führenden sozialen Entwicklungsprozesse. Der Täter galt als ein Produkt sozio-ökonomischer Faktoren, wie Herkunft, Bildung, ungünstige Umwelt und besondere Lebensverhältnisse als Verbrechensursachen.

21   Hauptvertreter dieser Methode soziologischer Analysen der Kriminalität waren die französischen Juristen und Kriminologen *Alexandre Lacassagne* (1843–1924) in Lyon und *Gabriel Tarde* (1843–1904) in Paris. Beide verwarfen Lombrosos „absurde Thesen" zu einem biologisch determinierten Verbrechensbegriff, der sich scheinbar auf anthropologische, empirisch gesicherte Erkenntnisse gründete. Im Gegensatz dazu betonten sie die Relevanz der Ursache „Milieu" für die Entstehung von Kriminalität.

Enrico Ferri (1856–1929), Lombrosos Schüler, Hauptvertreter der rechtspositivistischen Schule, Sozialist, später Faschist in Rom, stellte den Zusammenhang der Kriminalität mit den sozialen Fragen der Gesellschaft in den Vordergrund seiner Deutung der Kriminalität (*Sociologia criminale*, 1884). Er identifizierte das Verbrechen als Erscheinungsform sozialer Pathologie. Von Grundsätzen seiner Rechtslehre war auch der nur aus einem Allgemeinen Teil bestehende Gesetzentwurf von 1921 für einen Codice penale beeinflusst. Der durchgehend auf die Gefährlichkeit des Täters abstellende „progetto Ferri" wurde in Italien zwar nicht Gesetz, führte allerdings in der positivistischen Lehre zu fruchtbaren kritischen Diskussionen und diente auch südamerikanischen Kodifikationen als Vorbild (Argentinien). Nach neuen Untersuchungen hatte Ferri mit der Verbindung zwischen Gefährlichkeit und Gesetzlichkeit einen systemwidrigen Verbrechensbegriff begründet, der keinen Modellcharakter besaß (S. Seminara).

III. Strafrecht und Rechtsphilosophie

Die Strafrechtswissenschaft war in Deutschland während des **22** 19. Jahrhunderts auch rechtsphilosophisch und methodisch auf dem Wege in die Moderne. Ihr Hauptinteresse galt konkreten rechtspolitischen Aufgaben des Strafrechts sowie der Bestimmung des Wesens und der Zwecke der Strafe. Unter den nachwirkenden Einflüssen der Spätaufklärung und des aufgekommenen politischen Liberalismus hatte sie sich mit Erscheinungsformen und Problemen einer neuen Art von Kriminalität auseinanderzusetzen, die bei dem Wandel der in Resten noch altständischen Gesellschaft zu einer frühmodernen kapitalistischen Wirtschaftsgesellschaft entstanden waren. Die Fragen der Philosophie betrafen aktuelle gesellschaftliche und existentielle Rechtsprobleme des Strafrechts unmittelbar. Doktrin und Dogmatik des geltenden Strafrechts wurden dabei von vier philosophischen Grundrichtungen maßgeblich beeinflusst. Ihre Repräsentanten waren Immanuel Kant, Georg Wilhelm Friedrich Hegel, Anselm Feuerbach und Franz Liszt.

Kant als Überwinder des eindimensionalen Nützlichkeitsdenkens **23** markierte den ideologischen Wendepunkt von der europäischen Aufklärung zur Kritik an der alles beherrschenden Vernunft. Hegel dachte idealistisch-dialektisch dort weiter, wo Kant mit den Konsequenzen seiner absoluten Gerechtigkeitsstrafe theoretisch, praktisch und rechtspolitisch an Grenzen gestoßen war. Feuerbach führte das zeitgenössische Strafrecht mit einer progressiven Rechtslehre und einer vorbildlichen Gesetzgebung aus dem in der Tradition erstarrten zeitgenössischen Strafrechtsdenken. Liszt initiierte mit soziologischen Erklärungen der Kriminalität und mit notwendigerweise veränderten Zwecken der Strafe eine Entwicklung, die über kriminalpolitisch nicht unproblematische Umwege zur richtigen, d. h. gerechten und deshalb „notwendigen Strafe" in die Zukunft wies. Seine Kombination der Aufgaben der Kriminalpolitik mit der Sozialpolitik führte in den 80er-Jahren zum sog. Schulenstreit, bei dem sich die Strafrechtswissenschaft aus unterschiedlichen, auch politischen Richtungen den Fragen nach der Gefährlichkeit des Täters, nach dem Rechtsgrund und den (sichernden) Zwecken der Strafe zugewandt hatte. Die von Vertretern und Gegnern geführte literarisch reiche und fruchtbare Diskussion beendeten erst 1933 die terroristischen Repressionsmaßnahmen des nationalsozialistischen Strafrechts.

1. Absolute Gerechtigkeitsstrafe (Kant)

24   *Immanuel Kant* (1724–1804), Professor für Logik und Mathematik in Königsberg, gilt als Vollender und zugleich Überwinder des Zeitalters der Aufklärung. Seine metaphysische Rechtslehre war Teil einer grandiosen Moralphilosophie und Sittenlehre. Die 1797 in erster Auflage erschienene „Metaphysik der Sitten" hatte Anfang des 19. Jahrhunderts auch die strafrechtliche Grundlagendiskussion bestimmt.

25   Den Zugang zum Verständnis seiner Straftheorie in Grundzügen öffnet die Interpretation der Gebote und Verbote als Befehle. Die Imperativnormen sind Handlungsanweisungen, deren unbedingte Befolgung eine sittliche Pflicht des Menschen ist. Kant unterscheidet die Sollenssätze nach ihrer doppelten Qualität. „Moralisches" Recht bindet wegen der bestehenden korrespondierenden Gewissenspflichten gegen sich selbst oder gegenüber anderen ausschließlich „ethisch". Im Gegensatz zu diesen, das innere sittliche Handeln motivierenden Tugendpflichten sind „juridische" Verbindlichkeiten „legale" Konsequenzen der praktischen Vernunft. Sie wirken ausschließlich äußerlich und regeln die Rechtsbeziehungen zwischen Personen.

Diese Rechtspflichten entstammen staatlichen Gesetzen, die den äußeren Rahmen schaffen, damit jeder Einzelne durch Befolgung des sittlichen Pflichtgebots seine Persönlichkeit und Freiheit entfalten kann. Der Staat ist verpflichtet, durch Gesetze nur die äußeren Bedingungen zu garantieren, die zur Verwirklichung der allgemeinen Freiheit erforderlich sind. Der Staat wird durch ein Gebot der Vernunft in seiner Regelungsmacht auf die Herstellung eines rechtlichen Zustands beschränkt. Er ist dann die „conditio sine qua non" des Rechts und das Recht seinerseits die „conditio sine qua non" des sittlichen Handelns (W. Naucke).

26   Damit hat Kant die Trennung der „Moralität" (Sittlichkeit) von der „Legalität" (Gesetzmäßigkeit) vollzogen. Aus deren antithetischem Verhältnis leitet er die Strafrechtslehre ab. Sie steht in scharfem Gegensatz zu den Nützlichkeits- und Präventionstheorien des aufgeklärten Absolutismus und zur Maxime vom übergeordneten Heil und Wohl des Staates (*salus rei publicae suprema lex*).

Der bürgerliche Rechtsstaat hat fortan die Freiheit als ein Postulat des Sittengesetzes und der praktischen Vernunft zu garantieren. In der Lebenswirklichkeit ist jedoch eine schrankenlose Freiheit nicht denkbar. Anderenfalls würden Willkür und Unrecht, beide „Hindernisse der Freiheit", die Freiheitsrechte Dritter verletzen. Deshalb muss Freiheit „nach einem allgemeinen Gesetz" beschränkt werden. Diese Aufgabe nimmt das Recht wahr, nach Kant der „Inbegriff der Bedingungen, unter denen die Willkür des einen mit der Willkür des andern nach einem allgemeinen Gesetze der Freiheit zusammen vereinigt werden kann" (*Metaphysik der Sitten*, Einleitung in die Rechtslehre § B).

Damit Recht diesem Auftrag zur allgemeinen Freiheitsbeschrän-   27 kung wirksam nachkommen kann, muss es notwendigerweise „mit der Befugnis zu zwingen verbunden" sein. Nach Kant sind Recht und Zwang identisch („bedeuten also einerlei") und ist Ziel des Rechtszwangs die „Verhinderung eines Hindernisses der Freiheit" (§ E a. E. und § D). Diesen Zwangscharakter, den der Täter bei der Strafverfolgung erleidend erfährt, realisiert das Strafgesetz als Sollens-Gesetz und Postulat der praktischen Vernunft. Nach Kant ist es ein „kategorischer Imperativ" absoluter Natur, dem man „als allgemeines Gesetz" durch die „Schlangenwindungen der Glückseligkeitslehre" nicht entkommen kann (§ 49 E, I.). Dieser Imperativ als unabänderbare Rechtsnorm ist als Rechtsprinzip ein zweckfreies Gebot der Vernunft. Seine unbedingte Geltung „als Regel" wird vom Individuum autonom „aus subjektiven Gründen" für sich als bindend anerkannt („Maxime").

Aus dieser Definition des Rechtsbegriffs folgt für die Strafe als ka-   28 tegorischer Imperativ, dass sich ihr Sinn allein in der Vergeltung von Schuld erschöpft. Das von Kant als „Wiedervergeltungsrecht (*ius talionis*)" bezeichnete Strafziel existiert absolut und frei von allen möglichen, begleitenden general- oder spezialpräventiven Nützlichkeitsrücksichten. Jeder andere empirisch begründete Zweck wäre als Legitimation der Strafe vernunftwidrig und allenfalls als Nebeneffekt hinzunehmen. „Richterliche Strafe muss jederzeit und nur darum wider (den Täter) verhängt werden, weil er verbrochen hat" (E, I.). Der Gerechtigkeit als dem alleinigen Richtmaß ist Genüge getan, „wenn dem Verbrecher das widerfährt, was er an anderen verbrochen hat" (Anhang, 5. Zusätze).

Angesichts dessen stellt sich die Frage nach dem rechtspolitischen   29 Sinn einer solchen Talionsstrafe. In dem berühmten Inselbeispiel führte Kant seine rigorose Strafauffassung selbst zu ihren Grenzen. Er wollte Inselbewohner, die bereits einvernehmlich die Auflösung ihres Gemeinwesens beschlossen hatten „und sich in alle Welt zu zerstreuen" gedachten, verpflichten, einen zum Tode verurteilten Mörder, der auf die Vollstreckung der Strafe im Gefängnis wartete, vorher hinzurichten. Er begründete dies mit dem Gebot der öffentlichen Gerechtigkeit, „damit jedermann das widerfahre, was seine Taten wert sind" (E, I.). Mit dieser Rechtfertigung war für Kant das Verdikt der Todesstrafe durch Cesare Beccaria ein Produkt „teilnehmender Empfindelei einer affektierten Humanität" (E. I.).

30   Die absolute Straftheorie Kants stieß auf Widerspruch nicht nur in der Strafrechtswissenschaft. Den Staat zu verpflichten, Gerechtigkeit und Sittlichkeit auf Erden ausnahmslos zu verwirklichen, war eine unmöglich zu erfüllende Aufgabe. Die Kriminalpolitik stand schon immer in Diensten der Garantie eines sicheren und friedlichen Zusammenlebens von Menschen in einem Gemeinwesen. Antworten auf die von Kant unbeantwortet gelassene Frage nach dem Zweck der irrealen, absoluten Vergeltungs- als Gerechtigkeitsstrafe versuchte Hegel zu geben.

2. Strafe als Negation der Negation (Hegel)

31   *Georg Wilhelm Friedrich Hegel* (1770–1831), der Philosoph des deutschen Idealismus, fand argumentativ mit Hilfe der dialektischen Methode den Zugang zur Bestimmung des vernünftigen Zwecks der Strafe und zur Gerechtigkeit als der absoluten Idee des Rechts. Ausgangspunkt seiner Rechts-Philosophie des Geistes in dem Werk „Grundlinien der Philosophie des Rechts" (1821) ist der bekannte – letztlich unbewiesene – Identitätssatz: „Was vernünftig ist, das ist wirklich; und was wirklich ist, das ist vernünftig" (Vorrede, 24).

32   Nach Hegel sind Staat und Recht beide etwas notwendig „an und für sich Vernünftiges, objektive Wirklichkeiten" und als solche Gestaltungen des absoluten und unwandelbaren objektiven Geistes, konkrete Ausprägungen der rechtlichen und sittlichen Idee. Sie allein bestimmt die objektive Wirklichkeit und das positive Recht als reale Seite des Geistes. Der Mensch begreift die Idee durch die Logik als „Wissenschaft des reinen Denkens, der reinen Idee".

Recht als Manifestation des objektiven Geistes ist nicht statisch. Vielmehr bewegt es sich permanent auf den objektiven Geist, d. h. auf die volle Gerechtigkeit zu. Diese Annäherung vollzieht sich schrittweise, in Intervallen. Der Prozess selbst folgt der „Dialektik", einer typisch logischen, argumentativen Regelhaftigkeit.

Charakteristisch für diese besondere Methode ist die Dreiteilung nach „These" als dem „gesetzten" historischen Ausgangszustand

(Position), nach „Antithese" als dem Gegenstück zum „Gesetztsein" (Negation) und nach „Synthese" als der Ausgleichung zwischen beiden (Negation der Negation). Durch diese „philosophische Art des Fortschreitens von einer Materie zu einer andern und des wissenschaftlichen Beweisens" soll das Ganze im dialektischen Wechselspiegel mit der variierenden Vielfalt der einzelnen Gegensätzlichkeiten (Position-Negation) erkannt werden.

Das rechtsphilosophische Ziel des dialektischen Entwicklungsganges ist die vollständige Gerechtigkeit ohne Zweckmäßigkeitsaspekte. **33** Das Recht, das auf der Identität von Realität und Idee beruht, ist absolut, unverletzbar, vernünftig und „gültig" vor allem als positives, „bewährtes" Recht. Die Dialektik identifiziert das Verbrechen als „Verletzung des Rechts als Recht", als etwas Negatives und „in sich" Nichtiges. Die verbrecherische Tathandlung erschüttert die Autorität des staatlichen Rechts, verändert das „Recht bzw. das Gesetz an sich" negativ und hebt damit das Recht als Recht auf (§ 97).

Diese Aufhebung des grundsätzlich unaufhebbaren Rechts wird durch die Strafe geahndet. Diese geht aus der Antithese zwischen Recht und Verbrechen als synthetische Lösung hervor und ist eine Negation des Unrechts. In dieser Funktion hebt Strafe die „Nichtigkeit als das Wesen der Wirkung des Verbrechens" wieder auf und stellt das absolute Recht gestärkt, verfestigt und „bewährt" wieder her (§§ 97, 99, 101).

In der Kurzform ist die Strafe deshalb die „Negation der Nega- **34** tion" (§§ 97, 104) und unmittelbare Folge des Verbrechens. Sie wirkt „zunächst (als) Rache, (ist) dem Inhalte nach gerecht, insofern ... Wiedervergeltung". Damit gilt das Talionsprinzip, jedoch nicht nach der kantischen „abstrakten, spezifischen Gleichheit", sondern als Maßstab – lediglich „dem Werte" der Verletzung nach („als das innere Gleiche", §§ 101, 102).

Davon will Hegel – gegen Cesare Beccaria (§ 100) – nur bei Mord absehen, „worauf notwendig die Todesstrafe steht", weil Leben als „der ganze Umfang des Daseins" differenzierenden Wertungen durch Strafe entzogen ist (§ 101 Zusatz). Der Verbrecher verdient Strafe, damit ihm „geschehen solle, wie er getan, ... was er verdient hat" (§ 101). Sie ist „nicht nur an sich gerecht ..., sondern auch ein Recht an den Verbrecher selbst, d. i. in seiner Handlung gesetzt". Durch Erleiden der Strafe wird öffentlich manifestiert, dass der Straftäter als Verantwortlicher gehandelt hatte („wird der Verbrecher als Vernünftiges geehrt", § 100).

35   Die Definition des Wesens und Zwecks der Strafe als Negation der Negation durch „Aufheben des Verbrechens" als „Wiederherstellung des Rechts" (§ 99) beantwortet jedoch nicht die Frage, wie die Strafe konkret, d. h. nach Art und Maß beschaffen sein sollte. Hegel ließ insoweit die Strafrechtswissenschaft „führerlos" (F. Liszt). Bemerkenswert ist, dass die Strafjuristen erst nach seinem Tod die Strafrechtslehre zur Kenntnis genommen haben und sie von etwa 1840 bis 1870 zur beherrschenden Strafrechtsdoktrin ausgearbeitet hatten. Einer der einflussreichsten war *Julius Friedrich Heinrich Abegg* (1796–1868), Professor in Breslau und Schöpfer der Gerechtigkeitstheorie. Nach dieser Lehre ist Strafe Vergeltung, die ausschließlich der Herstellung der Gerechtigkeit dient, die ihrerseits den alleinigen Grund und Zweck jeder Sanktion bildet.

3. Zwangsprävention durch Strafe (Feuerbach)

36   Die Strafrechtswissenschaft wurde während der ersten Hälfte des 19. Jahrhunderts durch die Rechtslehre von *Paul Johann Anselm von Feuerbach* (1775–1833) entscheidend geprägt. Mehr als Hegels Philosophie haben seine Straftheorie und das Bayerische Strafgesetzbuch von 1813 vor dem Reichsstrafgesetzbuch von 1871 die Rechtslehre und Gesetzgebung der deutschen Einzelstaaten beeinflusst.

Feuerbach hatte seiner Theorie die kritische Philosophie von Immanuel Kant zugrunde gelegt. Mit ihm teilte er die Absage an den aufgeklärten Polizeistaat, die Überwindung des Nützlichkeitsdenkens und die Unterscheidung von Legalität und Moralität. Mit dem begriffsscharfen, streng analytisch-systematischen Rechtsdenken war ihm „die reifste Synthese der jene Epoche beherrschenden Ideen" gelungen (F. Liszt). Die Grundlinien seiner Straftheorie hat er in zwei Hauptwerken entwickelt: „Revision der Grundsätze und Grundbegriffe des positiven peinlichen Rechts" (1799/1800) und „Lehrbuch des gemeinen in Deutschland gültigen peinlichen Rechts" (1801, letzte 14. Auflage 1847, hgg. v. C. J. A. Mittermaier). Das Lehrbuch war über Jahrzehnte Grundlagenliteratur der Strafrechtsvorlesungen an den Universitäten.

37   Nach Feuerbach hat der Staat die Aufgabe, einen „rechtlichen Zustand" herzustellen, in dem die „wechselseitige Freiheit aller Bürger" garantiert wird, „jeder seine Rechte völlig ausüben kann und vor Beleidigungen sicher ist". Die Bürger ihrerseits sind verpflichtet, ihr

„Zusammenleben nach dem Gesetz des Rechts" nicht durch rechtswidrige Handlungen („Neigungen") zu stören. Wer dagegen verstößt, dessen „unbürgerliches" Handeln muss der Staat als säkulare Rechtsschutz- und Zwangsanstalt „psychologisch verhindern", wenn „physische" Zwangsmittel nicht ausreichen. Dies geschieht durch die Zufügung eines vorher angedrohten „sinnlichen Übels" als Strafe. Sie ist ein Postulat der praktischen Vernunft und nach dem Staatszweck „notwendig" (Revision, 39, 43 ff.).

Die Verknüpfung der Strafe mit dem Verbrechen als dessen recht- 38 lich notwendige Folge „muss durch ein Gesetz angedroht sein". Der primäre Zweck eines Strafgesetzes ist, nicht „physisch" auf einen individuellen Täter, sondern mittels einer exakt bestimmten Strafdrohung „psychologisch" auf das „Beharrungsvermögen" einer Vielzahl im Einzelnen unbekannter, tatgeneigter Delinquenten einzuwirken, um sie an der Begehung von Rechtsverletzungen zu hindern. In dieser generalpräventiven Funktion genügt die Drohung der Abschreckung und „befriedigt die Gerechtigkeit" (Revision, 57).

Bleibt der Appell der gesetzlichen Strafdrohung an die Vernunft wirkungslos, ist die Strafe zu verhängen und an dem straffällig gewordenen Täter zu vollstrecken, um dem Gesetz Genüge zu tun und jedermann die Ernsthaftigkeit der Strafdrohung unmissverständlich zu beweisen. Weitere kriminologische Ziele, spezialpräventive oder erzieherische Funktionen besitzt die Strafe nicht und darf als solches Zwangsmittel nicht verwendet werden. Anderenfalls widerspräche sie auch dem von Kant formulierten Grundsatz von der Autonomie des Willens und der Würde des Individuums, das nicht instrumentalisiert werden darf. In dieser Abschreckungswirkung der Strafdrohung unterscheidet sich die Strafe im Sinne von Feuerbach von der absoluten Vergeltungsstrafe als Selbstzweck nach Kant.

Die „Theorie der Generalprävention durch psychologischen 39 Zwang" rückte das Strafgesetz in den Mittelpunkt der Strafrechtslehre. Feuerbach hatte seine Funktionen und Konsequenzen mit dem (erstmals) prägnant formulierten Gesetzlichkeitsprinzip als Freiheitsgarantie des Bürgers gegenüber dem Staat beschrieben: Keine Strafe und kein Verbrechen ohne gesetzliche Androhung („nulla poena sine lege, nulla poena sine crimine, nullum crimen sine poena legali", Lehrbuch, §§ 19, 20).

Das Gesetz wirkte psychologisch durch die Strafdrohung. Diese musste in einer vorher erlassenen (Rückwirkungsverbot), geschriebenen (Verbot des Gewohnheitsrechts), tatbestandsmässig bestimmten

Strafnorm (Analogieverbot) enthalten und für jedermann erkennbar sein. Sollte das Strafgesetz die gewünschten abschreckenden psychologischen Wirkungen entfalten, musste die Strafe sehr hart sein. Diese Zwangswirkung des Strafgesetzes setzte voraus, dass straffällig Gewordene tatsächlich zureichende Kenntnisse vom Strafgesetz gehabt haben mussten, gegen das sie verstoßen hatten. Da sich das Gesetz jedoch an die Gerichte wendete, gab die Konstruktion des psychologischen Zwanges bereits in diesem zentralen Punkt Anlass zu Zweifeln an der Schlüssigkeit der gesamten Strafrechtslehre.

40   Feuerbachs Theorie hatte überragende Bedeutung für die Dogmatik des Strafrechts und seine Legalität. Mit exakt bestimmten Begriffen und einer klaren Systematik beherrscht sie auch heute die Grundlagen des Strafrechts. Das Prinzip „nulla poena, nullum crimen sine lege" setzte sich jedoch nur allmählich allgemein durch. Die Rechtslehre versagte letztlich, weil das entworfene Strafsystem, das ausschließlich auf die Härte der Strafdrohung als bestimmenden Gesetzeszweck gegründet war, sich rechtspolitisch wie praktisch als undurchführbar erwies. Die generalpräventive Theorie war für einen Tätertypus bestimmt, der überlegt und rational die Vorteile eines Verbrechens gegenüber den negativen Folgen einer Bestrafung abwägt und sich ungezwungen, willentlich entscheidet, die Straftat nicht zu begehen. Einen solchen abschreckbaren, frei motivierbaren Idealtypus eines Straftäters gab es in der Normalität des Alltagslebens allerdings nicht.

Unübersehbar sind auch die kriminalpolitischen Gefahren der Generalpräventionslehre. Sie war ungeschützt und unkontrolliert gegenüber staatlich verordnetem Terror, wenn ihn die Staatsräson einmal als politisch nützlich und geboten erachtete. Feuerbachs Lehre ließ unbeantwortet, wer dem Staat als Rechtsschutzinstitution die Grenzen aufzeigen sollte, wenn dieser die Strafen als Instrumente der Abschreckung exzessiv verschärft hatte. Davon abgesehen gaben seine Forschungen auf dem Gebiet der Rechtsvergleichung, mit denen er z. B. die Kriminaljurisprudenz des Koran, des Orients analysierte (1800), der zeitgenössischen Strafrechtswissenschaft wichtige Impulse. Sein auch heute noch aktuelles Werk „Aktenmäßige Darstellung merkwürdiger Verbrechen" (1828/29) war eine bahnbrechende Vorarbeit auf dem Gebiet der entstehenden Kriminalpsychologie.

4. Strafrecht im Schulenstreit

Das Verbrechen als Phänomen des gesamtgesellschaftlichen Lebens **41** wurde Anfang der 80er-Jahre von der sich formierenden Kriminalsoziologie in den Mittelpunkt des wissenschaftlichen Interesses gerückt. Empirisch-kriminologische Methoden ermöglichten durch systematische Massenbeobachtungen der Kriminalität neue Erkenntnisse für eine effektive Verbrechensbekämpfung. Moral- und Kriminalstatistiken hatten gezeigt, dass Verbrechen von nach Typen bestimmbaren Individuen begangen wurden, die durch das besondere Milieu gesellschaftlicher Lebensverhältnisse kriminell geworden waren, aus welchem sie kamen.

Dieses neue Verständnis lenkte theoretisch wie praktisch die Suche nach den Ursachen des Verbrechens notwendigerweise in eine von der bisherigen abweichende Richtung. Neben die Strafrechtsdogmatik trat die Kriminalpolitik als Teilelement der Sozialpolitik. Sie analysierte die empirisch-statistisch ermittelten Erscheinungen als Bedingungen der Kriminalität und fragte nach Möglichkeiten, Verbrechen vorzubeugen und systematisch zu bekämpfen.

Dieser kriminalpolitisch orientierte Richtungswechsel des Straf- **42** rechts war um 1890 Anlass des sog. Schulenstreits, der heftige literarische Auseinandersetzungen zur Folge hatte und mit dem autoritärterroristischen NS-Strafrecht endete (1933). Kontrahenten im Streit waren zwei Denkrichtungen: die „klassisch-positivistische" und „modern-soziale" Schule. Die klassische Strömung galt als konservativ, gesetzespositivistisch, gesetzesautoritär. Sie propagierte die Vergeltung und Abschreckung als leitende Strafzwecke. Demgegenüber war die moderne Schule naturwissenschaftlich positivistisch. Sie erforschte die gesellschaftlichen Funktionen der Strafe auf der Basis empirisch-kriminologischer Befunde und stellte mit der Zweckhaftigkeit der Sanktion die zeitgenössisch „moderne" Alternative zur Vergeltungsstrafe dar. Ihr Ziel waren Schutz und Sicherung der Gesellschaft vor dem verbrecherischen Menschen.

Hauptvertreter dieser Schulrichtung war *Franz von Liszt*, sein **43** 1883 publiziertes „Marburger Programm" ein kriminalpolitisches Manifest der spezialpräventiven Zweckstrafe. Sie sollte den Formalismus des absoluten Vergeltungsstrafrechts und die Erfolglosigkeit der Verbrechensbekämpfung als Konsequenz überwinden. Eine besondere Tätertypologie wendete sich gegen die monokausale, anthropologisch definierte Klassifizierung von Verbrechern durch Cesare Lombroso. Sie wurde Basis einer kriminalsoziologisch differenzierenden, auf die Täterpersönlichkeit abstellenden Sanktion, die Liszt zur „stets auch gerechten Strafe" erklärt hatte.

In dieser Orientierung als Strafmaß wirkte die Zweckstrafe erziehend, resozialisierend und sichernd. Ergänzend zu ihr hatte die Sicherungszwecke verfolgende „Schutzstrafe" Maßregeln der Besserung und Sicherung vorgesehen (Zweispurigkeit der Strafen als Repression und Maßnahmen als Prävention). Liszt wollte sie beim unverbesserlichen Täter zur Anwendung bringen, den er „Gewohnheitsverbrecher" bezeichnete. Vor der Schutzlosigkeit der „gerechten und notwendigen" Strafe gegenüber ihrer Vereinnahmung durch eine autoritäre Staatsführung hatte er vergeblich gewarnt.

44 Gegner der von Liszt soziologisch begründeten, spezialpräventiven Zweckstrafe war die sog. klassische Strafrechtsschule. Ihr gehörten in München *Karl Birkmeyer* (1847–1920) und in Leipzig der letzte Befürworter der absoluten Straftheorie *Karl Binding* (1841–1920) als Hauptvertreter an. Birkmeyer kritisierte die Zweckstrafe mit den Maßregeln der Besserung und Sicherung als Zersetzung. Aufsehen erregte er durch seine maßlose Abrechnung mit Liszt in der Schrift „Was lässt v. Liszt vom Strafrecht übrig" (1907). Binding, der Klassiker des gesetzespositivistischen Vergeltungs- und Abschreckungsstrafrechts, hatte in seinem Werk „Die Normen und ihre Übertretung" (4 Bde., 1872–1919) die sog. „Normentheorie" begründet und mit ihr die Trennung zwischen Normwidrigkeit und Strafbarkeit in das zeitgenössische Strafrechtsdenken eingeführt.

45 „Normen" sind nach dieser Lehre Gebote und Verbote der Rechtsordnung, die den „Straftatbeständen" vorausgehen bzw. ihnen vorgelagert sind. Normen beruhen auf der allgemeinen Anerkennung von Werturteilen und sozialen Werten durch die Rechtsgemeinschaft (Rechtsgüter) und richten sich als vorstrafrechtliche Verhaltensbefehle an die Bürger. Der Straftäter verletzt durch sein Handeln deshalb nicht den „Straftatbestand" der Rechtsnorm. Sein Unrechtsverhalten missachtet und verletzt nur die Gebote der Rechtsordnung, die den Straftatbeständen vorgeschaltet und erst durch den Gesetzgeber Inhalte der „Normen" geworden sind. Das Strafgesetz wendet sich nicht an tatgeneigte Delinquenten, sondern an den Richter. Er wird ermächtigt, von der Strafgewalt Gebrauch zu machen und im Einzelfall die tatbestandsmäßig beschriebene strafbare Handlung mit der gesetzlich verordneten Sanktion zu ahnden.

Die an einen Normverstoß anknüpfende „Rechtsstrafe" ist ihrem 46
Wesen und Zweck nach eine Vergeltung wegen Missachtung des vor-
strafrechtlichen Verhaltensbefehls durch Erfüllung des gesetzlichen
Tatbestands eines Delikts. Die Strafe wirkt zugleich als sühnende
„Genugtuung für einen irreparablen Rechtsbruch". Sie zwingt den
Täter unter die Macht des strafenden Staates und stellt die verletzte
Autorität des Gesetzes wieder her. Darüber hinausgehende spezial-
präventive, resozialisierende Wirkungen hat sie nicht.

Bindings Normentheorie war eine einseitige, strikt positivistische
Verteidigung der Gesetzesautorität und des Sühnegedankens gegenüber der soziologischen Theorie der modernen Strafrechtsschule.
Liszt wollte mit der spezialpräventiven Zweckstrafe und den Maßregeln der Besserung und Sicherung die Vergeltungsstrafe beseitigen,
konnte sich allerdings nicht durchsetzen.

Karl Binding war ein herausragender Wissenschaftler und exzellen- 47
ter Strafrechtsdogmatiker. Sein um die Jahrhundertwende erworbenes
Ansehen wurde jedoch durch eine fragwürdige Schrift verdunkelt,
die er 1920 gegen Ende seines Lebens – zusammen mit dem Freiburger Neurologen *Alfred Hoche* (1865–1943) – verfasst hatte. Dort trat
er für die Freigabe der Tötung eines sog. „lebensunwerten Lebens"
ein und lieferte damit der späteren, rassenhygienisch motivierten Ver-
nichtungsideologie des Nationalsozialismus die unmenschlichen, verbrecherischen Argumente. Die Stadt Leipzig hat Binding 2010 unter
Bezugnahme auf die verheerenden Wirkungen seines Beitrags die Eh-
renbürgerwürde aberkannt.

Eine kompromissförmige Vermittlung zwischen den gegensätzli- 48
chen Strafrechtslehren der absoluten Vergeltungs- und der relativen
Präventionstheorie versuchte *Adolf Merkel* (1836–1896), Strafrechtsprofessor in Straßburg. Mit der sog. „Vereinigungstheorie" war er erfolgreich. Das Ziel dieser Lehre war die Harmonisierung von Gerechtigkeit und Zweckmäßigkeit (Eb. Schmidt). Der Sinn der Strafe
als Wiedergutmachung und Vergeltung sollte mit konkreten präventiven Zwecken kombiniert werden. Dabei musste die sühnende Funktion der Vergeltungsstrafe erhalten bleiben. Ihr Charakter durfte
nicht verbrechensprophylaktischen Zwecken auf Kosten der Proportionalität der Schuld geopfert werden. Damit hatte sich die vermittelnde Vereinigungstheorie vom Vergeltungsgedanken verabschiedet
und die sozialen, erziehenden und sichernden Aufgaben der Strafe
in den Vordergrund gestellt. Das moderne Strafrecht folgt in Grundzügen diesem Denken.

IV. Strafgesetzgebung

1. Französisches und preußisches Recht

49   In Kontinentaleuropa wurde die Strafgesetzgebung im 19. Jahrhundert maßgeblich von französischen Vorbildern beeinflusst. Für die deutschen Einzelstaaten hatten die linksrheinischen Territorien der Rheinlande und das Königreich Westphalen dem französischen Zivil- und Strafrecht die Tore geöffnet. Die linksrheinischen Gebiete waren seit 1797/1801 Teile des französischen Staatsgebiets mit französischem Recht. Von den strafrechtlichen Teilen der cinq codes galten in diesen Staaten der Code d'instruction criminelle von 1808 sowie der Code pénal von 1810.

50   Nach dem Niedergang der napoleonischen Hegemonie (1815) endete in den Nachfolgestaaten des Rheinbunds die Geltung des französischen Rechts. Preußen wollte auch in den neugeschaffenen preußischen Rheinprovinzen das Strafrecht des ALR von 1794 und der Criminalordnung von 1805 einführen, scheiterte jedoch am Widerstand des Bürgertums und Teilen der Justiz. Beide wollten auf die Fortgeltung des in der Praxis bewährten französischen Rechts nicht verzichten.

51   Auf die Weigerung der Rheinlande antwortete die preußische Regierung mit einer grundlegenden Revision der bestehenden, französischen Strafgesetzgebung. Die Arbeiten begannen 1825, hatten eine weitreichende Rezeption des Code pénal zur Folge und endeten 1850 nach neun Entwürfen (auch unter Beteiligung von Savigny, seit 1842 als Justizminister) mit einem neuen „Strafgesetzbuch für die Preußischen Staaten", das am 1.1.1851 in Kraft trat.

Mit dieser Gesetzgebung als einer „dem Geiste der Zeit entsprechenden, gelungenen und brauchbaren Leistung" (Eb. Schmidt) hatte Preußen die Tradition des gemeinen Strafrechts endgültig verlassen. Französischen Ursprungs war die Dreiteilung der Straftaten. Bei der Formulierung der Straftatbestände wurden die Grundsätze der Bestimmtheit und der Gesetzlichkeit konsequent beachtet. Dadurch unterschied sich Preußen bereits von den Strafgesetzen der übrigen deutschen Einzelstaaten. Diese hatten entweder das gemeine Strafrecht auf der Grundlage der Carolina von 1532 beibehalten (Bremen, Mecklenburg, Schaumburg-Lippe) oder neue Kodifikationen in Kraft gesetzt (z. B. 1838 Sachsen, 1861 Bayern, 1869 Hamburg).

2. Reichsstrafgesetzbuch v. 1871/72

Vor der Gründung des Kaiserreichs hatten im Norddeutschen **52** Bund vorbereitende Arbeiten an dem Entwurf eines gemeinsamen Strafrechts und einer einheitlichen Strafprozessordnung begonnen (1867). Bereits 1869 legte der spätere preußische Justizminister Heinrich v. Friedberg († 1895) als Vorsitzender einer Viererkommission einen Entwurf vor, der am 31.5.1870 als „Strafgesetzbuch für den Norddeutschen Bund" in Kraft trat. Die Geltung wurde auf die dem Bund im November 1870 beigetretenen süddeutschen Gliedstaaten Bayern, Baden, Württemberg und Hessen ausgedehnt. Das Gesetz war eine Umarbeitung des Strafgesetzbuchs des Königreichs Preußen von 1851.

Nach der Erweiterung des Norddeutschen Bundes zum Deutschen **53** Reich – Proklamation am 15. Januar 1871 – „verordnete" und verkündete Kaiser Wilhelm I. am 15. Mai 1871 das Strafgesetzbuch des Bundes von 1870 mit geringfügigen, überwiegend redaktionellen Änderungen als „Strafgesetzbuch für das Deutsche Reich" (RStGB). Das am 1. Januar 1872 in Kraft gesetzte Gesetz war keine Neuschöpfung, sondern eher der „bedeutungsvolle" Abschluss einer vorausgegangenen Phase gesetzgeberischer Arbeiten und, nach Ansicht führender zeitgenössischer Strafrechtswissenschaftler, „bei seiner Geburt bereits veraltet" (F. Liszt).

Nach dem RStGB galt als Verbrechen eine rechtswidrige schuld- **54** hafte Handlung, bei der ein Zurechnungsfähiger vorsätzlich oder fahrlässig gehandelt haben musste. Dieser „psychologische Schuldbegriff" war eine Fortführung der Täterautonomie von Kant. Für die versuchte strafbare Handlung hatte das Gesetz obligatorisch eine Strafmilderung kodifiziert. Darin wich es vom französischen Recht ab, das den Versuch ebenso schwer bestrafte wie ein vollendetes Delikt.

Bei der Anlehnung an die französisch-preußische Dreiteilung der **55** Straftaten entwickelte das RStGB für die möglichen Strafmittel ein eigenes System. Für Verbrechen lauteten die Strafdrohungen Tod, Zuchthaus oder Festungshaft von mehr als fünf Jahren. Die Todesstrafe wurde durch Enthaupten mit dem Beil oder Fallbeil vollstreckt. In den deutschen Kolonien (sog. Schutzgebiete) galt für Eingeborene nicht das RStGB, sondern ein besonderes Kolonialstrafrecht kraft kaiserlicher Verordnungen und außerhalb verfassungsrechtlicher

Grundregeln. Nach Maßgabe dieser Rechtsetzung wurden zum Tod verurteilte „Angehörige farbiger Stämme" erhängt.

Festungshaft bis zu fünf Jahren, Gefängnis oder Geldstrafe war für Vergehen vorgesehen und wurde bei politischen Delikten und beim Duell verhängt. Sie war eine nicht entehrende und auch nicht mit Zwangsarbeit verbundene, mildere Freiheitsstrafe. Übertretungen wurden mit Haft oder Geldstrafe geahndet. Eine Besonderheit unter den Nebenstrafen, wie Aberkennung der bürgerlichen Ehrenrechte oder Polizeiaufsicht, war die sog. „korrektionelle Nachhaft" bis zu zwei Jahren in einem Arbeitshaus. Sie wurde vor allem bei Landstreicherei, Bettelei und Prostitution durch richterliche Zwangseinweisung angeordnet und war nach der verbüßten Regelstrafe durch die Landespolizei zu vollstrecken. Dieses auf das Strafrecht des ALR zurückgehende Relikt (II 20 § 1024 – Prostituierte, § 1160 – Rückfalldiebe) wurde erst 1969 aus dem Strafgesetzbuch entfernt.

3. Reichsstrafprozessordnung v. 1877/79

56   Die 1867 begonnenen Arbeiten zur Vereinheitlichung des Gerichtsverfassungs- und Strafverfahrensrechts endeten nach der Vorlage von drei Entwürfen (1873, 1874) und ausführlichen Beratungen im Reichstag 1877 mit der Verabschiedung einer „Reichsstrafprozessordnung" (RStPO) als Gesetz. Gleichzeitig wurde das für die Reform der Justizverfassung bedeutsame Gerichtsverfassungsgesetz als Reichsjustizgesetz verkündet. Beide Gesetze traten zum 1.10.1879 in Kraft.

Die RStPO war eine „Spätfrucht der französischen Revolution" (J. Baumann) und maßgeblich vom Code d'instruction criminelle von 1808 beeinflusst. Die Übernahme der Staatsanwaltschaft (*ministère public*) hat die Strukturen des reformierten Verfahrens verändert. Nach neuen Forschungen war die Einführung im 19. Jahrhundert jedoch keine Errungenschaft liberaler Reformideen. Vielmehr haben rein prozesspraktische Notwendigkeiten den Weg zur Schaffung einer Anklagebehörde gewiesen. Mit der Preisgabe der Personalunion zwischen ermittelndem Ankläger und urteilendem Richter war es ein Gebot aufgeklärten Gerechtigkeitsdenkens, neben dem Angeklagten auch dem Staatsanwalt das Recht zur Einlegung eines Rechtsmittels – zu Lasten des Verurteilten – einzuräumen, was bei der Identität der strafverfolgenden und richtenden Funktionen ausgeschlossen war (Th. Vormbaum).

Die deutsche Strafrechtslehre hatte Kernelemente des reformierten 57 Strafprozesses übernommen. Dazu zählten die institutionelle Gliederung in ein staatsanwaltschaftliches Ermittlungsverfahren und eine gerichtliche Hauptverhandlung, der Verfolgungszwang durch die Staatsanwaltschaft im Anklageprozess (Legalitätsprinzip), die Grundsätze der inquisitorischen Amtsermittlung, der Öffentlichkeit, Mündlichkeit und Unmittelbarkeit der Hauptverhandlung sowie die Verfassung des Geschworenengerichts. Vor allem führte die Trennung der Funktionen zwischen Ankläger und Richter zu einer grundlegenden Umgestaltung des Beweisverfahrens. Die Rezeption der „negativen Beweistheorie" des Code d'instruction criminelle bedeutete einen entscheidenden Schritt zur Anerkennung der freien richterlichen Beweiswürdigung, der wohl bedeutsamsten prozessualen Neuerung mit Fernwirkung.

Der Code hatte die traditionelle gesetzliche Beweistheorie abge- 58 schafft. Deren Kennzeichen war die Pflicht des Richters zur Subsumtion und Prüfung der Beweistatsachen nach positiven gesetzlichen Beweisregeln. Sie gaben ihm minutiös vor, unter welchen Voraussetzungen er ein bestrittenes Vorbringen für wahr halten (Tatfrage) und auf dieser Grundlage die Strafe festsetzen oder freisprechen *musste* (Rechtsfrage). Diese Bindung an das mathematisch gefundene Beweisergebnis bestand selbst dann, wenn der Richter nach innerer Überzeugung begründete Zweifel an der Täterschaft oder Schuld des Angeklagten hatte. Die positive gesetzliche Beweistheorie setzte ihn bewusst der Gefahr eines Gewissenskonflikts aus.

Gaetano Filangieri hatte als einer der Ersten diese unbedingte Ge- 59 setzesunterworfenheit nach der positiven Theorie bezweifelt und den Richter in diesem Konfliktfall ermächtigt, von einer Verurteilung abzusehen, um nicht „Verräter an seinem Gewissen" zu werden. Die „negative Beweistheorie" des Code zog daraus die Konsequenz und befreite (negativ) den Richter im Falle begründeter Zweifel von der Unterwerfung seiner persönlichen Überzeugung unter den (positiven) Beweiswert des Beweismittels. Er konnte die Tatsachen frei, d. h. kraft individueller gewissenhafter (*preuve morale*) oder innerer Überzeugung (*intime conviction*) würdigen, die objektive Wahrheit des Tatgeschehens feststellen und *durfte* die Strafe festsetzen oder freisprechen.

Die deutsche Strafgesetzgebung hatte den von der negativen Theorie vollzogenen Bruch mit dem starren Subsumtionsdogma nach der positiven Theorie nur zögerlich akzeptiert und kodifiziert. In der

Rechtslehre erklärten Feuerbach und Mittermaier dazu ihre ausdrückliche Zustimmung. Nach einer weit verbreiteten Ansicht widersprach die freie, individuelle richterliche Überzeugungsbildung dem aufgeklärten Grundsatz der strengen Bindung des Richters an den Wortlaut des Gesetzes, das den Beweiswert festgelegt hatte (Montesquieu).

4. Schwurgericht

60   Das Abrücken vom positiven gesetzlichen Beweissystem erfolgte zu einer Zeit, in der die Einführung der Schwurgerichte die liberalpolitische Debatte beherrschte. Nach der Verfassung dieses Gerichtstyps würdigte der Geschworene Beweistatsachen nicht nach positiven gesetzlichen Regeln, sondern vorwiegend nach einem intuitiven Wahrheitsgefühl, nach einer Totalanschauung. Diese Besonderheit im Verfahren der materiellen Wahrheitsfindung machte strukturelle wie funktionale Harmonisierungen der Schwurgerichtsverfassung mit dem Prozesssystem der RStPO notwendig.

61   Nach intensiven und öffentlich ausgetragenen Auseinandersetzungen hatte sich der Gesetzgeber grundsätzlich für „le jury" nach französischem Recht entschieden. Dabei hatte er jedoch von der Übernahme der klaren Strukturen abgesehen und war stattdessen in Kompromisse ausgewichen. Im schwurgerichtlichen Beweisverfahren des Code beurteilten die Geschworenen den tatsächlichen Geschehensablauf, trafen Tatsachenfeststellungen und Entscheidungen allein der Tatfrage. Der Berufsrichter hatte die Tatsachen juristisch zu bewerten, sie unter die einschlägigen Strafrechtsnormen zu subsumieren und zu entscheiden, wie die Handlungen strafrechtlich zu qualifizieren und zu bestrafen waren.

Im Gegensatz dazu ermächtigte die RStPO die Geschworenen zur Beurteilung der Tatsachen- und Schuldfrage insgesamt. Die Festsetzung der nach Art und Höhe angemessenen Strafe war den Berufsrichtern überlassen. Das Gesetz hatte damit einen Mittelweg kodifiziert. Die Befähigung zu einer rechtlichen Beurteilung des Tatgeschehens wurde gleichgewichtig verteilt. Der rechtsgelehrte Richter würdigte die Tat nach seiner freien Überzeugungsbildung. Der Laienrichter bewertete die vorgebrachten Beweise aufgrund unreflektierter „Totaleindrücke" vom strafbaren Handeln.

Nach dem Gerichtsverfassungsgesetz von 1877/79 wurde das Geschworenengericht unter der Bezeichnung Kleines Schöffengericht für Strafsachen unterster Ordnung bei den Amtsgerichten zuständig. Das frühere Große Schöffengericht urteilte als Schwurgericht über schwerste Verbrechen. Der ausschließlich mit Berufsrichtern besetzten Strafkammer wurde die Zuständigkeit zur Aburteilung von Strafsachen mittlerer Ordnung übertragen. Die Geschworenenbank entschied nur über Schuldfragen und mit Zweidrittelmehrheit.

Erst 1924 hatte die justizpolitisch umstrittene sog. „Emminger-   **62** Novelle" (oder „Lex Emminger") – benannt nach dem Reichsjustizminister *Erich Emminger* (1880–1951) – durch einfache, gesetzesvertretende Verordnung die (echten) Schwurgerichte abgeschafft. Als Gerichtskörper bestanden sie nur dem Namen nach fort und wurden der Großen Strafkammer zugeordnet, die bedarfsweise bei schweren Verbrechen als Schwurgericht mit Geschworenen – ohne die ursprünglich typische Trennung von Schuld- und Straffrage – zusammentrat. Dieses Gericht war mit drei Berufsrichtern und sechs Schöffen (heute zwei) als einheitliche Richterbank besetzt, für die bis 1974 die historische Bezeichnung „Geschworene" verwendet wurde.

5. Novellengesetzgebung

Mit den sich wandelnden politischen, soziostrukturellen und wirt-   **63** schaftlichen Verhältnissen wurden umfangreichere Novellierungen des RStGB notwendig. Bis zum Ende des Kaiserreichs (1918) waren es überwiegend marginale Einzeländerungen. Zu den (auch politisch) bedeutenderen zählte der im Dezember 1871 auf dem Höhepunkt des Kulturkampfes des Staates gegen den Katholizismus eingeführte sog. „Kanzelparagraph" (§ 130a). Den Pfarrern wurde untersagt, ihr geistliches Amt durch Angriffe (Predigten) auf Gesetze und Einrichtungen des Staates „in einer den öffentlichen Frieden gefährdenden Weise" zu missbrauchen. 1876 erweiterte und verschärfte eine weitere Novelle die Strafbarkeit z. B. für die Aufforderung bzw. das Erbieten zum Verbrechen (sog. „Lex Duchesne") oder für den (neuen) Tatbestand der schweren („gefährlichen") Körperverletzung. Legislative Antworten auf die Zunahme von Kriminalität auf sexuellen Gebieten enthielt die sog. „Lex Heinze" von 1900. Das bestehende Sexualstrafrecht (Kuppelei, Prostitution, Verbreitung unzüchtiger Schriften) wurde verschärft und um den Straftatbestand der Zuhälterei erweitert (§ 181a). 1912 führte die letzte Strafrechtsnovelle des Kaiserreichs aus sozialen Gründen Strafmilderungen ein (anstelle von Gefängnis Geldstrafen, nicht rückfallbegründende Notdelikte).

64 Über den Plan einer großen Reform des gesamten materiellen Strafrechts wurde in der Strafrechtswissenschaft und Strafpraxis bereits seit Beginn des 20. Jahrhunderts diskutiert. 1902 begonnene Arbeiten führten 1909 zu einem „Vorentwurf" des Reichsjustizamtes, an dem sich alle folgenden Reformbemühungen orientierten. Zu den bedeutendsten zählten der Gegenentwurf vom Jahr 1911 von Strafrechtsprofessoren (unter ihnen Franz v. Liszt und James Goldschmidt), ferner die Kommissionsentwürfe von 1913 und 1919; sie wurden alle nicht Gesetze. Theoretisch-rechtspolitisches Fundament sowohl der gesetzlichen Einzelmaßnahmen, wie der Gesamtentwürfe war eine Kombination des Vergeltungsstrafrechts (K. Binding) mit der modernen Strafrechtsschule (F. Liszt), die neben der Repression den Präventions- und Besserungsgedanken favorisierte.

65 Die Kriminalpolitik der Weimarer Republik (1918–1933) hatte vorwiegend punktuelle Novellierungen und Ergänzungen des RStGB geschaffen. Dazu gehörte die Republikschutzgesetzgebung (1921/24), veranlasst durch Agitationen republikfeindlicher Organisationen und antidemokratischer Kräfte, Hetzkampagnen und Attentate auf sog. „Erfüllungspolitiker" (Matthias Erzberger, Walther Rathenau, Philipp Scheidemann). Das geltende Strafrecht wurde im Interesse der Erhaltung des inneren Friedens um besondere Strafbestimmungen erweitert. Sie dienten der Verfolgung von Gewalthandlungen und Beleidigungen gegenüber dem Staat, seinen Symbolen und seinen Repräsentanten.

66 Inhaltlich weitreichende Reformen des gesamten Strafrechts sind in der Weimarer Republik untrennbar mit dem Namen *Gustav Radbruch* (1878–1949) verbunden. Der (zeitweilige) Reichsjustizminister, sozialdemokratische Abgeordnete und Strafrechtsprofessor (zuletzt in Heidelberg) war für die Novellierungen politisch hauptverantwortlich und bei der dogmatischen Umgestaltung die treibende Kraft. Machtverschiebungen bei den politischen Parteien, eine neue Wirtschafts- und Sozialpolitik und der Einfluss der von Liszt begründeten modernen Schule auf die öffentliche Meinung waren die Ursachen grundlegender Novellengesetze. Der Liszt-Schüler Radbruch hatte auf der Basis des Entwurfs von 1919 ein von liberalen Gedanken geprägtes, soziales und humanes Strafrecht vorgelegt. In dem nach ihm benannten Entwurf von 1922 waren herausragende Neuerungen die Abschaffung der Todesstrafe (nach österreichischem Vorbild) und Revisionen der Strafmittel (Ersatz des Zuchthauses durch strenges

Gefängnis). Dieser Gesetzentwurf wurde mit zahlreichen Ergänzungen in anschließenden Entwürfen (von 1925 und 1927) nicht Gesetz. Erfolgreicher war Radbruch dagegen mit dem Entwurf eines Jugendgerichtsgesetzes, das 1923 in Kraft trat. Es setzte die Altersgrenzen für Strafmündigkeit herauf (von 12 auf 14), schuf die bedingte Strafaussetzung (auf Bewährung) und stand mit den abgestuften Maßregeln der Erziehung neben der Strafe in der Tradition der modernen Strafrechtsschule. Auf Radbruchs Initiative ging auch die Ausweitung der Geldstrafengesetzgebung (1921–1924) zurück, die zur Entlastung des Strafvollzugs an die Stelle einer (kurzfristigen) Freiheitsstrafe die Ersatzgeldstrafe setzte. Die Bemühungen um eine Gesamtreform des materiellen Strafrechts endeten endgültig 1933 mit der Auflösung des Reichstags. Zu einer Neuauflage des Gedankens drängte die Machtpolitik des Nationalsozialismus. Der Entwurf einer Strafrechtskommission von 1936 wurde nach Kriegsbeginn allerdings auf höchsten Befehl nicht weiter verfolgt. Einen gewissen inhaltlichen Abschluss brachte erst das Strafrechtsreformgesetz von 1998.

Nach vereinzelten Ergänzungen der strafprozessualen Teile des Gerichtsverfassungs- und des Strafverfahrensrechts wurde zu Beginn des 19. Jahrhunderts die Meinung herrschend, dass eine Gesamtreform der RStPO erst nach der vollständigen Umgestaltung des Strafgesetzbuchs stattfinden sollte. Gesamtentwürfe einer Prozessreform (1885, 1894, 1895) blieben legislativ folgenlos. Nach der Jahrhundertwende aufgekommene gesetzgeberische Bemühungen endeten 1908 mit einem Entwurf, der vor dem Reichstag jedoch scheiterte. Bis zum Ende des Kaiserreichs erfolgten keine Novellierungen.

Zu einer Renaissance des Projekts einer prozessualen Gesamtreform kam es in der Weimarer Republik. Während der Amtszeit des Reichsjustizministers Gustav Radbruch entstand 1920 der Entwurf zur Neuregelung der Strafgerichte. Er wurde nach einer Umarbeitung (1922) unter Radbruchs Nachfolger im Ministeramt Karl Rudolf Heinze († 1928) als „Entwurf einer Verordnung zur Vereinfachung der Strafrechtspflege" 1923 verabschiedet. Auf dieser Grundlage hatte der neue Reichsjustizminister Erich Emminger 1924 die rechtsstaatlich fragwürdige „Emminger Novelle" erlassen. Einen gewissen Abschluss fand die Novellengesetzgebung zum Strafverfahrensrecht 1926 mit dem Gesetz zur Regelung von Grundfragen des (Untersuchungs-) Haftrechts.

V. Strafrecht und NS-Diktatur

1. Strafrecht des Machtstaats

70 Nach der sog. „Machtergreifung" durch die Nationalsozialisten (30.1.1933) waren Strafrechtswissenschaft und Strafjustiz der „sterbenden" Weimarer Republik nicht mehr in der Lage, sich mit den Mitteln des Rechtsstaats eines kämpferischen NS-Strafrechts und seiner autoritären Ideologie zu erwehren. Das allgemein, jedoch undifferenziert von der Forschung als liberalisiert und milde charakterisierte Strafrechtssystem der Demokratie wurde als liberalistisch, individualistisch-materialistisch denunziert und bekämpft. Hauptgegenstände der Kritik wurden das RStGB von 1871 und der dem Gesetz zugrunde liegende Leitgedanke der generalpräventiven Tatvergeltung, den in den letzten Jahren der Republik eine spezialpräventiv-resozialisierende, tendenziell entkriminalisierende Reformgesetzgebung modifiziert hatte (Jugendgerichtsgesetz 1923, Geldstrafengesetzgebung 1921/24).

71 Das NS-Strafrecht war Gefährdungsstrafrecht. Im Mittelpunkt stand nicht die Unrechtshandlung als Straftat, sondern der gefährliche, gemeinschädliche Straftäter. Das Vorbild der nationalsozialistischen „Tätertypensondierung" war die bereits vor 1933 in der wissenschaftlichen Diskussion aktuelle Tätertypologie von Franz v. Liszt, die einzelne Tätergruppen anthropologisch nach den Kategorien des besserungsfähigen, besserungsbedürftigen und besserungsunfähigen Verbrechers unterschieden hatte. In nationalsozialistischer Umwidmung war die Tat nur Indiz einer kriminellen Gesinnung als „gefährlicher Gewohnheitsverbrecher" und „Volksschädling". Vor ihm musste der „völkische Staat" und die „Volksgemeinschaft" mit äußerster Härte geschützt werden. Das neue Strafrecht diente allein der Erhaltung des Systems und den politischen Zielen der Machthaber. Die Devise war rücksichtslose Vergeltung, brutale Abschreckung, „Selektierung" und physische Vernichtung des mit verbrecherischer Gesinnung handelnden „Schädlings". Das in dieser Zwecksetzung konzipierte und operierende NS-Strafrecht sollte die als verweichlicht gescholtene Strafrechtspflege durch einen radikalen Abbau aller rechtstaatlichen, sozialethischen Fundamente des Strafrechts der Republik von Weimar ersetzen.

2. Novellen nach Machtübernahme

Erste Angriffe der NS-Gesetzgebung galten den verfassungsmäßi- 72
gen Grundlagen des Rechtsstaats, dessen Niedergang mit allem Mitteln betrieben wurde. Der Brand des Reichstags (27.2.1933) konnte als willkommener Vorwand für einen tiefgehenden Einschnitt in das Lebenszentrum der Demokratie genutzt werden. Gestützt auf das Notverordnungsrechts des Reichspräsidenten (Art. 48 Weimarer Verfassung) erging bereits am folgenden Tag die sog. „Reichstagsbrandverordnung" (28.2.1933). Mit ihr wurden wichtige Grundrechte der Verfassung durch Verordnung außer Kraft gesetzt und für einige Straftaten die Todesstrafe angedroht. Zusätzlich beseitigte das sog. „Ermächtigungsgesetz" (24.3.1933) die Gewaltenteilung durch Übertragung der vollen Gesetzgebungsgewalt auf die Reichsregierung und errichtete auf den Resten der Republik scheinlegal die Diktatur. Das Regime setzte den Umbau des Staates konsequent durch das Verbot der Gewerkschaften (1.5.1933), die Auflösung der (zersplitterten) politischen Parteien (14.7.1933) und die Beseitigung der Länder fort (30.1/14.2.1934).

Der Prozess gegen den als Haupttäter des Reichstagsbrands ver- 73
dächtigten Marinus van der Lubbe endete mit der Todesstrafe, die das Reichsgericht rückwirkend verhängt hatte (23.12.1933). Sie war durch die sog. „Lex van der Lubbe" (29.3.1933) möglich geworden. Gleichzeitig sprach der zur Aburteilung zuständige Staatsschutzsenat vier Mitangeklagte mangels Beweisen frei. Diese Freisprüche wurden von der Staatsmacht offiziell kritisiert und zu weiteren einschneidenden, auf Gleichschaltung gerichteten Korrekturen im Justizwesen benutzt. Die politische Führung reagierte auf das Reichsgerichtsurteil mit der Gründung des „Volksgerichtshofs" (24.4.1934) als Sondergericht. Es erhielt für Hoch- und Landesverrat die ausschließliche Zuständigkeit und wurde später zum „ordentlichen Gericht im Sinne der Gerichtsverfassung" erhoben (18.4.1936). Damit war dem durch das Gerichtsverfassungsgesetz 1877/79 für politische Kapitalverbrechen berufenen Reichsgericht die Kompetenz als erst- und letztinstanzielles Staatsschutzgericht entzogen.

Zu den folgenreichsten legislativen Maßnahmen im „Kernstraf- 74
recht" des RStGB rechnete das sog. „Gewohnheitsverbrechergesetz" (24.11.1933). Die ideologische Basis war die NS-Rassenpolitik. Das Gesetz sollte durch Einfügung eines eigenen Abschnitts von präven-

tiv-sichernden und kriminalpädagogisch-bessernden Maßnahmen (Zweispurigkeit) die von der modernen soziologischen Strafrechtsschule bestimmte allgemeine Diskussion für die neue NS-Kriminalpolitik gesetzgeberisch verwirklichen. Das sog. „Heimtückegesetz" (21.3.1934) diente der Konsolidierung des Machtstaats und dem Schutz seiner politischen Organe durch „Abwehr heimtückischer Angriffe" (sog. Gräuelpropaganda als Diffamierung des politischen Gegners).

75   Ein besonders rigoroser Eingriff in fundamentale rechtsstaatliche Prinzipien war die sog. „Analogienovelle" (28.6.1935). Sie verlieh der Grundtendenz des stets nach Expansionen strebenden NS-Strafrechts am radikalsten Ausdruck. Das auf die frühliberale Strafrechtsauffassung von Anselm Feuerbach zurückgehende Gesetzlichkeitsprinzip „nullum crimen, nulla poena sine lege praevia" wurde Makulatur. Allerdings war die Maxime bereits durch die Rechtsprechung der Weimarer Republik aufgeweicht worden. Die NS-Novelle führte die strafbegründende Analogie ein und erlaubte eine „entsprechende Anwendung der Strafgesetze" zu Ungunsten des Angeklagten. Alle Handlungen, die „nach dem Grundgedanken eines Strafgesetzes und nach gesundem Volksempfinden Bestrafung verdient(en)", wurden strafrechtlich verfolgbare Taten. Abweichungen vom rechtsstaatlichen Verbot rückwirkender Strafgesetze waren damit möglich, „Strafbarkeitslücken" wurden ausgeschlossen.

Den Bruch mit der Garantiefunktion des Strafgesetzes ergänzte die Einführung der sog. „Wahlfeststellung". Der Richter wurde ermächtigt, bei Vorliegen von zwei Delikten, bei welchen dem Angeklagten nur für ein Delikt die Tatsachengrundlage eindeutig nachzuweisen war, nach wahldeutiger Tatfeststellung alternativ, allerdings nach dem mildesten Gesetz zu verurteilen. Die NS-Novelle hatte bewusst die neue autoritäre Maxime der Kriminalpolitik „kein Verbrechen ohne Strafe" vor die Rechtstaatlichkeit gestellt und dies mit der Leerformel „gesundes Volksempfinden" begründet.

76   Einen Höhepunkt in der Rechtsperversion markierte das sog. „Blutschutzgesetz" (15.9.1935) als Nebenstrafrecht zum RStGB. Es wertete den „außerehelichen Geschlechtsverkehr" zwischen Juden und deutschen oder „artverwandten" Staatsangehörigen als „Rassenschande". Das Ideal der „Art- und Rasereinheit" verfolgte das Regime mit Gesetzen im Dienst einer perversen „Volks- und Rassenhygiene". Ihre ärztlichen und juristischen Verweser konnten damit an eine seit den 20er-Jahren bestehende wissenschaftliche Tradition an-

knüpfen. Deren Schöpfer war der Strafrechtsprofessor Karl Binding mit der unwidersprochen vertretenen These von der Vernichtung „lebensunwerten Lebens".

Die Bandbreite von „eugenischen" Maßnahmen und Sanktionen 77 nach dem „Erbgesundheitsgesetz" (14.7.1933) und dem „Ehegesundheitsgesetz" (18.10.1935) reichte von der amtlichen Ehenichtigkeitserklärung über Gefängnis bis zur Erlaubnis zwangsweiser Sterilisation und Kastration. Die aufgrund eines Ermächtigungsschreibens des Diktators (1.9.1939) verfügte, seit 1940 zentralisierte systematische Ermordung behinderter Menschen (sog. Euthanasie-Aktion) wurde im August 1941 nach öffentlichen Protesten (Richter, Kirchen – Clemens A. Graf von Galen, Bischof von Münster) abgebrochen, jedoch dezentralisiert bis 1945 fortgeführt.

3. Rechtsetzung nach Beginn des Zweiten Weltkriegs

Nach dem Beginn des Zweiten Weltkriegs überwogen Novellie- 78 rungen in Form des Nebenstrafrechts. Teilbereiche wurden aus dem RStGB ausgeschieden und durch Sonderregelungen (seltener) als Reichsgesetze oder (überwiegend) als gesetzesvertretende Verordnungen ersetzt. Strafrechtsnormen wurden auf allen Ebenen rigoros verschärft und die Anwendungsfälle für die Todesstrafe erheblich ausgeweitet. Gesetzestechnisch erfolgte dies durch den Erlass einer Fülle bewusst unbestimmt formulierter Straftatbestände und die zusätzliche Schaffung von Delikten, die in irgendeiner, noch so lockeren Handlungsform die innere Sicherheit des Staates gefährdeten.

Die „Kriegssonderstrafrechtsverordnung" (17.8.1938/26.6.1939) 79 stellte Handlungsweisen blankett als sog. „Wehrkraftzersetzung" unter Strafe, die „öffentlich den Willen des deutschen oder verbündeten Volkes zur wehrhaften Selbstbehauptung zu lähmen oder zu ersetzen" suchten. Täter, denen Delikte des tatbestandsmäßig ausufernden Hoch- und Landesverrats zugerechnet wurden, stigmatisierte die „Verordnung gegen Volksschädlinge" (5.9.1939) als besonders verantwortungslose, typisch gemeinschafsfeindliche Kriminelle und drohte diesem „Tätertyp" vor allem bei Sabotageakten gegen das Regime und seine Kriegspolitik Zuchthaus und in schweren Fällen die Todesstrafe an.

Im Kontext der sog. „gemeinschaftsfremden" Verbrecher war die 80 „Verordnung über die Strafrechtspflege gegen Polen und Juden in den eingegliederten Ostgebieten" (4.12.1941) eine staatlich legitimierte terroristische Gewaltanwendung außerhalb jeder Grenzen des Rechts, der Ethik und Moral. Das Sonderstrafrecht drohte Polen und Juden die Todesstrafe an, „wenn sie gegen einen Deutschen wegen seiner Zugehörigkeit zum deutschen Volkstum eine Gewalttat begehen". Zu dieser Strafe sollte auch in Fällen verurteilt werden, die das Gesetz ausdrücklich nicht zu Straftaten erklärt hatte, sofern nur „die Tat von besonders niedriger Gesinnung zeugt(e) oder aus anderen Gründen besonders schwer (war)". Für die Ahndung strafbarer Handlungen durch Juden wurde 1943 ausschließlich die Polizei zuständig.

81   Hauptinhalt der Novellierungen durch „Gesetz zur Änderung des Strafgesetzbuches" (4.9.1941) war die Umformulierung der Straftatbestände des Mordes (§ 211) und des Totschlags (§ 212), die sich im geltenden Recht erhalten haben. Der NS-Gesetzgeber hatte die auf das gemeine Strafrecht zurückgehenden Unterscheidungskriterien der vorsätzlichen Tötungshandlung „mit Überlegung" als Mord gegenüber dem Totschlag als vorsätzliche Tötung „ohne Überlegung" beseitigt. Die NS-Novelle erklärte streng täterorientiert zum „Mörder", wer aus niederer, verwerflicher Gesinnung gehandelt hatte und konkretisierte diese Subjektivierung durch drei Gruppen gesetzlicher Mordmerkmale. „Totschläger" war, wer zwar vorsätzlich, jedoch ohne die tatbestandlichen Charaktermasken des Mordes eine Tötung herbeigeführt hatte.

4. Sondergerichte und Volksgerichtshof

82   Nach der Gründung des Volksgerichtshofs wurden in jedem Oberlandesgerichtsbezirk an Landgerichten „Sondergerichte" (21.3.1933) errichtet. Dies waren allerdings keine Neuschöpfungen des NS-Staates. Bereits in der Republik von Weimarer bestanden Sondergerichte gegen den politischen Terror (1932). In Bayern war die juristische Aufarbeitung der Folgen der Novemberrevolution und der Münchener Räterepublik schon 1918 einer Sondergerichtsbarkeit übertragen worden, die erst 1924 abgeschafft wurde.

Die NS-Sondergerichte gehörten seit Kriegsbeginn zu den radikalsten Instrumenten einer gelenkten Rechtsprechung streng innerhalb der von der Politik vorgegebenen Grenzen. Sie waren ursprünglich für die Aburteilung von Straftaten nach der Reichstagsbrandverordnung und dem Heimtückegesetz zuständig. Vor allem in den Kriegsjahren wurde ihre Zahl ständig erhöht und ihr Zuständigkeitsbereich erheblich erweitert. Das Sondergericht konnte tätig werden, wenn die Staatsanwaltschaft eine Klageerhebung wegen der Schwere oder der Verwerflichkeit der Tat für notwendig hielt. Der Prozess war seinem Charakter nach ein summarisches Schnellverfahren. Auf die Einhaltung von Förmlichkeiten, wie Voruntersuchung, Eröffnungsbeschluss, formgebundenes Beweisverfahren, wurde verzichtet, das Recht zur Einlegung von Rechtsmitteln war ausgeschlossen.

Nach Kriegsbeginn veränderte der Volksgerichtshof beispielgebend **83** den Charakter der Strafjustiz in besonders verstörender Weise. Bei seiner Gründung 1934 war das Gericht in erster und letzter Instanz für schwerwiegende politische Verbrechen zuständig. Im Laufe der Zeit wurde seine Kompetenz um nichtpolitische Delikte, auch nach dem Heimtückegesetz und nach der Kriegsgesetzgebung erheblich erweitert. Seine zwei Berufs- und drei ehrenamtlichen Richter, die vom Diktator ernannt wurden, fungierten von Anfang an als Vollstrecker des NS-Strafrechts und der in Rechtsnormen gegossenen Befehle bzw. des Willens des Führers als Rechtsquellen („Führererlasse").

Eine Enthemmung der Judikatur des Gerichts begann unter der **84** Präsidentschaft von *Roland Freisler* (1942–1945). Berüchtigt wurden insbesondere die politischen Prozesse gegen die Münchener Widerstandsgruppe „Weiße Rose" (1943) sowie gegen die Mitglieder des militärischen Widerstands gegen den Diktator (20. Juli 1944). Nach dramatischen, die Angeklagten entwürdigenden Schau- und Schnellverfahren unter dem Vorsitz von Freisler wurde alle zum Tode verurteilt. Die Strafen wurden sofort durch Erschießen, Erhängen oder durch das Fallbeil vollstreckt. Dem folgte eine riesige Verhaftungswelle von als Teilnehmer, Mitwisser oder sonst wie verdächtigten Mitarbeitern, Familienangehörigen, Freunden und Bekannten der Hingerichteten.

Der Volksgerichtshof war das Instrument einer terroristischen **85** Strafjustiz im Dienste der Machthaber. Dem Spruchkörper kann nur mit größtem Vorbehalt die Eigenschaft eines Gerichts attestiert werden. Seit Beginn standen die Richter im Spannungsfeld zwischen Staatsräson und der Bindung ihrer Rechtsprechung an immerhin noch förmlich erlassene Gesetze, die allerdings zum größten Teil als Konkretisierungen des Führerwillens galten. Zur Preisgabe auch der letzten „Reste judikativen Handelns" (K. Marxen) kam es unter Freisler.

Neuere Untersuchungen beurteilen die überlieferte, historisch dokumentierte Judikatur des Gerichts mit gewichtigen Gründen insgesamt differenzierter. Der Deutsche Bundestag hat in Stufen die pauschale Aufhebung der NS-Unrechtsurteile in der Strafrechtspflege beschlossen. 1998 waren Urteile des Volksgerichtshofs und der Standgerichte betroffen und 2002 die der Militärgerichte (Desertionen in der Wehrmacht). Der Schlussstrich wurde 2009 durch Aufhebung der Verurteilungen wegen des sog. „Kriegsverrats" gezogen.

5. Strafjustiz und Polizei

86   Der autoritäre Führerstaat bestimmte als Vorbild auch die künftige Rolle des Richters. Sie wurde einerseits gestärkt, die Justiz aber gleichzeitig durch permanente politische Eingriffe und Kontrollen der Exekutive im Sinne der NS-Ideologie gelenkt (sog. Richterbriefe). Den Charakter des Strafprozesses hatten zwei Rechtsmittel grundlegend verändert und gegenüber weiteren depravierenden Maßnahmen geöffnet. Der 1939/40 eingeführte „außerordentliche Einspruch" und die „Nichtigkeitsbeschwerde" des Oberreichsanwalts waren Konsequenzen des stetigen Machtzuwachses bei der Staatsanwaltschaft. Sie richteten sich sowohl gegen das Gericht wie auch gegen den Beschuldigten bzw. Angeklagten. Der Oberreichsanwalt war befugt, rechtskräftige Urteile des Amtsgerichts, der Strafkammer des Landgerichts oder der Sondergerichte durch Nichtigkeitsbeschwerde wegen fehlerhafter Rechtsanwendung oder Strafzumessung, später auch wegen unzutreffender Tatsachenfeststellungen anzufechten. Beschwerdeinstanz war ein „Besonderer Strafsenat" des Reichsgerichts, dessen Mitglieder, neben dem Reichsgerichtspräsidenten als Vorsitzendem, das besondere Vertrauen des Diktators besaßen und von ihm berufen wurden. Die mit diesen Rechtsbehelfen angegriffenen rechtskräftigen Prozesse endeten in der Regel mit Verschärfungen der Straffolgen. Die missbräuchliche Anwendung war vor allem dann offenkundig, wenn Freisprüche als korrekturbedürftig gerügt wurden.

87   Die Rechtsstellung des Beschuldigten verschlechterte zusätzlich eine Erweiterung der traditionellen Haftgründe Flucht und Verdunkelungsgefahr. Eine Verhaftung wurde bei bloßem Verdacht möglich, der Beschuldigte würde die Freiheit zu neuen strafbaren Handlungen missbrauchen, oder wenn seine Freiheit zu einer „Erregung der Öffentlichkeit" führen sollte. Die Erweiterung der Haftgründe hatte fa-

tale Folgen für die Reichweite des polizeilichen Verhaftungsrechts. Die Polizei war berechtigt, ohne jede richterliche Kontrolle eigenmächtig Verdächtige in sog. „Schutzhaft" zu nehmen. In der Praxis bedeutete dies insbesondere bei Verdacht auf politische Unzuverlässlichkeit von Gegnern des Regimes als „Volksschädlinge" ihre Verbringung in sog. Konzentrationslager. Die Freiheitsentziehung im Grauen dieser Institution erfolgte in der Regel auf unbestimmte Zeit.

Die Strafjustiz wurde zum Vollzugsinstrument des Regimes und **88** stand vollkommen in Diensten seiner obersten politisch-ideologischen Zwecke. Deren optimaler Realisierung diente die Verschmelzung der Polizei mit der sog. „Schutzstaffel" (abgek. *SS*, mit der militärischen Abteilung *Waffen-SS* in der Wehrmacht), einer Organisation der Partei. Die SS hatte die Kontrolle über das gesamte Polizeiwesen übernommen und war seit 1934 auch für den gesamten Verwaltungs-, Ordnungs- und Vernichtungsbetrieb in den Konzentrationslagern verantwortlich. Durch diese organisatorische Gleichschaltung in den Funktionen wurde die Polizei zum Instrument der politischen Führung. Damit waren alle elementaren rechtsstaatlichen Grundsätze polizeilicher Maßnahmen entfallen. Ein Höhepunkt in der Rechtsperversion wurde mit der Errichtung der politischen Geheimen Staatspolizei (Gestapo) erreicht. Sie besaß umfassendste Zuständigkeiten. Eine gerichtliche Überprüfung ihrer Maßnahmen einschließlich der Hinrichtungen war ausgeschlossen.

Die Schrankenlosigkeit der Polizeigewalt war gewolltes und effek- **89** tives Mittel zur Ausschaltung und Beseitigung der Strafjustiz auf allen Tätigkeits- und Funktionsebenen. Anstelle von justiziellen Maßnahmen bestimmten Polizei und Administration durch eine willkürliche, summarische Verbrechensbekämpfung die Strafpraxis. Der Staatsterror mit Hilfe der Justiz beachtete kein Gesetzlichkeitsprinzip.

VI. Strafrechtliche Bewältigung des NS-Unrechts

1. Nürnberger Prozesse

Im November 1945 begann im Justizpalast Nürnberg die gericht- **90** liche Abrechnung mit den Verbrechen, die von der politischen Führung und von ihren Befehlsempfängern begangen worden waren.

Rechtsgrundlage des ersten Prozesses gegen Mitglieder der Reichsregierung und verbrecherischer Organisationen, sog. „Hauptkriegsverbrecher", war das „Londoner Viermächte-Abkommen" der hauptalliierten Mächte USA, England, Frankreich, Sowjetunion (*London Agreement*, 8.8.1945).

Das Abkommen hatte die Errichtung eines „Internationalen Militärtribunals" vorgesehen. Für dieses interalliierte Besatzungsgericht stellten die Siegermächte die Ankläger und Richter. Der Gerichtshof wurde nach dem Londoner „Statut" zuständig für die Aburteilung von Kriegsverbrechen (im Sinne des Völkergewohnheitsrechts), ferner für Verbrechen gegen den Frieden (Planung, Teilnahme an einem Angriffskrieg) und für Verbrechen gegen die Menschlichkeit (vor allem Völkermord, Deportation). Die Verschwörung (*conspiracy*) gegen den Frieden und die Verbrechen gegen die Menschlichkeit wurden erstmals durch das Londoner Agreement als eigene Straftaten mit tatbestandlich äußerst unscharfen Merkmalen und Strafrahmen eingeführt und erhielten rückwirkende Geltung. Den Angriffskrieg hatte zwar der „Briand-Kellogg-Pakt" schon 1928 als völkerrechtswidrig geächtet, jedoch waren vorbereitende Kriegshandlungen mit keinen international wirkenden Strafsanktionen belegt.

91   Im Hinblick auf den Gesetzlichkeitsgrundsatz (*nulla poena sine lege*) stand die rückwirkende Bestrafung von Taten, die zur Zeit ihrer Begehung straflos waren, mit dem geltenden Recht nicht in Einklang. Das Problem wurde von den Anwälten der Angeklagten und ihren Richtern gesehen und für nicht prozesshindernd beurteilt. Rückwirkung und Strafwürdigkeit der Verbrechen wurden mit dem Hinweis gerechtfertigt, dass das Londoner Statut nur solche Handlungen für strafbar erklärt hatte, die entweder nur Ausprägungen von bereits durch das geltende RStGB von 1871 sanktionierten Verbrechen darstellten (z. B. Mord, Totschlag, Körperverletzung, Freiheitsberaubung, Erpressung, Rechtsbeugung u. ä.) oder nach überpositiven, naturrechtlichen Grundsätzen geächtete Straftaten waren. Vor allem bei den Verbrechen gegen die Menschlichkeit wurde die Anklage auf naturrechtliche Argumente gestützt. Allgemeine Meinung war, das Statut würde nur solche Taten unter Strafe stellen, die bei allen Kulturvölkern kraft überpositiver Rechtsgrundsätze als schwere und schwerste Verbrechen geächtet und sanktioniert waren.

92   Der Prozess gegen die Hauptkriegsverbrecher endete im Oktober 1946 für 22 Angeklagte mit Todesurteilen (12), lebenslangen oder zeitlichen Freiheitsstrafen (7) und Freisprüchen (3). Rechtshistorisch

werden das Londoner Viermächte-Abkommen als Geburtsurkunde des Völkerstrafrechts und der Nürnberger Militärgerichtshof als Vorläufer des heutigen „Internationalen Strafgerichtshofs" (*International Criminal Court* in Den Haag, 1998/2002) bezeichnet.

In zwölf sog. „Nachfolgeprozessen" wurde in Nürnberg von 1946 **93** bis 1949 die strafjuristische Bewältigung des NS-Unrechts fortgesetzt. Rechtsgrundlage war das Gesetz des alliierten Kontrollrats Nr. 10 (20.12.1945), das in den Straftatbeständen weitgehend dem Londoner Abkommen entsprach. Die fortbestehende Rückwirkungsproblematik wurde erneut mit den bekannten naturrechtlichen Argumenten entschärft. Die Prozessführung lag nicht mehr bei den vier Mächten, sondern ausschließlich in den Händen amerikanischer Militärgerichte.

Angeklagt wurden Mitglieder einzelner Berufsgruppen, wie Juris- **94** ten, Ärzte, Diplomaten, Industriemanager, militärische Führer, Angehörige der SS und Polizei. Problematisch war in allen diesen Verfahren der Beweis einer individuell feststellbaren Schuld und ihre angemessene Bestrafung, wenn der Tatvorwurf nicht einzelne Kapitaldelikte betraf, sondern als Mitschuld am Unrechtscharakter von Institutionen oder Organisationen des NS-Regimes zu qualifizieren war. Vor allem richterliche Angeklagte entzogen sich der Verurteilung durch Berufung auf das (erfundene und problematische) sog. „Richterprivileg". Danach machte sich ein Richter durch ein Urteil, zu dessen Erlass er aufgrund des Justizgewährungsgebots rechtsstaatlich verpflichtet war (Rechtsverweigerungsverbot), nur strafbar, wenn seine Entscheidung gleichzeitig den Tatbestand einer Rechtsbeugung erfüllte. Dank einer verformenden Interpretation des Rechtsbeugungsbegriffs entgingen nach 1945 alle richterlich tätigen Angehörigen der NS-Justiz ihren Strafen.

2. Rückkehr des Naturrechts

Große Teile der in der Justiz und Administration tätigen Beamten **95** des NS-Staates wurden nach Kriegsende in die Ministerien und leitenden Ämter der Rechtspflege der Bundesrepublik übernommen. Diese Fortsetzung von NS-Laufbahnen in demokratischen Institutionen war vor allem im Hinblick auf das unterschiedliche Maß der Verstrickungen in politisch motivierte strafbare Handlungen nicht unproblematisch. Nach neuen Forschungen muss sich die Bundesre-

publik wegen ihres justiziellen Umgangs mit der NS-Justiz in den
ersten 25 Jahren ihres Bestehens schwere Versäumnisse vorwerfen
lassen („Akte Rosenburg").

Erste personelle Überprüfungen der NS-Beamtenschaft wurden
von der amerikanischen Militärregierung umfassend geplant und auf
der Grundlage des „Gesetzes über die Befreiung von Nationalsozialismus und Militarismus" (5.3.1946) durchgeführt. Die weitgehend
pauschal durch „Spruchkammern" vorgenommenen sog. „Entnazifi-
zierungen" waren in den einzelnen Besatzungszonen das Ergebnis
unterschiedlich konsequenter Untersuchungen. Bei den vorwiegend
bürokratisch-inquirierenden Ermittlungen war es unausbleiblich,
dass hochrangige NS-Funktionäre und Wissenschaftler unerkannt
und unbehelligt in die demokratische Behörden- und Bildungsorga-
nisationen überwechseln und Karriere machen konnten.

96   Für den belasteten Personenkreis und die nachträglich immer häufiger enttarnten Kriegsverbrecher wurde in der Bundesrepublik der
1950 errichtete Bundesgerichtshof in letzter Instanz zuständig. Seine
Rechtsprechung gründete sich in der Zeit eines Rechtsnotstands auf
Grundgedanken eines wiederentdeckten konservativen, religiös ver-
wurzelten Naturrechts.

Diese naturrechtliche Erneuerung hatte ihre Ursprünge in der Na-
turrechtsgrundsätze anwendenden Rechtsprechung der Nürnberger
Kriegsverbrecherprozesse. Mit ihr hatten das Internationale Militär-
tribunal und die Militärgerichte die rückwirkende Geltung der Straftatbestände Verschwörung gegen den Frieden und Verbrechen gegen
die Menschlichkeit gerechtfertigt. Die strafjuristisch überpositiven
Begründungen fanden argumentative Parallelen in der zeitgenössischen herrschenden katholischen Moralphilosophie und neuthomisti-
sche Sozialethik. Die Rückbesinnung auf metaphysische Werte und
Kriterien der Gerechtigkeit war auch eine Folge der Krise des Positivismus als Normativismus und der Repressionen des Nationalsozialismus gegenüber jedem nicht faschistischen, insbesondere weltanschaulichen Denken. Neue Untersuchungen betonen bei diesen
Erklärungsversuchen überzeugend die „naturrechtliche Signalwirkung" der Nürnberger Kriegsverbrecherprozesse, die eine Hinwendung zum Naturrecht entscheidend eingeleitet hatten (A. Künnecke).

3. Reichweite der „Radbruchschen Formel"

Nach der Rückkehr der Justiz zum ursprünglich liberalen Strafge-   97
setzbuch von 1871 und seinen rechtsstaatlichen Grundlagen begann
die Aufarbeitung des NS-Unrechts durch die Gerichte der Bundesrepublik. Die Arbeiten begegneten in den Nachkriegsjahren erheb-
lichen Problemen tatsächlicher wie rechtlicher Art. Aufgrund der
Kriegswirren waren der Zugang zu Zeugen und Dokumenten sowie
die Identifizierung und Überführung der Täter erheblich erschwert.

Die Angeklagten beriefen sich gegenüber den Tatvorwürfen auf
fehlendes Unrechtsbewusstsein nach geltendem Strafrecht. Sie machten die Befolgung immerhin formal gültig zustande gekommener NS-
Gesetze geltend, zu deren Vollzug sie als Angehörige der Justiz, Verwaltung oder des Militärs dienstrechtlich verpflichtet waren (sog. Be-
fehlsnotstand). Angesichts dieser höchst unbefriedigenden Tatsachen-
und Beweislage mussten die Gerichte zunächst festzustellen versuchen, ob die Unrechtshandlungen nach dem zur Tatzeit geltenden
NS-Recht rechtswidrig waren. Erst wenn die Richter zu negativen
Ergebnissen kamen, griffen sie auf die sog. „Radbruchsche Formel"
zurück.

Der ehemalige Reichsjustizminister und vom NS-Regime seines   98
Amtes enthobene Strafrechtslehrer Gustav Radbruch hatte sie 1946
zur Lösung von Konflikten zwischen dem positiven Recht und naturrechtlichen Elementen der Gerechtigkeit entwickelt. In seinem
Beitrag „Gesetzliches Unrecht und übergesetzliches Recht" setzte er
sich kritisch mit dem Problem auseinander. Er gab darin dem Gedanken der Unterordnung des Gesetzes unter die Gerechtigkeit und
Sittenordnung einprägsamen Ausdruck, der beispielhaft zu stereotypen Denkschritten umgeformt von der Rechtsprechung verwendet
wurde.

Ausgangspunkt seines argumentativen Prüfungsverfahrens war der   99
positivistische Grundsatz, dass „positives, durch Satzung und Macht
gesichertes Recht auch dann Vorrang hat, wenn es inhaltlich unge-
recht und unzweckmäßig ist". Etwas anderes müsste jedoch gelten,
wenn ein positives Gesetz in Widerspruch zur Gerechtigkeit träte
und dieser Konflikt in einem unerträglichen Maß gegen Prinzipien
der Rechtssicherheit, Gesetzmäßigkeit und Zweckmäßigkeit verstoßen würde. In dieser Extremsituation hatte „das Gesetz als ‚unrichtiges Recht' der Gerechtigkeit (zu) weichen". Wurden in einem Gesetz

überdies die „Gerechtigkeit nicht einmal angestrebt" und „die Gleichheit, die den Kern der Gerechtigkeit ausmacht, bei der Setzung positiven Rechts bewusst verleugnet", war „das Gesetz nicht etwa nur ‚unrichtiges Recht', vielmehr entbehrt(e) es überhaupt der Rechtsnatur".

100   Der Bundesgerichtshof bewertete nach Maßgabe der Radbruchschen Formel offenkundige Unrechtsgesetze sowie die auf ihrer Grundlage verkündeten Urteile und ergangenen Maßnahmen unmissverständlich als „Nicht-Recht". Das Gericht suchte die strafrechtliche Abrechnung mit der ideologiegeleiteten NS-Kriminalität durch Ableitung von Grundsätzen aus dem „überpositiven" Naturrecht und fand sie in Begriffen, wie Sittengesetz, sittliche Autonomie, menschliche Moral und Gerechtigkeit. Demgegenüber hatte sich das Bundesverfassungsgericht die Formulierung Radbruchs bei „Verletzung äußerster Gerechtigkeitsgrenzen" in vorsichtiger Form zu eigen gemacht. Naturrechtliche Rekurse waren zwar weithin anerkannt, allerdings wurden sie nicht mehr unangefochten zur Kenntnis genommen.

101   Die Kritik warf der naturrechtlichen Judikatur inhaltsleeres, häufig widerspruchsvolles Naturrechtsbewusstsein vor. Tatsächlich waren die als Prinzipien herangezogenen Werthaltungen unklar, unbestimmt und vielfach Produkte eines diffusen Rechtssicherheitsdenkens. Auch die Wissenschaft beurteilte die Renaissance teils zurückhaltend („Episode", A. Kaufmann), teils abqualifizierend („unter dem Niveau der Philosophie", J. Habermas). Tatsächlich verebbte Anfang der 60er-Jahre diese „unsystematische Naturrechtshysterie" (A. Künnecke) der ersten Nachkriegsjahre.

102   Rückgriffe auf die scheinbar überwundene naturrechtliche Phase deutscher Judikatur erfolgten in der Zeit der Abrechnung mit der DDR-Staatskriminalität. Die Wiederauferstehung in den 90er-Jahren betraf die Reaktivierung der Radbruchschen Formel insbesondere bei der Aburteilung von Gewalttaten an der innerdeutschen Grenze (sog. Mauerschützenprozesse). Das durch das DDR-Grenzgesetz (§ 27) erlaubte Töten von Republikflüchtlingen bei Grenzübertritt wurde als Rechtfertigungsgrund nicht anerkannt. Die sog. Schießbefehle zur Grenzsicherung wurden ausdrücklich auf der Grundlage der Formel als „gesetzliches Unrecht" geächtet und galten deshalb als unerträgliche Verletzungen elementarer Menschenrechte. Diese neueste naturrechtliche Rechtsprechung der bundesdeutschen Strafjustiz war jedenfalls durchgehend vom Bestreben geleitet, DDR-Unrecht ange-

messen aufzuarbeiten. Dass dabei mit Augenmaß vorgegangen wurde, ist allgemeine Meinung.

Die für die Aburteilung des NS-Unrechts erfundene Radbruchsche 103 Formel wird in der Wissenschaft nach wie vor kontrovers diskutiert. Sie ist jedenfalls kaum geeignet, zweifelsfrei, mit zwingender und letzter Sicherheit zwischen dem „gerechten" und dem extrem „ungerechten" Gesetz zu unterscheiden. Unbestritten muss der Willkürmacht eines zynisch das Recht und Sittengesetz missachtenden Gesetzgebers begegnet werden. Dabei bleibt jeder Rekurs auf überpositive, sittlich-ethische Werte und Maßstäbe stets im hochsensiblen Spannungsfeld der Reichweite der ausdrücklichen Bindung der Exekutive und Judikative „an Gesetz *und* Recht" (Art. 20 Grundgesetz).

Schrifttum: *A. Kaufmann*, Die Radbruchsche Formel vom gesetzlichen Unrecht und vom übergesetzlichen Recht, NJW 1995, 81 ff.; *K. Seidel*, Rechtsphilosophische Aspekte der „Mauerschützen" – Prozesse (1999); *A. Ignor*, Geschichte des Strafprozesses in Deutschland 1532–1846 (2002); *K. Freudiger*, Die juristische Aufarbeitung von NS-Verbrechen (2002); *K. Marxen/H. Schlüter*, Terror und „Normalität". Urteile des NS-Volksgerichtshofs (2004); *Immanuel Baumann*, Dem Verbrechen auf der Spur (2006); *R. Schlottau*, Deutsche Kolonialrechtspflege (2007); *A. David*, Die Entwicklung des Mordtatbestandes im 19. Jahrhundert (2009); *Th. Vormbaum*, Zur Lex Emminger v. 1924, in: Juristische Zeitgeschichte (2011), 353 ff.; *P. Rondini*, Ex sententia animi tui. La prova legale negativa nell'età della codificazione (2012), 157 ff.; *C. Broichmann*, Der außerordentliche Einspruch im Dritten Reich (2013); *A. Koch* u. a. (Hg.), Feuerbachs Bayerisches Strafgesetzbuch (2014); *S. Seminara*, Einführung, in: Vorentwurf zu einem italienischen Strafgesetzbuch über Verbrechen von 1921 – „Progetto Ferri", hgg. v. Th. Vormbaum (2014); *L. Picotti/F. Zanuso* (Hg.), Die Kriminalanthropologie Cesare Lombrosos (2015); *A. Künnecke*, Die Naturrechtsrenaissance in Deutschland nach 1945 in ihrem historischen Kontext, in: RphZ 1 (2015), 84 ff.; *A. Burkhardt*, Das NS-Euthanasie-Unrecht vor den Schranken der Justiz (2015); *A. Koch/M. Löhnig* (Hg.), Die Schule Franz von Liszts (2016); *Chr. Promnitz*, „Besserung" und „Sicherung". Eine terminologisch-historische Untersuchung (2016); *M. Görtemaker/Chr. Safferling*, Die Akte Rosenburg. Das Bundesjustizministerium und seine NS-Vergangenheit (2. Aufl. 2016); *J. Schröder*, „Rechtswissenschaft in Diktaturen". Die juristische Methodenlehre im NS-Staat und in der DDR (2016).

14. Kapitel. Neuere Kodifikationen in Kontinentaleuropa

I. Profil des Gesetzesrechts

1. Geltungsräume der Kodifikation

1   Verankert in einer einheitlichen Weltanschauung und gemeinsamen Kultur haben die Rechtsordnungen in Europa aus der nationalen, ethischen und sprachlichen Vielfalt heraus zu ihren typischen Formen und Inhalten gefunden. Die entwicklungshistorischen Wege wurden im 15. und 16. Jahrhundert durch die Begegnung mit dem römisch-kanonischen Recht bestimmt. Das aus ungeschriebenen Gewohnheiten und Gerichtsgebrauch bestehende Recht wandelte sich in diesem Prozess, wurde verschriftlicht und die Rechtsanwendung rationalisiert. Das seit dem 17. Jahrhundert das Rechtsdenken beherrschende Naturrecht ermöglichte im 19. Jahrhundert europaweit das Wirksamwerden der Kodifikationsidee. Der „Kodex" wurde einzige Quelle des Privat- und Strafrechts. Der bürgerliche Staat hatte als Gesetzgeber das Rechtsetzungsmonopol des absolutistischen Herrschers verdrängt. An die Stelle des autoritären Rechtsbefehls war die Vernunft als Legitimation des Gesetzes getreten.

2   In Europa waren aus dieser das Rechtsdenken lenkenden Entwicklung zwei unterschiedliche, typenmäßig eigenständige Rechtssysteme hervorgegangen. Nord-, Süd-, West-, Mittel- und Osteuropa sind Länder mit „Gesetzesrecht". Kennzeichen des Rechtswesens ist die Durchkodifizierung aller Rechtsgebiete. Methode und Dogmatik wurden durch Prinzipien des Ius commune, des Vernunftrechts der Aufklärung und durch den Gesetzespositivismus der Moderne geprägt. In England hatte sich das Rechtswesen von kontinentaleuropäischen Rechtsideen und dem Kodifikationsgedanken abgelöst entwickelt. Die weltliche Rechtspflege konnte sich der Rezeption des römisch-kanonischen Rechts entziehen. Das angelsächsische Recht war Fallrecht (*case law*), wurde durch Richterrecht (*judge made law*) konkretisiert und fortgebildet. Das geltende englische Recht ist eine einzigartige, stilfeste Fortsetzung dieser mittelalterlichen Rechts-

tradition mit Anpassungen an die jeweils notwendig gewordenen Anforderungen der Praxis.

2. Zivilrecht als Leitrechtsordnung

Die Ausgang des 19. Jahrhunderts unter dem Einfluss des Positivismus einsetzende Kodifizierung erfasste alle Rechtsgebiete. Im Zentrum der Rechtserneuerung stand das Zivilrecht. Ihm wurde die Eignung eines effektiven Wegbereiters beim tiefgreifenden Umbau der Gesellschaft zuerkannt. Das Zivilgesetzbuch war Leitbild und Modell der Kodifikation. Es konservierte und bestätigte die Rechts- und Ordnungsvorstellungen der Eigentümer- und Bürgergesellschaft, die ihre liberale Politik durch Verfassungen abgesichert hatte. Für das Verstehen der Kodifikationsbewegung der Moderne in ihrer Genese und mit ihrer politischen Wirkungsgeschichte in Europa sollten repräsentative Längsschnitte des Profils und Querschnitte der Kerninhalte von zentralen nationalen Kodifikationen des Zivil- und Strafrechts zureichen. 3

II. Schweizerische Rechtsentwicklung

1. Helvetische Gesetzgebung

Die Geschichte einheitlicher Kodifikationen des Privat- und Strafrechts der Schweiz folgt weitgehend der historischen Entwicklung der schweizerischen Staatlichkeit. Die Rechtsvereinheitlichung begann mit dem Ende der alten Eidgenossenschaft und der Überwindung der politischen Zersplitterung im Staatenbund des „Corpus Helveticum" durch den helvetischen Einheitsstaat. Die aus dem 13. und 14. Jahrhundert stammenden ersten Bündnisse der eidgenössischen Gemeinwesen beendete die „Helvetische Republik" (1798–1803). Als Produkt der Französischen Revolution beseitigte sie die ständischen Vorrechte und Schranken der mittelalterlichen Oligarchien und wandelte sie in politisch gleichberechtigte Kantone um. Für die neuen Staaten wurde die Kodifizierung und Vereinheitlichung des gesamten Rechts ein Gebot der Staatsräson. 4

Nach der helvetischen Verfassung von 1798 sollte für den Einheitsstaat „ein neues und einförmiges Civil- und Criminalgesetzbuch" geschaffen werden. Dies gelang nur für das Strafrecht. Die Arbeiten an 5 einer Zivilrechtskodifikation kamen über einige Sondergesetze nicht hinaus und wurden schließlich ganz aufgegeben.

Das Strafgesetzbuch trat als „Peinliches Gesetzbuch der helvetischen Republik" (HPG) 1799 in Kraft. Es hatte fast vollständig und mit nur wenigen Anpassungen den revolutionären französischen Code pénal von 1791 kopiert. Den Zielsetzungen der französischen Kriminalrechtspolitik folgend wurden im Interesse der Stabilität der neuen Republik die politischen Staatsschutznormen übernommen und auch die Todesstrafe mit den alten grausamen, entehrenden Begleitstrafen durch die Enthauptung ersetzt. Die Folter war bereits durch Sondergesetze abgeschafft worden (1798, bestätigt 1800). Bei der Bevölkerung fand das HPG auch wegen der massiven staatlichen Eingriffe durch Strafrecht in die Rechte der Bürger jedoch wenig Anklang.

6   Mit dem Ende der Helvetik trat das Gesetzbuch außer Kraft. Die Wende brachte 1803 Napoleons Mediationsakte (*acte de médiation*), die in einem drohenden Bürgerkrieg vermittelte und ihn abwendete. Mit ihr wurden die verfassungspolitische, dem Föderalismusgedanken folgende Situation der Eidgenossenschaft als Staatenbund wiederhergestellt und die Kantone als selbständige Staaten für die Gesetzgebung auf den Gebieten des Privat- und Strafrechts zuständig.

Die Notwendigkeit einer Durchkodifizierung des gesamten Rechts war auch ein Gebot der ökonomischen Situation. Die rasante Industrialisierung und der Geist des Liberalismus verlangten nach einer Modernisierung des Rechtswesens. Das 19. Jahrhundert wurde zu einer Epoche der kantonalen Kodifikationen, die auf dem Gebiet des Zivilrechts wie des Strafrechts die Rechtseinheit herstellten.

2. Kantonales Strafrecht

7   Mit dem napoleonischen Kaiserreich endete auch der helvetische Einheitsstaat. In der einsetzenden Phase einer politischen Restauration (1814–1830) gaben sich die souverän gewordenen Kantone eigene Strafgesetzbücher. Ihre Inhalte bestimmte die jeweils herrschende politische Strömung.

Einige, dem revolutionären Pathos und Fortschritt folgende Kantone wollten das HPG beibehalten (z. B. Bern, Luzern, Solothurn, Thurgau). Die eine Renaissance der Politik des Ancien Régime favorisierenden Kantone setzten die Carolina von 1532 in modifizierten

Versionen in Kraft (Freiburg, Neuenburg, Schwyz). In einigen Kantonen kam es zu eigenständigen strafrechtlichen Kodifikationen (z. B. Aargau, St. Gallen, Luzern, Tessin). Dabei orientierten sich die Redaktoren am französischen Code pénal von 1791, weniger jedoch an dem als „drakonisch" eingestuften napoleonischen Code pénal von 1810 (P. Caroni). Einige nahmen die österreichische Franziskana von 1803 oder das Bayerische Strafgesetzbuch von 1813 von Anselm Feuerbach zum Vorbild, das zu den modernsten Kriminalgesetzbüchern der Zeit gezählt wurde.

Während der liberalen sog. Regeneration des öffentlichen Lebens 8 (1830–1848) forderten verschiedene kantonale Verfassungen neue Strafgesetzbücher, die den liberalpolitischen Leitideen entsprachen. Die Arbeiten konzentrierten sich auf Revisionen oder einzelne Neukodifizierungen des bisher geltenden Strafrechts (z. B. Aargau, Luzern, Schwyz). Mit der neuen Bundesverfassung von 1848 wurde erneut eine Liberalisierung des Strafrechts notwendig. Die rechtspolitischen Forderungen betrafen u. a. Milderungen der Strafmittel und eine restriktive Anwendung der Todesstrafe.

Nach der Revision der Bundesverfassung 1874 wurden in einigen Kantonen die bestehenden Strafgesetzbücher erneut reformiert. Dabei fand auch das deutsche Reichsstrafgesetzbuch von 1871 Beachtung.

3. Kantonales Prozessrecht

Die Gesetzgebung der Kantone auf dem Gebiet des Verfahrens- 9 rechts begann in der Zeit der Regeneration unter dem Einfluss liberaler Rechtsideen. Einige Kantone nahmen den französischen Code de procédure civil von 1806 zum Vorbild (z. B. Genf, Tessin). Andere folgten dem gemeinen Zivilprozess als Vorlage (z. B. Bern). Dieser Verfahrenstypus hatte sich im 16. Jahrhundert aus dem Kammergerichtsprozess entwickelt. Der kantonale Zivilprozess übernahm aus dem gemeinrechtlichen Modell die Schriftlichkeit, Nichtöffentlichkeit, die Eventualmaxime und die Bindung des Richters an feste Beweisregeln (formelle Beweistheorie). Im Gegensatz dazu entschieden sich die Redaktoren anderer Kantone für die Mündlichkeit und Öffentlichkeit sowie für die Verhandlungs- oder Dispositionsmaxime. Mit dem Inkrafttreten der deutschen Reichszivilprozessordnung von 1877/79 wurde auch dieses Gesetz in Teilen für kantonales Zivilverfahrensrecht vorbildlich.

10   Die Strafprozessordnungen der Kantone orientierten sich hauptsächlich am napoleonischen Code de l'instruction criminelle von 1808 (z. B. Zürich, Luzern, Solothurn). Die schweizerischen Gesetzgeber kodifizierten mit dem Typus des reformierten Strafprozesses insbesondere die Trennung der Ankläger- von der Richterfunktion, das Ermittlungsverfahren der Staatsanwaltschaft mit dem anschließenden gerichtlichen Hauptverfahren, die Öffentlichkeit, Mündlichkeit sowie den Richtervorbehalt bei strafprozessualen Zwangsmaßnahmen, nach dem für alle belastenden Staatsakte richterliche Instanzen zuständig wurden. Leitendes Prozessziel war die Erforschung der objektiven Wahrheit auf der Basis des Klageformprinzips im Anklageprozess. Danach besaß der Staatsanwalt das Anklagemonopol, musste bei Bestehen eines Tatverdachts den Sachverhalt von Amts wegen (Offizialmaxime) und durch konkrete Maßnahmen (Inquisitionsprinzip) ermitteln.

4. Vereinheitlichtes Privatrecht

11   Die in der Helvetik gescheiterte Forderung nach Vereinheitlichung auch des Zivilrechts wurde Anfang des 19. Jahrhunderts Wirklichkeit. Ausschlaggebend waren die veränderte politische Situation und das neue politische Klima des Liberalismus. Die privatrechtliche Gesetzgebung der Kantone beendete eine Epoche innerkantonaler Rechtsvielfalt. Die Gesetzgeber orientierten sich dabei vorwiegend an den Privatrechtskodifikationen von Frankreich und Österreich, nicht dagegen am Preußischen ALR von 1794, das sie für „despotisch" hielten (P. Caroni).

Die Kantone der West- und Südschweiz folgten dem Code civil von 1804. Dazu gehörten Genf (1815), Waadt (1819), Tessin (1837), Freiburg (1850), Wallis (1853) und Neuenburg (1855). Die mittelschweizerischen Kantone legten das ABGB von 1811 zugrunde. Dies waren Bern (1826–1830), Luzern (1839), Solothurn (1848) und Aargau (1855).

Nur der Kanton Zürich gab sich mit dem Zürcher Privatrechtlichen Gesetzbuch (1853–1856) eine eigenständige Kodifikation. *Friedrich Ludwig von Keller* (1799–1860), Professor in Zürich und Anhänger der Historischen Rechtsschule, hatte mit der Kodifizierung begonnen. Seine Arbeiten wurden von *Johann Caspar Bluntschli* (1808–1881), Professor in Zürich und „der bedeutendste Schweizer

Jurist des 19. Jahrhunderts" (M. Senn), fortgeführt und beendet. Das Gesetzbuch beeinflusste die Kodifikationen in Thurgau (1860), Graubünden (1862), Schaffhausen (1865) und Glarus (1874).

a) Obligationenrecht v. 1881

Nach der Gründung des Bundesstaats (1848) wurde die Forderung **12** erhoben, das gesamte Zivil- und Strafrecht zu vereinheitlichen. Erst die Gesamtrevision der Bundesverfassung (1874) beendete förmlich die Geltung der kantonalen Zivilgesetze und verlieh dem Bund die Teilkompetenz für das Obligationenrecht mit dem Handels- und Wechselrecht sowie für das Konkurs- und Vollstreckungsrecht (Betreibung). Basierend auf dieser Zuständigkeit wurde 1881 das Obligationenrecht (OR) parlamentarisch verabschiedet und am 1. Januar 1883 in Kraft gesetzt.

Das OR enthielt – ebenso wie die spätere Revision von 1911/1937 **13** – Bestimmungen über das allgemeine und besondere Schuldrecht, behandelte die dinglichen Rechte an beweglichen Sachen und regelte das gesamte Handels- und Wertpapierrecht. Handelsrecht war Teil des allgemeinen Zivilrechts. Die Schweiz hatte sich gesetzgebungstechnisch für den „Code unique" und – nach dem Zürcher Privatrechtlichen Gesetzbuch als Vorbild – gegen eine besondere Handelsrechtskodifikation entschieden.

Im Entwurfsstadium des OR war der Berner Professor für französisches Zivilrecht *Walther Munzinger* (1830–1873) die treibende Kraft. Er hatte bereits 1864 einen Entwurf zu einem Handelsgesetzbuch verfasst. Sein 1871 fertiger erster „vollständiger Entwurf für ein schweizerisches Obligationenrecht" orientierte sich u. a. am Zürcher Privatrechtlichen Gesetzbuch, am Code civil, am ABGB, am deutschen ADHGB von 1861 sowie am Dresdener Entwurf von 1866. Nach neuen Forschungen hat Munzinger als „Kreator des Code unique" auch die Schlussfassung des OR entscheidend beeinflusst (U. Fasel).

b) Zivilgesetzbuch v. 1907/1912

Die Schaffung des OR war ein erster bedeutsamer Schritt zur Vereinheitlichung des gesamten Privatrechts. Ihm folgte 1884 die Initiative des Schweizerischen Juristenvereins. Seine Mitglieder hatten den Vorstand beauftragt, eine rechtsvergleichende Darstellung aller geltenden kantonalen Zivilrechtssysteme zu erstellen, „um vermittelnd in das Rechtsleben des Volkes und auf ein harmonisches Ganzes hinwirken zu können". Diese Aufgabe übernahm *Eugen Huber* (1849–1923), Präsident des Juristenvereins, Landespolitiker und Publizist. Als Hochschullehrer für Zivilrecht zuletzt in Bern sympathisierte er mit der Historischen Rechtsschule germanistischer Prägung.

In den Jahren 1886 bis 1893 erschien sein Werk „System und Geschichte des Schweizerischen Privatrechts" (4 Bände) und empfahl ihn dem Eidgenössischen Justiz- und Polizeidepartement als Fachmann für Gesetzgebung. Der Bundesrat erteilte Huber 1892 den Auftrag zur Ausarbeitung eines Zivilgesetzbuchs. Bis 1898 lagen Teilentwürfe für das Personen-, Familien-, Sachen- und Erbrecht vor. Sie wurden von kleinen Expertengremien beraten und nach einer Neuredaktion des deutschen und französischen Textes 1900 als Vorentwurf veröffentlicht. Alle „Landesgegenden und Berufskreise" waren zu konstruktiver Kritik aufgerufen.

15   Eine Änderung der Bundesverfassung brachte 1874 der Eidgenossenschaft eine Erweiterung der bestehenden Kompetenz um „die übrigen Gebiete des Zivilrechts" und damit die volle ausschließliche Zuständigkeit zur privatrechtlichen Gesetzgebung. Daraufhin wurde der Vorentwurf durch eine große Expertenkommission, in der Huber Referent war, beraten (1901/03). Die Bundesversammlung nahm den ihr 1904 zugeleiteten Vorentwurf nach parlamentarischen Beratungen an (1904/07). Den deutschen, französischen und italienischen Text stellte eine Redaktionskommission verbindlich fest. Nachträglich erfolgte eine Übersetzung in die rätoromanische Nationalsprache als dritte, gleichwertige Amtssprache des Bundes. Die Kommissionen des Nationalrats und Ständerats verabschiedeten den Entwurf 1907 als „Schweizerisches Zivilgesetzbuch" (ZGB), das am 1. Januar 1912 in Kraft trat. Von einer Inkorporierung des OR wurde abgesehen.

16   In der neueren Kodifikationsforschung gilt das ZGB als „atypisches Gesetzbuch", als „eigenwillige, selbstbewusste Kodifikation", als „Kodifikation des sozialen Individualismus" (P. Caroni). Es hatte grundsätzlich auf bedeutendere Anleihen bei ausländischen und historischen Vorbildern verzichtet und in einfacher und anschaulicher Sprache selbst schwierige Rechtsfragen unter Berücksichtigung von Nützlichkeit und Praktikabilität der Regelungen entschieden. Das ZGB kennt keinen Allgemeinen Teil und beschränkt sich auf die Kodifizierung leitender Rechtsprinzipien. Vollständigkeit und Lückenlosigkeit hat der Gesetzgeber nicht angestrebt. Der Richter ist ermächtigt, Lücken des positiven Rechts zu schließen, dabei primär

nach Gewohnheitsrecht zu urteilen (Priorität vor Analogieschlüssen) und bei dessen Fehlen „nach der Regel (zu) entscheiden, die er als Gesetzgeber aufstellen würde" (Art. 1 Abs. II und III).

c) Obligationenrecht v. 1911/1937

Auf die Notwendigkeit einer Novellierung des OR hatte Eugen 17 Huber bereits 1893 hingewiesen. Dem kam 1901 das Justiz- und Polizeidepartement mit der Einsetzung einer Spezialkommission nach (Langenthaler Kommission). Der Gesetzentwurf fand jedoch nicht die Billigung durch die Bundesversammlung. Empfohlen wurde, die Revision des OR bis zum Abschluss der Beratungen des ZGB zu verschieben. 1909 legte eine große Expertenkommission für die Revision des OR, in der Huber erneut als Referent wirkte, einen Gesetzentwurf vor, in dem lediglich das allgemeine Vertragsrecht, einzelne Vertragstypen, das Delikts- und Bereicherungsrecht überarbeitet worden waren (Titel 1–23). Die restlichen Bestimmungen wurden aus Zeitgründen einer späteren Revision vorbehalten. 1911 akzeptierte die Bundesversammlung das Procedere und setzte die revidierten Titel 1–23 des OR am 1. Januar 1912 zeitgleich mit dem ZGB in Kraft. Das OR wurde – mit gesonderter Artikelzählung – Teil V des ZGB. Materiell bilden ZGB und OR eine Einheit, sind formell aber gesondert in Kraft gesetzte Teilrechtsordnungen.

Mit der Revision der Titel 24–33 wurde 1911 erneut unter Feder- 18 führung von Eugen Huber begonnen. Sein Tod und die gewandelten politischen Verhältnisse nach Ausbruch des Ersten Weltkriegs behinderten eine zügige Fertigstellung. Sie gelang erst 1923 Arthur Hoffmann (1857–1927), Rechtsanwalt und Bundesrat. Sein Entwurf wurde 1924/25 von einer Expertenkommission beraten und am 1. Juli 1937 als Bundesgesetz in Kraft gesetzt. Die beiden Bundesgesetze, die das (alte) OR im Jahre 1911 und 1937 revidiert hatten, werden als „Schweizerisches Obligationenrecht" zitiert.

5. Verbreitung

Für Staaten, die in der ersten Hälfte des 20. Jahrhunderts zeitge- 19 mäße Rechtsreformen anstrebten, war die schweizerische Gesetzgebung Modell, das neue Maßstäbe gesetzt hatte. Ihre Elastizität ermöglichte eigenständige Rechtsschöpfungen, ohne rechtspolitische und dogmatische Grundentscheidungen des nationalen Rechts vollständig aufgeben zu müssen. Unter unmittelbarem Einfluss des schweizerischen Privatrechts stand das Zivilrecht des Fürstentums Liechtenstein (1922, 1926), der Codice civile Italiens von 1942, ferner das Privatrecht von Griechenland, Ungarn, Jugoslawien, Bulgarien, Polen, der Tschechoslowakei, Sowjetunion, Republik China (bis 1949), von Siam und Peru.

20   Für eine globale Rezeption des schweizerischen Privatrechts hatte sich im Jahre 1923 die Türkei entschieden. Sie war unter dem Staatspräsidenten *Mustafa Kemal* (Atatürk, 1881–1938) zu einem laizistischen Nationalstaat westeuropäischer Prägung geworden. Nach Verabschiedung durch die Große Türkische Nationalversammlung wurden 1926 das „Türkische Zivilgesetzbuch" und das „Türkische Obligationengesetzbuch" in Kraft gesetzt. Die Texte sind bis heute weitgehend freie Übersetzungen der französischsprachigen Vorlagen. Mit der Rezeption des schweizerischen Privatrechts hatte sich das türkische Recht einer laizistischen Rechtsordnung angenähert. Davon ausgenommen blieben das Kindschafts- und Eherecht. Durch Sondergesetze wurde versucht, die in islamischer Tradition und Gesellschaft wurzelnden Sozial- und Familienstrukturen mit dem übernommenen Recht praxis- und wirklichkeitsnah zu harmonisieren.

III. Rechtsentwicklungen in Italien

1. Napoleonisches Italien

21   Von 1797 bis 1814 standen große Gebiete Italiens unter französischer Herrschaft. In diesen Territorien galt französisches Zivil-, Straf- und Prozessrecht. Die von Napoleon proklamierte „Cisalpinische Republik" (*Repubblica Cisalpina*) war ein Export der Französischen Revolution. Versuche, „codici autonomi" des Strafrechts zu schaffen, scheiterten. Die Cisalpina wurde 1802 in „Republik Italien" (*Repubblica Italiana*) umbenannt und ging als konstitutionelle Monarchie 1805 im „Königreich Italien" (*Regno d'Italia*) auf, dessen Oberhaupt Napoleon war.

Mit der Eingliederung rund eines Drittels der italienischen Halbinsel in den politischen Einflussbereich Frankreichs waren Rechtswissenschaft und Rechtsordnungen vieler italienischer Territorien auch mit dem Kodifikationsgedanken der Aufklärung in Kontakt gekommen. Noch im ausgehenden 18. Jahrhundert hatten sich Rechtsetzungstätigkeiten im Wesentlichen auf strukturell redigierende, inhaltlich vereinfachende Bearbeitungen der geltenden, unübersichtlich gewordenen Statuten beschränkt, neben denen das Ius commune subsidiär zur Anwendung kam. Zu den frühen die Statutargesetzgebung vereinheitlichenden oder sie ersetzenden Gesetzen zählte im Ducato di Modena der „Codice Estense" von 1771, benannt nach der im Herzogtum regierenden Dynastie *d'Este*.

Erst mit der Einführung der napoleonischen cinq codes im Regno   **22**
d'Italia konnte der aufgeklärte Kodifikationsgedanke auf der Grundlage einer politischen und sozialen Modernisierung breiter wirken. Außerhalb des französischen Herrschaftsbereichs – und unter dem Schutz der Flotte Englands – lagen Sardinien und das bourbonische Sizilien. In den meisten Regionen des napoleonischen Italien wurde ab 1806 für das Privatrecht der französische Code civil von 1804 auf der Basis einer 1805 angefertigten italienischen Übersetzung in Kraft gesetzt. Für das Strafrecht diente der autoritäre Code pénal von 1810 als Modell. Auch hier war eine italienische Übersetzung Grundlage des 1811 verabschiedeten „Codice dei delitti e delle pene del Regno d'Italia". Damit hatte das italienische Strafrecht u. a. die Grundsätze der Bestimmtheit der Strafnorm, das Rückwirkungsverbot, aber auch die barbarischen, infamierenden, extrem grausamen Strafen (z. B. für Verwandtenmord – *parricidio*) gesetzlich verankert. Sie waren nach dem autoritären Willen von Napoleon zum Machterhalt des Staates und zur Disziplinierung des Bürgertums kodifiziert worden.

Mit dem politischen Ende Napoleons und dem Zusammenbruch   **23**
seiner Satellitenstaaten begann 1814 die Neuordnung Europas im Geist der Restauration der alten Ordnungen. Unter der Ägide des österreichischen Ministers Metternich verfügte 1815 der Wiener Kongress, die alten Regierungsformen wiederherzustellen. Den Bürgern sollten ihre durch die Revolution vermittelten liberalen, bürgerlichen Grundfreiheiten wieder entzogen werden, die ihnen in den französischen Gesetzen garantiert wurden. Der Kodifikationsgedanke hatte damit seine ursprüngliche gesellschafts- und rechtspolitische Überzeugungs- und Gestaltungskraft verloren.

Die restaurative Hinwendung zu der als überholt geltenden Gesellschafts- und Rechtsordnung des Ancien Régime wurde in Italien jedoch nicht radikal und unumkehrbar durchgesetzt. Einige Territorien haben die Abschaffung der errungenen bürgerlichen Freiheiten im privaten und wirtschaftlichen Bereich dekretiert. Andere behielten jedoch den Code civil und Code pénal, inhaltlich unterschiedlich intensiv modifiziert, bei.

24   Der Code civil galt in wenigen Einzelstaaten unverändert fort (Piemont, Modena). In der Regel wurden inzwischen erprobte und in der Rechtspraxis bewährte Modernisierungen, allerdings im Geist des Konservativismus umgestaltet, festgeschrieben. Einige Territorien kehrten zur Einzelgesetzgebung (Eheschließungsrecht) auf der Grundlage der alten Statutarrechte und des Ius commune zurück. Andere knüpften wieder an im 18. Jahrhundert entstandene Kompilationen an. Viele Staaten erließen neue Strafgesetze (Piacenza, Parma), die zumeist weiterhin maßgeblich vom französischen Code pénal beeinflusst blieben.

2. Königreich Italien

25   Die nationale Einigungsbewegung des „Risorgimento" (1815–1870/76) hatte mit der Gründung des „Regno d'Italia" und *Vittorio Emanuele II.* (1820–1878) als König aus dem Haus Savoyen ihr Ziel erreicht. Der nationalen Einheit folgte die Forderung nach einheitlichen nationalen Kodifikationen des gesamten Privat- und Strafrechts.

a) Codice civile del Regno d'Italia v. 1865

26   Die Rechtspolitik diskutierte für ein einheitliches nationales Zivilgesetzbuch vier Varianten als Vorbilder: Den im präunitarischen Italien bekannten Code Napoléon, die überwiegend aus dem 18. Jahrhundert stammenden Kompilationen der partikularen Rechte, eine Rückkehr zum historisch bewährten Ius commune sowie die Schaffung einer völlig neuen gesamtstaatlichen Kodifikation.

Die Regierung beschloss, den revisionsbedürftigen piemontesischen „Codice civile (albertino)", den 1837 König *Carlo Alberto* (1798–1849) verabschiedet hatte, zum nationalen Einheitsgesetzbuch zu erklären. Mit einer Novellierung des Gesetzbuchs war bereits 1849 begonnen worden. Der 1860 fertig gestellte Gesetzentwurf scheiterte jedoch am Widerspruch des Parlaments. Das Vorhaben wurde aufgegeben und die Kodifizierung eines eigenen italienischen Privatrechts beschlossen.

Nach vorbereitenden Arbeiten gelang dem Justizminister *Giuseppe Pisanelli* (1812–1879) der gesetzgebungspolitische Durchbruch. Aus

Vorentwürfen und kritischen Stellungnahmen der Praxis verfasste er im Alleingang den „Codice civile del Regno d'Italia", der 1865 promulgiert wurde und zum 1. Januar 1866 in Kraft trat. Dem Zivilgesetzbuch folgte 1883 der „Codice di commercio" als handelsrechtliche Ergänzung.

In seiner Struktur war der Codice civile eine Kopie des Code Napoléon, das zugrundeliegende Sozialmodell konservativ. Als Gesetzbuch des gehobenen Bürgertums und der wirtschaftlich privilegierten Gesellschaftsgruppen förderte es die Politik der Zentralisierung, von der die ersten Jahre des neuen Königreichs bestimmt wurden. Mit diesem Programm war das Gesetz bereits bei seinem Erlass veraltet. Der Gesetzgeber hatte es versäumt, dem soziostrukturellen Wandel Italiens von einem Agrar- zu einem Industriestaat vor allem auf dem Gebiet des Arbeitsrechts Rechnung zu tragen. Von der herrschenden Rechtsschule des „socialismo giuridico" der aufgeklärten Liberalen wurde der Codice civile auch deswegen ebenso massiv kritisiert wie von den Anhängern der neuen christlichen Soziallehren. Alle Einwände blieben letztlich für eine gesellschafts- und wirtschaftskonforme Fortbildung des Zivilrechts folgenlos. Novellierungen hatten nicht stattgefunden.

Erst nach dem Ende des Ersten Weltkriegs waren Initiativen zu **28** privatrechtlichen Gesetzesreformen erfolgreich. *Vittorio Scialoja* (1856–1933), amtierender Justizminister Italiens, Übersetzer Savignys und ein Bewunderer der deutschen Pandektistik, gab dazu das entscheidende Signal. Schon als Professor in Rom war er für eine Rechtsvereinheitlichung zwischen Italien und Frankreich eingetreten. Im Jahre 1917 griff Frankreich dieses Vorhaben auf. Das Ergebnis der Zusammenarbeit einer italienischen und französischen Kommission war 1927 der „Codice italo-francese delle obbligazioni e dei contratti". Der Entwurf eines Obligationenrechts fand internationale Beachtung, wurde jedoch von der Rechtswissenschaft unterschiedlich bewertet. Das Projekt musste 1939 aus politischen Gründen eingestellt werden. Benito Mussolini (1883–1945), „Duce del Fascismo", wurde immer stärker von der Großmachtpolitik des Hitler-Faschismus abhängig.

b) Codice penale del Regno d'Italia v. 1889 – „Codice Zanardelli"

Auf dem nicht immer geradlinigen Weg zur Rechtseinheit im **29** neuen Königreich gehörte der 1889 promulgierte „Codice penale" zu den legislativen Schlussarbeiten. Er wurde 1859 begonnen und trat 1890 als „Gesetzbuch der dreißig Jahre" (S. Vinciguerra) in Kraft. Das Gesetz verdankte seine Entstehung dem Justizminister *Giuseppe Zanardelli* (1826–1903).

Die nach ihm allgemein als „Codice Zanardelli" benannte Kodifikation war das erste nationale Strafgesetzbuch nach der Staatsgründung. Es sollte den „Codice penale del Regno di Sardegna" von 1859 ablösen. Das sardisch-piemontesische Gesetz war von Vittorio Emanuele II. als Provisorium bis zur Kodifizierung eines einheitlichen nationalen Strafgesetzes in Italien in Kraft gesetzt worden. Nur das Großherzogtum Toskana hatte sich der Einführung verweigert. Im „Codice penale toscano" von 1853 war nämlich die Todesstrafe abgeschafft, die nach der Übernahme des sardischen Codice penale von 1859 in der Toskana wieder geltendes Recht geworden wäre. Dagegen hatten große Teile der Bevölkerung protestiert. Der Codice Zanardelli hatte den toskanischen Verzicht auf die Todesstrafe übernommen, die Sanktion als „verwerfliches, hässliches und blutiges Schauspiel" geächtet und unwiderruflich abgeschafft.

30   Die Vorzüge des Gesetzes zeigten sich bereits in den klar und knapp gefassten Strafnormen. Neu war die Abkehr von der Dreiteilung der Delikte nach französischem Vorbild. Zanardelli hatte sich für ein zweispuriges System entschieden, das nicht nach der Art der Strafen, sondern nach der Qualität der Rechtsgutsverletzung unterschied (Verbrechen und Übertretungen). Wirklich humane, aufklärerisch-liberale Grundgedanken verwirklichte das Gesetzbuch im System der Strafmittel. Bei den Freiheitsstrafen standen spezialpräventive, bessernde, erziehende und resozialisierende Zwecke im Vordergrund. Eine Besonderheit war der Allgemeine Teil, der die bisher üblichen, dem Gesetzestext vorangestellten sog. „Präliminar-Bestimmungen" (*disposizioni preliminari*) ersetzte.

Der Codice Zanardelli galt – mit Ausnahme der Abschaffung der Todesstrafe – in der Türkei auf der Grundlage einer französischen Übersetzung seit 1926 und mit zahlreichen Änderungen bis 2004. In Italien wurde das Gesetzbuch in der Zeit der faschistischen Herrschaft 1930 durch den „Codice Rocco" abgelöst. Im Vatikanstaat gilt es mit Änderungen seit 1929 fort.

3. Rechtsetzung und Faschismus

a) Codice penale v. 1930 – „Codice Rocco"

Der „Codice penale" von 1930, in Kraft getreten am 1.7.1931, ent- **31** stand in der Ära des italienischen Faschismus und verkörperte die Grundsätze dieser autoritären Politik. Das Gesetz war das Werk von *Alfredo Rocco* (1875–1935) und seines Bruders, des Strafrechtslehrers in Rom *Arturo Rocco* (1876–1942). Alfredo Rocco war in der Regierungszeit des Königs *Vittorio Emanuele III.* (1900–1947) unter dem „Presidente del Consiglio" Benito Mussolini der Justizminister des Diktators. Das Gesetz wird in Anerkennung der legislativen Leistungen der Initiatoren allgemein „Codice Rocco" bezeichnet. Gleichzeitig wurde der „Codice di procedura penale" verkündet.

Arturo Rocco war ein führender Vertreter des „Rechtstechnizis- **32** mus", einer sich auf die rechtstechnische Aufbereitung des positiven Rechts konzentrierenden, im 20. Jahrhundert führenden Strömung der italienischen Strafrechtswissenschaft. Alfredo Rocco hatte sich als führender Nationalist (*movimento nazionalista*) 1923 dem Faschismus angeschlossen und als Minister (1925–1932) mit den beiden Strafgesetzen den faschistischen Organisatoren der Macht das dazu erforderliche juristische Regelwerk geliefert. Davon und von der Einführung bzw. Vermehrung harter Strafen einschließlich der Todesstrafe abgesehen, gelten das Gesetz und seine Form als Meisterwerke einer rechtstechnisch perfekten Gesetzgebung.

Nach dem Zusammenbruch 1945 hatte die italienische Strafrechtslehre den Ersatz des Codice Rocco durch den aus dem 19. Jahrhundert stammenden Codice Zanardelli diskutiert, dies aber schließlich als undurchführbar abgelehnt. Wiederholt in Aussicht genommene grundlegende Novellierungen scheiterten letztlich auch an politischen Kontroversen. Der Codice Rocco ist nach zahlreichen Modifizierungen (darunter die Abschaffung der Todesstrafe) in den wesentlichen Teilen geltendes Strafrecht.

b) Codice civile v. 1942

Unabhängig von den italienisch-französischen Reformarbeiten **33** wurde seit 1921 die Notwendigkeit einer modernen Zivilrechtskodifikation diskutiert. Eine 1923 von der Regierung eingesetzte Kommission musste vorweg die Frage der Trennung oder Einheit zwischen Zivilrecht und Handelsrecht entscheiden. Nach französischem Vorbild galt bisher neben dem Codice civile von 1865 getrennt der eigenständige Codice di commercio von 1883. Die Kommission sprach sich für den Einheitskodex aus (*codice unico*) und folgte darin dem schweizerischen Recht.

1939 traten die Kodifikationsarbeiten in die entscheidende Phase. 1940 wurde förmlich die Vereinheitlichung des Privat-, Handels-, Gesellschafts- und Unternehmensrechts beschlossen. Ab 1941 wurden insgesamt sechs Bücher zunächst getrennt in Kraft gesetzt und 1942 in ihrer endgültigen Fassung im neuen „Codice civile" zusammengeführt. Systemprägendes Modell war das schweizerische Zivilrecht. Rechtspolitisch bestimmte die faschistische Ideologie das Gesetzbuch. An den Texten wurde während des Krieges und in den Jahren der Diktatur gearbeitet.

34   Das Regime hatte bereits 1927 massiv in das Rechtswesen eingegriffen. Die „Carta del lavoro" von 1940 enthielt ein Parteiprogramm, das mit allgemeinen Grundsätzen des autoritären Staates (*Principi generali dell'ordinamento giuridico fascista*) politisch auch die Justiz gebunden hatte. Hinzu trat eine „Corporativismo" genannte Strömung. Mit der Hilfe der Korporationen (Gewerkschaften, Koalitionen, Vereine) wurde versucht, eine Balance zwischen dem Individuum und dem staatlichen Machtapparat herzustellen. Die Ambivalenz des Begriffs „Korporativismus" zeigte sich am Beispiel des Codice civile in besonderer Ausprägung.

35   In den sozialen Auseinandersetzungen des 19. Jahrhunderts hatte das Individuum Schutz bei den Korporationen gesucht. Im 20. Jahrhundert schuf der Korporativismus für den faschistischen Staatsapparat die sozioökonomischen Bedingungen, unter denen der Einzelne der Macht und Befehlsgewalt einer streng hierarchisch verfassten Partei und ihrer Führung vollständig unterworfen wurde. In Italien musste der auf korporativistische Elemente und Strukturen gegründete Staat mit seiner Gesellschafts- und Wirtschaftspolitik ursprünglich die Versöhnung der Klassen in einer neuen Ordnung sicherstellen (*ordine corporativo*). Der Codice civile sollte dabei mittelbare oder unmittelbare Eingriffe des Staates in die Privatautonomie und in den Produktionsprozess im Geist der korporativistischen Ideologie ermöglichen und sie zugleich legitimieren.

Nach dem Zweiten Weltkrieg wurde aus dem Codice civile faschistisches Gedankengut entfernt. Beseitigt wurden die diskriminierende

Rassegesetzgebung (*Carta della razza*, 1938) und die Auswirkungen der korporativistischen Ökonomie insbesondere auf den Gebieten des Arbeits- und Wirtschaftsrechts. Relativ spät geriet das ideologisch vom katholischen Kirchenrecht bestimmte Eherecht unter den Einfluss säkularisierender Tendenzen.

Die Entzauberung des Mythos der Kodifikation als Zentrum des 36 Privatrechts wirkte sich auch auf den Codice civile aus. *Natalino Irti* (*1936), Professor für Zivilrecht und Rechtstheorie in Rom, hat als einer der Ersten den Zustand als Phase der „Dekodifikation" analysiert und beschrieben (*L'età della decodificazione*, 1978). Danach hat die „globalisierende Europäisierung" den Zerfall der Einheit des Privatrechts, für die bisher die Kodifikation als Garant stand, beschleunigt. Die moderne Massen- und Informationsgesellschaft erzwang eine Ergänzung der Freiheitsethik des eng gefassten, persönlichkeitsorientierten Gesetzbuchs durch Einzel- und Sondergesetze, ihrem Wesen nach zentrifugale Elemente der Privatrechtseinheit. Diese Entwicklung muss nicht zwangsläufig einen Qualitätsverlust der Kodifikation nach sich ziehen. Sie kann zu einer durchaus zeitgemäßen Erneuerung des Codice civile im Sinne der veränderten politischen Rahmenbedingungen beitragen.

IV. Niederländische Kodifikationen

1. Gesetzgebung des Königreichs Holland

Die moderne niederländische Kodifikationsgeschichte beginnt in 37 der Zeit des bonapartistischen Königreichs Holland (1806–1810). Erste Anläufe zu einer Rechtsvereinheitlichung in der „Batavischen Republik" (1795–1806), die als französische Tochterrepublik errichtet worden war, blieben ohne Ergebnisse. Der Kodifikationsgedanke wurde erst wieder durch Napoleons Bruder *Louis Bonaparte* während seiner Regierung als König von Holland (1806–1810) aufgegriffen. Er hatte die Notwendigkeit einer Rechtsvereinheitlichung des gesamten Rechts erkannt und den Amsterdamer Rechtsanwalt und Publizisten *Joannes van der Linden* (1756–1835) mit der Erarbeitung eines Zivilgesetzbuchs einschließlich des Handelsrechts betraut. Die wichtigsten Quellen des Entwurfs waren der Code civil und die „Inleidinge" von Hugo Grotius. Napoleon selbst verhinderte die Verabschiedung und dekretierte die Einführung des Code civil, der als „Wetboek Napoleon ingerigt voor het Koningrijk Holland" 1809 in Kraft trat. Das „holländischer Napoleon" genannte Gesetz bildete zusammen mit den 1810 übernommenen cinq codes die Rechtsordnung des von Napoleon geschaffenen Königreichs.

Nach dem Ende der französischen Herrschaft und nach der Wiedergeburt des niederländischen Nationalstaates im „Königreich der Vereinigten Niederlande" (1813) reaktivierte König *Wilhelm I.* (1772–1843) die Kodifikationsidee (1814). Verzögert auch durch die Belgische Revolution (1830) legte erst 1838 eine Kommission den vielfach revidierten Entwurf zu einem Privatrechtsgesetzbuch vor, dessen Schuldrecht bis zu 70% wörtlich auf dem Code civil beruhte und das in nur geringem Umfang auch Normen des römisch-holländischen Rechts (*Roman-Dutch-Law*) enthielt. Das „Burgerlijk Wetboek" wurde zusammen mit einem Handelsgesetzbuch, einer Zivilprozessordnung und einem Gerichtsverfassungsgesetz 1838 in Kraft gesetzt.

Die Kodifizierung des Strafrechts als Ersatz für den weitergeltenden, durch zahlreiche Novellierungen in seiner ursprünglichen Struktur entstellten napoleonischen Code pénal von 1810 bereitete dagegen erhebliche Schwierigkeiten. Rechtspolitisch umstritten waren insbesondere Grundentscheidungen zur Abschaffung der Todesstrafe, zu der Härte der Leibestrafen und zum Strafvollzugswesen. Die langwierige Diskussion beendete 1870 eine Gesetzkommission, deren Entwurf 1871 verabschiedet wurde und 1886 als Gesetz in Kraft trat. Neben zahlreichen ausländischen Gesetzbüchern diente insbesondere das deutsche Reichsstrafgesetzbuch von 1871 als Vorlage.

2. Neues Burgelijk Wetboek

38   Motiviert vor allem durch die schweizerischen Kodifikationen wurde Anfang des 20. Jahrhunderts die Frage nach einer völligen Erneuerung des Burgerlijk Wetboek von 1838 intensiv zwischen Gegnern und Befürwortern diskutiert. Die herrschende legislative Abstinenz beendete erst 1947 ein königliches Dekret, das *Eduard Maurits Meijers* (1880–1954), Professor für Zivilrecht und internationales Privatrecht an der Universität Leiden, den Kodifikationsauftrag erteilte.

Der international angesehene Jurist war bereits 1938 in einem programmatischen Aufsatz zur Hundertjahr-Feier des Burgerlijk Wetboek für einen „großartigen Umbau" des Gesetzes eingetreten. Während der deutschen Besetzung der Niederlande verlor er wegen seiner jüdischen Herkunft seinen Lehrstuhl (1940), verbrachte Jahre in NS-Konzentrationslagern (seit 1942) und nahm nach Kriegsende (1945) seine Lehrtätigkeit in Leiden wieder auf. Bis zu seinem Tod lagen die Vorentwürfe der ersten vier Bücher und ein Einführungstitel vor. Danach setzten Kommissionen und Ausschüsse die Arbeiten fort.

Das „Nieuw Burgerlijk Wetboek" von 1992 ist die erste privat- 39 rechtliche Kodifikation der Niederlande, die sich nicht einseitig am französischen Recht orientiert hat. Das aus acht Büchern bestehende, nach Rechtsgebieten (seit 1970) getrennt in Kraft gesetzte Gesetz hat den Grundsatz der Gleichberechtigung der Geschlechter realisiert, den Einfluss der Menschenrechte auf das Privatrecht und den Verbraucherschutz berücksichtigt. Für das Recht der Willensmängel lehnt es sich an das Common Law an und verankert die wirtschaftliche Analyse des Rechts als modernes Element der Gesetzesauslegung (*Economic Analysis of Law*). Die Frage der Inkorporierung des Handelsrechts wurde mit dem Einheitskodex entschieden. Diese Integration verwirklichte Bestrebungen, die in der niederländischen Rechtspraxis seit 1809 bzw. 1838 bestanden hatten.

V. Nordische Rechte

1. Rechtsgruppen

Die Rechtsvergleichung erfasst die Rechtsordnungen der nordi- 40 schen Territorien in einer eigenen „Rechtsfamilie" und begründet dies mit der besonderen Entwicklungsgeschichte. Die nordischen Reiche Dänemark, Norwegen und Schweden lagen geographisch an der Peripherie des Heiligen Römischen Reichs. Sie wurden in nur geringem Maße vom römisch-kanonischen Recht beeinflusst. Die Bedingungen ihrer politischen Geschichte waren im Wesentlichen gleichförmig, die gegenseitigen kulturellen Beziehungen eng und intensiv.

Diese Fakten rechtfertigen eine genauere genetische Unterscheidung der nordischen Rechte nach zwei Gruppen (D. Tamm). Die erste bildeten die Kernländer Dänemark und Norwegen. Beide waren von 1380 bis 1814 eine politische wie rechtliche Union mit weitge-

hend gleichem Recht. Zu ihr gehörte auch Island als Teil des norwegischen Königreichs. Island blieb unter dänischer Oberhoheit auch
nach dem Eintritt Norwegens in die Union mit Schweden im Jahre
1814, die 1905 endete. Die zweite Gruppe bestand aus Schweden
und Finnland. Finnland blieb Teil Schwedens bis zur Eroberung
durch Russland im Russisch-Schwedischen Krieg (1809). Das Groß-
fürstentum Finnland wurde Teil des Russischen Reichs. Zar *Alexander I.* (1801–1825) garantierte dem Land jedoch eine weitgehende innere politische Autonomie und die Fortgeltung des schwedischen
Reichsrechts von 1734.

Auch in den nordischen Ländern wurden im 13. Jahrhundert die
Gewohnheitsrechte in schriftlichen Sammlungen erfasst. Im Gegensatz zu Kontinentaleuropa hatte hier jedoch eine Rezeption des römischen Rechts weder en bloc noch sektoral stattgefunden. Dies bedeu-
tet jedoch nicht, dass sich das nordische Recht während des
Mittelalters auf Dauer völlig frei von Einflüssen des Ius commune
hätte bewahren können. Nach neuen Forschungen war die römische
Kirche in Diensten eines starken, machtbewussten Königtums eine
wichtige Vermittlerin des kanonischen Rechts und damit mittelbar
auch römischer Rechtsgrundsätze.

Eine neue Phase der Rechtsgeschichte begann in den nordischen
Ländern erst im 17. Jahrhundert mit dem Siegeszug der absolutistischen Staatsidee. Der Anspruch des Absolutismus auf das Gesetzge-
bungsmonopol löste in Dänemark, Norwegen und Schweden eine
Kodifikationsbewegung aus, die in den Auswirkungen für die nordische Rechtskultur mit der kontinentaleuropäischen Gesetzgebung
durchaus vergleichbar ist.

2. Nordisches und kanonisches Recht

41   Die römische Kirche stand bereits während des 12. Jahrhunderts
auf der Seite des erstarkenden Königtums. Der Monarch bediente
sich der machtlegitimierenden Prinzipien des kanonischen Rechts
zur Festigung seiner souveränen Herrschaft und zur Gestaltung der
Gesellschaft. Die Einführung und allgemeine Anerkennung der
kirchlichen Gerichtsbarkeit war deshalb nur eine Frage der Zeit. Die
geistlichen Gerichtsbehörden (Offizialate) wurden für „causae spiri-
tuales" instanziell erstzuständig, die nach modernem Verständnis
Prozesse mit familien- und erbrechtlichen Bezügen waren.

Frühe Beispiele bedeutsamer Einflüsse des kanonischen Rechts **42** enthält das Jütische Recht (*Jyske Lov*) von 1241. Der Text des Prologs lässt die Mitwirkung eines Klerikerjuristen bei der Abfassung erkennen. Inhaltlich wurden vom kirchlichen Recht vorgesehene testamentarische Verfügungen und Schenkungen von Todes wegen (*mortis causa*) übernommen und altrechtliche Riten der Eheschließung den Rechtsförmlichkeiten einer Kirchenehe angeglichen. Diese Regelungen waren mit dem alten, auf Bindungen des Familienverbandes (Sippe) basierenden Ehe- und Erbrecht unvereinbar. Im Strafrecht wurde das Kompositionensystem (pekuniäre Buße als Sühne) modifiziert. Die Möglichkeit der Ablösung einer Fehde oder Privatstrafe durch Geldzahlung wurde eingeschränkt und die nicht ablösbare, öffentlich kriminalisierende Strafe auf der Grundlage der persönlichen Schuld nach kanonischem Recht für besondere Fälle eingeführt.

Die Distanz der nordischen zur kontinentalen Rechtsentwicklung **43** hatte auch zur Folge, dass angehende Juristen im 13. und 14. Jahrhundert keine Möglichkeit besaßen, in ihren Heimatländern römisches und kanonisches Recht zu studieren. Sie mussten sich Kenntnisse im „utrumque ius" an den italienischen, französischen oder spanischen Universitäten aneignen. Zurückgekehrt fanden die Klerikerjuristen Verwendung als Führungskräfte vorwiegend in den höchsten und zentralen Institutionen der Kirche. Selten wurde sie am Hofe der Könige beschäftigt. Die Rechtsprechung lag hier traditionsgemäß in den Händen von Laien als „Rechtshonoratioren".

Eine Änderung in der Ausbildung zum Juristen erfolgte mit der Gründung der ersten nordischen Universitäten, 1477 in Uppsala und 1479 in Kopenhagen. Die ursprünglich für Kleriker vorgesehenen Studienzentren hatten nach mittelalterlicher Tradition stets auch eine juristische Fakultät. Gegenstand des Unterrichts war kanonisches und (in Kopenhagen bereits seit der Gründung) römisches Recht (Institutionen). Allerdings wird das hier wohl vorherrschende wissenschaftliche Niveau noch nicht mit dem Standard verglichen werden können, der die zeitgenössischen zentral- und südeuropäischen Unterrichtsstätten international auszeichnete.

Bevorzugte praktische Tätigkeitsfelder der an den nordischen Uni- **44** versitäten geschulten Juristen waren anfangs die Verwaltung und Rechtsprechung an den geistlichen Gerichtsbehörden. *Knud Mikkelsen* († 1480), Bischof von Viborg in Jütland, hatte als einer der Ersten eine gelehrte Glosse zum „Jyske Lov" in lateinischer Sprache verfasst, die in der Praxis weit verbreitet war. Eine vom römischen Recht stärker beeinflusste Rechtskultur entstand allerdings erst nach 1500. Der Geltung des katholischen kanonischen Rechts setzte die lutherische Reformation schrittweise ein Ende, in Schweden 1527, in Dänemark 1536 und Norwegen 1537.

3. Nordische Gesetzgebung und Rechtswissenschaft

45   Die im 17. Jahrhundert eingeführte absolutistische Herrschafts- und Staatsform veränderte auch den Charakter der nordischen Rechtswissenschaft. Dies unterstreicht die „Lex Regia" von 1665 als Staatsgrundgesetz für Dänemark und Norwegen. Sie hatte die Erhebung der absoluten Macht des Königtums zu Lasten der aristokratischen intermediären Gewalten gesetzlich verankert. Vorbilder für diese „lex fundamentalis" waren die Souveränitätslehren von Jean Bodin und Thomas Hobbes.

Der absolutistische Staat war ein Gesetzgebungsstaat. In dem Monopol für Rechtsetzung im umfassendsten Sinne manifestierte sich die staatliche Souveränität unmittelbar. Deshalb begannen die nordischen Länder nach der Etablierung absolutistischer Regierungsformen allgemein mit Revisionen der alten dokumentierten Rechtsgewohnheiten. Das Ziel war, die Machtfülle und autoritäre Befehlsgewalt des Monarchen in Sammlungen des geltenden Rechts zu konkretisieren und äußerlich sichtbar zu machen.

46   Die bis dahin in ihren praktischen Wirkungen eher unscheinbare juristische Doktrin erhielt neue Impulse durch das Aufkommen und die Rezeption des Naturrechts. In der Folge wurden die Staats- und Gesetzgebungslehren rezipiert, wie sie – neben Jean Bodin und Thomas Hobbes – vor allem Hugo Grotius, Montesquieu, Christian Wolff und der in Lund wirkende Samuel Pufendorf entwickelt hatten. Die nordische Jurisprudenz wandelte sich seit dem 18. Jahrhundert in eine echte Wissenschaft vom Recht. Mit der Einführung des juristischen Staatsexamens – 1736 in Dänemark und Norwegen – wurden dänisches, schwedisches, römisches und Naturrecht Pflichtlehrfächer.

47   Damit waren die institutionellen Voraussetzungen für die Formung einer eigenständigen nordischen Rechtslehre geschaffen. In Schweden wurden ihre Protagonisten *Johan Gabriel Richert* (1784–1864), Richter und Kodifikationsjurist in Lund, der als „Vater des schwedischen Liberalismus" gilt, sowie *Carl Johan Schlyter* (1795–1888), Professor

für Gesetzesgeschichte in Lund, der als „erster moderner Rechtshistoriker" von der Historischen Schule stark beeinflusst war (K. A. Modéer).

In Dänemark wirkte *Anders Sandøe Ørsted* (1778–1860), Richter am obersten Gerichtshof und Politiker in Kopenhagen, als „Vater der dänischen Rechtswissenschaft" (D. Tamm). Um 1800 beschäftigte ihn die rechtstheoretische Grundlagendiskussion im Anschluss an die naturrechtlichen Kodifikationen in Preußen, Frankreich und Österreich. Die Entfernung von den traditionellen Naturrechtslehren vollzog Ørsted auch unter dem Einfluss von Savigny und der konservativen Rechtslehren der Historischen Schule sowie der Begriffsjurisprudenz der deutschen Pandektistik. Aus diesen rechtsvergleichenden Erfahrungen auf der Basis des dänischen Rechts begründete Ørsted eine praxisnahe realistische, analytisch-deskriptiv arbeitende eigenständige Methode der nordischen Rechtswissenschaft.

a) Dänemark und Norwegen

In Dänemark wurde 1660 die absolutistische Herrschaftsform eingeführt. Unter König *Christian V.* (1670–1699) gelang 1683 mit dem „Danske Lov" eine erste systematische Kodifikation der Rechtsordnung. Sie beseitigte die alte Trennung zwischen Stadt- und Landrecht und kassierte alle dem Gesetzbuch entgegenstehenden Landschaftsrechte. Grundlage des Gesetzes waren die dänischen, insbesondere jütischen Provinzialrechte. In sechs Büchern wurden das Privat-, Straf-, Prozess-, See- und Kirchenrecht geregelt. Das römische Recht fand nur sporadische Berücksichtigung. **48**

Das Danske Lov war kein eigentliches Reformgesetz. Der Kodifikation fehlte die Vollständigkeit. Auch gesetzestechnisch kann man nicht von einem Meisterstück sprechen (D. Tamm). Aber gerade wegen der pragmatischen, einfachen Lösungen wurde es ins Englische, Deutsche, Lateinische übersetzt und diente als Modell für Kodifikationsarbeiten in Preußen, Polen und Russland. Wiederholt überarbeitet und durch Einzelgesetze ergänzt, gilt es heute in Teilabschnitten und ist ein Beweis für die charakteristische Kontinuität des dänischen Rechts.

Versuche im 16. Jahrhundert, das norwegische Recht zu vereinheitlichen, fanden keine allgemeine Akzeptanz. Dies änderte sich unter dem absolutistisch regierenden König *Christian IV.* (1588–1648). Er befahl 1604 die Revision der alten Landschaftsrechte (*landslag*) aus dem 13. Jahrhundert. Das Ergebnis war im Wesentlichen eine sprach- **49** liche Verbesserung und Wiederholungen der aufgezeichneten alten Rechtsgewohnheiten. Eine allgemeine Kodifikation gelang erst unter dem dänischen Unionskönig Christian V.

Das im Jahr 1687 erlassene „Norske Lov" war, ähnlich der dänischen Kodifikation, keine vollständige, systematische Sammlung des aufgezeichneten Provinzialrechts, sondern eine Kopie des Danske Lov von 1683 mit Modifikationen. Dabei wurden Teile des alten norwegischen Rechts entfernt oder mit dänischen Vorlagen harmonisiert. Das Norwegische ist wie das Dänische Gesetzbuch bis heute nicht förmlich aufgehoben und wurde durch zahlreiche Novellierungen umfassend verändert.

b) Schweden und Finnland

50   Eine Revision des alten Rechts wurde in Schweden im Laufe des 18. Jahrhunderts begonnen. 1734 verabschiedete der Reichstag als Gesetzgebungsorgan das „Sveriges Rikes Lag", das alle Rechtsgebiete regelte und 1736 in Kraft trat. Das Gesetzbuch berücksichtigte das Naturrecht und stand im Vergleich zu den dänisch-norwegischen Kodifikationen auf einer höheren Stilstufe. Das heutige schwedische Reichsgesetzbuch hat jedoch mit dem historischen von 1734 nur noch Titel und Grundeinteilung gemeinsam.

51   Finnland bildete zusammen mit Schweden bis 1809 eine politische wie rechtliche Einheit. Das finnische Rechtsdenken war auch deshalb stets maßgeblich vom schwedischen Recht geprägt. Die Gelehrtensprache war Schwedisch, es galt das Sveriges Rikes Lag von 1734. Erst um die Wende zum 19. Jahrhundert formierte sich eine eigenständige finnische Rechtswissenschaft, die an die zeitgenössische französische (*école de l'exégèse*) und deutsche Doktrin (Pandektenwissenschaft) anknüpfte.

c) Vereinheitlichung der nordischen Rechte

52   Die besondere politische Geschichte der nordischen Staaten Dänemark, Norwegen, Schweden und Finnland erklärt das Fehlen eines einheitlichen Rechtssystems in diesen Ländern. Allerdings bewirkten die gemeinsamen historischen, kulturellen Bindungen und ökonomischen Interessen Ende des 19. Jahrhunderts (1872/1899) eine Kooperation auf den wichtigsten Gebieten des Wirtschaftsrechts. Für das Wechsel-, Scheck- und Urheberrecht und für einzelne Materien des Vermögens-, Handels- und Seerechts entstanden sachlich überein-

stimmende nordische Gesetzentwürfe. Davon traten in Kraft das Nordische Kaufgesetz (1905 in Schweden, 1906 in Dänemark, 1907 in Norwegen, 1922 in Island) und das Vertragsgesetz (1915 in Schweden, 1917 in Dänemark, 1918 in Norwegen, 1929 in Finnland). Allgemeines stiltypisches Merkmal dieser Rechtseinheit war die Offenheit des Rechts vor allem gegenüber sozialen Fragen und gesellschaftspolitisch brisanten Rechtsproblemen. Sie wurde durch die Rechtsprechung gefördert, die Aufgaben der Rechtsfortbildung als Ergänzung zu der in ihren Wirkungen eingeschränkten Rechtslehre wahrgenommen hatte. Beispielhaft zeigten sich die Folgen auf dem Gebiet des Verbraucherschutzrechts (Gesetze von 1973, 1979 und 1981) sowie im Familienrecht (Eheschließungs-, Ehescheidungs- und Adoptionsrecht zwischen 1915 und 1922). Die Gleichberechtigung der Geschlechter, die Gleichstellung der nichtehelichen mit den ehelichen Kindern oder die Verbesserung der erbrechtlichen Stellung des überlebenden Ehegatten wurden früher als in Zentraleuropa verwirklicht.

VI. Sozialistisches Recht

1. Sozialistische Ideologie

Neben dem kontinentaleuropäischen Gesetzesrecht und dem angelsächsischen Common Law bildete das „sozialistische" Recht eine dritte eigenständige Rechtsgruppe in Europa. Es wurde von der marxistischen Rechtslehre entwickelt. Deren Grundlage war der von *Karl Marx* (1818–1883) und *Friedrich Engels* (1820–1895) begründete dialektische und historische Materialismus.

Sozialistisches Recht wurde in der politisch dominanten Sowjetunion zur Leitrechtsordnung erhoben und in Europa von diktatorischen sog. Volksrepubliken übernommen. Zu diesen Satellitenstaaten der einstigen sowjetrussischen Hegemonialmacht gehörten im sog. Ostblock Bulgarien, Rumänien, Ungarn, Tschechoslowakei, Polen, die Deutsche Demokratische Republik im Osten von Deutschland, ferner das blockfreie Jugoslawien und das stalinistische Albanien (bis 1961/68). In Europa endete die Epoche des sozialistischen Rechts mit der Auflösung der kommunistischen Union der Sozialistischen Sowjetrepubliken (UdSSR) in den frühen 90er-Jahren des 20. Jahrhunderts (1989/91).

53

54   Sozialistisches Recht hatte in einem vollständig politisierten Volksstaat nach marxistischer Lehre materiale, d. h. ausschließlich gesell-
schaftlich-politische, ökonomisch-organisatorische und erzieherische,
das Bewusstsein bildende Aufgaben. Sie waren die „dialektischen"
Konsequenzen der Grundthese, nach der jede historisch gewachsene
Gesellschaft und ihre Rechtsordnung aus Klassenkämpfen hervorgegangen waren. In diesem Prozess wurde das Recht als Machtinstrument der jeweils herrschenden „Klasse" verstanden und als Abbild
der sozialistisch-kommunistisch entwickelten Gesellschaft und ihrer
herrschenden „werktätigen Bevölkerung" definiert.

Das sozialistische Recht als ideologisch-institutionelle Erscheinung
bildete den sog. „Überbau" einer auf materiellen Grundlagen gegründeten Gesellschaft. Als Kampfinstrument der proletarischen Revolution diente es der Durchsetzung der Politik nach „sozialistischer
Gesetzlichkeit". Durch sozialistische Grundsätze lenkte es den Produktionsprozess, organisierte die Produktionskräfte und hatte jedem
Bürger die Wirtschaftsgüter nach seinen Bedürfnissen zu vermitteln.
Gleichzeitig erzog es die Menschen zu einer sozialistischen Verantwortlichkeit im Geist „objektiver Gesetzlichkeiten" des Marxismus.
Zur Verwirklichung war eine marxistisch-leninistische Einheitspartei
als Verkörperung des proletarischen Klassenbewusstseins und ihrer
diktatorischen Politik berufen.

Nach marxistischer Lehre war das Ziel die klassenlose kommunistische Gesellschaft vollständig gleicher Menschen. Es wurde erreicht,
nachdem der das Privateigentum verteidigende, die Arbeiterklasse
ausbeutende Kapitalismus vollständig überwunden und der Übergang des real existierenden Sozialismus zum Kommunismus vollzogen waren. Recht und Staat als gesellschaftliche Organisationsformen
wurden dann überflüssig, waren „abgestorben" (F. Engels).

2. Zarenrecht

55   Der geopolitische und ideologische Standort von Russland im äußersten Osten Europas war auch eine Folge der besonderen historischen wie weltanschaulichen Entwicklung des Landes im Mittelalter
und in der frühen Neuzeit. Im Einflussbereich von Byzanz und später der orthodoxen Ostkirche hatte das Land eine eigene Identität erworben, die es abgesondert von der politischen und kulturellen Entwicklung des übrigen Europa und der spirituellen Vorherrschaft der
lateinischen Kirche selbstbewusst entwickelte.

Dem russischen Rechtswesen waren während der Regierungszeit der despotischen Zaren Grundsätze der Gewaltenteilung oder der Trennung zwischen privatem und öffentlichem Recht fremd. Zivilrecht war das Recht des Adelsstandes. Modernisierungen des Justizwesens im Sinne der europäischen Aufklärungsbewegung blieben Versuche. Gewisse Ansätze dazu unter Zar *Peter I. d. Gr.* (1682–1725) betrafen vorwiegend die Verwaltung, das Militär und Bildungswesen.

Die Zarin *Katharina II. d. Gr.* (1729–1796) pflegte brieflich Kontakte zu Voltaire, Montesquieu, Denis Diderot und Cesare Beccaria. Rechtsreformen im Sinne der Aufklärer scheiterten jedoch auch aus politischen Gründen (1768 Ausbruch des Russisch-Türkischen Krieges). Spätere Vorhaben einer Rechtsbereinigung durch Kopien westeuropäischer Gesetze wurden vom Minister und Leiter der Gesetzgebungskanzlei *Michail M. Speranskij* (1772–1839) vorbereitet. Der Berater des Zaren *Alexander I.* (1801–1825) hatte dem Code Napoléon nachgebildete Teilkodifikationen veranlasst. Die Arbeiten wurden jedoch nach dem Sieg über Napoleon (1813) eingestellt und der als frankophil geltende Speranskij nach Sibirien verbannt. **56**

Einen Neubeginn im Sinne liberaler Rechtspolitik versuchte Zar *Nikolaus I.* (1825–1855). Das Ergebnis der Reformen unter dem inzwischen rehabilitierten Speranskij war die fünfzehnbändige unsystematische Sammlung „Svod Zakonov Rossijskoj Imperii" von 1832/35. Diese Kompilation der gesamten russischen Gesetze war für den Behördengebrauch bestimmt und wurde durch die Gerichtspraxis konkretisiert. Sie galt bis zur Revolution im Oktober 1917. **57**

Unter Zar *Alexander II.* (1855–1881) wurde die Leibeigenschaft der Bauern abgeschafft (1861) und das Rechtswesen umfassend erneuert (1864). 1882 hatte Zar *Alexander III.* (1881–1894) eine Kommission mit der Kodifizierung des Zivilrechts betraut. Entwürfe von 1899 und 1903 orientierten sich an europäischen Kodifikationen. Vorbild für das Schuldrecht war das deutsche Bürgerliche Gesetzbuch. Die Arbeiten endeten mit den Revolutionen von 1905/06 und 1917.

3. Sowjetrussisches Recht

Innerhalb der sozialistischen Rechtsgruppe war die Sowjetunion (seit 1917) die diktatorisch-totalitär agierende politische Groß- und **58**

Führungsmacht. Nach kommunistischer Rechtslehre hatte die von der UdSSR gesteuerte Rechtsentwicklung nach den Grundsätzen des Marxismus-Leninismus zwei Phasen durchlaufen. Die erste umfasste die Zeit des sozialistischen Aufbaus vom Beginn der proletarischen Revolution von 1917 bis zur Stalin-Verfassung von 1936. Die anschließende zweite Periode des Aufbaus einer klassenlosen kommunistischen Gesellschaft endete historisch 1991 mit der Auflösung der Sowjetunion.

Nach neuen Forschungen durchlief der Prozess der Entwicklung des sowjetrussischen Rechts vier Zeitabschnitte:

• Ära des sog. Kriegskommunismus (1918–1921).
• Epoche der sog. „Neuen ökonomischen Politik" (1921–1928).
• Epoche der Stalin-Diktatur (1929–1953).
• Zeit der Implementierung des sozialistischen Rechtsmodells sowjetischer Prägung in den Staaten des Ostblocks (1945–1991).

a) Kriegkommunismus

59   Die Oktoberrevolution 1917 hatte die zaristische Gesetzgebung beseitigt. Wirtschaftspolitisch notwendige Maßnahmen und Anordnungen, die während des Bürgerkriegs zwischen den kommunistischen Bolschewiki („Rote Armee") und heterogenen antibolschewistischen Gruppen („Weiße Armee") von 1918 bis 1921 veranlasst worden waren, wurden unter der Sammelbezeichnung „Kriegskommunismus" registriert. Die kommunistische Partei steuerte autoritär diese Wirtschaftspolitik. Dabei wurde die Verwaltung zentralisiert und die Planwirtschaft eingeführt. Die Rechtsprechung besorgten Laienrichter, deren rechtsgestaltende Leistungen sich in der schärfenden Konkretisierung des revolutionären Bewusstseins erschöpften. Mit der Abschaffung des bürgerlich-feudalen Privateigentums an Grund und Boden, des Erbrechts, der Schenkungen, des Geldes sowie mit der Verstaatlichung der Industrie war dem Zivilrecht die Basis entzogen. Aus ideologischen Gründen wurden das Familien-, Vormundschafts- und Arbeitsrecht vom Zivilrecht getrennt und in besonderen revolutionären Gesetzen kodifiziert (1918).

b) Neue Ökonomische Politik

60   Der Kriegskommunismus wurde 1921 durch die „revolutionäre Gesetzlichkeit" der sog. „Neuen Ökonomischen Politik" (NEP) abgelöst, die Vladimir Iljič Lenin (1870–1924) hatte beschließen lassen.

Diese beließ zwar die Hauptproduktionsmittel und die auf ihnen aufgebaute Wirtschaft in der Verfügungsgewalt des Staates, gestattete aber dem Einzelnen wieder in gewissen Grenzen eigene privatkapitalistische, unternehmerische Tätigkeiten.

Die durch die NEP verordneten Wirtschaftsziele wurden verwirklicht, nachdem das ökonomische Chaos des Kriegskommunismus durch eine mit Gesetzen und Verordnungen konsequent planende Wirtschaftspolitik ersetzt worden war. Die legislative Zuständigkeit lag ursprünglich bei den einzelnen Sowjetrepubliken. Die Union durfte nur Rechtsgrundätze erlassen, die allerdings in der Regel Detailregelungen waren. Das Zivilgesetzbuch der Russischen Sozialistischen Föderativen Sowjetrepublik wurde 1922/23 von nahezu allen Republiken übernommen.

c) Stalin-Diktatur und UdSSR

In den Jahren der Diktatur Stalins wurde an der Errichtung einer **61** einheitlichen, streng staatsorientierten Rechtsordnung gearbeitet. Die ideologische Hauptleistung erbrachte *Andrej J. Vyšinskij* (1883–1954), Jurist und zuletzt Außenminister der UdSSR. Nach der Verfassung von 1936 war die Union für die Kodifizierung des Zivilrechts ausschließlich zuständig, kam dieser Aufgabe jedoch nicht nach. Deshalb erhielt sie nach einer Verfassungsänderung (1957) im Zuge des Rückbaues der stalinistischen Zentralisation die Zuständigkeit zum Erlass allgemeiner Rechtsgrundsätze. Diese sog. „Grundlagengesetze" bestanden aus abschließenden Regelungen einzelner Rechtsgebiete, gingen jedoch faktisch weit über den Charakter eines Rahmengesetzes hinaus.

Bis zum Ende der UdSSR 1991 besaßen alle Sowjetrepubliken neue **62** Zivilgesetze, die Unionsgrundsätze wiederholten. Das bekannteste war das Zivilgesetzbuch der Russischen Sowjetrepublik von 1964. 1968 und 1970 ergingen Grundlagengesetze für ein modernes sozialistisches Familien- und Arbeitsrecht. Auf ihnen beruhten die Kodifikationen der Republiken. Das von der marxistisch-leninistischen Rechtslehre entworfene theoretische Grundmodell eines sozialistischen Rechts wurde nach dem Ende des Zweiten Weltkrieges in alle Ostblockstaaten exportiert. Mit der Auflösung der UdSSR und dem Fortfall ihrer politischen Einflusszonen wurde dieses Rechtssystem auch dort Geschichte.

4. Sozialistisches Recht der DDR

63   Mit der Teilung von Deutschland in einen kommunistischen Einheitsstaat und eine parlamentarische Demokratie zerfiel auch die ursprüngliche Rechtseinheit. In der Bundesrepublik galten auf den Gebieten des Privat- und Strafrechts die von der NS-Ideologie gereinigten Gesetze und Verordnungen weiter. Die 1949 gegründete „Deutsche Demokratische Republik" (DDR) übernahm das marxistisch-leninistische Rechtsmodell, beschritt jedoch bei der Ausgestaltung eines sozialistisch konformen Verfassungs-, Zivil- und Strafrechts eigene Wege.

a) Zivilrecht

64   In der sowjetisch besetzten Zone von Deutschland (SBZ) galt das bürgerliche Recht des BGB von 1900 zunächst formell fort. Das war politisch erwünscht, weil die Sowjetunion nach dem Kriegsende noch die Vorstellung von einem deutschen Gesamtstaat unter sozialistisch-kommunistischer Führung als politisches Fernziel verfolgte. Allerdings war der sachliche Geltungsbereich des Gesetzbuchs erheblich eingeschränkt. Die Enteignung des gesamten größeren Grundbesitzes (über einhundert Hektar) und seine Verteilung an sog. „Neubauern" (Bodenreform 1945/46) hatten das BGB für rund zwei Drittel des gesamten Grund und Bodens gegenstandslos werden lassen. In der späteren DDR wurde aus ideologischen Gründen das Familien-, Dienst- und Arbeitsrecht aus der klassischen bürgerlichen Zivilrechtsordnung entfernt. 1961 traten ein Arbeitsgesetzbuch (novelliert 1963, 1966, 1977) und 1965 ein Familiengesetzbuch in Kraft.

65   Einschnitte in die klassische bürgerlichrechtliche Privatautonomie vollzogen sog. Vertragsgesetze nach dem Vorbild der tschechoslowakischen Volksrepublik. Diese hatte 1969 das Wirtschafts- vom Zivilrecht getrennt und das Recht der staatlichen Unternehmen in Sondergesetzen geregelt. Die DDR kopierte dieses System 1965 durch das „Gesetz über das Vertragssystem in der sozialistischen Wirtschaft" (zuletzt 1982). Damit wurden die kooperativen Beziehungen der sozialistischen Betriebe, vor allem die Wirtschaftsverträge für Produktion und Handel aus dem Zivilrecht ausgegliedert. Rechtsbeziehungen zwischen den einzelnen Betrieben mussten nach den besonderen Vertragsgesetzen im Rahmen der Wirtschaftspläne geschlossen und durch staatliche Stellen genehmigt werden.

Im praktischen Rechtsleben einer autoritär verfassten Gesellschaft war neben dem ausschließlich der Planvorbereitung und -konkretisierung dienenden Wirtschaftsvertrag ein Privatvertrag unter Bürgern von untergeordneter Bedeutung. Den typischen Vertrag als Ordnungsinstrument des Wirtschaftsverkehrs in einem demokratischen Rechts- und Sozialstaat hatte im sog. real existierenden Sozialismus der „Plan" ersetzt. Das sozialistische Zivilrecht war ein zentrales Element der staatlichen Planwirtschaft.

Die Integration vollendete 1976 eine neue privatrechtliche Kodifi- **66** kation, mit deren Inkraftsetzung die Geltung des BGB in der DDR endgültig endete. Über den Gang der Gesetzgebungsarbeiten war bis zur Auflösung des deutschen Teilstaats nur weniges bekannt. Erst die Öffnung der Archive ermöglichte eine Rekonstruktion der Entstehungsgeschichte dieses Gesetzes.

Die politische Propaganda der DDR hatte verschwiegen, dass mit einer sozialistischen Zivilrechtsgesetzgebung bereits im Jahre 1952 begonnen worden war und dass aus übergeordneten wirtschaftspolitischen Gründen die 1958, 1963 und 1967 unterbrochenen Arbeiten erst 1975 zu Ende geführt werden konnten. Es bestanden richtungsändernde Vorbehalte gegenüber der Einheit von Zivil- und Wirtschaftsrecht nach sowjetischem Vorbild.

Die Zahl von Reformvorschlägen anhand politischer Leitentscheidungen, die im Laufe der rund 25 Jahre dauernden redaktionellen Arbeiten von der Parteiführung vorgegeben und von den wechselnden Kommissionen umgesetzt wurden, ist sehr groß. Nach eingehenden Diskussionen sowohl in der juristischen wie auch in der interessierten nichtjuristischen Öffentlichkeit wurde das Gesetz 1975 kritiklos und einstimmig in der Volkskammer angenommen. Als „Zivilgesetzbuch der DDR" (ZGB) trat es am 1. Januar 1976 in Kraft.

Die sachliche Geltung des Gesetzes war außerordentlich be- **67** schränkt. Seinem Wesen nach präsentierte es sich als „eine Art Verbraucherschutzgesetz für die Bürger" (U. Wesel). Geregelt wurden nur Rechtsbeziehungen, „die von den Bürgern zur Befriedigung ihrer materiellen und kulturellen Bedürfnisse mit Betrieben sowie untereinander eingegangen werden" (§ 1 Abs. II). Dies betraf vor allem Rechtsgeschäfte, die von Bürgern auf dem Sektor des Wohnens sowie der Versorgung mit Konsumgütern und Dienstleistungen getätigt wurden (Präambel). Für alle zwischenbetrieblichen Rechtsbeziehungen des Wirtschaftsverkehrs galten die besonderen sozialistischen Vertragsgesetze.

68   Den Funktionen nach war das ZGB ein politisch zentrales „Leitungsinstrument des sozialistischen Staates". Zu Leerformeln verkommene ideologische Phrasen dienten der Verwirklichung einer besonderen Art „sozialistischer Vertragsfreiheit" und der politischen Erziehung eines „neuen Menschen". Im Aufbau folgte das Gesetzbuch nicht mehr dem Fünf-Bücher-Grundriss des BGB. Volksnähe und Volkstümlichkeit wurden für eine klassenlose Gesellschaft als unverzichtbar erachtet. Deshalb regelte das ZGB die Rechtsgebiete nach dem übergeordneten Gesichtspunkt sozial kohärenter Lebenssachverhalte. Eine wissenschaftliche, die Dogmatik und Judikatur kritisch kommentierende Auseinandersetzung mit dem sozialistischen Zivilrecht fand kaum statt.

69   Nach dem übergangslosen Ersatz des sozialistischen ZGB durch das BGB am 3. Oktober 1990 entstanden Zweifel an der Richtigkeit dieser Entscheidung. Vor allem bezogen auf das allgemeine Rechtsempfinden der Bürgerinnen und Bürger der DDR war diese Lösung rechtspolitisch nicht unproblematisch. Intensiv diskutiert wurden Fragen einer materiellen Verwertbarkeit des ZGB bei der Fortbildung bzw. bei einer zeitgemäßen, neuen Kodifizierung des BGB. Als Haupthindernisse für den allgemeinen Rechtsverkehr erwiesen sich die sozialistische Eigentumsordnung, das auf „Bürgerbeziehungen" reduzierte Recht des Warenkaufs und der damit eingeschränkte Anwendungsbereich des ZGB.

b) Strafrecht

70   Nach 1945 galt das durch verschiedene Gesetze des Alliierten Kontrollrates bereinigte Reichsstrafgesetzbuch von 1871 zunächst in der SBZ und später in der 1949 gegründeten DDR fort. Aufgehoben wurden u. a. die Vorschriften über Analogie, Wahlfeststellung, Hoch- und Landesverrat. Nach marxistisch-leninistischer Rechtslehre war im Sozialismus Kriminalität das Produkt des Klassenkampfes und den unterlegenen kapitalistischen Ausbeutern vorbehalten. Sie galten als Feinde des Sozialismus. Ihre Straftaten waren Manifestationen des Widerstands gegen die Fortschritte des sozialistischen Friedens- und Wohlfahrtsstaats. In dieser Funktion war jede Kriminalität politisch und das Phänomen eines residualen verbrecherischen, restkapitalistischen Bewusstseins. In sozialistischen Ländern sollte es sie eigentlich nicht geben.

71   Da diese Erwartungen der Realität widersprachen, hatte die Justiz nach der Staatsgründung das Strafrecht durch zahlreiche Rechtsvorschriften außerhalb des Strafgesetzbuchs erweitert (Gesetze zum Schutz des Friedens 1950 und des Volkseigentums 1952). Die leitende rechtspolitische Tendenz war eine durchgehende Verschärfung der Strafbestimmungen im Sinne der stalinistischen Terrorjudikatur, verbunden mit äußerster Härte im Vorgehen gegen Feinde des Sozialismus.

Eine in der Gesetzlosigkeit einzigartige Strafverfolgung ermöglichte dabei Art. 6 Absatz 2 der DDR-Verfassung von 1949. Die unmittelbar geltende Strafbestimmung ohne Strafdrohung kriminalisierte plakativ eine sog. Boykott-, Mord- und Kriegshetze und erfasste nicht nur politische Delikte. Die Strafjustiz erfand für die pauschal geächteten, tatbestandlich unbestimmten Handlungen Strafen und stützte selbst Todesurteile (z. B. für Spionage) auf die proklamatorische Verfassungsnorm.

Das Strafrechtsergänzungsgesetz von 1957 korrigierte im Wesentlichen die drastischen, exzessiv gesetzwidrigen Justizpraktiken. Die Tendenz war behutsame Liberalisierung und Entkriminalisierung von Bagatelltaten. Eingeführt wurden aber auch erzieherische Sanktionen, wie öffentlicher Tadel oder öffentliche Publikation von Bestrafungen. Eine Neufassung der Staatsverbrechen machte die berüchtigte Strafpraxis nach Art. 6 der Verfassung entbehrlich und bestrafte erstmals auch das illegale Verlassen des DDR-Staatsgebiets als politisches Delikt. **72**

Eine umfassende Strafrechtsreform brachte das neue Strafgesetzbuch von 1968. Es hatte in der Präambel die rechtspolitischen Ziele klar und eindeutig formuliert: Nach außen Kampf gegen Anschläge auf den Frieden durch westdeutsche Imperialisten und ihre Verbündeten sowie nach innen die Verhinderung von Straftaten als Folgen kapitalistischer Verfallserscheinungen. **73**

Das Gesetz erklärte Verbrechen zu gesellschaftsgefährlichen und Vergehen zu gesellschaftswidrigen Taten, beseitigte alle Maßnahmen der Sicherung und Besserung, brachte aber auch Entkriminalisierungen auf dem Gebiet des Sexualstrafrechts (Straflosigkeit homosexueller Handlungen zwischen Erwachsenen). Dagegen wurden in einem besonderen Abschnitt politische, „staatsfeindliche" Straftatbestände mit zum Teil absonderlichen inkriminierten Handlungsweisen geregelt (z. B. Diversion, Sabotage, Schädlingstätigkeit, Rowdytum). Die im Gesetz beibehaltene Todesstrafe (bei Kriegsverbrechen, Spionage, Mord) hatte die Staatsführung erst seit 1975 regelmäßig in lebenslange Freiheitsstrafen umgewandelt. Ihre förmliche und endgültige Beseitigung erfolgte 1987, erstmalig in den Ostblockstaaten.

74   Seit dem Strafgesetzbuch von 1968 wurde das Strafrecht durch sechs Strafrechtsänderungsgesetze aktualisiert (1974, 1977, 1979, 1987, 1988, 1990). Die Novellierungen befahlen hauptsächlich Verschärfungen oder Ergänzungen der politischen Delikte (illegaler Grenzübertritt, Zusammenrottung) und des Wirtschaftsstrafrechts (Spekulation durch Warenhortung, Zinswucher). Die letzte Novelle vom 29.6.1990 leitete eine grundsätzliche Liberalisierung des autoritären DDR-Strafrechts durch stufenweise Angleichung an das Strafrecht der Bundesrepublik Deutschland ein.

75   Rechtspolitisches Ziel der Strafprozessordnung von 1968 war primär die Sicherung der Macht des sozialistischen Staates und der „Errungenschaften des Sozialismus". Konsequent wurden die prozessualen Schutzrechte zugunsten des Beschuldigten, Angeklagten und seines Verteidigers durch das herrschende „Prinzip der sozialistischen Gerechtigkeit" systemkonform äußerst restriktiv definiert. Eine Novellierung zum Zweck der Prozessbeschleunigung erfolgte 1974.

c) Systemvergleiche

76   In der öffentlichen und wissenschaftlichen Diskussion haben Fragen nach einem Systemvergleich zwischen der DDR und der alten Bundesrepublik Deutschland an Aktualität nichts eingebüßt. Dabei werden auch Kennzeichnungen, wie „Unrechtsstaat" oder „Totalitarismus" auf der einen und „Rechtsstaat" auf der anderen Seite, pointiert als politische Kampfparolen zueinander in Beziehung gesetzt und häufig mit dem NS-Regime verglichen.

Es ist jedoch fraglich, ob diese Debatte mit inzwischen wiederkehrenden, mantraförmigen Argumenten fruchtbar ist und einen wirklichen Erkenntniswert besitzt. Unbestritten sind Vergleiche der DDR mit dem System der faschistischen NS-Diktatur materiell und historisch völlig abwegig. Am überzeugendsten erscheint deshalb gegenwärtig als Antwort die Anregung, eine rechtsvergleichende Aufarbeitung der Systemvergangenheit durch Bewältigung der Gegenwart und Zukunft zu ersetzen (Th. Vormbaum).

Schrifttum: *G. Cian*, Fünfzig Jahre italienischer Codice civile, ZEuP 1993, 120 ff.; *J. H. Schrage*, Das System des neuen niederländischen Zivilgesetzbuches, Juristische Blätter 1994, 501 ff.; *Th. Ramm*, Das ZGB der DDR – damals und heute, JZ 1996, 456 ff.; *B. Rüthers*, Recht und Juristen in der Diktatur des

Proletariats, JZ 1999, 1009 ff.; *E. Koch* (Hg.), 10 Jahre Deutsche Rechtseinheit (2001); *U. Wesel*, Recht, Unrecht u. Gerechtigkeit. Von der Weimarer Republik bis heute (2003); *U. Fasel*, Walther Munzinger – Vorreiter der Schweizer Rechtseinheit, ZEuP 2003, 345 ff.; *W. A. Slystschenkow*, Der Entwurf eines russischen ZGB von 1905. Einflüsse westeuropäischer Rechtstraditionen, ZNR 2005, 189 ff.; *S. Genner*, Dekodifikation. Zur Auflösung der kodifikatorischen Einheit im schweizerischen Zivilrecht (2006); *J. Ph. Schaffer*, Der Kampf ums Bürgerliche Gesetzbuch. Zur Diskussion um Abschaffung oder Beibehaltung des BGB in der DDR 1949–1958, ZNR 2009, 240 ff.; *M. Maiwald*, Einführung in das italienische Strafrecht und Strafprozessrecht (2009); *L. Garlati/T. Vettor* (Hg.), Das Recht und die Rechtsschändung (2011); *L. Björne*, Die Nordische Rechtswissenschaft, in: SZGerm 127 (2010), 262 ff.; *D. Tamm*, The History of Danish Law (2011); *P. Caroni/F. Schöbi*, Allgemeine Einleitung, in: Berner Kommentar zum schweizerischen Privatrecht I/1 (2012), 1 ff.; *I. Keller*, Die strafrechtliche Aufarbeitung von DDR-Justizunrecht (2012); *C. Laage*, Gesetzliches Unrecht: Die Bedeutung des Begriffs für die Aufarbeitung von NS-Verbrechen (2014); *S. Vinciguerra/Th. Vormbaum* (Hg.), Strafgesetzbuch für das Königreich Italien („Codice Zanardelli") vom 30. Juni 1889 (2014); *R. Hansack*, Unrechtsstaat DDR. Zur Genesis des Terminus politicus (2015); *M. Vormbaum*, Das Strafrecht der DDR (2015); *P. Caroni*, Privatrecht im 19. Jahrhundert. Eine Spurensuche (2015); *P. Kindler*, Einführung in das italienische Recht (3. Aufl. 2017).

15. Kapitel. England und das Common Law

I. Strukturen des Common Law

1. Dualismus der Rechtskreise

1   Zum historischen Erbe des Mittelalters gehört auch der für europäisches Recht und Rechtsdenken charakteristische Dualismus zwischen dem kontinentalen Gesetzesrecht und dem englischen Common Law. Ursprünglich waren beide Rechtsordnungen durch ihre Wurzeln „Gesetzgebung" auf der einen und „Gewohnheit" auf der anderen Seite streng getrennt. Gegenwärtig verflüchtigt sich der „entschieden autochthone Inselcharakter" des englischen Rechts (P. Grossi). Das ungeschriebene Gewohnheitsrecht ist mit der Regelungsflut einer positivistischen Rechtsproduktion der Europäischen Union konfrontiert. Die Richtung der Entwicklung ist – selbst nach einem Austritt des Vereinigten Königreichs aus dem europäischen Staatenverbund – ungewiss.

2   Bis zum Beginn des 19. Jahrhunderts wurde das Common Law nicht oder nur marginal von der auf dem Kontinent herrschenden kultischen Verehrung des Gesetzes beeinflusst. Rechtsetzende Aktivitäten des englischen Parlaments als „Statutes" oder „Acts of Parliament" waren nach der klassischen Theorie nur Rechtsquellen zweiten Ranges. Ihre Aufgabe war, Regeln des Common Law den veränderten Anforderungen des Rechtsverkehrs anzupassen. Diese partielle Rechtsetzung durch „Consolidation/Codification Acts" begann Mitte des 19. Jahrhunderts (1861). Sie fasste einzelne Rechtsgebiete durch Erlass neuer Normen zusammen. Dabei beschränkte sich der Gesetzgeber auf die Legalisierung leitender Rechtsgrundsätze und überließ der Rechtsprechung die Konkretisierung.

Das Ziel einer umfassenden Kodifizierung des Common Law verfolgt eine offiziell durch den „Law Commission Act 1965" eingesetzte „Law Reform Commission". Sie beschäftigt sich mit Rechtsreformen in zwei Sektionen (für England und Wales sowie für Schottland) und berichtet jährlich dem Parlament. Ihre Hauptaufgaben sind Beobachtungen der Rechtsentwicklung, Revisionen und

Anregungen zur Verbesserung des Statute Law. Viele ihrer Vorschläge wurden inzwischen verabschiedet (z. B. im Straf-, Familien-, Handels- und Trustrecht).

2. Rechtsprechungsrecht

Die Geschichte des traditionell „Common Law" genannten englischen Rechts beginnt 1066 mit der Schlacht bei Hastings. Der französische Normanne Herzog Wilhelm von der Normandie, der spätere *Wilhelm I. d. Eroberer* (1066–1087), hatte den letzten angelsächsischen König Harald II. besiegt und sein Königreich erobert. Unter der normannischen Herrschaft wurde auf englischem Boden das Lehenswesen fränkischer Prägung eingeführt. Damit waren in England die Voraussetzungen für den Aufbau eines mächtigen zentralistischen Einheitsstaates und seiner Rechtsordnung geschaffen. Die Französisch sprechenden Normannen übernahmen die angelsächsischen Rechts- und Verwaltungsstrukturen, feudalisierten das Justizwesen und erhoben das (spätere) „Law French" zur Herrschafts- und Gerichtssprache. Die Folge der politischen Neugestaltung war ein Bruch mit der alten Rechtstradition. Er führte zur Entstehung eines eigenständigen Common Law, das mit dem kontinentaleuropäischen Ius commune nichts Gemeinsames hatte. 3

Das Common Law war ein Derivat der starken Königsmacht zum Schutz des Königsfriedens. Von den bestehenden örtlichen und regionalen Rechtsgewohnheiten unterschied es sich durch seine Geschlossenheit als „universal custom of the realm". Es galt zunächst für Freie vor königlichen Gerichtshöfen. Deren Rechtsprechung auf den Gebieten der schweren Kriminalität, des Grundbesitzes und der königlichen Finanzen wurde im 12. Jahrhundert in drei Gerichten konzentriert und vereinheitlicht: Court of King's Bench, Court of Common Pleas und Court of Exchequer. Sie wurden nach ihrem festen Sitz in London auch „Westminster-Gerichte" genannt. 4

Das Common Law war ein durch Gerichte geschaffenes (*judge made law*), kasuistisches Recht (*case law*) zur prozeduralen Durchsetzung von Ansprüchen und zur Entscheidung konkreter Tat- und Rechtsfragen im Einzelfall. Bereits unter König *Edward I.* (1272–1307) hatte sich diese Form einer prozessorientierten Rechtspflege vor den königlichen Gerichten verfestigt. Sie bestand neben der Rechtsprechung der alten angelsächsischen Hundertschafts- und

Grafschaftsgerichte (*hundreds, county courts*), die Streitfälle nach den lokalen Rechtsgewohnheiten unter dem Vorsitz eines vom König ernannten „Sheriff" entschieden. Mit der Konsolidierung der Judikatur nach Common Law verdrängten die sog. „Common Law Courts" schließlich alle anderen Spruchkörper.

3. Prozessjuristen

5   Mit dem Kompetenzzuwachs der Westminster-Gerichte als Common Law Courts in erster Instanz war auch ein neuer Typus des prozessjuristischen Technikers entstanden. Die Anfänge dieses sich formierenden neuen Berufsstandes waren eng mit der Institution der vom König in das Amt berufenen „Reiserichter" verbunden. Während der Regierungszeit von König *Henry II.* (1154–1189) wurden von der Ratsversammlung der Großen (*King's Council, curia regis*) einzelne Richter abgeordnet, die auf ihren Reisen durch das Land vor Ort Recht nach Common Law sprachen. Die Praxis der Umritte der Reiserichter (*on circuit*) wurde nach der Zentralisierung der Gerichtshöfe in Westminster im 14. Jahrhundert beibehalten. Die Pflege und Fortbildung des Common Law lag fortan in den Händen dieser Verfahrensexperten. Im Gegensatz zu den an den kontinentalen Rechtsfakultäten geschulten Juristen besaßen die Rechtsempiriker keine Universitätsausbildung. Sie organisierten sich im 14. und 15. Jahrhundert in festen berufsständischen Korporationen und schlossen sich in London in zunfteigenen, „Inns of court" genannten Rechtsschulen zusammen. Hier erhielten die jungen Juristen in praktischen Lehrgängen ihre anwaltliche und richterliche Ausbildung im Common Law. Mit Hilfe dieser Prozessualisten formte das Common Law jene stiltypischen Strukturen, die es als Fall- und Richterrecht kennzeichnen.

6   Die richterlichen Mitglieder der Common Law Courts wurden aus einem Kreis berufserfahrener Advokaten berufen. Der Anwaltsstand (*serjeants-at-law*) rekrutierte sich aus einer Gruppe praktizierender Juristen, die sich „apprentices" und ab dem 16. Jahrhundert „barristers" genannt haben. Sie waren für die Durchführung des Verfahrens zuständig sowie für das Zusammenwirken zwischen barrister und der prozessführenden Partei verantwortlich. Erst nach der Verschmelzung der Common Law Courts mit besonderen Gerichtsabteilungen (*Equity courts*) setzte sich im letzten Viertel des 19. Jahrhunderts der

Name „solicitor" als allgemeine Funktionsbezeichnung für den rechtsberatend-forensisch tätigen Anwalt durch. Später wurden für die englische Anwaltschaft die Bezeichnungen „attorney" und „solicitor" (nur für den an dem „Chancery court" tätigen Advokaten) üblich.

4. Rechtsgewährung durch „writ"

Unter König Henry II. wurde bei der Rechtsreform der sog. 7 „writ" zum wichtigsten Instrument der Fortbildung des Common-Law-Prozessrechts. Als offizielles, im Namen des Königs kurzgefasstes Dokument (*official written document*, lat. *breve*) befahl es formelhaft dem angegangenen zuständigen Gericht, ein beantragtes Verfahren durchzuführen, die Parteien zu laden, ein Urteil zu sprechen und es durch Amtsorgane zu vollstrecken.

Diese Verfahrensweise durch writs entsprach dem englischen Rechtsverständnis von der Rechtsgewährung durch den Gerichtsherrn. Danach war die ordentliche Erhebung der Klage vor einem Gericht ein Privileg, das Tätigwerden eines königlich eingesetzten Richters in einem Prozess ein Akt freier rechtsgewährender Gnade des Königs als obersten Richters. Der Kläger begann den Prozess mit der Bitte, ihm die Verwirklichung und Durchsetzung eines privaten Rechts im Prozesswege zu erlauben. Die königliche Administration beschied sein Petitum positiv mit der offiziell rechtsgewährenden Erteilung eines formelhaften writ. In dieser Funktion glichen die Rechtsgewährungsbefehle den Klageformeln des antiken römischen Rechts (*actiones*, Aktionensystem).

Die Zahl der von Fall zu Fall erlassenen writs als stereotyp auf all- 8 gemeine Lebenssachverhalte zugeschnittene, automatisch gewährte Klageformulare wuchs und wurde in den „registers of writs" zusammengefasst. Die Sammlungen dieser Blankettformulare wirkten sich auf die Rechtsfindung negativ aus. Der starre Formalismus beschränkte die writs in ihren primären Funktionen als Instrumente individueller Rechtsanwendung und interessengerechter Rechtsfortbildung. Auch wegen der Flut dieser Prozessformeln stagnierte im 14. Jahrhundert das Common Law. Es war nur noch bedingt in der Lage, den Anforderungen der Rechtspraxis gerecht zu werden. Die Suche nach einer Erweiterung des Rechtsschutzes neben und außerhalb der writs wurde rechtspolitisch unabweislich.

5. Common Law und Civil Law

9   Frühe Versuche, ergänzend zum Common Law römisch-kanonisches Recht einzuführen und in Kraft zu setzen, waren am entschiedenen Widerstand der Politik gescheitert. Ein Statut des Landtags von Merton von 1236 gilt als der klassische Beleg für eine erfolgreiche Abwehr kontinentaler Rechtsinvasionen. Konkreter Anlass der „Declaration" waren Bemühungen der Kirche, nichteheliche Kinder durch nachfolgende Heirat der Eltern statusmäßig zu ehelichen Abkömmlingen zu erklären. Diese Möglichkeit sah das kanonische Recht in der Rechtsfigur der „legitimatio per subsequens matrimonium" vor und sollte als allgemeine Regel in das Common Law übernommen werden. Die als einstimmig (*una voce*) überlieferte Antwort der Barone und Grafen auf das kirchliche Petitum lautete: „Wir wollen das Recht Englands nicht ändern" (*nolumus leges Angliae mutari*).

10   In der Forschung war lange die These von der rezeptionsabstinenten englischen Insel herrschend, auf der römisch-kanonisches Recht zu keiner Zeit hatte Fuß fassen können. Als Hauptursache wurde die Emanzipation des Common Law genannt, das sich erfolgreich aus der ursprünglichen Verflechtung mit der königlichen Gerichtsgewalt gelöst und zu einer autonomen Rechtsordnung fortentwickelt hatte. Verstärkend soll dabei das ausgeprägte Traditionsbewusstsein der englischen Juristen gewirkt haben. Beide Faktoren hätten das Bekanntwerden des gelehrten Rechts erfolgreich verhindert.

11   Neuere Untersuchungen haben jedoch gezeigt, dass es zwischen dem kontinentalen Ius commune und dem Common Law im Mittelalter sehr wohl wechselwirkende Verbindungen gegeben hatte. Die Mittler zwischen beiden Rechtssystemen waren das kanonische Recht und die Jurisdiktion der Gerichtsbehörden der römischen Kirche (Offizialate). Sie besaß in England seit dem 12./13. Jahrhundert bis zur Religionsreform des Königs *Henry VIII.* (1509–1542) im Jahre 1534/35 eine sehr starke Stellung. Nachweislich wurde seit dem 12. Jahrhundert an den Kathedral- und später Rechtsschulen (*schools*) in Oxford und Cambridge römisch-kanonisches Recht als „ius civile – civil law" gelehrt. Dieses Recht war mit dem auf dem Kontinent geltenden „utrumque ius" identisch.

Unsicher ist allerdings, ob ein für das 12. Jahrhundert überliefertes, für Oxford ausgesprochenes königliches Verbot, römisches Recht zu lehren, auch von der Praxis beachtet wurde. Nachweislich erteilte jedenfalls um 1149 der Lombarde *Magister Vacarius* (um 1115–1200), der in Bologna angeblich ein Schüler des Glossators Irnerius war, in Oxford Unterricht im römischen Recht. Thomas Becket († 1170), der Berater des Erzbischofs Theobald von Canterbury († 1161), hatte ihn nach England berufen. In den Vorlesungen behandelte Vacarius die justinianischen Institutionen, Digesten und den Codex auf der Grundlage einer vom ihm verfassten kurzen Kompilation. Das didaktisch wie inhaltlich geschätzte Hilfsbuch wurde „Liber Pauperum" oder „Summa Pauperum de Legibus" (Rechtsbuch der/für die Armen) genannt. Es war für Studenten bestimmt, die sich den Erwerb teurer Abschriften des Corpus iuris nicht leisten konnten; sie wurden deshalb auch „Pauperistae" bezeichnet.

Die Absolventen der universitären Studien im „Ius civile" oder „Civil law" waren überwiegend Kleriker. In Abgrenzung zu den Empirikern und Praktikerjuristen des Common Law nannten sie sich „Civilians" und besaßen eingehende Kenntnisse des römisch-kanonischen Rechts. Ihre Ausbildung hatten die Klerikerjuristen an den englischen „Schools" in Oxford und Cambridge oder im Ausland an italienischen Universitäten (Padua, Bologna) erhalten. Das königliche, das gelehrte Recht betreffende Lehrverbot scheint wirkungslos geblieben zu sein. Civilians waren an kirchlichen Gerichten sowie an dem für Handels- und Seerecht zuständigen Admiralitätsgericht (*Admiralty Court*) tätig. An diesen Foren wurde nach Civil Law Recht gesprochen. 12

Das Nebeneinander von Common-Law-Juristen und Civilians sowie die weit reichende zivilrechtliche Zuständigkeit der geistlichen Gerichte in Ehe-, Nachlass-, Schuldsachen waren im englischen Rechtsalltag Fakten. Sie trugen maßgeblich dazu bei, dass es in der Rechtspraxis noch im späten Mittelalter zwei Rechtsgebiete gab, in denen entweder nach Common Law oder Civil Law Recht gesprochen wurde. Auf diese Weise fanden gelehrte Rechtsideen Eingang auch in die Judikatur der Common Law Courts. 13

Erst nach der Lösung der englischen von der römischen Kirche unter König Henry VIII. kam auch für das kanonische Recht als Rechtsordnung des abgelehnten Papsttums das Ende (1535). Dem römischen Recht brachte dies eine erhebliche Aufwertung. Der König, mit dem „Act of Supremacy" von 1534 „Supreme Head of the Church of England", sah im Civil Law ein willkommenes Instrument, der Verwirklichung seiner absolutistischen Machtansprüche näher zu kommen und gleichzeitig das inzwischen autonom gewordene, weniger effektive Common Law zurückzudrängen. 14

II. Gerichte, Maximen, Geltungsräume

1. Gerichtsverfassung

15   Die Verfestigung des aus der Judikatur der drei königlichen Gerichte hervorgegangenen Common Law als kasuistisches Richterrecht wurde durch das Writ-Verfahren gefördert. Den äußeren Rahmen für diesen Prozess der Rechtskonsolidierung durch Gerichte bildete eine zentralistische Gerichtsverfassung.

Im Gerichtsaufbau stand an der Spitze das „Parlament" (*Parliament – House of Lords*). Dessen Jurisdiktionsbefugnisse verwandelten sich später in legislative Kompetenzen. Im 13. Jahrhundert wurde der „Court of King's Bench" als ursprünglich mit dem König beiderseits des Kanals reisendes Gericht ordentlicher Gerichtshof. Seit dem 14. Jahrhundert war Westminster Hall ständiger Tagungsort und für Prozesse des Königs und seiner Verwaltung zuständig (Strafsachen und Appellationen). Auch der „Court of Common Pleas" (auch *Common Bench*) wurde in Westminster zentrales und ständiges Gericht für allgemeine Klagen zwischen Privatpersonen. Der im 12. Jahrhundert errichtete „Court of Exchequer" war oberstes Finanz- und Verwaltungsgericht, kompetent auch für Klagen gegen königliche Beamte. Ergänzend dazu kamen Sondergerichte, für das Seerecht ab 1357 der „Court of Admirality" und für das Ehe- und Testamentsrecht die geistlichen „Ecclesiastical Courts". Erst durch die „Judicature Acts 1873/75" wurden die Westminster-Gerichte zu einem einzigen, dem obersten weltlichen „Supreme Court of Judicature" zusammengefasst, bestehend aus dem „High Court of Justice" und dem „Court of Appeal".

2. Rechtsprechung nach Equity

16   Die Erstarrung des Common Law im Formalismus der wirts wurde durch einen besonderen Gerichtshof überwunden. Neben der Judikatur nach dem Common Law entwickelte sich seit dem 14. Jahrhundert ein Gerichtstypus, der im Gegensatz zu den Westminster-Gerichten nach Grundsätzen der Gerechtigkeit Billigkeitsentscheidungen (*equity*) traf. Das Vorbild war das parallele Nebeneinander

von strengem „ius civile" und flexibler „aequitas" des römisch-kanonischen Rechts, an die bewusst angeknüpft wurde. Inhaber dieser Jurisdiktion war der Kanzler des Königs, bis zur Religionsreform stets
ein Kleriker. Die Urteile nach Billigkeit und Treu und Glauben (*ex
aequo et bono*) wurden nach den Grundsätzen des kanonischen Prozessrechts getroffen, das in den Formen des vereinfachten, sog. summarischen Verfahrens beschleunigte Rechtsentscheidungen ermöglichte.

Der Kanzler sprach Recht als „keeper of the king's conscience" in
Vertretung des Königs im „Court of Chancery" und wurde zu einem
bedeutenden Organ der Rechtspflege. Voraussetzung seines gewis-
senhaften richterlichen Tätigwerdens (*conscience*) war, dass eine Bitte
des Klägers um Rechtsgewährung nach den Regeln der förmlichen
writs vor den königlichen Gerichten nicht zugelassen wurde. Er
konnte auch angerufen werden, wenn begründet zu erwarten war,
dass die Anwendung eines Rechtsprinzips des Common Law im
konkreten Fall unbillige Härten zur Folge haben würde.

Die eigentliche rechtspolitische Bedeutung des Chancery Court lag   17
in seiner Funktion als Organ einer flexiblen Rechtsergänzung und
anpassenden Rechtsfortbildung. Dies erfolgte nicht ohne Widerstände der Westminster-Gerichte und des Parlaments, das die Rechtsprechung des Kanzlers willkürhaft nannte. Den politischen Streit
hatte Anfang des 17. Jahrhunderts der König zugunsten des Kanzler-
gerichts entschieden. Die Grundsätze dieser Judikatur wurden durch
Praxis und Rechtsliteratur als „maxims of equity" kanonisiert. Die
Equity-Rechtsprechung hatte sich zu einem autonomen System neben dem Common Law entwickelt. Die „rules of equity" ergänzten
und korrigierten das Common Law, standen jedoch sachlich niemals
zu ihm im Widerspruch (*equity follows the law*). Urteile nach Billigkeit blieben auch nach der Abschaffung des kanonischen Rechts fester Bestandteil der Rechtsprechung der fortan weltlichen Kanzler.
Der strukturelle Dualismus zwischen „equity" und „law" blieb dem
englischen Recht erhalten.

3. „Stand by the decision"

Wendete der Richter das Common Law als Case Law an, musste er   18
bei seiner Entscheidung Rechtsgrundsätze früherer Gerichtsurteile
berücksichtigen (*precedent* oder *authority*). Die Regel ist bis heute

geltendes Recht. Präzedenzfälle schaffen Vertrauenstatbestände. Ohne zureichenden Grund kann von ihnen nicht abgewichen werden. Diese Relevanz von Vorentscheidungen (*rule of precedents*) für die Rechtsfindung beschreibt die Maxime „stand by the decision". Durch Berücksichtigung der durch das Obergericht rechtskräftig festgestellten Rechtsregel wird bereits „Beruhigtes nicht weiter bewegt". Das Prinzip „to stand by and adhere to decisions and not disturb what is settled" ist die wörtliche Übersetzung des (lateinischen) Satzes „stare decisis et non quieta movere". Sie trägt durch Gleichbehandlung und Vorhersehbarkeit der Rechtssicherheit Rechnung und wurde erst seit dem 19. Jahrhundert streng beachtet.

19   Allerdings dürfen nur die tragenden Gründe der Vorentscheidung berücksichtigt werden (*rationes decidendi*). Die Qualität von „binding precedents" besitzen nur die Urteile der Obergerichte für die Untergerichte. Die Obergerichte selbst können von früheren Urteilen mit überzeugenden Begründungen abweichen. Ausgenommen von der Konkretisierung ist die rein „persuasive authority" eines Präjudizium. Ausgeschlossen bleiben auch die im Rahmen der juristischen Argumentation nur beiläufig gemachten Bemerkungen (*obiter dicta*). In der Praxis hat sich die Technik des differenzierenden Abwägens (*distinguishing*) zwischen relevanten und nicht angemessenen Präzedenzfällen durchgesetzt. Dadurch wird die Regel des „stare decisis" erheblich eingeschränkt.

20   Die Urteile der Case-Law-Rechtsprechung wurden in offiziösen Sammlungen den Gerichten allgemein zugänglich. Die seit Ende des 13. Jahrhunderts in der französischen Gerichtssprache (Law French) überlieferten sog. „Year Books" enthielten Verhandlungsnotizen, Plädoyers der Serjeants oder Protokolle über Prozesse vor königlichen Gerichten. Die anonymen, gelegentlich knapp kommentierten Jahrbücher fanden in der praktischen Juristenausbildung an den Inns of court als Lehrmaterial Verwendung. Sie wurden 1865 durch die „Law Reports" abgelöst, die nichtamtliche Kurzprotokolle über Gerichtsverhandlungen enthalten.

4. Mixed jurisdictions

21   Das historische Common Law galt in Großbritannien nicht einheitlich. Viele Staaten haben sich aufgrund ihrer besonderen politischen Geschichte ihre eigene historische, vom Common Law abwei-

chende Rechtsordnung bewahrt. Dazu gehörten Irland und Schottland. In beiden Ländern bestanden seit dem Mittelalter nicht unterbrochene Kontinuitäten zum kontinentalen Rechtsdenken. Im schottischen Recht war der Einfluss des römisch-kanonischen Rechts besonders intensiv. Das Land war im 13. Jahrhundert zur Abwehr englischer Hegemonialansprüche eine Allianz mit Frankreich eingegangen (*Old Alliance*) und hatte das Rechtswesen dem kontinentalen angeglichen. Schottische Juristen studierten im Mittelalter römisch-kanonisches Recht vorzugsweise an französischen und holländischen Universitäten. Nach der Realunion mit England (1707) galt in Schottland das Civil Law gleichrangig neben dem Common Law.

Die Isle of Man und die Schottland vorgelagerten Inseln besitzen **22** ebenfalls ein vom Common Law abweichendes, dem älteren nordischen gleichendes Recht. Die Kanalinseln Guernsey und Jersey waren Teile des Herzogtums der Normandie. Sie haben sich das altnormannische Gewohnheitsrecht als Grundlage bewahrt. Von den Mitgliedstaaten des früheren British Commonwealth of Nations folgten die meisten dem Common Law. Ausgenommen waren Zimbabwe (Rhodesien), Namibia (Südwestafrika) und Sri Lanka (Ceylon). Diese Staaten besaßen aufgrund ihrer Geschichte als vormalige holländische Kolonien eine aus Common Law und römisch-holländischem „Roman-Dutch Law" bestehende Mischrechtsordnung. In Indien, das 1947 in die volle Unabhängigkeit entlassen wurde, war das englische Recht gegen Ende des 19. Jahrhunderts örtlich kodifiziert worden (z. B. Indian Contract and Evidence Act 1872, Transfer of Property Act 1882).

III. Common Law und Rechtswissenschaft

1. Praktikertraktate

Eine theoretische und kritisch-dogmatische Bearbeitung des Com- **23** mon Law durch die Wissenschaft begann relativ spät. Das durch Gerichte geschaffene, in Urteilen konkretisierte englische Gewohnheitsrecht wurde erstmals im 13. Jahrhundert von Praktikerjuristen systematisiert. Die Darstellungsform war der Traktat, der nach der scholastischen Methode der Zergliederung (Divisionen, Distinktio-

nen) der Rechtspraxis empirisch erprobte Anleitungen für eine einheitliche Rechtsanwendung und Rechtsprechung vermitteln sollte.

Die ersten Traktate entstanden während der Regierungszeit von
König Henry II. In zwei titelgleichen Schriften „De legibus et con-
suetudinibus regni Angliae" wurden prozessuale Rechtsfragen und
Techniken nach dem Common Law behandelt, die für das Writ-Verfahren relevant waren und in Prozessen vor den Westminster-Gerichten Beachtung fanden. *Ranulf de Glanville* († 1190), Richter und
Staatsmann, sowie *Henry de Bracton* (Bratton/Bretton, 1210–1268),
Klerikerjurist, Richter und Domkanzler in Exeter, gelten als ihre Verfasser. Nach neuen Untersuchungen sind beide als Autoren jedoch
nicht sicher nachweisbar. Tatsächlich hatte der Glanville zugeschriebene Traktat das schottische Rechtsbuch „Regiam Majestatem" beeinflusst. Es war im 14. Jahrhundert verfasst worden und genoss im
15. Jahrhundert in der Rechtspflege großes Ansehen.

2. Rechtstheoretiker

24   Von dieser Praktikerliteratur unterschieden sich im 15. Jahrhundert
erstmals theoretisch argumentierende und rechtspolitisch reflektie-
rende Abhandlungen zum Common Law. Ihre Verfasser gehörten
der Elite englischer Juristen an. *John Fortescue* (um 1385–1476/79)
war Chief Justice der King's Bench und *Thomas Littleton* (um
1402–1487) Richter am Court of Common Pleas. *Edward Coke*
(1552–1634) zählte als Kronanwalt, Chief Justice und Justizminister
zu den herausragenden Persönlichkeiten seiner Zeit.

Das Hauptwerk von Fortescue „De laudibus legum Angliae" (um
1470) beschäftigte sich rechtsvergleichend in einem Dialog mit dem
Common Law und dem französischen Recht. Von Littleton stammte
„The Tenures" (1481), ein erstes systematisches Handbuch zum eng-
lischen Boden-, insbesondere Lehensrecht. Das Hauptwerk von
Coke waren die „Institutes of the Laws of England" (1628). Als erstes Lehrbuch des modernen Common Law enthielt es eine Zusammenfassung des gesamten Rechts, das der Verfasser in den Year
Books studiert und mit der neueren Literatur verglichen hatte. Das
unter dem Titel „Coke upon Littleton" berühmt gewordene erste
Buch der „Institutes" war „faktisch eine Enzyklopädie des Rechts"
(K. Lerch). Den Werken dieser Juristen wurde bis zum Ende des
18. Jahrhunderts allgemein der Rang einer Rechtsquelle zuerkannt.

Als „books of authority" blieben sie im Studium und in der Praxis Jahrhunderte lang unverzichtbare Lehr- und Handbücher.

3. William Blackstone – der Klassiker

Im 18. Jahrhundert wurde der Kronanwalt *William Blackstone* 25 (1723–1780) als Professor auf den ersten Lehrstuhl für englisches Recht in Oxford berufen. Er hielt erstmals an einer englischen Universität Vorlesungen zum Common Law. Seine aus vier Bänden bestehenden „Commentaries on the Laws of England" (1765/70) wurden zentrale Bestandteile der älteren books of authority.

Blackstone war vom Naturrechtsdenken beeinflusst und hatte in seinem Hauptwerk das historische Common Law erstmals als systematisch durchdachte, geschlossene Rechtsordnung dargestellt. Damit hatte er eine Parallele und Alternative zu den empirischen und verfahrensfixierten Rechtslehren der Anwälte an den Inns of court geschaffen. Das neue Common-Law-System konnten angehende Juristen an Universitäten studieren. Die aus diesen Vorlesungen hervorgegangenen Commentaries machten seinen Namen europaweit bekannt. Als Einführungen in das Common Law und Gesamtübersichten blieben sie Vorbild für künftige systematische Darstellungen des englischen Rechts; sie haben auch entscheidend zur Rezeption des Common Law in Nordamerika beigetragen.

4. Jeremy Bentham – Kritiker des Common und Penal Law

Für die rechtstheoretische Grundlegung und sozialreformerische 26 Fortbildung des englischen Rechts sorgte in der zweiten Hälfte des 18. Jahrhunderts *Jeremy Bentham* (1748–1832). Er gilt als Hauptvertreter der philosophischen Ethik des Utilitarismus, einer „besonderen britischen Form der Spätaufklärung" (J. Osterhammel). Nach dem leitenden „principle of utility" der Lehre ist ein Gesetz nur dann richtig und gerecht, wenn es sich als Mittel zur Verwirklichung des „größten Glücks der größten Zahl" erweist und dabei zum größtmöglichen Teil die Interessen aller einzelnen Mitglieder der Gesellschaft berücksichtigt. Diese Theorie hat in der „Wohlfahrtsökonomie" (*welfare economics*) ihre moderne Fortsetzung gefunden. In den Schriften forderte Bentham grundsätzliche Reformen des Common Law und kritisierte massiv das Gefängniswesen. Der katastrophale Strafvollzug sollte nach originellen Plänen human und menschenwürdig werden. Er fand mit seinen richtungsweisenden Gedanken weltweite Beachtung.

27   Hauptgegenstand seiner gesetzgebungswissenschaftlichen Forschungen war die Kodifizierung des Common Law. In den Formen eines nach naturrechtlichen Grundsätzen konstruierten lückenlosen „Gesetzes" sollte es als Modell einer folgenden „all conclusive" Kodifikation dienen und über England hinaus wirken. In einer publizistischen Offensive kritisierte er Blackstones Common Law als „a thing merely imaginary". Er warf dem Autor, dessen Vorlesungen er in Oxford besucht hatte, Konservativismus und mangelnde Bereitschaft zu einer notwendigen legislativen Umbildung des englischen Rechts vor (*Comment on the Commentaries*, 1776). Gegenüber dem versteinerten Common Law polemisierte er mit den unhistorischen Argumenten der praktischen Nützlichkeit und sozialen Zweckmäßigkeit des geltenden Rechts. Nach seiner Meinung entsprach die rationale, materiell vollständige Kodifikation vollkommen den sozialethischen Leitgrundsätzen des Utilitarismus.

28   Den anderen Schwerpunkt seiner Arbeiten bildete das Strafrecht. Er kritisierte massiv das Gefängniswesen. Der katastrophale Strafvollzug sollte nach seinen originellen Plänen human und menschenwürdig werden. Die Gefängnisreform erklärte er zur dringlichsten rechtspolitischen Aufgabe. Nach der Ächtung der Körperstrafen durch das aufgeklärte Strafrechtsdenken war die zeitlich befristete Strafarbeits- und Gefängnisstrafe allgemein zum wichtigsten Strafmittel geworden, das den Forderungen der Humanität wie der Nützlichkeit genügte. In der Wirklichkeit fehlten jedoch geeignete Anstalten, in denen die verwirkten Strafen bei Achtung der Würde des straffällig gewordenen Menschen vollstreckt werden konnten.

28a   Das Gefängniswesen war in ganz Europa inhuman, chaotisch, die Regierungen bei der Beaufsichtigung der überfüllten Gefängnisse zusätzlich durch eine hohe anstaltsinterne Kriminalität als besonderer Infektionsherd überfordert. Ein Beispiel früher Versuche, die Missstände des ungeregelten Vollzugs abzustellen, war das Castle Bridewell in der Nähe von London. Es wurde 1556 als „home of correction, hospital, workhouse for sturdy vagabonds" für die kollektive Unterbringung von Landfahrern, Bettlern und Asozialen beiderlei Geschlechts gegründet und diente primär polizeilich-präventiven Zwecken (Sicherheit und Ordnung).

Obwohl Bridewell Prison and Workhouse in England scheiterte, **28b** wurde in Holland der Gedanke der sittlichen Besserung des Straftäters durch Zucht, Arbeit, Erziehung und religiöse Unterweisung aufgegriffen und in drei Einrichtungen in Amsterdam verwirklicht: 1595 Männerzuchthaus (*Tucht- en Rasphuis*), 1597 Frauenzuchthaus (*Spinhuis*) und 1603 Sekretes Zuchthaus für schwer erziehbare Jugendliche aus vornehmen Bürgerfamilien. Auch diese Anstalten gerieten in Vergessenheit, hauptsächlich weil sie den hemmungslosen, gewinn- und nutzenorientierten ökonomischen Erwartungen der privaten Betreiber nicht entsprechen konnten. Erst im 18. Jahrhundert versuchte eine ebenfalls holländische Reforminitiative mit der Gründung des „Maison de Force" in Gent neue Wege im Strafvollzug (1772/75). An die Stelle der kollektiven Inhaftierung sollte der individualisierende, bessernde Freiheitsentzug mit Zwangsarbeit treten. Diese Art der Strafvollstreckung in strenger Einzelhaft entsprach der protestantisch-calvinistischen Ideologie. Zeitstrafen sollten als moralische Mittel durch Zwangsarbeit den Gefangenen sittlich bessern. Voraussetzung dafür war eine neuartige Architektur der Strafanstalt. In konzentrisch konstruierten, „strahlenförmig" angeordneten Flügelbauten wurde sie gefunden. Zu deutlichen Verbesserungen der Zustände in europäischen Gefängnissen führten diese Reformversuche allerdings nicht.

In England kämpften gegen Ende des 18. Jahrhunderts Philanthro **29** pen verzweifelt für Gefängnisreformen im Geist der Humanität der Aufklärer. *John Howard* (1726–1790), reicher Gutsbesitzer und High Sheriff in der Grafschaft Bedfordshire, war einer von ihnen. Er bereiste das britische Inselreich sowie den Kontinent und besichtigte die wichtigsten Strafanstalten und allgemeinen Krankenhäuser (*Lazarettos*). Seine in den Schriften „The State of the Prisons in England and Wales" (1777/92) und „An account oft he principal lazarettos in Europe" (1789) publizierten Berichte über die vorgefundenen Zustände waren schonungslose Abrechnungen mit dem verrotteten, menschenverachtenden System. Howard wurde durch die Bücher europaweit bekannt. Seine Hauptforderungen war die Beseitigung der kollektiven, weder nach der Art und Qualität der Straftaten noch nach Alter und Geschlecht getrennten Verwahrung von Delinquenten und der Ersatz durch die individuelle Einzelhaft nach dem (von Voltaire übernommenen) Leitmotiv: „Make them diligent and they will be honest".

30   Jeremy Bentham wurde in seiner Fundamentalkritik am Strafrecht durch Howards Vorschläge zur Verbesserung der Verhältnisse in den Gefängnissen beeinflusst und machte in seinem Buch „Panopticon or the inspection house" (1791) einen richtungweisenden, Aufsehen erregenden Vorschlag. Anstelle der bislang in England üblichen kollektiven Unterbringung in Massenunterkünften forderte er für künftige Gefängnisbauten Einzelzellen zur Unterbringung von Inhaftierten und erstellte dazu einen genialen architektonischen Plan. Die Räume sollten ringförmig um einen zentralen Wachtturm angeordnet und von außen für das Wachpersonal einsehbar sein. In dieser Architektur war jeder Häftling in seiner Einzelzelle der permanenten „panoptischen", d. h. alles beobachtenden Kontrolle der Aufseher ausgesetzt. Dieses sog. „Solitary System" machte den Strafgefangenen zum Objekt einer allgegenwärtigen Beobachtung und Information.

Benthams provokant-eigenwilliges panoptisches System war ein Symbol der vollkommen überwachten Zivilgesellschaft (M. Foucault). Es verwirklichte rigoros das Prinzip der Spezialprävention und vervollkommnete die frühen Vorstellungen des „Maison de Force" vom Strafvollzug. Es fand allerdings nicht die Anerkennung durch das englische Parlament, wurde jedoch außerhalb von England als Architektur des sog. „Strahlenbaus" häufig kopiertes Modell für moderne Gefängnisbauten.

31   Jeremy Benthams Reformgedanken hatten im 19. und 20. Jahrhundert die Diskussion zur Modernisierung des Gefängniswesens in Europa beherrscht. In Nordamerika (Philadelphia und Auburn im State of New York) hatte das „Panopticon" die „Philadelphic Society of Alleviating the Miseries of Public Prisons" zu Nachahmungen inspiriert. Die von William Penn († 1718) begründete, ursprünglich von Quäkern getragene, religiös motivierte Reformbewegung sah in dem „Solitary System" der strengsten Einzelhaft (und späteren Zwangsarbeit) den kriminalpolitisch modernsten humanen Strafvollzug. Das „Philadelphia-Modell" (Walnut Street Prison, 1790) entsprach vollkommen den herrschenden sozialethischen, religiös begründeten Strafzwecken.

31a   Ein enormer Anstieg der Kriminalität nach dem Ende des Amerikanischen Unabhängigkeitskrieges (1783) erzwang im Strafvollzug präventiv effektivere Maßnahmen. In den von Puritanern und Quäkern betriebenen Gefängnisanstalten wurde zusätzlich zur Isolation mit kollektiver Zwangsarbeit ein permanentes Schweigegebot eingeführt. Das sog. „Silent System" sollte die erwünschte innere Einkehr und Besserung der einsitzenden Gefangenen beschleunigen. Der Gefängnistyp des „Penitentiary" war dem Wesen nach eine christliche Buß- und Exerzitienanstalt mit kollektiver Zwangsarbeit. Er wurde als „Auburn/New York-Modell" (1823) bevorzugt in Nordamerika betrieben.

Mit dem „Eastern Penitentiary", einer Modifizierung des Philadel- 32 phia-Modells (1822/25), wurde der auf Benthams panoptischem Mustergefängnis beruhende, modernste nordamerikanische Strafanstaltstyp nach Europa exportiert. Der Gefängnisbau bestand aus einem Zentralgebäude mit strahlenförmig abgehenden Zellenflügeln, realisierte die Forderung nach total überwachter Einzelhaft und kombinierte sie mit täglicher kollektiver Zwangsarbeit. Erst auf diesem Umwege kehrte die panoptische Architektur auch nach England zurück und wurde in dem Londoner Gefängnis Pentonville Realität (1840/42).

5. John Austin – Rechtsanalytiker

Jeremy Benthams Philosophie und Rechtslehre hatte großen Ein- 33 fluss auf *John Austin* (1790–1859). Der Anhänger der utilitaristischen Ethik war Professor of Jurisprudence an der neugegründeten University of London, machte Karriere jedoch außerhalb von Forschung und Lehre. In der englischsprachigen Literatur gilt Austin als Schöpfer der „Command Theory". Für die sog. Imperativentheorie wird in der deutschsprachigen Forschung allgemein Thomas Hobbes als Begründer genannt (*law in general is command*). Austins gedankliche Verwandtschaft mit Hobbes ist jedoch unverkennbar und unbestritten. Ausgehend von dessen Lehre vom Rechtsgesetz als Befehl des Souveräns (*auctoritas non veritas facit legem*) definierte er das Recht als die Summe von Imperativen, d. h. von generellen, mit Sanktionen bewehrten Verhaltensbefehlen eines souveränen Gesetzgebers. Sie begründeten eine Gehorsamspflicht der Untertanen und wurden zwangsweise staatlich durchgesetzt. Von Bentham entlehnt war das Prinzip des „größten Glücks der größten Zahl", das durch eine neue Gesetzgebung erreicht werden konnte.

Dieses gedankliche Konstrukt war eine Vorstudie zur positivisti- 34 schen „Analytical Jurisprudence". Dem Case Law machte Austin zum Vorwurf, die Rechtsordnung in ein monströses Chaos juristischer Haltlosigkeiten und Leerformeln verwandelt zu haben. Als Alternative dazu forderte er aus der Autorität des Souveräns abgeleitete allgemeine Rechtsbegriffe. Ihre Analyse sollte für die Gestalt und Struktur aller positivistischen Rechtssysteme prägend werden. Dabei unterschied er die „particular jurisprudence", die ein bestimmtes historisches Rechtssystem zum Gegenstand hatte, von der „general jurisprudence". Deren primäre Aufgabe war es, die in allen Rechtssystemen vorhandenen allgemeinen Begriffe und Grundsätze zu artikulieren. Dabei sollten die Rechtsbegriffe „analytisch", d. h. in ihrer wechselseitigen logischen Verschränkung untersucht werden.

35   Diese Typik eines analytischen Arbeitens mit Begriffen und durch Systematisierungen lässt Austins Ablehnung des Naturrechts und zugleich seine theoretische Nähe zur pandektistischen Konstruktions- und Begriffsjurisprudenz erkennen. Tatsächlich hatte er die Rechtslehren der Historischen Rechtsschule und Pandektenwissenschaft in Bonn und Heidelberg lange studiert und Savigny geschätzt. Das Ziel seiner Rechtstheorie war, das Common Law durch ein System allgemeiner Lehren zu ordnen, um ihm Berechenbarkeit und hohe Akzeptanz zu verleihen. Dagegen war es nicht seine Absicht, das – nach Benthams Verdikt – „imaginäre" System des englischen Rechts vollständig durch Kodifikationen zu ersetzen. Seine Analytical School erschöpfte sich – konsequent zu Ende gedacht – in einem konstruktiven Positivismus, der die Systematik des Rechts zur Garantie maximaler Rechtssicherheit erklärt hatte.

36   Die Analytical Jurisprudence wurde zum Ausgangspunkt neuer rechtspositivistischer Theorien. Im 19. und 20. Jahrhundert hatte sie die deutsche (K. Bergbohm) und österreichische (H. Kelsen) neopositivistische Rechtsphilosophie nachhaltig beeinflusst. Im angloamerikanischen Rechtskreis besaß die analytische Rechtstheorie den Rang einer der einflussreichsten Rechtslehren. Ihr Hauptvertreter war *Herbert L. A. Hart* (1907–1992), Rechtstheoretiker in Oxford. In seinem Hauptwerk „The Concept of Law" (1961, dt. Übers. 1973) entwarf er in Anlehnung an sprachanalytische Gedanken von Ludwig Wittgenstein (1889–1951) das Grundprogramm seiner Lehre. Mit Hilfe der Logik analysierte er Grundbegriffe, Rechte, Pflichten und fragte nach dem Entstehungs- und Geltungsgrund des Rechts. In dem aus positiven Rechtsnormen bestehenden System unterschied er strukturell zwischen „offenen" primären Pflicht- und sekundären Ermächtigungsregeln (*primary/secondary rules*), die der Richter in seiner Entscheidung konkretisieren musste. Deren interaktive Wirkungen sah er als Merkmal eines jeden Rechtssystems.

Im nahen Umkreis des analytischen Rechtsdenkens von Hart steht 37 die Gerechtigkeitstheorie von *John Rawls* (1921–2002), Professor an der Harvard University in Cambridge/Massachusetts. Das Hauptwerk „The Theory of Justice" (1971, dt. Übers. 1979) beschäftigte sich mit der Verteilung von Grundgütern und Dienstleistungen in der Gesellschaft und war das Gegenstück zum klassischen Utilitarismus. Rawls forderte für jeden Menschen „gleiches Recht auf das umfangreichste System" ihm zustehender „gleicher Grundfreiheiten" (darunter Chancen, Einkommen, Vermögen). Bei einer gerechten, sparsamen Hinnahme sozialer und ökonomischer Ungleichheiten (Umverteilung) garantiert dieses Verfahren faire Chancengleichheit beim Zugang zu Ämtern und Positionen. Seine Theorie der „Gerechtigkeit als Fairness" oder „Verfahrensgerechtigkeit" wird heute als „der wohl bedeutendste Beitrag des 20. Jahrhunderts zur politischen Ethik" gesehen (O. Höffe).

Schrifttum: *P. Brand*, The making of the Common Law (1992); *P. Wormald*, The making of english law (1999); *C. E. Harman*, Critical Commentaries on Blackstone (2002); *S. F. C. Milson*, A Natural History of the Common Law (2003); *St. Luik*, Die Rezeption Jeremy Benthams in der deutschen Rechtswissenschaft (2003); *R. H. Helmholz*, Roman Canon Law in Reformation England (2004); *D. Klippel/R. Schulze*, Common Law und europäische Rechtsgeschichte, ZNR 2006, 3 ff.; *M. Reimann*, Die Erosion der klassischen Formen – Rechtskulturelle Wandlungen des Civil Law und Common Law im Europa des 19. und 20. Jahrhunderts, ZNR 2006, 209 ff.; *S. Vogenauer*, Zur Geschichte des Präjudizienrechts in England, ZNR 2006, 48 ff.; *O. Höffe*, Kleine Geschichte der Philosophie (2. Aufl. 2008); *J. L. Barton*, The authorship of Bracton again, Journal of Legal History 30 (2009), 117 ff.

16. Kapitel. Tendenzen der Rechtswissenschaft in der Moderne

I. Apotheose des Gesetzes

1. Rollentausch

1   Die Rechtsentwicklung Kontinentaleuropas wurde im 19. Jahrhundert von den Kodifikationen beherrscht. Seit der zweiten Hälfte des 18. Jahrhunderts bediente sich der Staat der Gesetzgebung zur Umgestaltung der Gesellschaft. Die Kodifikation ersetzte das diskreditierte Gemeinrecht, das den Rechtspartikularismus als einigendes Band umschlossen hatte. Das Gesetz als Produkt der Aufklärung verkörperte die menschliche Vernunft (*raison humaine*, Montesquieu) und war Ausdruck des allgemeinen Willens (*volonté générale*, Rousseau). Es beendete die Dialektik zwischen Universalismus und Partikularismus, die das Ius commune als integrales Element der Rechtsordnung legitimiert hatte. Das gemeine Recht hatte seine unifikatorischen Funktionen an den Gesetzgeber abgegeben.

2   Die Apotheose des positiven Rechts als höchste Form staatlicher Willensbildung und Inbegriff von Rationalität und Vernunft verdankte das Gesetzbuch dem schöpferischen Naturrecht. Das Rechtsgesetz hatte sich den Naturgesetzen angenähert. Es verwirklichte eine rechtspolitische Idee nach einem vernunftgesteuerten Konstruktionsplan und wurde rechtsstaatliche Grundlage bei der Kriminalitätsbekämpfung. Für den Rechtsanwender hielt es für alle nur denkbaren Rechtsfragen interessenkonforme Lösungen bereit. Dem straffällig Gewordenen garantierte es die Beachtung der Menschenrechte. Für die bürgerliche Gesellschaft des 19. Jahrhunderts war das Gesetzbuch ein Fortschrittswerk. Gegenüber radikaleren Tendenzen und zunehmend politisierten gesellschaftlichen Kräften (Lohnarbeiterschaft), die eine liberale Politik sozialkritisch hinterfragten, wirkte es als Bollwerk, das kapitalistisches Wirtschaften nachhaltig sicherte. Das Vertrauen in seine umfassenden Schutzfunktionen beruhte auf einem entgrenzt naiven Optimismus des Großbürgertums und seiner Führungseliten, die dem Liberalismus huldigten. Die Brüche in der nur

scheinbar befriedeten Eigentümergesellschaft waren mit den Instrumentarien der an der Epochenschwelle zum 20. Jahrhundert entstandenen Kodifikationen nicht mehr zu korrigieren. Für die Rechtswissenschaft wurden die Folgen der fatalen Fehleinschätzung der politischen wie sozioökonomischen Verhältnisse in den ersten Jahrzehnten der Geltung der zivil- und strafrechtlichen Gesetzbücher sichtbar.

2. Komplementärgesetzgebung

Das Bürgerliche Gesetzbuch (BGB) symbolisierte die überragende 3 Leistungsfähigkeit einer liberalen Zivilrechtswissenschaft, die allerdings beim Inkrafttreten der Kodifikation bereits ihren Zenit überschritten hatte. Das Gesetz war in einem Kaiserreich entstanden, das der Wilhelminismus wie ein Mehltau überdeckte. Die spätpandektistische Rechtslehre hatte ihre systemprägende Kraft weitgehend verloren. Die Vertreter der Jurisprudenz der Begriffe und Konstruktionen bemühten sich, ihren rechtsschöpferischen Aufgaben durch eine Kombination von Geschichte und juristischem Konstruktivismus nachzukommen. Das BGB atmete den Geist des Übergangs vom späten Historismus zum Positivismus. Sprache und lebensfernes System zeigten auf pandektistische Gelehrte als Urheber. Diese waren als Redaktoren „weniger reformatorisch als konfirmatorisch und zusammenfassend" tätig gewesen (P. Oertmann).

Die Praxis hatte die Defizite der Spätwerke pandektistischer 4 Rechtsetzungskunst erkannt. Kurz nach deren Inkrafttreten wurden bereits die großen Verwerfungen zwischen Gesetz und Rechtswirklichkeit sichtbar. Die alten eingeübten Techniken der Rechtsgewinnung und Anwendung hatten bei der Anpassung an die veränderten Anforderungen der Praxis versagt. Im Rechtsdenken wurde der Rechtspositivismus herrschend, der die vernunftrechtlichen Erkenntnisse über den Menschen und seine sozialen Lebensgrundlagen ignorierte. Nach positivistisch-empirischem Verständnis bestand Recht ausschließlich aus verfassungsmäßig zustande gekommenen, vom staatlichen Gesetzgeber erlassenen und vom Richter eng auszulegenden Normen. Sie unterlagen keiner Inhalts- oder Gerechtigkeitskontrolle. Der Gesetzespositivismus hatte flexible, situationsangepasste Lösungen von Rechtsproblemen erschwert. Die Suche nach neuen Wegen der Rechtsfortbildung hatte Priorität. Sie wurde in der

„schöpferischen Rechtsfindung" der Gerichte durch Konkretisierung unbestimmter Rechtsbegriffe und zweckrationale Normauslegung gefunden. Die richterliche Entscheidung war neben dem Gesetzesrecht die wichtigste Rechtsquelle.

5   Für die zeitgemäße Interpretation und Fortbildung des starren Rechts wurde die Rechtsprechung zuständig. Sie fühlte sich nicht mehr dem Gesetz nachgeordnet, sondern ihm völlig gleichgestellt (K. W. Nörr). Das Ziel der Rechtschöpfung durch Richterrecht war, neue Rechtsprobleme „durch das Gesetzbuch über das Gesetzbuch hinaus" (E. Zitelmann) „modo legislatoris" zu lösen. Vor allem die Geschichte des Zivilrechts wurde fortan maßgeblich von der Rechtsprechung des Reichsgerichts geschrieben. An die Stelle der Begriffe und Konstruktionen, die vermeintlich kompetente Antworten auf alle Rechtsfragen ermöglichten, trat die Rechtsfindung durch Abwägen und Würdigen konträrer „Interessen" der Beteiligten. Die bisherige technische „Gewaltenteilung" zwischen Rechtslehre und Praxis wurde aufgehoben. Die Judikatur hatte als „Komplementärgesetzgeber" originäre Aufgaben und Pflichten der Legislative übernommen. Die Kodifikation wurde durch die individuelle, in Rechtskraft erwachsene Entscheidung des Richters (*res iudicata*) an die eingetretenen Veränderungen angepasst. Die Notwendigkeit, diese Kompetenzvermengungen innerhalb der konkreten Grenzen der Gesetzesbindung und der Richterfreiheit rechtsstaatlich zu legitimieren, zwang die Doktrin zum Tätigwerden.

II. Recht und Positivismus

1. Positive Philosophie

6   Mit der Apotheose des Gesetzes war die Rechtswissenschaft zu seiner authentischen Interpretin geworden. Sie verstand und legte das gesetzte Recht nach Regeln aus, die das Ergebnis einer systematischen Beobachtung und Analyse der Wirkungszusammenhänge von Recht, Gesetz und Rechtsnormen als in der sozialen Realität beschreibbare Tatsachen waren. Mit dieser Methode des empirischen Erkennens des „positiven" Rechts stand die Lehre des Rechtspositivismus in der Tradition der „Positiven Philosophie" und ihres Begründers, des französischen Soziologen und Philosophen *Auguste Comte* (1798–1857).

Nach seiner politischen Geschichtsphilosophie hatte die nach Fortschritt strebende Gesellschaft bei der Beobachtung der gegenständlichen Lebenswelt die Stadien der fiktiven Theologie und der abstrakten Metaphysik überwunden und die Phase des wissenschaftlichen Positivismus erreicht. Die Programmschrift „Cours de philosophie positive" (1830/42) enthielt eine auf empirisch feststellbare, nachweisbare Tatsachen (*le reel*) gegründete Gesellschaftslehre, die der Verbesserung der Lebensbedingungen dienen sollte (*l'utile*). Sie benutzte das Experiment und die Erfahrung als Mittel der Erkenntnis der Wirkungsweisen der Phänomene. Mit Hilfe der Beobachtungsaussagen wurden bei sozialen Erscheinungen induktiv Gesetzmäßigkeiten verifiziert, die menschliches Handeln und gesellschaftliches Verhalten bestimmten. Die nach dem Inkrafttreten des Code Napoléon entstandene „école de l'exégèse" hatte als erste juristische Interpretationslehre diesen Positivismus rezipiert.

Die neue Gesellschaftstheorie war eine Erfahrungswissenschaft 7 und als „Soziologie" – Comte war der Erfinder des Begriffs „sociologie" – eine Wissenschaft von der Gesamtheit („Ganzheit") sozialer Beziehungen und Institutionen. Ihre Ausgangspunkte waren das naturwissenschaftliche Kausalitätsprinzip und die Überzeugung Comtes, dass eine Ableitung der natürlichen Gesetzmäßigkeiten im menschlichen Zusammenleben durch empirisches Beobachten des faktisch „Gegebenen – Wirklichen" und deshalb „Positiven" möglich war. Die Analyse der auf diese genaue Weise (*précis*) gewonnenen „Erfahrungen" oder „Erträge" sollte geeignet sein, verlässliche Vorhersagen zur Steuerung und Verbesserung der Lebensumstände zu treffen (*amélioration continue de notre vrai condition, individuelle et collective*).

Comte stand mit seiner „nouvelle philosophie" entwicklungs- und 8 ideengeschichtlich in der Nähe der Empiristen der englischen Aufklärung (John Locke, David Hume) und der Utilitaristen (Jeremy Bentham, John Stuart Mill). Zu den älteren Vordenkern einer „positiven Wissenschaft" (*doctrina positiva*) zählten Wilhelm von Ockham und der scholastische Voluntarismus sowie Thomas Hobbes mit der bekannten Legitimation des positiven Gesetzes als Befehl des Souveräns. Von den Konzeptionen der zeitgenössischen deutschen idealistischen Philosophie zur „Positivität", wie sie etwa Georg W. F. Hegel, Johann Gottlieb Fichte oder Friedrich Wilhelm Schelling vertraten, unterschieden sich die Lehren der positiven Philosophie von Comte allerdings grundlegend. Die Theorie des Franzosen blieb post- und antiidealistisch, streng antimetaphysisch. Sie erteilte jeder Form einer Spekulation (*esprit métaphysique*) eine entschiedene Absage. Fragen der Metaphysik erklärte Comte zu unlösbaren Scheinproblemen.

2. Gesetzespositivismus

9   Der Jurisprudenz waren die Lehren des philosophischen Positivismus nicht fremd. Auch nach Georg F. Puchta sollte der Jurist unvollständige oder fehlenden Rechtsnormen aus dem vorhandenen Vorrat an Grundsätzen und Begriffen des Pandektenrechts durch logische Operationen ohne eigene Wertung wissenschaftlich ergänzen und gewinnen. In der Literatur wurde diese Denkrichtung „Juristischer (wissenschaftlicher) Positivismus" bezeichnet (F. Wieacker). Sie wies der Wissenschaft die Rechtserzeugung als Hauptaufgabe zu und ist in der gegenwärtigen rechtstheoretischen Diskussion nicht mehr aktuell.

10   Der aus der Dialektik von Recht und Positivismus hervorgegangene sog. „Gesetzespositivismus" war Mitte des 19. Jahrhunderts aufgekommen. Als etatistische Überhöhung der Macht, Kompetenz und „Allwissenheit" des Gesetzgebers (*lex semper loquitur* – das Gesetz spricht immer) ersetzte diese Strömung das formal aus Hierarchien von Begriffen abgeleitete „Recht" durch „Gesetze". Den Rechtsnormen wurde die naturwissenschaftliche Qualität von „Tatsachen" zugewiesen. Nach gesetzespositivistischem Verständnis war das Gesetz mit dem Recht identisch. Letzteres bestand aus einer Ansammlung hoheitlich gesetzter, „positiver" Rechtsnormen. Quelle war allein der staatliche Regelungswille, der einer Geltungsbegründung bzw. Richtigkeitskontrolle nicht bedurfte. Den Gesetzgeber banden allein bestehende Regeln der Zuständigkeit und des Verfahrens. Jeder in einem korrekten Verfahren erzeugte normative Befehl war Gesetz und allgemein verbindlich. Versuchte Abschliffe an diesen legislativen Schöpfungsakten durch das Korrektiv des „Gemeinwohls" liefen in Fällen echter Konflikte ins Leere. Das positive Recht war frei von metaphysischen Legitimationen und ethischen oder moralischen Kontrollen. Vor- oder überpositive, naturrechtliche Normen hatten ihre Verbindlichkeit verloren. Das geschaffene Dogmensystem genügte sich selbst.

11   Die Wirkungen gesetzespositivistischer Lehren beschränkten sich nicht auf die deutsche Zivilrechtswissenschaft. Positivistische Ansätze fanden sich zu Beginn des 20. Jahrhunderts im deutschen Staatsrecht

(Paul Laband, Georg Jellinek). Im Strafrecht war die „Normentheorie" von Karl Binding streng gesetzespositivistisch ausgerichtet. Franz v. Liszt hatte im „Marburger Programm" die positivistische Strafrechtsdogmatik mit der empirischen Kriminalpolitik verbunden. In Österreich war Hans Kelsen ein klassischer Vertreter des normlogischen Gesetzespositivismus. In Skandinavien entwickelte Axel A. Th. Hägerström († 1939) in der von ihm begründeten sog. „Uppsala-Schule" gesetzespositivistische Theoreme. Sie hatten großen Einfluss auf den „Rechtsrealismus" (Alf Ross, Karl Olivecrona, Theodor Geiger) und seine US-amerikanische Ausprägung im „legal realism" (Karl Nickerson Llewellyn).

Die moderne Rechtstheorie sieht im Gesetzespositivismus eine 12 „Vulgärform des Rechtspositivismus" (G. Otte) und hält diesen Denkansatz für einen „Irrglauben" (M. Senn). Das formell ordnungsgemäß entstandene Gesetz garantiert nicht schon per se den Ausschluss von Willkür und die Realisierung der Gerechtigkeit. Anderenfalls könnte es jeden staatlichen Machtmissbrauch begünstigen und rechtfertigen. Die gesetzespositivistische Devise „Gesetz ist Gesetz" entwertet jedes verantwortete Rechtsdenken.

3. Normativer Positivismus

Der Gesetzespositivismus wollte die Rechtsnormen allein auf ihre 13 ordnungsgemäße, normlogische Setzung, losgelöst von wertbezogenen Inhalten zurückführen. Nach dieser Grundthese war noch nicht die Frage nach ihrem eigentlichen Geltungsgrund beantwortet. Dies versuchte die „Reine Rechtslehre" der Wiener rechtstheoretischen Schule. Ihr Begründer war *Hans Kelsen* (1881–1973), Professor in Wien, 1920 Mitgestalter der „unpolitischen" Verfassung Österreichs, bis 1929 Richter am Verfassungsgerichtshof und 1940 in die USA (Berkeley) emigriert. Seine Theorie hatte er bereits in der Habilitationsschrift „Hauptprobleme der Staatsrechtslehre" (1911) ansatzweise entwickelt. Ihre Vollendung gelang in der Schrift „Reine Rechtslehre" (1934, 2. Aufl. 1960). Das Ergebnis waren hauptsächlich für das Staatsrecht vorgesehene, wertfreie allgemeine Aussagen über das positive Recht. Kelsen folgte dabei den positivistischen Denkansätzen der englischen Rechtstheoretiker Jeremy Bentham und John Austin.

Die neopositivistische, „reine" Rechtslehre der Wiener Schule lehnte alle Einflüsse der Politik, Soziologie, Psychologie, Ethik oder

Religion auf das Rechtssystem ab. Die Rechtswissenschaft war als reine Normwissenschaft von jeder Rechtsmetaphysik befreit und von allen Wertvorstellungen und Elementen der Nützlichkeit bzw. Zweckmäßigkeit „gereinigt". Im Zentrum des Erkenntnisinteresses stand die Begründung der Geltung einer positiven Vorschrift. Konkret betraf dies Fragen nach dem „Warum" des Gehorsams des Rechtsunterworfenen und damit nach der eigentlichen Legitimation der Positivität.

14   Die Lösung fand Kelsen in einem besonderen Prozess der Normenerzeugung auf hierarchischer Grundlage. Dabei nahm er das rechtstheoretische Stufenbau-Modell seines Schülers und Nachfolgers *Adolf Julius Merkl* (1890–1970) zum Vorbild. Danach standen alle Normen innerhalb eines geschlossenen Rechtssystems in ihrem Geltungsrang zueinander im Verhältnis der Über- und Nachordnung (Stufenbau). Jeder rangniedere Rechtssatz bezog seinen Geltungsgrund aus einer ranghöheren Rechtsnorm. Standen zwei Normen zueinander in inhaltlichem Widerspruch (Normkollision, Wertungswiderspruch), wurde der nachgeordnete Rechtssatz durch den höherrangigen eingeschränkt bzw. nach dem Grundsatz „das höhere Gesetz hebt das niederrangige auf" derogiert (*lex superior derogat legi inferiori*).

15   Dieser Prozess der steuernden Normerzeugung konnte allerdings nicht unbegrenzt fortgesetzt werden. Deshalb erklärte Kelsen eine als ranghöchste gedachte, axiomatische „Grundnorm" zum „Grundtatbestand der Rechtserzeugung" und letzten Geltungsgrund. Diese durch einen formalen Kunstgriff entstandene Grundnorm hatte er „Hypothese", später „Fiktion" bezeichnet. Sie allein sollte die objektive Geltung jeder positiven Rechtsnorm begründen, ohne auf ihren Inhalt einzuwirken. Dies hatte die Reine Rechtslehre ausdrücklich verboten: „In der Voraussetzung der Grundnorm wird kein dem positiven Recht transzendenter Wert bejaht" (Reine Rechtslehre, 2. Aufl. 1960, 204).

16   Kelsens formale Analyse des positiven Rechts als Derivat der Macht des Gesetzgebers war in der Fiktion der Grundnorm als Hauptkriterium der Rechtserzeugung rechtspolitisch gefährlich. Nach ihr konnte nämlich jeder beliebige Inhalt Recht sein und war letztlich von der Inhaltsbestimmung durch die staatliche Gesetzgebungsmacht abhängig. Eine Kontrolle des Gesetzgebers fand nicht statt, selbst wenn er aus machtpolitischen Gründen Unrecht verordnete.

Die positiven Wirkungen der Normen- und Geltungslehre von Kelsen zeigten sich in der Trennung und Unterscheidung zwischen Fakten (menschlichem Verhalten) als „Sein" und der Geltung von Rechtsnormen als „Sollen". Diese von ihm konsequent vertretene „Disparität von Sein und Sollen" ermöglichte eine stärkere Differenzierung zwischen den Sollensaussagen der Rechtsnorm und ihren metajuristischen, nicht normativen Voraussetzungen.

Die reine Rechtslehre war von Anbeginn heftig umstritten. Ihr 17 Hauptverdienst besteht in der bruchlosen, in sich schlüssigen Analyse der Voraussetzungen der Geltung von Rechtsnormen. Kelsen wurde international rezipiert und hat die Entwicklung neuer rechtstheoretischer Ansätze gefördert. Dazu zählen die moderne Rechtslogik und vor allem die von Herbert L. A. Hart begründete Analytische Rechtsphilosophie, die auch auf der Basis der Sprachtheorie den normativen Rechtspositivismus fortentwickelt hat (Rangordnung und Wechselwirkung der primären und sekundären Normen). Die Feststellung, gegenwärtig werde die auf fiktiven Vorstellungen beruhende Reine Rechtslehre in der aktuellen rechtsphilosophisch-rechtstheoretischen Diskussion wieder vermehrt beachtet (Th. Olechowski), ist eine eher vom Wunschdenken geleitete Diagnose.

III. Soziologischer Positivismus

Für den Gesetzespositivismus war „Recht" aus der Beobachtung 18 „positiv" vorgegebener Sachverhalte (Tatsachen) hervorgegangen. Demgegenüber leitete der soziologische Positivismus das „Recht" aus der empirischen Betrachtung des sozialen und ökonomischen Verhaltens innerhalb einer gegebenen Gesellschaft ab. Den Inhalt der auf diesem Wege gewonnenen Rechtsnormen bestimmten ausschließlich „habituelle Standards" (Th. Geiger). Kennzeichen dieser soziologisch determinierten Positivität war die Rechtsgeltung im Kontext der sozioökonomischen Verhaltensweisen, losgelöst von der Historizität und Qualität der Inhalte des Rechts. Für den Richter bedeutete das eine Lockerung der ursprünglich strikten Bindung an den Wortlaut der positiven Norm. Dies veränderte grundlegend seine ihm von den Aufklärern zugewiesene Rolle als mechanisch das Gesetz vollziehendes, beamtetes Organ der Rechtspflege und ermöglichte sachbezogene, interessengerechte und lebensnahe Entscheidungen.

1. Freirechtsbewegung

19   Den Grundgedanken des soziologischen Positivismus folgte die Rechtsfindungstheorie der Freirechtsbewegung. Sie war in den ersten Jahrzehnten des 20. Jahrhunderts als Abwehrreaktion gegen die Überbewertung des Gesetzes und gegen das Lückenlosigkeitsdogma des Gesetzespositivismus entstanden. Hauptursache war die Zurückhaltung von Rechtslehre und Gesetzgebung gegenüber den Anforderungen der Praxis. Diese Erfahrung mit einer das allgemeine Rechtsbewusstsein verstörenden Tendenz war nicht auf Deutschland beschränkt.

20   In Frankreich hatte bereits um 1880 *François Gény* (1861–1959) und die von ihm beeinflusste „école de la libre recherche scientifique" gegen die Unfähigkeit der Rechtswissenschaft zu einem Umbau polemisiert und durch konkrete Vorschläge eine Wandlung in Richtung des „modernisme juridique" eingefordert. Mit der These vom wesensmäßig lückenhaften Gesetzbuch wandte sich Gény gegen den „Fetischismus des geschriebenen und kodifizierten Gesetzes". Zur Korrektur dieses Zustands sah er einen Typus des Richters befähigt, der nicht mehr als Subsumtionsautomat agierte, sondern durch eine freie, wertorientierte und eigenverantwortliche Rechtsfindung das Dogma der Geschlossenheit und Vollständigkeit des Gesetzes widerlegen sollte.

In der deutschen Zivilrechtslehre hatte *Oskar Bülow* (1837–1907), zuletzt Professor in Leipzig, in der Schrift „Gesetz und Richteramt" (1885) versucht, auf ähnlich desaströse Zustände in der Rechtswissenschaft zu reagieren. Er übte massive Kritik am Phänomen des vergötterten Gesetzes als ausschließliche, bindende Rechtsquelle und an dem Kult der buchstabengetreuen Interpretation der Gesetzestexte. Für ihn wurde Recht immer erst durch die Entscheidung des Richters konkretisiert und durch die nachfolgende Rechtskraft des Urteils durchgesetzt. Deshalb erklärte er den Richterspruch zur Rechtsquelle und leitete daraus den unbedingten Vorrang der richterlichen Rechtsfindung vor dem positiven Gesetz ab. Der Richter war nicht mehr bloßes Werkzeug eines autoritären Gesetzgebers, dessen Gesetz er durch Anwendung zu vollziehen hatte. Vielmehr traf er durch das rechtskräftige Urteil originäre Wertentscheidungen.

21   Diese Beobachtung hat *Eugen Ehrlich* (1862–1922), Professor für römisches Recht an der Universität Czernowitz (österr. Bukowina)

und Rechtssoziologe, aufgegriffen. In einem Vortrag vor der Juristischen Gesellschaft in Wien über „Freie Rechtsfindung und freie Rechtswissenschaft" gab er 1903 das überfällige Signal zu einer Sammlung der antirechtspositivistischen Kräfte in einer organisierten Bewegung. Sie wurde zu einer einflussreichen rechtstheoretischen Strömung, ohne das Etikett einer „Schule" anzunehmen, das ihr häufig beigefügt wird. In dem Hauptwerk „Grundlegung der Soziologie des Rechts" (1913) plädierte Ehrlich für die „königliche" Freiheit des Richters, durch Entscheidung autonom das naturgemäß unvollkommene Gesetz gesellschaftskonform zu ergänzen. Sein Hauptinteresse galt der Feststellung des „lebenden Rechts" als eigene Gattung innerhalb der Rechtsordnung. Er fand es in dem „gesellschaftlichen Recht", das in der Praxis durchsetzbar war und vom Sozialverhalten innerhalb der Gemeinschaft bestimmt wurde.

In dieser soziologisch positivistischen Funktion unterschied es sich von den positiven Normen des staatlichen Gesetzgebers. Daraus folgerte Ehrlich, dass nur der über dem Gesetz stehende Richter die Anwendung eines mit den Interessen der Mitglieder der Gesellschaft konformen Rechts gewährleisten konnte. Seine Anhänger einte die Frontstellung gegen die „Gemeinschädlichkeit" eines rein mechanisch-technischen richterlichen Vollzugs vorgegebener Gesetzestexte. Sie lehnten eine wirklichkeitsfremde Entscheidungskunst ab, die – auf Scheinlogik und Konstruktion gegründet – einer rechtsschöpferischen, gesellschaftsbezogenen Tätigkeit keinen Raum mehr ließ.

Der Karlsruher Rechtsanwalt *Ernst Fuchs* (1859–1929) und der in 22 englischer Emigration (Cambridge) verstorbene Rechtstheoretiker, Rechtshistoriker und Strafrechtsdogmatiker *Hermann Ulrich Kantorowicz* (1877–1940) haben das Programm der Bewegung am überzeugendsten vertreten. Unter dem Pseudonym *Gnaeus Flavius* hatte Kantorowicz 1906 die für die Bewegung maßgebliche Programm- und Kampfschrift „Der Kampf um die Rechtwissenschaft" verfasst. Ausgehend vom zwangsläufig unvollständigen Gesetz als Faktum trat er für ein Richterbild ein, in dem der Entscheidende an den Tatsachen des Soziallebens orientiert, gerechtigkeitsbewusst und frei schöpferisch das Recht fand, es auslegte und anwendete. Er begründete das auf diesen Wegen gefunden Recht rechtssoziologisch und verwies dazu auf die „jeweilig im Volke herrschenden Werturteile" als Quellen, aus welchen der Richter rechtsfortbildend zu schöpfen hatte.

Kantorowicz wurde zum Vorwurf gemacht, er würde mit diesen Postulaten letztlich die Preisgabe der Bindung des Richterspruches an das Gesetz propagieren. Tatsächlich hatte die Freirechtsbewegung das Prinzip des Gesetzesgehorsams niemals aufgegeben. Sie wollte lediglich den streng gesetzespositivistisch gebundenen, förmlichen Normenvollzug durch eine materielle, sozialgestaltende Rechtsfindung unter strikter Berücksichtigung des rechtspolitischen Gesamtprogramms des Gesetzgebers ersetzen.

23   Die literarische Blütezeit der Freirechtslehre lag im ersten Drittel des 20. Jahrhunderts. Die Rechtspraxis hatte der Rechtsfindungstheorie eine nur mäßige Beachtung geschenkt. In der NS-Zeit wurde die Bewegung geächtet. Ihr Plädoyer für ein enges „Zusammenwirken der Jurisprudenz mit Psychologie einerseits, Sozialwissenschaft andererseits" (H. U. Kantorowicz) hat dagegen an Aktualität nicht verloren. Dass die Strömung gegenwärtig weitgehend vergessen ist, bestenfalls als überholt abgetan wird (B. Rüthers), liegt – wenn diese Diagnose zutreffen sollte – jedenfalls nicht an ihrem Programm. Dies zeigt eine moderne Modifizierung der Grundgedanken der Freirechtslehre. Ausgehend von der faktischen Unmöglichkeit einer strengen Gesetzesbindung der Gerichte wird für die Entscheidung des Richters ein Freiraum gefordert, der sich zwischen „Gebundenheit" und zugleich „Freiheit" bewegt (W. Hassemer).

2. Interessenjurisprudenz

24   Die Zuwendung der Rechtswissenschaft zur Zweck- und Interessenforschung war nach dem Inkrafttreten des BGB die Folge eines grundlegenden methodischen Umdenkens bei der Findung und Anwendung des Rechts. Zum Erbe des Positivismus gehörten der Primat des Gesetzes und die Konzentrierung der Rechtsgewinnung und Auslegung auf die begrifflich-systematischen Elemente der Rechtsnorm. Das neue Erkenntnisinteresse veränderte die Denkrichtung und lenkte sie auf die empirische Untersuchung der eigentlich kausalen Zusammenhänge zwischen der Rechtsnorm und den widerstrebenden materiellen, ökonomischen und geistigen Interessenlagen, die ein Rechtssatz typisierend und generalisierend regelte. In das Zentrum der sog. „Interessenjurisprudenz" waren rechtlich geschützte Interessen und ihre Bewertung im Falle eines Interessenkonflikts getreten. Der Rechtsstreit wurde zum „Probefall der Norm" (K. Larenz), in dem der Richter nach Maßgabe der Interessenbewertung, die vom Gesetzgeber getroffen war, zu entscheiden

hatte. Die Theorie versorgte ihn mit dem für eine richtige Rechtsanwendung notwendigen methodischen Instrumentarium.

Die Grundgedanken der Interessenjurisprudenz hatte Rudolph 25 v. Jhering in der Schrift „Der Zweck im Recht" (1877/83) entwickelt. Die Lehre vom subjektiven Recht als rechtlich geschütztes Interesse verdankte ihre Verbreitung dem soziologischen Positivismus von Eugen Ehrlich und fand eine große Resonanz in der gelehrten Öffentlichkeit. Der eigentliche Begründer war jedoch *Philipp Heck* (1858–1943), Professor für Zivilrecht in Tübingen. Zusammen mit seinen Fakultätskollegen Max Rümelin († 1931) und Heinrich Stoll († 1937) schloss er sich in der sog. „Tübinger Schule" zu einer führenden rechtstheoretischen Bewegung zusammen. Ihr stand Rudolf Müller-Erzbach († 1959) in München mit der „kausalen Rechtslehre" sehr nahe.

Philipp Heck wandte sich gegen die herrschende positivistisch- 26 technische Begriffsjurisprudenz und ihre rein formale, konstruktive Rechtsfindung. Seiner Methode der deduktiven Rechtsgewinnung lag die empirisch gewonnene Erkenntnis zugrunde, dass jede Rechtsnorm einen Konflikt von gegeneinander wirkenden, um Anerkennung ringenden Interessen regelte. Diese Gegensätze hatte der Gesetzgeber als „Transformator" generell entschieden. Das Gesetz war Instrument des Interessenschutzes; es löste materielle, wirtschaftliche und soziale Konflikte. Der Richter musste bei der Anwendung der Norm „interessengliedernd" die Konflikte herausarbeiten, die dem vorgetragenen Lebenssachverhalt zugrunde lagen. Zu diesem Zwecke stellte er die gegenläufigen Interessen der Beteiligten fest, bewertete sie und entschied die streitige Rechtsfrage nach Maßgabe der als vorzugswert erkannten Interessen.

Die Feststellung der Vorzugswürdigkeit setzte voraus, dass der Richter in diesem Denkprozess ermittelt hatte, welche Interessen der Gesetzgeber in der Rechtsnorm für die Lösung des konkreten Konflikts als prioritär und damit als „kausal" erklärt hatte. Im Sinne des sog. „kausalen Rechtsdenkens" war das Interesse Kausalfaktor des Rechtssatzes. In seiner darauf gestützten Entscheidung konkretisierte der Richter konsequent die im Gesetz vorgegebene allgemeine, kausale Konfliktlösungsregel. Fehlte eine gesetzliche Wertung und war die Rechtsnorm lückenhaft, durfte er ausnahmsweise rechtsschöpferisch „abwägend" eine „Gebotsergänzung" vornehmen.

Heck wurde 1933 von führenden NS-Juristen ausgegrenzt (K. La- 27 renz, E. Forsthoff, C. Schmitt). Sie warfen ihm die Schaffung einer

„genetischen" Interessenjurisprudenz vor, der klare politische Stellungnahmen zu den Ursprüngen und Bekenntnisse zur Ideologie des völkischen, biologisch-rassistischen Rechtsdenkens fehlten. Heck, politisch ein Befürworter des NS-Staates, fühlte sich zu Unrecht angegriffen. Mit seinen Entgegnungen provozierte er eine grundsätzliche methodische Auseinandersetzung zwischen der traditionellen, als „liberalistisch" und „abstrakt normativistisch" abqualifizierten Rechtslehre und den rassepolitischen Machtphantasien der völkischen Rechtserneuerer. Die wissenschaftliche Aufarbeitung des heute vergessenen, vor allem zivilrechtlich relevanten Methodenstreits ist ebenso wie Hecks „juristisch-methodisch unterbewertetes Werk" ein Desiderat der Forschung. Die Leistung der Interessenjurisprudenz wird gegenwärtig als „epochal" eingeordnet (B. Rüthers).

IV. Institutionelles Rechtsdenken

1. Grundlagen

28   Das institutionelle Rechtsdenken geht von der Erkenntnis aus, dass Recht nicht ausschließlich als abstrakte Normenordnung zu verstehen ist. Vielmehr steht jede einzelne Rechtsnorm in einem immanent dialektischen Verhältnis zu Institutionen. Diese liegen außerhalb des positiven Rechts bzw. der dogmatischen Strukturen der Norm und verkörpern im Gesamtgefüge des Rechtlichen bestimmte Werte. Die Rechtsnorm fungiert dabei nur als Mittel der Ordnung. Den Primat besitzt das Institutionelle, d. h. Rechtseinrichtungen, Organisationen (Staat, Politik, Wirtschaftsverbände, Familien). Sie werden als Interpretationshilfen bei der Ermittlung der Leitideen und Inhalte des Rechts benutzt.

Die Wechselwirkungen zwischen Rechtsnorm und Institution sollen eine zuverlässige Feststellung des sozial Realen, Relevanten und damit auch des geltenden, durchsetzbaren „lebenden" Rechts ermöglichen, weil die Institution echtes Abbild der gesellschaftlichen Wirklichkeit ist. Die Institutionen befriedigen Grundbedürfnisse sozialer Gruppen in der Gesellschaft und verwirklichen die Rechtsidee. Als natürliche und soziale Vorformen der Rechtsverhältnisse sind sie dem Recht und dem Gesetzgeber vorgegeben. In Ausnahmefällen haben Institutionen den Rang einer Rechtsquelle. Häufig werden der

Institution und Denkform „Natur der Sache" rechtserzeugende Funktionen zuerkannt. Sie findet als Argument Verwendung, um bei der Lösung von Rechtsproblemen unter Berücksichtigung des „Sinnes der Lebensverhältnisse" der getroffenen Entscheidung zumindest Plausibilität zu verleihen. Die Institutionen besitzen als Lebensordnungen steuernde, rechtsverändernde Funktionen. Dem Recht bleibt die Aufgabe, die vorhandenen Institutionen garantierend zu schützen. Maurice Hauriou und Santi Romano haben für diese besondere Form des Rechtsdenkens die ersten theoretischen Grundlagen geschaffen.

2. Rechtsphilosophische Institutionentheorie

Maurice Eugène Hauriou (1856–1929), Professor für Rechtsge- 29
schichte und Verfassungsrecht an der Universität Toulouse, gilt als
Begründer der rechtsphilosophischen Theorie der Institutionen. Sein
Spätwerk „La théorie de l'institution et de la fondation" (1925) stand
unter dem Einfluss des angloamerikanischen Empirismus und Pragmatismus. Es beschäftigte sich mit dem Realen im Rechtsleben, wie
es sich in den sozialen Rollen, Verfahren, Standards und Fakten der
„Institutionen" manifestierte.

Die von ihm entwickelte Lehre verstand das Recht als Mittler im 30
dualen Verhältnis zwischen dem subjektiven Rechtsbewusstsein
(Ideen der Gerechtigkeit) und den objektiven Institutionen (soziale
Ordnung). Sie unterschied dabei zwei Grundtypen: die körperschaftlichen Gruppen- oder Personeninstitutionen (*institutions-personnes/
corps* – juristische Personen des privaten und öffentlichen Rechts,
wie Familien, Gewerkschaften, Staaten) sowie die Sachinstitutionen
(*institutions-choses* – Eigentum, Vertragsverhältnisse, juristische Klageformen u. ä.). Die Institution erschien dabei als Idee eines sozialen
Werks oder Unternehmens (*idée directrice*), die sich in einer sozialen
Organisation verwirklichte. Diese dynamischen Institutionen befanden sich in einem Prozess ständiger Veränderung und Anpassung,
waren die Basis des Rechts überhaupt. Dabei schufen sie Rechtsnormen und bildeten das Recht fort.

Haurious Theorie hatte sich gegen den zeitgenössischen, herrschenden Gesetzespositivismus gerichtet. Ihre Ausstrahlung war außerordentlich. Zusätzlich hat er als Verfassungsrechtler mit der
Schrift „Précis de droit administratif" (1892) zur wissenschaftlichen

Beobachtung des französischen Verwaltungsrechts an den Universitäten beigetragen.

31   Diese Konzeption hat der italienische Staatsrechtler und Rechtstheoretiker *Santi Romano* (1875–1947), zuletzt Professor an der „Sapienza" in Rom, zu einer eigenständigen soziologischen Institutionenlehre umgeformt. Das Buch „L'ordinamento giuridico" (1918) war eine Fundamentalkritik des Rechts und zugleich der Entwurf einer allgemeinen Rechtstheorie. Recht manifestierte sich in den Institutionen und Vereinigungen als Fakten, die Rechtscharakter besaßen; es wurde nicht mehr positivistisch vom Staat kontrolliert. Orientiert am Modell der Völkergemeinschaft und des Völkerrechts als der rechtlichen Grundordnung gelangte Santi Romano auf empirischem Wege schließlich zur Identität von Institution und Rechtsordnung.

Nach seiner Theorie war der Begriff des Rechts die soziologisch notwendige Ergänzung zum Begriff der Gesellschaft. Damit wurde das jeweilige plurale Erscheinungsbild der menschlichen Gemeinschaften als soziales Phänomen zur Rechtsquelle. In der italienischen Rechtstheorie wurden diese institutionellen Denkansätze als „soziologischer Positivismus" wieder präsent (W. Fikentscher).

3. Konkrete Ordnungs- und Begriffslehren

32   Die „völkische Rechtserneuerung" der nationalsozialistisch bewegten, führenden deutschen Juristen usurpierte nach 1933 die international bekannten Theorien zum institutionellen Rechtsdenken. Der Autor einer berüchtigt gewordenen Verlängerung und Umbildung dieser Denkrichtung war *Carl Schmitt* (1888–1985), Staatsrechtslehrer in Berlin, der „Hobbes des Faschismus" (R. Wiethölter). Nach eigener Aussage hatte er bewusst eine Anlehnung an Hauriou gesucht. In der von ihm entwickelten „Rechtslehre vom konkreten Ordnungs- und Gestaltungsdenken" wurde der Ordnungszusammenhang nach „Institutionen" durch gestaltende sog. „konkrete Ordnungen" ersetzt. Sie legitimierten den diktatorischen Führerstaat und sein rassistisch-völkisches Recht ideologisch. Schmitt hatte in der Schrift „Über die drei Arten des rechtswissenschaftlichen Denkens" (1934) den herrschenden Rechtspositivismus philosophisch angegriffen. Er lehnte das Denken in positiven Rechtsnormen und Gesetzen als abstrakten „Normativismus" ab, der wertneutral jede juristische Entscheidung deduktiv aus dem Gesetz ableitete.

Die politisch zeitgemäße Alternative erkannte Schmitt im „Dezi- 33
sionismus". Darunter verstand er ein autoritäres, machtideologisches,
antipositivistisches Entscheidungsdenken ohne Gesetzgeber und erklärte es zum zeitgemäßen Leitmodell des neuen Rechtsdenkens. Im
Mittelpunkt stand die dem Gesetz vorgehende sog. „konkrete Ordnung". Sie war ihrem Wesen nach eine Synthese zwischen Normativismus und Dezisionismus und prädestiniert, nach der Usurpierung
der Regierungsmacht die politischen und gesellschaftlichen Verhältnisse zu gestalten.

Nach Schmitt entfaltete jedes Gesetz und jede Rechtsnorm erst auf 34
dem Boden und im Kontext einer gegebenen sog. „Lebensordnung"
eine ganz bestimmte Geltung. Die Rangordnung blieb im Einzelnen
dunkel. Nur im Falle von Konkurrenzen ging die „konkrete Ordnung" dem Gesetz vor. Sie verwirklichte gestaltend politische Werthaltungen. Den Inhalt einer Rechtsregel bestimmte die beobachtete
Lebenswirklichkeit in der Ordnung (den früheren „Institutionen")
und nicht der Wille eines Gesetzgebers. Das Gesetz bezog aus der
Ordnung seinen letzten Geltungsgrund. Erschöpfende Antworten
auf den konkreten rechtlichen Kerninhalt der Ordnung und die Effizienz ihrer rechtsgestaltenden, rechtsändernden Kräfte gab Schmitt
nicht. Nur sog. Teilgemeinschaften nannte er als taugliche Bestandteile, wie z. B. Familie, Ehe, Sippenverband oder die mythologisch
verklärte Gefolgschaft. Sie – und nicht das Recht – hielt er für geeignet, kraft der sog. „immanenten Lebensprinzipien" permanent
organisch Sonderordnungen mit „regulierenden Funktionen" hervor-
zubringen. Sämtliche Lebensordnungen waren in die sog. „Volksgemeinschaft" integriert. Über sie hatte allein der Diktator die umfassende Verfügungsgewalt. Er war als „Führer der Bewegung"
oberster Garant der NS-Ordnung. Sein Wille entschied letztlich
über die ideologisch-politisch richtige innere Verfassung einer jeden
völkischen Ordnung.

Konkrete Ordnungen konnten völlig unkontrolliert gestaltend 35
wirken. Das Recht wurde durch die Ordnung auf eine schlichte
Funktion der Macht reduziert. Die Ordnung stand über dem Gesetz;
sie trug „ihr inneres Recht" in sich. Alle den Ordnungen widerspre-
chenden tatsächlichen oder rechtlichen Zustände galten als Miss-
achtungen des „gesunden Volksempfindens". Sie wurden entweder
kriminalisiert (z. B. durch die Nürnberger Blutschutz- und Rassegesetze von 1935) oder durch Machtsprüche (Führererlasse) korrigiert.
In dem unvollendeten „Volksgesetzbuch" (1942) sollte diese radikale

„Umwertung der Rechtsordnung" (B. Rüthers) beispielhaft verwirklicht werden.

36   Ein Redaktionsstab führender NS-Juristen hatte versucht, in Entwürfen einige der in der völkischen Gesamtordnung beschlossenen Eigenrechte und Rechtseinrichtungen zu kodifizieren. Dabei ergänzte das „konkrete Ordnungsdenken" die Figur des rechtserzeugenden „konkret-allgemeinen Begriffs", die ursprünglich Georg Wilhelm F. Hegel in seiner Begriffslehre entwickelt hatte. Mit dieser Anleihe sollten die abstrakt und inhaltsleer gescholtenen Begriffe, wie Rechtsgeschäft oder Willenserklärung, durch konkrete, mit völkisch-rassistischen Substanzen gefüllte, rechtserzeugende Begriffe ersetzt werden.

Konkret verallgemeinerte Begriffe wurden auch als Elemente der Figur des „Typus" herangezogen. Sie fand Verwendung bei der Umwidmung von Rechtsinstituten des bürgerlichen Rechts (Rechtsfähigkeit) in Sondertypen des völkischen Rechts („artgleiche Rechtsstandschaft"). Erfinder des konkret-allgemeinen Begriffs als Variante des konkreten Ordnungsdenkens war der Neu-Hegelianer und Zivilrechtslehrer *Karl Larenz* (1903–1993), prominentes Mitglied der „Kieler Richtung", einer akademischen Kaderschmiede für „Rechtserneuerung" durch ideologiekonforme Anpassungen des geltenden Rechts.

37   Hauriou und Santi Romano hatten das institutionelle Rechtsdenken rechtsphilosophisch und rechtstheoretisch begründet entwickelt. Von Schmitt wurde es in der Zeit des Nationalsozialismus faschistisch umgebildet. Seine Theorie vom konkreten Ordnungsdenken hatte die grotesken Lehren vom volksgenössischen Recht beeinflusst und dessen „unbegrenzte Auslegung" (B. Rüthers) entscheidend gefördert. Auch auf dieser Grundlegung konnten das Strafrecht zum Instrument des politischen Terrors und das Privatrecht zum Mittel für Entrechtung werden.

V. Recht und Topik

38   Die von der Freirechtsbewegung propagierte „königliche" Freiheit des Richters bei der Suche nach einer „gerechten" Entscheidung hatte zu einer Lockerung des begriffsjuristischen Positivismus und seiner deduktiv-systematischen Methode der Auslegung und Rechtsgewin-

nung beigetragen. *Theodor Viehweg* (1907–1988), Professor in
Mainz, war davon inspiriert. In der Schrift „Topik und Jurisprudenz"
(1953, 5. Aufl. 1974) hatte er eine Kunstlehre (*Techne*) des Problem-
denkens entwickelt, die das Auffinden und Verwerten von Gesichtspunkten bei der Behandlung nicht streng deduktiv zu lösender Probleme unter Berücksichtigung der Gerechtigkeitsfrage ermöglichte.

Viehweg knüpfte begrifflich wie theoretisch an historische Vorbil- **39**
der an (Aristoteles, Cicero, Giambattista Vico, Rudolf Agricola). Gegenstand seiner Rechtslehre waren vorgegebene allgemeine Sachge-
sichtspunkte, Argumente und Wertideen, die bei der Diskussion der
Geltung bestimmter Rechtsnormen oder bei der Lösung von Rechtsproblemen argumentativ herangezogen werden konnten. Der Richter
sollte bei der Suche nach dogmatisch korrekten, plausiblen Begründungen für eine „gerechte" Entscheidung auf Problemlösungsargu-
mente zurückgreifen können, die in Sammlungen erfasst waren. Diese
sog. Topoi-Kataloge (*topos* – griech. Ort) besaßen rein informative,
instrumentale Funktionen. Sie waren eigentlich Prüflisten, nach welchen der Rechtsanwender im Denkprozess des Für und Wider
Orientierungsgesichtspunkte ermitteln und als maßgebliche Argumente für eine sachgerechte Lösung verwenden konnte.

Viehweg wollte die Topik in diesem dialogisch-rhetorischen Pro- **40**
zess zum Wesenselement des juristischen Denkens und Argumen-
tierens profilieren. Tatsächlich war ihr Anspruch, dem problemorien-
tierten Arbeiten als Richtmaß des Gerechten zu dienen, ein nützlicher
Beitrag, der die komplexen Mechanismen beim Zusammenwirken
von Doktrin und Gerichtspraxis in einem dialogisch-rhetorischen
Erörterungsprozess zu erklären versuchte. Die als typisch topisch bezeichnete, gegeneinander abwägende Auffindung von Gesichtspunkten in vorhandenen Beständen von sog. „loci communes" („Gemeinplätze") war nicht neu. Auch die herrschende Rechtsgewinnung aus
Gesetzen zur Lösung von Rechtsproblemen erfolgte streng sach-
und streitorientiert durch Abwägen der verschiedensten Argumente
(*tractare per omnes locos*). Die Topik als Argumentationsstil stieß an
ihre Grenzen und scheiterte, weil sie als „unstrenges Verfahren der
Rechtsfindung" (F. Wieacker) keine inhaltlichen Richtigkeitsmaß-
stäbe für eine juristische Entscheidung lieferte und auf der Ebene
der Wertungen auch keine Gerechtigkeitsziele verfolgte. In der
Rechtstheorie ist die Kunstlehre bedeutungslos geworden.

VI. Ökonomie und Recht

1. Allokationseffizienz

41   Die Rechtswissenschaft der wirtschaftlich florierenden Bundesrepublik Deutschland wurde in den 60er/70er-Jahren des 20. Jahrhunderts mit der Lehre von der „Ökonomischen Analyse des Rechts" konfrontiert. Dies veranlasste Wissenschaftler wie Praktiker, ihre bisherigen Antworten auf normative Fragen nach dem richtigen Recht kritisch und grundlegend zu überdenken. Die ökonomische Betrachtungsweise des Rechts wurde in den Vereinigten Staaten von Amerika von *Ronald H. Coase, Guido Calabresi* und *Richard A. Posner* entwickelt. Diese Denkrichtung wollte juristische Fragen der Vertrags- und Gesetzgebungslehre nach ökonomischen Gesetzlichkeiten und Theoremen lösen und fand Verbreitung in Westeuropa.

42   Ausgangspunkt der „Economic Analysis of Law" ist die wirtschaftlich begründete Notwendigkeit einer optimalen Verwendung begrenzt vorhandener volkswirtschaftlicher Ressourcen. Die Lage entsteht, weil der rational und egoistisch handelnde Mensch in seinem intersubjektiv konkret nicht messbaren Streben nach wirtschaftlichem Nutzen naturgemäß grenzenlos ist. Der Einsatzort von Ressourcen („Allokation") muss deshalb so gewählt werden, dass ein maximaler Nutzen für die Allgemeinheit – bei Minimierung der gesamtgesellschaftlichen Kosten – bewirkt wird.

43   Das Recht als Gesamtsystem von Regeln für menschliches Verhalten und Handeln hat dabei die Aufgabe, wirksame Steuerungsmechanismen gegenüber der grundsätzlichen Grenzenlosigkeit der Bedürfnisse des Menschen zu entwickeln. Mit ihnen sollen die ökonomisch optimale Ausgewogenheit zwischen Gesamtwohlfahrt und Individualnutzen sichergestellt sowie ökonomisch erwünschte Ergebnisse herbeigeführt werden. Der Rechtsanwender muss vor seiner Entscheidung eine rationale „Folgenanalyse" treffen, um von ihr ausgehend für den konkreten Fall sparsam und möglichst effizient die vorhandenen knappen Ressourcen zu verwenden („Allokationseffizienz"). Auch im Normsetzungsverfahren ist zu prüfen, ob durch die Anwendung der zu schaffenden Rechtsnormen das natürliche, individuelle wirtschaftliche Streben nach Nutzen begrenzt (Verbraucherwohlfahrt, Aktionärswert), gleichzeitig die gesamtgesellschaftli-

che Wohlfahrt gefördert und die Wohlfahrtsgewinne realisiert werden
können („Effizienzkontrolle").

2. Pareto–Prinzip

Die Berücksichtigung der wirtschaftswissenschaftlichen Methoden 44
und Ansätze der Ökonomie bei der Behandlung rechtlicher Probleme
ist nicht auf bestimmte Rechtsgebiete beschränkt. Privatrecht wie
Strafrecht eignen sich für Untersuchungen dieser Art in gleicher
Weise. Für beide sind maßgebliche Effizienzkriterien der optimal
sparsame Umgang mit den Ressourcen bei ihrer Verteilung, der maximale Wert für die Gesamtgesellschaft und die Gerechtigkeit. Eine
wirklichkeitsnahe Bewertung der Folgen ermöglicht die Analyse
rechtlicher Bedingungen aller Lebensverhältnisse nach den ökonomischen Prinzipien der effizienten Rationalität. Regeln für dieses Vorgehen hat die Wissenschaft in dem sog. „Pareto-Prinzip" entwickelt.
Ihr Autor war der Nationalökonom und Vertreter der empirischen
Sozialwissenschaft *Vilfredo Federico Pareto* (1848–1923), der italienische Begründer der Wohlfahrtsökonomie.

Danach ist ein Zustand dann „Pareto-effizient", wenn es keine 45
Möglichkeit gibt, durch Umverteilung der Güter jemanden besser
zu stellen, ohne dass gleichzeitig irgendjemand anderer einen Nachteil erleidet (z. B. „Marktgleichgewicht"). Nach dieser Wertung ist
ein Vertrag, eine Rechtsnorm oder ein Gesetz dann effizient, wenn
diese entweder allen Beteiligten maximalen Nutzen bringen oder
aber nur für einige vorteilhaft sind, gleichzeitig aber niemanden be-
nachteiligen („Pareto-Optimum"). Der wichtigste Faktor im Prozess
der Transformation des Rechts nach ökonomischen Prinzipien ist der
„Markt". Die Analyse des Geflechts von Rechtsbeziehungen der Pri-
vatrechtssubjekte innerhalb einer Güterordnung im Marktgeschehen
erlaubt unmittelbare Aussagen über die Effizienz von Gesetzen.

Im Programm der Wohlfahrtsökonomie wurde das Pareto-Prinzip 46
in seinen Funktionen durch das sog. „Kaldor-Hicks-Kriterium" erweitert. Benannt nach den Ökonomen *Nicholas Kaldor* in Cambridge
und *John R. Hicks*, Wirtschaftsnobelpreisträger 1972 in Oxford, können nach dieser ökonomischen Analyse Veränderungen der Bedingungen und der Produktionsverhältnisse durchaus Gewinner und
Verlierer hervorbringen. Im Gegensatz zum Pareto-Optimum, wel-
ches jede Schlechterstellung grundsätzlich ausschließt, müssen die

Vorteilsnehmer nach dem neuen Kriterium die Benachteiligten voll kompensieren können, ohne faktisch Einbußen hinnehmen zu müssen (Kompensationsprinzip).

3. Bewertung

47   Die ökonomische Analyse geht mit ihren Ansprüchen weit über das Beobachten und Analysieren des Rechts nach ökonomischen Ansätzen und Theorien hinaus. Es ist fraglich, ob das „Kosten-Nutzen-Kalkül", das in der Wirtschaft Steuerungsfunktionen entfaltet, auf das Recht und die (soziale) Gerechtigkeit übertragen werden kann. Auch deshalb trifft die ökonomische Analyse in der Rechtswissenschaft auf unterschiedliche Resonanz. Auf der wissenschaftlichen Diskussionsebene hat vor allem die von der Europäischen Kommission verfolgte Praxis des „more economic approach" zu systemischen Kontroversen geführt. Während die Volkswirtschaftslehre ein Vorgehen streng nach der von der Kommission praktizierten Richtschnur propagiert, halten sich die Vertreter der Rechtswissenschaft ebenso konsequent an das Leitprinzip „Privatautonomie".

48   Derzeit ist die ökonomische Analyse keine universale Methode zur Erfassung und Bewertung von Rechtsfragen, auch wenn sie diesen Anspruch erhebt und dabei das Kriterium „Effizienz" verabsolutiert. Entstanden aus der Rechtslehre des US-amerikanischen Rechtsrealismus ohne wertbezogene Rechtsnormen (*legal realism*), ist sie auch deshalb dem kontinentaleuropäischen Rechtsdenken als neues Argumentationsmodell schwer zu vermitteln. Sie als „Irrweg" zu bezeichnen, „den zu beschreiten das Recht sich hüten sollte" (K.-H. Fezer), dürfte jedoch überzogen sein. Realistisch gesehen hat sie derzeit überwiegend rechtspolitische „Anregungsfunktionen" (J. Taupitz), die ein weiteres kritisches Nachdenken initiieren sollen.

VII. Europäisches Zivil- und Strafrecht

49   Im gegenwärtigen, von Krisen begleiteten Prozess der politischen Zusammenführung eines „Archipels von Staaten" (P. Grossi) hatte das Parlament der Europäischen Union (EU) erstmals 1989 (und wiederholt 1994) eine folgenreiche Resolution erlassen. Es sollte eine für die Rechtsgemeinschaft Europa verbindliche Kodifikation des gesamten Zivilrechts in der Form eines Europäischen Zivilgesetzbuchs (EuZGB) geschaffen werden. Auf das Projekt reagierten Politik, Rechtswissenschaft und Rechtspraxis unterschiedlich. Regierungen von Staaten mit neuen und modernsten Kodifikationen (Niederlande) mussten von der politischen Notwendigkeit einer erneuten Reformierung überzeugt werden. Ein Hindernis war auch das unkodifizierte englische Common Law. Nach intensiven Diskussionen wurde Konsens zumindest darüber erzielt, dass mit Vorarbeiten an einem EuZGB in Kommissionen und internationalen Forschungsgruppen begonnen werden sollte.

Initiativ wurde die 1980 gegründete „Commission on European 50 Contract Law", nach ihrem ersten Vorsitzenden, dem dänischen Rechtswissenschaftler *Ole Lando*, kurz „Lando-Kommission" genannt. Die Forschungsergebnisse wurden als „Principles of European Contract Law" veröffentlicht (1995, 1999, 2000) und die Kommission 2003 formal aufgelöst.

Neben der Lando-Kommission hatte sich 1992 die „European Group on Tort Law" konstituiert. Die sog. Tilburg Gruppe beschäftigte sich mit der Ausarbeitung eines europäischen Deliktsrechts und veröffentlichte ihre Forschungen als „Principles of European Tort Law" (1996, 1998, 2005). Die Grundregeln sollten bei der Interpretation von EG/EU-Richtlinien als Orientierungshilfen dienen und später in das projektierte EuZGB übernommen werden.

Um eine synergetische Steigerung rechtsvergleichender und verein- 51 heitlichender Kodifikationsarbeiten bemüht sich seit 2005 der Forschungsverbund „Joint Network on European Private Law". Dem Netzwerk gehören verschiedene Universitätsinstitute und Organisationen an, unter ihnen zwei Institutionen, die ebenfalls mit integrativen legislativen Forschungen zum EuZGB befasst waren: Die „Study Group on a European Civil Code", die 1998 von Mitgliedern der Lando-Kommission gegründet wurde, und 2002 die „Research Group on the Existing EC Private Law" (sog. Acquis Gruppe).

Hauptaufgabe des Netzwerks ist die Erarbeitung eines Grundrah- 52 mens (*Common Frame of Reference*, CFR), in dem privatrechtliche Grundsätze, Definitionen, Rechtsbegriffe erfasst werden, die rechtsvergleichend und wissenschaftlich kommentiert der Rechtspraxis dienen sollen. Im Vordergrund des CFR als quasi-Masterplan steht nicht mehr ein Zivilrechtsgesetzbuch, sondern die Erarbeitung von allgemeinen Grundregeln für eine einheitliche Ordnung (*Acquis Principles*) und pragmatische Nutzung des vorhandenen Bestandes des in der EU geltenden Rechts (amtlich *acquis communautaire*). Tatsächlich ist der Entwurf „Draft Common Frame of Reference of European Private Law" (2008) eine Kodifikation des gesamten Vertrags- und Deliktsrechts des Acquis communautaire.

53   Nach dem derzeitigen Diskussions- und Sachstand haben die rechtsvereinheitlichenden Bemühungen, die dem Acquis communautaire Transparenz und systemähnliche Strukturen verleihen wollen, die Aktualität der Forderung nach einer Kodifikation verdrängt. Ob Wissenschaft und Praxis gerade in Zeiten existenzieller Krisen der EU zu einem EuZGB tatsächlich in der Lage wären, muss bezweifelt werden. Auch die geltenden nationalen Kodifikationen waren Ergebnisse geschichtlich gestreckter Projekte, von nicht immer beendeten Vorarbeiten, von legislativen Probeläufen oder von Kompromissen bei politischen und wertideologischen Gegensätzen. Vielleicht sollte sich die EU als „Empire des Konsenses und des Rechts" (U. Beck) vorerst mit einer Generalisierung und groben Systematisierung des aus Rechtsfragmenten bestehenden Acquis communautaire durch EU-Richtlinien begnügen.

54   Ein derartiges, von wissenschaftlichen Kontrollen begleitetes Rechtsschöpfungsverfahren stünde in der Tradition der Gründungsaktivitäten, die den Prozess der Einheit der jetzigen EU initiiert und gefördert haben. Alle inzwischen historischen Meilensteine auf dem Weg zur Union waren vertragliche Übereinkünfte. Der Prozess begann 1951 mit dem „Vertrag von Paris", der die Montanunion begründete. 1957 folgten die „Römischen Verträge", die eine Wirtschafts- und Atomgemeinschaft (EWG, Euratom) mit den Organen Ministerrat, Kommission und Parlament schufen. 1992 führte der „Vertrag von Maastricht" die Währungs- und Wirtschaftsunion mit einer gemeinsamen Innen-, Rechts-, Außen- und Sicherheitspolitik ein. 2007 verband der „Vertrag von Lissabon", ein Reformersatz für den an Referenden in Frankreich und in den Niederlanden gescheiterten Verfassungsentwurf für Europa, die wirtschaftliche mit der politischen Einheit (völkerrechtliche Selbständigkeit der EU) und erklärte die Charta der Grundrechte der EU für alle EU-Staaten für verbindlich.

55   Die Vorhaben der Rechtspolitik der EU, das von der EU erlassene Strafrecht mit den nationalen Rechtsnormen kompatibel zu gestalten und diese an EU-Standards anzugleichen, waren wohl von einem größeren Realitätsdenken bestimmt. Das Ziel war keine Kodifikation eines gesamteuropäischen Strafrechts. Das Streben nach Vereinheitli-

chung galt vielmehr einem optimalen Schutz der Bevölkerung durch eine grenzüberschreitende Bekämpfung der Kriminalität und der Gewährleistung einer allgemeinen Verfolgung von Verletzungen der Menschenrechte in den EU Mitgliedstaaten. Strafrechtliche Anordnungen in den EU Richtlinien, die Mitgliedstaaten verpflichteten, wollten punktuelle Änderungen bzw. Erweiterungen des nationalen Strafrechts (Bußgeldrecht). Sie führten allerdings zu keinen durchgehenden Anpassungen an rechtsstaatliche Prinzipien. Vielmehr waren lediglich „Neukriminalisierungen" ihre Folgen (Th. Vormbaum).

VIII. Juristische Zeitgeschichte

1. Wissenschaftsgebiete

Die Abstinenz der allgemeinen Rechtsgeschichte gegenüber recht- **56** lichen Phänomenen und Problemen der Gegenwart war in den 90er-Jahren des 20. Jahrhunderts Anlass der Gründung einer neuen Wissenschaftsdisziplin. Um Kritiken an der gegenständlichen Verengung und methodischen Immobilität ihres Faches in Forschung und Lehre zu begegnen, haben innovationsbereite Rechtshistoriker die „Zeitgeschichte" entdeckt, die als Begriff und Wissenschaftsgebiet bereits der allgemeinen Geschichtswissenschaft bekannt war. Zeitgeschichtliche Forschungen unter spezifisch rechtlichen Fragestellungen und bei strikter Beachtung rechtlicher Maßstäbe wurden mit dem Etikett „Juristische Zeitgeschichte" versehen und als „neues Fach" in die Bildungslandschaft eingeführt.

Der unausweichlichen Institutionalisierung durch einen eigenen Lehrstuhl (Frankfurt a. M. 1992) war eine intensive Diskussion der zeitlichen Grenzen, der konstitutiven Merkmale und forschungsstrategischen Ziele dieser Fachrichtung vorausgegangen. Inzwischen ist das Forschungsgebiet als Teildisziplin der Rechtsgeschichte anerkannt. Allerdings fehlt ein allgemeiner Konsens zu ihrem Grundverständnis. In der Wissenschaft werden dazu zwei unterschiedliche Positionen vertreten.

2. Forschungsstrategien

Nach dem ersten Ansatz ist Gegenstand einer juristischen Zeitge- **57** schichte die Rechtsgeschichte der gegenwärtigen Rechtsepoche. Der zeitliche Rahmen der Gegenwart orientiert sich an den Phasen der Aufklärungsbewegung und der Moderne (Ausgang 18. bis 20. Jahrhundert), sog. Sattelzeiten, von denen für alle zentrale Rechtsgebiete einschneidende Veränderungen ausgingen. Das Erkenntnisinteresse konzentriert sich auf Analysen, Interpretationen und Bewertungen von ideen- und dogmengeschichtlichen Fragestellungen, Strukturbedingungen und Entwicklungen in Bezug auf das geltende Recht. Dabei werden explizit politische, soziale, ökonomische und kulturgeschichtliche Bedingungszusammenhänge der allgemeinen Geschichte einbezogen. Durch diese signifikante Erweiterung der juristischen Perspektive wird die juristische Zeitgeschichte tendenziell zu einer echten „Aspektgeschichte" (Th. Vormbaum).

58   Der zweite Ansatz verzichtet bewusst auf Zeitphasen als Abgrenzungskriterien gegenüber Betrachtungen der allgemeinen Rechtsgeschichte und auf jeden objektiven Bezug zur Gegenwart. Alle nicht epochenbezogenen Problemstellungen der Rechtsentwicklung und ihre Lösungen werden zu zeitgeschichtlich relevanten Untersuchungsgegenständen erklärt, sofern sie sich unter rechtlichen Gesichtspunkten für eine bestimmte Entwicklung in einer beliebigen historischen Epoche als „wegleitend" erweisen. In dieser Funktion sind sie „brennende Zeitfragen des Rechts" und formen das spezifisch zeitgeschichtliche Thema, das in seinen Ursprüngen untersucht und aus der gesamten historischen Entwicklung heraus interpretiert wird (M. Senn/L. Gschwend).

59   Die Verengung der wissenschaftlichen Fragestellung auf die reine Aktualität als Kriterium für die Beachtung eines als „brandneuestes Ereignis" eingeordneten Rechtsphänomens ist nicht unproblematisch. Dieser Ansatz öffnet der Forschung ein diffuses, gegenständlich von der subjektiven Einschätzung diktiertes Forschungsgebiet. Auf diese Weise werden rechtliche Einbindung und Beurteilung von zeitgeschichtlichen Ereignissen Gegenstände eines wissenschaftlichen Erkenntnisinteresses, die als solche ohne konkreten Bezug zum geltenden Recht sind und für die allein eine mutmaßliche Aktualität maßgebend war.

60   Demgegenüber konzentriert sich die epochen- und gegenstandsbezogene juristische Zeitgeschichte auf Rechtsfragen und Themen, die wirkliche Relevanz für das geltende Recht besitzen und nicht bloß das momentan aktuelle Interesse wecken. Diese Richtung verknüpft Fragestellungen auf der Ebene einer konkreten Zeitlichkeit des Rechts mit Problemen, Strukturen, Methoden und mit der Dogmatik

des jeweils geltenden Rechts. Bereits dies unterscheidet sie grundlegend von nur in Konturen juristisch modifizierten Forschungsstrategien, wie sie von der zeitphasenabstinenten, von Faszinationen eines historischen Themas ausgehenden Zeitgeschichte propagiert wird.

Schrifttum: *G. Ellscheid/W. Hassemer* (Hg.), Interessenjurisprudenz (1974); *R. Schnur* (Hg.), Die Rechtsordnung von Santi Romano (1975); *M. Fuchs*, Die Allgemeine Rechtstheorie Santi Romanos (1979); *M. Fioravanti*, Per l'interpretazione dell'opera Giuridica di Santi Romano, in: Quaderni Fiorentini 10 (1981), 169 ff.; *D. Klippel*, Juristische Zeitgeschichte (1985); *K.-H. Fezer*, Aspekte einer Rechtskritik an der economic analysis of law und am property rights approach, JZ 1986, 817 ff.; *C. Ott/H.-B. Schäfer*, Die ökonomische Analyse des Rechts – Irrweg oder Chance wissenschaftlicher Rechtserkenntnis?, JZ 1988, 213 ff.; *H. Dreier*, Rechtslehre, Staatssoziologie und Demokratietheorie bei Hans Kelsen, (2. Aufl. 1990); *H.-D. Assmann/C. Kirchner/E. Schanze*, Ökonomische Analyse des Rechts (1993); *P. Burow*, Einführung in die ökonomische Analyse des Rechts, JuS 1993, 8 ff.; *J. Taupitz*, Ökonomische Analyse und Haftungsrecht, AcP 196 (1996), 114 ff.; *P. Caroni/ G. Dilcher*, Norm und Tradition (1998); *H.-P., Schwintkowski*, Ökonomische Theorie des Rechts, JZ 1998, 561 ff.; *B. Lurger*, Grundfragen der Vereinheitlichung des Vertragsrechts in der Europäischen Union (2002); *A. Bürge*, Das römische Recht als Grundlage für das Zivilrecht im künftigen Europa, in: Die Europäisierung der Rechtswissenschaft, hg. v. F. Ranieri (2002), 19 ff.; *R. Zimmermann*, Europa und das römische Recht, AcP 202, (2002), 243 ff.; *S. Vogl*, Soziale Gesetzgebungspolitik, freie Rechtsfindung und soziologische Rechtswissenschaft bei E. Ehrlich (2003); *M. Senn/L. Gschwend*, Rechtsgeschichte II – Juristische Zeitgeschichte (2. Aufl. 2004); *M. Senn/Th. Vormbaum*, Dialog über juristische Zeitgeschichte, in: JJZG 6 (2004/2005) 219 ff.; *R. A. Posner*, Economic Analysis of Law (1. Aufl. 1972, 7. Aufl. 2007); *M. Auer*, Methodenkritik und Interessenjurisprudenz, ZEuP 2008, 517 ff.; *W. Hassemer*, Juristische Methodenlehre und richterliche Pragmatik, in: Rechtstheorie 39 (2008), 1 ff.; *A. Launhardt*, Topik und Rhetorische Rechtstheorie. Eine Untersuchung zu Rezeption und Relevanz der Rechtstheorie Theodor Viehwegs (2010); *R. Walter u. a.* (Hg.), Hans Kelsen: Leben, Werk, Wirksamkeit (2010); *A. Carrino*, Das Recht zwischen Reinheit und Realität (2011); *H.-B. Schäfer/C. Ott*, Lehrbuch der ökonomischen Analyse des Zivilrechts (5. Aufl. 2012); *H. Eidenmüller*, Effizienz als Rechtsprinzip (4. Aufl. 2015); *W. Möschel*, Wettbewerb zwischen Privatautonomie und ökonomischer Effizienz, AcP 216 (2016), 13 ff.

Personenregister

Die **fett** gesetzten Zahlen verweisen auf die Kapitel dieses Buches,
die mageren auf deren Randnummern.

Sachregister

Die **fett** gesetzten Zahlen verweisen auf die Kapitel dieses Buches,
die mageren auf deren Randnummern.